रामधारी सिंह 'दिनकर' रचनावली-14

[पत्र]

रामधारी सिंह 'दिनकर' रचनावली

14

संपादक
नंदकिशोर नवल
तरुण कुमार

लोकभारती प्रकाशन

लोकभारती प्रकाशन
पहली मंजिल, दरबारी बिल्डिंग, महात्मा गांधी मार्ग
प्रयागराज-211 001
वेबसाइट : www.lokbhartiprakashan.com
ईमेल : info@lokbhartiprakashan.com

शाखाएँ : 1-बी, नेताजी सुभाष मार्ग, दरियागंज
नई दिल्ली-110 002
अशोक राजपथ, साइंस कॉलेज के सामने
पटना-800 006
36 ए, शेक्सपियर सरणी, कोलकाता-700 017

पहला संस्करण : 2011
दूसरा संस्करण : 2021

बी.के. ऑफसेट
नवीन शाहदरा, दिल्ली-110 032 द्वारा मुद्रित

RAMDHARI SINGH DINKAR
RACHNAWALI-14
Edited by Nandkishor Nawal, Tarun Kumar

ISBN : 978-81-8031-590-9

मूल्य : ₹5000
(14 खंडों का पूरा सेट)

रामधारी सिंह 'दिनकर'

अस्थि-विसर्जन, इलाहाबाद

(बाएँ से) भतीजे आदित्य नारायण सिंह, सुमित्रानंदन पंत, (मध्य में) गोवर्धन राय शर्मा, सरबेटे हरद्वार ठाकुर

अस्थि-कलश के साथ (बाएँ से) सुमित्रानंदन पंत, महादेवी वर्मा, हरद्वार ठाकुर एवं गोवर्धन राय शर्मा

२६

इतने बड़े शौक से खाया। पटना स्टेशन पर दूसरी बार हिन्दी प्रेमी आ गये थे। कुछ भी स्वागत करने को आये और मेरी जयकार के नारे लगाने लगे। मैंने पूछा, भाई, आज क्या है कि आप नारे लगा रहे हैं? मित्रों ने कहा, दिल्ली में आप हिन्दी के पक्ष में जोर से बोलते हैं। इसलिए हम आपका स्वागत करने आये हैं।

कुछ तो दीवानों में होता है
जुनूँ का भी असर।
और कुछ लोग भी
दीवाना बना देते हैं।

पटना पहुँचा तब टंडन जी के लिए शोक-सभा हो रही थी। टंडन जी की शोक-सभा में गया और राजर्षि को अपनी श्रद्धांजलि अर्पित करके घर आया।

१४ जुलाई १९६२

बेनीपुरी बीमार चल रहे हैं। आसार ऐसा है कि अब शायद ही लौटें। आज शाम मैं उनसे मिलने गया। रोग में पड़ने पर जो आदमी दुख का भार पड़ता है, सो देखा नहीं गया। वहाँ भी रुक गया।

बेनीपुरी यूँ तो पहले भी आते थे, उनके विचार पर भी [illegible] का भाव [illegible] गया। वहाँ नहीं [illegible]। आजकल फिर मिलने आये। फिर हम दोनों मित्र विचारों के [illegible]

रामधारी सिंह दिनकर

भूमिका

पत्र-विधा साहित्य की तेजी से विलुप्त होती जाती विधा है। यह एक चिन्त्य स्थिति है। आज संचार के अनेकानेक साधन सुलभ हैं, लेकिन इससे पत्रों का महत्त्व कम नहीं होता। पत्र सूचनाओं के आदान-प्रदान के माध्यम भर नहीं होते। वे भावनाओं की तात्कालिक अभिव्यक्ति के भी माध्यम भर नहीं होते। पत्र लेखक के व्यक्तित्व के अभिन्न अंग होते हैं। इनके माध्यम से लेखक के अन्तरंग और बहिरंग की हमें विश्वसनीय झाँकी मिलती है। लेखकों-चिन्तकों के पत्रों का इस दृष्टि से विशेष महत्त्व होता है। संचार के अन्य साधनों में जहाँ औपचारिकता का तत्व प्रधान होता है, वहीं पत्र निजी संवेदनाओं, समस्याओं, पीड़ाओं, आशा-आकांक्षाओं और विचारों की अभिव्यक्ति के सर्वाधिक निष्कवच और अनौपचारिक साधन हैं।

पत्र-लेखन में लेखक के चित्त की एकाग्रता जैसी घनीभूत होती है, वैसी अन्यत्र सम्भव नहीं। पत्रों को यदि तिथि-क्रम से पढ़ा जाए तो उनमें लेखक का एक बिम्ब पाठकों के मन में उभरता है। पत्र-लेखक के न रहने पर भी इस बिम्ब का साक्षात्कार किया जा सकता है। पत्र जीवित स्मृति-कोष हैं। इसीलिए वे साहित्य की श्रेणी में परिगणित भी होते हैं। पत्रों के माध्यम से किसी भी लेखक के व्यक्तित्व और कृतित्व को पुनःसृजित किया जा सकता है। वे जीवनी साहित्य के भी उपजीव्य हैं।

दिनकर प्रबल आत्माभिव्यक्ति के कवि रहे हैं। आत्माभिव्यंजना की अनेक छवियाँ उनकी कविताओं में मिलती हैं। प्रबल उत्साह, उमंग और आवेश से जुड़ी कविताएँ जहाँ आरम्भिक दिनकर की पहचान कही जा सकती हैं, वहीं दिनकर कवि-जीवन के उतरार्द्ध में सान्द्र अनुभूतियों की कविता लिखनेवाले कवि के रूप में हमारे सामने आते हैं। भावबोध ही नहीं, अभिव्यक्ति के स्तर पर भी कवि दिनकर निरन्तर प्रयोगशील और प्रसरणशील दिखलाई पड़ते हैं। दिनकर के व्यक्तित्व में उद्दामता और तरलता के एक साथ दर्शन होते हैं। उनके ऐसे व्यक्तित्व को

समझने और इसके माध्यम से उनकी रचनाशीलता को समझने में उनके पत्र काफी मददगार होते हैं।

दिनकर का जन्म एक साधारण किसान परिवार में हुआ था। संयुक्त परिवार किसानी जीवन और संस्कार का अभिन्न अंग हुआ करता था। संयुक्त परिवार नामक संस्था से जुड़े कुछ गहरे मानवीय मूल्य थे। दिनकर पर इनका गहरा असर भी था। यह गहरा असर था तो एक कवि-लेखक और सच्चे बौद्धिक का सहज-स्वाभिमानी व्यक्तित्व भी उनके पास था। वे एक नेक और सफल दुनियादार होना चाहते थे लेकिन इसके लिए अपनी रचनात्मकता और मौलिकता को होम करने को कभी राजी न हो सके। पारम्परिक मूल्यबोध के साथ अपने व्यक्तित्व को वे भरसक पटरी बिठाने की कोशिश करते हैं। इन दोनों के प्रति समान आकर्षण महसूस करनेवाले इनसान की तरह वे भी अत्यन्त नाजुक और त्रासद परिस्थितियों के वात्याचक्र के बीच घिरते हैं, क्षत-विक्षत होते हैं, निराश होते हैं, टूटते हैं, सँभलते हैं...। ऐसी ही स्थितियों में वे कई बार अपने को 'मूक निर्बल पशु की तरह दुम हिलाते' महसूस करते हैं तो पशु के ही रूपक को आगे बढ़ाते हुए वे यह भी कहते हैं, "तुम मेरी तुलना उस पशु से करो जिसे बधिक ने बाँध-छाँद कर आग में डाल दिया था। वह पशु किसी तरह बाँध तोड़कर उस आग से भाग निकला है।" दिनकर के व्यक्तित्व के अन्तर्गठन को उनके अनेक पत्रों में जीवन्त रूप में महसूस किया जा सकता है।

दिनकर रचनावली के इस अन्तिम खंड में नब्बे व्यक्तियों से अधिक को लिखे गए दिनकर के कुल सात सौ से अधिक पत्र संकलित हैं। इनमें 13 (तेरह) पत्र पहली बार संकलित हो रहे हैं। बाकी पत्र कन्हैयालाल फूलफगर द्वारा सम्पादित 'दिनकर के पत्र' पुस्तक से तथा शिवसागर मिश्र की पुस्तक 'दिनकर : एक सहज पुरुष' से यहाँ संकलित हैं। इन दोनों महानुभावों के प्रति हम हार्दिक कृतज्ञता ज्ञापित करते हैं। असंकलित पत्रों में से नौ पत्र प्रो. राजेश्वर प्रसाद सिंह के नाम हैं तो एक सिफारिशी पत्र पटना के प्रसिद्ध सर्जन डॉ. रामशरण सिंह के नाम। ये सभी पत्र हमें राजेश्वर बाबू के सौजन्य से प्राप्त हुए हैं। वे दिनकर के बड़े भाई के छोटे दामाद हैं और पटना विश्वविद्यालय, पटना के इतिहास विभाग के पूर्व अध्यक्ष भी। मैं उनका आभारी हूँ। असंकलित बाकी तीन पत्रों में से एक अपने कवि-मित्र ब्रजकिशोर नारायण के नाम पोलैंड से लिखा गया दिनकर का पत्र है। यह पटना से निकलनेवाले 'साहित्य' त्रैमासिक के नवम्बर 1955—मार्च 1956 के अंक से लिया

गया है। एक पत्र पंडित सूर्यनारायण व्यास के अनुज के नाम लिखा गया है, जो 'नया ज्ञानोदय' के मई 2008 के अंक से यहाँ शामिल किया गया है। ऐसे ही एक पत्र लक्ष्मीनारायण 'सुधांशु' के नाम है, जो दरभंगा से प्रकाशित पत्रिका 'अंगिकालोक' के जुलाई- सितम्बर 2008 के अंक से यहाँ संकलित किया गया है। इनके सम्पादकों के प्रति भी हम अपनी कृतज्ञता ज्ञापित करते हैं।

संकलित पत्रों को यहाँ नए सिरे से संयोजित किया गया है। जिन व्यक्तियों के नाम पत्र लिखे गए हैं, उन्हें यहाँ पहले वर्णानुक्रम से रखा गया है। फिर जिनके नाम एक से अधिक पत्र लिखे गए हैं, उन पत्रों को संख्या के साथ तिथिक्रम से सजाया गया है। इससे विभिन्न व्यक्तियों से उनके सम्बन्ध के स्वरूप का सही-सही परिज्ञान होता है। जहाँ जरूरत पड़ी है वहाँ अनुमानित तिथि भी दी गई है। पत्रों में सबसे अधिक संख्या शिवकुमार शर्मा और शिवसागर मिश्र के नाम लिखे पत्रों की है। शिवकुमार शर्मा दिनकर के गाँव के सखा और सहपाठी ही नहीं, लँगोटिया यार थे; भले ही गाँव के रिश्ते में वे दिनकर के भतीजे होते थे। दिनकर सबसे अधिक दिल खोलकर इन्हीं से बात करते हैं। वे यहाँ दिनकर के ही 'अदर सेल्फ' की तरह दिखाई पड़ते हैं। शिवसागर मिश्र साहित्यिक ही नहीं, दिनकर के बड़े भाई के तीसरे दामाद भी थे। 10-12 वर्षों तक उन्हें दिल्ली में दिनकर के इर्द-गिर्द रहने का मौका मिला था। अन्य परिजनों और ग्रामीणों के नाम भी दिनकर के अनेक पत्र हैं। इनमें उनके व्यक्तित्व की बहुविध-छवियों के दर्शन होते हैं। साहित्यिकों में सर्वाधिक पत्र पंडित बनारसीदास चतुर्वेदी, शिवपूजन सहाय, रायकृष्ण दास, मन्मथनाथ गुप्त, शिवमंगल सिंह 'सुमन', ब्रजकिशोर नारायण, लक्ष्मीनारायण 'सुधांशु' के नाम हैं। इनमें साहित्य-चर्चा ही नहीं, जीवन-जगत् की अनेक चिन्ताएँ भी शामिल हैं। पत्र हिन्दी में हैं और अंग्रेजी में भी। कहीं-कहीं एक ही पत्र में एक साथ दोनों को अभिव्यक्ति का माध्यम बनाया गया है। पत्र अपने भाषिक-कौशल की दृष्टि से भी पठनीय हैं। इति।

—तरुण कुमार

न्यू प्रोफेसर्स क्वार्टर, रानीघाट, पटना
गुरु पूर्णिमा, 13 नवम्बर, 2008

अनुक्रम

अपने जानते मैंने नौकरी में अब तक अपमान का अनुभव तो किया है किन्तु कभी भी इस भय से मेरी लेखनी नहीं रुकी कि मेरी नौकरी पर कोई खतरा होगा। भावों का दलन तो कभी-कभी किया है, मगर नौकरी बचाने के लिए नहीं, बल्कि अन्य कारणों से। और बन्धनों का अपने लिए मैं कुछ उपयोग भी मानता रहा हूँ। सरकारी बन्धन में रहने के कारण ही मैंने देश के लिए वेदना और आक्रोश का अनुभव एक विचित्र रूप से किया और यही विचित्रता वह ऐंठन है, जिससे मेरी राष्ट्रीय अथवा क्रान्तिकारी कविताओं में विच्छित्ति उत्पन्न हुई है।

1
श्री अशोक जी

[1]

आर्यकुमार रोड, पटना-4

3-1-64

प्रिय अशोक जी,

एक कार्य से कष्ट दे रहा हूँ। आशा है, इस पर तुरन्त ध्यान देंगे और मुझे क्षमा करेंगे।

बिहार में स्वामी सहजानन्द सरस्वती के दाहिने हाथ पं. यमुना कार्यी थे जिनका देहान्त सन् 1953 ई. में हो गया। उन्होंने सन् 1942 ई. में पटने से 'हुंकार' नामक एक साप्ताहिक पत्र निकाला था, जो अनवरत रूप से सन् 1956 ई. तक चला। अब कार्यी जी के बच्चे उस पत्र को इसी 26 जनवरी से फिर निकालना चाहते हैं। किन्तु रजिस्ट्रार महोदय Procedure 6, Section 5 के अन्दर 'हुंकार' नाम की मंजूरी नहीं दे रहे हैं। जहाँ तक मैं जानता हूँ, हुंकार नाम का कोई पत्र, कम-से-कम, हिन्दी में नहीं निकलता है।

कृपया दफ्तर जाकर पता लगाइए कि यह रुकावट कैसे दूर की जा सकती है? अभी 26 दिसम्बर को हुंकार-प्रेसवालों ने फिर से आवेदन किया है।

आपका

रामधारी सिंह 'दिनकर'

2
आदित्य बाबू

[1]

प्रिय आदित्य बाबू,

प्रणाम।

शशि की पूरी कहानी मैंने उसके मुँह से सुन ली है। इसके पहले कमल जी ने भी बहुत-सी बातें कही थीं। कुछ किस्सा रामेश्वर बाबू से भी सुना है, कुछ आपसे भी, और आप लोगों के सम्बन्ध का एक दुःखदायी चित्र भी उस दिन देखा। इस विवाद के बीच श्री कमलनयन जी रह गए, जिनसे बातें नहीं हो सकीं क्योंकि उनके दर्शन मुझे प्राप्त नहीं हो सके। इच्छा थी कि बा. यादव सिंह से भी बातें करता और आपसी सौभाग्यमती पुत्र-वधू को भी कुछ कहता। लेकिन सुयोग नहीं है और इस कुरूप विवाद की याद से मुझे दुःख होता है। अतएव मैं इसका अन्त कर देना चाहता हूँ। विश्वास है कि आप मुझे अपना लघु मित्र तथा हितैषी समझते हैं। शशि ने भी मुझमें अपना विश्वास प्रकट किया है। अतएव दोनों का विश्वासभाजन होने के कारण मैं अपना नैतिक धर्म यह देखता हूँ कि इस झगड़े का एक फैसला दे दूँ। मैं किस्से की गहराई में नहीं जाना चाहता। बहुत सोचने के बाद—और दूर तक सोचने के बाद—नीचे लिखी बातें कहना चाहता हूँ। अगर बिना मीन-मेष के आप दोनों तथा वे सभी लोग जो किसी भी रूप से इस विवाद में रस लेते रहे हैं, मेरी बातों को याद रखें तो मुझे पूरी उम्मीद है कि आप अपने बेटे को सुखी देखकर सुख प्राप्त करेंगे। शशि की अवस्था जैसी भीषणता ग्रहण करती जा रही है उसे देखते हुए यह जरूरी मालूम होता है कि हम सब लोग कुछ न कुछ सहें, कुछ-न-कुछ करें। फैसला यों है।

1. इस विवाद के मूल में शशि और श्री कमलनयजी की मित्रता है और इसी मित्रता पर जहर का यह वृक्ष पनपा है। शशि सच्चरित्र, विद्वान और त्यागी युवक हैं। कमलनयन जी को मैं नहीं जानता लेकिन बिना जाँच-पड़ताल के ही यह मानता हूँ कि वह भी भले आदमी हैं। इस कठिन नाटक में प्रेम ने उन पर भी विपत्ति ढायी है और कठिन अवसरों पर उन्होंने भी ज्वलन्त प्रेम का परिचय दिया है। बहुत कोशिश करने पर भी मुझे इन दो युवकों के प्रेम में किसी स्वार्थ की गन्ध नहीं मिली और इस

* आदित्य बाबू मोकामा निवासी।

आत्मिक सम्बन्ध के लिए मैं दोनों को धन्यवाद देता हूँ। वयशाली पिता के लिए मैं यह निर्णय देता हूँ कि वह अपने पुत्र के मित्र को स्वीकार करे। इस मित्रता के आस-पास चाहे जो भी अप्रियता उपस्थित हो गई हो, लेकिन खुद इसमें कोई मौलिक दोष नहीं है। दो मनुष्यों के बीच के निर्मल प्रेम को स्वीकार करने में उदार पिता को कोई आपत्ति नहीं होनी चाहिए। जिस मित्रता की भित्ति पर जहर का पेड़ उगा था, उसी पर फूल भी खिल सकता है—ऐसा वृक्ष भी उग सकता है जिसकी छाया में दोनों परिवार शान्ति-लाभ करें।

2. शशि को कुछ कहने से पहले मैं कमलनयनजी से कहूँगा कि वह अपने प्रेम का विज्ञापन करने में प्रेम पात्र का सत्यानाश नहीं करें। उनका कार्यकलाप ऐसा होना चाहिए, जिससे शशि के सामने का विरोध घटता जाय। प्रत्यक्ष में ही सामाजिक आचार को कुछ प्रधानता दे रहा हूँ। कमलनयन जी का कर्तव्य है कि वह शशि के प्रति अपने प्रेमाचरण को उचित सीमा में रखें और कोई भी ऐसा काम नहीं करें जिससे बेचारे शशि के लिए नए विरोध की सृष्टि हो अथवा पुराने विरोध की शक्ति नहीं घटे, जिन्हें कैसा व्यवहार करना चाहिए, इसका फैसला उन्हें खुद करना होगा। मैं शशि के मुख से सुनकर जैसा कुछ समझ चुका हूँ उससे मुझे विश्वास है कि कमलनयन जी योग्य युवक हैं और चाहें तो शशि के जीवन को सुखी बना सकते हैं।

3. शशि को जागृत होना है। वह अपने को भूल गया है। वह भूल गया है कि वह सम्मानित ग्रेजुएट है। उसका ब्याह हो चुका है। उसे अपने भीतर तर्कबुद्धि और व्यावहारिकता को जगाना है। उसे यह समझना है कि त्यागी के लिए संसार में शत्रु नहीं है। उसे यह अनुभव करना है कि उसका पिता अपने भविष्य को देखकर दुःखी है। पिता में और जो कुछ भी हो, पुत्र के प्रति अहित-भावना नहीं हो सकती। इसी प्रकार शशि को यह भी समझना है कि पिता को पुत्र का कोई भी दुर्गुण उतना नहीं खलता, जितनी उसकी अवज्ञा। आज्ञाकारिता पिता के हृदय को जीतने में सर्वथा समर्थ होती है। आज्ञाकारिता उच्चकोटि की हो तो फिर वह आज्ञाकारिता नहीं रह जाती है। वह इच्छाचारिता बन जाती है क्योंकि आज्ञाकारी पुत्र की इच्छा का पालन करने में पिता को ही अनन्त हर्ष होता है। संक्षेप में शशि अपने पिता की साइकोलॉजी देखकर चलेगा।

4. आदित्य बाबू की पुत्र-वधू सुसंस्कृत बाप की बेटी, सुसंस्कृत पति की पत्नी, सुसंस्कृत ससुर की पतोहू और स्वयं भी सुसंस्कृत वधू है। वह शशि की मनोदशा को समझती है इसीलिए उसकी इच्छानुगामिनी होने में गर्व करती है। लेकिन उसे यह भी सोचना चाहिए कि शशि के जीवन की कटुता कैसे मिटेगी। किस प्रकार उसके प्रति उठा हुआ बवंडर शान्त होगा। वह इस दृष्टि से सोचकर शशि को उचित सलाह दे। जिस कोने अथवा जिन कोनों से शशि के लिए जहर का तूफान उठता है उन कोनों को वह अपने शीतल व्यवहार से शान्त करे।

5. शशि या आदित्य बाबू के मित्र, शशि के भाई और दूसरे सम्बन्धी इधर की बात उधर न करें। अब तक चाहे उन्होंने जो भी किया हो, अब सँभल जाएँ। अगर निन्दा को रोक नहीं सके तो खुद चुप रह जाएँ। कान में पड़ी बातें मुँह तक नहीं आवें। संकेत ही बहुत है।

इस चिट्ठी को आप सभी सम्बद्ध व्यक्तियों को दिखला दीजिए और शशि को अपने प्रेम-क्रोड़ में शरण दीजिए।

आपका
दिनकर

[2]

नई दिल्ली
25-11-59

प्रिय आदित्य,*

कल शिवकुमार का एक पत्र मिला, जिससे उसकी निराशा झलकती है। तार देकर सूचित करो कि क्या बात है और फिर पत्र भी लिखो।

तुम्हें शायद शीघ्र ही यहाँ आना है। दो दिन बाद तार या पत्र भेजूँगा। Sub-Editor की जगह ही निश्चित लगती है।

तुम्हारा
रामधारी

---

* सम्भवतः भतीजे आदित्य।

3
डॉ. आनन्द कृष्ण

[1]

पटना
21-8-46

प्रिय राजा भैया,

शुभाशीष।

सकुशल पहुँचा। सरकार को यह सूचना दे दीजिएगा। आशा है, वह लखनऊ से लौटकर आ गए होंगे। उनकी सामग्री जमा कर रहा हूँ। शीघ्र ही भेजूँगा।

आप तस्वीरों का अलबम भेजते हैं या नहीं? क्या मेरा कोई मलमल का कुर्ता भी वहाँ छूट गया है? अगर मिले तो किसी सेवक को दे दीजिएगा।

शेष कुशल है।

आपका
रामधारी सिंह 'दिनकर'

[2]

पटना
14-11-46

प्रिय राजा,

रात अज्ञेय जी की कृपा से मैं स्टेशन पहुँच गया और मुझे ठीक समय पर गाड़ी भी मिल गई। कुशल कुशल पटना आ गया।

यहाँ आने पर देखा कि कई सम्बन्धी डेरे पर अधिकार किए बैठे हैं। कोई रोगी लेकर आया है, कोई शुद्ध भोगी बनकर। घर से बुलाहट हुई है। कोई काम है।

लेकिन ये तो हुईं मेरी व्यस्तताएँ। मगर असली किस्सा यह है कि गुप्त जी वाली कविता और मेरा लेख यहाँ अब तक नहीं आया है। न जाने सभा के डिस्पैचर ने उसे डाक में छोड़ा या नहीं। मुझे पूरा सन्देह था कि गड़बड़ी होकर रहेगी और वह हो गई सी दीखती है। राय साहब से पूछो कि माजरा क्या है। अगर दोनों चीजें वहीं पड़ी हों

तो पेश्तर पहली डाक से उन्हें रवाना करो। पता होगा—योगी-सम्पादक, पटना। रजिस्ट्री से भिजवाओ। उत्तर दो तुरत लौटती डाक से दो।

गुप्त जी और राय साहब को प्रणाम।

तुम्हारा
दिनकर

[3]

पटना
18-12-46

प्रिय राजा,

मुझे यह जानकर दुःख हुआ कि तुम बीमार रहे। आशा है, अब खूब अच्छे हो गए हो।

केशव जी और कृष्णानन्द जी की सम्मतियाँ अभी तक नहीं आईं। आठ दिनों के भीतर आ जानी चाहिए। ताकीदा जानिए।

तुम्हारा
दिनकर

[4]

पटना
21-10-47

प्रिय भाई आनन्द जी,

सरकार को एक पत्र लिखा है कि योगी के दीपावली अंक के लिए कोई लेख भेज दें। अगर वे लेख भेज रहे हों तो आप उसके साथ ही सरकार का एक फोटो भी अवश्य भेज दें।

आपका
दिनकर

[5]

5-3-53

प्रिय राजा,

तुम्हारा पत्र मिला। चेक भी। यह देखकर अचरज हुआ कि तुम सूद में विश्वास करते हो।

सरकार से कह देना कि कल शाम एक कमेटी में अशफाक साहब से भेंट हुई

और मैंने कला-भवन के बारे में उन्हें काफी कह-सुन दिया है। कहते थे, "मैं जा रहा हूँ। अपने-भर पूरा जोर लगाऊँगा।"

बनारस आए बिना काम नहीं चलेगा क्योंकि विवाह के सिलसिले में बरतन आदि खरीदने होंगे। मगर अब मई में ही आऊँगा।

तुम्हारा
दिनकर

4
श्री आरसी प्रसाद सिंह

[1]

बेलसंड
23-10-35

कवे!

प्रेम।

तुम्हारी यांद कई भाँति से आती है। बड़े सौभाग्यशाली हो। एक दिन तुम्हें लिखने को कुछ अस्फुट पंक्तियाँ भी लिखी थीं। मजमून कुछ ऐसा है, जिसे भेजने से हिचकता हूँ। शायद कभी भेज भी दूँ।

Department को लेकर चिन्तित रहता हूँ। फेल कर गया (जिसकी उम्मीद हैं) तो बड़ी बुरी हालत होगीं।

'नालन्दा' मिला या मिली होगी। रतन ने मुझे एक चिट्ठी भी लिखी थी जिसमें तुम्हारा पता माँगा था। तुम्हें नालन्दा में लिखने के लिए कहने को कहा था। और तुम! तुम ऐसे निष्ठुर हो कि रतन के पत्र से भी परहेज रखते हो। आशा है, तुम अपनी एक सुन्दर कविता, आरसीत्व की परिचायिका, उसके पास शीघ्र भेजोगे।

दिवाकर, मधुकर आदि की पंक्तियाँ मिली थीं। कवियों का क्या सुन्दर Pleasure Trip था। पर मुझ भाग्यहीन को रश्क क्यों हो?

तिवारी जी की एक प्रायः लम्बी चिट्ठी अभी मिली है। उत्तर देना या न देना, पर याद जरूर करना।

तुम्हारा
दिनकर

[2]

पो. ऑ. सहरसा (भागलपुर)
22-3-37

प्रिय आरसी!

यह जानकर तुम्हें प्रसन्नता होगी कि तुम्हारे परम मित्र बाबू राधाकृष्ण जी से मेरे

पत्र-व्यवहार का सिलमिला जारी हो गया है। प्रथम पत्र में ही कुछ ऐसी बेढंगी बातें हो गईं कि छविनाथ जी ने remark कर दिया।

'पहले चुम्मा गाल कटौवल'

लेकिन, मैं इस गाल कटौवल नीति का कायल हूँ अगर चूमनेवाला चुम्बिता की नोक-झोंक के सिलसिला को तोड़ना चाहता हो। मुझे मालूम नहीं कि तुम इस होली में लालटेनगंज हो या घर पर। मैं घर पर रहूँगा। इसी से तुम्हें भी घर के पते से लिख रहा हूँ।

मैं सहरसा अभी 11 मई तक तो जरूर हूँ। उत्तर यहीं दो।

हाँ, चयनिका तथा और कुछ बँगला कविताएँ पार्सल से भेजने की कृपा करो तो मेरा बड़ा उपकार हो। मैं नीरस होता जा रहा हूँ।

ठाकुर की अन्य पुस्तकें (खेया, कड़ि ओ कोमल, गीतांजलि, गीति माल्य आदि छोड़कर) अवश्य भेजो और शीघ्र।

तुम जो बेलसंड से पुस्तक लाए थे वह 'संचयिता' है या 'चयनिका'? पुस्तक जरूर भेजो। मुर्दे को जिलाओ। विशेष क्या?

तुम्हारा
दिनकर

[3]

ससराम
12-6-38

प्यारे आरसी!

तुम्हारा तकल्लुफदार खत मिला। यह देखकर दुःख हुआ कि नोटिस के नीचे अपने नाम को तुमने काट दिया है। अगर तुम्हें सभाओं के साथ अपने नाम जोड़ने में इतनी दिक्कत मालूम होती है तो तुम डेढ़ सौ कोस से दूसरों को किस बिरते पर बुलाना चाहते हो? मैंने माना कि हिन्दी साहित्य के इतिहास में तुम निर्लिप्त साहित्यिक के रूप में जा रहे हो, किन्तु क्या तुम्हारी यह सरलता (तुम्हारे स्वभाव के इस अंग को मैं यही मान लेता हूँ) अपने घरवालों के सामने ऐंठ सी नहीं दीखेगी? समय आ गया है कि तुम्हें कोड़े लगाए जाएँ। इसीलिए जान-बूझकर यह समीक्षा कर देनी पड़ी। तुम बहकते भी तो जा रहे हो।

देवव्रत जी के यहाँ तुम्हारा संग्रह देखने का संयोग मिला। सब मिलाकर तुम्हारा सम्पादन भी मुझे अच्छा लगा, लेकिन एक बात खटकी। प्रारम्भ की कई कविताएँ एक ही छन्द में पड़ गई हैं जिससे कुछ monotony आ जाने का डर है। एक ही छन्दवाली एक या दो कविताओं के बाद दूसरे छन्दवाली को स्थान देना अच्छा होगा। किन्तु,

यदि तुमने अपनी कल्पना और स्वप्न के सिलसिले के साथ उनका क्रम बाँधा है तो, मैं अपना Suggestion वापस ले लूँगा। दरअसल मुझे अधिक समय तक उसे देखने का मौका ही नहीं लगा कि वातावरण की तह तक पहुँच सकूँ।

जनता के जिस अंक में तकदीर का बँटवारा छपा है उसी में भाई राधाकृष्ण की एक कहानी मिली। पढ़कर तबीयत फड़क गई, क्या जबान पाई है। और कितनी हिम्मत। राधाकृष्ण धरती के कलाकार हैं इसीलिए उन पर स्नेह बढ़ता जा रहा है। तुम उनके अन्तरंगों में से हो, कभी मेरी बात भी उन तक पहुँचा देना। लिखना कि वह जिस गद्य शैली का निर्माण कर रहे हैं, उसे बहुत अंशों में हिन्दुस्तानी का आदर्श मानता हूँ। इस पीढ़ी के बहुत कम लेखक ऐसी चलतू भाषा का प्रयोग कर रहे हैं। अगर समय की गति के साथ उनकी अन्तर्दृष्टि गम्भीर और व्यापक होती गई तो हिन्दी को प्रथम श्रेणी का कलाकार प्राप्त हो जायगा।

एक बात और, और बस।

'संचयिता' तुमने किसी को दे दी क्या? अगर नहीं तो उसके साथ और कुछ पुस्तकें भी पार्सल से भेजो। तुम तो अब कमाने लगे। यह पार्सल का भार अखरेगा नहीं। अगर तुम्हारी आवश्यकता बनी रही तो सभी पुस्तकें पढ़कर तुम्हें फिर से भेज दूँगा। भाई! मैं तो सच्चा देहाती हो रहा हूँ। समय-असमय कोई कष्ट दिया करूँ तो स्वीकार कर लिया करो।

आशा है, तुम प्रसन्न हो।

तुम्हारा
दिनकर

5
चित्रकार इन्द्र दुग्गड़

[1]

नई दिल्ली
12-5-54

My dear Duggar Saheb,

Yours of the 10th instant. We had not followed the colour indication of the design. Kamalji explained to me. I, therefore, want to use it. I will see that the bill is paid in time. Please send the bill personally to me of the first week of June to my Patna address (Patna-6) Chowdhury Tola.

Rest O. K. with Namaskar,

Yours sincerely
Dinkar

[2]

New Delhi
9-11-56

My dear Duggarji

Your letter of 3.11.56 reached me only yesterday.

1. The Tail pieces should all be made quickly otherwise they shall be of little use to me. They will be owned by the press.
2. Dwandwageet designs you should kindly prepare. I will required them in March.
3. I want the following illustrations for the 'Rashmirathi' :
   (1) The one you have drawn in tricolour.
   (2) Kabach Kundal Dan, one colour.
   (3) Kunti-Karna one colour.
   (4) Parasu Ram-Karna one colour.
   Size Demy 1/8. I shall require them in March.
4. As I told you the cover design for उजली आग is done elsewhere.

5. I had requested you to drop a card to my Patna address for Rajgrih while at Patna I forgot all about it. But I will talk to the authorities in December now.

I returned from Calcutta very much disappointed for the चक्रवाल could not be published.

I shall be in Calcutta on 20.11 again. Then I should bring रश्मिरथी and द्वन्द्वगीत ।

Yours sincerely
Dinkar

6
श्री उदयराज सिंह*

[1]

आर्यकुमार रोड, पटना-4
25-10-'63

प्रिय शिवजी,

नई धारा के लिए तीन कविताओं का एक गुच्छा भेज रहा हूँ। किसी एक ही अंक में प्रकाशित होना चाहिए।

आपका
दिनकर

[2]

2, साउथ एवेन्यू, नई दिल्ली
1-2-'67

प्रिय शिवजी,

आपने इंडियन नेशन से एक कतरन भेजने की कृपा की थी। किन्तु, आज तक मैं धन्यवाद भी नहीं भेज सका। कृपा क्षमा करें।

बड़ी विपत्ति में दिन गुजार रहा हूँ। रामसेवक भयानक रूप से बीमार हैं। एलोपैथी में कोई इलाज नहीं है। आयुर्वेद से भी कोई लाभ नहीं हुआ। अब होमियोपैथी का सहारा लिया है। भगवान ही जानते होंगे कि क्या होनेवाला है।

'शुद्ध कविता की खोज' की प्रति 'नई धारा' को गई या नहीं, यह भी याद नहीं है। नहीं गई होगी तो दो-तीन दिन में पहुँच जाएगी।

आशा है, आप सपरिवार सानन्द हैं। श्रद्धेय राजा साहब से प्रणाम कहेंगे।

पुनश्च–

अभी यह दुःख-सम्वाद और सुना कि मुझे एक पोता हुआ था, वह कुरजी-अस्पतालवालों की असावधानी से जाता रहा।

आपका
दिनकर

* श्री उदयराज सिंह का घरेलू नाम शिवजी है।–सम्पादक

[3]

5, सफदरजंग लेन, नई दिल्ली
3-9-68

प्रिय शिवजी,

सप्रेम बन्दे।

अगस्त की 'नई धारा' मिली। दो-तीन लेख बहुत पसन्द आए। पत्रिका बहुत ठीक निकल रही है। बधाई!

एक छोटा-सा लेख अपना भी भेज रहा हूँ।

आपका
दिनकर

7
चित्रकार उपेन्द्र महारथी

[1]

श्रीनगर
20-6-56

प्रिय भाईजी,

अधिक तो नहीं घूम सका किन्तु, जहाँ-जहाँ गया, आपकी याद आती रही। प्रधानतः इसीलिए यह पत्र लिख रहा हूँ।

मैं 28 की शाम तक पटने पहुँच जाऊँगा। क्या उस समय तक 'चक्रवाल' का डिजाइन तैयार रहेगा। क्षितिज का संकेत, एक लघु पक्षी। बाकी जो हो।

आपका
दिनकर

[2]

...
16-7-56

प्रिय महारथी बाबू,

'चक्रवाल' और 'उजली आग' के डिजाइन बने या नहीं? 'चक्रवाल' की छपाई समाप्त-प्राय है। मैं 19 के प्रातःकाल पटने पहुँचूँगा और 21 को दिल्ली चल दूँगा। क्या मैं 19 या 20 को आपसे मिलकर डिजाइन ले सकता हूँ? उत्तर मेरे पटने के पते पर भेज दें। पत्र न लिखें तो जयनाथजी को 2063 (ऑफिस) 2684 (घर) फोन कर दें।

आपका
दिनकर

8
श्रीमती उमादेवी भुवालका

[1]

नई दिल्ली
25-4-53

श्री उमाजी!

आपने अस्वस्थ रहते हुए भी मुझे विदा देने को हवाई अड्डे तक आने का कष्ट किया, इसके लिए धन्यवाद देता हूँ।

जब से आया हूँ, आपकी बीमारी की चिन्ता में हूँ। भगवान आपको पूर्ण स्वास्थ्य दें। इन्द्रकुमार जी व्यस्त रहते हुए भी बराबर आपके स्वास्थ्य की चिन्ता में रहते हैं। आप उनके उपदेशों को मानकर चलिए और डॉक्टर से सहयोग कीजिए। बीमारी की बात भूल जाइए, खूब खाइए और खूब आराम कीजिए। आपके छोटे-छोटे तीन बच्चे हैं। उनके लिए आपको अभी मजबूत होकर जीना है।

ज्यादा क्या कहूँ? आप खुद बुद्धिमती हैं।

आपके स्वास्थ्य के लिए भगवान से प्रार्थी हूँ।

आपका
दिनकर

[2]

डाकघर-सिमरिया, जिला मुँगेर
14-6-53

प्रिय श्री उमाजी!

सप्रेम बन्दे।

कल अचानक आपका पत्र यहाँ दिहात में मिला। मुझे सानन्द आश्चर्य हुआ। मेरी दो भतीजियों का ब्याह है। उसी सिलसिले में यहाँ गाँव में आया हुआ हूँ और अभी 30 जून तक यहीं रहूँगा। आपने बड़ा अच्छा किया कि यहाँ रहते मेरी याद की।

धन्यवाद।

मैं आपको या भाई इन्द्रकुमार को भूलूँ, यह कैसे हो सकता है? असल में, आपका जब पत्र मिला तब मैं दिल्ली से तुरन्त रवाना हो गया और उसके बाद ऐसा समय कम मिला जबकि दो रात एक ही स्थान पर सो सकूँ। इसीलिए, उत्तर नहीं जा सका। और कोई बात नहीं थी। यह भी सोचता था कि पत्र जरा जम के लिखूँ। मगर, उसके लिए समय नहीं मिला। फिर भी विलम्ब के लिए क्षमा माँगता हूँ। आशा है, आपका सहज उदार हृदय, जो सदैव क्षमा करता आया है, अब भी क्षमा करेगा।

हम लोगों की काउंसिल का सेशन अब 17 अगस्त से शुरू होनेवाला है, जिसके लिए सम्भवतः मैं 12 अगस्त को दिल्ली के लिए प्रस्थान करूँगा। किन्तु, विवाह की झंझट 30 जून को खत्म हो जाएगी और मुझे उम्मीद है कि मैं 10-12 जुलाई तक पटने चला जाऊँगा जहाँ मुझे रहना है।

आप अगर अगस्त तक फर्रुखाबाद रहनेवाली हों तो वैसी सूचना देने की कृपा कीजिए जिससे मैं दिल्ली जाते हुए फर्रुखाबाद उतरकर आपसे मिल लूँ। मद्रास तो बहुत दूर पड़ जाता है। आप उत्तर आ गई हैं तो आपसे मिल लेना धर्म है। फिर मद्रास न जाने कब जा पाऊँगा। अगर आपकी सुविधा यह हो कि मैं जुलाई के ही दूसरे-तीसरे सप्ताह में आपसे मिलूँ तो वैसा भी लिखिए।

कविता का काम तो आजकल बन्द पड़ा है। विवाह की झंझट बड़ी होती है। उसी झंझट में पड़ा हूँ। निमन्त्रण जा रहा है। एक पत्र लिखकर मेरी बच्चियों को आशीर्वाद दीजिए।

भाई इन्द्रकुमार जी अगर फर्रुखाबाद आवें–आनेवाले हों–तो खबर दीजिए। उनसे मिलने की उत्सुकता बहुत है। बच्चे कहाँ हैं, कैसे हैं? दोनों को मेरा बहुत-बहुत प्यार और आशीर्वाद कहिए। मेरे बच्चे आनन्द से हैं।

आपने अपने स्वास्थ्य का हाल नहीं लिखा। फर्रुखाबाद स्वास्थ्य सुधार के लिए आई हैं या माताजी से मिलने के लिए? वहाँ कब तक रहनेवाली हैं, सो जरूर लिखिए। स्वास्थ्य पर ध्यान दीजिए। तन्दुरुस्ती से बढ़कर और कोई चीज नहीं है।

अपनी माता जी से मेरा प्रणाम कहिए। अगर आ सका तो उनके दर्शन करूँगा।

उत्तर देने का पता ऊपर लिखा है।

आपका
दिनकर

[3]

चौधरी टोला, पटना-6
6-2-54

प्रिय उमाजी,

हमलोग सानन्द आ गए। आपने बीमारी की हालत में भी हम लोगों की जो देखभाल की, उसके लिए हम सब कृतज्ञ हैं। सिर्फ एक ही काम आपने गलत किया कि साड़ी का छोटा उपहार अस्वीकृत कर दिया। मैं तो इन्द्रकुमार जी पर फरमाइश करने में भी संकोच नहीं मानता और आप उपहार लेने में भी संकोच करती हैं। यह झगड़ा जमकर अब अप्रैल में किया जायगा।

एक बात कह दूँ, उसे आप ध्यान में रखें। आपका शरीर ईश्वर की कृपा से अब रोगरहित हो गया है। मन से भी बीमारी का भय हटा दीजिए और खूब खाइए, खूब घूमिए। इतने से ही आप बलवती हो जाएँगी। दो मील रोजाना घूमने से आपका तन और मन दोनों ठीक रहेगा।

मेरी पत्नी आपको आशीर्वाद और बच्चों को प्यार भेजती हैं।

शेष कुशल है।

आपका
दिनकर

9
श्री उर्मिलाचरण गुप्त

52, साउथ एवेन्यू, नई दिल्ली
14-11-59

प्रिय उर्मिला,

आशीर्वाद।

दद्दा जब आने लगें तब याद करके मेरी पेलिकन कलम उनके साथ कर देना।

नवीन जी की हालत सुधरी है, लेकिन अभी उठे नहीं हैं। वाणी में काफी सुधार हुआ है।

तुम्हारा
दिनकर

10
श्री कन्हैयालाल फूलफगर

[1]

31, सरदार पटेल रोड, नई दिल्ली
4-12-73

प्रियवर,

आपके 16 दिसम्बरवाले समारोह में आने का प्रोग्राम मैंने बना लिया है। मैं 15 दिसम्बर के प्रातःकाल 11UP दिल्ली-हावड़ा एक्सप्रेस से कलकत्ता पहुँचूँगा। आप अपना आदमी स्टेशन भेजें और श्री शान्तिप्रसाद जी जैन के घर पर खबर कर दें कि वे अपनी गाड़ी स्टेशन भेजें।

मैं 17 दिसम्बर को लौटूँगा। 17 दिसम्बर की रात में 12Down दिल्ली-हावड़ा एक्सप्रेस से मैं चलूँगा। 18 को पटना उतर जाऊँगा। फिर 19 दिसम्बर को पटना में 12Down दिल्ली-हावड़ा एक्सप्रेस में चढ़ूँगा और 20 के भोर दिल्ली पहुँचूँगा। आप कृपा करके सावधानता के साथ मेरे लिए हावड़ा से दिल्ली तक का Through टिकट ACCI का कटा लें और दो रिजरवेशन टिकट खरीद लें। एक 17 की रात के लिए, दूसरा 19 के दिन और रात के लिए।

टिकट खरीद लेने के बाद मुझे निम्नलिखित पते पर तार या पत्र भेजें—
दिनकर
राजेन्द्रनगर, पटना-16

तुम्हारा
रामधारी सिंह 'दिनकर'

[2]

31, सरदार पटेल रोड, नई दिल्ली
6-12-73

प्रियवर,

मैं 15 दिसम्बर के भोर 12Down दिल्ली एक्सप्रेस से पटना होकर कलकत्ता पहुँचूँगा। आप यह सूचना श्री शान्तिप्रसाद जी जैन के यहाँ दे दें कि वहाँ से गाड़ी स्टेशन आ जाए।

मेरे लौटने का टिकट आप 11UP दिल्ली एक्सप्रेस से ACCI में कलकत्ता से सीधे दिल्ली का तुरन्त कटा लें। मैं 16 को कलकत्ते से चल सकूँ तो और अच्छा है। 17 और 18 मुझे पटना रुकना है। 19 को फिर 11UP में ही पटने से चढ़ूँगा। इसलिए दो Reservation कराना होगा। सीट मुझे Lower berth की चाहिए।

अगर 12 तारीख तक पटने में मुझे तार से यह सूचना नहीं मिली कि लौटने का इन्तजाम पक्का हो गया तो मैं कलकत्ते की यात्रा स्थगित कर दूँगा।

आज आपके यहाँ ट्रंक किया था। मगर कोई भी होशियार आदमी नहीं मिला जिसे अपनी बात समझा सकूँ।

एक पत्र परसों भी भेज चुका हूँ।

आपका
रामधारी सिंह 'दिनकर'

[3]

राजेन्द्रनगर, पटना-16
11-12-73

प्रियवर,

आपका 8 का पत्र आज मिला। मैं 15 के भोर 12Down से पहुँच रहा हूँ। शान्तिप्रसाद जी के यहाँ ठहरूँगा। आप वहाँ तुरन्त खबर दे दें कि गाड़ी आवे। आपका आदमी भी मौजूद रहे।

16 तारीख का टिकट करवा लिया, सो ठीक है। लेकिन पटने से मैं 19 के भोर ही चलूँगा, 20 के भोर मुझे दिल्ली पहुँच जाना है। इस गलती को हर कोशिश करके सुधारिए।

मैंने दिल्ली से आपको दो पत्र भेजे हैं। क्या आपको वे मिले नहीं? लगता है, इस बार मैं विपद में फँसा हूँ। प्रभुदयाल जी को 'हाँ' कह देने का यह दंड है।

17 और 18 पटना रहकर मुझे 19 के भोर 11UP से चल देना है, इसका प्रबन्ध जैसे भी हो, करें। नहीं तो कलकत्ता पहुँचकर भी मैं सभा में नहीं आऊँगा।

आज Mitraparisad के पते पर आपको एक्सप्रेस तार भी भेजा है।

Please be quick.

आपका
दिनकर

[4]

ए-बी 2, पंडारा रोड, नई दिल्ली
(अनुमानतः नवम्बर-दिसम्बर, 1973)

प्रिय भाई,

पत्र तुम्हारा मिला।

मेरी पोती पूर्णिमा का विवाह आगामी 28 जनवरी बसन्त पंचमी के दिन दिल्ली में होना तय हुआ है। उक्त अवसर पर तुम दो दिन पहले जरूर आ जाना। आने की सूचना शीघ्र भेजो।

मुनि बुद्धमल जी को पुस्तक 'मन्थन' की तुमने भूमिका चाही है*, वह तो उक्त पुस्तक में छपी हुई ही है, फिर भी टंकित प्रति तुम्हें भेज रहा हूँ।

आशा है, तुम स्वस्थ हो।

तुम्हारा
दिनकर

---

* रचनावली के सातवें खंड में शामिल।

11

डॉ. कन्हैयालाल सहल

5, सफदरजंग लेन, नई दिल्ली
29-1-70

प्रिय सहल जी,

सकुशल दिल्ली पहुँच गया। आपने मेरे आराम की उतनी चिन्ता की और हर जगह आप साथ रहे, यह याद करके मन कृतज्ञता से भर जाता है।

एक लेखक के रूप में आप पर बराबर मेरी श्रद्धा थी, किन्तु, मैं यह नहीं जानता था कि इतना विशाल कार्य आप कर चुके हैं। बस यही कह सकता हूँ कि आप धन्य हैं। श्री खद्दर जी को मेरा धन्यवाद निवेदित करें।

बिरला जी ने धन कमाया तो उसका सदुपयोग भी किया। विद्या-विहार को देखकर उन लोगों पर श्रद्धा बढ़ती है।

कृष्णबिहारी की कविताएँ बहुत अच्छी हैं। कविता के क्षेत्र में उसका भविष्य उज्ज्वल है। आशा है, आप सकुशल और सानन्द हैं।

आपका
रामधारी सिंह 'दिनकर'

12
आचार्य कपिल

[1]

लंगट सिंह कॉलेज, मुजफ्फरपुर
29-1-51

प्रिय कपिल जी,

हम लोगों के परम प्रिय विद्वान श्री कामेश्वर शर्मा (राष्ट्रवाणी) का एक लेख कहीं निकला है जिसकी कतरन आपकी सूचना के लिए भेज रहा हूँ। जरा गौर से देख जाइए।

कामेश्वर फूलें, फलें और बढ़ें, यह मेरी कामना पहले भी थी और अब भी है। उन्हें मैं यह भी छूट देता हूँ कि वे दिनकर काव्य के विरोधी के रूप में अपना विकास करें और उन्हें बुरा न लगे तो मेरे साथ एक थाली में बैठकर भोजन भी करें। मुझे हार्दिक प्रसन्नता होगी। किन्तु, उन्हें और प्रत्येक लेखक को चाहिए कि वस्तुस्थिति को देखकर बोले और लिखे जिससे किसी की पद-मर्यादा को अनुचित जर्ब नहीं पहुँचे। पटने में एक साहित्यिक षड्यन्त्र चल रहा है, जिसका केन्द्र यह कल्पित बात है कि दिनकर बिहार के सभी साहित्यिकों का बाधक है और कुछ लोगों के खिलाफ तो उसकी फौज खड़ी रहती है। जब उमा मुझ पर आक्रमण करें, बेनीपुरी मुझ पर चोट करें, प्रदीप मेरे विरुद्ध लेख छापें और कामेश्वर मेरे विरुद्ध लिखें तब लोग न जाने किसे मेरी फौज का आदमी समझते हैं? मुझे लगता है, कामेश्वर जी इस भ्रम में हैं कि दिनकर का विरोध करने से निष्पक्ष आलोचक के रूप में वे पूजे जाएँगे। सो इसे तो मैं घोर भ्रम समझता हूँ और जिस निर्णय पर मैं 15 वर्षों के बाद पहुँचा हूँ उस पर वे भी कभी न कभी आएँगे ही। प्रयत्नपूर्वक उनसे मिलकर उन्हें आप समझा देंगे कि प्रभात जी महाराज के साथ एक साँस में वे मेरा नाम न लें। कुरुक्षेत्र के विरुद्ध वे चाहें तो एक लेखमाला आरम्भ कर दें, जिसके लिए स्थान मैं 'राष्ट्रवाणी' में ही दिलवा दूँगा। मगर, ईश्वर के नाम पर वे भाषा में शिष्टता लाएँ और कोई ऐसा काम न करें जिससे उन्हें बाद को चलकर लज्जित होना पड़े।

उन्हें मैंने आत्मीय समझा है, इसीलिए ये बातें लिख रहा हूँ। प्रेमी भी परस्पर एक-दूसरे की आलोचना कर सकते हैं किन्तु ऐसी भाषा में नहीं जिससे जग हँसाई हो।

मैंने जीवन-भर में किसी आलोचक के लिए कोई पत्र नहीं लिखा था। यह पहला पत्र है। साहित्य में विचार-स्वातन्त्र्य रहना चाहिए मगर गाली-गलौज या मुँह-चिढ़ाना विचार-स्वातन्त्र्य नहीं है। खैर, कामेश्वर अभी-अभी अंडा तोड़कर निकला है इसलिए बहकना तो स्वाभाविक है। और जब सभी लोग अपने विकास के लिए दिनकर को लतियाना आवश्यक मानते हैं तो वही क्यों बाज आए? आखिर, पटने के साहित्यिकों में निर्भीक कहलाने का गौरव तो उसे मिलेगा ही।

शेष कुशल है।

आलोचक महाराज इन दिनों घर पर हैं। वे सम्भवतः 3 या 4 को मुँगेर आएँगे और 5 फरवरी को पटना।

आपका
दिनकर

[2]

मुजफ्फरपुर
25-4-51

प्रिय कपिल जी,

आपका पत्र मिला। 'प्राची' का अंक भी यथासमय आ गया था। 'प्राची' के विषय में क्या कहूँ? मुझे तनिक भी आशा नहीं थी कि मुँगेर से आप इतनी अच्छी सामग्री प्रस्तुत कर सकेंगे। 'प्राची' में आपने जिस सुरुचि का परिचय दिया है उससे मुझे सात्विक आनन्द हुआ। अब मैं आग्रह करूँगा कि इसका दिनोंदिन विकास कीजिए।

एक-दो बातें और हैं जिनकी ओर निर्देश कर देना उचित समझता हूँ। आवरण पर से आप मिट्टी के छोटे माधो को हटा ही दें। भीतर संकलन और सम्पादन में जो गाम्भीर्य है उसके अनुरूप ऊपर का आवरण सादा ही रहना चाहिए अथवा हलकी रेखाओं में कोई छोटा स्केच रहे तो ठीक है। आपका उद्देश्य कदाचित् यह है कि शिक्षण-संस्थाओं में जो प्रश्न और समस्याएँ हैं, डटकर उन्हीं पर प्रकाश डाला जाय। यह एक उपयोगी काम है। मगर, स्टैंडर्ड को जरा ऊपर ले जाइए तथा इस प्रकार की समस्याओं पर भी लेख लिखवाइए, जैसे—

(1) छायावाद का जन्म कब हुआ तथा उसके आदि कवि कौन हैं?
(2) नई कविता हिन्दी की परम्परा में आई है अथवा आकस्मिक रूप से?
(3) हिन्दी-गद्य के क्षेत्र में उस नेतृत्व को प्रधानता मिलनी चाहिए जो प्र.ना.मि., बालकृष्ण भट्ट, बालमुकुन्द गुप्त तथा गुलेरी जी के द्वारा दिया गया अथवा उसे जो रामचन्द्र शुक्ल एवं प्रसाद जी की देन है?

(4) यह बात कहाँ तक ठीक है कि उर्दू में से फारसी-अरबी शब्दों को हटाकर हिन्दी बना ली गई है?

(5) रसवादी आलोचना पद्धति में क्या संशोधन किया जाय कि वह आधुनिक साहित्य की व्याख्या में सफल हो?

(6) रीतिकालीन साहित्य का मूल्यांकन नई समीक्षा की कसौटी पर।

(7) भाषा सम्बन्धी दुष्प्रयोगों पर रोक लगाने के लिए आन्दोलन।

ये कुछ मोटे विषय हैं, जो याद आ रहे हैं। इनके समानान्तर और भी समस्याएँ होंगी। सोचने पर आप खुद एक अम्बार लगा दीजिएगा।

मैं तो 12 मई तक कुछ नहीं भेजूँगा। हाँ, उसके बाद कुछ-न-कुछ अवश्य भेजूँगा, खातिर जमा रखिए। आपके और काम भी इसी छुट्टी में होंगे। छुट्टियों में आप कहाँ रहेंगे?

आगामी 3 मई को हमारे यहाँ परिषद का वार्षिकोत्सव है। हजारी प्रसाद जी और द्विज जी आ रहे हैं। निबन्ध-प्रतियोगिता और वाद-विवाद प्रतियोगिता 2 मई को है। आपके यहाँ से भी निबन्ध और वक्ता आने चाहिए। निबन्ध का विषय है, 'हिन्दी में नई समीक्षा का जन्म और विकास' वाद-विवाद प्रतियोगिता का विषय है, 'State Vs Civil liberty' या ऐसा ही और कुछ।

शेष कुशल है।

आपका
दिनकर

[3]

मुजफ्फरपुर
31-8-51

प्रियवर,

पत्र मिला और पुस्तक की प्रति भी। देवेन्द्र और विश्वनाथ जी के लेख काफी परिश्रम से लिखे गए हैं। यों, सारी पुस्तक बहुत सुन्दर उतरी है। जिसे दिनकर-काव्य का अध्ययन नहीं करना है, पुस्तक उसको भी रोचक लगेगी। आज ही शिवबालक की किताब भी कॉलेज में एक अध्यापक के हाथ में देखी है। उसका प्रकाशन प्रयाग से हुआ है। शिवचन्द्र और मुरलीधर की पुस्तकें भी अगले मास में निकल जाएँगी। मगर मुँगेर की बात ही कुछ और है। नरसिंह बाबू का भी पत्र मिल गया है। पास में जो सामग्रियाँ थीं उन्हें झाड़-पोंछकर दो संग्रहों में जमा कर दिया है—'इतिहास के आँसू' और 'धूप और धुआँ' में। दोनों पुस्तकें अजन्ता से निकल रही हैं। आगे कोई चीज तैयार होगी तो विचार करूँगा।

पटने के दोस्तों की कुछ न पूछिए। शुकदेव इसलिए नाराज हैं कि उनकी किताब के पक्ष में वोट नहीं दिया (जिसकी जरूरत भी नहीं थी)। बेनीपुरी इसलिए नाराज हैं कि उन्हें किसी ने कह दिया है कि 'चुन्नू-मुन्नू' से उनका नाम इसलिए हटा है कि भीतर-भीतर मैं ही उसका सम्पादन कर रहा हूँ और तीन सौ रुपए भी मैं ही ले रहा हूँ। शिवचन्द्र शर्मा इसलिए दुःखी हैं कि उन्हें शिव जी से ही यह पता चला कि मेरे ही कारण वे हंसकुमार के बदले पुरस्कृत नहीं किए जा सके। अगर शिव जी से ही उन्हें यह भ्रमपूर्ण बात मालूम हुई हो तो हम लोगों के लिए मर जाने के सिवा और क्या उपाय है? मैं जितना ही इन चीजों से भागता हूँ, ये लोग उतना ही हैरान करते हैं। असल में, मेरे कोई मददगार नहीं हैं। इसलिए, सबको मेरे बारे में कुछ न कुछ सुनने का मौका लग जाता है। आप निश्चिन्त रहें। हाँ, व्यर्थ ही हिल-डुलकर आनन्द लूटना चाहें तो आप भी उसी राह जा सकते हैं। किन्तु यह शायद नहीं होगा। इस सारी परिस्थिति का लाभ उठा रहे हैं वे लोग, जो ऐसी परिस्थिति की खोज में थे। मुझसे अकारण द्वेष करनेवाले तो एक-दो नहीं, अनेक हैं। हर कवि अंडा फोड़ते ही मुझी पर नजर डालता है। यह दुःख की बात है।

अभी-अभी हुंकार आया है। उसमें प्रभात जी ने बड़ी ऊल-जलूल बातें लिखी हैं। अब आपके शत्रु और भी बढ़ेंगे। पीठ ताने रहिए। निराला जी ने कहा है न–

'यह हिन्दी का स्नेहोपहार।'

सो ये सारे उपहार लेने पड़ेंगे। कोई गति नहीं है। बन्धुओं की दलील है कि गुट में रहो नहीं तो चैन से लिखने नहीं देंगे। दुर्भाग्यवश, दो तीन आदमी भी ऐसे नहीं हैं जिन्हें मैं अपनी गुट का कह सकूँ। अगर मेरी कोई गुट है तो उसका एकमात्र सदस्य मैं ही हूँ।

'प्राची' के लिए कुछ-न-कुछ अवश्य भेजूँगा। एक चीज तो जा रही है।

आपका
दिनकर

[4]

मुजफ्फरपुर
20-3-52

प्रिय भाई,

मैं नौकरी से अलग हो चुका हूँ। अब 27 मार्च को चुनाव होनेवाला है। मेरे हिस्से में 15 एम. एल. ए. मुँगेर के ही हैं जिनमें से निम्नलिखित लोगों से मेरी जान-पहचान नहीं है। आपको इसलिए लिख रहा हूँ कि आप इन सज्जनों को 25 मार्च को पटने

भिजवाने की व्यवस्था करें। इस काम के लिए मेम्बरों को टी. ए. नहीं मिलेगा। इसलिए, वे टाल-मटोल कर सकते हैं। ऐसी अवस्था में जो उचित समझिए, कीजिए। कर्ज मैं फौरन चुका दूँगा।

(1) श्री योगेन्द्र महतो, परिया (बरियारपुर), (2) श्री भागवत प्रसाद, सुन्दरपुर (बाहाचौकी), (3) श्री दुर्गा मंडल, चैनबरिया (दिघी), (4) श्री गुरु चमार, रविदास ग्राम (झाझा), (5) शाह मुश्ताक साहब, मकदुमपुर कबीर-मुँगेर, (6) श्री रघुनन्दन प्रसाद, मुँगेर।

यह चिट्ठी जितनी जरूरी है, उतनी ही खानगी भी। न हो तो बाबू रामगुलाम शर्मा और नन्दकुमार बाबू से भी बात कीजिए। वे लोग जो फरमावें, दे दीजिए। यह मेरी ओर से, होगा। खुद जिनसे मिल सकें, जरूर मिल लें। कम से कम भागवत प्रसाद, रघुनन्दन प्रसाद और मुश्ताक साहब को तो आप भेज ही सकते हैं। आपके वहाँ रहते मैंने किसी अन्य दूत को भेजना अनावश्यक समझा। अब आप आलस्य कीजिएगा तो कुछ न कुछ खतरे का सामना करना ही पड़ेगा।

मेरा चुनाव 27 मार्च को होगा। मैं वहाँ 24 से ही मौजूद रहूँगा।

आपका
दिनकर

[5]

मुजफ्फरपुर
21-3-53

प्रियवर,

खुशी की बात है कि कल भिरहावाले को फलदान पड़ गया। समरजीत के काम में आज हाथ लगा रहा हूँ। कल पटने में देखा जायगा। आप उन दोनों की सुधि न भूलिएगा और दोनों शहरों में जहाँ जो सम्भव हो, कर डालिएगा।

कंठ साहब से मिलकर एक दिन बात कर लीजिए कि काम का संगठन कैसे किया जाय। विश्वनाथ जी, पं. श्रीकृष्ण मिश्र, आप और कंठ, ये ही जरूरी आदमी होंगे। बाकी तो शोभा-शृंगार के लिए आएँगे। उसमें भी आपको पतवार की जगह पर बैठना है। नहीं तो सब गंडागोल हो जायगा। मुझे दिल्ली (189 Constitution house) खबर दीजिए।

मेरी एक हरी पेंसिल आपके यहाँ छूट गई है। उसे अब पाने की उम्मीद नहीं रहने से आपको भेंट किए देता हूँ।

उम्मीद है, खटमलों का कुछ न कुछ वारा-न्यारा कर दिया होगा। कहा भी है–

खटमल जेतो मारिए, तेतों पुन्य प्रसार।

डेढ़ अरब ही मनुज हैं, खटमल-वंश अपार।

शेष कुशल है। पुष्करिणी के लिए जोर लगाइएगा।। गुप्त जी का खास आग्रह है, यह बात गौड़ जी से भी कह दीजिएगा।

आपका
दिनकर

[6]

पटना-6
10-1-55

प्रिय कपिल जी,

आज रामसेवक बेगूसराय से अपना-सा मुँह लिए हुए लौट आए। सच्चिदा बाबू ने असमर्थता के लिए जो पत्र लिखा है, वह आपके पास भेज रहा हूँ। मेरी समझ में तो खाक नहीं आया। सुना है, इस बार फिर सच्चिदा बाबू के सम्बन्धी उम्मीदवार हैं। किन्तु, इस असमर्थता की बात वे कैसे लिखें।

बेगूसराय का कॉलेज मेरे लिए अपमान की वस्तु बन गया है।

आपका
दिनकर

पुनश्च–

23 दिसम्बर को दिल्ली में मेरा एक बैग खो गया, जिसमें सारे जीवन की बौद्धिक कमाई यानी Studies notes और पांडुलिपियाँ थीं।

दिनकर

[7]

श्रीनगर
19-6-56

प्रियवर,

दूसरा पत्र कल मिला। मैंने दिल्ली पत्र लिख दिया है। 25 को वहाँ पहुँचकर बाकी पैरवी करूँगा। आशा है, कार्य सिद्ध हो जायगा।

श्मामनन्दन बाबू गुणग्राही व्यक्ति हैं। मैं भी उन्हें बहुत चाहता हूँ।

आपका
दिनकर

पुनश्च–

27-28 तक मैं पटने पहुँच जाऊँगा।

[8]

उदयाचल, आर्यकुमार रोड, पटना-4
2-7-56

प्रिय कपिल जी,

श्रीनगर से मैं दिल्ली आज पहुँचा हूँ। आज ही दफ्तर जाकर परिस्थिति समझी। आपका नाम आया है, यह ठीक है। किन्तु पहला नाम किसी डॉ. टी. पी. श्रीवास्तव का है। यद्यपि, इससे कोई बाधा नहीं पड़ेगी। बाधा की बात यह है कि केवल यूनिवर्सिटियों से 52 नाम हैं। इतने ही सरकारों से भी आए होंगे और जाएँगे सिर्फ दस व्यक्ति। बिहार से डी. पी. आई. और पटना वि. वि. के बाइस चांसलर खुद उम्मीदवार हैं। इससे प्रतियोगिता भयानक है। उस पर भी वि.वि.वि. का पत्र विलम्ब से आया है। मैं कह-सुन तो आया हूँ। किन्तु, आज मेरी आशा क्षीण हो गई है।

क्या एक-दो वर्ष के लिए आप हिन्दी-शिक्षक के पद पर लेनिनग्राड रहने को तैयार होंगे। बँगला आप कितनी जानते हैं?

कल मैं पटने के लिए रवाना होऊँगा तथा 4 से 8 जुलाई तक पटना ही रहूँगा। उसके बाद राँची, कलकत्ता आदि जगहों पर दो-दो दिन रहना है।

आपका
दिनकर

[9]

52, साउथ एवेन्यू, नई दिल्ली
24-8-57

प्रियवर,

तार कल रात को मिला। विचित्र बात है कि केदार तो मुँगेर में पढ़ें और सर्वजीत के लिए मुजफ्फरपुर में पैरवी करनी पड़े। किन्तु दिग्विजय बाबू ने सहर्ष स्वीकार कर लिया। आज ही वे तार भेजकर प्रिंसिपल को सूचित कर रहे हैं कि उम्मीदवार उनका सम्बन्धी है। मेरा खयाल है, दाखिला हो जाएगा।

केदार मुँगेर पहुँचे या नहीं? मुझे उन्होंने कोई पत्र नहीं लिखा है।

सुना है, सम्मेलन के भावी सभापति को लेकर फिर झगड़ा मचा है। मुझे तो मत-पत्र भी नहीं भेजा गया। मुझे शंका होती है कि सम्मेलन सितम्बर में न हो सकेगा। न हो तो बात मेरे अनुकूल ही होगी। हिन्दी कमीशन की रिपोर्ट यहाँ पेश है। उसके सम्बन्ध में क्या-क्या काम करने होंगे, अभी पता नहीं है। यदि संसदीय समिति में रखा गया तो हर मीटिंग में सम्मिलित होना और सदस्यों को समझाना- बुझाना आवश्यक होगा। यह काम सम्मेलन से अधिक महत्त्वपूर्ण होगा।

एक बात और है कि चीन के लेखक-संघ का निमन्त्रण मैंने स्वीकार कर लिया

है। यदि मेरी शर्तों के साथ वह कार्यक्रम समय पर बन गया तो अक्तूबर के अन्त में मुझे चीन जाना पड़ सकता है। अतएव, सम्मेलन की तिथि बढ़ाई जाय तो एकदम दिसम्बर या जनवरी ले जाइए।

शेष कुशल है।

आपका
दिनकर

[10]

52, साउथ एवेन्यू, नई दिल्ली
13-12-57

प्रिय कपिल जी,

सारी परेशानियाँ झेलकर आज पटने से दिल्ली पहुँचा। क्या जाने, मुझे क्या हो गया है कि सम्मेलनों से लौटने के बाद मुझे अपने भीतर अपवित्रता का बोध होने लगता है। उस अपवित्रता का बोध सारी राह होता आया।

मुँगेर सम्मेलन में साथ होना मेरी नैतिक जिम्मेवारी थी। किन्तु, शरीर के रोगी हो जाने से अब वह जिम्मेवारी निभ नहीं सकती। उस दिन कवि सम्मेलन चलाने का काम मुझसे ठीक-ठीक निभ नहीं सका। जनता ने अपनी रुचि को मुझ पर लाद दिया। अतएव, कई कवि बुलाए ही नहीं गए। यह भी है कि सब बुलाए जाते तो क. स. देर तक चलता और मैं 12 से आगे बैठ नहीं सकता था। कवि भाइयों को घोर असन्तोष हुआ, यह बात सुनी है। विश्वनाथ जी और प्रफुल्ल जी नाराज हुए कि मैंने घेरे तुड़वा डाले। मगर, घेरे रहते तो जनता ऊब जाती, क. स. भी उतना ही अशान्त रहता जितना सम्मेलन का मुख्य अधिवेशन अशान्त रहा।

सबसे दुःख की बात यह हुई कि हरिमोहन जी की एक बात का मैं दुःख मान बैठा। पीछे इस दुःख मानने पर मुझे बहुत दुःख हुआ। हरिमोहन जी से आप कहेंगे कि मैं क्षमा चाहता हूँ। थकावट और चांचल्य में यह हो गया।

कवि सम्मेलन का संचालन आपको लेना था। किन्तु, आपका सहयोग वाजिबी-वाजिबी रहा। प्रफुल्ल की हैरानी भी सराहने योग्य रही और मिश्र जी भी तन-मन से तत्पर रहे। मगर, हम लोगों पर रामेश्वर बाबू की कर्मठता का पूरा प्रभाव पड़ा। ऐसा दिखाई दिया कि सारा प्रबन्ध उन्हीं के कन्धों पर था। मेरी ओर से उन्हें धन्यवाद देंगे।

कमलनयन, रामेश्वर बाबू और आपसे कुछ खास बातें करनी थीं। मगर, अब तो दूसरा मौका निकालना होगा। शेष कुशल है।

आपका
दिनकर

[11]

नई दिल्ली
25-1-67

प्रिय कपिल जी,

आपको मेरा इधर का हाल मालूम नहीं होगा। रामसेवक भयानक रूप से बीमार हैं। मुँह के भीतर वे जीभ को ठीक से घुमा नहीं सकते। ग्रास निगलते समय अनुभव करते हैं, मानो, पानी में डूब रहे हों। ग्रास का अंश कभी-कभी नाक से भी निकल आता है। उँगलियों से वे बटन भी नहीं लगा सकते। आवाज बहुत दबी हुई और नकियायी हुई निकलती है। चलना-फिरना कर लेते हैं मगर कमजोर बहुत हो गए हैं और कमजोरी बढ़ती ही जाती है।

डॉक्टर मदन मोहन सिंह के भरोसे उन्हें मैं दिल्ली ले आया था, मगर डॉक्टर साहब का मत बना कि यह मोटर-न्यूरोन है, फिजिकल डिजनरेशन ऑफ नर्वस है और पाश्चात्य विज्ञान में इसका कोई इलाज नहीं है। फिर दिल्ली के चार-पाँच वैद्यों ने मिलकर 21 दिसम्बर से 22 जनवरी तक उनका इलाज किया किन्तु लाभ नाम को भी नहीं हुआ, रोग कुछ बढ़ता ही गया है। आज से उन्हें यहाँ के एक होमियोपैथ देख रहे हैं।

मैं भयानक चिन्ता से ग्रस्त हो गया हूँ। किस विपत्ति के भीतर से कौन विपत्ति निकलेगी, कुछ कहा नहीं जा सकता। अभी तो स्थिति यहाँ तक पहुँची है, आगे और क्या होनेवाला है, नियति को मालूम होगा। अब तो भाग्य से शिकायत भी क्या करूँ? नियति जो कुछ भेजती जायगी, हाथ उठाकर कबूल करना पड़ेगा।

आपका
रामधारी सिंह 'दिनकर'

[12]

2, साउथ एवेन्यू, लेन, नई दिल्ली
30-1-67

प्रिय कपिल जी,

आपका 28-1-67 का पत्र मिला। जानकर घबराहट हो गई कि आप रक्तचाप के रोगी हो गए। एक बार सुधांशु जी की नाक से भी खून आया था और काफी आया था। मगर उसके बाद से भी वे संयम नहीं कर रहे हैं। मगर आप अब पूरे संयम से रहिए। वजन घटाइए। घी छूइए भी नहीं। भर पेट मत खाइए। दिन में 1 से 3 तक न किसी से मिलिए, न काम कीजिए। जाकिर साहब कहते हैं कि दिन को उन्होंने दो खंडों में बाँट दिया है। वही रास्ता आप भी पकड़िए।

मुझ पर यह मुसीबत क्यों पड़ी, इसकी बुद्धि-सम्मत व्याख्या मुझे नहीं सूझती।

व्याख्या केवल दैवी सूझती है। मैं 1963 से अपने को जबरदस्ती हाँककर भगवान की ओर ले जाने की कोशिश में रहा हूँ। भगवान के दरबार में खूँटा गाड़ कर अपने को उससे बाँध दिया है। मगर भगवान का स्पर्श मुझे अनुभूत नहीं हुआ। लगता है, आग में भली-भाँति जलाकर वे मुझे शुद्ध करेंगे और तभी छुएँगे। कुन्ती ने कृष्ण से कहा था, 'केशव मुझे हमेशा दुःख में रखो, जिससे मैं तुम्हें न भूलूँ।' कुन्ती की साधना को भगवान मुझ पर लागू कर रहे हैं।

साहित्य की पुस्तक छूने की भी इच्छा नहीं होती। केवल महर्षि रमण का साहित्य पढ़ता हूँ और उनके फोटो को ध्यान लगाकर देखता हूँ। इस प्रकार रमण-रमण रटकर विपत्ति की अवधि बिता रहा हूँ। किन्तु, इस विपत्ति की अवधि कोई है क्या? शायद नहीं है। यों भी रमण-साहित्य पढ़ने से लगता है, महर्षि भक्त की विपत्ति में हस्तक्षेप नहीं करते थे। केवल उसे सहने की शक्ति भक्तों को दे देते थे।

किताबों में जो कुछ पढ़ा था, जीवन में उसे अब स्पष्ट देख रहा हूँ। जीवन दुःखों का पुंज है। बुद्ध ने कहा था, दुःख है और दुःख से निकलने की राह भी है। लेकिन वह राह कौन सी है? बुद्ध को बोधिवृक्ष के नीचे क्या चीज हासिल हुई थी, जिसे लोग बुद्धत्व कहते हैं? ईश्वर को तो वे मानते नहीं थे। फिर क्या देखकर वे बुद्ध हो गए? स्पष्ट ही, उन्हें यह ज्ञान हो गया कि मैं शरीर नहीं हूँ, मन नहीं हूँ। विपत्तियाँ मुझ पर नहीं आतीं, वे शरीर पर आती हैं और शरीर से मैं भिन्न हूँ। जिसे यह ज्ञान प्राप्त होता है, उसके भीतर अनेक शक्तियाँ आपसे आप प्रकट हो जाती हैं, जैसे वह ईसा में भी प्रकट हुई थी।

जिस ज्ञान तक पहुँचने में बुद्ध को छह साल लगे थे, वह अनुभूति भगवान रमण को 17 साल की उम्र में आपसे आप प्राप्त हो गई। लेकिन उनका कहना था, दुःख है नहीं। मनुष्य का प्रकृत रूप सुख का स्वरूप है। दुःख भ्रान्ति से उत्पन्न होता है। लेकिन, आत्मज्ञानी इस भ्रान्ति से ऊपर उठ जाता है और तब वह सुखी और शान्त हो जाता है। युद्ध, भ्रष्टाचार, विभीषिका ये तभी तक दुःख के कारण हैं, जब तक हम आत्मज्ञान से दूर हैं। एक व्यक्ति के भीतर जब विचार सो जाते हैं, प्रभाव उसका समस्त मानवता पर पड़ता है।

साहित्यवाले समस्या पर दूसरी दृष्टि से सोचते हैं। नीत्से और रिल्के के अनुसार दुःख से अलग सुख का अस्तित्व है ही नहीं। दुःख को जब हम अंगीकार कर लेते हैं तब उसी से सुख की स्थिति बनती है।

और अस्तित्ववादियों का मत है कि जीवन में दुःख है, मगर उससे निकलने का उपाय नहीं है। जीवन की किसी भी समस्या का कोई समाधान नहीं है। इसलिए ईश्वर व्यर्थ है, परलोक है नहीं, भूत और भविष्यत्, दोनों बेकार हैं। वर्तमान का क्षण ही अर्थपूर्ण है। क्षण की समस्या का समाधान खोजो, लम्बी योजना मत बनाओ, क्षण के भीतर जियो और जितना भी सुख उपलब्ध हो, उसे भोग लो।

अपने यहाँ किसी प्राचीन ग्रन्थ में कोई कहानी है, जो अस्तित्ववादियों का समर्थन करती है। एक अत्यन्त गम्भीर कूप है। उसके भीतर नाग फुंकार रहे हैं और ऊपर बाघ बैठा हुआ है। कुएँ की दीवार से पेड़ निकले हुए हैं। आदमी एक पेड़ से लटका हुआ मृत्यु से बचने की चिन्ता से ग्रस्त है। लेकिन पास ही एक डाल से मधु का कोष भी लटक रहा है। आदमी निरन्तर भय, चिन्ता और त्रास में है। किन्तु, सुयोग पाते ही वह बढ़कर जरा सा मधु भी चाट लेता है। यह कहानी मैं जानता था, मगर, उसकी सच्चाई की अनुभूति अभी हो रही है।

जीवन में दुःख है, मगर वह मिटाए नहीं मिटेगा। उपाय है, बुद्ध और भगवान रमण की तरह इस अनुभूति पर पहुँचो कि मैं शरीर से भिन्न हूँ। जो कुछ होता है, शरीर को होता है, मुझे कुछ भी नहीं व्यापता। महर्षि की बाँह में कैंसर हुआ था। ऑपरेशन चार बार हुआ, मगर, क्लोरोफार्म उन्होंने नहीं लिया। हर ऑपरेशन के समय वे ऐसे बैठे रहे, मानो, बाँह उनकी नहीं हो। यह चरम उपलब्धि है। मगर कुछ निचले स्तर पर आत्मा को शरीर से भिन्न समझना सम्भाव्य है।

यह सारा ज्ञान मैं छाँट रहा हूँ। मगर बेचैनी, घबराहट और निराशा की लहरें फिर भी उठती ही रहती हैं। मगर जब वे आक्रमण करती हैं, मैं पूछता हूँ, ये आक्रमण किस पर हो रहे हैं, शरीर पर या मुझ पर? इस प्रश्न मात्र से आक्रमण की धार थोड़ी मन्द पड़ जाती है। बस इसी प्रकार जी रहा हूँ।

सुना है (और अनुमान भी करता हूँ) कि रामसेवक के मन पर चिन्ता का बोझ है। यानी अब मेरे परिवार का क्या होगा? यह भी जरूर समझता होगा कि जब तक बाप कमाता है, काम चल जाएगा। फिर सोचता होगा साठ साल का आदमी और कब तक जीयेगा, कब तक कमाई करेगा? इसका समाधान है केदार के मन में रामसेवक ने जो शंका, त्रास और आतंक घुसेड़ दिया है, उसे दूर करना और केदार की सहानुभूति प्राप्त करना। मगर इस प्रश्न का वह सामना नहीं करना चाहता। अब तक वह कहता था कि लड़ाई उसकी बाप के साथ है, भाई के साथ नहीं। अब बाप के घर तो वह आ गया (कभी भी आ सकता था) मगर यह उसे यथेष्ट नहीं मालूम होता और जो यथेष्ट होगा, उसके लिए कोशिश करने में उसे पराभव का बोध होता है। यानी 'हे! दिनकर जी, तुम्हारे हाथ में तो मैंने कुछ रहने नहीं दिया, मगर, घर के मालिक तुम्हीं हो और केदार को दबाकर मेरे चरणों पर ला देना तुम्हारा काम है।' यानी पहले भी वह असम्भव के पीछे दौड़कर तबाह हुआ और अब भी असम्भव की आशा में अपने को नष्ट कर रहा है। और यह सब सहने के लिए भगवान मुझे जीवित रख रहे हैं। अभी तो मृत्यु मुझे अत्यन्त काम्य दिखाई देती है। वह अगर आ जाए तो कितनी मुसीबतें एक साथ खत्म हो सकती हैं।

बहुत लम्बा पत्र लिख गया। क्षमा करेंगे।

आपने ईभा से मुझ पर जो किताब निकलवाई थी, उसकी दो प्रतियाँ या कम से

कम एक क्या मिल सकेगी? इधर गिनती करने से पता चला कि मुझ पर कोई 25 किताबें निकली हैं। मगर, आपवाली पुस्तक के समान कोई और पुस्तक नहीं निकली।

आपका
दिनकर

[13]

राजेन्द्रनगर, पटना-16
21-12-71

प्रिय कपिल जी,

आपका 18 का पत्र आज मिला। लगा, जैसे अचानक आपकी आवाज सुनाई पड़ी हो। गनीमत है कि हम-सूरत यहाँ दो-चार बैठे हैं।

25 नबम्बर के भोर मेरे बाएँ हाथ में झुनझुनी उठी। Movement ठीक था मगर हाथ बहरा हो गया था। गरम तेल की मालिश से पाँच मिनट में ठीक भी हो गया। हस्ब मामूल डॉक्टर तीन घंटे बाद आए। बोले, वही था, छूकर चला गया है। यानी लकवा जुठाकर चला गया है। श्रीनिवास कहते हैं, यह यों ही डायबिटीज का आजार था। मगर ए. के. एन. ने उस दिन घर के कैद में डाल दिया। उसी में पड़ा हुआ हूँ।

मैं बीमार और देश में बड़ी घटना घटित हो गई। पाँच 'नोबल पुरस्कारों' से देश को जो इज्जत नहीं मिलती, वह एक अन्तर्राष्ट्रीय युद्ध जीत लेने से मिलती है। उस पर यह युद्ध तो शरणार्थियों के लिए लड़ा गया है। भारत अब दुनिया में एक शक्ति माना जायगा। अमरीका ने सातवाँ बेड़ा लाकर बहुत बड़ी गलती कर डाली।

स्थान का अखाड़ा छोटा, काल का अखाड़ा बड़ा होता है। बड़े अखाड़े के पहलवान छोटे अखाड़े में लड़ें तो उनके हारने का डर रहता है। गांधी जी जिन्ना से स्थान के अखाड़े में लड़े थे, इसीलिए वे हार गए। नगर बँगलादेश का अखाड़ा काल का अखाड़ा है, मुक्तिवाहिनी काल के उदर से जनमी हुई फौज है। इस अखाड़े में जीत गांधी की हुई है, जिन्ना हार गए हैं। आपको मेरा एक पद याद है?

स्थान में संघर्ष हो तो क्षुद्रता भी जीतती है,
पर समय के युद्ध में वह हार जाती है।
जीत ले दिक् में जिन्ना, पर अन्त में बापू, तुम्हारी
जीत होगी काल के चौड़े अखाड़े में।

सन्तोष की बात है कि मैंने जीते जी अपनी भविष्यवाणी को सच होते देख लिया।

कभी आइए तो दर्शन जरूर दीजिए। पत्र तो अवश्य लिखा कीजिए।

आपका
दिनकर

[14]

पटना-16
12-5-72

प्रिय कपिल जी,

आपका 9 मई का पत्र आज मिला। लखीसराय गवर्नर जानेवाले थे। वे बीमार हो गए। अतएव अभावे शालिचूर्ण के रूप में गंगा मुझे ले गए। रेल से गया, रेल से आया।

मैं भी अपनी पोती के लिए लड़का खोज रहा हूँ। कोई सीधे मुँह बात ही नहीं करता। पहले समाज में ऐसे लोग थे, जिन्होंने मुफ्त लड़के देकर, मेरा उपकार किया था। मगर अब वे लोग समाज से लुप्त हो गए हैं। नई पीढ़ी के भूमिहार केवल अर्थ-पिशाच हैं। मैं भी जात से बाहर जाने को तैयार हूँ। दूसरा विकल्प यह कि लड़की क्वाँरी रह जाय। और कर क्या सकता हूँ?

पहले लोग सोचते थे, दिनकर भी कंगाल नहीं है, उसके पास कीर्ति है, उसे शरण मिलनी चाहिए। अब ऐसी बात कोई नहीं सोचता। ऐसी भ्रष्ट जाति से बाहर निकलने का रास्ता मिले तो इससे अच्छा और क्या होगा। मगर कोई रास्ता तो मिले।

9 लड़कियों की शादी कर चुका हूँ। रामसेवक की तीन बेटियाँ और हैं। कम से कम दो की शादी करके मरना चाहता हूँ। मुझे लगता है, भगवान ने मुझे 11 लड़कियों के ब्याह के लिए भेजा था। वह काम पूरा हो जाए तो समझूँ कि मेरे अवतार का कार्य पूरा हो गया।

ग्रन्थ अकादमी का चेयरमैनशिप मैंने स्वीकार नहीं किया है। फिर भी नव विहार ने लिख ही दिया, "सरकार चारण कवि को चेयरमैन बनाना चाहती है।" पटना आकर बैठने का यह दंड है। असल में भूमिहार ही नहीं, यह सारा प्रान्त सड़ गया है।

अप्रैल में तीन बार दिल्ली जाना पड़ा। परसों फिर दिल्ली जा रहा हूँ। सरकारी खर्च पर रास्ता तौलने में समय जा रहा है।

शेष कुशल है। दाँतों का दर्द अभी-अभी शान्त हुआ है।

आपका
दिनकर

13
श्री कपिलदेव नारायण सिंह 'सुहृद'

[1]

दलसिंग सराय (दरभंगा)
2-4-35

प्रिय सुहृद,

कल रात तुम्हारा तार मिला, द्विज जी क्यों नहीं आ रहे हैं? क्या उन्हें अपने प्रान्त से जरा भी प्रेम नहीं है? अगर वह अस्वस्थ हों तब कोई बात नहीं है। यदि यों ही टाल-मटोल कर रहे हों तो उन्हें किसी तरह भी मत छोड़ो। उन्हें अवश्य सभापति बनाना।

मेरे सम्बन्ध में कई बातें हैं, मुझे सरकार से मंजूरी लेनी पड़ेगी। यह पहली बाधा है। दूसरे तुम स्वागत प्रधानमन्त्री हो। यह चुनाव आरोप से मुक्त नहीं हो सकता इसके सिवा मैं उम्र और साहित्य-सेवा के लिहाज से भी सभापति बनना नहीं चाहता। मुझे ये चार वर्ष तक कूदने-फाँदने दो। मेरे सभापतित्व में सम्मेलन को नियन्त्रण के अन्दर रहना पड़ेगा। अथवा मुझ पर विपत्ति आएगी। आशा है, मेरी प्रार्थना पर विचार करोगे।

तुम्हारा
दिनकर

[2]

55, साउथ एवेन्यू, नई दिल्ली
14-11-55

प्रिय भाई,

अचानक वारसा (पोलैंड) जा रहा हूँ। 20 नवम्बर को उड़ँगा। 23 नवम्बर को वहाँ के राष्ट्रीय कवि की शती है, उसमें कई देशों के कवि आएँगे। भारत से मैं और मलयालम कवि वल्लातोल हैं। मगर वे जाएँगे नहीं, वृद्धता के कारण। अतएव, मैं अकेला ही चला।

आशीर्वाद का कामी,

तुम्हारा
दिनकर

[3]

पटना-4
17-2-57

प्रिय भाई,

19 से 5 मार्च तक मुझे गाँव की तरफ रहना है। सोचता हूँ, इस बीच जितना काम हो जाय, अच्छा है। अतएव फुद्दी और तेतर को तुम 22-2 तक सिमरिया भेज दो। शर्मा के लिए जो काम लिख भेजा है, वह उसके हवाले कर दो। कड़ी का काम वह जल्दी कर दे।

तुम्हारा
दिनकर

[4]

पीकिंग होटल, पींकिग (चीन)
2-11-57

प्रिय भाई,

मैं 25 को रंगून रुका, 26 को कुनमिंग, 27 को शेंगतू और 28 को पींकिग आया। अब 5 को यह शहर छोड़ँगा और तिंस्तीन, नानकिंग, शंघाई, और हांगचो होकर कानटून पहुँचूँगा, जो चीन की दक्षिण चौहद्दी पर है। वहाँ से 18 को हांगकांग जाऊँगा और फिर मैं बैंकाक एवं रंगून होकर 25 नवम्बर को कलकते पहुँच जाऊँगा।

चीन में एकाध बात ऐसी भी देखी जिससे मन को धक्का लगा। यह बहुत बुनियादी बात है और उसका सम्बन्ध कवियों, लेखकों और चिन्तकों से है, इसलिए सारी मानवता के भाग्य और भविष्य से उसका सम्बन्ध पड़ेगा। किन्तु, इसके सिवा यहाँ जो कुछ है, अनुकरणीय है। देश तो यह प्रायः भारत के समान ही है। वैसी ही गरीबी, वैसी ही गन्दगी, वैसे ही गाँव झोपड़े, नाले, खेत और किसान। किन्तु, नई सरकार की एक उपलब्धि स्पष्ट ही प्रशंसनीय है और वह यह कि यहाँ गरीबों का राज्य कायम हो गया है एवं किसान और मजदूर पूरे मन से सरकार के साथ हैं। चीनी युवक और युवती के मुख पर तुम्हें आशा, उल्लास और दृढ़ संकल्प दिखाई देगा। विश्वविद्यालयों में युवक घोर परिश्रम से पढ़ रहे हैं और व्यायाम भी खूब कर रहे हैं। राष्ट्रीय अनुशासन कोई चीन में देख ले।

30 को यहाँ के लेखक संघ में मेरा अभिनन्दन था। कल यूनिवर्सिटी में स्वागत था। जिसमें मेरा घंटे भर का भाषण हुआ। कल कुछ कवि आ रहे हैं। चीनी बहुत अच्छे लोग हैं।

तुम्हारा
दिनकर

[5]

2, साउथ एवेन्यू लेन, नई दिल्ली
27-4-1966

प्रिय भाई,

तुम्हारा 21 अप्रैल का पत्र मिला। उत्तर न देने में किंचित् विलम्ब हो गया। कार्यव्यस्त रहा हूँ। प्रस्ताव जा रहा है।

हिन्दी सलाहकार समिति के सदस्य बहुत नाराज हैं। उन्होंने सरकार पर जोर डाला है कि समिति की बैठक बुलाई जाय। यह समिति सम्भवतः 16 मई को बुलाई जा रही है। जब से मैं उसका वाइस चेयरमैन बना हूँ, समिति पहले पहल ही बुलाई जा रही है। अतएव, उस समय दिल्ली छोड़ना असम्भव हो जायगा। बड़ा दुःख है, लेकिन क्या करूँ?

तुम लोग स्टेशन आए थे, यह बात मैंने सुनी थी। गाड़ी छूटते समय बाहर झाँकता रहा, मगर दर्शन नहीं हुए। गड़बड़ी गलत सूचना के कारण हुई अथवा गाड़ी ने मैक-अप कर लिया हो।

घर को फिर से संगठित करने का हलका सा प्रयत्न आरम्भ किया है। देखो, कैसे चलता है।

तुम्हारा
दिनकर

प्रस्ताव

27-4-1966

देश के कल्याण और सत्साहित्य के प्रचार के लिए निम्नलिखित पुस्तकें बुक-स्टॉल पर अवश्य रखी जानी चाहिए। साथ-ही-साथ और नीचे लिखे हुए प्रस्ताव भी होना चाहिए।

1. विस्तारवादी चीन के दो हजार वर्ष

लेखक : श्री जगदीश प्रसाद चतुर्वेदी
प्रकाशक : नव भारती सहकार प्रकाश प्रतिष्ठान
ए-8/42, राणा प्रताप बाग, दिल्ली-7
मूल्यः 1.25 पैसे

2. लोकदेव नेहरू

लेखक : श्री रामधारी सिंह 'दिनकर'
प्रकाशक : उदयाचल, राजेन्द्रनगर, पटना-4
मूल्यः 4.50 पैसे

3. मनोरंजक संस्मरण

लेखक : श्री श्रीनारायण चतुर्वेदी

प्रकाशक : इंडियन प्रेस इलाहाबाद

मूल्यः 3.75 पैसे

4. मोहन राकेश की श्रेष्ठ कहानियाँ

प्रकाशक : राजपाल एंड सन्स, दिल्ली

मूल्यः 2.50 पैसे

5. डेस्कों पर खुदे नाम

लेखक : श्री जगदीश बोरा

प्रकाशक : कृष्णा ब्रदर्स, अजमेर

मूल्यः 3.00

6. आचार्य द्विवेदी और उनके संगी-साथी

लेखक : श्री किशोरीदास वाजपेयी

प्रकाशक : जिज्ञासा प्रकाशन, देवनगर, कानपुर-63

मूल्यः 3.00

[6]

5, सफदरजंग लेन, नई दिल्ली
20-12-69

प्रिय सुहृदजी,

आपका 18-12 का पत्र मिला। आपने जो लिखा, वह ठीक ही होगा। फिर भी मैंने जो अनुरोध किया, उसका पालन आप न कर सके। भगवान आपका भला करे।

तुम्हारा
दिनकर

पुनश्च—

मुझे इस बात का तनिक भी दुःख नहीं है कि आप मुझे दर्शन न दे सके। 12-13 को मैं यहीं था।

दिनकर

14
श्री कामेश्वर शर्मा 'कमल'

[1]

मुजफ्फरपुर
4-10-52

प्रियवर,

अप्रतिष्ठा की बात नहीं हो तो 9 नवम्बर को आ सकता हूँ। टंकित आप अधिक से अधिक जो ठीक करवा लें। आना यहीं से होगा। मैं लिखा-पढ़ी में नहीं पड़ूँगा।

समय डाँवाँडोल है। नौकरी कीमती चीज होती है। पहले भी ज्ञान था, अब भी मानता हूँ। नया उद्योग जमाने का समय निकल गया।

ज्ञान बाबू को खत पर खत लिखे, मगर, वे लाज के मारे सिकुड़ते चले जा रहे हैं। यह और बुरी बात है। वे हमें किताबें क्यों नहीं देते? चाहें तो पूरा स्टॉक मैं ले सकता हूँ। अब इस पर भी अगर वे चुप रहें तो यही समझूँगा कि दोस्त की अब छाया भी शेष नहीं है।

तुम्हारा
दिनकर

[2]

पटना-4
24-11-60

प्रिय भाई,

वट-पीपल के लिए कागज, जहाँ तक मुझे याद है, 128 पेज भर का लिया गया था। ज्ञान बाबू लिखते हैं कि वह 96 पेज पर खत्म हो रहा है। इस सम्बन्ध में जो स्थिति हो, मुझे लिख भेजो। जो कागज घटे, वह खरीदकर दाम अपने पास से दे दो और बिल मुझे भेज दो। बिल तो हर हालत में उदयाचल के नाम आना ही चाहिए।

मेरा मिजाज अच्छा है। इधर कोई उपसर्ग नहीं उठा। भोजन वही चल रहा है। 15 दिसम्बर से पहले शायद यहाँ से नहीं टलूँगा।

तुम्हारा
रामधारी

[3]

11, कैनिंग लेन, नई दिल्ली

10-5-62

प्रिय भाई,

पत्र मिला। खुशी तो मुझको भी नहीं हुई। लेकिन, अछता-पछताकर मेरा भी मत यही है कि काम में वह लग जाय। आगे रास्ता खोलने का प्रयत्न जारी रखा जाय।

30 को राज्यसभा में मेरा एक भाषण हुआ। 3 को जवाहरलाल जी ने राज्यसभा में उसकी प्रशंसा की। आमि पेयेछि बन्धु, राजकंठेर माला। सुना, मेरी हिन्दी-नीति गले के नीचे नहीं उतरी। एक फ्रेज का पता चला है, Much too positive लेकिन, दिनकर पॉजिटिव तो रहेगा। इसलिए, अब निश्चिन्त हूँ।

कोई काम नहीं हो पा रहा है। राजेन्द्र बाबू की विदाई, राधाकृष्णन् का स्वागत। दिल्ली के पेट में वायु चालू है। 13 को फ्री हो जाऊँगा। 14 को कहीं भी जा सकता हूँ। पटना जाने का विचार है, मन मसूरी की ओर भी दौड़ता है। फिर कलकत्ता भी है अगर ज्ञानेन्द्र बाबू का इशारा हो। जब छपाई चलती है तब ज्ञान बाबू मेरी माशूका हो जाते हैं।

तुम्हारा

रामधारी

[4]

पटना-4

11-6-63

प्रिय भाई,

सम्भाव्य दुर्घटना को लेकर हम लोग चिन्तित थे। कल रात उस दुर्घटना ने यह रूप लिया कि रामसेवक बाबू अपनी सास, सरहज, सरहज की दो बच्चियाँ, साले, पत्नी और तीन बेटियों को घर से निकालकर मारवाड़ी होटल चले गए। मैंने उन्हें समझाने की कोशिश नहीं की, क्योंकि वे बावले कुत्ते की तरह भूँक रहे थे और मैं अगर समझाने जाता तो वे मेरा अपमान करते, अपमान तो काफी किया, शायद, अपशब्द कहते। यह दंड उन्होंने किस कसूर पर दिया है, इसका हम लोग केवल अनुमान ही लगा सकते हैं। कल मैं उदयाचल के दफ्तर में बैठकर कुछ स्टॉक की स्थिति समझ रहा था। उसी पर यह तूफान उठा है। लेकिन, पता चला है कि घर छोड़ने की उनकी योजना दो-चार दिन पुरानी थी।

मैं शान्त था, अब भी शान्त हूँ और उनकी इन्तजारी कर रहा हूँ। लेकिन, उन्हें बुलाने का साहस मुझे अत्यन्त दुःखदाई मालूम होता है। अगर वे नहीं आए तो 20-25

जून तक मुझे एक मैनेजर चाहिए, जो एकाउंटेंट भी हो और मुझे धोखा नहीं दे। कम से कम तीन महीने के लिए भी एक ऐसा आदमी अवश्य खोजो।

तुम्हारा
रामधारी

[5]

पटना
12-6-63

प्रिय भाई,

कल जो पत्र भेजा, वह मिला होगा। रामसेवक नहीं लौटे हैं, न मैं उन्हें बुलाने गया हूँ। बाल-बच्चों को छोड़कर भागते तो उन्हें जाकर मनाना मेरा धर्म था। लेकिन, जिस तरह वे भागे हैं, वह परिवार-भंजन की घोषणा है। कल रात मैंने निश्चय किया है कि अब अगर वे आएँगे तो मैं सीधे बँटवारे का प्रस्ताव उनके सामने रखूँगा। यह भी कहूँगा कि जो आदमी इस घर में रहना चाहे वह हिस्सेदार का हिस्सा चुका दे। हिस्सेदार इस घर को छोड़कर चला जायगा। उदयाचल का पार्टनरशिप रजिस्टर्ड होना चाहिए। बिजिनेस पर मेरा पूरा कंट्रोल अगर उन्हें मान्य नहीं हुआ तो किताबें मैं छीन लूँगा या उदयाचल को खुद चलाऊँगा और उनके पालन की भी जिम्मेदारी अपने सिर ले लूँगा। तुम एक विश्वासी मैनेजर या एकाउंटेंट ठीक करो।

उत्तर दो। शिवसागर मेरे कारण पटने में रुक गया है। हरिद्वार भी है।

तुम्हारा
रामधारी

[6]

पटना
14-6-63

प्रिय भाई,

दो पत्र मिले होंगे। कल कोई पत्र नहीं लिखा। कल सुबह छः बजे मैं मारवाड़ी होटल गया और कल्लो तथा पूनम को ले आया। बाद में रामसेवक अपनी सास को लेकर दो मोटरों में मधुबनी चले गए, बीवी भी साथ गई हैं। ट्रेन से नहीं जाना कितनी अच्छी बात है। तीनों बच्चियाँ घर में हैं, माँ-बाप बाहर हैं। देखें कब तक लौटते हैं। कुछ सूझता ही नहीं कि किया क्या जाय। उदयाचल और परिवार, दोनों का नाश सामने दिखाई देता है।

तुम्हारा
रामधारी

[7]

पटना

15-6-63

प्रिय भाई,

दो पत्र भेज चुका हूँ। तीसरा कल लिखा, जो गिरा नहीं सका। वह भी आज ही जा रहा है। रामसेवक मधुबनी से नहीं लौटे हैं।

जनवाणी से पता लगाकर मेरी खानगी सूचना के लिए लिखो कि किस पुस्तक की कितनी प्रतियाँ वहाँ बाकी हैं। मेरी आज्ञा के बिना एक भी किताब यहाँ नहीं आएगी।

तुम्हारा

रामधारी

[8]

पटना

20-6-63

प्रिय भाई,

रामसेवक सपत्नीक 15 ता. को आ गए। तब से वे यहीं हैं। मुझसे बोलते-चालते नहीं हैं। कल रात मेरा मिजाज फिर बिगड़ गया था। आज सुबह डॉक्टर आया तब रामसेवक भी आए। मैंने कहा, मेरी जानकारी में तुम बिजिनेस चलाओ, इसमें क्या खराबी है। उन्होंने कहा, मुझे आपसे कुछ नहीं चाहिए। उनकी योजना उदयाचल के नाम से एक दूकान खोलने की है। लक्ष्य यह है कि उदयाचल दूकान और उदयाचल प्रकाशन के बीच गड़बड़ी पैदा हो और मैं अगर रोकूँ तो मेरी बदनामी फैले। पार्टनरशिप वे नहीं करेंगे। वे मुझे सताना चाहते हैं, उदयाचल को नष्ट करना चाहते हैं, झगड़े का विषय बनाना चाहते हैं।

मैं अब चाहता हूँ कि उदयाचल नाम का उपयोग उन्हें करने दूँ और अपनी पुस्तकों के लिए एक ट्रस्ट खड़ा करूँ, जिसका नाम 'दिनकर-साहित्य निधि' हो। किन्तु, इससे पुस्तकों पर खानदानवालों का अधिकार समाप्त हो जायगा।

तुम्हारे लिए यह नितान्त आवश्यक है कि एक सुयोग्य मैनेजर की खोज करो। अब मैनेजर तुरन्त मिलना चाहिए।

वहाँ कौन पुस्तकें कितनी हैं, यह सूचना नहीं मिलने से मैं घबरा रहा हूँ।

रामसेवक के साथ फाइनल हो गया। अब जो भी विलम्ब होगा उससे बिजिनस खराब होता जाएगा। इसलिए, तुम्हें मुस्तैदी के साथ एक अच्छा आदमी खोजना है।

क्या एक दिन के लिए तुम आ नहीं सकते?

तुम्हारा

रामधारी

[9]

पटना-4
20-6-63

प्रिय भाई,

एक पत्र भोर में भेज चुका हूँ। उनसे बातें दूसरे राउंड में भी हुईं। मैंने उनके भ्रमों के निवारण की आखिरी कोशिश की, उनके मन में मेरी पोतियों के विवाह की चिन्ता देखी। मैंने कहा, परिवार पालकर जो बचा सको, उसे मैरेज फंड में जमा करते जाओ। यह मेरी पसन्द का काम होगा। लगता है, विचार उनका बदल गया। अगर शान्ति हो गई तो परसों मैं दिल्ली चला जाऊँगा।

तुम्हारा
रामधारी

[10]

मद्रास
17-7-63

प्रिय भाई,

यहाँ आते ही केदार का तार मिला कि रामसेवक को पुत्र पैदा हुआ है। इच्छा तो हुई कि तुरन्त घर लौट चलूँ, लेकिन, स्वाभिमान ने रोक दिया। जिस घर का द्वार अपने लिए बन्द करके आया हूँ, वह द्वार भाग्य की इस अनुकूलता से भी नहीं खुलेगा।

रामसेवक को आशीर्वाद का तार भेज दिया है और केदार को पत्र लिख दिया है कि मैं उस घर में अब भी नहीं लौट सकता। हाँ, विभा को वापस लाना चाहें तो वे ले आएँ।

आज मैं पांडिचेरी जा रहा हूँ। कल लौट आऊँगा। 19 की शाम को हवाई जहाज से हैदराबाद जाऊँगा। वहाँ 24 तक रहूँगा।

यहाँ का पता–

SRI LEKHA
4, C. P. Rama Swamy Aiyar Road, MADRAS

शेष कुशल है।

तुम्हारा
रामधारी

[11]

11, कैनिंग लेन, नई दिल्ली

7-8-63

प्रिय भाई,

मैंने हैदराबाद से ज्ञान बाबू को एक पत्र लिखा था कि वे मुझे दिल्ली के पते पर यह लिखकर भेज दें कि उनका असली बकाया कितना पड़ता है। जनवरी में ज्ञान बाबू ने जो हिसाब भेजा था, उससे बकाए की रकम 9-10 हजार निकलती थी। उसके बाद सेबो ने कहा था कि रकम 15 हजार तक जा सकती है। फिर बाद को मुझे चिढ़ाने के लिए उसने 18 हजार बता दिया। अतएव, यह जरूरी है कि ज्ञान बाबू जरा कष्ट उठाकर मुझे पूरे बकाए की लिस्ट भेज दें। इस काम के लिए मैंने हैदराबाद से तुम्हें भी लिखा था। लेकिन, तुम सिर्फ साथ मिलकर रोना जानते हो। काम तुम्हारे लिए पहाड़ हो जाता है।

यह जानना भी जरूरी है कि 'संस्कृति के चार अध्याय' पर कागज, छपाई जिल्दबाजी, कवर का डिजाइन, कवर का कागज और छपाई मिलाकर कुछ खर्च कितना पड़ा है और कितनी किताबें छापी गई थीं। इससे यह पता लगेगा कि Per Copy प्रोडक्शन खर्च कितना बैठता है।

झगड़ा अब हममें से एक की मृत्यु के साथ ही रुकेगा और अपनी आयु सेबो को देकर मैं अब मरना चाहता हूँ। ऐसे मैं, उचित है कि ज्ञान बाबू खुद तकलीफ उठाकर वह सारी जानकारी मुझे दे दें, जिससे उनका ऋण मैं अदा करके मरूँ।

आशा है, अब जो उत्तर आएगा वह ढेलफेकौअल नहीं होगा।

तुमसे मैंने कहा था कि बेरी वालों से बात करो। 'संस्कृति के चार अध्याय' का स्टॉक वे नकद खरीद लें और आगे के लिए किताब का अनुबन्ध मैं उन्हीं के साथ कर दूँगा, उनसे गम्भीरता से बात करके मुझे लिखो। काशी जाना पड़े तो वहाँ जाओ।

तुम्हारा

रामधारी

[12]

15, किचनर रोड, नई दिल्ली

16-8-63

प्रिय भाई,

तुम्हारा 13/8 का पत्र कल मिला। जनवाणी के मुख से उसके बकाए का हिसाब जान लेने से मन आश्वस्त हो गया। इतना तो 'संस्कृति के चार अध्याय' से ही पट जाना चाहिए।

अच्छा, अब मैं चिन्ता छोड़ता हूँ। जो कुछ होगा, धीरे-धीरे हो जाएगा। श्री माँ की कृपा।

तुम्हारा
रामधारी

[13]

15, किचनर रोड, नई दिल्ली
22-8-63

प्रिय भाई,

राजपालवालों ने एतराज किया कि छपाई की दर बहुत अधिक है। तुम ज्ञान बाबू से मुझे एक पत्र तुरन्त भिजवाओ कि दर यही ली जाती रही है।

राजपालवालों को मैंने 50% कमीशन का ऑफर दिया है जिससे 15 हजार नकद मुझे तुरन्त मिल जाएँ। Authority मैं जनवाणी को दूँगा कि पुस्तकें बेचकर आप अपना बकाया वसूल कर लें। यहाँ बात पक्की करके मैं कलकत्ते आ रहा हूँ।

रामसेवक अब यह कहते सुने जाते हैं कि उदयाचल से उनका कोई सरोकार नहीं है। साथ ही, उदयाचल का समर्पणनामा वे मुझे नहीं भेजते हैं। अतएव चक्रवाल प्रकाशन नामक नई संस्था का जन्म अब ध्रुव हो गया है। शिवकुमार रिहाई पा गया। उसे मैंने लिखा है कि एक महीना दिल्ली रहकर वह Book-Trade की ट्रेनिंग ले ले और तब पटने में बैठकर प्रकाशन चलाए। अगर वह पटना रहना स्वीकार कर ले तो उसकी मदद से केदार का कारखाना भी कालक्रम में खड़ा हो सकता है।

केदार ने लिखा है कि रामसेवक बँटवारे पर आमादा हैं। अतएव, घर और पुस्तक के बँटवारे की एक योजना मैंने केदार को भेज दी है कि रामसेवक की मंजूरी वह उस पर लिखवा ले। दूसरा ऑफर यह है कि उदयाचल वह मुझे समर्पित करे और खुद अपना अलग रोजगार खड़ा करे। मेरा खयाल है, उसके पास एकाध लाख रुपए हैं। इतने के बिना ऐसा अहंकार नहीं उमड़ सकता था। मगर जो हो, उदयाचल अगर मेरे कब्जे में आया तो उसे अब पास भी फटकने नहीं दूँगा। यह नहीं हुआ तो नई संस्था कायम होगी और वह उदयाचल को बन्द कर देगी। मेरा मिजाज अब बहुत अच्छा है। काम भी जोरों से कर रहा हूँ। चिन्ता की कोई बात नहीं।

1. तुमने जनवाणी के बकाए की जो लिस्ट भेजी है, उसमें शर्मा ब्लॉक का बकाया शामिल है या नहीं? नहीं तो उसका बिल क्या होगा?
2. रघुनाथ दत्तो का कितना बाकी है?
3. चत्रवाल प्रकाशन का उद्घाटन नवम्बर में करना है। 'उजली आग' कोयला और कवित्व' तथा एक अंग्रेजी पुस्तक उसके पहले छप जानी चाहिए।

क्या ये काम जनवाणी में समय पर पूरे हो सकेंगे या दो-एक जगह फैला दूँ?

4. चत्रवाल मासिक पत्र की घोषणा अभी करूँ या बाद में?

तुम्हारा
रामधारी

[14]

11, कैनिंग लेन, नई दिल्ली
28-8-63

प्रिय भाई,

तुम्हारा पत्र भी 28 का है और उत्तर भी 28 की ही रात को लिख रहा हूँ।

राजपालवाले कहते हैं कि लागत 4-56 नहीं 4-50 पड़ती है। बँधी कॉपियाँ वे इसी दर पर लेंगे। खुली में एक रुपया प्रति कॉपी कम कर देंगे। जनवाणी उन्हें सारी कॉपियाँ भेज देंगी और उसकी कीमत वे जनवाणी को दे देंगे। बाद में बिक्री पर मुझे रॉयल्टी देंगे। रॉयल्टी की दर वे 16% चाहेंगे, मैं 20 चाहता हूँ। पुस्तक के ऊपर वे राजपाल का नाम छापेंगे। बँधी कॉपियों पर उदयाचल का नाम बना रहेगा। जैकेट पर राजपाल का नाम अतिरिक्त रूप में छापा जाएगा। मगर यह सब काम वे खुद दिल्ली में करेंगे। मुझे पता नहीं कि जैकेट भी छप गया है या नहीं। तुम लिखो कि इन शर्तों पर किताबें दी जानी चाहिए या नहीं।

केदार के कई पत्र आए हैं। उनके उत्तर में मैंने जो पत्र लिखे हैं उनमें से कुछ की प्रतियाँ तुम्हारे अवलोकनार्थ भेज रहा हूँ। पढ़कर लौटा दोगे। बँटवारे का एक प्रस्ताव भी मैंने केदार को भेजा है। उसका जवाब अभी नहीं मिला है। कल ब्रजशंकर जी का एक पत्र मिला कि रामसेवक उनसे बात करने गए थे। बातें उन्होंने क्या की, यह विशद रूप से ज्ञात नहीं है। पत्र से झलकता यह है कि तीन प्रश्न उन्होंने उठाए हैं–

1. उदयाचल में तो केदार का साझा हो जायगा, लेकिन केदार के लिए जो इंडस्ट्री कायम की जाएगी, उसमें मुझे हिस्सा मिलेगा या नहीं?
2. दिनकर जी को मैं उदयाचल सौंप चुका हूँ। वे उसे सँभाल क्यों नहीं लेते? (यानी 1-4-63 से मैंने जो स्टॉक और देना-पावना की सूची माँगी थी, उसे वे नहीं देंगे। मुझे मिलेगा Dead Stock और कर्जा।)
3. उदयाचल मैं तब चलाऊँगा जब वे उदयाचल से प्रकाशित एक भी पुस्तक किसी को नहीं दें।

इसमें केवल पहला प्रश्न सार्थक लगता है। बाकी सब शैतानी की बातें हैं। ब्रजशंकर जी ने टिप्पणी नहीं भेजी है। केवल सलाह दी है कि दो-एक दिनों के लिए आकर फरियौता करवा दीजिए।

मेरे मन में एक बात आई है कि जब मैं चलूँ तब तुम्हें तार दे दूँ। तुम भी चलो और देखा जाय कि रास्ता निकलता है या नहीं। लेकिन, मुझे अभी बँटवारे के प्रस्ताव की प्रतिक्रिया भी देख लेनी है।

मेरी तन्दुरुस्ती लौट आई है। 15 यूनिट इंसुलिन लेकर सब ठीक चल रहा है।

उत्तर कैनिंग लेन के पते पर भेजो क्योंकि अब मुझे अपने घर लौटना है। फिर मेरे नाम की चर्चा फैल रही है। लेकिन, मैं क्यू से अलग खड़ा हूँ।

तुम्हारा
रामधारी

पुनश्च—

शिवकुमार, सचमुच, किसी काम का आदमी नहीं रह गया है। उसे कुछ खानगी पत्र मैंने रजिस्ट्री से भेजे, लेकिन, उत्तर उसका नहीं आया। दूसरा पत्र लिखा, उसका भी जवाब नदारद। यह नेष्ट आदमी है। अब सोचो कि प्रकाशन चलाना पड़ा तो आदमी कहाँ से आएगा। घर तो खैर मथुरावाला दिसम्बर तक बन जायगा।

[15]

11, कैनिंग लेन, नई दिल्ली
13-10-63

प्रिय भाई,

रामसेवक ने 4 अक्तूबर को एक पत्र लिखा कि मैं अपने आपको आपके न्याय पर छोड़ता हूँ। उसके बाद मैंने उसे एक पत्र और दो तार भेजे। आज उसका पत्र मिला है जिससे मालूम होता है कि अब वह साझीदारी के लिए तैयार है। हाँ, अपनी कुछ कठिनाइयाँ बताता है। इसलिए, मैं आज ही पटने जा रहा हूँ दिल्ली एक्सप्रेस से, और कोशिश करूँगा कि दो दिनों में रजिस्ट्री करवाकर यहाँ लौट आऊँ। मेरे बारे में यहाँ जो चर्चा है उसका विरोध दक्षिण के एक महापुरुष ने किया है। अतएव, मैं उधर से निश्चिन्त हो गया हूँ। श्री माँ जिस राह पर रखना चाहेंगी, वही ठीक है।

तुम बुध दिन या वृहस्पतिवार को आलोक को फोन करोगे। वह जब तुम्हें बुलाए, तुम उससे अकेले में मिलो और चीज अपने पास रख लो। उसका उपयोग किस तरह किया जायगा, यह बात मैं पटने से लिखूँगा या दिल्ली लौटकर। दिल्ली मैं 20 तक अवश्य पहुँच जाता हूँ। तुम उससे कहना कि यह जनवाणी प्रेस के लिए है।

तुम्हारा
रामधारी

[16]

11, कैनिंग लेन, नई दिल्ली
11-12-63

प्रिय भाई,

'कोयला और कवित्व' की पांडुलिपि भेज रहा हूँ। इसे तुरन्त पंचिंग में दे दो। दूसरी प्रति है नहीं, इसलिए, इस प्रति की हिफाजत का जिम्मा केवल तुम पर रहेगा। काम शुरू करवा दोगे तभी कॉपी ठीक रहेगी।

'उजली आग' का कोई भी फरमा नहीं आया है। बात क्या है?

बाल-साहित्य के चित्र तुम बनवा रहे हो या नहीं?

निहार बाबू से पत्र लेकर परसों तुम्हें भेज चुका हूँ।

तुम्हारा
रामधारी

[17]

भागलपुर
23-5-64

प्रिय भाई,

दिल्ली में तुम्हारा पत्र मिल गया था। पटना मैं 20 की शाम को वापस हुआ। आते ही सुना कि 18 मई को रामसेवक बाबू अपने बाल-बच्चों को घर से निकालकर उस घर में चले गए, जिसमें वे प्रेस बिठा रहे हैं। 18 ता. को छविनाथ जी की पोती का विवाह था। छः बजे शाम को जब शहर भर के लोग निमन्त्रण में इकट्ठे हुए (स्पष्ट ही, मेरा आँगन भरा होगा, मैदान भरा होगा) तभी रामसेवक बाबू ने रिक्शे बुलवाए और मेरी पुत्रवधू घर से निकलकर रिक्शे में बैठ गईं। यह सब सुनकर मैं अनुद्विग्न ही रहा। दूसरे दिन रात को रामसेवक बाबू मेरे पास आए और बोले कि अब बँटवारा हो जाना चाहिए। मैंने कहा, यह रचनात्मक सुझाव है और मैं इसे स्वीकार करता हूँ। मगर, बाँटने को तो एक घर ही है। जैसे पसन्द पड़े, बाँट लो। मुझे दो दिन का समय है। इस बीच रजिस्ट्री भी करवा लो। उन्होंने कहा, तीन हिस्से लगेंगे तो हिस्सा मैं नहीं लूँगा। स्पष्ट ही, वे माँ-बाप को प्रश्रय देना नहीं चाहते हैं। कहा भी कि घर दो भाइयों के नाम से है, दोनों भाइयों के बीच बाँट दीजिए। मगर मैं नीचे रहूँगा और यहीं प्रेस चलाऊँगा। मैंने कहा, इसके मानी ये हुए कि केदार भी यहाँ नहीं रह सकते। तो अच्छा है कि तुम पूरा घर ले लो। नीचे प्रेस करो और ऊपर रहो। केदार से मैं Release लिखवा देता हूँ। उन्होंने कहा, मैं मुफ्त नहीं लूँगा। मैंने कहा, उदयाचल को मैंने Hindu undivided family की जायदाद घोषित कर दिया है। उसमें तुम्हारा

जो हिस्सा है, उसे तुम केदार के नाम में Release कर दो। वे यह बात मान गए लेकिन कहा यह कि कलक्टरेट जाकर कातिब मुझे ढूँढ़ना होगा, मजमून मुझे बनवाना होगा आदि-आदि। मैंने कहा, जरा सोचो कि यह काम मुझसे हो सकता है या नहीं। वे चले गए। दूसरे दिन मैं उनकी राह देखता रहा, वे नहीं आए। मैंने समझा, यह भी पीस ऑफेंसिव है।

लेकिन कल मैंने तीन कमरों में अपने मतलब के सामान बन्द करके घर छोड़ दिया। विभा और मालकिन साथ आई हैं। केदार को ससुराल में रहने की सलाह दे दी है। गाय को सोरमपुर भेज दिया। टेलीफोन काटकर मथुरावाले घर में लगाने को पत्र लिख दिया है।

बँटवारा वे कर लें, यह अच्छा है। मगर, बँटवारे के पहले उन्हें उदयाचल पर किसका कितना बकाया है, यह लिखकर दे देना होगा। केदार के नाम से उन्होंने बीमा करवाया था, वह कागज दे देना होगा। बीमा चालू करवाकर उससे कर्ज लेना होगा, जिससे केदार के लिए अलग मकान बन सके। इसके सिवा, उन्हें यह भी लिखना होगा कि उदयाचल पर वे कभी भी कोई दावा नहीं करेंगे, न दावा उनकी औलाद की ओर से किया जायगा। ये शर्तें उन्हें मान्य नहीं होंगी, इसीलिए वे बात फेंककर चले गए।

विवाह 1 जुलाई को अवश्य होना है। तिलक 15-20 जून के बीच जायगा। आपका यहाँ 15 दिन रहना अनिवार्य है। तिलक के दिन से ही रहिए। उसके पूर्व मुझे कलकत्ता आना है। आपको अनुकूल हो तो 30 मई को आ सकता हूँ। पत्र पाते ही तार दीजिए।

विशेष यहीं हैं। विनता को शीघ्र बुलाने की चेष्टा में हूँ। शिवकुमार पटना नहीं पहुँचे हैं।

चक्रवाल प्रकाशन योजना के अनुसार चलेगा। रामसेवक बाबू उसी को गड़बड़ करने के लिए चाल चल रहे हैं। बिन्दो से मैंने कह दिया है कि मेरा कोई भी मित्र या सम्बन्धी अब बीच-बचाव मत करे। रामसेवक चाहें तो कोर्ट में नालिश कर दें। अब उनके साथ समझौते की कोई भी कोशिश मेरी ओर से नहीं की जायगी।

आपका
रामधारी

[18]

पटना
26-8-64

प्रिय भाई,

मैं यहाँ परसों रात में आया। आज भागलपुर जा रहा हूँ। कल बँटवारे की रजिस्ट्री हो गई। पूरा घर रामसेवक को मिला। उदयाचल केदार को मिला और चक्रवाल मुझे।

मैं कोई हिस्सा नहीं लेता तो रजिस्ट्री नहीं हो सकती थी। अब मैं चक्रवाल केदार को दे दूँगा। प्रकाशन उदयाचल ही रहा। एक लाख का घर देकर केदार को इतना ही फायदा हुआ। अब दूसरा घर बनाने की चिन्ता सवार हुई है।

इस समय तुमसे भेंट करना जरूरी है। मैं 30 ता. रविवार को भागलपुर से चलकर 31 के भोर कलकत्ता पहुँचना चाहता हूँ। तुम भागलपुर तार से सूचित करोगे कि मेरा यह कार्यक्रम रहे या नहीं।

तुम्हारा
रामधारी

[19]

2, साउथ एवेन्यू, नई दिल्ली
19-12-1966

प्रिय भाई,

प्रकाश के बारे में तुम्हारा पत्र मिला। मैं यहीं हूँ।

मेरा पत्र मिला होगा। आज डॉक्टर मदनमोहन सिंह ने कह दिया कि रामसेवक की बीमारी का एलोपैथी में कोई इलाज नहीं है। उसी समय से शहर के वैद्यों का पता लगा रहा हूँ। नींद नहीं आई। इसलिए गाढ़ी रात में तुम्हें यह पत्र लिख रहा हूँ।

अब क्या होगा? रामसेवक और उसके बाल-बच्चों को कौन देखेगा? क्या केदार उन्हें अपने पास बुला लेगा और उनका घर किराया लगा देगा? लेकिन क्या रामसेवक और उसकी पत्नी बाकी लोगों को शान्ति से जीने देंगे? अगर अलग रहना हो तो वे लोग किसके सहारे जिएँगे?

सारी जवानी भाइयों का बोझ ढोने में निकल गई। क्या बुढ़ापे में रामसेवक के लिए मुझे बैल की तरह खटना पड़ेगा? क्या भगवान ने मेरे लिए फुरसत लिखी ही नहीं थी?

और अगर यही होना था तो फिर दूसरा घर बनाने की जहमत मेरे माथे क्यों ठोंकी गई? घर नहीं बनाना पड़ता तो रामसेवक की दो बेटियों के ब्याह लायक पैसा मेरे पास होता। मगर, मुझे ऐसी परिस्थिति का सामना करना पड़ रहा है जिसमें पैसे पास में नहीं हैं और बोझ बहुत बड़ा माथे पर आन पड़ा है। मैं भाग्य के सामने आज पराजय स्वीकार करता हूँ। बहुत लड़ा, मगर, अब लड़ाई नहीं चल सकती।

तुमने मेरे आत्मदाह को इंच-इंच देखा है। तुमने यह भी देखा है कि पीठ दिखला-दिखलाकर भी मैंने लड़ना नहीं छोड़ा। मगर, आज श्री माँ को मैंने लिखा है कि अब मुझे गार्हस्थ्य से अलग खींचिए। संसार के प्रति मेरी विरक्ति पूर्ण हो चुकी है। कौन किसका भाग्य विधाता है? सब कुछ अदृष्ट करता है। मगर बेचारे केदार को

मैं कीचड़ में छोड़कर जाऊँगा। मेरा यह भी खयाल है कि मेरे मंच से हटने के बाद रामसेवक अच्छा होने लगेगा। रामसेवक का इलाज एक ही है—मेरी मृत्यु या मेरा गार्हस्थ्य-त्याग।

तुम्हारा
रामधारी

पुनश्च—

इधर मालकिन को विश्वास हो गया था कि मैं किसी का अत्याचार सहकर गार्हस्थ्य में न रहूँगा। इसलिए, वह ठीक से रह रही थी। मगर जभी उसने सुना, बीमारी ला-इलाज है, उसका मिजाज तनने लगा है यानी अब भागो तो देखूँ।

[20]

5, सफदरजंग लेन, नई दिल्ली
16-8-67

प्रिय भाई,

तुम्हारे दो पत्र मिले। मैं जिस जहाज से दिल्ली उतरा, उसी जहाज से कपिला वात्स्यायन अमेरिका चली गई। शायद 15 दिन बाद लौटेगी। प्रकाश के बारे में आजकल में मिनिस्ट्री में पूछताछ जरूर करूँगा। फिर खबर भी दूँगा।

आज तुम्हारा अन्तर्देशीय पत्र मिला। केदार से फोन पर पूछकर यह पत्र लिख रहा हूँ। वह आज ही बैंक गया था। उसने मुझे बताया है कि 1974 रु. का चेक भुन गया है। मैं केदार का अविश्वास नहीं करता। तुम कागजवाले के ध्यान में यह बात लाओ और बाकी बिल मुझे भेज दो। ऐसा कैसे हो सकता है कि पटना का बैंक कहे कि पेंमेंट हो गया और दत्त कहें कि चेक डिसऑनर हो गया है?

छात्र-संस्करण की जिल्दबन्दी केदार पटने में कराएँगे। अतएव फरमे और कवर उन्हें भिजवा दो। पुस्तकालय संस्करण की बँधाई कलकत्ते में होगी। उसके लिए केदार ने आज 250 रु. पेशगीस्वरूप ज्ञान बाबू को मनीऑर्डर से भेज दिए हैं। बाकी बिल वे जिल्दबन्दी हो जाने पर तुरन्त चुका देंगे। यह इन्तजाम कोई खराब इन्तजाम नहीं है।

H. M. T. की घड़ी तो यहाँ मिल जानी चाहिए अगर स्टॉक खाली नहीं हो। कल मैं इसकी पूछताछ करूँगा। जितना शीघ्र होगा, घड़ी तुम्हें भेज दूँगा। मेरी ओमेगा चोरी हो गई। मैंने भी मॉरिशस जाने के पहले H. M. T. की ही घड़ी खरीद ली है।

सुरेन्द्र के लिए साहुओं के यहाँ तो अब मैं कोई रास्ता नहीं देखता। उसका Particular टाइप करवाकर भेज दो तो, दिल्ली क्लाथ मिल में कोशिश करूँ। नौकरी मिलने में देर होने से उसकी डिग्री का मान घटता जा रहा है। केन्द्रीय सरकार में वह कहाँ पर आवेदन दे रहा है? लिखोगे।

मॉरिशस यात्रा में तो मुझे हर रोज सीने का दर्द झेलना पड़ा। थकावट हर घड़ी बनी रही। यहाँ आकर अर्धजीवित अवस्था में विश्राम कर रहा हूँ। शायद यह दर्द ही मेरा खटोला बनेगा। अब मैं देश या विदेश भ्रमण के काबिल नहीं रहा।

पटना जाना चाह रहा हूँ, मगर दुलहिन का मास पूरा चल रहा है। असमंजस में जा नहीं पा रहा हूँ।

तुम्हारा
रामधारी

[21]

5, सफदरजंग लेन, नई दिल्ली
20-2-68

प्रिय भाई,

शिवकुमार का एक पत्र आया है। उसे तुम्हारे अवलोकनार्थ भेज रहा हूँ। अगर तुम एक हजार भी दे सको तो एक हजार और मिलाकर उसे दे आऊँ। मकान बनाने की मुसीबत के कारण मैं और उदयाचल दोनों प्रायः शून्य रह रहे हैं। तुम इस स्थिति पर साहस के साथ विचार करो। बेचारा बड़े कष्ट में है।

उदयाचल से रुपए ज्ञान बाबू को शायद गए नहीं। इसीलिए वे प्रूफ नहीं भेज रहे हैं। मैं भी सिर नीचा होने के कारण तकाजा नहीं कर सकता।

मिजाज बहुत ठीक नहीं है।

तुम्हारा
रामधारी

[22]

5, सफदरजंग लेन, नई दिल्ली
12-3-68

प्रिय भाई,

तुम्हारा पत्र मिला। अप्रैल 20 से पूर्व ही तुम एक हजार का जुगाड़ कर दो। बेचारा भारी मुसीबत में फँसा है। उसका यह सोचना ठीक ही था कि मेरे पास रुपए होंगे। किन्तु, कल्लो के लिए जो जमा किया है, वह Fixed Deposit में बन्द है। बाकी सभी आमदनी मकान खाता जा रहा है और पाँच हजार बराबर इसलिए बचाकर रखता हूँ कि माँ अतिवृद्धा हैं। लड़के का हाल देखकर तो मिजाज घबरा रहा है। कैसे पार लगेगा?

इस वर्ष लग्न शायद 9 मई तक ही है। मुझसे मॉरिशस जाने को अनुरोध सरकार ने नहीं किया। सम्भव है 27 अप्रैल को दो सप्ताह के लिए जर्मनी जाना पड़े। शिवकुमार के लिए प्रबन्ध उसके पूर्व हो जाना चाहिए।

जिस जैन को पत्र भिजवाने की बात सूझी थी, उसे पत्र नहीं भिजवा सका हूँ। ये लोग बड़े फार्मल हैं।

मेरा स्वास्थ्य किसी तरह चल रहा है। ज्ञान बाबू को नमस्कार कहना।

31 मार्च को रामसेवक की बरसी पड़ेगी। केदार को बुलवाकर यहीं निर्वाह कर लेना है।

तुम्हारा
रामधारी

[23]

नई दिल्ली-11
28-1-69

प्रिय भाई,

तुम्हारा एक कार्ड मिल गया था। सभी खरीदगी यहीं हो गई अथवा हो जायगी। कलकत्ते आने का सुयोग नहीं मिल सका। शरीर काफी थका हुआ और थोड़ा असमर्थ है। फिर भी इधर-उधर जाना ही पड़ता है। हर यात्रा के अन्त में सोचता हूँ, अब बाहर नहीं निकलूँगा। मगर विश्राम के बाद फिर गलती कर बैठता हूँ।

हम लोग 7 फरवरी को पटना चले जाएँगे। तिलक 18 को जायगा और बारात 24 को आएगी। बारात के ठहरने के लिए राजेन्द्र नगर का कम्यूनिटी हाल रिजर्व करवा लिया है। बारात 25 की शाम को लौटेगी। वर-कन्या 28 रुखसत होंगे।

तुम पटना कब पहुँचते हो, यह लिखोगे।

तुम्हारा
रामधारी

[24]

5, सफदरजंग लेन, नई दिल्ली
23-9-69

प्रिय भाई,

विनता अभी तक हार मानने को तैयार नहीं है। वह और डॉक्टरी सहायता लेना चाहती है। कलकत्ते में जिन डॉक्टर से मेरे सचिव श्री राम प्रकाश पुरी की दोस्ती है, उन डॉक्टर ने पुरी को लिखा है कि वे इस केस को देखना चाहते हैं। उन्हें कोई खास इलाज मालूम है, जिसे वे अचूक समझते हैं। उन्होंने पुरी को जो चिट्ठी लिखी

थी, उसकी कॉपी मैंने विनता को भेज दी थी। विनता ने अपना सारा हाल डॉक्टर खट्टर को लिख भेजा है। उचित यह है कि तुम डॉक्टर खट्टर से मिलो और वे जो कुछ राय दें उसे विनता या विशेष को लिख भेजो। अगर विनता के कलकत्ते जाने की जरूरत हो, तो यह प्रोग्राम भी तुम तय कर दो और मुझे तथा विनता को सूचित करो।

शेष कुशल है। जरा 'लोकदेव नेहरू' के फाइनल रूप को देख लेना, किताब 1967 के अन्त में प्रेस को दी गई थी। 1969 का अन्त समीप है। दूसरी किताब में चित्र चार लगेंगे। छपाई के समय देख लो, नहीं तो गलती हो सकती है। पहले फरमे के प्रूफ में चित्र नहीं था। सन्त ज्ञानेश्वर का चित्र आरम्भ में ही लग जाना चाहिए। उत्तर देना।

डॉक्टर खट्टर का पता—डॉ. रोशन लाल खट्टर, राष्ट्रीय फार्मेसी
1, मुक्ताराम बाबू स्ट्रीट, कलकत्ता

'लोकदेव नेहरू' का मूल्य 6 रु. कर देना चाहिए।

तुम्हारा
रामधारी

[25]

नई दिल्ली
17-4-70

प्रिय भाई,

साधु जी से भेंट हुई थी। मगर उन्होंने यह नहीं बताया कि विवाह कब होगा। क्या तिथि अभी निश्चित नहीं हुई है?

मैं कलकत्ते आने की बात सोच रहा हूँ। 15 मई तक आऊँ तो ठीक रहेगा या नहीं?

मेरा स्वास्थ्य किसी तरह चल रहा है। मधुमेह शायद ठीक ही है। इधर जाँच नहीं करवाई है। रक्तचाप एक-दो मास पूर्व दिखलाई पड़ा था। केवल अनजाइना का दर्द मद्धिम रूप में रोज हाजिरी देता है।

विजय बाबू चले गए, यह तुमने सुना होगा। अब हम लोगों की बारी है। अब प्रभु, पार करो मोरी नैया।

तुम्हारा
रामधारी

[26]

नई दिल्ली
2-3-71

प्रिय भाई,

मैं 14 को दिल्ली से बाहर गया और 26 फरवरी को लौटा। इसी बीच तुम्हारा पत्र आया। तुम्हारे नातेदार मुझसे मिल नहीं सके, न तुमने मामले की पूरी जानकारी दी है। ऐसे मैं पैरवी करना फिजूल है। माथुर साहब से सहयोग तो मिल सकता था।

मैं इस बार गाँव भी गया था। लौटती तुम्हारे घर पर भी गया था। ब्रह्मदेव बाबू से भेंट हुई थी।

अभी स्वामी मुक्तानन्द जी दिल्ली आए थे। उनकी संगति में तीन दिन बड़े आनन्द से कटे।

तुम जैसी स्थिति में हो, वह चिन्तनीय है। चिन्ता होती भी है। मगर तुम पत्र नहीं लिखते। कुशल समाचार भेजते रहना चाहिए।

तुम्हारा
रामधारी

[27]

5, सफदरजंग लेन, नई दिल्ली
24-6-71

प्रिय भाई,

तुम्हारा पत्र मिला। बच्चों को 29 जून को तूफान से पटना भेज रहा हूँ। मैं 13 जुलाई तक जाऊँगा। मुझे चार महीनों की छुट्टी मिली है। घर 13 जुलाई तक मेरे पास है।

मध्य प्रदेश के एक बुजुर्ग दोस्त कहते हैं कि जबलपुर चलिए। मगर मुझे इस ऑफर के बारे में उत्साह नहीं है। वाइस चांसेलरी की झंझट में अब पड़ना नहीं चाहता। जबलपुर पटना की लाइन पर भी नहीं है। यह तीन वर्ष का वनवास होगा।

मेरे जीवन के क्रियाशील वर्ष अब पाँच-सात से ज्यादा नहीं हैं। इन वर्षों को शुद्ध साहित्यिक कामों में लगा सकूँ, तो मुझे सन्तोष होगा। अप्रैल में अगर राज्यसभा में पहुँच जाऊँ तो वह वाइस चान्सेलरी से अच्छा होगा।

जिन यह वेदन निर्मई भला करेगा सोय।

तुम्हारा
रामधारी

[28]

31, सरदार पटेल रोड, नई दिल्ली

31-12-73

प्रिय भाई,

दो दिनों से 31 नम्बर में नहीं हूँ। 114 नम्बर मालचा मार्ग में हूँ। कई दिन बाद A-B, 2 पंडारा रोड चला जाऊँगा। तुम उत्तर 31 सरदार पटेल रोड पर ही भेजना। बनवारी के लिए पत्र साथ है। उन्हें दे देना। जो खुले रुपए मेरे पास हैं, वे काफी भी हो सकते हैं या सम्भव है 5-6 हजार और लग जाएँ।

इस बार पटने में जब तक रहा, पूर्ण रूप से शान्त रहा। आज आलोक ने कहा, जैन धर्म का उपदेश यह है कि गृहस्थ प्रतिहिंसा-जन्य क्रोध से बचे। मैं इस क्रोध से बचना चाहता हूँ। किन्तु परिवार से अलग हो जाना तो प्रतिहिंसा नहीं है। मेरे लिए अब और कोई गति नहीं है। तुम और सच्चिदा 27 जनवरी तक दिल्ली आ जाओ तो दिलासा रहेगा। यहाँ मालचा मार्ग में तुम ठहर सकते हो, गरचे मैं पाँच मील दूर रहूँगा। विशेष बाबू नहीं आएँगे।

धन में मुझसे बड़े है।

तुम्हारा

रामधारी

15
आचार्य किशोरीदास वाजपेयी

[1]

साउथ एवेन्यू लेन, नई दिल्ली
21-8-65

श्रद्धेय वाजपेयीजी,

आपका पत्र आज मिला। आपका यह पितृ-स्नेह बलदायक होगा।

आपने जो बातें बतलाई हैं, उनमें से अधिकांश पर आरूढ़ हूँ– यहाँ तक कि अब ब्रह्मचर्य में भी ढील नहीं है। किन्तु, असली बीमारी मेरे मन में बसी हुई है और वह परिवार को लेकर है। दुर्भाग्यवश, मेरे बड़े लड़के ने परिवार का ध्वंस कर दिया, रजिस्ट्री से बँटवारा कर लिया और अब बतलाता है कि उसके पास जीविका नहीं है। मैंने राय दी कि जो घर तुम्हें हिस्से में मिला है, उसे किराये पर उठा दो और खुद किराये में रहो। मेरे पास जो सम्पत्ति थी, दोनों भाइयों के बीच बँट गई। मेरे पास न घर है, न कारोबार। पटने में किराये के मकान में रहता हूँ। सम्पत्ति के नाम पर एक मोटरकार है, जो पटने में है।

राहुलजी की दुर्दशा उनकी पत्नी ने की। नवीनजी को मृत्यु के मुख में उनकी पत्नी ने ढकेला। बेनीपुरी की दुर्दशा उसके पुत्र ने की और मुझे भी दुर्दशा में मेरा बेटा ही डाले हुए है। जो कहीं भी मार नहीं खाता, वह सन्तान के हाथ मारा जाता है। तब भी मानता हूँ कि भगवान मेरे बेटे का कल्याण करें।

भागलपुर में हालत बहुत खराब थी। दिल्ली में ज्यादा आराम है। तब भी दिमाग के भीतर खंजर घूमता रहता है। बड़ी मुश्किल से उसे रोक पाता हूँ। मैं जीवन में चारों-ओर से घिर गया हूँ। मृत्यु और वैराग्य के सिवा तीसरा दरवाजा दिखाई नहीं देता है। दुःख भूलने को ही वाइस चांसेलरी की ओर गया था। दुःख भूलने को ही दिल्ली आ गया हूँ। किन्तु, संसार-त्याग के बिना मुझे मानसिक शान्ति अब शायद नहीं मिलेगी।

आपके उपदेशों पर अमल करने की कोशिश करूँगा।

आपका
दिनकर

[2]

2, साउथ एवेन्यू लेन, नई दिल्ली
6-10-65

मान्यवर वाजपेयी जी,

आपका 4 अक्टूबर का पत्र आज मिला। स्वास्थ्य काम-चलाऊ जैसा ही है। सबसे अधिक ध्यान तो आजकल स्वास्थ्य पर ही देता हूँ। किन्तु, अधिक सुधार की अब सम्भावना नहीं दीखती है। तब भी ठीक ही चल रहा हूँ। आपने मेरे चित्र में भी मेरे स्वास्थ्य की ही खोज की, इसके लिए धन्यवाद देता हूँ। आशा है, आप मजे में हैं।

आपका
दिनकर

[3]

2, साउथ एवेन्यू, नई दिल्ली
1-4-66

श्रद्धेय वाजपेयी जी,

सादर नमस्कार।

आपका कृपा-पत्र मिला। वह पत्र तो अत्यन्त वैयक्तिक है। उसे जनता को न दीजिए। वैसे, जनता से छिपी भी कौन बात रहती है?

सकुशल हूँ।

आपका
दिनकर

16
डॉ. कृष्णबिहारी मिश्र

5, सफदरजंग लेन, नई दिल्ली
1-8-1968

प्रियवर,

स्वर्गीय पंडित नन्ददुलारे वाजपेयी बड़े ही समर्थ आलोचक और साहित्य के गम्भीर विद्वान थे। छायावाद के अनुकूल आलोचकों में उनका अन्यतम स्थान था। निराला-काव्य के वे विशेषज्ञ थे। निरालाजी के व्यक्तित्व और कृतित्व पर उन्होंने एक पुस्तक भी लिखी थी, जो निराला-काव्य के विद्यार्थियों द्वारा विशेष रूप से पढ़ने योग्य है।

वाजपेयीजी जब विश्वविद्यालय के छात्र भी थे, तभी वे साहित्य-संसार में आलोचक के रूप में प्रसिद्ध हो गए थे।

उनका स्वभाव मृदुल था। उनका व्यक्तित्व सुगम्भीर था और वे मितभाषी थे। उनके पढ़ाए हुए असंख्य नौजवान आज हिन्दी-साहित्य की सेवा में लगे हुए हैं। मैं उनकी स्मृति को श्रद्धा-समेत प्रणाम करता हूँ।

आपका
रामधारी सिंह 'दिनकर'

17
डॉ. कृष्णबिहारी सहल

5, सफदरजंग लेन, नई दिल्ली
22-1-70

प्रिय कृष्णबिहारी जी,

'अहं और आत्मबोध' की कविताएँ एक बार पढ़ गया। कविता वह, जिसे खत्म करके जी करे कि फिर पढ़ूँ और कहानी वह, जिसे खत्म करके जिज्ञासा हो कि आगे क्या हुआ। आपकी कविताएँ पढ़कर जी चाहता है कि उन्हें फिर से पढ़ूँ यह आपकी सफलता है।

आप उस दिन नीम का थाना से दौड़े हुए मुझसे मिलने आए, इससे मेरे प्रति आदर भी व्यक्त हुआ और उससे यह भी पता चला कि आप जिज्ञासा, जीवट और लगन के आदमी हैं। आप साहित्य में गहरी रेखाएँ बनाएँगे, ऐसा मुझे लगता है। भगवान आपके मनोरथों को पूर्ण करें।

'तटस्थ' बड़ा ही सन्तुलित पत्र है। अगर इसका यही स्टैंडर्ड कायम रहा तो यह पत्र हिन्दी में उल्लेखनीय कार्य करेगा। मैं आपको और होतीलालजी को बधाई देता हूँ।

आपका
रामधारी सिंह 'दिनकर'

18

केदारनाथ सिंह (छोटे पुत्र)

[1]

11, कैनिंग लेन, नई दिल्ली
29-7-63

प्रिय केदार,

तुम्हारा 26 जुलाई का पत्र आज दस बजे भोर में मिला।

किस्सा कैसे बढ़ा, सो मेरे मुँह से भी सुन लो। जनवाणी प्रेस का क़र्ज मेरा किया हुआ है। अतएव, उसकी नैतिक जिम्मेवारी मुझ पर भी है। जनवरी से मैं सेबो से कहता आ रहा था कि यह कर्ज चुकना चाहिए, नहीं तो आगे छपाई नहीं हो सकेगी। 12 मई को उसने मुझसे कहा कि एक चेक जनवाणी को और दूसरा कागजवाले को भेज दिया गया है। कलकत्ता जाने पर मुझे पता चला कि कोई भी चेक वहाँ नहीं पहुँचा है। यह बात सेबो से मैंने 7 या 8 जून को कही। उसने काउंटर फ्वायल दिखाकर बताया कि चेक भेजे गए थे। मैंने उसका खंडन तो नहीं किया, लेकिन, मेरे मन में सन्देह हो गया कि व्यवसाय की स्थिति अच्छी नहीं है। इस पर 9 जून को मैंने उससे कहा कि मैं स्टॉक की स्थिति समझना चाहता हूँ। उसने आपत्ति नहीं की। लेकिन, यह काम उसे बुरा लगा। गुस्से में तो वह पहले से ही था, 9 जून को वह घर से भाग गया। इस तरह झगड़े की जड़ मजबूत हो गई।

उसके बाद मैंने कहा कि अब रास्ता यही है कि या तो पार्टनरशिप हो जाए या रोजगार मेरी जानकारी में चले। छविनाथ जी और ब्रजशंकर जी के कहने से वह पिछली बात पर आया और मुझे सन्देश भिजवाया कि मैंनेजमेंट के बदले वह पाँच सौ रुपए मासिक लेगा। मैंने यह बात स्वीकार कर ली। लेकिन, वह फिर बिदक गया। तब मैंने मालकिन को सामने बिठाकर उससे बातें कीं। वह तब भी अड़ंगा लगाता रहा और यह कहता रहा कि उदयाचल मेरी खानगी जायदाद है। मैंने कहा, अगर तुम पार्टनरशिप नहीं करते, न मेरी जानकारी में व्यवसाय चलाने को तैयार हो तो फिर उदयाचल का गुडविल ले जाओ। लेकिन मेरी किताबें उदयाचल में नहीं रहेंगी। अपनी किताबों का मैं ट्रस्ट घोषित कर दूँगा। लेकिन, वैसी हालत में किताबें खानदान में नहीं लौटेंगी। उसने कहा, मैं उदयाचल का मालिक रहूँगा और आप लेखक की हैसियत से

रॉयल्टी का सम्बन्ध कीजिए। चूँकि इस प्रस्ताव में परिवार-भंजन का बीज था, इसलिए मुझे वह अरुचिकर मालूम हुआ।

उस दिन उसकी यह बात मैंने नहीं मानी। लेकिन, दिल्ली से लौटने पर मैंने उससे फिर बातें कीं और कहा कि अगर रॉयल्टी के सम्बन्ध से ही तुम्हें सन्तोष हो तो यह शर्त भी मुझे कबूल है। मैंने यह भी कहा कि मेरी रॉयल्टी से परिवार चलाओ। और बचत अपने नाम से जमा करो, जिससे पोतियों के विवाह का सुप्रबन्ध हो सके। 75 हजार रुपए जमा करो तब तक मैं नहीं टोकूँगा। दूसरे दिन इस विषय में एक बात मैंने और कही। वह यह कि जब व्यवसाय पर से मेरा प्रभुत्व हट रहा है तो उचित है कि अपनी दो-तीन किताबें मैं उदयाचल से निकाल लूँ। साथ ही, मैंने यह भी आश्वासन दिया कि इन किताबों को उलट-पलटकर मैं जनवाणी का कर्ज चुका दूँगा। इतना सुनते ही वह क्रोध में आ गया और अपमानपूर्वक यह कहकर चला गया कि मैं दान नहीं लूँगा।

उसके बाद मैंने सिंहेश्वर बाबू से प्रार्थना की कि आप मामले को सँभाल दीजिए। मैं परेशान हो गया हूँ। वे आए। उन्होंने देर तक रामसेवक से बातें कीं। रॉयल्टी की बात उसने फिर मान ली। उसने यह भी कहा कि लेखक अपनी जो किताबें अलग रखना चाहें, रखें, लेकिन जनवाणी के कर्ज का दान उदयाचल नहीं लेगा, न मैं कोई दान लेने को तैयार हूँ। मैंने ये सारी बातें मान लीं। लेकिन, मैंने यह कहलाया कि आमदनी की सूरतें अलग हो जाने पर परिवार का एक रहना ठीक नहीं है। उसे भी बँट जाना चाहिए। सिंहेश्वर बाबू ने कहा, सेबो खुद रॉयल्टी की शर्तों का मजमून बनवाकर तुम्हें देगा। लेकिन मजमून के बदले सेबो ने एक लम्बे पत्र में गालियाँ लिखकर मुझे भेज दीं। मैं चकित रह गया और मैंने उसे, अपने जानते, एक विनम्र पत्र लिखा जिसकी कॉपी तुम्हारी सूचना के लिए संलग्न कर रहा हूँ। लेकिन रास्ता निकालने के बदले इस पत्र के जवाब में उसने फिर चार पन्ने की गालियाँ भेज दीं। इसके बाद मेरा धीरज छूट गया। मैंने सिंहेश्वर बाबू, ब्रजशंकर जी और छविनाथ जी को यह दूसरा पत्र दिखाया। वे लोग स्तम्भित रह गए। उन्होंने कहा अब तुम सारी पुस्तकें, उदयाचल और परिवार को छोड़कर संन्यास ले लो। तुम्हारे सामने अब कोई उपाय नहीं है। मैं वही करता, लेकिन, कई बातों ने मुझे दूसरी ओर धकेल दिया। नम्बर एक यह कि मेरी मेम्बरी छूटने पर खाऊँगा क्या? नम्बर दो, दुनिया यह तो नहीं कहेगी कि एक सन्तान के भय से मैं बाकी सन्तानों को भूल गया? नम्बर तीन, रामसेवक की स्थिति अगर गड़बड़ा गई तो पोतियों का विवाह कैसे होगा?

8 जून से 9 जुलाई तक मैंने जो कुत्सा, अपमान और दर्द झेला उससे मैं बिलकुल टूट गया था। हत्कम्प हर समय रहने लगा था, गर्दन काँपने लगी थी, सिर में हर घड़ी दर्द रहने लगा था और लगता था कि हार्ट अटैक या नर्वस ब्रेक डाउन नज़दीक आ गया है। अतएव, मैंने निश्चय किया कि अब मुझे इस घर में नहीं रहना है। मेरा

पितृत्व विफल हो गया। मैं मामूली नागरिक की तरह अपना अधिकार खोजने लगा। सेबो को मैंने लिखा था कि कम से कम उन किताबों का तो कोई रास्ता कर दो जो कोर्स में हैं क्योंकि यह सार्वजनिक जिम्मेवारी की बात है। उसने अपने उत्तर में इस बात की चर्चा ही नहीं की। स्पष्ट ही वह मुझे सताकर घर से भगाने की तैयारी में था। मैं उससे हारकर भागा, मगर, मैंने किताबें साथ ले लीं।

सेबो को भरोसा यह रहा होगा कि मेरी बेटी अविवाहित है, छोटी पतोहू अभी बस नहीं पाई है और किताब कोई भी मेरे पास नहीं है। अतएव, उसका अत्याचार असीमित रूप से चलेगा और मैं उसे इस भय से सहता जाऊँगा कि शहर और देश में जो कीर्ति मुझे मिली है, उसे मैं गँवाने को तैयार नहीं होऊँगा। रात भर सोचकर मैंने निश्चय किया कि इस वेदना से कुत्सा, कलंक, बेइज्जती किन्तु सब अच्छे हैं। मुझे अब खुलकर कड़े मार्ग पर आ जाना चाहिए। जो कुछ मैंने किया, अहुत सोचकर किया और उदयाचल के मूल में कुल्हाड़ी मारकर मैं घर से निकल गया। यह कहानी अत्यन्त संक्षिप्त रूप है। अब भविष्य की योजना सुनो।

1. मैं घर से अचानक नहीं निकला हूँ। सेबो ने प्रथम बार मेरा अपमान जनवरी में किया था। बेटा बाप का अपमान नहीं करे, इसकी एक ही शर्त है यानी वह पहले दिन अपमान नहीं करे। और इधर तो लगातार 31 दिनों तक उसने मुझे इतना अधिक कष्ट दिया कि मैं जिस-तिस के आगे फूटकर रो पड़ता था। घर से मैं बहुत सोच-समझकर निकला हूँ। इसीलिए चलने से पहले उस घर का दरवाजा मैंने अपने लिए मजबूती से बन्द कर दिया है। तुम्हारे रोने या सेबो के आँख दिखाने से मैं उस घर में वापस नहीं जा सकता। हाँ, सेबो का क्रोध शान्त हो तो कभी-कभार घंटे-दो घंटे के लिए मैं उस घर में जाकर बाल-बच्चों से मिल आ सकता हूँ। इससे अधिक की आशा करना अब बेकार है। रूई भी दबते-दबते एक ऐसी जगह पहुँच जाती है जहाँ उसे और दबाया नहीं जा सकता। सेबो ने अत्याचारपूर्वक मूझे घर से निकालकर मुक्ति के मार्ग पर भेज दिया है। अब मैं उसका उपकार मानता हूँ। यह काम उसके माध्यम से भगवान ने करवाया है। मैं अपने नए भविष्य की रूपरेखा तैयार कर रहा हूँ। तुम लोगों को दुःखी नहीं होना चाहिए। मेरी जिन्दगी अभी बाकी है गरचे वसीयतनामा लिखकर मैंने कहीं जमा कर दिया है। मैं अभी बचनेवाला हूँ, सुख भोगनेवाला हूँ, संसार की सेवा करनेवाला हूँ, और जिस वधू को बसने नहीं दिया जा रहा है उसे भली-भाँति बसानेवाला हूँ। जब मैं 31 दिनों में नहीं मरा, तब अभी मरना मेरे भाग्य में नहीं है।

2. विचारणीय विषय केवल एक ही है कि परिवार का क्या होगा। इस विषय में मेरे सामने अब केवल दो योजनाएँ हैं–

(क) अगर तुम रामसेवक के साथ रहने में कोई बाधा नहीं देखते हो तो तुम दोनों भाई साथ रहो। बिजिनेस का पार्टनरशिप रजिस्टर्ड करवा लो। जब मुझे यह सूचना

मिल जाएगी कि रजिस्ट्री हो गई तब मैं 'संस्कृति के चार अध्याय', 'उर्वशी' और 'चक्रवाल', इन तीन किताबों को छोड़कर बाकी सभी किताबें रॉयल्टी की पद्धति पर उदयाचल को दे दूँगा। इस शर्त के साथ कि रॉयल्टी अगर मिलती रही तो किताबें उदयाचल से अलग नहीं की जाएँगी। जो किताबें मैं अभी अलग कर रहा हूँ और जो किताबें मैं आगे लिखूँगा, वे उदयाचल से कभी छपेंगी या नहीं, यह उदयाचलवालों के व्यवहार पर निर्भर करेगा।

(ख) दूसरा रास्ता यह है कि तीन-चार किताबें अपने पास रखकर बाकी पुस्तकें मैं तुम दोनों भाइयों के बीच बाँट दूँ। कॉपीराइट तो मैं आजीवन अपने पास रखूँगा, किन्तु, यह शर्त मान लूँगा कि तुम लोग जब तक इन किताबों का व्यवसाय करोगे, किताबें तुम्हारी रहेंगी और उनके बदले में कोई रॉयल्टी नहीं माँगूँगा। यह शर्त अगर रामसेवक को पसन्द हो तो उदयाचल का गुडविल और अपने हिस्से की किताबें लेकर वह स्वतन्त्र हो जाय। बाकी पुस्तकों के लिए मैं अलग प्रकाशन-संस्था कायम करूँगा। लेकिन, यह शर्त अगर मान्य नहीं है तो फिर योजना फिर एक ही रह जाती है यानी पार्टनरशिप-रॉयल्टीवाली।

अगर इन दो में से कोई भी मार्ग पसन्द नहीं किया गया तो फिर सभी किताबें उसी रास्ते जानेवाली हैं जिस रास्ते से 'रश्मिरथी' और 'कुरुक्षेत्र' निकले हैं। इसमें सिरदर्द अधिक से अधिक एक साल तक रहेगा। उसके बाद सभी किताबें नाना एजेंसियों से बाजार में आ जाएँगी। विभा का ब्याह भी एक वर्ष के लिए रोक दूँगा और सन् 1965 तक कहीं एक खपरैल खड़ा करके अपनी नई जिन्दगी जीरो पर से फिर शुरू करूँगा।

तुमने सहनशीलता और झुकने की बात लिखी है। ऊपर जो कहानी है वह सहनशीलता की ही कहानी है, झुकने की ही कहानी है। रामसेवक बाबू गरजते रहे, मैं मूक, निर्बल पशु की तरह दुम हिलाता रहा। उन्होंने जो-जो कहा, मैंने सब स्वीकार किया। लेकिन, किसी भी जगह वे टिके नहीं। उनका उद्देश्य मुझे घर से निकालना था, मुझे नए समधी की आँख में नीचे गिराना था, विभा के ब्याह को कठिन बनाना था। इन सभी उद्देश्यों में वे सफल हो गए। उन्हें बधाई मिलनी चाहिए।

मैं जिस घर से निकल गया, उसके सुख-दुःख, मान-अपमान की जिम्मेदारी मुझ पर नहीं है। परिवार भूखों मरे या जलेबी खाए, यह सब उन्हें देखना है जिन्होंने मुझे घर से निकालकर सत्ता को हथियाना चाहा था। जिस घर पर से मेरा स्वामित्व नष्ट हो गया, उस घर के लिए मैं जीवित नहीं हूँ, न उसका कोई दायित्व मुझ पर शेष है। जिस घर में लौटकर मुझे नहीं जाना है, उस घर की कोई भी चिन्ता मुझ पर नहीं है। जो लोग बासी भात पर पंखे डुला रहे हैं, उन्हें शीघ्र ही ज्ञान हो जायगा।

नवजात की बीमारी की बात सुनकर घोर कष्ट हुआ। लेकिन, यह कष्ट भी मुझे उस घर की ओर नहीं ले जा सकता, जिससे आग की लपटें निकल रही हैं। भगवान

से प्रार्थना करता हूँ कि तुम्हारा कुलदीपक स्वस्थ और चिरायु रहे। उसका एक फोटो हो तो मैं उस फोटो को देखकर आँखें जुड़ा लूँ और फिर उस फोटो को आशीर्वाद के लिए पांडिचेरी भेज दूँ।

रामसेवक से कहना कि वह अब जो भी रास्ता बनाए, यह सोचकर बनाए कि मैंने हमेशा के लिए घर छोड़ दिया है। इतनी बात स्वीकार कर लेने पर रास्ता खोजने में उसे सहूलियत होगी।

ब्रजशंकर जी या तारा बाबू का मुझे कोई पत्र नहीं मिला। न फोन पर उनसे बातें हुई हैं। जिस समय नोवेल्टी से इकरारनामा हुआ, उस समय तक उदयाचल के स्टॉक में 'रश्मिरथी' की एक हजार से अधिक प्रतियाँ नहीं थीं। नए संस्करण के लिए ऑर्डर दिया गया था, लेकिन, उस ऑर्डर को मैंने रोक दिया था। 9 जुलाई की शाम तक उदय ने मुझे यही बताया था कि मेरी मर्जी के खिलाफ किताबें नहीं छपेंगी। तब भी, रामसेवक बाबू यदि झंझट बढ़ाते हैं तो जवाबदेही उनकी है। मैं इसमें दूर से भी नहीं पड़ूँगा। पटना आने की तो बात ही नहीं उठती है।

उपाय जो हैं, मैंने ऊपर लिख दिए हैं। अगर रामसेवक बाबू को ये उपाय पसन्द नहीं हैं, तो मेरी लाचारी है। मैं नहीं चाहता कि बार-बार मेरी शान्ति भंग की जाए। बचपन की आयु तक मैं अच्छा-बुरा जो कर सकता था, वह कर चुका। अब आगे उनकी जिम्मेदारी है, जो मुझे लात मारकर आजाद हो गए हैं।

मेरे सामने चुनौती यह है कि घर छोड़कर मैं बेटी का ब्याह करूँ और नई दुलहिन को बसाकर नई कीर्ति प्राप्त करूँ। रामसेवक बाबू के सामने चुनौती यह है कि जिस घर से पिता को उन्होंने निकाल दिया है उस घर को ठीक सँभालें। फर्क इतना ही है कि वे प्रतापी और नौजवान हैं, और मैं अधम, अपाहिज, रोगी और लाचार हूँ। भगवान चाहेंगे तो दोनों कृतकार्य होंगे।

तुम्हारा
रामधारी

[2]

11, कैनिंग लेन, नई दिल्ली
1-8-63

प्रिय केदार,

तुम्हारा 29 जुलाई का पत्र आज मिला। यह आशा तो बिलकुल छोड़ दो कि झगड़ा निबटाने को मैं घर जाऊँगा। लेकिन तुम लोग झंझट कैसे मिटा सकते हो, यह रास्ता बता सकता हूँ।

1. पहला कदम यह है कि तुम दोनों भाई आपस में पार्टनरशिप की रजिस्ट्री

करवा लो। जब मुझे तुम दोनों मिलकर यह पक्की सूचना भेज दोगे कि रजिस्ट्री हो गई और पार्टनरशिप तुम दोनों को मान्य हो गया तब मैं तीन किताबें (संस्कृति के चार अध्याय, उर्वशी और चक्रवाल) छोड़कर बाकी सभी किताबें दस प्रतिशत रॉयल्टी की शर्त पर उदयाचल को दे दूँगा और यह भी लिख दूँगा कि जब तक रॉयल्टी की अदायगी ठीक से होती रहेगी, किताबें उदयाचल के कब्जे में रहेंगी।

2. नोबेल्टी से मैंने जो एकरारनामा किया है वह केवल एक संस्करण का है। जहाँ तक मेरा अनुमान है, नोबेल्टी पुस्तक के दूसरे संस्करण में तुरन्त हाथ लगाने वाली है। उचित तो यही होगा कि नोबेल्टी के साथ एकरारनामे को खारिज मैं तब करूँ जब तुम दोनों का पार्टनरशिप रजिस्टर हो जाए। लेकिन, रजिस्ट्री में देर हो सकती है। इसलिए, जल्दी करना चाहो तो तुम दोनों भाई मिलकर मुझे साफ-साफ शब्दों में हस्ताक्षर सहित यह लिखकर भेज दो कि इस पत्र में लिखी शर्तें तुम दोनों भाइयों को मंजूर हैं और तुम दोनों भाई 31 अगस्त तक पार्टनरशिप रजिस्टर करने को तैयार हो। इस आशय का स्पष्ट पत्र मिल जाने पर मैं नोवेल्टी को आगे किताब छापने से रोक दूँगा।

क्या तुम यह समझते हो कि मैं अपने दुधमुँहे वंशधर का मुँह देखने को क्षण-क्षण नहीं तड़प रहा हूँ? लेकिन, जिस जगह मेरे खिलाफ क्रोध, घृणा और विद्वेष की ज्वाला धधक रही है वहाँ जाने की बात मैं अब सोच भी नहीं सकता हूँ।

तुमसे इस झगड़े की बातें मैंने छिपाकर रखी थीं। तुमने वे दो पत्र नहीं देखे जो रामसेवक ने मुझे लिखे हैं। तुम मेरी तुलना उस पशु से करो जिसे वधिक ने बाँध-छाँद कर आग में डाल दिया था। वह पशु किसी तरह बाँध तोड़कर उस आग से भाग निकला है। अब वह किसी लोभ, लालच, प्रेम या फुसलावे से उस आग में वापस नहीं जाएगा। जब आग शान्त हो जाएगी और रामसेवक के चेहरे पर श्मशान की कठोरता नहीं रहेगी तब भी मैं फूँक-फूँककर ही पटने की ओर पाँव धरूँगा।

मेरा गृह-त्याग अब धमकी या मेरी व्यथा की अभिव्यक्ति नहीं रहा। वह तथ्य हो गया है और उसे मानकर चलने से तुम लोगों का भला होगा। बैल जब थक जाता है तब उसे खूँटे से भगा देते हैं। मैं भी थका हूँ। तीन साल जैसे-तैसे चलूँगा। उसके बाद मरने के पूर्व चार साल तक इनवैलिड रहूँगा। यह कल्पना गलत नहीं है। मगर, निकाला हुआ बैल किसान के खूँटे पर नहीं मरता।

भगवान तुम लोगों का कल्याण करें।

तुम्हारा
रामधारी

19
प्रोफेसर के. दोइ (जापान)

[1]

Aryakumar Road,
Patna-4
The 6th July, 1957

Dear Shri Doi,

Thank you very much for your kind letter of the 18th June, 1957. I am very glad to know that my book 'Sanskriti Ke Char Adhyay' has attracted your notice and you want to translate it into Japanese. I give you permission for the same on the terms and conditions mentioned in your letter. I also agree with you that the translation should appear in two parts, the later two chapters appearing first. If you want the preface, written by Pandit Nehru, to accompany the translation, please write to me so that I may send the original English version of the preface to you. Panditji had written the preface originally in English.

No, I have not received the book-review, written by Prof. WATANABE. I should be glad to receive a copy of the same from you.

By the way, could you send me about two dozens of modern Japanese poems, rendered faithfully into Hindi prose from which translations into Hindi verse could be prepared? I want to do the job myself.

I had the good fortune of meeting your poet NOGUCHI when he had visited our country in 1935. At that time some of Prof. NOGUCHI'S poems were rendered into Hindi and received well by the people. Since then, no modern Japanese poems have been translated here.

With kind regads,

Yours sincerely,
R. D. SINHA

[2]

आर्यकुमार रोड, पटना-4
12 सितम्बर, 1957

प्रिय भाई दोइ साहब,

कुछ दिन पूर्व आपका दूसरा पत्र मिला, जिसमें तारीख आपने नहीं दी है। उत्तर में बहुत विलम्ब हो गया। कृपया क्षमा करेंगे।

यदि आप 'संस्कृति के चार अध्याय' का अनुवाद खंडों में निकालना चाहते हैं तो सुगभ योजना इस प्रकार बनेगी–

1. प्राचीन भारतीय संस्कृति : इस खंड में प्रथम और द्वितीय अध्याय लिए जाएँगे। बल्कि, दूसरे अध्याय में भी पेज 191 (द्वितीय संस्करण) तक का ही मैटर पहले खंड में लीजिए।
2. मध्यकालीन भारतीय संस्कृति : इसका आरम्भ 'क्रान्ति की गंगा में शैवाल' नामक प्रकरण से करना चाहिए, जो द्वितीय संस्करण में पेज 192 से शुरू होता है। इस खंड में पेज 398 तक का मैटर यानी पूरा तृतीय अध्याय आ जायगा।
3. अर्वाचीन भारतीय संस्कृति : इसमें पूरा चतुर्थ अध्याय आ जायगा।

मेरा यह भी सुझाव है कि आप पहले तीसरी, फिर दूसरी और बाद में पहली जिल्द प्रकाशित करें।

नेहरूजी-लिखित प्रस्तावना का अंग्रेजी-मूल मेरे पास सुरक्षित है। वह सभी खंडों की प्रस्तावना बन सकती है। मैं उसकी एक प्रति यथासमय आपको भेज दूँगा।

शंकाओं का समाधान इस प्रकार है–

1. 'संस्कृति-भाषा' गलत छपा है। शुद्ध रूप संस्कृत भाषा ही है।
2. 'सुगबुगाता रहा है।' सुगबुगाना क्रिया है। अर्थ होता है धीरे-धीरे हिलना। सुगबुगाना जिन्दगी की निशानी है। मुर्दा सुगबुगाता है यानी मुर्दे में धीरे-धीरे जान महसूस होती है।
3. 'इससे भी एक बड़ी वस्तु' (पेज 8) मेरा तात्पर्य इस बात से है कि भारत में अनेक नस्लों और अनेक धर्मों के लोग हैं और उनकी भाषाएँ भी अलग-अलग हैं। फिर भी, वे एक महाजाति के रूप में एक होकर जीते आए हैं। विश्व की एकता की भी सबसे बड़ी बाधा यही है कि संसार में अनेक नस्लों, अनेक धर्मों और अनेक विचारों के लोग हैं तथा उनकी भाषाएँ भी अलग-अलग हैं। अतएव, विश्व की एकता की समस्या भारतीय एकता की समस्या से मेल खाती है। किन्तु, अहिंसा के जिस साधन को अपनाकर भारत ने अपनी एकता का निर्माण किया (प्रथम अध्याय की ओर संकेत है) उसी साधन को अपनाकर हम सारे विश्व में एकता स्थापित कर सकते हैं।

4. राह-दान का अर्थ है–राह चलने की अनुमति देना, राह चलने में सहयोग देना, यात्रा के लिए सुविधाएँ देना।
5. 'महमूद गोरी' गलत छपा है। मुहम्मद गोरी ही होना चाहिए।
6. दिक्काल = दिक् + काल = देश और काल = टाइम एण्ड स्पेस TIME AND SPACE.
7. मानवात्मा = HUMAN SOUL

सम्भावना यह है कि अक्तूबर के अन्त तक मैं चीन जाऊँ। वहाँ से लौटते समय दो-चार दिन जापान रुकने का भी विचार है। उस समय आपसे मुलाकात हो जाए तो बहुत अच्छा हो।

शेष कुशल है।

मेरे दो पते हैं–

1. जब पार्लियामेंट का सेशन चलता रहता है, मैं दिल्ली में रहता हूँ।
   पता : 52, SOUTH AVENUE, NEW DELHI,
2. जब पार्लियामेंट का सेशन नहीं रहता, मैं पटने में रहता हूँ।
   पता : ARYA KUMAR ROAD, PATNA-4.

आपका

रामधारी सिंह 'दिनकर'

[3]

Aryakumar Road, Patna

22-10-57

प्रियवर दोइ साहब,

आपका पोस्ट-कार्ड मिला। आपने यह नहीं लिखा कि मैंने जो यह बताया कि 'संस्कृति के चार अध्याय' का अनुवाद तीन जिल्दों में निकालिए, वह प्रस्ताव आपको पसन्द आया या नहीं। नेहरूजी ने अंग्रेजी में जो भूमिका लिखी थी, उसकी एक प्रति मैं इस पत्र के साथ भेज रहा हूँ।

चीन के लिए मैं 25 अक्तूबर को कलकत्ते से उड़ूँगा और 27-28 तक पीकिंग पहुँच जाऊँगा। चीन में मैं 15 नवम्बर तक रहना चाहता हूँ। उसके बाद हांग-कांग और बैंकाक होकर भारत लौट आऊँगा। Foreign Exchange की कठिनाई के कारण अब जापान नहीं जा सकूँगा।

शेष कुशल है।

आपका

रामधारी सिंह 'दिनकर'

20

श्री क्षेमचन्द सुमन

आर्यकुमार रोड, पटना-4
24-3-60

प्रिय सुमन जी,

आपका 17-3-60 का 222/8/17286 संख्यक पत्र मिला।

शाहजहाँ को काटकर मैंने 'रात्रे ओ प्रभाते' कविता चुन ली है। आपके यहाँ मेरी जो सूची हो, उसमें संशोधन कर लीजिए। अब कविताएँ 25 की 25 रहीं।

कृपलानी जी ने भारती की कविताओं की प्रतिलिपि माँगी है। आपकी याद होगा कि पांडुलिपि मैंने आपको कृपलानी जी के समक्ष लौटा दी थी। वह आपके ही पास होगी।

आपका
दिनकर

21
डॉ. गोपाल राय

[1]

2, साउथ एवेन्यू, नई दिल्ली
3-11-66

प्रिय राय जी,

मैं 29 तारीख को पटने था, मगर, आपसे मुलाकात नहीं हो सकी। आज प्रवास से वापस आने पर आपका पत्र मिला। उद्धरण दोनों सचमुच अशुद्ध हैं। अगले संस्करण में मार्जन हो जायगा। तथ्य की ओर कोई भूल हो तो निःसंकोच लिखिएगा।

आलोचक यदि हितकामी हो तो वह भी प्रशंसक के ही समान प्रिय है। मुझे दोनों प्रकार के आलोचक उपलब्ध रहे हैं, भी जो आलोचना करते समय केवल कृतियों को देखते हैं और वे भी जिनकी दृष्टि कृति पर कम, मेरे अप्रिय व्यक्तित्व पर अधिक रहती है। आशा है, आपके शिष्य प्रथम कोटि के हैं। आशा है, आप प्रसन्न हैं।

आपका
दिनकर

[2]

2, साउथ एवेन्यू, नई दिल्ली
30-11-66

प्रियवर,

23-11-66 का पत्र कल मिला। मैं दक्षिण भारत गया हुआ था। कल शाम को ही वापस आया हूँ।

आपने बड़ा अच्छा किया कि डॉक्टर रामचन्द्र के रिव्यू की कतरन भेज दी।

आशा है, आप सुप्रसन्न हैं। क्या ज्ञानोदयवालों ने आपसे रिव्यू माँगी है? मुझसे लक्ष्मीचन्द्र जी कह रहे थे।

आपका
दिनकर

[3]

नई दिल्ली
13-3-70

प्रियवर,

आपका 26-2 का पत्र मिला। उसके पूर्व ही राजेन्द्रलाल जी लम्बी छुट्टी पर चले गए। छुट्टी पर से ही अवकाश ले लेंगे। फिर भी कागज उन्होंने मुझसे मँगा लिया। आज फोन पर उनसे बात हुई। बोले, विज्ञापन चला गया होगा या तुरन्त जायगा। जब मुझसे आपने कह दिया, तो निश्चिन्त हो जाइए। पता नहीं, विज्ञापन आपको मिला है या नहीं।

अपनी हाल की कविताओं के पक्ष में मैं अभी कुछ भी नहीं कह सकता। मेरा कोई खास मत बना नहीं है। केवल यही कह सकता हूँ कि इन कविताओं की मैं रचना नहीं करता। वे अकस्मात् पत्तों की तरह फूट निकलती हैं। हाँ, बाद को शब्द बदलने में कठिनाई होती है, दिमाग फटने लगता है। गैरवाजिब ढंग से बैठे हुए शब्द भी हिलने से इनकार कर देते हैं। यह नया अनुभव है।

आपका कहना ठीक है कि मैं बूढ़ा हो गया हूँ। इतना और जोड़ दीजिए कि मैं विपत्तियों से झुलसा हुआ हूँ। मेरे जीवित रहने की कोई लॉजिक नहीं थी, फिर भी बच गया हूँ। लेकिन इसे कौन देखे? सच्चे-शहीद भी मरने के पूर्व तक सन्देह के पात्र रहते हैं। मैं तो नकली ठहरा।

आपका पत्र बढ़कर मन कुछ सोचने लगा था। उसी मुद्रा में एक कविता फूट पड़ी। केवल अवलोकनार्थ भेज रहा हूँ।

27 मार्च की शाम को पटना पहुँचूँगा। 28 को नालन्दा जाना है।

मैं मुजरिम हूँ,
यह बात मैं कैसे मान लूँ?
गीतों की यह विधा मेरी चुनी हुई नहीं है।
यह तो सरस्वती की अपनी पसन्द की राह है।
मैं तो वर्षों से गीतों के इन्तजार में था
कि आनेवाली नदियों के समान
वे नाचते और उछलते आएँगे।
लेकिन उन्होंने एक नई चाल पकड़ ली है।
मैं उन्हें कोई बात सिखा नहीं सकता
न वह रास्ता दिखा सकता
जिस पर मेरी सरस्वती की
सवारी आती थी।

मैंने अपने आपको क्षमा कर दिया है।
बन्धु तुम भी मुझे क्षमा करो।
मुमकिन है, वह ताजगी हो,
जिसे तुम थकान मानते हो।
ईश्वर की इच्छा को
न मैं जानता हूँ, न तुम जानते हो।

आपका
दिनकर

22
गोपी बाबू

Madhubani
6-2-39

My dear Gopi Babu,

Babu Shivakunar Sharma informs me that nothing in writing has been received from your office as yet. So many students have taken admission in the school and it is in their interest that a permission is necessary. I would request you to kindly expedite the matter. we count a good deal on your support. If you sympathise with us, the venture is bound to succeed.

Please accord a permission and give us time to fulfil all the conditions that be deemed necessary.

Hoping this finds you well,

I remain,
Sincerely yours,
Ramdhari

23
डॉ. चन्द्रदेव सिंह

[1]

आर्यकुमार रोड, पटना-4
13-4-63

प्रियवर,

कविता मिली। पढ़कर बड़ा मजा आया। मुझे आपने जो गालियाँ दी होंगी, उन्हें मैंने नहीं देखा, न आज से पहले यह बात मुझे मालूम थी। लेकिन अच्छा हुआ कि आपने स्वयं अपना मार्जन कर लिया। यह शुद्ध हृदय का लक्षण है, यह इस बात का संकेत है कि आप वैयक्तिक मालिन्य से ऊपर रहना चाहते हैं। जीवन के प्रत्येक क्षेत्र में चरित्र ही प्रधान है।

'परशुराम की प्रतीक्षा' से दो प्रकार के लोग बहुत नाराज हैं। एक वे जो यह समझते हैं कि चीनी-आक्रमण के विरुद्ध जगनेवाला क्रोध जल्दी शान्त हो जाए, नहीं तो यह क्रोध देश की प्रगतिशील प्रवृत्तियों के विरुद्ध पड़ेगा। दूसरे वे लोग जो यह समझते हैं कि युद्ध का जवाब युद्ध से न देने की भावना यदि बढ़ी तो वह गाँधी-धर्म के प्रतिकूल जायगी।

मेरे जानते दोनों-के-दोनों गलती पर हैं। भारत साम्यवादी हो जाए तब भी चीन से उसकी खटपट चलती रहेगी जैसे रूस के साथ चल रही है। और गाँधी-धर्म को भी मैं एक-दूसरे रूप में समझता हूँ। गाँधीजी कहते थे, कायरता सबसे बुरी चीज है, उनके बहुत से शिष्य ऐसे हैं, जो केवल यह मानते हैं कि अहिंसा सबसे अच्छी चीज है। लेकिन जो कायर भी नहीं हैं और अहिंसक भी नहीं, वह क्या करे? इस सवाल का जवाब गाँधीजी के पास था, लेकिन, सर्वोदयवालों के पास नहीं है। इसीलिए उनमें से कुछ लोग मुझे हिंसावादी मानकर मेरी निन्दा करते हैं।

पिछले 15 वर्षों में देश कहाँ-से-कहाँ पहुँचा है, यह बात मेरे प्रसंग में भी देखी जा सकती है। 1946 में 'कुरुक्षेत्र' निकला था। उसी में यह पंक्ति थी—"जिनको सहारा नहीं भुज के प्रताप का है, बैठते भरोसा किए वे ही आत्मबल का।" लेकिन कुरुक्षेत्र पर द्वेष के उतने तीखे बाण नहीं बरसे थे जितने परशुराम पर बरस रहे हैं। 27 साल की अहिंसा-साधना का नतीजा यह निकला कि छह लाख हिन्दू और मुसलमान पाप

की तलवार से काटे गए। यदि देश की निर्वीर्यता नहीं टूटी, तो वह कितना बलिदान लेगी, यह कवि और चिन्तक समझ सकते हैं। बाकी लोगों की समझ में यह बात तब आएगी जब दुर्घटना घटित हो चुकेगी। कितना लिखूँ? केवल आपको धन्यवाद देता हूँ। आप बड़े अच्छे हैं।

आपका
दिनकर

[2]

राजेन्द्रनगर, पटना-16
12-6-72

प्रिय चन्द्रदेव,

तुम्हारी बड़ी कृपा है कि नैनीताल में तुम्हें मेरी याद आई।

हिन्दी-ग्रन्थ-अकादमी के चेयरमैनशिप का ऑफर सरकार की ओर से आया था। तुम जानते हो कि उस पद पर अभी सुधांशुजी काम कर रहे हैं। वे रुग्ण तो हैं ही, अभी भारी विपत्ति में भी हैं। अपने पद पर वे बने रहें तो उससे उन्हें थोड़ा ढाढ़स रहेगा। यही सब सोचकर मैंने ऑफर को स्वीकार नहीं किया। वैसे काम की मुझे जरूरत है। माथे पर अनाथ पोते-पोतियों का बोझ है, जो मुझे अब क्षण भर को भी निश्चिन्त होने नहीं देता।

क्या करूँ, कुछ समझ में नहीं आता है।

हम जिस समाज में जी रहे हैं, उसके प्रोप्रायटर राजनीतिज्ञ हैं, मैनेजर अफसर हैं, बुद्धिजीवी मजदूर हैं।

बूढ़ा मजदूर भर पेट मजदूरी नहीं कमा सकता, वही हाल मेरा है।

सरस्वती और लक्ष्मी के बैर को बुझाने की कोशिश मैं जीवनभर करता रहा, लेकिन वह बैर बुझा नहीं। अभी तो वह जरा तेज ही हो गया है।

भावुकता में विलाप की बातें लिख गया, क्षमा करना।

भगवान तुम्हें सुखी रखें।

तुम्हारा
दिनकर

24
चाँदो बाबू

P.O. –Sitamarhi Court

My dear Chando Babu,

The question of increasing the aid of the Simaria school is about to be placed in the meeting of the Board. There seems to be nothing extraordinary in the proposal to invite criticism but if there be any such trouble, I very carnestly request you to kindly render all possible help to us. I have written one letter to the Chairman and another to Bindesari Babu as well and hope that with so many friends in the Board we shall not be disappointed.

I count immensely on your support. Please remember it while the proposal is being discussed.

With kindest regards,

Sincerely yours,
Dinkar

25

श्री जगदीश जी

29-ए, कारमाइकेल रोड,
बम्बई-26
8-9-73

प्रिय जगदीश जी,

आपका 4 का पत्र आज मिला। पत्र तो मैंने 31 को ही लिख दिया था, किन्तु किताबें हनोज नहीं मिली हैं। कल दूसरा पत्र लिखा है कि समय पर भेज सको तो यहाँ भेजो। नहीं तो नई दिल्ली भेज दो।

पटना में एक फोन है 52431, इस पर फोन कीजिए और कहिए कि केदार बाबू को बुला दीजिए। केदार मिल जाय तो अब किताबें 31, सरदार पटेल रोड पर भेज देने को कहिए।

मैं 25 को नई दिल्ली पहुँच जाऊँगा।

इस बार यहाँ तबीयत नहीं लग रही है। बेकार ही आया।

आपका
दिनकर

26
श्री जनार्दनराय नागर

पटना-16
3-2-73

प्रिय नागर जी,

कल आपके पत्र का नकारात्मक उत्तर भेज चुका हूँ, किन्तु बात रात भर हृदय में कसकती रही। आज यह भाव जगा कि आपकी आज्ञा का पालन करने के लिए मुझे यात्रा पर निकलना चाहिए। लेकिन इतनी लम्बी यात्रा मैं विश्रामपूर्वक ही कर सकता हूँ। अतएव दिल्ली, मैं कुछ पहले ही पहुँच जाऊँगा।

मैं नहीं जानता कि दिल्ली से उदयपुर के लिए जहाज कितने बजे छूटता है, न यही जानता हूँ कि उदयपुर से कब चलना होगा?

पटने से दिल्ली का A. C. C. I. किराया आमद-रफ्त 422 रु. है। लोग टैक्सी का किराया देना भूल जाते हैं। वह आप न कीजिएगा।

क्या भाषण और काव्य-पाठ निःशुल्क करना होगा? मेरा एक सप्ताह का समय बर्बाद होगा, इसका ध्यान रखिएगा।

मैं 16 फरवरी के भोर दिल्ली से पटने के लिए प्रस्थान करूँगा। उसी हिसाब से आप मुझे उदयपुर से दिल्ली हवाई-जहाज से पहुँचाएँ।

दिल्ली से जहाज 3 को जाता हो, तो निश्चय ही मैं नहीं आ सकूँगा।

यह पत्र आपको मिल गया है, इस आशय का तार या रजिस्टर्ड-पत्र आपको निम्नलिखित पते पर भेजना चाहिए—

C/0. श्री शिवसागर मिश्र
डी-II 347, पंडारा रोड, नई दिल्ली।

दिल्ली पहुँचने पर अगर आपका तार या पत्र नहीं मिला, तब भी मैं उदयपुर नहीं आऊँगा।

और रास्ते में मिजाज खराब हो गया तब तो आना ही नहीं होगा।

आपका
दिनकर

27
जय किशोर

सिमरिया
2-1-36

प्रिय जय किशोर!

प्रेम।

उस दिन मैं तुमसे एक आवश्यक बात कहना भूल गया। या यों कहो कि संकोच से नहीं कह सका। वह यों है :

मेरा एक भतीजा है जो आई. ए. तक पढ़ा हुआ है। तीन बार परीक्षा में बैठकर असफल हो चुका है। बड़ा चलता-पुर्जा और ऐक्टिव आदमी है। उसके पिता सब-पोस्ट मास्टर हैं। उम्र बढ़ जाने के कारण सरकारी नौकरी पाना कठिन मालूम पड़ता है। मैं उसे एम्प्लाय करने को बड़ा हैरान हूँ। मैं दो वर्षों से बहुत चिन्तित रहता हूँ और भगवान साक्षी है कि मेरी चिन्ता की वृद्धि में 3/4 वही हेतु है।

मैं तुमसे प्रार्थना करूँगा कि तुमसे हो सके तो उसे हथुआराज में कहीं बहाल करा दो। ऐसा करने से तुम मेरा ही उपकार करोगे और मेरे जीवन को Wretched होने से बहुत-कुछ बचा लोगे। एहसान चाहो तो वह भी बहुत रहेगा।

मैं जरा informal आदमी हूँ। और इस शिवकुमार बाबू (यही नाम है) के लिए तो जिस-तिस सभी के पास सिफारिश कर रहा हूँ। आशा करता हूँ इस बेतकल्लुफी के लिए क्षमा करोगे। लाचारी है, नहीं तो तुम्हारी familiarty को इस तरह Misuse नहीं करता।

उत्तर जरूर दो।

तुम्हारा अपना
दिनकर

उत्तर का पता—

डाकघर—लालगंज,
मुजफ्फरपुर

28

संगीत-निदेशक श्री जयदेव

31, सरदार पटेल रोड, नई दिल्ली
4-3-74

प्रिय जयदेव जी,

श्री बालकवि बैरागी ने पत्र लिखा है कि आपने मेरी 'उर्वशी' कविता को स्वर दिया है और आप उसे रिकॉर्ड करवाना चाहते हैं। यह सुख का विषय है। रिकॉर्ड करनेवाली कम्पनी मेरे पास अपना प्रस्ताव भेजे। आप जिस शर्त पर अनुमति देने को कहेंगे, मैं अनुमति दे दूँगा। केवल कैसेट सुनकर यह समझना चाहता हूँ कि चीज उतरी कैसी है। बम्बई में मेरे एक मित्र हैं—

श्री सुरेन्द्रसिंह, टेलीफोन—369583
1-B-1, गिरिराज, अल्टा माउंट रोड
बम्बई-26

सुरेन्द्र खुद गवैया भी हैं। मैं उन्हें लिख रहा हूँ। वे आपसे सम्पर्क करेंगे। शेष कुशल है।

आपका
रामधारी सिंह 'दिनकर'

29
लोकनायक जयप्रकाश नारायण

[1]

पटना
9-11-58

मान्यवर जयप्रकाश जी!

प्रणाम।

मानवीय गुणों पर जोर देते हुए आपने अभी हाल में जो बयान दिया है उसकी कतरन मैंने पास रख ली है और उसे कई बार पढ़ गया हूँ। अजब संयोग की बात कि जब आपका बयान निकला, मैं धर्म और विज्ञान पर एक निबन्ध लिख रहा था, जो 40 पेज तक गया है, मगर, अभी कुछ अधूरा है। बयान पढ़कर मुझे लगा कि आप जिस चीज को इतनी अच्छी भाषा में और इतनी सुस्पष्टता के साथ कह रहे हैं, मेरी असमर्थ भाषा भी उसी के आस-पास चक्कर काट रही है। इस बयान पर लोगों की क्या प्रतिक्रिया है, यह भी मुझे मालूम है। लेकिन, हर बड़े काम की राह में लोक-मत कुछ बाधक बनकर आता है और उसकी उपेक्षा किए बिना ये काम किए नहीं जा सकते। वर्तमान सभ्यता अनेक रूढ़ियों को तोड़कर आगे बढ़ी है, लेकिन, मुझे अब पूरा सन्देह हो रहा है कि वह खुद एक प्रकार की रूढ़ि में जा फँसी है, जिसका उपयुक्त भाषा के अभाव में, मैं 'बुद्धि की रूढ़ि' नाम देता हूँ। अगर मनुष्य को विकसित होना है तो उसे इस रूढ़ि से भी निकलना होगा। बर्ट्रेंड रसल ने लिखा है कि आदमी में तीन प्रवृत्तियाँ होती हैं, instinct to live, instinct to think and instinct to feel. ये मैं अपनी भाषा में रख रहा हूँ। Feel शायद उसने नहीं कहा है। इस प्रवृत्ति का नाम उसने spirit की प्रवृत्ति दिया है। इन तीनों में समन्वय हुए बिना मनुष्य का दोषहीन विकास नहीं हो सकता। रसल और हक्सले के अलावे, मैंने Alexis Carel की Man : The Unknown नामक किताब में भी यही देखा कि वैज्ञानिक सभ्यता गलत दिशा की ओर जा रही है और मैं मान गया हूँ कि कैरेल का कहना बिलकुल ठीक है। एक धारा है जो सबको बहाए लिए जा रही है। जरूरत है उन पुरुषों की, जो इस बहाव में बहने से इनकार कर दें। आपने अपना पाँव जमा लेने का इरादा किया है इसलिए, मैं आपका सादर अभिनन्दन करता हूँ।

युद्ध-काव्य के विषय में भी आपका सुझाव बेनीपुरी से मिला है। होगा।

आपका
दिनकर

[2]

भागलपुर विश्वविद्यालय
4-3-64

प्रिय जयप्रकाश जी,

गाँधी-विचारधारा में डिप्लोमा-कोर्स चलाने की योजना की एक प्रति आपके अवलोकनार्थ भेज रहा हूँ। हमारे यहाँ के शिक्षक इस योजना को व्यावहारिक मानते हैं। पता नहीं, बाहर के शिक्षा-विशारद कैसा समझेंगे?

योजना पर आवर्तक-व्यय कोई नब्बे हजार रुपए प्रति वर्ष पड़ेगा। इसमें अगर गाँधी-स्मारक-निधि, विश्वविद्यालय अनुदान आयोग और बिहार-सरकार तत्परता से अनुदान दे तो योजना जुलाई से चालू हो जाएगी।

आप अपनी प्रतिक्रिया लिखित रूप में भेजने की कृपा करें और अनुकूल सूत्रों को पत्र लिखें कि धनाभाव के कारण यह योजना रुक नहीं जाय।

आपका
रामधारी सिंह 'दिनकर'

30
श्री धर्मदेव राय

[1]

5, सफदरजंग लेन, नई दिल्ली
3-10-68

प्रिय धर्मदेव जी,

आपका 23 सितम्बर का पत्र आज मिला। शुभकामनाओं के लिए धन्यवाद देता हूँ।

रोग निकर तनु, जरठपनु, तुलसी संग कुलोग।
रामकृपा लै पालिए, दीन पालिवे जोग।।

आपका
दिनकर

[2]

5, सफदरजंग लेन, नई दिल्ली

23-4-70

प्रिय धर्मदेव बाबू,

आपका 18-4 का पत्र मिला। धन्यवाद। बड़ी आपने कृपा की कि गृह-प्रवेश के अवसर पर याद किया। भगवान से प्रार्थना है कि आपका नया घर सुख, सौभाग्य और समृद्धि देनेवाला हो और ससमें आप परिजनों और मित्रों के साथ लम्बे अरसे तक निवास करें।

रामखेलावन बाबू का कोई पत्र नहीं आया, वैसे जब मैं उनके घर गया था, उन्होंने अनुरोध अवश्य किया था।

अब मैं एम.पी. नहीं हूँ, इसलिए मनमाना समय भी नहीं निकाल सकता। फिर शरीर से भी थोड़ा असमर्थ रहता हूँ। आशा है, कभी यह संयोग मिल जायगा कि आपके घर जाने का सौभाग्य प्राप्त कर सकूँ।

आपका
दिनकर

31
नन्दकिशोर बाबू

Simaria
17.3.38

Ramdhari Singh 'Dinkar'

My dear Nand Kishore Babu,

I left Saharsa long ago without using your influence for securing a job for my nephew, Babu Shiva Kumar Sharma. I was awaiting certain circumstances which did not arise. The situation is totally changed now. But I learn that you continue to be powerful even now.

My nephew is going to you. Pandit Ram Govind Jee too will be seeing you in this connection. I would request you to kindly take Shiva Kumar to the Receiver who is inncharge of the management now. Please recommend his case in suitable words and say on my guarantee that if appointed, Shiva Kumar will prove a most efficient officer of the Raj and if he fails to discharge the most difficult task, entrusted to him successfully, I shall not be sorry for his dismissal. I know him fully well and hope he will do his bit successfully.

I am confident, you will do everything possible in the matter. If you get him appointed, you shall be relieving me of a great botheration.

I have to join at Sasaram tomorrow. I am sorry that I can't make time to go to you. But all the same I am sure if my letter can't do anything, my going to you can't do more.

Hoping this finds you well,

I remain,
sincerely yours,
Ramdhari

32
नागेश्वर प्रसाद सिंह

जनसम्पर्क विभाग
सेक्रेटेरिएट, राँची
16-6-50

प्रिय नागे बाबू!

पत्र मिला। मैं किससे कहूँ कि शिवकुमार अब घोर रूप से मेरी अवज्ञा करता है? मगर, वस्तुस्थिति यही है। उसने जो स्थिति उत्पन्न कर दी है, उससे लज्जित होकर अब मैंने सिमरिया जाना भी छोड़ दिया है।

पंचायती के लिए मेरी सेवाएँ सदैव प्रस्तुत हैं।

आपका
दिनकर

श्री नागेश्वर प्रसाद सिंह
हेडमास्टर
एच.ई. स्कूल,
डाकघर—मोकामा, पटना।

33
डॉ. निजामउद्दीन

5, सफदरजंग लेन, नई दिल्ली
10-4-70

प्रिय निजामउद्दीन साहब,

आपका 3 अप्रैल का पत्र मिला। धन्यवाद। जहूरबख्श जी से मेरा कोई परिचय नहीं था, अतएव उनके बारे में संस्मरण लिखना बड़ा ही मुश्किल काम है। वे लेखक उच्च कोटि के थे और हिन्दी-भाषा की उन्होंने अद्भुत सेवा की। आशा है, उनके परिचित और मित्र आपकी सहायता करेंगे।

आपका
रामधारी सिंह 'दिनकर'

34
श्रीमती पद्मा सचदेव

[1]

नई दिल्ली
29-9-67

प्रिय पद्मा,

तुम्हारी पुस्तक 'मेरी कविता : मेरे गीत की भूमिका पत्र के साथ संलग्न है।* प्राप्ति की सूचना देना।

आशा है, तुम स्वस्थ हो।

तुम्हारा
दिनकर

[2]

5, सफदरजंग लेन, नई दिल्ली
19-9-69

प्रिय पद्मा,

खुश रहो। हम कल दिल्ली पहुँच गए। गाड़ी ठीक समय पर आई, मगर मेरा मिजाज बहुत ठीक नहीं रहा। आज अच्छा हूँ।

तुम्हारी कोई चिट्ठी डाक में नहीं मिली। शायद खो गई हो।

मेरा मन उत्साहरहित है। बम्बई, जी बहलाने को ही गया था, मगर तबीयत बहल नहीं पाई।

अगर मनहर जिद करेगा तो 2 नवम्बर को फिर बम्बई आना पड़ेगा।

तुम्हारा
दिनकर

---

* रचनावली के सातवें खंड में शामिल।

[3]

5, सफदरजंग लेन, नई दिल्ली-11
अक्टूबर 13, 1969

प्रिय पद्‌मा,

तुम्हारे दोनों पत्र मिल गए। इधर डॉक्टर ने मुझे एक दवा दी थी, जिसका नाम DUVADILAN है। उसके पत्रक में लिखा है कि यह दवा माइग्रेन में भी लाभकारी है। तुम किसी डॉक्टर से राय लेकर इस दवा का प्रयोग कर सकती हो।

मेरी छोटी बेटी विभा अपने पति के साथ 19 को यहाँ आ रही है। उन लोगों के साथ मैं बम्बई के लिए 27 अक्टूबर को ट्रेन से रवाना होऊँगा। 28 अक्टूबर से 2 नवम्बर तक बम्बई रहूँगा। 3 को बम्बई से मैं हैदराबाद जाऊँगा और बच्चे यहाँ दिल्ली लौट आएँगे।

भगवान करें कि उन दिनों तुम स्वस्थ रहो, जिससे बच्चे तुम्हारी संगति से लाभ उठा सकें। शेष कुशल है।

तुम्हारा
दिनकर

[4]

नई दिल्ली
31-12-69

प्रिय पद्‌मा,

तुम्हारा 27/12 का पत्र कल मिला। इधर फिर ग्वालियर चला गया था। कल ही वापस हुआ हूँ।

तुम्हारा लेख 'धर्मयुग' में देखा। तुम्हारे दो फोटो छपे थे। बड़ा सम्मान है तुम्हारा।

मेरा शरीर अभी तो ठीक चल रहा है। शान्ता मुझे पत्र नहीं भेजती है, यह बड़ा अन्याय है। उसका पता भी मेरे पास नहीं है।

अब तो मार्च-अप्रैल के पूर्व बम्बई आना नहीं है। खुश रहो।

तुम्हारा
दिनकर

[5]

नई दिल्ली
सितम्बर 2, 1970

प्रिय पद्मा

मैंने भारती जी को कविताएँ भेजी थीं और एक पत्र भेजा था। जब उत्तर नहीं आया, तब मैंने एक कार्ड भेजा। लेकिन उत्तर फिर भी नहीं आया। पता नहीं क्या बात है। तुम फोन पर पत्र का यह हिस्सा उन्हें सुना दो और वे जो बताएँ वह मुझे लिख भेजो।

मैं 15 सितम्बर को बड़ौदा जाऊँगा। बड़ौदा से 18 सितम्बर की शाम को बम्बई पहुँचूँगा। 19 को श्री रामावतार चेतन द्वारा आयोजित किसी समारोह में भाग लेना है।

आशा है, तुम दिन-दिन चंगी होती जा रही हो।

सचदेव को आशीर्वाद!

तुम्हारा
दिनकर

[6]

पटना-16
4-8-72

प्रिय पद्मा,

मैं आज ही शाम को दिल्ली से लौटा हूँ। मुझे फिर दिल्ली जाना ही होगा। 12 के भोर वहाँ पहुँच जाऊँगा और 19 तक रहूँगा। पता होगा, 22 कर्जन रोड। वहाँ का फोन नम्बर 47605 है।

इधर मैंने दो लम्बी और अच्छी कविताएँ लिखी हैं बहुत दिनों के बाद। एक तो 'धर्मयुग' के विशेषांक में आ रही है, दूसरी दिल्ली में सुन लेना। आज तो थका लौटा हूँ, वैसे मिजाज ठीक है।

तुम्हारा
दिनकर

[7]

31, सरदार पटेल रोड, नई दिल्ली
21-4-74

प्रिय पद्मा,

मैं आज तिरुपति जा रहा हूँ। 25 को लौटूँगा। तब तक तुम्हारा पत्र आ जाना चाहिए कि यह लिफाफा तुम्हें मिल गया। अगर पत्र डाक में खो गया तब भी छड़ी तुम पर ही बरसेगी।*

तुम्हारा
दिनकर

---

* दिनकर जी के जीवन का यह अन्तिम पत्र है। –सं.

35
पोद्दार रामावतार अरुण

[1]

नई दिल्ली
3 मई, 1954

प्यारे अरुण,

माफी का एक पत्र तुम्हारा मेरे पास बाकी चला आ रहा है। 3 मार्च के कवि सम्मेलन में मैं सम्मिलित नहीं हो सका, इसका कारण चुनाव का चक्कर था। लेकिन, मुझे तुम्हारे पास पत्र लिखना चाहिए था। वह काम भी इतनी देर के बाद कर रहा हूँ। अब तो दोहरी क्षमा का प्रार्थी हूँ।

राष्ट्रपति भवन में मैंने 'विदेह' की प्रति देखी। छपाई-सफाई तो आकर्षक है ही, इस पुस्तक में तुम्हारी भाषा खूब प्रौढ़ होकर उतरी है और जहाँ-जहाँ मेरी दृष्टि पड़ी, कविता की बुनावट में भी दृढ़ता देखी। मेरा खयाल है, यह रचना श्रेष्ठ हुई है और ऐसा लगता है कि अब तुम हिन्दी को अच्छे प्रबन्ध-काव्य देने की स्थिति में आ गए हो। दुःख सिर्फ इस बात का है कि तुम्हारी रचनाओं पर देश का ध्यान जैसा पड़ना चाहिए वैसा नहीं पड़ रहा है। लेकिन यह निराशा की बात नहीं है। ध्यान जाएगा और खूब जाएगा।

हिन्दी-भाषी क्षेत्र ही कुछ इतना विस्तृत है कि एक कोने की आवाज को दूसरे कोने तक पहुँचाने में काफी समय लग जाता है।

आशा है, स्फुट रचनाएँ भी की होंगी। मिथिला पर जो रचना योगी में छपी थी, वह बहुत अच्छी थी।

शेष कुशल है। स्वास्थ्य मेरा शिथिल हो रहा है। 'करती हुई युद्ध रोगों से देह हारती जाती है।' ठीक वही अवस्था नहीं है, किन्तु ओज का अभाव अनुभव कर रहा हूँ।

तुम्हारा
दिनकर

[2]

पटना,
24 मई, 1958

प्यारे अरुण,

19 को यहाँ लौटने पर तुम्हारा कार्ड मिला। फिर मित्रों से तुम्हारा दुःखदायी विवरण सुना। मुझे तनिक भी ज्ञात नहीं था कि तुम इस जोर से बीमार हो। तुम शरीर से हलके थे। कैसे यह रोग तुम्हें हो गया, कुछ समझ में नहीं आता। कृपया लिखो कि सरकार ने कोई सहायता दी है या नहीं। केन्द्र को तो यह बात मालूम भी नहीं होगी। तुम्हारे यहाँ से कोई पत्र आ जाय तो मैं भी कुछ करना चाहता हूँ। भगवान से प्रार्थना है कि तुम्हें शीघ्र स्वास्थ्य लाभ हो।

तुम्हारा
दिनकर

[3]

10 नवम्बर, 1960

प्रिय अरुण,

तुम्हारा पत्र मिला। तुम बीमार हो गए, यह जानकर चिन्ता बढ़ी। पूनम (पौत्री) तो अब अच्छी है। दो महीनों से मैं ही बीमार हूँ। मधुमेह में उलझन पैदा हो गई है। इलाज तो नहीं, भोजन का नया क्रम चल रहा है जिसमें चावल और आटा नहीं है। आज तुम्हारा पत्र भी आया और MANKIND का नया अंक भी। उसमें डॉक्टर राम मनोहर लोहिया ने खुद तुम्हारी किताब की रिव्यू की है।

तुम्हारा
दिनकर

[4]

17 जनवरी, 1966

प्रिय अरुण,

कल यह देखकर सात्विक हर्ष हुआ कि राष्ट्रपति ने तुम्हें 'पद्म-श्री' प्रदान की है। अवश्य ही यह तुम्हारी साहित्य-सेवाओं की न्यायसंगत स्वीकृति है। भगवान करें कि इस सम्मान का उपभोग तुम पूर्ण स्वास्थ्य के साथ लम्बी आयु तक करते रहो।

तुम्हारा
रामधारी सिंह 'दिनकर'

[5]

नई दिल्ली,
20 मई, 1969

प्रिय अरुण,

'महाभारती' की प्रति कल प्राप्त हुई। आकार देखकर दंग रह गया। जो भाषा तुमने अपने लिए तैयार की है, उसका प्रभाव सर्वत्र दिखाई पड़ा। भूमिका पढ़ गया हूँ। महाभारती साहित्य की ऊँची कृति है। इस काव्य का शब्द-सौन्दर्य अद्‌भुत है और छन्दों की रचना ठोस है। मैं तुम्हें बधाई भेज चुका हूँ।

मेरी बधाई और मेरा आशीर्वाद।

तुम्हारा
दिनकर

[6]

नई दिल्ली
17 अप्रैल, 1974

प्रियवर,

कार्ड मिला। खुश रहो और प्रार्थना करो कि अब भगवान मुझे उठा लें।

तुम्हारा
दिनकर

36
श्री प्रफुल्लचन्द्र दास

[1]

11, Canning Lane, New Delhi
8-8-60

Dear Shri Das,

Your letter of 16-6-60 reached me only today.

I am willing to write a foreword to the Hindi translation of Eliot's poems.Pleace send me a file of the printed forms and await reply.

I am sorry, I could not send you a bunch of my selected poems. I hope to do so in the next quarter.

Yours sincerely,
Ramdhari Singh 'Dinkar'

[2]

11, Canning Lane,
New Delhi
2-9-60

My dear Prafulla Babu.

Your letter. Kindly excuse my delay. The Preface is going tomorrow.

Yours sincerely,
Dinkar

[3]

Aryakumar Road, Patna-4
7-7-61

My dear Prafulla Babu,

Thank you for your letter. Rajpal & Sons of Delhi have published a small collection of my poems. The book is being sent to you. You may get it translated.

I have a copy of Anabasis. I have not seen the other book. I am not very much impressed by the work. I do not think, I shall enjoy the task.

Rest all right.

Yours sincerely,
Ramdhari Singh Dinkar

37
श्री बनारसीदास चतुर्वेदी

[1]

पो. ऑ. बरबीघा (मुँगेर)
16-4-34

परम श्रद्धास्पद चतुर्वेदीजी!

'कस्मै देवाय?' पढ़ा। आपका दृष्टिकोण सदैव जनता के लिए कल्याणकारी रहा है। प्रियतमा के छन्द गानेवाले या सरस्वती के प्रांगण में कलंक की कालिमा पोतनेवाले चाहे जो कह लें, पर जनता विज्ञान-वार्त्ता के इस संघर्ष-युग में भी अपने कल्याण-चिन्तक को पहचानती है। और पत्र-पत्रिकाओं के बीच विशाल भारत के लिए एक खास इज्जत दिखाने की पद्धति इस बात को प्रमाणित करती है। कम-से-कम बिहार के लिए यह सत्य समझें। हम कलाबाजियों के नहीं, सादगी के प्रेमी हैं। जनता-जनार्दन का आप पर जो Impression है, इस 'कस्मै देवाय' ने उस पर मुहर लगा दी। उच्छृंखल गल्प-लेखकों, कामशास्त्र के टीकाकारों, "महापुरुषों के दूसरे पहलू" के बहाने उद्दीपक निबन्धों के प्रकाशकों के घमासान में भी विशाल भारत हमारे गाँवों को नहीं भूलता, यह गौरव की बात है। It is a poetry in itself आशा इस 'धूसर गबन स्वर्ग' की ओर अधिकाधिक कलाकार अपनी तूलिका के साथ अग्रसर होंगे।

कहना व्यर्थ है कि 'कविता की पुकार' 'कस्मै देवाय' के महाप्रश्न का उत्तर है। निबन्ध पढ़ते समय मुझे ऐसा लगा कि वैदिक युग में शैल-तरी में बहनेवाले निर्झर के पुलिन पर, ऊषा के आलोक में कोई युवक चिल्ला उठा हो—"कस्मै देवाय हाविषाविधेम?" मेरी कविता अपनी असहाय एवं अस्पष्ट वाणी में इसका उत्तर लेकर, कला के प्रांगण में आना चाहती है। भगवान का आशीर्वाद।

मेरा वर्तमान पता—

श्री रामधारी सिंह 'दिनकर', बी.ए. (ऑनर्स)
हेडमास्टर, एच.ई. स्कूल
पो. ऑ. बरबीघा (जिला-मुंगेर)

भवदीय
रामधारी

[2]

पो. ऑ. दलसिंग सराय
31-5-35

पूज्यवर,

प्रणाम!

प्रायः साल भर से मैं आपसे दूर रह रहा हूँ। क्षमा करें। विशाल भारत भी मुझे नहीं मिल रहा है। एक-दो बार 'योगी' ऑफिस ने भेज दिया। शायद आप मेरा निश्चित पता न जानने के कारण ही विशाल भारत के अंक C/O. योगी से भेजते हैं। मैं इन दिनों Probationary Sub-Registrar हूँ, यह शायद आप जानते होंगे। अभी डेढ़ वर्ष तक कहीं जमकर रहना मुश्किल है। अतएव मेरा पता सिमरिया, पो. ऑ. सिमरियाघाट, जिला मुँगेर ही ठीक है। उसी पते पर विशाल भारत भेजा जाए तो मैं जहाँ रहूँगा वहीं वह रिडायरेक्ट होकर मुझे मिल जाएगा।

अव्यवस्थित रहने के कारण ही साहित्य-सेवा का कार्य भी शिथिल हो रहा है। आशा है, साल-भर के अन्दर-अन्दर मैं शान्ति का अनुभव करने लगूँगा। सब-रजिस्ट्रारों को समय बहुत रहता है और मानसिक परिश्रम भी बहुत कम करना पड़ता है। अगर सरकार की ओर से कोई अड़चन न आई तो मैं अधिक मनोयोग से साहित्य-सेवा कर सकूँगा ऐसी आशा है। और, काम चूँकि कम है इसलिए वेतन भी कम ही मिलता है। यही एक अभाव है। अन्यथा और कोई भी कठिनाई नहीं दीख पड़ती। आपसे मिलने पर अपनी परिस्थिति समझाने की चेष्टा करूँगा।

इधर बिहारी साहित्यिकों में मुझे 'कस्मै देवाय' का समर्थक कह-कहकर individually और छिपे-छिपे लांछन लगाया गया है कि मैं तकाजे की चीज लिख सकता हूँ। यह एक और असत्य है। Points of agreements अधिक रहने के कारण मैंने आपके प्रस्ताव का समर्थन किया था और उसी अवस्था में फकत अपनी भावनाएँ पद्य-बद्ध कर दी थीं। और मुझे तो आपसे इस बात पर प्रसन्नता है कि इस साल ही के अन्दर आपने कविता की फरमाइश भी नहीं की। विश्वास रखें, अच्छी चीज लिखने पर विशाल भारत की सेवा अवश्य करूँगा। मैं जानता हूँ कि विशाल भारत ने मुझे क्या दिया है।

यहाँ से मैं प्रायः जून के अन्त तक रिलीव्ड होता हूँ। उस अवसर पर शायद मुझे एक सप्ताह की छुट्टी मिलेगी। उसमें मैं स्वनामधन्य द्विवेदी जी के चरण छूने को दौलतपुर जाना चाहता हूँ। अगर आप मुझे उनकी सेवा में अर्पण करने को साथ चलें तो बड़ी अच्छी बात हो। लेकिन आगे आपको समय न हो तो एक पत्र लिखकर ही मुझे गाइड कर दीजिए। अगर द्विवेदी जी से आप पहले ही पूछ लें तो और अच्छा।

ब्रजशंकर जी से मेरा नमस्कार कह देंगे।

अभी-अभी 'योगी' में डॉक्टर चतुष्पाद और दरख्ते इलाही की मुहब्बत की चासनी चखकर उठा हूँ। वर्मा जी को प्रणाम।

आपका बहुत-बहुत कृतज्ञ
रामधारी सिंह 'दिनकर'

[3]

पो. ऑ. मीरगंज
छपरा 7-7-35

पूज्य चतुर्वेदी जी,

प्रणाम!

आपका पत्र यथासमय मिल गया था। मैं दलसिंग सराय से समय से पहले फुर्सत पा गया अतएव कानपुर जाने का प्रोग्राम ज्यों का त्यों रह गया। अब पूजा की छुट्टियों में जाऊँगा।

मैं यहाँ 4 तारीख से काम कर रहा हूँ। 13 के दिन भर रहूँगा। फिर यहाँ से रिलीव्ड होकर मुँगेर जाऊँगा। अगर उत्तर की आवश्यकता समझें तो सिमरियाघाट (पो. ऑ.) जिला मुँगेर के पते से उत्तर दें। अगर आप 11 तक उत्तर भेज सकें तो यहीं भेजें। मुझे 13 तक चिट्ठी मिल जाएगी। यह पता मेरा निश्चित पता है। मैं पहले भी लिख चुका हूँ। मैं कहीं रहूँगा डाक मुझे रिडायरेक्ट होकर मिल जाएगी।

विशाल भारत यहीं मिला। चाय-चक्रम का सिलसिला बड़ा सुन्दर चल रहा है। मैं उस स्तम्भ को बड़ी दिलचस्पी से पढ़ता हूँ।

इधर मेरे मन में यह विचार उठ रहा है जिस प्रकार आपने 'कस्मै देवाय' की चर्चा की थी उसी प्रकार कविता और युगधर्म पर भी कुछ लिखा जाय। आज की कविताओं की रंगत देखिए। सोलह आने में चार आना भी तो युग की वाणी होनी चाहिए। कहते हैं एक युग के सन्देश लिखनेवाला कवि एकदेशीय होता है। इसलिए जो कवि Poet of all times बनना चाहता है उसे eternal feeling को अपनी कविता में बाँधना चाहिए। यह किसी अंश में सत्य है किन्तु सर्वांश में नहीं क्योंकि ये भाव भी जिन्हें हम एकदेशीय कहते हैं दरअसल सार्वदेशीय हैं। इनकी सत्ता भी सभी युगों में थी और रहेगी। अगर एकदेशीय भी मानें तो भी सभी कवियों को या कुछ विशेष कवियों को युग के विचारों पर लिखना ही चाहिए। आगे के लोग हमें भूल जाएँगे तो भूल जाएँ। कम से कम हमारे युग को तो इससे कुछ फायदा होगा। यह एक प्रकार का बलिदान है और शायद कवि के लिए इससे बड़ा बलिदान और कुछ भी नहीं हो सकता। किन्तु, क्या जिस युग में जवाहरलाल अपनी परम रूपवती प्रियतमा का विछोह सहकर अपने

व्रत का पालन कर सकते हैं, जिस युग में इतिहास के ज्योति-बीज मिट सकते हैं, उस युग में कवि अपनी कीर्ति का बलिदान नहीं कर सकते। 'भारत-भारती' के कवि की प्रतिष्ठा 1935 में भले ही न हो पर 1918 में वह राष्ट्र-विधायक साबित हुआ और यह पता लगाना कठिन है। Political ideas के विकास में भारत-भारती ने कितनी सहायता की। सम्भव है सौ बरस बाद मैथिलीशरण जी को लोग भूल जाएँ पर तो भी भारतीय राष्ट्रीयता की नींव को यह सदैव ज्ञान रहेगा कि और चीजों के साथ-साथ उसकी सत्ता भारत-भारती पर भी कायम है। क्या देश-सेवा के लिए अपने को भुला देना एक महत् पुण्य-कार्य नहीं है? फिर हमारे कवि युगधर्म्म की वाणी क्यों नहीं बोलते?

आशा है, आप मेरे Points को appreciate करेंगे।

यह एक कविता विशाल भारत के लिए जा रही है, जो मेरे लिए accidental है। चूँकि मैं स्वयं ऐसी कविताओं की उपयोगिता में विश्वास नहीं रखता। लेकिन, चूँकि यह devotional mood में लिखी गई है इसलिए इसको कुछ महत्त्व दिया जा सकता है।

आशा है, आप प्रसन्न हैं।

आपका सेवक
रामधारी सिंह 'दिनकर'

[4]

सिमरिया
29-7-35

श्रद्धेयवर,

प्रणाम!

आपका पत्र यथासमय मीरगंज में ही मिल गया था। वहाँ से आकर जल्दी में अपनी पुस्तक छपाने के लिए लहेरियासराय गया। वहाँ से आकर हैजे में पड़ गया। अब अच्छा हूँ।

सुना है, मेरा फोटो आपको मिल गया। कविताएँ संग्रह-रूप में शीघ्र सप्ताह के अन्दर मिलेंगी। मैंने एक सप्ताह के अन्दर संग्रह छपा लिया है। प्रकाशक है पुस्तक-भंडार। पुस्तक शिवपूजन जी की देख-रेख में छपी है इसलिए शुद्ध अवश्य होगी। मेरी अपनी भूलें कहीं-कहीं रह गई हैं। उसकी 11 प्रतियाँ देव-पुरस्कार के लिए भी भेजी गई हैं। पुस्तक अभी unfinished है, केवल कविताएँ ही छपी हैं। भूमिका के लिए एक कॉपी माखनलाल जी की सेवा में भेजी गई है। वह भूमिका लिख देंगे, ऐसा मैंने सुना है। आप कृपा करके इस पत्र के पढ़ लेने के बाद ही एक चिट्ठी माखनलालजी को लिख दें कि पुस्तक उन्हीं की प्रतीक्षा में प्रकाशित नहीं की जा रही

है। वह पढ़ने के योग्य एक सच्ची भूमिका लिख दें। समय बहुत थोड़ा है अतएव आप मेरी ओर से उनसे एक earnest request करें।

पुस्तक का नाम मैंने 'रेणुका' रखा है। यह नाम माखनलालजी को भी पसन्द है। हालाँकि उन्होंने 'विमानिका' नाम को अधिक पसन्द किया था। एक महीने के भीतर पुस्तक तीन तिरंगा चित्र और हर कविता पर लाइन ब्लॉक के साथ प्रकाशित होगी। मैं इसी चेष्टा में हूँ। तैयारी हो रही है।

रही बात प्रचार की। सो मैं आप पर बहुत निर्भर करता हूँ। कहते हैं, बिहार के ब्राह्मण लोग मेरी कविताएँ नहीं पढ़ते हैं। अब कविताएँ पुस्तकाकार निकल रही हैं। तब भी तो कुछ हो। मैं जानता हूँ कि पं. श्रीराम जी के 'शिकार' की प्रसिद्धि का कारण उसकी समालोचना का विशाल भारत जैसे दिग्गज पत्र के मुख-पृष्ठ पर छपना भी है। मैं जानता हूँ 'रेणुका' शिकार जैसी प्रतिष्ठा नहीं पा सकती और मुझमें भी श्रीराम जी जैसी शक्ति और महत्ता नहीं है। फिर भी आप 'रेणुका' के बेड़े को खींच दें। जहाँ तक सम्भव हो। पुस्तक की कॉपियाँ कहाँ-कहाँ भेजी जायँ, यह लौटती डाक से लिखने की कृपा करेंगे। कौन-कौन पत्र उसके प्रचार में योग दे सकेंगे। मैं आपके प्रभाव का उचित लाभ उठाना चाहता हूँ और कोई बात नहीं है। द्विवेदी जी से भी सम्मति मँगा दें तो बड़ी कृपा हो।

मेरे उस पत्र को नोट में उद्धृत करने का आपको पूरा अधिकार है। मैंने द्वादश-बिहार प्रान्तीय कवि सम्मेलन के सभापति के पद से जो भाषण दिया है उसकी एक प्रति सेवा में भेज रहा हूँ। आशा है आप उसे पढ़कर कविता-सम्बन्धी मेरे विचारों को भलीभाँति जान सकेंगे।

इस महीने का विशाल भारत मिल गया है।

मेरी बदली मुजफ्फरपुर जिला में हो गई है। 31 तारीख से मैं बेलसन्ड में रहूँगा।

पत्र-व्यवहार वहीं के पते से करने की कृपा करें। आपसे मैं बहुत जल्दी-जल्दी पत्र-व्यवहार करना चाहता हूँ अतएव पत्र शीघ्र भेजेंगे।

आपका

रामधारी सिंह 'दिनकर'

[5]

P. O. Belsand

9-9-35

My dear Chaturvedijee,

Pranam. I have already applied for leave for 16th inst. as have asked for the permission for 15th too, to leave my station. Hope you are coming on the 15th unfailingly. If you have decided otherwise please wire me and oblige.

The roads are overflooded and the journey is cumbersome and expensive. If you do not come to Patna, my going there shall be all useless. So it is only necessary to stop me if you are not coming. if you despatch your reply by letter on the 11th, I may get it on the 13th or 14th alright. My book is expected to be out by the first week of Oct. I shall do all that you wish me to do.

अभी बेनीपुरी की चिट्ठी मिली है कि आप 22 को पटने जा रहे हैं। बात क्या है? लिखें।

Sincerely yours
Dinkar

[6]

वेलसराय, मुजफ्फरपुर
26-9-35

प्रिय पंडित जी,

प्रणाम!

सजल गुलाब की तरल पटने की मधुर स्मृति अभी बिलकुल ताजा है। दुःख इतना ही है आपकी दुर्लभ संगति का आनन्द दो तक नहीं उठा सका। इस एक वर्ष की अवधि में सरकारी नौकरी या गुलामी की वेदना इस तीव्रता से कभी नहीं चुभी थी। यही चाहता हूँ कि कब मौका मिले कि आपकी सेवा में फिर से उपस्थित होऊँ और आपके सहज विनम्र और विनोदी स्वभाव का आनन्द उठाऊँ, लेकिन, यह दुनिया है कि सबको अपनी किस्मत पर रोने को लाचार करती है। Man was born free but is every where in chain. आशा है, अभी मैं आपको याद हूँ।

आज्ञानुसार एक कविता जा रही है। मेरी कचहरी 30 होकर बन्द हो जाती है। १ ली को मैं घर के लिए रवाना होता हूँ। अगर इस पत्र का उत्तर देना हो तो घर के पते पर देंगे। सिमरियाघाट पो. ऑ., जिला मुँगेर। मैं फिर लौटकर 13 तारीख से यहीं रहूँगा।

दादा से (माखनलाल जी से) परिचय भी न हो सका। दो घंटे भी उनके श्रीमुख से साहित्यवार्ता का सुधा-पान दुर्लभ रहा। एक बात मैंने देखी। दादा कवि भी हैं और कवि का विषय भी। गायक भी और गेय भी। आप उनके संग्रह का नाम क्या रख रहे हैं? और श्रीयुत गोविल? ऐसा विनम्र मनुष्य शायद ही मिले। उनका पता क्या है? मैं उनसे पत्र-व्यवहार रखना चाहता हूँ।

इतना सब होते हुए भी मैं यही सोचकर प्रसन्न हूँ कि बाढ़ की भयंकरता से भयभीत होकर अगर मैं पटने जाने से रह जाता तब तो मुझे आत्म-ताप में उन्मुक्त हो जाने के सिवा और कोई चारा न था।

आशा है, आप प्रसन्न हैं। वर्मा जी को प्रणाम कह दें।

आपका छोटा भाई
दिनकर

[7]

मुँगेर

4-12-34

श्रद्धेय चतुर्वेदी जी,

प्रणाम!

मैं प्रायः सकुशल पहुँचा। केवल रास्ते में टिकिट इनवैलिड हो जाने से पेनल्टी के 5 रु. 7 आने देने पड़े।

मैंने बच्चन की प्रतिभा और अभिव्यक्ति के विषय में बहुत सोचा है।

He seems to be the harbinger of still latter sentiments in our literature. May he live long for he will do miracles.

आप बच्चन पर लिखते हुए 'सरस्वती' में प्रकाशित पगध्वनि कनिका का अन्तिम पद अवश्य लिखा करें क्योंकि वह उस कविता की जान है।

मैंने बेनीपुरी जी को भी संवाद भेज दिया है। पूर्णिया सम्मेलन के सभापतियों का चुनाव, जैसा मैंने सुना है, प्रायः खतम हो चला है। फिर भी मैंने सन्देश भेजे हैं।

हाँ, यहाँ मुँगेर में एक हिन्दी परिषद है। इस बार फरवरी के किसी सप्ताह में उसका वार्षिकोत्सव होने जा रहा है। उसके सभापतित्व के लिए लोगों ने बाबा राहुल से प्रार्थना की है। यह मुझे मालूम नहीं था। अगर बाबा ने अस्वीकार किया तो मैं प्रेमचन्द जी के लिए आखिरी कोशिशें करूँगा। हम लोगों का विचार है कि उस अवसर पर नवीन जी, सुदर्शन जी, जोशी जी, महादेवी या सुभद्रा जी जरूर रहें। आपका रहना तो Criminally necessary होगा। मैं आपको spare नहीं कर सकता चाहे वर्मा जी की वैशाखी ही मुझे पर क्यों न पड़े। अतएव आप finally लिखिए कि उत्सव की तिथि कब रखी जाय। आप दो सप्ताह की अवधि देकर लिखें कि 'पहली से 14 तक या 15 से 28 तक के बीच रखो' जिससे और लोगों की सुविधा का भी विचार किया जा सके। वसन्तोत्सव का रंग जरा यहाँ भी रहना चाहिए। मेरा जिला यही न है!

प्रेमचन्द्र जी, जोशी जी तथा सुदर्शन जी के लाने का कुछ भार आप पर भी रहेगा। हम लोग व्यय का प्रबन्ध करेंगे। आप ऐसा करें कि वे सब जरूर आवें!

कलकत्ते से लौटकर मैंने एक नई दृष्टि से यहाँ की परिस्थिति का अध्ययन शुरू किया है। मुझे ऐसा लगता है कि मेरे प्रान्त में प्रान्तीयता है ही नहीं। हम लोग बुद्धू ठीक हैं लेकिन जैसा कि मनोरंजन जी ने कहा था यह बुद्धू शब्द बुद्ध से निकला है। बिहारियों के हृदय में सारे भारतवर्ष के लिए आदर है। मैं समझता हूँ प्रेमचन्द्र जी, पन्त जी, भगवतीचरण जी, चतुरसेन जी, मिलिन्द जी आदि सज्जनों के नाम जिस आदर से बिहार में लिए जाते हैं वैसा और प्रान्तों में शायद ही हो। यू. पी. के अनेक साहित्यिक इस बात को जानते हैं कि जब-जब यहाँ (बिहार में) कोई उत्सव होने लगा है, लोग उनके पास काशी, प्रयाग, कानपुर और लखनऊ तक दौड़े हैं। वे नहीं आए,

यह उनकी शोभा है। यह चेष्टा घृणा नहीं बल्कि महान आदर का द्योतक है। आज जो कुछ हो रहा है, वह accidental है और उसका कोई आधार नहीं।

मैं 12 तक यहाँ हूँ। 16 से 23 तक पो. ऑ. शेखपुरा, जिला मुँगेर में रहूँगा। बीच के तीन दिन इधर-उधर बीतेंगे। आप कृपया 12 तक पत्रोत्तर यहाँ ही के पते पर दें। 12 के बाद 23 तक पो. ऑ. शेखपुरा, सब-रजिस्ट्रार ऑफिस के पते पर।

आशा है, रेणुका की एक कॉपी जोशी जी को मिल गई होगी। मैं परसों घर जाऊँगा और वहाँ से कॉपियाँ लाकर आपकी सेवा में भेजूँगा।

विश्व-वाणी में समालोचना जल्द निकलनी चाहिए।

साथ का पत्र वर्मा जी को दे दें।

धन्यकुमार जी को बन्दे।

आपका

दिनकर

[8]

पो. ऑ. लालगंज

मुजफ्फरपुर

6-1-36

श्रद्धेय चतुर्वेदी जी,

प्रणाम!

आपका 5-1-36 का कृपा-पत्र आज सन्ध्या को मिला। इस पत्र ने मुझे बहुत कुछ उत्साह दिया है।

अपने मित्रों में जरा इमोशनल कहलाता हूँ। इसीलिए लोग मुझे ऐसी बात कहने या ऐसी चीज दिखाने से डरते हैं, जिससे मुझे दुःख होने की सम्भावना हो। अभी हाल ही, मैं शिवपूजन जी से मिला था। तब तक साप्ताहिक विश्वमित्र में निर्झरिणी की निन्दा छप चुकी थी। शिवपूजन जी ने मुझे वह लेख देखने नहीं दिया। कहने लगे, जब लोग तुम्हारी निन्दा खुलकर करने लगे तब तुम समझो कि तुम्हारी लेखनी सफल हुई। अस्तु।

चौदह करोड़ लोगों के द्वारा बोली जानेवाली हिन्दी का क्षेत्र इतना विस्तृत है कि लोग किसी व्यक्ति-विशेष की रचना पर साधारणतः खासतौर से आकृष्ट नहीं हो सकते। इस विशाल समुद्र में किसी इंडीविजुअल की कृति एक तिनके से बड़ी नहीं। फिर इसे तो मैं अपना सौभाग्य ही समझता हूँ कि भाव, कुभाव, अनख, आलसहूँ 'रेणुका' का नाम दस भले लोगों के मुँह पर आ जाता है।

आप विश्वास रखें, आप पूज्यों की कृपा से मुझमें इतनी ताकत जरूर है कि अखबारों में रोज निकलनेवाली पंक्तियाँ मुझे अपने मार्ग से विचलित नहीं कर सकतीं। कोई प्रशंसा ऐसी नहीं, जो मुझे याद रहे, कोई निन्दा ऐसी नहीं, जो मुझे उभार दे। नास्ति का परिणाम नास्ति है। कुछ नहीं से कुछ की उत्पत्ति नहीं हो सकती। अगर

आज कोई सत्ता है तो वह किसी के मिटाए नहीं मिटेगी। अगर आज किसी पदार्थ का अस्तित्व नहीं है तो वह किसी के पैदा करने से पैदा नहीं हो सकता। कीट्स ने एक बार एक मित्र को लिखा था :

'If all my poems were burnt the next day they were written and no eye shine upon them, yet I would go on writing and writing'.

मैं रेणुका के दोषों को भली-भाँति जानता हूँ। उसमें कलाविदों को पद-पद पर अनुभवहीनता, इमैच्युरिटी और कहीं-कहीं भाषा सम्बन्धी कमजोरियाँ मिलेंगी। कीट्स के ही शब्दों में, It is a foolish attempt, rather than a deed accomplished.

मैं जो कुछ चाहता हूँ, जो कुछ सोचता हूँ, उसे ठीक मनचाहे रूप में अब तक उतार नहीं सका हूँ। इस चेष्टा का एक अस्पष्ट रूप मेरी आँखों के सामने बराबर टँगा रहता है। All the same, no one should be justified in passing a remark of insincerity regarding my feelings. I don't believe in the saying that Renuka contains lines written forcibly. Although at times, my poems have been deprived of the support of my character. I know that they have always come out in spontaniety. More or less, every poem has been a direct enlightenment in my life. रेणुका को लेकर धूम मचा करे लेकिन, मैं अभी तक निश्चित रूप से यह भी नहीं समझ पाया हूँ कि मेरे political career का श्रीगणेश हो गया। भगवान मुझ पर कृपा करे कि मैं अभी कुछ दिनों तक और भी सरस्वती के चरणोदक से अपनी मूर्खता धोता रहूँ। हिन्दुओं को पुनर्जन्म का भी भरोसा रहता है।

बच्चन को मैं एक पत्र लिख चुका हूँ। उसने भी एक लिखा है। अब रेगुलर करेस्पांडेंस शुरू करता हूँ। 'योगी' में अवश्य लिखूँगा। लेकिन, बच्चन अपनी प्याला, बुलबुल आदि कविताएँ भेज दे तो मजमून कुछ अधिक दिलचस्प होगा।

मनोरंजन जी से पत्र-व्यवहार करके मैं अपने को सौभाग्यशाली समझूँगा।

इधर मुझे ऐसा जान पड़ता है कि शुद्ध भाषा लिखने की ट्रेनिंग मुझे और लेनी चाहिए। भरसक कोशिश कर रहा हूँ। कविताएँ शिवपूजन जी से दिखाकर छपाया करूँगा। आप इस विचार को कैसा समझते हैं? मेरे विचार से शिवपूजन जी की जैसी चार्टर्ड हिन्दी लिखनेवाला विरला ही होगा।

आशा है, आप प्रसन्न हैं।

अगर मैंने छुट्टी नहीं ली तो दो महीनों तक यहाँ रहने की बात है।

आपका
दिनकर

आवश्यक–

जनवरी के अन्त में मेरे घर में कुछ यज्ञ-प्रयोजन होनेवाला है। अतएव मैं भी मुँगेर में रह सकूँगा कि नहीं यह अनिश्चित है। आपके वसन्तोत्सव का क्या हुआ?

मुझे तो मार्च के पहले छुट्टी प्रायः मिल ही नहीं सकती। उसके लगभग प्रोग्राम रखें तो मैं अभी से छुट्टी की कोशिशें करूँ।

दिसम्बर का वि. भा. अब तक नहीं मिला है। भारत और अभ्युदय नहीं देखा है। न देखने की इच्छा है। विश्वमित्रवाले दोनों लेख देख चुका हूँ।

'विश्वास' वाला आपका लेख सुन्दर है। यह विचार कुछ अनन्त की ओर जानेवालों को अप्रासंगिक भले ही लगे लेकिन इसके बिना कवियों का भी उद्धार नहीं है। आज यह राजवाटिका छोड़, चलो कवि वनफूलों की ओर। एमर्सन और क्रोपटकिन को छोड़कर आप किन्हीं दो-तीन अन्य लेखकों और उनकी सुन्दर कृतियों के नाम भेज दें, जो आपको पसन्द हों।

आपके जीवन में वसन्त आ रहा है—इस 44वें वर्ष में। भगवान करे, यह कभी आपको छोड़े नहीं। आप फाल से डरते हैं? You may have a fall, but a fall on the knee which may end in prayer.

दिनकर

[9]

लालगंज

12-2-36

प्रिय चतुर्वेदी जी,

प्रणाम।

आपका पत्र मिला। कोई व्यक्ति या कोई पत्र अभी बिहार की साहित्यिक भावनाओं का प्रतिनिधि नहीं है। आप व्यर्थ ही चिन्ता करते हैं। मुझे चार-पाँच दिनों के बाद संस्मरण लिखने का समय मिल सकेगा।

इसके साथ पंडित धनराज शर्मा का एक पत्र जा रहा है। शर्मा जी कम या अधिक मेरे गार्जियन हैं। उन्होंने जो बातें मुझसे कहीं, वे ही बातें पत्र में भेजी जा रही हैं। पत्र मेरे आग्रह पर लिखा गया है। लेकिन मुझे प्रसन्नता होगी अगर आप दोनों दिग्गजों में पत्र-व्यवहार का सिलसिला जारी हो जाए। शर्माजी भूतपूर्व M.L.C. और वर्तमान D.B. सदस्य हैं। अभी वे सामने बैठे हैं इसलिए परिचय में प्रशंसा करने की हिम्मत नहीं। आशा है, आप प्रसन्न हैं।

आप लखनऊ-क्रांग्रेस में जाते हैं या नहीं? अगर 'हाँ' तो द्विवेदी जी के दर्शन का सौभाग्य प्राप्त करने का प्रयत्न किया जा सकेगा। अ. भा. साहित्य-सम्मेलन की तिथियाँ क्या हैं?

आपका उत्तर मिले तो मैं अपना Programme निश्चित करूँ। मुँगेर तो मैं भी न जा सका।

आपका

दिनकर

[10]

मुँगेर
12-3-36

श्रद्धेय चतुर्वेदी जी,

प्रणाम।

आपका कृपा-पत्र मिला। मैं लालगंज से बदलकर यहाँ आ गया हूँ। पता नहीं यहाँ कितने दिन रहना पड़ेगा। आपका पत्र शर्मा जी को यथासमय मिल गया था।

मिथिला-मिहिरवाली कविता जबरदस्ती पुस्तक-भंडारवालों ने भिजवा दी थी। मैं भी चाहता था कि उचित संशोधन के बाद उसे वि. भा. में भेजूँ।

शर्मा जी वाला पत्र मैंने भी पढ़ा था। आपने जो कुछ लिखा है, उसके साथ मैं बिलकुल agree करता हूँ। आपने जिस प्रकार के crisis की चर्चा की है, वह तीव्र वेग से आ रहा है। अफसोस, मेरे लिए कोई Andrews नहीं। लाचारी है। You know I come of a poor family with 15 members. I have my wife, Mother and two children. Then I have two own brothers and their family as well. Over & above this the family claims a moral loan of Rs. 3000/-which it spent over my nonsense education.

इन बन्धनों में मुझे क्या करना पड़ेगा, मैं खुद नहीं जानता। और इस वर्तमान नौकरी में भी कोई फायदा नहीं। यहाँ तो खर्चे का मुँह ही बड़ा है। प्रो. मनोरंजन को मैंने पत्र लिखा है। क्या करता, छुट्टी की मंजूरी 26 को आई और सम्मेलन 22-23 को था।

आपका
दिनकर

[11]

P. O. Bettiah (Champaran)
20-4-36

My dear Chaturvedijee,

Pranam.

Since you have been silent for long I am inclined to presume that you have been keeping very busy. I have not also received the current number of the 'Vishal Bharat' as yet.

On the 14th last, I have joined here and shall be working here as Sub-Registrar for 4 months. I feel all deserted. Of course, this town claims the privilege of being called the birth-place of a poet, I mean Nepali. But, all the same I do not feel as yet if there is any literary activity here. It shall be very kind of you, if you please keep me informed of what is going on in the Hindi World as you did when I was at Lalganj.

I have to talk to you many things. I also want to write a detailed account of my life to you in my next lerrer. But please reply very soon.

मैंने राजा-रानी कविता पद्यकान्त जी को भेज दी थी। उन्होंने शिवपूजन जी को मेरी कविता के लिए पत्र लिखा था। शायद अभ्युदय का वसन्तांक निकलने वाला था। तब से शायद अभ्युदय बन्द है। मैं देर नहीं कर सकता। कृपया इसे प्रकाशित करें। I think no consideration can delay its publication on this score.

Sincerely yours
DINKAR
Sub-Registrar

[12]

बेतिया
14-5-36

श्रद्धेय चतुर्वेदी जी,

प्रणाम!

लालगंज शर्मा जी के योग्य पत्र लिखते हुए आपने जिस आशंका की चर्चा की थी, वह उसी समय सत्य हुई। मैं उसी का वृत्तान्त लिखने वाला था। मुझे मेरे मालिक (जिलाधीश) ने बुलाकर बहुत-कुछ कहा-सुना। मुझसे भी जहां तक बन पड़ा अपनी सफाई दी।

Our Govt. have got the notion or confirmed report that I am the writer of strong and powerful patriotic poems and that I enioy popularity all over the country our Govt. views it with concern.

मैंने साफ-साफ कह दिया है कि मैं भारतीय समुद्र, पर्वत, वन, मरुदेश और खँडहरों पर लिखता हूँ और समझता हूँ कि यह कोई अपराध नहीं है। राष्ट्रीयता और राजभक्ति इंग्लैंड में साथ-साथ चल सकती है। फिर मैं ऐंटी गवर्नमेंट चीजें भी नहीं लिखता। यह ठीक है कि नौकरी के पूर्व में थौरोली नेशनलिस्ट था और तब भी मैंने सैकड़ों राष्ट्रीय गीत लिखे थे। ऐंटी गवर्नमेंट प्रोपेगंडा में उनका उपयोग हुआ कि नहीं, यह मैं नहीं कह सकता। मेरे लिए, अपनी भावनाओं का दमन कठिन है। इसके लिए मुझे विवश नहीं किया जाय तो अच्छा। योगी के बारे में तो मुझसे डाइरेक्ट प्रश्न हुए। आखिर इस चेतावनी के साथ रिहाई मिली कि खतरनाक पत्रों और व्यक्तियों के सम्पर्क से बचो। मिलने पर यह मजेदार कहानी विस्तृत रूप से कहूँगा।

कविता तो एकदम लिखी ही नहीं। भतीजी की शादी के अवसर पर कुछ ऐसा कड़वा अनुभव हुआ कि मेरा तो एकदम दिल ही बैठ गया था। मनोरंजन दादा की चिट्ठियों से कुछ सान्त्वना मिली है। आजकल वह कहाँ हैं? पटने के पते पर मुझसे उत्तर माँगा था। लेकिन मैं आलस से उत्तर न दे सका। इधर मालूम पड़ता है कि बे पटने में नहीं हैं। अगर जानते हों तो शीघ्र लिखें।

भारतीय आत्मा की छः-छः पंक्तिवाली कविताएँ मुझे दस दिनों के भीतर चाहिए। एक वह जिसमें पर्वत की अभिलाषा का वर्णन है और दूसरी वह जिसकी अन्तिम पंक्ति है, "रमण कहूँ या रमणी कह दूँ रमा कहूँ या राम कहूँ।"

विशाल भारत के लिए कोई कविता भेजूँगा शीघ्र। स्थान सुरक्षित रहे।

राजा-रानी कविता के विषय में आपने क्या सोचा है?

मुझे पता नहीं। क्या महिला अंक में देंगे?

आपका
दिनकर

[13]

बेतिया 20-6-36

श्रद्धेयवर,

प्रणाम!

विशाल भारत सम्पादक-मंडल के लिए आपके नाम 95 आमों की एक टोकरी पार्सल से भेज रहा हूँ। आज ही पार्सल रवाना हुआ है। कल तक मिलेगा। बिल्टी साथ जाती है। कृपया शीघ्र स्टेशन में तलाश कराएँगे। पार्सल छुड़ा लेने पर मुझे सूचना भेज देंगे। आम मालदह है, जिसे यहाँ डका कहते हैं। रेलवे फेट यहीं दे दिया गया है।

एक कष्ट स्वीकार करें। किसी बुक-सेलर के यहाँ से निम्नलिखित पुस्तकों की वी. पी. शीघ्र भिजवा दें।

1. एमर्सन की वे पुस्तकें जिन्हें आप बहुत पसन्द करते हों।
2. आर्नाल्ड की लाइट ऑफ एशिया का सस्ता संस्करण।
3. आप्टे का संस्कृत-कोष।
4. एक पुस्तक जो आपकी रुचि के अनुसार हो।

सभी का दाम लगभग 15 रु. लगे। रुपए आठ आने की कमीबेशी हो, मजायश नहीं। बच्चन से भेंट हुई थी। मुजफ्फरपुर आया था।

अब प्रायः स्वस्थ है। उसके विषय की एक चिट्ठी पड़ी हुई है। आपका उत्तर आने पर भेज दूँगा।

नेपाली जी कलकत्ते गए हुए हैं। भेंट हुई होगी।

'रसवन्ती' नामक मेरी दूसरी पुस्तक की शीर्षक कविता लिखी जा चुकी है। कहिए, भेज दूँ?

ब्रजशंकर जी भी कलकत्ते हैं। मिलें तो मेरा नमस्कार कह देंगे। वर्मा जी और धन्य कुमार जी को मेरा प्रणाम।

आपका
दिनकर

[14]

पो. ऑ. बेगूसराय (मुँगेर)
5-11-36

श्रद्धेयवरेषु,

प्रणाम!

मैं 12 नवम्बर तक यहाँ हूँ। फिर मुँगेर जाऊँगा।

सम्मेलन के सभापति बाबू ब्रजनन्दन सहाय चुने गए। स्वीकृति भी दे दी है। शिवपूजन जी ने फिर अस्वीकार कर दिया। कवि सम्मेलन के लिए प्रो. अक्षयवट मिश्र और बटोहिया के कवि रघुवीर बाबू के नाम चुने गए हैं। यहाँ की स्वागत-समिति ने आपके सजेशन को (योगीवाले लेख को) सभा में रखा था। इसके लिए आपको धन्यवाद। यहाँ वाले बहुत चाहते हैं कि आप यहाँ सम्मेलन के अवसर पर आवें।

भवानी दयाल जी का फोटो और सम्भव हो तो सकल नारायण जी का फोटो भिजवा दें तो बड़ी कृपा हो। इन दोनों के लिए आपका ही भरोसा है। सुदर्शन जी का आना भी नितान्त आवश्यक है।

विशाल भारत नारी-अंक मेरे पास नहीं आया। क्यों? अब मैं फिर से नियमित रूप से विशाल भारत में लिखा करूँगा।

प्रेमचन्द्र जी के लिए आप क्या कर रहे हैं? विशेषांक निकाल सकेंगे? उत्तर दीजिए।

आपका
दिनकर

[15]

बेगूसराय
8-12-1936

श्रद्धेय चतुर्वेदी जी,

प्रणाम!

आपका कृपा-कार्ड मिला। हम लोगों के बीच कभी गलतफहमी हो ही नहीं सकती। इतना निश्चित समझें। मिलने पर मैं बताऊँगा कि मरण कविता अस्पष्ट सी क्यों लगती है।

विशाल भारत की विज्ञप्तियाँ बाँटने को यहाँ बाबू कपिलदेव नारायण सिंह जी सुहृद हैं ही। अपने आदमी हैं, चिन्ता की कोई बात नहीं। आप नोटिस अवश्य भेज दें और उन्हीं के नाम से। मैंने कह दिया है।

दुःख है कि मुझे 11 दिसम्बर को बेतिया के पास शिकारपुर ऑफिस का चार्ज लेना है। 15 से यहाँ सभा होगी। दो दिन की छुट्टी है लेकिन शिकारपुर से बेगूसराय 16 घंटे की यात्रा है। मुझे एक दिन की और भी छुट्टी लेनी पड़ेगी। मैं अभी तक यह नहीं सोचता कि मुझे छुट्टी नहीं मिल सकेगी। सरकार को मेरी जरूरत बेमौके हुई। चाहे जो हो, मैं आऊँगा अवश्य।

आप क्यों नहीं आते? अगर आप नहीं आए तो सुदर्शन जी और जोशी जी भी नहीं आ सकेंगे। और तब सम्मेलन एक घराऊ खेल ही रहेगा। सम्मेलन की सफलता आप महापुरुषों के सहयोग पर ही निर्भर है। मैं आपको सांजलि प्रार्थना करता हूँ कि आप अपने निश्चय को बदलने की कोशिश करें। यों आपके कॉमन सेंस में मुझे विश्वास है और आप जो कुछ दृढ़तापूर्वक करेंगे, उसे मैं अच्छा ही समझूँगा, लेकिन आप आवें अवश्य।

आपकी ही सेवा में सुदर्शन जी का पत्र भी जा रहा है। उन्हें भिजवा देंगे और पूरी चेष्टा करेंगे कि वे अवश्य आवें। आप, जोशी जी और सुदर्शन जी आ गए तो सम्मेलन सफल रहेगा। कार्यकर्ताओं का उत्साह विजयी होगा। सभी लोगों को उल्लास होगा।

आशा करता हूँ अपने निश्चय पर दुबारा विचार करेंगे।

आपका
दिनकर

[16]

पो. ऑ. सहरसा
जिला (भागलपुर) 8-3-37

पूजनीय चतुर्वेदी जी,

प्रणाम!

ब्रजशंकर जी से भेंट हुई होगी। मैं विशाल भारत से गैरहाजिर रहने के लिए बड़ा लज्जित हूँ। यह कविता रसवन्ती में ओपनिंग होने को थी। किन्तु साहित्यांक में लिखना जरूरी है, इसलिए इसे ही भेज रहा हूँ। आशा है, पसन्द आएगी। अपनी सम्मति लिखेंगे।

चार महीने के अन्दर एक अंक वि. भा. का मिला है। कृपया पत्र बराबर लिखें, जिससे मैं साहित्यिक बना रहूँ।

आपने शर्मा जी को पत्र लिखा था, उसकी बातें घट रही हैं। The burden of failing is always on my heart that my life is being exploited. I don't know what I shall have to do.

यहाँ मैं 12 मई तक तो जरूर हूँ। उसके बाद भी रह जाऊँ तो कोई अचरज नहीं। पत्र यहीं के पते पर भेजें। वि. भा. भी यहाँ आवेगा।

आपके पत्र की प्रतीक्षा में,

आपका विनीत
दिनकर

[17]

सहरसा
19-5-37

श्रद्धेय चतुर्वेदी जी,

प्रणाम!

आपकी इस वर्द्धमती उदासीनता का कारण क्या है? जनवरी, अप्रैल और मई का वि. भारत मुझे अब तक मिला नहीं। रसवन्ती कविता किस अंक में गई है, इसका पता नहीं। आप इन दिनों किस अवस्था में हैं, क्या लिख रहे हैं आदि बातें स्पष्ट लिखने की कृपा करें।

इधर मैंने पटने के 'साहित्य' के लिए 'काव्य समीक्षा का दिशा-निर्देश' नामक एक लेख लिखा है। आप जब उसे पढ़ें तो अपनी सम्मति लिखेंगे। द्विज जी ने उसे बहुत पसन्द किया है। भारतीय भवन छपरा के अधिवेशन में अध्यक्ष पद से दिया गया मेरा अभिभाषण अप्रकाशित है। कहिए तो प्रकाशन के लिए भेज दूँ। It is a Socio-literary thing of some interest, I think.

आपका
दिनकर

[18]

पो. ऑ. सहरसा
जिला भागलपुर 1-10-37

मान्यवर चतुर्वेदी जी,

प्रणाम!

आपके पत्र मिलते गए हैं। लज्जित हूँ कि अब तक उत्तर नहीं भेज सका। कारण यह है कि मैं पटने अस्पताल में बीमार था। उसके बाद जब से यहाँ आया हूँ, स्वास्थ्य में कोई उन्नति होती नहीं दीखती। यहाँ की जलवायु दूषित है। फिर कार्याधिक्य भी रहा, और आलस्य तो जैसे मेरे स्वभाव का अंग बन गया है।

छपनेवाला भाषण साहित्यिक है और साहित्यांक में जाने के योग्य भी। किन्तु देखता हूँ अब समय नहीं रहा। अगर 15 दिन भी बाकी हों तो लिखें, मैं उसे संशोधित करके भेज दूँ।

गीत-अगीत कविता मैंने हाल ही में लिखी है। मुझे तो बहुत पसन्द है। इसीलिए साहित्यांक में भेज रहा हूँ। ब्रजमोहन जी को दिखाकर उनकी सम्मति और अपनी राय लिखेंगे कि आप लोगों को कैसी लगी।

बेनीपुरी से भेंट हुई थी। उससे मालूम हुआ कि आप विशाल भारत छोड़ रहे हैं। सुनकर दुःख हुआ कि पारिवारिक विपत्ति ने साहित्य से आपको छीन लिया। आपके इस काम से हिन्दी-संसार की हानि होगी। किन्तु, आप अपनी स्थिति के खुद जिम्मेदार हैं। मैं तो कहूँगा कि घर भी सँभालिए और पत्र भी।

अज्ञेय जी विशाल भारत ऑफिस में आ गए क्या? उनसे मेरा विनत प्रणाम निवेदन करें और कह दें कि मैं भी उनका एक छोटा सा प्रशंसक हूँ। इधर उनकी कविताएँ मैंने बड़े शौक से पढ़ी हैं। काव्य में भी वह एक नए क्षितिज से आ रहे हैं। उनकी 'एकायन' कब तक प्रकाशित होगी?

विशाल भारत की कविता का स्टैंडर्ड नीचे जा रहा है। क्या कैसी भी कविताएँ जरूर छपनी चाहिए?

मैंने तो उत्तर में देर की किन्तु आपसे उत्तर 7 अक्तूबर के पहले चाहता हूँ।

आपका
दिनकर

पुनश्च–

मदरी राज कवि सम्मेलन के आयोजक ने मेरे पास मार्ग-व्यय भेज दिया है। मैं पहले राजी हो गया था किन्तु अब स्वास्थ्य के कारण जाना नहीं चाहता हूँ। सम्मेलन

16 अक्टूबर को है। 19 को मुझे ऑफिस में लौट आना चाहिए। यू.पी. से कुछ अकेला जैसा भी लगूँगा। अगर बच्चन और भगवती बाबू वहाँ जा रहे हों तब तो जाने में आनन्द आ सकता है। आपकी राय जानना चाहता हूँ, लिखें।

दिनकर

[19]

पो. ऑ. (पटना)
तिथि 6-1-38

मान्यवर,

प्रणाम!

पता चला कि इन दिनों आप ओरछा में हैं। इसी आशा से पत्र लिख रहा हूँ।

ब्रजमोहन जी का स्वर्गवास बड़ी ही दुःखद घटना है। मैं अनुमान कर सकता हूँ कि आपके हृदय पर कैसी गहरी चोट लगी होगी। प्रसाद जी गए, प्रेमचन्द गए, रामदास जी गए सबसे बढ़कर मेरे पितृवत्पूज्य जायसवाल जी चले गए, किन्तु ब्रजमोहन जी का जाना सबसे अधिक दारुण जान पड़ा। हो सकता है कि मेरा व्यक्तिगत खिंचाव इसका कारण हो, किन्तु लग मुझे ऐसा ही रहा है। एक जिन्दादिल साहित्य-शिल्पी चला गया, यह तो सभी को मानना ही पड़ेगा। याद कीजिए उन मुट्ठी भर पसलियों की जिनसे आनन्द और विनोद के फव्वारे चलते रहते थे। वि.भा. में जब कभी उनका लेख छपता था मैं सबसे पहले उसे ही पढ़ता था। कलकत्ते में उनसे जो मुलाकात हुई थी, वह भूलने की चीज नहीं है। Since then I was always concious that it was an attainment to know that invalid frame, the little storehouse of so many noble ideas and ready arts.

संस्मरणों का लेखन बिहार में बदनाम हो गया है। जायसवाल जी के स्वर्गीय होने पर मैं चुप रह गया। किन्तु, ब्रजमोहन जी को अपनी श्रद्धांजलि अर्पित अवश्य करूँगा। आप कृपा करके उनका एक संक्षिप्त परिचय भेजिए। मैंने जो कुछ देखा, वह लिखूँगा ही किन्तु आप अपने इम्प्रेशन का सार कुछ उदाहरणों के साथ भेजने का कष्ट करें।

मेरी पुस्तक फरवरी में निकल जाएगी। अपना कुशल लिखेंगे।

आपका
दिनकर

[20]

पो. ऑ. मधुबनी
जिला दरभंगा
10-12-38

मान्यवर,

प्रणाम!

आपका कृपा-कार्ड (यह भी हिन्दुस्तानी है) कल मिला। बड़ी कृपा। लेकिन धन्य हैं आप? पर साल दो पत्र आपके नाम लिखे। उत्तर नहीं आने पर सोचा शायद आप वि. भारत के साथ ही हम लोगों से भी पल्ला झाड़ भागे हैं। निराश होकर बैठ गया था, तब आपकी साढ़े तीन पंक्तियोंवाली चिट्ठी आती है। धन्य-धन्य तुम धन्य विभीसन।

ग्रन्थ की बात। 'हुंकार' छापेखाने में पड़ गया होगा। उसमें हाहाकार, दिल्ली, विपथगा, भविष्य की आहट, वसन्त के नाम पर परिचय आदि उग्र कविताएँ रहेंगी। 'रसवन्ती' बेचारी का लग्न ही नहीं बैठ रहा है। इधर उसकी वेश-भूषा में काफी उन्नति हुई है। चापल्य-जन्य पुरुषता के दूर हो जाने से अब वह सचमुच यौवन के रस में भींगी हुई रहस्य-मधुरा रसवन्ती हो उठी है। विश्वास है, आप जैसे अक्खड़ रसिक उसके 'दृग-बान' से विद्ध होकर तड़पे बिना नहीं रहेंगे। योग्य प्रकाशक के अभाव में इतनी देर हो गई। लेकिन अब यह विलम्ब असह्य है। जनवरी के प्रथम सप्ताह तक कहीं न कहीं भेज दूँगा। उम्मीद है कि मार्च के पहले ही आप उसे पा लेंगे।

एक तीसरी पुस्तक 'द्वन्द्व गीत' भी प्रायः तैयार है। धूल के हीरे नाम से मैंने जो पद लिखे थे, वे अब सौ के लगभग आ गए हैं। हिन्दी में रूबाइयों की धूम, तीसरे साल तक रही। मैं जरा देर करके आ रहा हूँ। लेकिन इसीलिए शायद दुरुस्त भी। रसवन्ती के साथ वह भी निकल जाएगी। मैं तो इस चेष्टा में हूँ कि शीघ्र पुस्तकें छप जाएँ।

इन तीनों पुस्तकों के निकल जाने पर एक अभिनव अध्याय में प्रवेश करूँगा। इधर आपसे बिछुड़ जाने पर कुछ अभाव सा अनुभव कर रहा हूँ।

शायद उस void को आपका पत्र-व्यवहार भर दे।

अमरनाथ की कृपा के लिए उन्हें धन्यवाद।

आशा है, उत्तर अवश्य देंगे और लिफाफे में। तीन पैसे का कार्ड और चार के लिफाफे। अब जो कार्ड का प्रयोग करे, उसे क्या कहिए?

आपका
दिनकर

[21]

पो. ऑ. मधुबनी (दरभंगा)
27-3-39

मान्यवर,

प्रणाम!

आपका पहला पत्र (कई पेजोंवाला) यथासमय मिल गया था। मेरा बच्चा बीमार रहा। उसी हलचल में फुर्सत नहीं मिली। डिटेल में पत्र लिखने के लिए मैं तीन चार दिनों का समय माँगता हूँ। उसी में आपके हिन्दी-विरोधी मिशन की भी चिकित्सा करूँगा।

वि.भा. के लिए कविता जा रही है। मुझे रिजर्व कराने की कोशिश नहीं करनी पड़ेगी। अगर अज्ञेय जी का एक खत भी मिला होता तो मैं वि.भा. में जरूर लिखता। यह बात दूसरी है कि वि. भा. छोड़ने के समय उन्होंने मुझे जो खत लिखा था, उसमें यह उपालम्भ भी था कि उन्होंने मुझे तीन-चार खत भी लिखे थे, जिन पर मैंने ध्यान नहीं दिया। यह सरासर गलत है। मुझे एक पत्र भी नहीं मिला। बल्कि वि. भा. भी 12 महीने बन्द ही रहा। अभी भी नहीं आता है।

हिन्दी-विरोधी आन्दोलन चलाने में आप असफल हों, इसकी कामना करता हुआ—

आपका
रामधारी सिंह 'दिनकर'

[22]

स्थान—सीतामढ़ी (मुजफ्फपुर)
16-4-1939

मान्यवर,

प्रणाम!

गत 14 तारीख से बदलकर सीतामढ़ी आ गया हूँ। यहाँ, सर्विस में रहना हुआ तो स्थायी रूप से 3 साल तक रह सकूँगा। यह स्थान काफी रमणीक है। स्टेशन से तीन मील की दूरी पर यह नया साइट भूकम्प के बाद बसाया गया है।

कृपया वि. भा. ऑफिस में मेरा पता बदलने के लिए लिख देंगे। मेरे लिखे यह काम नहीं होगा, इसीलिए आपको कष्ट दे रहा हूँ। फ्री लिस्ट में मेरा नम्बर 113 है।

अप्रैल का वि. भा. अभी नहीं मिला है। मुझे पता नहीं कि हिन्दी-विरोधी आन्दोलन में आप क्या दलील देंगे लेकिन आमतौर पर लोग यही समझ रहे हैं कि आप मॉडर्न रिव्यू की आवाज अपने गले से निकाल रहे हैं। हालाँकि इस अफवाह में

मेरा विश्वास नहीं है और न मैं यही समझता हूँ कि थरो का प्रेमी कभी दूसरे की बोली बोलना चाहेगा।

राजाजी के कार्यों से क्षुब्ध जनता में हिन्दी के विरोध में प्रतिक्रिया का जन्म लेना स्वाभाविक दीखता है किन्तु इस भय से बैठ जाने में भी कोई बड़ी बुद्धिमत्ता नहीं दीखती। अगर विरोध के भय से अधिकारी लोग चुप बैठे रहें तो किस समय की प्रतीक्षा में? क्या आपकी कल्पना भविष्य के गर्भ में कोई ऐसा सुअवसर भी देख रही है जब सारा भारतवर्ष स्वतः ही हिन्दी को अपनाने के लिए उत्सुक हो उठेगा? मिशनरी की भाँति प्रचार करते रहने से हिन्दी का कुछ न कुछ कल्याण अवश्य होता जाएगा लेकिन एक दिन शासकों की भुजा पर चढ़कर भी राष्ट्र-भाषा को चलना ही पड़ेगा। बौद्ध-धर्म भी तो एक नृपाल की भुजाओं पर चढ़कर ही फैल सका था।

हिन्दी का जो छिट-फुट विरोध मद्रास, बंगाल या अन्यत्र चल रहा है, उसका शमन केवल प्रेम से नहीं हो सकता। राजाजी जो कुछ कर रहे हैं, वह खतरे से खाली तो नहीं है, लेकिन वर्तमान परिस्थिति में उसे ग्रहण करने के सिवा दूसरा रास्ता नहीं दीखता। दूर रहने के कारण मुझे इसका पता नहीं है कि हिन्दी-विरोधी आन्दोलन के दमन में कितनी निष्ठुरता बरती जा रही है, लेकिन अगर कुछ लोगों को जेल भी भेज दिया जाता है तो इसमें कोई गुनाह नहीं है। यह तो करना ही पड़ेगा।

गाँधी जी के विषय में आपने व्यर्थ ही कोप किया है। जिस देश में ईश्वर की मूर्ति की पूजा होती है वहाँ गाँधी जी की भी पूजा होकर रहेगी।

पं. श्रीराम शर्मा जी से मेरा पत्र व्यवहार स्थापित होना चाहिए।

महं-महं प्रोविजनल प्रयोग है लेकिन खूब इक्सप्रेसिव। इसे रहने दीजिए।

'हुंकार' की एक कॉपी पं. हजारी प्रसाद जी को भी भेज रहा हूँ।

आपका
दिनकर

[23]

सीतामढ़ी (कोर्ट)
12-9-39

श्रद्धेय चतुर्वेदी जी,

प्रणाम!

आपका कृपा-पत्र मिला। गर्चे वह कार्ड ही है फिर भी धन्यवाद due हो जाता है।

परिस्थितियों के हावी होने की बात। मैं अभी तक भली-भाँति यह नहीं समझ सका हूँ कि वे मुझ पर हावी हैं अथवा मैं ही उन्हें रौंदता हुआ आगे जा रहा हूँ। सन्

1936 में मेरे जीवन में एक संकट उपस्थित हुआ था जब मुझे बराबर यह सोचने को बाध्य होना पड़ता था कि नौकरी छोड़ देना ठीक है या नहीं। धनराज जी (कांग्रेस सरकार की कृपा से वे जेल में बँधे पड़े हैं) के पास आपका जो पत्र आया था वह मेरी उस स्थिति के अनुरूप ही था। मैं भी उस समय आपकी सम्मति से सहमत था कि इस्तीफा दे देने में ही मेरा कल्याण है। लेकिन शीघ्र ही मुझे मालूम हो गया कि मुझमें काँटों में दौड़ने की भी हिम्मत है। सरकार के सारे Warnings, Explanations और धमकियों के बावजूद मुझे उस वातावरण में एक Spiritual fight का आनन्द आता था। और जब टिकटिकिए मेरा पीछा करते थे, तब मन ही मन मुझे बड़ा सन्तोष मिलता था।

कलम उठाकर मैंने बेबसी का अनुभव तो कई बार किया, किन्तु बार-बार लिख जाने पर मुझे शान्ति ही मिला करती थी और यह भी मालूम होता था कि वाणी के संयम में Emotions के restraint में भी एक सौन्दर्य है, जो बाज वक्त वह काम कर जाता है, जो चिल्लाने से नहीं हो सकता। उस समय की रचनाओं में अनायास ये पंक्तियाँ उतर आई हैं--

पाली मैंने जो आग, लगा उसको युग का जादू-टोना
आँखें जो कुछ हैं देख रहीं उनका कहना भी पाप मुझे
(कवि)

मेरी कड़ियाँ कसी हुई, बाकी सबके बन्धन ढीले
(भ्रमरी)

बँधी है लेखनी लाचार हूँ मैं (परिचय)

अपनी बात कहूँ क्या मेरी भाग्य लीक प्रतिकूल हुई
हरियाली को देख आज फिर हरे हुए दिल के फोले
(सावन में)

बुझती नहीं जलन अन्तर की, बरसे दृग, बरसे जलधर
मैंने भी क्या हाय, हृदय में अंगारे पाले सजनी
(पावस-गीत)

लेकिन 'रसवन्ती' में आकर जैसे कि मैं अब समझता हूँ, मैं अपनी किस्मत से काफी खीझ उठा और शायद Kicking mood में यह लिख डाला।

यहाँ शापित यक्षों के रोज
उड़ा करते अम्बर में गान।
फोड़ दूँगा माया का दुर्ग, तोड़ यह बज्र कपाट
व्योम में गाने को जिस रोज, बुलाएगा निर्बन्ध विराट

मिटा दूँगा ब्रह्मा का लेख, फिरा लूँगा खोया निज दाँव
चलूँगा निज बल हो निःशंक., नियति के सिर पर देकर पाँव
सजेगा जिस दिन उत्सव हेतु, देश माता का तोरण द्वार
करेंगे हम ले मंगल शंख, उदय का स्वागत मन्त्रोच्चार।

अपनी सफाई देते हुए अगर मुझे यह कहना पड़े कि मैं परिस्थितियों के अधीन नहीं हो सका हूँ तो शायद आप इसे मेरे इनफेरियारिटी कॉम्प्लेक्स की प्रतिक्रिया भी मान लेंगे। लेकिन पाँच वर्षों की दूरी तय करके अभी भी मैं अपने में वही उन्मेष और जोश पाता हूँ और इच्छा में मेरी यह जिद बरकरार चली जा रही है कि मैं झुकूँगा नहीं। अब झुकने की बात भी नहीं है क्योंकि अपने जीवन और भावना के बीच मैंने एक प्रकार की हारमोनी पैदा कर ली है। विश्लेषण करने पर मुझे मालूम होता है कि इस सामंजस्य का आधार मेरी यह वृत्ति है कि मैं अपनी भावना के साथ चलता रहूँगा, अगर इसके चलते कोई कैटास्ट्रॉफी आती हो तो आया करे।

ऊपर के उद्धरणों में आप जो एक प्रकार की खीझ देखते हैं, वह भी प्रायः मिट रही है। नीचे की पंक्तियाँ, जो परसाल लिखी गई थीं इसका प्रमाण हैं।

फेंकता हूँ लो तोड़-मरोड़ अरी निष्ठुरे बीन के तार
उठा चाँदी का उज्ज्वल शंख, फूँकता हूँ भैरव हुंकार
नहीं जीते जी सकता देख, विश्व में झुका तुम्हारा भाल
वेदना मधु का भी कर पान, आज उगलूँगा गरल कराल
फोड़ पैठूँ अनन्त पाताल? लूट लाऊँ वासव का देश?
चरण पर रख दूँ तीनों लोक? स्वामिनी करो शीघ्र आदेश।
चाहती हो बुझना यदि आग, होम की शिखा बिना सामान
अभय दो कूद पड़ूँ जय बोल, पूर्ण कर लूँ अपना बलिदान।

(असमय आह्वान हुंकार में)

'वर्तमान की जय' अभीत हो खुलकर दिल की पीर बजे
एक राग मेरा भी रण में बन्दी की जंजीर बजे।

(आमुख : हुंकार)

स्वातन्त्र्य! पूजता मैं न तुझे इसलिए कि तू सुख-शान्ति-रूप
हाँ, उसे पूजता जो चलता तेरे आगे नित-क्रान्ति-रूप
मुझमें उसका बल, तेज, रोष, तेरे दल में जिसका निनाद
विप्लव का है जो तूर्य-नाद, मेरे दिल की वह आह एक
बल उठे किसी दिशि वह्नि-राशि ले-देकर मेरी चाह एक।

(चाह एक)

I have given you enough materials to generalise my position. You may judge and communicate to me if I have yeilded to wicked circumstances.

The first flames of fire burn more brightly that the subsequent ones. But all the same, the heat is there. Hands that are warmed on them will bear wishes to my contention.

There is one thing however which obstructs me from my admirers. I mean the want of whirlwind in my literary activities. I do not think I had ever the credit of their accompaniment but even if I am definitely of opinion that no poll can write in a whirlwind manner and contribute at the same time pieces which can survive the age of a century at least. साहित्यिक ब्रह्मचर्य should, I agree with you, be a necessary watch word with our creative writers. But again this seeme to be a cloak to hide myself. I find in fact, no last word to explain my position. If you feel an urge to make me sing so frequently as I used to do in the beginning of my career, it is up to you to inspire me. Recognition is so rare in our literary world and you must have come across Keats' line that a man writes for fame also. I find no paper suited to my taste wherein I should contribute my pieces. The Vishal Bharat office seems to have boycotted me. M. Varma does not care to answer my letter much less to send the paper to me. Although I sent one poem to your papre at your order, I feel slighted now. April issue was the first and the last that came to me.

If the Vishal Bharat comes to me regularly. I promise to send at least 4 poems a year to it. You do not know that I composed some pieces recently but did not send any of them for publication to any magazine. They have however, been included in my book 'Rasvanti' which is in the press.

Please, correspond oftener than you are doing.

इच्छा थी कि इसी चिट्ठी में अपने प्रान्त के विषाक्त वातावरण की भी चर्चा कर दूँ लेकिन यह पत्र काफी लम्बा हो गया है और मुझे यह भी ज्ञात नहीं है कि वैसे संवाद से आपका कुछ भी मनोरंजन हो सकेगा। बिहार में कायस्थ, राजपूत और भूमिहार की फीलिंग बड़े जोरों पर चल रही है और साहित्य-क्षेत्र भी इससे अछूता नहीं बच रहा है। इसका दुःख है। इस फीलिंग की कुछ डंक मुझे भी लग रही है अन्यथा मैं अपने जीवन को कुछ दूसरा रूप देने में समर्थ हो सकता था। अगले पत्र में इसकी चर्चा कुछ अधिक व्यापक रूप से करूँगा।

आप सम्मेलन के अवसर पर/बनारस आते हैं या नहीं?

आपका
दिनकर

[24]

पो. ऑ. सीतामढ़ी (कोर्ट)
जि. मुजफ्फरपुर
7-10-39

मान्यवर,

प्रणाम!

आपके कार्ड के उत्तर में मेरा जो दीर्घकाय पत्र गया था, वह आपको मिला होगा। लेकिन उसके बाद आपकी कोई चिट्ठी नहीं मिली। उसके बाद आपको कुछ न कुछ जरूर लिखना था। उस पत्र के जाने के बाद क. का. वर्मा जी की एक चिट्ठी मिली थी, जिसमें उन्होंने यूरोप पर एक कविता लिखने का आदेश किया था। कविता मैंने शुरू भी की थी, लेकिन अचानक मेरे एक आत्मीय टाइफाइड से आक्रान्त हो गए। आज एक महीने से बीमार हैं। उन्हीं के पीछे चिन्तित रहने के कारण कविता पूरी नहीं हो सकी। तक तब उसका अवसर भी निकल गया। अब वह अच्छे हो चले हैं। वह कविता पूरी हो सकी तो वि. भा. को ही मिलेगी। आगामी 13 नवम्बर को समस्तीपुर के छात्र-परिषद का वार्षिक अधिवेशन होनेवाला है। वहाँ के लोगों की बड़ी इच्छा है कि उस अवसर पर आप पधारने की कृपा करें। वे लोग आपके बड़े प्रशंसकों में से हैं। उनकी जिद थी कि आप उत्सव का सभापतित्व करने की कृपा करें, लेकिन मैंने ही कहा है, "सभापतित्व का प्रस्ताव उन्हें कबूल नहीं होगा। सभापति तो वह होता है, जिसके फोटो पत्रों में छपते हैं। चतुर्वेदी जी का फोटो छापने का सौभाग्य अभी तक किसी पत्र को नहीं हुआ है।" मुझे उम्मीद है कि आप मेरा उपकार और एहसान मानेंगे। लेकिन चाहे जो भी हो, आपको इस अवसर पर बिहार पधारकर अपना सन्देश देना चाहिए। इसमें मेरा निजी स्वार्थ यह है कि घर बैठे, फोकट में आपके दर्शन नसीब हो जाएँगे। आशा है, स्वीकृति भेजने की कृपा करेंगे जिससे समय पर मार्ग-व्यय भेजा जा सके।

मेरा ऑफिस 16 अक्तूबर होकर बन्द होता है। बनारस का सम्मेलन 15 से 18 तक है। मैं अधिक से अधिक 17 के बारह बजे दिन तक काशी पहुँच सकता हूँ। अतएव मुझे सन्देह हो रहा है कि मेरे जाने में कुछ सार भी है या नहीं। अभी कार्यक्रम नहीं मिला है। क्या आप काशी आइएगा? अगर आइए तो वैसा सूचित कीजिए, जिससे अपने सन्दिग्ध निश्चय पर मैं फिर से विचार कर सकूँ।

'रसवन्ती' और 'द्वन्द्व गीत', दोनों पुस्तकें पुस्तक भंडार की खटाई में झूल रही हैं। आशा है, उत्तर लौटती डाक से देंगे।

आपका
दिनकर

[25]

पो. ऑ. सीतामढ़ी कोर्ट
जि. मुजफ्फरपुर
8-8-40

मान्यवर,

प्रणाम!

पता नहीं आपको यह पत्र समय पर मिलेगा या नहीं लेकिन इसका जवाब मुझे लौटती डाक से चाहिए।

मैं एक सरकारी पत्र की एडिटरी के लिए उम्मीदवार होना चाहता हूँ। अगर आप इस विचार से सहमत हों और यह समझें कि मैं पत्रकार का काम सफलतापूर्वक कर सकता हूँ तो कृपा करके, लौटती डाक से एक टेस्टिमोनियल भेज दें। मैंने कभी किसी पत्र के ऑफिस में काम नहीं किया है, इसीलिए ऐसे प्रमाण-पत्र की जरूरत है। आशा है, फड़कती हुई अंग्रेजी में आपका लिखा पत्र मुझे शीघ्र ही मिलेगा।

'रसवन्ती' अभी तक प्रेस में ही है लेकिन अब देर नहीं है। पुस्तक छप चुकी है।

उत्तर तुरत।

आपका
दिनकर

[26]

Mithapur
Kanulal Road. Patna
7-9-45

My dear Chaturvediji.

It was refreshing to have a letter from you after I do not know how long a period of silence. The ebb is. perhaps, at an end and I hope your spitit will continue to flow in usual Buoyance.

I am really glad that you have escaped death narrowly. But believe me no krait, no malaria, no Malequl Maut can take you away from our midst till you have not finished the mission of your life. And I dare say you have to do many more works in your present life.

I am not at all apologetic for my present job. I did not seek it; I only drifted to it; and had I not drifted to this post I would have been a similar or even worse place somewhere on this big earth. Before I came to this job I was already living in a diseased condition of mind with no hope, no light and nothing to sustain me, Benipuri was in jail, I was cut off from all friends whose encouragement had pulled me through defections.

I have lived on most condemned worst life for the last two years. The comments have been wide and very humiliating although they brought very pleasant revelations that trouble had silently given to me so much of their affection. Having worked on the present post for about 6 weeks I began to wonder if I should not give it up. But ill-circumstanced as I have been during this period I could not take a mighty decision. I always remembered your suggestion made to some common friend as far bake as 1935 that I should not continue in Govt. service. Had I acted up to it, then, it would have saved me many a ignominy. But somehow or other I could not do it and meanwhile storms overtook me although, I dare say, they faild to uproot me. The polar star has always been before my eye and you may perhaps be interested to know in some subsequent letter if I have lost sight of it during the period when I was being condemned. you will be interested to know that if Hindi poetry did not answer the call of time through me during this period it did not through any other poet either. But let it remain here first now.

I am working at a big poem called कुरुक्षेत्र and can hardly find time to write stray poems. Then you want the very best of them. please let me know if I should send you an article in prose for the present.

It is just possible I might shake off the shackles in a few weeks and take charge of the Yogi.

With affectionable regards.

yours sincerely,
Dinkar.

[27]

Mithapur road, Patna
17-9-45

My dear Chaubey Jee,

Your fascinating letter reached me just now. I had planned to write the stories of my other troubles to you. But your reply deals with a more serious aspect of my life and I feel now to consult you more closely about my future programme.

The post I hold now is very degrading and now that I have risen above it, I wonder, how could I tolerate it for 2 years. The result has been a non-co-operation with the office where I do not go these days except in case of urgent necessity. I sit at my house and deal a few files and devote my rest of the time in reading and writing literature. This has begun about 2 months ago and since the authorities have come to know of my intention, they do not take much notice of my negligence. I am full of wrath against myself and if there is suppression from above on any point I can't put up with it and may break without much consideration for the future. On the lst of September. I have written to the Govt. that I want to proceed on 3 months' leave at once and that permanent arrangement may be made in my place when I proceed on leave. They are sleeping over that letter and no decision has been taken so far.

I am getting Rs. 450/- here plus the usual war allowance. But I feel I must forgo it. I also think that this is a temporary job. All the same, when the Congress Govt, comes in, thay may like to keep me engaged in some iob of Rs. 200-300. But for all this. I shall have to continue in serfdom. I realise what you mean about Yogi. Benipuri holds the same view. Even Murli Babu thinks like that. But Brij Shankarji has been most kind to me during these two years, the period of my difficulties and shame. His offer has stood before me all the while. We had also some correspondence on the point and he has agreed to assure me 3 years' employment. There was a counter offer (informally) from Nava Shakti with higher salary. But I have refused it thinking Yogi to be more congenial. Friends also doubt if it would be better to associate my name with cheap journalism or if I ahall not suffer a loss of creative vitality.

I do not exactly know what should I do. I have got Rasvanti and Hunkar back from the clutches of Bhandar and propose to begin my own publication side by side. It will not be on a wide business-scale but just with a view to get some money out of my books. I think with employment in Yogi and publication of a few books I shall continue to get 4-5 hundred per month which is a necessity for me. If I accept your suggestion, I cannot take to journalism. Then what should I do? Shall I die a wretch on the present job? In fact, I feel, I must go mad with this discouraging situations and with a large no. of girls in my famliy whose marriages take place every alternate year. Please tall me what should I do. There seems to be so many openings before me under the Govt. including lecturership in a College perhaps. But I detest them all. During the last 3 months I have outgrown the allurements of Govt. service.I must make a big departure. I can't put up with it. I simply hate the idea and fail to understand how have I continued in Govt. service so far. Please give me light; please help me or I perish in despair. Please write more concretely, citing instances of deceit in the Yogi Mondal. I wait to stand on more solid grounds before I jump.

With Pranams,

Sincerely yours
Dinkar

P. S.

Yes, I heard of some incidence between you and 'Bharat Mata' and was lost in a number of surmises. But I dismissed them all. I gave my mind to Yogi people also and chatised Ramdhan who pleaded as having done no mischief to you. But take it from me that this is not the topic of talk at Patna. Nobody knows it and I do not understand why do you give so much of importance to it.

I return your letter in original herewith without copying.

Dinkar

[28]

लंगट सिंह कॉलेज, मुजफ्फरपुर
16-12-50

मान्यवर,

प्रणाम!

16 नवम्बर का पत्र मिला। ए. ई. की सिर्फ दो पुस्तकें मेरे पास हैं, एक तो लिविंग टौर्च और दूसरी कविताएँ। मैंने पिछले 10 साल में उनकी पुस्तकों की कम खोज नहीं की है। मगर कहीं मिलती ही नहीं। अनारकिस्ट प्रिंस भी मिले तब तो?

आपने लिखा था कि कॉलेज जाना ठीक नहीं होगा। फिर आप खुद ही दुबककर तटस्थ हो गए। मगर आपका शाप तो मुझे लग गया है। यहाँ रहते हुए आलोचनाएँ लिखी जा सकती हैं, कविताएँ नहीं। मैं प्रोफेसरों की चुप्पी से चिढ़ा करता था। अब खुद ही चुप हो रहा हूँ।

शेष कुशल है।

आपका
दिनकर

[29]

लंगट सिंह कॉलेज, मुजफ्फरपुर
18-1-51

मान्यवर,

प्रणाम!

दोनों पत्र मिल गए है। पांडेय जी के पत्र और फोटो के लिए शिकारपुर खत लिखा है। वहाँ से जवाब आ जाय तो आपको सूचना दूँगा।

रोलाँ की कोई भी पुस्तक मेरे पास नहीं रह गई है। एक-दो थीं सो मित्र हरण कर ले गए।

कर्ण काव्य जहाँ का तहाँ पड़ा है। गरमी की छुट्टियों से पूर्व उस पर ध्यान देने का अवकाश नहीं है। जब से कॉलेज आया हूँ। सप्ताह में अस्सी-पच्चासी घंटे कड़ा चूर मेहनत कर रहा हूँ। ज्यों-ज्यों पढ़ता जाता हूँ त्यों-त्यों अपनी मूर्खता प्रत्यक्ष होती जा रही है। हैरत की बात है कि हिन्दी के एक प्रसिद्ध साहित्यकार का ज्ञान इतना छूँछा निकला। कुछ परिश्रम तो अनावश्यक ज्ञान बटोरने में जा रहा है। मगर, वह जरूरी है, इसलिए उसे भी छोड़ नहीं सकता। आखिर कुछ तो नकली काम यहाँ भी करना पड़ता है। उसके लिए नकली इल्म की जरूरत होगी ही।

शेष कुशल है। खैरियत है कि यहाँ विजिटर्स कम हैं और समय का उपयोग हो जाता है।

आपका
दिनकर

[30]

मुजफ्फरपुर
18-2-52

मान्यवर चतुर्वेदी जी,

प्रणाम!

आपका 6-2-52 का कृपा-पत्र मिला। बहुत दिनों के बाद आपने मुझे जमकर एक चिट्ठी लिखी है।

क्या आप सचमुच मानते हैं कि जो लोग सरकारी नौकरी में हैं, केवल वे ही पराधीन हैं? अपने जानते मैंने नौकरी में अब तक अपमान का अनुभव तो किया है किन्तु कभी भी इस भय से मेरी लेखनी नहीं रुकी कि मेरी नौकरी पर कोई खतरा होगा। भावों का दलन तो कभी-कभी किया है मगर नौकरी बचाने के लिए नहीं, बल्कि अन्य कारणों से। और बन्धनों का अपने लिए मैं कुछ उपयोग भी मानता रहा हूँ। सरकारी बन्धन में रहने के कारण ही मैंने देश के लिए वेदना और आक्रोश का अनुभव एक विचित्र रूप से किया और यही विचित्रता वह ऐंठन है, जिससे मेरी राष्ट्रीय अथवा क्रान्तिकारी कविताओं में विच्छित्ति उत्पन्न हुई है। मगर, यह सबके लिए सुगम मार्ग नहीं है। यदा-कदा मानसिक क्लेश भोगते हुए भी मेरी नौकरी इज्जत से अब तक इसलिए निभी कि मुझ पर हुकूमत करनेवालों में से प्रत्येक को विश्वास रहा है कि नौकरी की मैं इज्जत नहीं करता और उसे मामूली सर्दी, खाँसी और छींक-छाँक में भी फेंक सकता हूँ। कुछ यह भय भी कि दिनकर के इस्तीफे से लोगों में (क्षणस्थायी ही सही) क्षोभ हो सकता है। नेशनल वार फ्रंट में रहते हुए मैंने दो बार इस्तीफे दिए थे, मगर, इसलिए नहीं कि देश में मेरी निन्दा हो रही थी, बल्कि, इसलिए कि अपने ऊपरवाले अफसर के व्यवहार से मेरे स्वाभिमान को धक्का लगा था। और तीसरे साल प्रचार विभाग से भी मैंने इस्तीफा दिया था और वह भी स्वाभिमान के प्रश्न पर ही।

कविता तो अंग्रेजों के खिलाफ छिपकर भी छपवाता था और प्रत्यक्ष नाम से भी। और एक बार मेरा छद्म-पत्र सरकार के हाथ पड़ भी गया और सरकार ने उसका फोटो भी उतरवाया। लेकिन, कुछ किया नहीं केवल वार्निंग देकर छोड़ दिया।

कांग्रेस सरकार के आने पर मैंने नियम किया कि कविताएँ अब छद्म नाम से नहीं छपवाऊँगा। जो कुछ लिखना था, नाम से ही लिखा, जिसका कुछ प्रमाण आप धूप और धुआँ में भी देखेंगे।

अंग्रेजी सरकार ने 3 वर्षों के अन्दर मुझे 22 बार ट्रांसफर किया था, जगह-जगह पर खुफियों की निगरानी भी रखी गई थी और चेतावनियाँ तो आती ही रहती थीं। But I converted the whole thing into a feeling of Exhilaration thinking myself a hero who was giving some sort of fight on a different plane.

मगर, आप जो मेरी मुक्ति की बात सोचते हैं, उसमें भी एक तत्त्व है और उसका समर्थन मैं यह कहके कर सकता हूँ कि नौकरियों में अब मैं ठीक से समाता नहीं हूँ। It circumscribes movements, it narrowes contact and the college work does not give me opportunities to be with the authors of my taste and choice.

फिर यह भी सोचता हूँ कि जो कुछ लिखना है, जल्दी लिख डालना चाहिए क्योंकि 50-55 में मर जाना भारत में असामयिक मृत्यु का सूचक नहीं समझा जाता है।

बुद्धदेव और सीता पर काव्य लिखने की इच्छा 16 वर्षों से बनी हुई है। इस बीच कर्ण की ओर भी ध्यान गया था, मगर, उसे सामान्य स्तर पर अभी हाल ही में लिखकर अलग कर चुका हूँ।

गांधी-दर्शन को काव्य बनाकर उसे देश के हृदय में तैरा देने की उमंग भी लहरें मार रही हैं, मगर इस काम के लिए 36 महीने का समय चाहिए और प्रोफेसरी में यह काम नहीं हो सकेगा। 1952 में आजाद हो जाऊँ, तो 1955 में वह विश्व-काव्य आपको मिल जा सकता है। It may be a unique thing for the whole mankind. Some times, the very idea of planning sends a thrill into my whole being.

तो आप क्या कर सकते हैं? कल बी.पी.सी.सी. के सभापति श्री सुधांशु जी ने पूछा कि क्या तुम कौंसिल ऑफ स्टेट में जाने के लिए नौकरी छोड़ सकते हो, मैंने कहा, नौकरी मेरी 18 साल की हो चुकी है। पेंशन तक टिकूँ तो बाल-बच्चों को 50-60 हजार रुपए मिल जाएँगे। मगर प्रान्त से निकलकर राष्ट्रीय धरातल पर खड़ा होने के निमित्त मैं इस लोभ का त्याग कर सकता हूँ। हमारे प्रान्त से कौंसिल ऑफ स्टेट में 15 व्यक्ति जाएँगे। उस सूची के लिए मेरा नाम विचाराधीन है। किन्तु, इससे भी अच्छा होता कि जवाहरलाल जी और पू. राजेन्द्र बाबू मुझे साहित्य के लिए सुरक्षित जगहों में से एक के लिए मनोनीत कर देते। अगर प्रान्त से नाम जाय भी तब भी मैं चाहूँगा कि जवाहरलाल जी मुझे आर्ट, लिटरेचर सोशल सर्विस और साइंस के प्रतिनिधियों में से ही एक बनाकर बुला लें। इसमें मुझे खुशी होगी।

इस काम में किस-किससे सहायता मिल सकती है, इसे आप जानें। नवीन जी तो प्रत्यक्ष ही बहुत बड़ी सहायता कर सकते हैं। खुद पू. राजेन्द्र बाबू चाहें तो काम आसान हो जाय। अतएव आप शीघ्र ही दिल्ली जाकर नवीन जी, पू. राजेन्द्र बाबू तथा जवाहरलाल जी से मिलकर बात कर लीजिए। मेरा खयाल है, आपको सफलता मिल जाएगी। मगर, ये बातें बहुत छिपाकर रखी जानी चाहिए अन्यथा भभ्भड़ में सब कुछ खो जाएगा। मगर इस तरह की चेतावनी मैं आपको क्यों दूँ।

कृपया लिखिए की आप क्या कर रहे हैं।

आपका
दिनकर

[31]

मुजफ्फरपुर
10-1-53

मान्यवर चतुर्वेदी जी,

प्रणाम!

आपका 7 जनवरी का कृपा-पत्र मिला। मर्यादा पुरुषोत्तमों ने अपनी मर्यादा भले रखी हो मगर इससे कवि सम्मेलन के आनन्द में कोई फर्क नहीं आया। 'मैं आपनि दिसि कीन्ह निहोरा, ते निज ओर न लाउव गोरा'। थोड़ा कल्याण तो मेरा भी हुआ कि हुक्म चलानेवालों में कुछ की कमी हो गई।

मैं अभी यहीं रहूँगा। मगर, आप धन्य हैं कि 'अवन्तिका' और 'रश्मिरथी', दोनों को ठुकरा ही दिया। 'रश्मिरथी' पर चार पंक्तियों की सम्मति प्रकाशक के पास चार दिनों में भेज दीजिए। यही सही। मगर आपसे यह भी नहीं होगा। सोच रहा हूँ कि आपका आलस्य दूर करने के लिए किस देवी से प्रार्थना की जाय।

15 को मैं अजन्ता प्रेस जाऊँगा। 17 को फिर यहीं लौट आना है।

आपका
दिनकर

[32]

Chaudhari Tola Patna-6
the 10th Oct. 1953.

My dear Chaturvedi ji,

For the last three days we have been thoroughly intellectualised at Patna, as one is etherised on the operation table. The Bharatiya Hindi Parishad is having its session here since 8-10-53 and it will end some time in the evening to-day. We had two Governors (U. P. and Bihar) in our midst who spoke on the same day on several aspects of Hindi as our national language. Shri K. M. Munshi said that the country should not be in a hurry to drive away English as we have driven away the Englishmen. His point was that if you drove away the English language, before you have trained Hindi and propagated its use quite widely in non-Hindi Zones, the vacuum would be filled up not by Hindi but by the regional languages. I see much reason in what he has said and I want my colleagues in the cause of Hindi to appreciate it. His other point was that in order to increase its power of expression. Hindi had no alternative then to base itself on Sanskrit.

I think, you should write a letter to Shri Munshi and congratulate him for placing his point of view on such a high plane and in such a wise way. I am sorry, he spoke extempore and very little has been reported in the press for the benefit of the people who did not attend the meeting. It may be good to get it written and printed for private circulation at least.

The Bihar Governor made out the point that postgraduate education throughout the country should be given through the medium of Hindi and not through the regional languages.

All this happened at the inaugural function.

In the evening (9-10-53) a symposium of scholars was held under the presidentship of Dr. Dhirendra Varma which considerd the progress of Hindi in various fields. It was a most representative gathering in which almost all the senior professors of Hindi of northern India were present. At this symposium a report presented by Dr.Bahari, which contained bitter criticism of the omissions and commissions of the Government of India (Education Department) and the unfortunate thing was that the report was greeted with frequent applause by the audience. The discussions at this symposium could not be confined to the professorial level and it took a mild political turn and various speakers spoke on the various aspects of the problem in some heat as well. Being provoked by the speeches I also took part in the debate and placed my own point of view before the gathering. A gist of my speech has come out in today's paper, a cutting of which I attach for you perusal. I am sorry, I could not defend the Education Department for I could not find solid arguments to refute the charges brought against it. Unless the Education Department can face its critics with statement of soild achievements, it is not going to pacify the indignation which has been generated against its Hindi policy. It is most regrettable that the Government are ignoring this criticism and we find ourselves so helpless in the matter of either consoling the people or persuading the Government to do the right thing. The sense of frustration that has resulted from the rather idle machinery of the Government has given rise to some sort of communal bias in teachers who live in the midst of young persons and through whom a good deal of opinions filters to the masses. Why can't the Education Department start a Hindi Academy and place it in charge of all work that is necessary to train Hindi as a National Language? Why should they continue to relish and enjoy the abuses that are hurled at them?

I am leaving for Jamshedpur today where the Bihar Pradeshik Hindi Sahitya Sammelan is having its annual session tomorrow. I am afraid, the Education Department of the Government of India will come in for criticism there too.

Rest O. K.

With kind regards,

Yours sincerely,
R. D. Sinha

[33]

चौधरी टोला, पटना-6
2-7-54

प्रिय पंडित जी,

प्रणाम!

पत्र मिला। रुक्मिणी जी वाला लेख आपको पसन्द आया, यह मेरे लिए सौभाग्य का विषय है। उसे आप जैसे चाहें, छाप लें।

गोर्की का जन्म-दिवस मनाया गया, यह अच्छा हुआ। अब ह्विटमैन का भी मनाया जाना चाहिए अथवा थरो या एमर्सन का। एक रस में एकरसता है। इसीलिए गया में दारसा तम्बाकू बिकता है, जो बहुत मजेदार होता है। हिन्दी के दुश्मनों की गिनती की जा रही है। हिन्दी में यह नई छुरछुरी छूटी है जिससे मॉनोटॉनी जरा कम हो रही है। जब से आया हूँ, बेनीपुरी से भेंट नहीं हुई है। भेंट होने पर पूछूँगा कि राहुल जी के बोलने के बाद उसका क्या मत है।

कल नागार्जुन मिला था। उसका बच्चा अब अच्छा हो गया। भगवान को धन्यवाद।

शेष कुशल है। पत्नी की हालत सुधर रही है।

आपका
दिनकर

[34]

चौधरी टोला, पटना-6
15-1-55

मान्यवर पंडित जी,

घोर आलस्य का एक लक्षण यह भी है कि आदमी किताब के बदले खत लिखने लगता है। गाली अचानक (और अनिच्छित भी) आपको लग गई, लेकिन इस सत्य का पता आज अपने ऊपर सोचते-सोचते लगा है। इस इंटर सेशन में लिखना तो बहुत पड़ा है, मगर वे सब के सब खत थे। लेख लिखने और पत्र लिखने में भेद यह है कि लेख लिखने से और नहीं तो 15 रु. (जिसकी उच्चावधि आपने 20 रु. बँधवाई है) आ जाते हैं, किन्तु पत्र जब बाहर जाने लगते हैं तो तीन, छह या आठ पैसे अपने साथ अवश्य ले जाते हैं। अब यही देखिए कि इस कार्ड की क्या जरूरत थी? मगर, आलस्य के कारण आपके पास भेजना पड़ा। यह खत लिखना कला के लिए कला का साक्षात् प्रमाण है। मथुरा बाबू कहते हैं कि Art for arts's sake का अच्छा परिपाक आजकल झूठ बोलने के लिए कई लोग कर रहे हैं। यह कला की चरम सेवा है। राहुल जी ने भी कहीं कहा है कि झूठ सभ्यता के साथ बढ़ी है और उसका अनुपम आभूषण है।

आपका
दिनकर

[35]

पटना-6
4-8-55

मान्यवर चौबे जी,

प्रणाम। पत्र मिला। कहते हैं मनुष्यों के हाथों की जानेवाली दुर्गति से घबराकर चना एक बार ब्रह्मा के यहाँ गया। किन्तु, ब्रह्मा ने कहा कि रक्षा मैं क्या खाक करूँगा। मेरे मुँह में तो खुद पानी आ रहा है। वही हाल आपका है। किन्तु, हाल-चाल जो रहे, आज्ञा आपकी शिरोधार्य है।

पत्रकारों की संस्था का सभापतित्व ग्रहण करके आपने बहुत अच्छा किया। यह हिन्दी का अपूर्व सम्मान है और अपने भाषण में आपने उस सम्मान की भली-भाँति रक्षा की है। मेरा हृदय तो आनन्द से फूल उठा।

ब्रजशंकर से कल ही बातें ही रही थीं। He is not at all displeased with you, He continues to be your as ardent as ever.

रामधन के पत्र पर पत्र आ रहे हैं और मैं ईंट-पत्थर सबसे प्रार्थना किए जा रहा हूँ। देखिए, क्या होता है।

मैं तीन चिन्ताओं का शिकार रहा हूँ। अधूरी किताब की चिन्ता, अधूरे मकान की चिन्ता, अधूरे बेटे की चिन्ता। बेटा तो आपके आशीर्वाद से प्राध्यापक हो गया है। वह आठ तारीख को कार्य-भार सँभालेगा। मकान से भी जबरदस्ती कर रहा हूँ कि अब तू पूरा हो जा क्योंकि बेसूदी कर्ज में मेरा बाल-बाल गिरवी हो गया है। Still I believe, when you can borrow money without interest, it is as good as income, provided you are give good health and peaceful time to work for its repayment.

किताब पूरी करने में लगा हुआ हूँ। जब तक पूरी नहीं होती, दिल्ली नहीं आऊँगा। Delhi makes as all shallow and flat. You can't do a good work there I think, You are the brightest instance in point.

झूठ कहता हूँ? दिल्ली दो ही प्रकार के लोगों के उपयुक्त है। एक तो उनके लिए जो सुरा और सुन्दरी के रसिया हैं। दूसरे, उनके लिए जो दिन में सोते हैं।

नागार्जुन की गरीबी अब देखी नहीं जाती। परसों प्रण किया है कि उसके लिए कुछ-न-कुछ व्यवस्था तुरन्त करूँगा। किन्तु, यह निर्धन और साधनहीन का प्रण है, जिसका पूरा होना ईश्वरीय कृपा पर निर्भर है। राँची में उसने जवाहरलाल जी पर एक कविता सुनाई जो उत्तम कोटि की थी। उत्तम से नीचे तो वह लिखता ही नहीं है। और कितने सरल, निस्पृह तथा विशाल हैं नागार्जुन।

आशा है, आप प्रसन्न हैं। पिन नहीं है, इसलिए दोनों कागज यों ही लिफाफे में डाल रहा हूँ।

आपका
दिनकर

[36]

आर्यकुमार रोड, पटना-4
1-11-60

मान्यवर पडित जी,

आपका 29-10 का कृपा-पत्र प्राप्त हुआ। अन्तिम पुरुषार्थ से आपको निराशा हुई, यह बात मैं नोट करता हूँ। किन्तु, इस भाव को रोकूँ कैसे? वीरता अनेक प्रकार की होती है, उसका एक प्रकार यह भी है कि आत्मा जो कहना चाहे, वही कहो, यश-अपयश का विचार छोड़ दो। अभी हाल ही में पास्तरनोक पर लिखते हुए मैंने ये पंक्तियाँ लिखी थीं–

मोड़ो न धार स्वर की अकीर्तियों के भय से,
रोको मत अपना कंठ कीर्तियाँ पाने को,
रह जाती मरकर यहाँ कुसुम की भी सुगन्ध,
पत्थर की भी आवाज दूर तक जाती है।

कवि पर फूल बरसाए जाएँ, तो सम्भव है, उनकी गन्ध उसी समय नष्ट हो जाय। और किसी पर पत्थर फेंके जाएँ तो यह भी सम्भव है कि उन पत्थरों की आवाज भविष्यत् को सुनाई दे।

To give you more pain I quote a few lines more from my recent composition–

मैं वहीं हूँ तुम जहाँ पहुँचा गए थे।
खँडहरों के पास जो स्रोतस्विनी थी,
अब नहीं वह शेष, केवल रेत भर है,
दोपहर को रोज लू के साथ उड़कर बालुका यह
व्याप्त हो जाती हवा-सी फैलकर सारे भवन में।
खिड़कियों पर, फर्श पर, मसिपात्र, पोथी, लेखनी में
रेत की कच-कच,
कलम की नोक से फिर शब्द कोई भी न उगता है।
कल्पना मल-मल दृगों को लाल कर लेती।
आँख की इस किरकिरी में दर्द कम ही हो भले,
पर खीझ, बेचैनी, परेशानी बहुत है।

कहाँ तक लिखूँ? जो कुछ भी लिखता हूँ ,उसमें यही उदासी उतर पड़ती है। क्या अपनी पीठ पर आप कोड़े लगाऊँ और जबरन अपने को उस ओर हाँक दूँ जिधर कुरुक्षेत्र और रश्मिरथी के कंगूरे दिखाई देते हैं?

लगता है, संघर्ष करते-करते अब टूट रहा हूँ। आप तो जानते ही हैं कि एक बेटी और पाँच भतीजियों के ब्याह रचवाने का काम पूरा कर चुका हूँ। केवल अपनी बेटी के ब्याह में छोटे भाई ने पाँच हजार रुपए की मदद की। बाकी सारा खर्च और लड़का मुझे ही जुटाना पड़ा। और अकसर ऐसे दामाद मिले, जो असन्तोष पालते रहे हैं। भाइयों ने बीस वर्ष पहले ही बाँटकर अलग कर दिया और अलग हो जाने पर भी उनके बेटों और बेटियों का सारा बोझ माथे पर उठाए चल रहा हूँ। यह भी विचित्र अभिशाप है। मैंने भाइयों को इतना निश्चिन्त रखा कि वे काहिल हो गए, बड़े तो मेरे हिस्से का खेत पा जाने पर भी दयनीय हैं और मर-खप कर कुछ न कुछ मदद अब भी करनी पड़ती है। परिवार बड़ा भारी शोषक होता है। उसके शोषण से वही बच सकता है, जो वैज्ञानिक समाजवाद में विश्वास करे। मुझ जैसे मानवतावादी लोग तो उस शोषण के जाल से निकल नहीं सकते, न यही कह सकते हैं कि हमने त्याग किया है।

और जरा सोचिए कि मेरी एक बेटी अब भी क्वाँरी है और एक बेटी बड़े भाई की भी है, जिसे ब्याह में देना है। पोतियों का जिम्मा तो खैर मेरे लड़के का होगा। भगवान उसे सकुशल रखें। मेरा स्वास्थ्य लड़खड़ा रहा है। अब मेरा एकमात्र भरोसा मेरा पुत्र है, जो सारा बोझ उठाए हुए है।

किन्तु इन सबसे अधिक हानिकर प्रभाव मैत्री-भंग का पड़ा है। साहित्य के मित्र शत्रु हो गए, जो हुए वे तटस्थ हो गए हैं। गाँव में दो-एक दोस्त थे, वे भी कन्नी कटा गए क्योंकि वे मुझे प्रभावशाली समझते हैं और प्रभाव का उपयोग मैं उन्हें करने नहीं देता। लगता है, मैं गलत युग में पकड़ा गया हूँ। मुझे दस साल पूर्व ही चल देना था। कहाँ वह समय जब कविताओं से देश में लहर आ जाती थी और कहाँ यह समय जब कविताओं पर नजर कभी-कभी ही उठती है। आपको इस वातावरण में आशा कहाँ दिखाई देती है? उल्लास और उमंग की कौन-सी कहानी अब शेष है?

धुआँ-धुआँ सब ओर, चतुर्दिक् घुटन भरी है,
आँख मूँदने पर भी तो अब दीप्ति न आती।
तिमिर व्यूह है ध्यान, गीत का मन काला है,
धूम ध्वान्त फूटता कला की रेखाओं से।

मधुमेह तो खैर सँभल गया है, किन्तु चक्कर का आना नहीं रुका है। रक्तचाप अधिक से अधिक 170 तक जाता है। किन्तु उतने में ही लक्षण अनुभूत होने लगते हैं। टण्डनजीवाले समारोह में जाने का पक्का विचार कर लिया था, लेकिन उसी दिन रक्तचाप फिर बढ़ गया तथा डॉक्टर और घर के लोग एक हो गए कि अब जाने नहीं देंगे।

बिलकुल एकान्त में रहने से मानसिक शक्ति कुछ बढ़ जाती है, लेकिन एकान्त को नष्ट करनेवाले छोटे-छोटे विघ्न आते ही रहते हैं।

डॉक्टर कहते हैं, चिन्ता को मन से निकाल दो। किन्तु, सब चिन्ताएँ छूट जाने पर भी यह चिन्ता नहीं छूटती कि उर्वशी काव्य अधूरा पड़ा है।

ब्रजशंकर ब्रज में विहार कर रहे हैं, आ जाएँ तो उन्हें आपका अभिवादन कह सुनाऊँगा।

आशा है, आप प्रसन्न हैं। बड़ी कृपा कि आपने इस युग में मेरी भी कविता पढ़ ली।

आपका
दिनकर

[37]

आर्यकुमार रोड, पटना
4-9-63

मान्यवरेषु,

प्रणाम!

आपका 30-6-63 का कृपा-कार्ड कल पहुँचा। हाँ, नियम तो है कि 'सुर नर, मुनि, सब भोगि हैं देहधरे के दंड।' किन्तु आप जैसे स्वच्छ पुरुष को बीमार देखकर

टंडन जी की यह उक्ति काफी सत्य नहीं दीखती कि जो बराबर बीमार रहे उसे या तो स्काउंड्रल अथवा बेवकूफ समझो। मुझ पर उक्ति लागू है, यह तो टंडन जी भी मानते थे। इधर पं. जनार्दन प्रसाद झा द्विज भी आँख की पीड़ा से परेशान हैं। चार-पाँच दिन पहले ऑपरेशन हुआ है। परिणाम ईश्वराधीन है।

नवीन जी के लिए जो कुछ कीजिएगा, उसमें कुछ थोड़ी सेवा मैं भी दूँगा।

आपका
दिनकर

[38]

2, साउथ एवेन्यू लेन
नई दिल्ली
8-2-67

मान्यवर चतुर्वेदी जी,

यह जानकर धीरज मिला कि दुर्दिन में आप मेरी याद कर रहे हैं।

रामसेवक की बीमारी घट नहीं रही है। वैद्यों ने एक तरह से जवाब दे दिया। अब वह होमियोपैथ के इलाज में है। गोद में पड़ा-पड़ा वह छीज रहा है। शायद जा रहा है, मगर मेरा कोई बस नहीं चलता। और यह क्रम काफी अरसे तक चलेगा।

इधर छोटे लड़के को एक पुत्र हुआ था। सुनते ही मैं खुशी से नाच उठा। मिठाइयाँ भी बाँटीं। मगर खुशी चार ही दिन ठहरी। पाँचवें दिन बच्चा अस्पताल में ही टूट गया। उसी सन्दर्भ में बेटे और बहू को धीरज बँधाने पटना गया था। आज ही वापस हुआ हूँ।

पंडित जी, मैं बचपन में गाय-भैंस चराता था। बाधाओं को ठेल-ठालकर मैंने थोड़ी उन्नति की। मगर अब उसकी भारी कीमत अदा कर रहा हूँ। सोचता हूँ यह किस पाप का दंड है।

भाइयों ने मुझे 1939 में बाँटकर अलग कर दिया मगर बेटियाँ और बेटे मेरे माथे पर पटक दिए। मैंने भी शान्त भाव से उसे स्वीकार कर लिया। दो बेटियों और छह भतीजियों की शादी की। दो बेटों और दो भतीजों को ऊँची शिक्षा दिलवाई। सोचा था, बुढ़ापे में वह फजीहत हो रही है, जो जवानी में नहीं हुई थी। घोर चिन्ता और घबराहट में समय बीत रहा है। आपके आशीर्वाद की बड़ी आवश्यकता है। अब तो 'निर्बल के बल राम' बोलने के सिवा और कोई सहारा ही नहीं।

आपका
दिनकर

[39]

5, सफदरजंग लेन, नई दिल्ली
19 मई, 1967

प्रिय पंडित जी,

आपका संवेदना-सूचक कार्ड मिल गया था। रामसेवक गए तो अपनी आयु से, मगर, मेरे कलेजे में आजीवन चुभनेवाला शूल छोड़ गए।

भए अजस भाजन अब प्राना, कवन हेतु नहिं करहिं पयाना?

मैं बचपन में, आवश्यकता से तो उतना नहीं, मगर गरीब परिवार में जन्म लेने के कारण शौक से गाय-भैंसें चराया करता था। पुरुषार्थ के बल पर यहाँ दिल्ली यानी संसद तक पहुँचा। गरीबी की बाधा मैंने मानी नहीं और दो भाइयों की छह और अपनी दो बेटियों का विवाह, बेटों और भतीजों की शिक्षा-दीक्षा के क्रम में अपने व्यक्तिगत सुख को बढ़ने नहीं दिया। मेरा सारा जीवन यज्ञ में बीता है, दो भाइयों को चिन्ता मुक्त रखने का यज्ञ, आठ लड़कियों के विवाह का यज्ञ। किन्तु बड़े पुण्य ने छोटे पापों से मेरी रक्षा नहीं की। अब भली-भाँति समझ रहा हूँ कि विपत्ति किसे कहते हैं, लोभ, काम और कीर्ति का सुख लूटने का क्या दंड है। भगवान ने आग में गाड़कर मेरा अहंकार तोड़ दिया। अपनी जिन पंक्तियों से मैं दूसरों को धीरज बँधाता था, प्रेरणा देता था, वे पंक्तियाँ मेरे लिए बेकार हैं। सहारा है तो केवल माता कौशल्या के वचन का–

सो सब सहिब जो देव सहावा।

आपका
रामधारी सिंह 'दिनकर'

[40]

नई दिल्ली
8-7-67

मान्यवर चतुर्वेदी जी,

आपका कृपा-पत्र मिला। मेरा स्वास्थ्य इधर बहुत गिर गया है और संयम के बावजूद तेजी से सुधर नहीं रहा है। मेरा चित्त अभी भी दबा हुआ है। ऐसी अवस्था में मैंने दो सप्ताह के लिए मॉरिशस जाना स्वीकार कर लिया है। 15 जुलाई को प्रस्थान करना है। लौटना शायद 5 अगस्त तक हो।

आपके आशीर्वाद की कामना करता हूँ।

आपका
दिनकर

[41]

पोर्ट लुइस, मॉरिशस
30 जुलाई, 1967

मान्यवर चतुर्वेदी जी,

मैं और सुमन यहाँ 17 जुलाई को पहुँचे। हवाई अड्डे पर हमारा स्वागत करने को बहुत से लोग आए थे। श्री जयनारायण राय और श्री एस.एम. भगत भी पधारे हुए थे। उन दोनों को मैंने आपका नमस्कार निवेदित कर दिया है।

जयनारायण जी तो यहाँ के प्रसिद्ध नेता हैं। हमारा कार्यक्रम बनाने को जो समिति गठित की गई, उसके वे ही सभापति हैं। उस समिति द्वारा प्रस्तुत कार्यक्रम हमने कल रात को ही पूरा कर दिया। आज हमें भारत के लिए प्रस्थान करना था। किन्तु, कमिश्नर की इच्छा के अनुसार हम लोग एक सप्ताह यहाँ और ठहर रहे हैं। यही इच्छा शिवमंगल की भी थी।

कार्यक्रम निभाने में मैं रोज थक जाता हूँ। टहलना और आराम, इन्हें छोड़कर और सब सुख है। यहाँ बूढ़े-बूढ़े लोग जब चरण छूने को झुकते हैं, तब शर्म भी लगती है और रुलाई भी आ जाती है। बिहार की बहुत-सी लड़कियाँ यहाँ ब्याही हुई हैं। वे जब आती हैं, दृश्य कारुणिक हो उठता है।

गोरों के दाँव यहाँ के हिन्दू समझते हैं, मगर, हिन्दुओं के बीच एकता यहाँ है नहीं। मैंने कई भाषणों में एकता पर जोर दिया है और कहा है कि आप हिन्दुस्तान की नकल नहीं करें। उसके इतिहास से शिक्षा लेकर अपने को मजबूत बनाएँ।

चीनी यहाँ केवल 25 हजार हैं, मगर उनके तीन पत्र पूरी सजीवता से चल रहे है। हिन्दी में एक साप्ताहिक भी नहीं है, जिसे अखबार कहा जा सके। बड़े-बूढ़े घर में भोजपुरी और बाहर क्रेओल बोलते हैं। मगर उनके बच्चे घर में भी क्रेओल बोलने के आदी हो रहे हैं।

भारत के लिए उत्साह है, लेकिन गोरों के चक्र को विफल करने में भारत क्या सहायता करेगा, यह मैं नहीं जानता।

प्रीमियर रामगुलाम काफी होशियार हैं। मुसलमानों और फॉरवर्ड ब्लॉक के साथ उन्होंने एकता कर ली है, मगर कुछ हिन्दू उनसे फूट रहे हैं इस फूट का सुफल, अन्त में गोरों को मिलेगा, जिनकी संख्या केवल दस हजार है।

आजकल यहाँ दो-तीन स्वामी भी आए हुए हैं। मैंने टेलीविजन पर दो प्रोग्राम दिए हैं। रेडियो में कविता और तीन वार्ताओं के रिकॉर्ड भी दे दिए हैं।

12-14 अगस्त से पूर्व भारत आना मुश्किल दीखता है। क्योंकि नरोबी में भी तीन दिन रुकने का विचार है।

आपका
दिनकर

[42]

5, सफदरजंग लेन, नई दिल्ली-11

सितम्बर 11, 1968

मान्यवर चतुर्वेदी जी,

आपके दो कार्ड मिले। धन्यवाद! संस्मरण सा. हिन्दुस्तान में ही छपने वाला था। मगर अभी तो सभी अखबार बन्द हैं। 'संस्मरण और श्रद्धांजलियाँ' नाम से संग्रह निकालने का विचार है। बेनीपुरी और काका साहब के संस्मरण और लिख लूँ तो पुस्तक पूरी हो जाएगी। और सारी सामग्रियाँ तैयार हो चुकी हैं।

बेनीपुरी जी कोई साल भर से मरणासन्न थे। फिर भी उनके शरीर छूटने का बड़ा दुःख है। वे मेरे उन्नायकों में से थे। उन्होंने मेरे निर्माण में काफी योगदान दिया था। उनसे मैं ऋणमुक्त नहीं हो सका। एक पुस्तक मैंने उन्हें समर्पित की थी। अब इसी संस्मरण में जो कुछ भी कहना है, कहूँगा।

राहुल जी, नवीन जी और बेनीपुरी जी, तीनों के तीनों साहित्यकार असाधारण रूप से प्राणवान थे, किन्तु तीनों की एक ही गति हुई। पक्षाघात, स्मृति-लोप, असमर्थता और अन्त। अब देखिए मेरी क्या हालत होती है!

स्वराज्य के पूर्व तक बेनीपुरी को गरीबी से लड़ने की चिन्ता नहीं थी। स्वराज्य के बाद यह चिन्ता घोर रूप से जगी और उसने गलत रास्ता पकड़ लिया। मसलन गाँव में भारी मकान बनवाने में क्या तुक थी? वह मकान अगर शहर में होता तो आज उससे अच्छा किराया आता होता। मगर बेनीपुरी सुरीला आदमी था। जो सुर चढ़ गया, चढ़ गया। मैंने उसे टोका भी था, मगर उसने कहा, गाँव में मैं मकान नहीं, अपना स्मारक बनवा रहा हूँ। उसकी बहुत-सी छोटी-छोटी बातें याद आती हैं और सोचकर मन न जाने कैसा हो जाता है।

आपका उपदेश दीर्घ-जीवन के लिए है और कर्तव्यवश मैं जीना भी चाहता हूँ। मगर अनजाइना पेक्टोरिस कम नहीं होता, दिनोंदिन बढ़ता जाता है। पिछली मई में पश्चिम-जर्मनी गया था, मगर घूमना पार नहीं लगा। 12 दिनों के बाद भाग आया।

आप लेख में जो भी फेरफार चाहें, कर दें। उसे फिर से टाइप करवा लूँगा।

मेरा बायाँ हाथ तो बिलकुल ही काँपता है: दाहिने से भी अक्षर सुडौल नहीं निकलते। इसलिए पत्र टाइप करवाकर भेज रहा हूँ।

इधर गद्य ही गद्य लिख रहा हूँ। कविता की ओर मन नहीं जाता है। मगर कल्पना एक दिशा में काम कर रही है। एक काव्य और लिखना चाहता हूँ, जिसका नाम 'कल्कि' होगा। मगर ध्यान केन्द्रित करने का सुयोग प्रभु ही देंगे। अगर वह सुयोग नहीं मिला, तो यह काव्य भी नहीं लिखा जाएगा।

शिवपूजन जी, द्विज जी, नेपाली जी, नलिन जी पहले ही जा चुके थे। अब बेनीपुरी भी चले गए। बिहार का साहित्याकाश सूना हो गया।

आपका
रामधारी सिंह 'दिनकर'

[43]

उदयाचल, राजेन्द्रनगर
पटना-26
28-8-71

मान्यवर चतुर्वेदी जी,

कल आपके पत्रों का संग्रह मिला। श्री वृन्दावन दास जी ने भेजा है। यह संग्रह शुद्ध साहित्य का अंग है और इसके प्रकाशन से हिन्दी की श्रीवृद्धि हुई है। कुछ श्रीवृद्धि पर दावा अंग्रेजी भी कर सकती है, जैसे मेरे नाम लिखे गए पत्र में। वृन्दावन दास जी को धन्यवाद का पत्र कल ही लिख दिया। रात किताब पढ़ता रहा, सो भक्ति से गद्‌गद होकर आज आपको पत्र लिख रहा हूँ।

मेरा हाल शायद आपने सुना होगा। पिछले 13 जून को मेरा दिल्ली का कार्यकाल समाप्त हो गया। 13 जून से 13 जुलाई तक घर मेरे पास मुक्त था। अतएव 13 जुलाई को ही मैंने दिल्ली छोड़ी। 14 जुलाई से मैं पटने में रह रहा हूँ। हाँ, बीच में 14 दिन का एक ट्रिप लगाया और दिल्ली, भोपाल, नेपानगर और फिर दिल्ली जाकर घर लौटा। आज फिर दिल्ली जाने का विचार है। 31 को लौट आऊँगा।

शायद चाणक्य ने कहा है कि आदमी को जवानी में क्रोध से और बुढ़ापे में लोभ से बचना चाहिए। मेरे साथ बात उलटी हो गई। जवानी भर मैं क्रोध की कविता लिखता रहा और बुढ़ापे में लोभ से ग्रस्त हूँ। स्वर्गीय पुत्र चार बेटियाँ छोड़कर गए हैं। एक की शादी करवा चुका हूँ। अब तीन बाकी हैं। अगर 10-12 साल बचना पड़ा तो उनकी भी शादियाँ करनी पड़ेंगी। उदयाचल को छोटा बेटा केदार चलाता है। उससे रोटी-दाल चल जाती है। मगर पोतियों की शादी के लिए उससे धन जमा नहीं किया जा सकता।

जब दिल्ली से चलने लगा, श्री डी. पी. मिश्र जी ने कहा—आप वाइस चांसलर हो जाइए। उन्होंने पहले जबलपुर का और तब रीवाँ का नाम लिया। लेकिन वाइस-चांसलरी करने का अब साहस नहीं है। भागलपुर में वाइस-चांसलरी के कारण ही मुझे ब्लडप्रेसर का आजार हो गया था। यह भी है कि वाइस-चांसलरी का साहित्य के साथ बैर का सम्बन्ध है। यही कुछ सोचकर पटना आ बैठा हूँ। अब तो साहित्य में ही आखिरी वर्ष लगें, उसी से मुक्ति है।

आपने निन्यानबे के फेर में पड़ने से मुझे रोका था, मगर वह तो और तेज हो गया। जिस परिस्थिति में पड़ गया हूँ, उससे धन के बिना निस्तार नहीं है। अनाथ पोतियों का भार केदार पर डालकर मुक्त साँड़ बनकर घूमूँ, यह कायरता होगी। 24 साल की उम्र में जुए को अपनी गर्दन पर लिया था और 74 तक बचा तो गर्दन पर वही जुआ मौजूद रहेगा।

आपके बहुत से पत्र मेरे पास हैं। और मित्रों के भी हैं। उन्हें प्रकाशित करने की इच्छा होती है। मगर आपने सुना होगा कि पन्त जी ने बच्चन पर मुकदमा कर दिया है कि बच्चन ने उनके पत्र क्यों छाप दिए।

पटना आकर पुस्तकालय को नए ढंग से सजाने में 15 दिन लग गए। उसके बाद मैंने लिखना आरम्भ किया। एक पक्ष से वह बाधित पड़ा है। भूमिकाएँ और अभिनन्दन के लेख लिखने से ही लिखाई की असली खाज शान्त हो जाती है।

आशा है, आप प्रसन्न हैं।

विनीत

रामधारी सिंह 'दिनकर'

38
ब्रजकिशोर नारायण

[1]

नई दिल्ली
25-4-53

प्रिय भाई,

तुम्हारा पत्र कल मद्रास से लौटने पर मिला। मद्रास में फिल्म बोर्ड की मीटिंग थी।

यह तुम्हारा स्नेह है कि मेरा छोटा-सा सम्मान भी तुम्हें उत्साह देता है। यह फकत मेम्बरी है। सवैतनिक-अवैतनिक कुछ भी नहीं। हाँ, मीटिंग देखने पर लगा कि जवाबदेही कम नहीं है।

गोरख बाबू, मिश्र जी और कार्यीजी के बारे में तुमने जो कुछ भी लिखा, वह बहुत दुःखदायी है।

मैं आज चला, कल आओगी तुम
परसों सब संगी-साथी,
दुनिया रोती-धोती रहती
जिसको जाना है जाता है
भगवदिच्छा।

तुम्हारा
दिनकर

[2]

187, साउथ एवेन्यू
नई दिल्ली
8-9-54

प्यारे भाई,

पत्र मिला! तीन दिनों से फिल्म जाँचने के काम में बेगार पकड़ा गया हूँ। आज

पामपोश देखा। कश्मीर की छवि देखकर तबीयत लहालोट हो गई। तुम लड्डू खा रहे होगे। यहाँ लड्डू का फोटो ही नसीब है।

जवानी सौन्दर्य की लहरों पर तैरती है। सच पूछो तो तैरने की उमंग अभी मेरी भी मरी नहीं है। किन्तु, जवानी मर गई। जीवित रहती तो दौड़कर श्रीनगर नहीं जा पहुँचता? वहाँ फूलों की जो कविताएँ तुम दोनों लिख रहे होगे, उनकी कल्पना मैं कर रहा हूँ। मगर, भाई, रंग और खूशबू दोनों लाना। नहीं तो मैं माफ नहीं करूँगा। कविता की फसल खूब उपजी है न?

तुम्हारा ही
दिनकर

[3]

52, साउथ एवेन्यू, नई दिल्ली
19-2-55

प्रिय भाई,

कविताओं का चुनाव कल नहीं हो सका। द्विवेदी जी संकट में हैं कि कैसे यह चुनाव हो जाय। पन्त जी ने कविताएँ भेजीं; पर कई मित्रों ने नहीं भेजी। कुछ राय दे सकते हो कि यह काम कैसे हो?

प्रभात जी, रामदयाल, जानकीवल्लभ, रुद्र, तुम, इनकी 1953 में प्रकाशित कविताओं में जिन्हें तुम जाने योग्य समझो, उनकी प्रतिलिपियाँ मुझे भेज दो। अनुमति माँगने का काम अकादेमीवाले करेंगे। केसरी जी ने कविता भेज दी है। रामदयाल की हिमालयवाली कविता अच्छी थी। तुम्हारा क्या विचार है?

Bibliography में जो सूचना यहाँ है उसमें तुम्हारी और रुद्र की सभी पुस्तकें नहीं हैं। 1954 से पूर्व तुम्हारी और उसकी कौन पुस्तकें निकली हैं?

शेष कुशल है।

तुम्हारा ही
दिनकर

[4]

52, साउथ एवेन्यू, नई दिल्ली
15-3-55

प्रिय भाई,

7-3 का पत्र आज मिला। न जानें, क्यों। मैं न तो नाराज हूँ, न तुमने नाराजी का कोई काम किया है। दोनों पत्र मिल गए। एक तो मेरे पत्र के उत्तर में ही था।

हाँ, तुम्हारा एक पत्र बिना उत्तर के था। स्वास्थ्य ढीला हो गया है। इसलिए चूक हो जाती है। क्षमा करो। मैं 19 की शाम को पटने आ जाऊँगा। तब भेंट होगी ही। भगवान तुम्हारी यात्रा को सफल करें।

तुम्हारा ही
दिनकर

[5]

52 सा.एवेन्यू, नई दिल्ली
24-4-55

प्रिय भाई!

पत्र मिला। दरखास्त दे दो। न होगा तो रुपए बाद को भेजे भी जा सकते हैं।

कल एक दुर्घटना हो गई। हमारे बड़े भाई का एक नाती यहाँ है। कल शाम को कुछ हमउम्र लड़कों ने उसकी बाँह तोड़ डाली। चमड़ी फट गई, आर्टरी टूट गई, हड्डी निकल गई, बहुत रक्त बहा। तब से उसे लेकर हम अस्पाताल में हैं। आज डॉ. नवाब को फोन किया था। एक्सरे से ज्ञात हुआ कि सेटिंग ठीक है। उँगलियों में गति है, पर गरमी कम है। सूजन भी है। लड़का अभी तक बर्राता है। इस कष्ट-कथा के लिए क्षमा करोगे। अब पटने में तुम्हारे दर्शन जाने के पहले होंगे या नहीं, नहीं कह सकता।

भगवान तुम्हारी यात्रा सफल करें।

तुम्हारा
दिनकर

[6]

44, साउथ एवेन्यू, नई दिल्ली
14-11-55

प्रिय भाई,

निमन्त्रण बल्लातोल को भी गया था। किन्तु, वे वृद्धता के कारण नहीं जाएँगे। नैथिलीशरण जी भी बीमार हैं। अतएव, उत्तर से मैं एकाकी चला और दक्षिण से कोई गया तो गया, नहीं तो यात्रा निर्गुण रहेगी। 20 नवम्बर को तीन बजे दिन में जहाज छूटता है। आज कपड़े बनने दे दिए। मगर, अकेला जाना अच्छा नहीं लगता है। किन्तु, तुमने इतनी मालाएँ वहाँ लदवा दीं कि अब जाना ही पड़ेगा।

तुम्हारा ही
दिनकर

[7]

वारसा

29-11-55

प्रिय भाई,

वारसा मैं 24 को आया। तब से कॉन्फ्रेंसों, पार्टियों और हंगामों में व्यस्त रहा हूँ। कल शाम को यहाँ 'इंटरनेशनल इवनिंग ऑफ पोयट्री' के नाम से एक अन्तरराष्ट्रीय कवि-सम्मेलन हुआ, जिसमें 30 देशों के 44 कवियों ने भाग लिया। यहाँ सभी देशों के प्रख्यात कवि पधारे हुए हैं और वातावरण अत्यन्त भव्य है। सम्मेलन में मेरा नाम 12वें स्थान पर था। अपने देशवासियों को विश्वास दिलाने का कोई साधन मेरे पास नहीं है, किन्तु, मेरा अपना मत है कि रात का कवि-सम्मेलन भारतवर्ष के हाथ रहा। आज वारसा-यूनिवर्सिटी के एक प्रोफेसर बधाई देने को आए तो बोले–"This has been the year of India in Poland, beginning from Pandit Nehru's visit and culminating in your great poem."[1]

हुआ यह कि मैंने कुरुक्षेत्र के षष्ठ सर्ग का एक अंश पढ़ा। षष्ठ सर्ग का एक अंग्रेजी अनुवाद वाशिंगटन रहते समय रघुवंशकिशोर कपूर ने किया था। उसे छपवाकर मैं अपने साथ यहाँ ले आया हूँ और वितरित कर रहा हूँ। उसी अनुवाद से यहाँ पोलिश अनुवाद तैयार हुआ। कल मुझे प्रोफेसर ओलजियर्थ कह गए थे कि "The Polish translation of your poem has come marvellous."[2]

रात जब मैं कविता पढ़ने को उठा तो मुझ पर नशा छा गया। न जाने संस्कृतनिष्ठ हिन्दी का प्रभाव था या उस छन्द का चमत्कार! या मेरे स्वर में सरस्वती प्रविष्ट हो गई थीं! जब तक मैं कविता पढ़ता रहा, लोग आनन्द से झूमते रहे और ज्योंही पढ़ना खत्म किया कि तालियों की भयानक गड़गड़ाहट शुरू हो गई, जो देर तक चलती रही। यहाँ रूसी कवि पेट्रोनोव आए हुए हैं, जिनकी बड़ी आवभगत है। उन्होंने उठकर हाथ मिलाया। और भी कवि उठकर हाथ मिलाने लगे। बड़ी मुश्किल से जनता शान्त हुई। तब कविता का पोलिश अनुवाद यहाँ की प्रसिद्ध अभिनेत्री 'स्तरजंका' ने पढ़ा। अनुवाद खत्म होने पर तालियों का हंगामा शुरू हुआ और पूरे तीन मिनट तक चलता रहा। इंटरवल में मैं ज्योंही बाहर निकला, देश-देश के कवि मुझसे लिपटने लगे और आटोग्रॉफवालों की भीड़ जमा हो गई। आज अखबारों ने मेरा फोटो और कार्टून छापा है। कल वह इंटरव्यू छपेगा, जो अखबारवाले ले गए हैं।

संयोग ऐसा था कि मैं अकेला ही आनेवाला था। मेरी तबीयत घबराने लगी। तब मैंने राधाकृष्णन् साहब से आग्रह करके सागर निजामी को साथ कर लिया। अभी तक

---

1. पोलैंड में यह वर्ष भारत (के उत्कर्ष) का ही रहा है, जिसका आरम्भ पंडित नेहरू के शुभागमन से हुआ अन्त आपकी महान कविता से।
2. आपकी कविता का पोलैंड की भाषा में अनुवाद विस्मयजनक रूप में सफल हुआ है।

सागर भला बर्ताव कर रहे हैं। रात उनका भी काव्य-पाठ खूब जमा। उन्होंने तरन्नुम में कविता पढ़ी थी। आज यहाँ के एक अखबार ने लिखा है—"In certain parts of India poetry is still not seperated from music."[1] मगर सुयश सागर ने भी अर्जित किया है।

कल मैं वारसा-यूनिवर्सिटी गया था। वहाँ इंडिया इंस्टीट्यूट अभी-अभी कायम हुआ है। इंस्टीट्यूट को मैंने अपनी किताबें भेंट कीं, तुलसीकृत रामायण की एक प्रति दी और एक प्रति शान्तिदूत की, जिसकी प्रतियाँ तुम्हें नहीं भिजवा सका हूँ। फिर वहाँ से हमलोग चाइनीज इंस्टीट्यूट गए। वहाँ अंग्रेजी जाननेवाले छात्रों और प्रोफेसरों के सामने इंडियन पोयट्री पर एक लिखित भाषण दिया।

कल के Performance के बाद से शहर में हम लोगों की कदर बहुत बढ़ गई है। हम लोग हीरो बनकर विचर रहे हैं।

जो कुछ देख रहा हूँ, उससे विचारों की नींव पर बुरा असर पड़ रहा है। सख्ती के बिना अनुशासन नहीं, अनुशासन के बिना काम नहीं और काम के बिना प्रगति नहीं। यहाँ के कवि और कलाकार देश के सर्वश्रेष्ठ व्यक्ति हैं। वहाँ भारत में हम मिनिस्टर से भी सस्ते और आलू-कोबी से भी हीन माने जाते हैं। आकर अनुभव कहूँगा। भारतवर्ष अब भी नींद में है। उसे झकझोर चाहिए। सिविल लिबर्टी के नाम पर देश बर्बाद हो जायगा। इस दिशा में अपने यहाँ सोचने की जरूरत है। शेष कुशल है।

2-12 को हम लंदन जाएँगे। वहाँ से पेरिस, रोम, जिनेवा और कैरो रुकते हुए 11-12 तक बम्बई पहुँचेंगे।

तुम्हारा
दिनकर

[8]

कैरो-बम्बई का आकाश मार्ग
27-12-55

प्रिय भाई,

तुम्हें वारसा से लिखा हुआ मेरा पत्र मिला होगा, जिसमें अन्तरराष्ट्रीय कवि-सम्मेलन का हाल लिखा था। उस समय उत्साह में था, अतएव दिल खोलकर अपनी बड़ाई लिख गया, जिसके लिए लज्जित हूँ। किन्तु, लज्जा की वैसी कोई बात भी नहीं है। कहीं न कहीं अपना हृदय खोलकर चित्त को शान्ति मिलती है।

वारसा से मैं क्रैकोव गया और वहाँ से पोजनन। दोनों नगरों के साहित्यिकों ने मेरा निश्छल स्वागत किया और दोनों नगरों में मैंने भारतीय संस्कृति पर भाषण दिए।

1. भारत के कई भागों में कविता आज भी संगीत से पृथक् नहीं हुई है।

पोजनन से वारसा 6/12 को लौटा। वहाँ बर्लिन रेडियो का आदमी टॉक लेने आया था। मैंने भारतीय कविता पर टॉक दिया, जो 22/12 को ब्राडकास्ट हुआ होगा। वारसा से 8/12 को मैं लन्दन के लिए रवाना हुआ। रास्ते में प्राग देखा और रात में उड़ान के स्थगित हो जाने के कारण ब्रुसल्स में ठहरा। ब्रुसल्स छोटा-सा पेरिस है। 9/12 को लन्दन पहुँचा और वहाँ 14/12 तक रहा। वीरेन्द्र बराबर साथ रहा तथा ओमप्रकाश ने भी काफी सेवा की। किरण और आलेहसन भी साथ रहे और उन्होंने B. B. C. के लिए कई प्रोग्राम लिए। हिन्दी परिषद की भी सभा हुई, जो तीन-चार घंटे चलती रही।

15 को मैं लन्दन से जिनेवा आया और 17 की रात में वहाँ से ट्रेन से पेरिस गया। 21 को ट्रेन से ही पेरिस से फिर जिनेवा आया और 22 को जिनेवा से उड़ गया। रोम उतरने का प्रोग्राम था किन्तु कुछ तो थकावट से और कुछ अन्य कारणों से रोम नहीं उतरा। सीधे कैरो चला आया। आज कैरो से बम्बई जा रहा हूँ। दिल्ली 30/31 तक पहुँचूँगा और पटना 7/1 तक। पटना चलने के पूर्व तुम्हें तार दे दूँगा। लेकिन, उसके पूर्व तुम भी नीचे लिखे पते पर मुझे एक पत्र लिखो—

55, South Avenue, New Delhi

शेष कुशल है। कैरो रेडियो ने भी दो इन्टरव्यू और एक वार्ता ली है। वार्ता कि विषय है—Composite culture of India and the Arab contact.

वे लोग भारत में भी घोषणा करेंगे कि ब्राडकास्ट कब होगा।

यूरोप देखने के बाद प्रजा सत्ता और वैयक्तिक स्वातन्त्र्य के विषय में मेरा विश्वास बढ़ गया है। पोलैंड में जो धक्का लगा था, वह क्षणिक निकला। यह भी हुआ कि जिनेवा से आते समय जहाज कैरो में नहीं उतर सका। अतएव, वह लेबनान की राजधानी Beirut चला गया। वहाँ हम लोग 20 घंटे रहे। एक देश बिना विजा के ही देख लिया।

तुम्हारा
दिनकर

[9]

52, साउथ एवेन्यू, नई दिल्ली
6-9-56

प्रिय भाई,

तुम्हारा 4-9 का पत्र आज मिला। चोरी कुछ खास नहीं हुई है, चोर केवल दो जोड़े जूते ले गया, जो चालीस पचास रु. के रहे होंगे। और उसकी उदारता देखो कि एक जोड़ा नया बूट उसने छोड़ भी दिया। कागज-पत्र और कपड़े उलटा-पुलटा कर,

छींट-छाँट कर छोड़ गया था। कागज या किताबें गायब न हुईं। यह परमात्मा की कृपा है। किन्तु, चार ताले तोड़े उसने। अब तक कुछ भी पता न चल सका है कि चोरी क्यों की गई।

मधुमय के विषय में छुरछुरीवाली बात पर लज्जित मत करो। मैंने जो रिमार्क किया होगा, उसके बाहरी रूप पर किया होगा। इस शब्द का प्रयोग मैं मिलते-जुलते कई अर्थों में करता हूँ और सभी अर्थ अहिंसक होते हैं। उस पर मेरी लिखित सम्मति ही मेरी सुचिन्तित और निष्पक्ष सम्मति है।

'रीता' की प्रति अभी वहीं रखो। 30 तक ले लूँगा और कुछ न कुछ करूँगा भी।

यात्रा विवरण का एकाध अध्याय भेज दो, जिसे दिखलाकर बातें की जा सकें। वैसे तो बातें उड़ी-पुड़ी हो जाएँगी।

मेरा हाल यह है कि आतें ही चक्रवाल के लिए एक लम्बी भूमिका लिखने में लगा। किन्तु, वह काम आगे नहीं बढ़ सका। मित्र आते रहे, वह अलग बात है। किन्तु, कितने ही अप्रिय काम इस समय आ पड़े। Hindi Examination Committee में युद्ध करना पड़ा, कॉपीराइट बिल की प्रवरसमिति में अकेले जूझना पड़ रहा है। और प्रतिपक्षी हैं काका साहेब कालेलकर जो सरकार के इस प्रस्ताव को आगे बढ़ा ले जाना चाहते हैं कि कॉपीराइट की अवधि 50 से घटाकर 25 वर्ष कर दी जाय। और लेखक इस विपत्ति के समय भी सजग नहीं हैं।

मानो, ये विपत्तियाँ कम नहीं रही हों इसलिए देश भर के शिक्षामन्त्रियों के सम्मेलन में पूज्यवर पंडित जी ने ऐसा भाषण दे दिया, जो भारतीय भाषाओं और विशेषतः हिन्दी के विरुद्ध पड़ता है। और शिक्षामन्त्रियों ने (शायद मौलाना साहब के दबाव में पड़कर) एक ऐसा निश्चय कर लिया है, जो अगर काम में लाया जाए तो उन विश्वविद्यालयों को फिर से अंग्रेजी माध्यम से पढ़ाने को विवश होना पड़ेगा जो अंग्रेजी छोड़कर अभी हिन्दी माध्यम से चल रहे हैं। यदि ऐसा हुआ तो दिल्ली से देवघर तक के नौजवानों का भविष्य अन्धकारमय हो जाएगा। मैं क्षण-क्षण इस चिन्ता से मरा जा रहा हूँ। यह अत्युक्ति नहीं, वर्तमान परिस्थितियों का शाप होने के कारण सत्य है। मिलने पर बताऊँगा।

और कल रात नवीन जी बीमार हो गए हैं। उनके बाएँ अंग में पक्षाघात के लक्षण प्रकट हो रहे हैं। वे अब अस्पताल में हैं। वहीं से आने पर तुम्हारा पत्र मिला और पत्र लिखकर फिर उन्हीं के पास जा रहा हूँ।

अपनी कहानी भी लिखनी है तुम्हें। मैं प्रकाशन अपने हाथ में लूँगा। मगर, यह कहानी मिलने पर। लम्बी कथा है। गरीब के लिए सुयश विष है। विष सभा दारिद्रस्य।

तुम्हारा
दिनकर

[10]

52, साउथ एवेन्यू, नई दिल्ली
12-11-56

प्रिय भाई,

तुम्हारा 9/11 का पत्र आज मिला। रीता का स्वागत हो रहा है, यह मेरे लिए हार्दिक सुख की बात है। ठीक वही आनन्द मिलता है, जो अपनी पुस्तक के स्वागत से मिलता। भगवान ने तुम्हें शक्ति दी है। कथा साहित्य को कुछ दे डालो। 'हँसी-खुशी' पर पुस्तक के लिए बधाई। मेरा खयाल है, रीता भी पीछे नहीं रहेगी। रीता बहुत बढ़िया उतरी।

मैं 20 को कलकत्ते जा रहा हूँ। तभी 'चक्रवाल' प्रकाशित हो जायगा। 'उजली आग' के पहले फरमे का प्रूफ मैंने देखकर भेज दिया है। यहाँ दिल्ली आने पर समय बचाना मुश्किल हो जाता है। जो साहित्यिक दिल्ली आ बसता है, उसका दिल्ली-वास हो जाता है ऐसा अज्ञेय जी का मत है। और यह सत्य भी है।

तुम्हारा
दिनकर

[11]

नई दिल्ली
19-9-58

प्यारे भाई,

'नारायणी' का नवीन संस्करण अच्छा निकला। इस संस्करण में किताब जँचती है। पहली कविता पहले स्थान के लायक मुझे नहीं लगी। अतुकान्त कविताओं में काव्यरस खूब सघन है। मैं 6 अक्तूबर को पटने पहुँचूँगा।

तुम्हारा
दिनकर

[12]

52, साउथ एवेन्यू, नई दिल्ली
24-6-59

प्रिय भाई,

गृहस्थी के चक्कर में पड़ जाने पर मनुष्य का बौद्धिक स्तर प्रायः छूट ही जाता है। पिछले महीने मेरी यही अवस्था थी। आया तो यहाँ भी गृहस्थी के ही प्रसंग में

किन्तु कुछ यह लोभ भी अवश्य था कि एकान्त में पुस्तकों की दुनिया में रहकर अपना सन्तुलन ठीक कर लूँगा। उसमें कुछ कृतकार्य भी हुआ कि 17 जून को अचानक राष्ट्रकवि श्री गुप्त जी भयानक रूप से बीमार होकर दिल्ली चले आए। उनकी किडनी ने काम करना बिलकुल बन्द कर दिया था। हम लोग बिलकुल अब-तब की अवस्था में थे। एक दिन तो मैं सारा दिन दौड़ता रहा। भगवान की कृपा कि 72 घंटे तक रुके रहने के बाद पेशाब 18 की शाम को जारी हो गया। अब वे बहुत अच्छे हैं। दो-चार दिनों में अस्पताल से आ जाएँगे।

सेठ जी की पुस्तकों की रिव्यू मिली। तुमने मेरा बोझ हलका कर दिया। धन्यवाद।

लोगों को फारम मिले या नहीं, पता चले तो लिखोगे। बाकी यह काम अब बन्द ही रहे।

मैं इधर धर्म और विज्ञान के विषय में अपना दिमाग साफ करने में लगा हुआ हूँ। बहुत-सी ऐसी जानकारी सामने आई जो पहले अज्ञात थी। शायद कुछ लिखूँगा भी।

मामा वरेरकर जिद किए हुए हैं कि 28 को डलहौजी चलो। यह ठंडा मुकाम पठानकोट से 50 मील दूर काँगरा की ओर है। अगर गया तो दिल्ली से दो-एक सप्ताह अनुपस्थित रहूँगा। शेष सब कुशल है। नई धारा का जो अंक तुमने भेजा वह मिल गया और तभी मैंने उपन्यास की भूमिका भी पढ़ ली थी।

तुम्हारा
दिनकर

[13]

52, साउथ एवेन्यू
नई दिल्ली
30-11-59

प्रिय भाई,
आज तुम्हारे दो कार्ड एक साथ मिले। एक पहले भी आया था।

हाँ तुम्हारा नाम मैंने ही मद्रास भेजा है। और भी कई नाम भेजे थे, प्रभात जी, नलिन जी, सुधांशुजी, बेनीपुरी, ब्रजशंकर आदि के। प्रभात जी को मैंने लिखा भी है कि वे मद्रास जाएँ। मेरे लिए भी उन लोगों का बड़ा जोर है और मैं चाहता भी हूँ कि जाऊँ। किन्तु, मैं तो भटमहा आदमी हूँ। ऐन वक्त पर बाधा पड़ जा सकती है।

कल मैंने फिर मद्रासवालों को लिखा है कि वे डॉक्टर रघुवीर को अवश्य बुलाएँ। वहाँ Adequacy of Indian Languages for Science and Modern Thought भी एक विषय है, जिस पर विचार होगा। लेकिन, रघुवीर न गए तो विषय को वहाँ साफ

कौन करेगा? अंग्रेजी के पक्षपातियों का एकांगी दृष्टिकोण तो तुम समझते ही हो। हमलोगों के भी प्रतिनिधि वहाँ जाएँ, इसमें देश और हिन्दी का हित है। लेकिन खर्च तो है। अपनी जेब देख लोगे। प्रभात जी को भी यही लिखा है।

तुम्हारा
दिनकर

[14]

52, साउथ एवेन्यू
नई दिल्ली
18-12-59

प्रिय भाई,

तुम्हारा दुःखदायी पत्र कल शाम को मिला। किडनी में कोई फ्रैक्चर है क्या? चिन्ता से मैं काँप उठा हूँ। भगवान करें कि तुम्हारे दूसरे पत्र में यह सम्वाद हो कि बीमारी मामूली-सी है और वह शीघ्र छूट जायगी।

बीमार तो मैं भी हूँ। पेट का दर्द चल ही रहा है। इलाज शुरू हो गया है। 23 को मेरा भी एक्स-रे होगा। किन्तु, तुम्हारी बीमारी से इतना चिन्तित हो उठा हूँ कि अपनी बीमारी भूल गई है। कृपया दूसरा पत्र शीघ्र भेजो।

बधाई का भी तुम्हारा पत्र मिल गया था। ठीक उसी समय एक सज्जन ने एक ताना लिख भेजा। ताना क्या, तुम्हारी चुगली थी। पस्त होकर मैंने दोनों में से किसी पत्र का उत्तर नहीं दिया।

किन्तु, ये सब बातें बाद में होंगी। अभी इतना ही। पत्र लिखो कि तुम्हारा हाल क्या है।

तुम्हारा
दिनकर

[15]

11, कैनिंग लेन, नई दिल्ली
1-9-60

प्रिय भाई,

परसों का पत्र मिला। तुम तत्पर हो, यह जानकर अनुगृहीत हुआ। यही बन्धुत्व है। राजद्वारे श्मशाने च यः तिष्ठति स बान्धवः। तुम दोनों कसौटियों पर ठीक रहोगे, ऐसी आशा है।

पैरवी में तुम तीन ओ वाले फूल हो, यह आत्मज्ञान तुम्हें हो गया। लेकिन, यही गुण यदि मेरे पक्ष में मापा जाय तो एक ओ और लगाना होगा।

सस्नेह
दिनकर

[16]

11, कैनिंग लेन
नई दिल्ली
16-4-61

प्रिय भाई,

आज यहाँ आते ही तुम्हारा पत्र मिला। कल और परसों चेहरा तो देख ही चुका था। चिन्ता हुई कि तुम कठिनाई में हो।

समय से पेट यदि रोज स्वयमेव साफ हो जाय तो सभी अंगों को लाभ होता है और चेतना को भी। मैं स्वयं इस मामले में 27 जनवरी से अच्छा चल रहा था। बस, 12 अप्रैल से कुछ गड़बड़ी शुरू हो गई है और उसी अनुपात में चेतना पर भी प्रभाव पड़ा है। इसलिए, मेरा खयाल है, पेट की सफाई पर ध्यान दो। बेल का गूदा 2-3 तोला खाया करो। फल तो देर से आता है, किन्तु, वह स्थायी होता है। स्वानुभूत प्रयोग लिखता हूँ।

किन्तु, कुछ सफाई मन की भी होनी चाहिए। जिस काम से आत्मा तुष्ट रहे, उसी से चेतना भी स्वच्छ रहती है। पुरानी बातों में बड़ा बल है। ईर्ष्या, द्वेष, निन्दा सुनने या करने की प्रवृत्ति, क्रोध और लोभ, इन्हें वश में लाना कठिन होता है। किन्तु कोशिश करने से कुछ सफलता भी जरूर मिलती है, ऐसा मेरा अपना अनुभव है। मैं तो विशेषतः क्रोध से ही हारता हूँ। लेकिन, संघर्ष जारी है।

नवम्बर-दिसम्बर की बीमारी के बाद मैंने अपने मन को विशेष रूप से स्वच्छ बनाने की कोशिश की है और उसका प्रभाव मेरे स्वास्थ्य के लिए हितकारी सिद्ध हुआ है। हर आदमी के कुछ अपने सवाल होते हैं, किन्तु, साहित्यधर्मी होने के कारण इस दोनों में कुछ समानता जरूर होनी चाहिए। इसलिए कुछ थोड़ी बातें तुम्हारी जानकारी के लिए लिख देता हूँ।

हाल में मैंने अपने को ये हिदायतें दी हैं।

सुयश के पीछे नहीं दौड़ना; धन के पीछे भी नहीं दौड़ना। जो मिला सो मेरा, जो नहीं मिला, वह किसी अन्य अधिकारी मानव-बन्धु का है।

दोस्ती में मर्द अच्छे होते हैं, औरतें निकृष्ट होती हैं। मर्दों की दोस्ती का भरोसा रखना।

दोस्त से दोस्त के समान, मुलाकाती से मुलाकाती के समान मिलना।

ऐसा काम नहीं करना जिसे छिपाने की जरूरत हो। ऐसे किस्से नहीं जानना जिनकी जानकारी से कोई जवाबदेही आती हो।

Loyalty is the greatest attribute of man, इसका खुद निर्वाह करना और दोस्तों से केवल इतनी ही सी चीज की माँग करना। इससे जीवन में शान्ति मिलती है।

यदि ईश्वर में तुम्हारा विश्वास हो तो कोई नाम जपना शुरू कर दो। मैं कई नाम जपता हूँ। इधर हाल में एक जाप यह भी शुरू किया है–

श्रीकृष्ण! गोविन्द! हरे! मुरारे! हे नाथ! नारायण! वासुदेव!

'रामचरित मानस' का पाठ भी नियमित रूप से करो।

ऐसा भी हो सकता है कि तुम समझो, भैया थक गए और मुझे भी थकावट की ओर खींच रहे हैं

भगवान करें कि तुम कभी नहीं थको किन्तु शान्ति का स्थान थकावट के स्थान से अधिक दूर नहीं होता। गरीबी में जन्म लेकर प्रतिकूल परिस्थितियों से जूझते हुए पुरुषार्थ के कुछ थोड़े करतब मैंने भी दिखाए हैं। किन्तु, नारायण! अब साफ देखता हूँ कि सबसे बड़े पुरुषार्थ का नाम आत्मसमर्पण है। No warrior van achieve a greater conquest than unconditionally surrendering himself to the will of God. सब शोकों को एक नाम है क्षमा, हृदय विचलित मत होना। ईर्ष्या, द्वेष, आलोचना, व्यंग्य, कुत्सा, कलंक, लोभ और काम, इन्हें पीठ दिखाकर यदि शान्ति पा सकूँ तो मैं हारता नहीं, विजय ही प्राप्त करता हूँ।

पत्राचार द्वारा आपस में हम एक-दूसरे की थोड़ी सहायता जरूर कर सकते हैं। इससे हृदय का भार भी हलका होता है।

तुम्हारा
दिनकर

[17]

11, कैनिंग लेन
नई दिल्ली
30-12-61

प्रिय भाई,

सचमुच, तुम्हारे कई पत्र आए, किन्तु, मैं उत्तर नहीं दे सका। सन्देश तो कई दिन पहले ही भेज चुका हूँ। तब आज उत्तर देने का साहस पाया है।

पटने से कलकत्ते गया था। वहाँ से वापस होते ही देश-सेवा के कार्य (यानी स्वर्गीय सरदार पटेल की पुण्य-तिथि पर श्रद्धांजलि अर्पित करने को) अहमदाबाद भेज दिया गया। गया तो A/C से लेकिन, मेरा डब्बा चक्के पर था सो हडिड्याँ अठी-अठी चौंसठ का पहाड़ा पढ़ते-पढ़ते बेतरह झकझोर खा गईं। अहमदाबाद पहुँचा तब पीठ में दर्द होने लगा। लौटकर यहाँ आया तब दर्द छाती में समा गया। अब आगे की चिन्ता की तुम कल्पना कर सकते हो। अब तबीयत सुधर गई है, लेकिन अभी दस दिन और मैं यात्रा पर नहीं निकल सकता। कांग्रेस के महाधिवेशन को भी यहीं से प्रणाम कर रहा हूँ।

तुम्हारा
दिनकर

[18]

जनवाणी प्रेस,
कलकत्ता
7-1-63

भाई मेरे!

खुश रहो, बढ़ो, फूलो-फलो और समाज की सेवा में लगे रहो। रोम-रोम से तुम्हारे लिए आशीर्वाद ध्वनित होता है।

कई दिन पूर्व दिल्ली से एक पत्र मिला, जिसमें तुम्हारी निर्भीकता की भूरि-भूरि प्रशंसा थी। लिखनेवाले ने लिखा था "आपके मित्र नारायणजी...हम सबको उनके लिए बड़ा गर्व हुआ।" सचमुच तुम मेरे मित्र हो, भाई हो, सखा हो, सहचर हो, समधर्मा और बन्धु हो। मुझे भी गर्व है कि तुम मेरे भाई हो। अब तो 15-16 तक पटने आकर तुमसे तुरन्त मिलना है।

वह कविता बढ़ते-बढ़ते 546 पंक्तियों पर जाकर खत्म हुई। इसका कुछ श्रेय तुम्हें भी है क्योंकि तुमने उसका अंश अश्रु-विगलित होकर सुना था। मैं भी उस अंश की रचना के समय खूब रोया था। अनुभव जब कवि में उत्पन्न होते हैं तब उन्हें सहृदय में भी प्रकट होना ही चाहिए। यह चमत्कार कई बार देखा था। इस बार भी वह देखने को मिला। संग्रह कोई 80 पृष्ठों का होगा। जैसे पुराण 18 और गीता 18 अध्याय है। वैसे ही, जान-बूझकर मैंने भी 18 कविताएँ डाल दी हैं, 15 नई और 3 पुरानी।

शेष कुशल है। आज ही फुरसत मिली। अतएव, आज से पूर्व पत्र नहीं लिख सका। प्रभात जी को नमो नमः कहना।

तुम्हारा
दिनकर

[19]

11, कैनिंग लेन
नई दिल्ली
25-7-63

प्रिय भाई,

कल दिल्ली पहुँचने पर तुम्हारा पत्र मिला। उस दिन मैं पौने छह बजे से ही बोगी में आकर बैठा था। पता नहीं, तुम्हें गलत खबर कैसे पहुँच गई।

तुम्हारा कहना ठीक है कि गलतियाँ मुझसे हुई होंगी। यह भी मानता हूँ कि

परिवार के लिए मैं उससे अधिक मोह में पड़ा रहा हूँ, जितना जरूरी था। लेकिन, क्या करूँ? जिसके क्रोध की लपट से बचने को घर से भाग गया उसी के लिए चिन्ता करता हुआ भटक रहा हूँ। उस चांडाल का चेहरा मन से उतरता ही नहीं।

मद्रास में मुझे डिसेंट्री हो गई। उसी हालत में हैदराबाद पहुँचा। वहाँ का कार्यक्रम पूरा करके परसों रात दिल्ली पहुँचा हूँ। बच्चन जी भी हैदराबाद गए थे। हम दोनों साथ ही वापस आए हैं।

आगे क्या होगा, इसका मुझे ठीक-ठीक पता नहीं है क्योंकि कोई भी योजना चलती दिखाई नहीं देती है। विपद की बात यह है कि इस साल बेटी का ब्याह नहीं हो सका और घर में जो नई बहू आई, उसके बसने में कठिनाई उत्पन्न हो गई। अब विनष्ट हो जाने में ही कल्याण है।

तुम्हारा
दिनकर

[20]

नई दिल्ली
7-8-63

प्रिय भाई,

तुम्हारा कार्ड मिला। 13 को संसद का आरम्भ है। उस दिन तो अवश्य रहूँगा। किन्तु, बहुत सम्भव है कि 14 को 10-12 दिनों के लिए हैदराबाद चला जाऊँ। उसके तुरन्त बाद कहीं न कहीं विदेश जाने का विचार है। घर छोड़ने का शॉक अब समाप्त है। मैं अनिकेतन हो गया, इस स्थिति से reconciled हो चुका हूँ। सिर्फ जनवाणी के कर्ज का भार गर्दन तोड़ रहा है। 'संस्कृति के चार अध्याय' का कॉपीराइट बेचना जरूरी-सा लगता है। मगर, लोग गरजू समझकर कम दाम देने की मुद्रा में बात करते हैं। एक कोई चीज है जिसके निकल जाने से आदमी गोबर हो जाता है। Authority forgets a dying king. मैं तो मामूली मनुष्य हठरा। कर्ज उतर जाय तो दिमाग भी ताजा हो जाएगा। अब किससे क्या लेना? अन्तहु तोहि तजेंगे पार, तू न तजत अब ही तो।

तुम्हारा
दिनकर

[21]

11, कैनिंग लेन
नई दिल्ली
24-9-63

प्रिय भाई,

आज 'धर्मयुग' में तुम्हारा लेख देखा। पारिवारिक बातों को छोड़ गए होते, वही अच्छा होता। बेकार अनेक लोग मुझसे दरियाफ्त करेंगे। बैंक फेल कर गया, नाव डूब गई, सर्वस्व स्वाहा हो गया। यही न? चलो, भगवान ने मेरी गलती ही पोंछ दी। चरणों की धूल दो कि बेटी और भतीजी के विवाह इस साल हो जाएँ। फिर मैं कहीं से भी अधीन नहीं रहूँगा।

कबिरा मैं का चिन्तऊँ मम चिन्ते का होइ,
चिन्ता मेरी हरि करें, चिन्ता मोहि न कोइ।

माखनलाल जी का लेख पढ़ा न? ऐसी निश्छल प्रशंसा हिन्दी में बहुत दिनों के बाद छपी है। आज मैं अपना सब दुःख भूल गया।

इधर 10-12 नई कविताएँ लिखी हैं। लारेंस की 25-30 कविताओं का अनुवाद भी किया है। दो काव्य-संग्रह छपवाने की बात है।

Poems and Parables पर काम जारी है, मगर, मेरा नहीं, उस्तादों का।

तुम्हारे भाई को दो दिन फोन किया, मगर, वह आया नहीं।

समय निकालकर मेरे लिए एक मिनट प्रार्थना किया करो।

तुम्हारा
दिनकर

[22]

नई दिल्ली
4 अक्टूबर, 1965

प्रिय भाई,

तुम्हारा 28 सितम्बर का पत्र मिला। सतत साहित्य साधना के लिए बधाई देता हूँ।

प्रभात जी के बारे में तुम्हारा लेख साप्ताहिक 'हिन्दुस्तान' में देखा। तुम उनका कुशल समाचार लिखने की कृपा करो। वैसे प्रभात जी को मैंने भी पत्र लिखा है। उनके विषय में चिन्ता लगी हुई है।

तुम्हारा
दिनकर

[23]

2, साउथ एवेन्यू, नई दिल्ली
4 अक्टूबर, 1966

प्रिय भाई,

तुम्हारा 30 सितम्बर का पत्र परसों मिला। बधाई के लिए धन्यवाद।

पहले ज्योतिषी ने गणना करके मेरी जन्मतिथि 30 सितम्बर, 1908 बताई थी। फिर श्री रामलोचन जी पांडेय ने मेरी माताजी से भेंट की और मेरी जन्मतिथि 30 के बदले 23 सितम्बर कर दी। अब यही तिथि मैं भी स्वीकार करता हूँ। पंच कहें सो ही ठीक है।

मैंने 59वें वर्ष में प्रवेश किया है। मित्र अभी भी मुझसे बड़ी सेवाओं की उम्मीद करते हैं सो क्या तर्कसम्मत है?

बुढ़ापा नातवानी ला रहा है।
जमाना जिन्दगी का जा रहा है।
किया क्या, और आगे क्या करेगा?
आखिरी वक्त दौड़ा आ रहा है।

अब मैं अतीत हो चला। भगवान तुम लोगों को बढ़ाएँ और काम करने का सुयोग दे।

तुम्हारा
दिनकर

[24]

2, साउथ एवेन्यू लेन, नई दिल्ली
10-2-67

प्रिय भाई,

तुम्हारे 30 सितम्बर के पत्र का उत्तर गया था। संयोग से कॉपी मौजूद थी, उसे भेज रहा हूँ।

खब्तुलहवास और नेपाल की झलकियाँ देख गया। यात्रा-विवरण उच्च कोटि का तुमने लिखा है। काफी पसन्द आया। बधाई देता हूँ। खब्तुलहवास की जिन्दगी तुम्हारी जिन्दगी में इस तरह समा गई है कि वह अपने मुख से तुम्हारी ही आत्म-कथा कहता है।

अन्त में शेष कुशल है, लिखना चाहता था। मगर वह है नहीं। भगवान तुम्हें बढ़ाएँ।

तुम्हारा
दिनकर

[25]

5, सफदरजंग लेन, नई दिल्ली
4-6-67

प्रिय भाई,
पत्र मिला। कतरनें लौटा रहा हूँ।

मैं 8 से 11 जून तक पटने रहूँगा। फिर 12 को चल दूँगा बाल-बच्चों के साथ।

इस बूढ़े बैल को जीवन की सन्ध्या में भी फुरसत नहीं मिली। हमसे अच्छे रहे सदके में उतरनेवाले।

तुम्हारा
दिनकर

[26]

5, सफदरजंग लेन, नई दिल्ली
23-9-67

प्रिय भाई,

जन्मदिन की बधाई का पत्र मिला और आज ही मेरा जन्मदिन है। तुमने पिछले साल के पत्र की बात याद रखी। धन्यवाद।

तुमने छठी संज्ञा की बात लिखी है, मगर यहाँ तो पाँच में से ही दो-एक गायब हो रही है।

राजेन्द्रनगर में मेरा घर डूबा हुआ है। कभी 24399 पर पूछकर केदार की खबर लेना।

तुम्हारा
दिनकर

[27]

5, सफदरजंग लेन
नई दिल्ली
1-11-1968

प्रिय भाई,

मैं आज ही पटने से लौटा हूँ। लौटते ही डाक में तुम्हारा कार्ड मिला। पढ़कर स्तब्ध रह गया। तुमने कार्ड 22 अक्तूबर को डाला है, मैं 23 अक्तूबर को यहाँ से पटने चला गया। 24 से 30 तक पटने ही था, मगर किसी ने भी मुझे यह नहीं बताया

कि तुम बीमार हो। तुम्हारी खबर जानने को दो बार हुंकार प्रेस में फोन भी किया, मगर किसी ने उठाया ही नहीं। ईश्वर को लाख धन्यवाद कि तुम संकट से उबर गए। तुम तेजस्वी हो, मनस्वी हो, सर्वहितकामी और वीर हो। भगवान करें कि तुम शीघ्र से शीघ्र पूर्ण स्वास्थ्य लाभ करो और बहुत दिन जीवित रहकर साहित्य की सेवा करते रहो।

अचानक तुम्हें चक्कर आ गया, इसके मानी ये हैं कि तुम अपने रक्तचाप पर नजर नहीं रखते हो। धुनी हुए बिना कोई काम हो नहीं पाता और धुनी जीवन का यही शाप है कि वह अपनी ओर से बेखबर हो जाता है।

जिस समय तुम बीमार हुए उस समय तुम व्यस्त थे या नहीं, नहीं जानता। किन्तु हम लोग जब पिछली बार मिले थे, उस समय तुम काफी व्यस्त थे। नेपाल के सिलसिले में तुमने जो काम किया, वह एक व्यक्ति का नहीं, संस्था का काम था। उसमें तुम्हें सफलता भी बड़ी भारी मिली थी। अब वैसे बड़े काम में तुम्हें नहीं पड़ना चाहिए।

मैं अपनी मेडिकल पोथी पटने ले गया था कि श्रीनिवास जी को दिखा सकूँ। लेकिन, स्वास्थ्य दिखाने का वक्त नहीं निकाल सका। उनसे मिला होता तो तुमसे मिलना हो ही गया होता।

इन दिनों मेरा सारा समय लड़का ढूँढ़ने में जा रहा है। मेरा अवतार ही कन्यादान के लिए हुआ है।

श्री माँ से प्रार्थना करता हूँ कि तुम शीघ्र स्वस्थ हो जाओ।

तुम्हारा
दिनकर

[28]

5, सफदरजंग लेन
नई दिल्ली
11-11-68

प्रिय भाई,

तुम्हारा 5/11 का पत्र आज मिला। कल मैं एक सप्ताह के बाद राजस्थान से लौटा हूँ। शरीर चकनाचूर है। फिर भी 13 को उज्जैन जाना है। सुमन जी ने लिखा है कि मेरा नहीं आना उनकी अवमानना का प्रतीक है। सो जाना पड़ेगा। लौटकर आने पर यात्राएँ बन्द कर दूँगा। मेरा हाल भीतर से खराब है। 'करती हुई युद्ध रोगों से देह हारती जाती है।'

तुमने जो कुछ लिखा है, उसकी थोड़ी-बहुत कल्पना मैंने की थी। आशा है, जैसे मैं यात्रा छोड़ना चाहता हूँ वैसे ही तुम भी थकान से दूर रहोगे।

हिन्दी की मेरी दो किताबें कई मास पूर्व निकली थीं। भेज नहीं सका हूँ। अभी एक किताब अंग्रेजी में निकली है, Reflections on Man and Things.

कविता का बल्व फ्यूज हो गया। गद्य लिखता रहता हूँ। जहाँ-तहाँ देखते ही होगे। नेपाल पर कोई भी पुस्तक नहीं मिली है।

भगवान तुम्हें चिरायु करें।

तुम्हारा
दिनकर

39
भारतभूषण अग्रवाल

आर्यकुमार रोड, पटना-4
30-10-60

प्रिय भारतभूषण जी,

हंसकुमार और भवानीप्रसाद द्वारा किए गए अनुवादों की पांडुलिपियाँ मिलीं। मैं उन्हें सादर वापस कर रहा हूँ। कारण, योग्यता का अभाव तो है ही, अभी स्वास्थ्य तथा समय का भी अभाव है। यह काम आप किसी और को दे दें। श्री मन्मथनाथ गुप्त और उनकी पत्नी श्रीमती माया गुप्ता, ये दोनों मिलकर अथवा उनमें से कोई एक इसे जाँच दे तो जँचवा लीजिए। हाँ, कुछ मानदेय का खर्च पड़ेगा। वे लोग इस काम को बखूबी अंजाम दे सकते हैं।

एक सुझाव और देता हूँ। पटने के श्री ओमप्रकाश आर्य जर्मन अच्छी जानते हैं, वैसे रूसी में भी उनका प्रवेश है। अनुवाद के काम में उन्हें भी साथ लेना चाहिए। उनका पता है–

श्री ओमप्रकाश आर्य,
फ्लैट नं. 32
राजेन्द्रनगर, पटना

आपका
रामधारी सिंह 'दिनकर'

40

मथुराप्रसाद मिश्र

[1]

Simaria
1-1-42

My dear Mathura Babu,

I hope you know the bearer, Babu Shiva Kumar Sharma who is my nephew and who has met you many times with me. He is going to you for some urgent piece of work and I hope that you will simplify his difficulties as far as you can. This is my own work and you have to do it with all care and alertness.

Yours sincerely,
Dinkar

[2]

लन्दन
13-11-55

प्रिय मथुरा,

मैं यहाँ आ गया। जहाज कैरो, रोम और जेनेवा रुका था। यहाँ 7॥ बजे शाम को पहुँचा जब मेरी घड़ी में रात का एक बजा था। लन्दन का जो दृश्य ऊपर से देखा, वह अतीव सुन्दर था। शहर बहुत बड़ा है। इतना बड़ा कि अभी हम हवाईअड्डे से 22 मील दूर के होटल में ठहरे हैं, जहाँ से 6 बजे भोर तक फिर हवाईअड्डे पर पहुँच जाना है। रात के अभी 11॥ बजे हैं।

सागर साहब मेरी गार्जियनी ठीक से नहीं कर सकेंगे। जहाज में आज उन्होंने अपना मफलर खो दिया और अभी उनकी अटैची मोटर में ही छूट गई। हवाई अड्डे पर से एक लड़की ने फोन किया है कि अटैची है। वह बेचारी भेज रही होगी। और सागर जगे-जगाए बैठे हैं।

यात्रा के कष्ट ठीक से झेल गया हूँ। किन्तु भोजन से अभी से अरुचि हो रही है।

This is a land of active people. They will devour us if we do not learn to work hard in India. It is no use criticising Europe. Europe is worshipping the God of work. We are meditating on the meaning of work–कर्मण्येवा... This is all humbug.

मगर ठीक बात तो कुछ देखने पर सूझेगी। कपूर साहब को पत्र सुना दो और नमस्कार कहो। सागर साहब सबको सलाम कहते हैं।

तुम्हारा

रामधारी

41
श्री मन्मथनाथ गुप्त

[1]

45, साउथ एवेन्यू
नई दिल्ली
12-12-53

प्रियवर,

आर्टिस्ट महोदय ने डिजाइन अब तक नहीं दिया। मैं तो बड़ी झंझट में फँस गया हूँ। पटनेवालों को लिख दिया कि आप निश्चिन्त हो जाएँ और यहाँ मित्रवर कलाकार ही निश्चिन्त हो गए। 14 तारीख को डिजाइन मुझे अवश्य-अवश्य मिल जाना चाहिए।

आपका
दिनकर

[2]

चौधरी टोला, पटना
2-1-55

प्रिय मन्मथ बाबू,

आपके दोनों पत्र मिले। बातें नोट कर ली हैं। 'सरिता' मेरे पास नहीं आई है। एक प्रति भिजवा दीजिए। 'योगी' में उस लेख को उद्धृत करवा सकता हूँ। सरितावालों से अनुमति भिजवा देंगे।

पांडुलिपियों के खो जाने से मैं तो गहरे शोक में पड़ गया हूँ।

कलकत्तावाले भाषण की एक प्रति भिजवा दी है। मिली होगी।

शेष कुशल है।

आपका
दिनकर

[3]

चौधरी टोला, पटना-6
15-1-55

प्रिय मन्मथ बाबू,

पत्र मिला। सरिता भी मिली। योगी, शायद, छापेगा। आपका अकादेमी वाला विवरण कृपलानी को भेज दिया। उन्हें मिल भी गया है। नीलकुसुम की प्रति शीघ्र भिजवा रहा हूँ। आशा है, मायाजी आ गई हैं। और आप लोग सानन्द हैं।

आपका
दिनकर

[4]

जिनेवा-रोम के बीच का आकाश-मार्ग
22-12-55 (सायं काल)

प्रिय मन्मथ बाबू,

रोम की यात्रा स्थगित कर दी। लन्दन, जिनेवा और पेरिस देखकर अब सीधे कैरो जा रहा हूँ। मेरा मिजाज यात्रा से ऊब गया है। कुछ इसलिए भी जल्दी कर रहा हूँ कि भाषा-आयोग के काम में हाथ बँटा सकूँ।

मैं 26 की रात में कैरो से उड़कर 27 के दो बजे दिन में बम्बई पहुँचूँगा। 28 बम्बई रुकूँगा और 29 को हवाई जहाज से ही दिल्ली पहुँचूँगा। आप एक पत्र मेरे नाम–

C/0. श्री एस.पी. जैन, 29, कारमाइकेल रोड, बम्बई के पते पर लिख दें जो वहाँ पहुँचते ही मिल जाय। बम्बई से भरसक शिवसागर को तार दूँगा।

मायाजी को नमस्कार कहिए।

आपका
दिनकर

[5]

आर्यकुमार रोड, पटना-4
8-12-60

प्रिय मन्मथ बाबू,

आपका 6-12 का पत्र अभी मिला। मैं 1 अक्तूबर से बीमार हूँ। अब उपसर्ग सभी शमित हो गए हैं, किन्तु, कमजोरी अभी है! डॉक्टर घोषाल ने विचित्र diet पर

डाल दिया है। वही चल रहा है। दिल्ली आना तो चाहता हूँ लेकिन कब आऊँगा, कह नहीं सकता। जल्दी भी आ सकता हूँ और देर से भी।

जो काम आपके जिम्मे गया है वह तभी कीजिए जब मैं दिल्ली आ जाऊँ।

1939 में हंस का एक रेखा-चरितांक निकला था। उसमें मेरा चरित श्री कामेश्वर शर्मा 'कमल' ने लिखा था। उसे खोजकर अवश्य देख लीजिए।

मेरे सम्बन्ध में जितनी पुस्तकें निकली हैं, उनमें से छह मेरे पास हैं, उनके लेखक हैं (1) प्रिंसिपल कपिल, (2) प्रिंसिपल शिवबालक राय, (3) प्रिं. मुरलीधर श्रीवास्तव, (4) श्री शिवचन्द्र शर्मा, (5) श्री कामेश्वर शर्मा, और (6) श्री प्रताप साहित्यालंकार। किताबें इनके सिवा और निकली हैं किन्तु मेरे पास नहीं हैं। एक लखनऊ से और एक दिल्ली से जरूर निकली है। एक M. A. की थीसिस है। आप ये किताबें राजपाल के द्वारा और अपने बल से ऊपर कर रखिए। बल्कि इसे आप शर्त ही समझिए। जब आप बाकी पुस्तकों का संग्रह कर लेंगे, मैं अपने पास की छह किताबें ले आऊँगा।

शेष कुशल है। आते ही आपको खबर दूँगा। दो महीने की अवधि मत रखिए। कुछ देर हो सकती है।

आपका
दिनकर

[6]

पटना
10-2-61

प्रिय मन्मथ बाबू,

मैं 12 की शाम को पहुँचूँगा। 13 को ज्योति बाबूवाली चीज दिखला दीजिए। यहाँ कुछ भी काम नहीं हो सका। सारा समय रोने-धोने में समाप्त।

आपका
दिनकर

[7]

9, अलीपुर पार्क प्लेस, कलकत्ता
7-7-61

प्रिय मन्मथ बाबू,

सप्रेम बन्दे।

आपका पत्र मिला। पुस्तक की तीन प्रतियाँ मेरे लिखने पर प्रकाशक जी ने भेजी थीं। सो, आपका पत्र पुस्तक देख लेने के बाद मिला।

बच्चन जी ने आपको जो बधाई भेजी, उससे मुझे प्रसन्नता हुई। उनकी (यानी हमारी) पीढ़ी में अब कितने लोग हैं, जो चीज पसन्द आवे तो अपनी प्रतिक्रिया लिख भेजने का कष्ट करेंगे। गनीमत है कि हमसूरत यहाँ दो-चार बैठे हैं। बच्चन ईमानदार और साथ-साथ जानदार आदमी हैं।

पुस्तक के दोष जो मैंने देखे हैं, नीचे लिख रहा हूँ।

जीवनी-भाग के पृष्ठ 33 का दूसरा पैरा देखिए। आपका ध्येय कुरुक्षेत्र से पूर्व कविताओं का उद्धरण देना था, किन्तु, एक को छोड़कर सभी उद्धरण कुरुक्षेत्र के बाद के हैं।

यतीनदास 62वें दिन मरे थे या तिरसठवें दिन? शायद, आपकी ही बात ठीक होगी। परिशिष्ट 1 अत्यन्त संक्षिप्त है।

परिशिष्ट 2 के 142 पृष्ठ पर ऊपर ही क्रम संख्या गलत है। 35 के बाद 36 और तब 37 होना चाहिए था।

प्रकाशक जी की एक कंजूसी मुझे रुची नहीं। फोटो ग्लेज्ड कागज पर लेकर ब्लॉक बनवाना था। मेरा सुझाव उन्होंने महज 10-12 रुपए बचाने के लिए टाल दिया। मगर, अपने चेहरे में जितनी दिलचस्पी मुझे है, उतनी विश्वनाथ जी को क्यों होगी?

मैं यहाँ से 12 जुलाई की रात को पटने प्रस्थान करूँगा। उस दिन उर्वशी की प्रतियाँ आपको और चन्द्रगुप्त जी को, शायद, भेजकर ही जाऊँगा, दिल्ली 20 के बाद पहुँचना चाहता हूँ। ज्योति बाबू से स्टाम्प्ड रसीद लिखवाकर पटने के पते पर भेज दीजिए।

आपका
दिनकर

[8]

कलकत्ता
8-7-61

प्रिय मन्मथ बाबू,

आजकल में रिव्यू चन्द्रगुप्त जी की छपनी चाहिए। यदि उन्हें समय न मिले डॉक्टर नगेन्द्र, नरेन्द्र शर्मा, नन्ददुलारेजी, हजारीप्रसाद जी, डॉ. सम्पूर्णानन्द जी, डॉक्टर देवराज (काशी) में से एक, दो या तीन व्यक्तियों से तुरन्त अनुरोध कर दें। मैं पुस्तक सबको भिजवा रहा हूँ। सरितावाले रिव्यू छापने को तैयार हों तो मुझे पटने लिखें कि कितनी प्रतियाँ कहाँ भेजूँ।

आपका
दिनकर

[9]

आर्यकुमार रोड, पटना-4
17-7-61

प्रिय मन्मथ, बाबू,

सुना, प्रतियाँ आपके पास गलती नामों की पहुँची हैं। अब उन्हीं को रख लीजिए। एक आप स्वयं रखें, एक चन्द्रगुप्त जी को दें, एक ज्योतीश को और एक सरिता को। पत्रों के लिए अतिरिक्त प्रतियों की जरूरत हो तो मुझे लिख दीजिए, साथ लाऊँगा। लेकिन, रिव्यू की तैयारी इससे रुकनी नहीं चाहिए। मैं अच्छा हूँ।

आपका
दिनकर

[10]

कलकत्ता
9-1-63

प्रिय मन्मथ बाबू,

पत्र आपका यहीं घूमकर मिला। मैं 29 दिसम्बर से यही हूँ। एक नई कविता कोई 400 पंक्तियों की लिखी है, जिसका नाम 'परशुराम की प्रतीक्षा' है। उसी नाम से गरम कविताओं का एक संग्रह छप रहा है। गणतन्त्र-दिवस तक कॉपियाँ दिल्ली पहुँच जाएँगी। परशुराम की प्रतीक्षा आपको बहुत-बहुत पसन्द आएगी, इसका मुझे विश्वास है।

आपका
दिनकर

[11]

16, कैनिंग लेन
नई दिल्ली
1-2-63

प्रिय मन्मथ बाबू,

नए दर्शन की आवश्यकता पर आपका निबन्ध पढ़ गया। सुचिन्तित और सुलिखित है। यह वही दर्शन है, जिसका समर्थन लोकमान्य ने किया था अथवा जो स्वामी विवेकानन्द के उद्‌गारों से उद्‌भूत होता है। यह दर्शन परम धर्म का खंडन नहीं करता, उलटे, परम धर्म की रक्षा के लिए ही वह आपद्धर्म का समर्थन करता है। जिस

जाति में आपद्धर्म के निर्वाह की क्षमता नहीं होती, उसका परम धर्म आपसे आप नष्ट हो जाता है। लेख मुझे बहुत पसन्द आया। बधाई।

कल नहीं आ सका, इस दोष के लिए क्षमा करेंगे।

आपका
दिनकर

[12]

पटना-4
6-4-63

प्रिय मन्मथ बाबू,

कृपा-कार्ड मिला। धन्यवाद! मैं पारिवारिक झंझटों में मुब्तिला हूँ। 20 से पहले आने की उम्मीद नहीं है।

आपका
दिनकर

[13]

आर्यकुमार रोड, पटना-4
15-6-63

प्रिय मन्मथ बाबू,

आजकल का जूनवाला अंक पहुँचा। यह अंक पहले के अंकों से भिन्न है, इसलिए ध्यान खींचता है। मेरी तो राय है कि इस अंक का व्यक्तित्व जैसा है, आगे उसी व्यक्तित्व का विकास होना चाहिए। बधाई।

आपका
दिनकर

[14]

उदयाचल, राजेन्द्रनगर,
पटना-4
5-3-65

प्रिय मन्मथ, बाबू

आपका 25/1 का पत्र मिला। बीमारी में मैं भी बहुत लिखता हूँ और बीमार हूँ भी। मगर वाइस-चांसेलरी के पद पर से केवल यूनिवर्सिटी का ही काम हो सकता है।

15 महीनों में मैंने कविता की एक पंक्ति भी नहीं लिखी है। इस्तीफा दिए एक युग हो गया। अखबार में खबर भी छपी है कि इस्तीफा मंजूर हो गया है। मगर, मुझे कोई सूचना नहीं मिली है, न कोई आदमी रिलीव करने को आता है। यहाँ से छूटने के पहले कविता की खैरियत मत पूछिए।

स्वास्थ्य अच्छा नहीं है। रक्तचाप शरीर में घर कर गया है। बड़ा ही अप्रसन्न रहता हूँ।

आपका
दिनकर

[15]

नई दिल्ली
18-5-67

प्रिय मन्मथ बाबू,

एक पत्र आपका आज मिला, एक पहले मिला था। पहला कम कटु था। दूसरा ज्यादा है।

मैं भाग कहाँ से गया? नौकरी में हूँ ही, खना-पीना चल ही रहा है, मौके पर हँस भी लेता हूँ, आजकल दफ्तर में डटकर 8 घंटे काम भी करता हूँ। हाँ, इस घर से भाग जाना निश्चित हो गया। 23 मई से मेरा पता होगा–

4, सफदर जंग लेन,

घोष साहब के बारे में मेरी जानकारी कुछ है ही नहीं। किसी दिन खोदकर जीवनी सुनवाइए तो कोई अच्छी चीज तैयार की जा सकती है।

शाह तो बड़ा भारी वैसा निकला।

अभी आठ दिन मैं बहुत व्यस्त रहूँगा। सरकार में हिन्दी की स्थिति पर एक रिपोर्ट तैयार कर रहा हूँ। देखता हूँ, अच्छा तभी था जब गरजता था और फूल की मालाएँ पहनता था। सरकारी तन्त्र में घुसकर हिन्दी का काम सबके साथ झगड़ा मोल लेना है। जो अफसर हिन्दी के मामले में जितना शैथिल्य दिखलाता है, वह भारतीय एकता का उतना ही बड़ा प्रहरी समझा जाता है।

आपका
दिनकर

[16]

5, सफदरजंग लेन
नई दिल्ली
8-8-69

प्रिय मन्मथ बाबू,

योजना के बारे में आपका पत्र मिला था। सत्यनारायण बाबू का जवाब आ गया है कि वे इस विषय की पूछताछ कर रहे हैं।

अभिनन्दन-ग्रन्थ के लिए कोई नई चीज लिखना, अभी पार नहीं लगेगा। पुराने लेख को ही सँवारकर भेज दूँगा।

आशा है, आप सकुशल हैं।

आपका
दिनकर

[17]

5, सफदरजंग लेन
नई दिल्ली
सितम्बर 26, 1969

प्रिय मन्मथ बाबू,

आपका 24/9 का पत्र मिला। राजपालवालों का भी फोन आया था, मैंने कहा, कोई नई कविता नहीं जोड़नी है, जैसी है वैसी छाप लें। यह जानकर खुशी हुई कि आप अगली किताब अंग्रेजी में लिख रहे हैं। हिन्दी का वातावरण दमघोंटू है ही।

आपका
दिनकर

42
महावीर कूमर

[1]

बरबीघा
17-6-34

प्रिय कुँवरजी,

नौकरी की तकलीफ भोगते हुए, सारी रात जागरण करते हुए आज नौ बजे दिन में यहाँ पहुँचा। मेरा यहाँ आना अत्यन्त आवश्यक था।

सोना 33॥ है। गढ़ाई ऊपर से। चिक 3॥ में अच्छी हो सकती है। अगर लौटती डाक से उत्तर दीजिए तो order दूँ अन्यथा बेगूसराय में खरीद लें। पर लें जरूर। साइकिल खरीद होनी चाहिए। यह खर्च व्यर्थ नहीं जाएगा बल्कि इन रुपयों के द्वारा आप लाछो के लिए आदर खरीदेंगे। दुःख मानने की बात नहीं।

सत्तो ने बड़ा धोखा दिया।

आपका
रामधारी

बाबू महावीर कुमार,
ग्राम—सिमरिया,
डाकघर—सिमरियाघाट,
जिला—मुँगेर

[2]

सीतामढ़ी
18-12-1939

प्रिय कूमर जी,

एक सप्ताह से बार-बार हितो भाई के पते से पत्र भेज रहा हूँ लेकिन कोई उत्तर नहीं आता है। शिवकुमार आनेवाले थे, वह भी नहीं आए। पता नहीं घर पर क्या हाल है। आप कृपया तार देकर मुझे बड़का दा के बारे से सूचना दीजिए। मैं

शनिचर के दिन या तो सुबह सात बजे एक्सप्रेस से या 5 बजे शाम को बरौनी पहुँचूँगा।

एक खटोली का प्रबन्ध कर रखने को कहिएएगा।

आपका
रामधारी

श्री महावीर कूमर
तहसीलदार सिमरिया
मार्फत सब-पोस्ट मास्टर
सिमरियाघाट (मुंगेर)
बी.एन. डब्ल्यू. रेलवे

[3]

पो. ऑ. सीतामढ़ी कोर्ट
19-4-40

प्रिय कूमर जी!

प्रणाम!

फलदान की बाजाप्ता तिथि 28 अप्रैल रविवार को नियत हुई है। उसी दिन सुबह 9 अप ट्रेन से आप लोग समस्तीपुर आइ। मैं वहीं स्टेशन पर ही आपको मिल जाऊँगा। उसी ट्रेन से पूसा उतरकर श्रीरामपुर चलना होगा। मेरा खयाल है कि आप, शिव, दादा (बाबू वसन्त सिंह) और लखनलाल सिंह तथा एक होशियार नौकर का चलना जरूरी होगा। अगर आप इसमें कोई तबादला चाहते हों तो शिव के साथ परामर्श करके कर सकते हैं। लेकिन दादा को तो चलना ही पड़ेगा। उन्हें छोड़ नहीं सकते।

आप खुद इस बात को देख लेंगे कि दादा भले आदमी की तरह गंजी, कुरता, चादर, टोपी, उजली धोती और जूता खरीदकर बाल बनवाकर चलते हैं। अगर 5 रु. खर्च करने में उनकी आँख फूटेगी तो दूसरा लड़का खोजने जाना पड़ेगा। ये बातें मैं इसलिए लिख रहा हूँ कि वह अपनी पोशाक पर पैसा खर्च करना नहीं चाहते हैं। दस दिन पहले ही चिट्ठी लिखने का भी तात्पर्य यही है कि उन्हें सभ्य बनाकर साथ ले लीजिएगा।

उत्तर दे दीजिए।

आपका
रामधारी

यहाँ सब लोग आनन्द से हैं। केवल केदार को फुलनी शुरू हो गई है। बड़का दा को कोई फायदा नहीं है। इलाज चल रहा है। सत्तो की चिट्‌ठी मिल गई थी। लेकिन मैं जरा लाचार-सा हूँ।

मैं इधर पटने गया था। खान बहादुर से भेंट हुई। उन्होंने शिव को सलाम कहा है।

[4]

स्टेशन सीतामढ़ी
8-5-40

प्रिय कूमर जी!

प्रणाम।

मैंने दादा को जो पत्र लिखा था, उसमें लिख दिया था कि आपको और शिवकुमार को बराबर हाथी, घोड़े और शामियाना, राउटी तथा कार के प्रबन्ध के लिए तकाजा करें। लेकिन आज तक यह उत्तर नहीं आया कि आप लोगों ने क्या किया। मुझे भय है कि कहीं मेरे मुन्तजिर आप लोग चुपचाप बैठे न रह गए हों। मेरा प्रोग्राम था कि आज शाम तक घर पहुँच जाऊँगा लेकिन कल तक मुआइना था और मैंने आज ही चार्ज दिया है। आज टभका उतर जाना है। कारण आप जानते होंगे। इसलिए कल शाम को घर पहुँचूँगा। अतएव आप कृपा करके कल पूरब तरफ जाइए (अगर नहीं गए हों) और पुन्ना जी तथा बैजनाथ से मिलकर सारी बातों का पता लगा लीजिए। मैं आने के साथ ही स्पष्ट स्थिति चाहूँगा।

आशा है, आप यह तकलीफ बर्दाश्त कर लेंगे।

आपका
रामधारी

43
डॉ. महेशनारायण

[1]

आर्यकुमार रोड, पटना-4
23-3-56

भाई महेशनारायण जी!

आपका पत्र मिला। पढ़कर हृदय गद्गद हो गया। अब वैसे लोगों का अभाव हो रहा है, जो कलाकार का मनसूबा बढ़ाते रहें। हाँ, शिव जी ऐसे व्यक्ति जरूर हैं। उन्होंने जो कुछ लिखा है, वह आशीर्वाद है और आपने जो कष्ट किया, उसे आपकी शुभकामना मानता हूँ। आपने खूब याद किया। धन्यवाद।

आपका
दिनकर

[2]

आर्यकुमार रोड, पटना-4
6-3-60

प्रिय श्री महेश जी,

मैं बेनीपुरीजी के यहाँ गया था इसलिए, नई धारा का अंक और आपकी चिट्ठी बाहर से आने पर मिली। लेख मैं पढ़ गया, क्योंकि आपका पत्र साथ था। अन्यथा अपने बारे में लिखी चीजें मैं अब कम पढ़ता हूँ।

एक दो बातें इस लेख में गलत हैं। स्कूल की मास्टरी मैं बरबीघा में करता था, बड़हिया में नहीं।

रवि बाबू जब पटने आए थे, तब मैं उनसे मिलने नहीं गया था। यह ठीक है कि जायसवाल जी के कहने पर मैं रवि बाबू से मिलने को ही कैजुएल छुट्टी लेकर पटने आया था, किन्तु, मिलना नहीं हो सका। आते ही देखा कि जायसवाल जी का पारा चढ़ा हुआ है। वे रवि बाबू से मिलने नहीं गए, तब भी नहीं, जब रवि बाबू ने स्वर्गीय गोपाल बाबू बैरिस्टर को भेजकर उन्हें बुलवाया। यह सम्भव है कि उन्होंने रवि बाबू

के सेक्रेटरी को फोन पर मेरे बारे में कहा हो, किन्तु चूँकि जायसवाल जी जाने को तैयार नहीं हुए, इसलिए मैं भी नहीं जा सका। यह बात मुझे ठीक याद है।

काशी में नागरी प्रचारिणी सभा की स्वर्ण जयन्ती पर होनेवाले कवि-सम्मेलन का सभापतित्व भी मैंने नहीं किया था।

आपने मेरी कच्छी टोपी की खूब याद रखी है।

'संस्कृति के चार अध्याय' का पहला अध्याय इसलिए कमजोर है कि जिस विषय को मैं प्रतिपादित करना चाहता था उस पर अभी काम ही बहुत कम हुआ है। मेरा उद्‌देश्य हिन्दू-धर्म का गुणगान करना नहीं, प्रत्युत् विभिन्न प्रान्तों के हिन्दुओं के बीच सामाजिकता की खोज करना था। यह कार्य जहाँ तक सम्भव था, कर दिया है। आगे का जिम्मा नई उम्र के विद्वानों का है।

यदि आपकी निराशा का कारण यह हो कि मैंने हिन्दू-धर्म पर द्रविड़ प्रभाव क्यों दिखाया, तो इससे आपको निराश नहीं होना चाहिए। काम यद्यपि अभी कम हो पाया है पर इतना तो मुझे सत्य प्रतीत होता है कि जो संकेत मैंने किया है, अगले 20 वर्षों में, उस पर विपुल साहित्य तैयार हो जाएगा और आप लोग भी मानने लगेंगे कि हिन्दू-संस्कृति की रचना केवल आर्यों ने नहीं की थी, उसके निर्माण में आर्येतर जातियों का भी बहुत बड़ा हाथ था।

आपका
दिनकर

44

राष्ट्रकवि मैथिलीशरण गुप्त

पटना
4-5-50

मान्यवर, प्रणाम।

बेनीपुरी और मैं 7 ता. रविवार के प्रातःकाल पंजाब मेल से प्रस्थान करेंगे। आशा है आप बनारस में साथ हो जाएँगे। अब सिर्फ पूरियों से भी काम चल जायगा। और साधु तो अन-बिलोवा भी खा सकता है। चेक मेरे ही साथ चला आया है। उसे अलग भेज दूँगा।

शेष कुशल है।

आपका
दिनकर

45
श्री रघुनाथ विकल

[1]

52, साउथ एवेन्यू, नई दिल्ली
8-9-56

प्रिय भाई,

आपका 6-9 का कृपा-पत्र मिला। आपका खयाल ठीक है। 'नया वर्ष' नामक कविता मेरी नहीं है। मालूम होता है कि भ्रमवश यह भूल हो गई है। आप चिन्ता न करें। मैं अधिकारियों को लिख रहा हूँ।

धन्यवाद।

आपका
दिनकर

[2]

आर्यकुमार रोड, पटना-4
18-11-60

प्रिय भाई,

आपका 8-11 का पत्र मिला। कमेटी को सूचना मैंने फिर दे दी है। किन्तु यदि आप प्रकाशक का पता लिख दें तो पुस्तक मँगाकर मैं उसे खुद नोटिस दे दूँ।

आपका
दिनकर

46

डॉ. रघुवीर सिंह

[1]

पी. ऑ. मुँगेर (बिहार)
28-9-36

प्रिय रघुवीर,

सस्नेह बन्दे!

तुमने प्रथम सम्बोधन में ही 'तुम' कहकर मुझे मानो पार्श्वस्थ कर लिया। आभारी हूँ।

हाँ, यह ठीक है कि मैं भोज के मालव से पत्र लिखनेवाले इस अज्ञात कृपालु मित्र के विषय में अधिक नहीं जानता हूँ। पं. बनारसी दास जी से एक बार तुम्हारा नाम सुन चुका हूँ। आज शिवपूजन जी के पत्र से तुम्हारे कुछ विशेषण मिले हैं। तुम खँडहरों के धूसर सौन्दर्य की आभा को प्यार कर सकते हो, यह जानकार बहुत सन्तोष हुआ। चूँकि तुम जैसे भावुक जीवित हैं इसलिए इस तमिस्र युग में भी प्रियदर्शन के भारतीय अतीत का प्रत्यागमन सम्भव नहीं है तो प्रत्यक्ष रूप से हिन्दी संसार से विलग नहीं रख सकता हूँ क्योंकि भाग्य ने हमें साधनहीन प्रतिकूल परिस्थिति में कैद कर रखा है। किन्तु, दूरागत प्रतिध्वनि कहती है कि रेणुका का स्वागत गालियों से हुआ था। ऐसी अवस्था में तुम मुझे दूर-देश से प्रेम का आशीर्वाद भेज रहे हो, इससे बढ़कर मेरे लिए गौरव की बात क्या हो सकती है? तुम्हारे इस मधुर व्यवहार से मेरा रोम-रोम पुलकित हो उठा। कितने धन्यवाद दूँ।

रेणुका जा रही है। तुमने और कुछ माँगा है। तुम्हारे उत्तर के आ जाने पर भेज सकूँगा। धीरज रखो।

इच्छा होती है कि स्वयं तुम तक आकर तुम्हारा दर्शन करूँ किन्तु यह मनुष्य का स्वप्न मात्र है। देखें, इसकी पूर्ति कब होती है।

कृपया उत्तर शीघ्र दो। मैं संशय में ही रहूँगा।

क्षमा-याचना के साथ

तुम्हारा
दिनकर

[2]

बेगूसराय
12-11-36

प्रिय भाई,

सप्रेम बन्दे!

तुम्हारा पत्र समय पर मिल गया था। क्षमा करो कि मेरा स्वभाव कुछ लचड़ है ओर उत्कट इच्छा रखते हुए भी कभी-कभी उत्तर देने में विलम्ब हो जाता है।

कल बुक-स्टाल पर सरस्वती देखी। तुम्हारा चित्र पहली बार देखा और इस प्रकार देखा कि तुमसे आग्रह करता हूँ कि अपना चित्र Autograph करके भेज दो। मेरी तसवीर भी मिलेगी लेकिन कुछ देर से। शहर पहुँचूँ और विशेषतः इसी के लिए चित्र लूँ तो भेज सकूँगा।

आगरा विश्वविद्यालय गुणों की प्रतिष्ठा करने जा रहा है, यह सुनकर हार्दिक आनन्द मिला है। तुम्हें शतशः बधाई। भगवान ने ऐन मौके पर तुमसे परिचय कराया है। तुम्हारी थीसिस जब छपकर निकल जाय तो एक कॉपी अवश्य भेज देना। मैं स्वयं इतिहास का विद्यार्थी हूँ। बी.ए. में ऑनर्स इतिहास में ही था। प्राचीन भारत के सांस्कृतिक इतिहास में काफी दिलचस्पी थी। वैष्णव धर्म पर थीसिस लेने का विचार था, लेकिन संस्था ने मन की बात नहीं होने दी। मालवा पर रिसर्च के महत्त्व का अन्दाज मुझे नहीं है। एक कारण उत्सुकता का यह भी है। पुस्तक जरूर भेज देना।

तुम्हारी चिट्ठी कुछ 'छायावादमयी' होती है। अबकी बार के पत्र में जो तुमने लिखा है "भेंट होगी और भगवान ने चाहा तो दो-चार वर्षों...किन्तु तब तक इस चार पैसे के साधन को नहीं तोड़ डालना" सो इसका अर्थ मेरी समझ में नहीं आया। क्या इस पर प्रकाश डालने की कृपा करोगे? स्पष्ट और निःसंकोच होकर लिखना, मैंने थोड़ी सी झाँकी भी समझ ली है।

'दिल्ली' कविता तुम चाहते हो। मैं भेजूँगा और अवश्य। अभी कॉपी साथ नहीं और स्मृति से शुद्ध पढ़ सकता हूँ, लिखने में अशुद्धियाँ हो जाया करती हैं। एक-आध अन्य कविताएँ भी भेज दूँगा। तुम जरूर पसन्द करोगे।

अपनी स्थिति के विषय में भी। मैं मुँगेर में attached हूँ पर साल भर घूमता रहता हूँ। जब मेरा कोई पता मालूम नहीं रहे तो यह पता समझना (P. O. सिमरिया घाट, जिला मुँगेर, बिहार) इस बार भी इसी पते पर उत्तर देना ठीक होगा। मैं जहाँ कहीं रहता हूँ मेरी डाक सिमरिया घाट से Redirect होकर मिल जाती है।

आशा है, तुम स्वस्थ और प्रसन्न हो।

तुम्हारा विनीत अनुज
रामधारी सिंह 'दिनकर'

[3]

P. O. सीतामढ़ी कोर्ट
Dt. मुजफ्फरपुर (बिहार)
21-6-40

प्रिय भाई,

सादर बन्दे!

एक मुद्दत के बाद पत्र लिखने की सूझी। पूरे चार वर्ष हो गए होंगे। इस बीच में बड़ी-बड़ी घटनाएँ हो गईं। तुम भी विद्यार्थी से Ph. D. हो गए। जब-जब नाम और यश सुनता हूँ, जी चाहता है कहीं जाकर मिल लूँ। भगवान की इच्छा कि अब तक तुम्हारे दर्शन नसीब नहीं हुए।

पिछली बार बम्बई जाने से पहले जयचन्द्र जी से भेंट हुई। उस समय वह अपना इ.प्र. लिख रहे थे। बातों के सिलसिले में तुम्हारा नाम भी निकला और काफी चर्चा हुई।

'शेष स्मृतियाँ' और पूर्व मध्यकालीन भारत की काफी शोहरत सुन रहा हूँ। इन ग्रन्थों के चलते तुम्हारी गिनती हिन्दी के नौनिहालों में हो चली है। मैं उन दोनों ग्रन्थों को देखने को अत्यन्त उत्सुक हूँ। तुम्हें तो ये ग्रन्थ कब के ही भेज देने थे। शेष स्मृतियों के लिए तो तुम पहले से ही वचनबद्ध थे। लेकिन रेणुका भी चिट्ठी के बाद ही गई थी।

मेरी दो पुस्तकें 'रसवन्ती' और 'द्वन्द्वगीत' प्रेस में हैं। अगस्त तक उनकी प्रतियाँ सेवा में भेज सकूँगा। आशा है, तुम स्वस्थ और प्रसन्न हो।

स्मृति को ताजा करने के लिए यह पत्र जा रहा है। आशा है, पत्र-व्यवहार फिर से पूर्ववत् जारी हो जायगा।

विनीत
रामधारी सिंह 'दिनकर'

47
राजनीति बाबू

P. O. Saharsa
.....39

My dear Rajniti Bahu,

The bearer of this letter is a resident of my village. He has some case of transfer which is to be approved by you. I am told that he saw Nemdhari Babu in this connection and that he has agreed to do it. I think this is a petty matter and there could be no doubt about the disposal of this transaction, But he wants to get it done soonest possible and I should be right glad to hear that you have directed the thing to be done in time.

I don't know if it is too premature to address a note of this nature to you.

Hoping this finds you well,

I remain,
Sincerely yours,
R. D. Singh.

48

श्री राजेन्द्र प्रसाद सिंह

[1]

नई दिल्ली
18-12-56

प्रिय राजेन्द्र जी,

मैं बाहर था। आज वापस आने पर आपका पत्र मिला। 'चक्रवाल' की भूमिका में प्रसंगवश मैंने पाँच-सात कवियों के नाम लिए हैं, यह केवल नमूना दिखाने को। वैसे सभी नाम गिनाए जाएँ तो कई पन्ने लग जाएँगे। इसमें बुरा मानना क्या? साहित्य में न तो मेरा कोई दल है, न आप वैसे किसी दल के सदस्य हैं। हाँ, यह दोष लगाया जा सकता है कि हजार को छोड़कर मैंने पाँच-सात ही नाम क्यों लिए। किन्तु, जब हजार नाम गिनने का अवकाश न हो, तब यह दोष तो लगेगा ही। अतएव, मैं इस आलोचना को महत्त्व नहीं देता। आगे यदि और कुछ लिखना सम्भव हुआ तो अनेक कवियों के नाम आ जाएँगे और सम्भव है, आपका नाम न आए। तो क्या इससे यह समझिएगा कि मैं आपको आगे बढ़ाना नहीं चाहता हूँ? ये सब छोटी बातें हैं। जहाँ सुनिए, वहीं भूल जाइए।

आज हिन्दी में काम वही कर सकता है, जो कुछ बहरा हो। संस्कृतिवाले विषय पर कभी बात हो, तभी आप जान सकेंगे कि आपको मेरी सहायता की आवश्यकता है या नहीं? जनवरी के तीसरे सप्ताह में पटने में मिलूँगा। निन्दा और स्तुति, दोनों से तटस्थ होना सीख रहा हूँ। कोशिश तो बहुत दिनों से जारी थी। अब सफलता की आशा हो चली है। भगवान आप लोगों को बढ़ाएँ। निराला जी के शब्दों में—'हम कीच की ईंट हैं। आप लोग हम पर पाँव रखकर आगे निकलिए।' शेष कुशल है।

आपका
दिनकर

[2]

साउथ एवेन्यू, नई दिल्ली
7-12-59

प्रिय राजेन्द्र,

कल शाम को यहाँ लौटने पर वीरेन्द्र का पत्र मिला, जिसकी पीठ पर तुम्हारी भी कुछ पंक्तियाँ अंकित हैं। वीरेन्द्र ने अपना भाव लिखकर व्यक्त किया है। अव्यक्त रह जाता तो और उत्तम बात होती।

तुमने तो अपनी कोई बात मुझसे कही नहीं। बताओगे तो शक्ति भर सहायता करने की कोशिश अवश्य करूँगा। निरालाजी के अनुसार अब हम लोग 'पौधर' हैं और बच्चों को हम पर पाँव रखकर निकलना चाहिए।

पत्र मिल जाए तो उत्तर लिखना।

तुम्हारा
दिनकर

[3]

साउथ एवेन्यू, नई दिल्ली
10 फरवरी, 1970

प्रिय राजेन्द्र जी,

बहुत दिनों के बाद आपका उत्तर आया। मैंने सोचा था, पत्र भटक गया। 'अमावस और जुगनू' की वार्ता सुनकर आश्चर्य भी हुआ और दुःख भी। खैर, कुछ सूझ गया तो करूँगा। अभी मेरा दिमाग ठिकाने नहीं है। मथुरा बाबू ने वह घर छोड़ दिया। वे 'कंस्टीट्यूशन हाउस' चले गए और मैं बेटी के घर आ गया हूँ। दो कमरे हैं इसमें। एक में मैं हूँ और दूसरे में अभी 15 आदमी हैं। कागज-पत्र बन्द है। लिखने-पढ़ने का सिलसिला चल नहीं सकता। सुबह ही उठकर प्रातःकर्म के लिए मामा (वरेरकर) के यहाँ चला जाता हूँ। यह सब इसलिए लिख रहा हूँ कि आप यह जान सकें कि आपका यह सुगम्भीर पत्र किस मुद्रा में मुझे प्राप्त हुआ है।

किन्तु बिना विचिकित्सा के भी इतना तो स्पष्ट है कि आपका भाग्योदय साहित्य में ही होगा। साहित्यकार को सलाह-मशविरे की जरूरत नहीं होती और परिस्थितियाँ क्या सलाह-मशविरों के अनुसार आदमी को चलने देती हैं? इसीलिए मैं सलाह देने की गुस्ताखी नहीं करूँगा। केवल अनुभव की दो-एक बातें बताता हूँ। इन्हें केवल सुन लीजिए।

1964 में जब मुझे सब-रजिस्ट्रारी का ऑफर आया, बेनीपुरी ने सलाह दी कि कबूल मत करो। सरकारी नौकरी में जाकर अपने कवि की हत्या ही करोगे। यह बहुत

ही नेक सलाह थी। लेकिन, मैं उस पर नहीं चल सका। सारी जिन्दगी परिवार की गरीबी से जूझने में बीत गई। जिस समय लोग ताश और बैडमिंटन खेलते हैं, उस समय को भी मैंने साहित्य में लगाया। बस इतना ही काम मुझसे हो सका और कीर्ति मुझे क्षमता से अधिक मिल गई। कारण, शायद यह था कि मैंने अपने आपको अमरता के अयोग्य पाकर उन कामों को खूब मनोयोग से किया, जिनकी मुझमें योग्यता थी। अमर बनने का मनसूबा बाँधता तो वह काम भी नहीं हो पाता, जिसे ईश्वर ने मुझसे करवा लिया है।

जिस युग में पैदा हुआ, उसकी योग्यता और सम्मान को समझने में मैंने गलती नहीं की है, इसका मुझे विश्वास है। आज भी जो नवयुवक आज के युग की योग्यता और प्रवृत्ति को पहचानकर चलेगा, उसे अधिक कठिनाई नहीं होगी, यद्यपि कठिनाइयाँ आज पहले से बहुत बढ़ी हैं। मुश्किल यह है कि निराला के आए बिना साहित्य की परिधि विस्तृत नहीं हो पाती किन्तु हर आदमी निराला बनने की कोशिश में फँस जाए तो साहित्य ठिठक जाएगा। बस इतना ही आत्मज्ञान हम सबको हासिल करना है।

Please do not try to make yourself No. 1 of your time. Always try to give only such things as are under your spontaneous command. लीजिए, एक उपदेश तब भी दे ही गया, जिसके लिए क्षमा चाहता हूँ।

आपका भाग्योदय साहित्य में है। अपनी सारी बाधाओं के भीतर से अपनी राह आप निकालिए। कृपया यह भी याद रखिए कि अन्ततः एक व्यक्ति कोई एक ही चीज हासिल करता है।

आपका
दिनकर

49
वीर राजेन्द्र ऋषि (लन्दन)

5, सफदरजंग लेन
नई दिल्ली
18-6-71

प्रिय भाई ऋषि जी,

आने के बाद तुरन्त पत्र नहीं लिख सका। कृपया क्षमा करेंगे।

अन्य समाचार यह है कि 13 जून को मेरा टर्म समाप्त हो गया और अब मैं दिल्ली छोड़कर पटना जा रहा हूँ। यदि भगवान की कृपा हुई, तो अब बाकी जीवन केवल साहित्य में लगाऊँगा।

आपने लन्दन में मेरी बड़ी देख-भाल की, मुझे घुमाया और काफी समय तक मेरे साथ रहे। इसके लिए हृदय से आपको धन्यवाद देता हूँ। आप भारत के रत्न हैं, जिसे एक दिन सभी विद्वान पहचानेंगे।

भगवान आपको सपरिवार सुखी और सानन्द रखें।

मेरा पटने का पता, राजेन्द्रनगर, पटना-16

आपका
दिनकर

50

राजेश्वर प्रसाद सिंह

[1]

2, साउथ एवेन्यू लेन
नई दिल्ली
28-10-65

प्रियवर,

तुम्हारा 18/10 का पत्र मिला। मैं उम्मीद लगाए हुए था कि तुम लोग दिल्ली आओगे। ब्रजभूषण बाबू आए थे। मेरा मन थोड़ा बहल गया।

कल मैं पटना आने की बात सोच रहा हूँ।

मिजाज बहुत अच्छा नहीं है।

तुम्हारा
दिनकर

[2]

उदयाचल
राजेन्द्रनगर, पटना-4
19-2-66

प्रिय राजेश्वर बाबू,

आगामी 28 फरवरी सोमवार को मेरे भतीजे, चिरंजीव श्री रामानुज प्रसाद सिंह का विवाह पटने में होनेवाला है। एतदर्थ आपके आशीर्वाद की याचना करता हूँ।

बारात में सम्मिलित होना है।

आपका
रामधारी सिंह 'दिनकर'

[3]

2, साउथ एवेन्यू लेन
नई दिल्ली
30-3-66

प्रिय राजेश्वर,

तुम्हारा 26 मार्च का पत्र मिला। यह जानकर खुशी हुई कि तुम एक महीना मेरे साथ रहने का विचार करते हो। इस कार्यक्रम को टालना नहीं।

मैं आज कानपुर-जबलपुर जा रहा हूँ। 7 अप्रैल को लौटूँगा। 15 अप्रैल को पटना जाने का विचार है। दक्षिण भारम पर कोई किताब हिन्दी में निकली है। उसे तुम्हारे वास्ते लेता आऊँगा।

आशीर्वाद।

तुम्हारा
रामधारी
(रामधारी सिंह 'दिनकर')

श्री राजेश्वर प्रसाद सिंह
इतिहास विभाग
पटना विश्वविद्यालय, पटना-5

[4]

2, साउथ एवेन्यू लेन
नई दिल्ली
30 अप्रैल, 1966

प्रिय राजेश्वर,

तुम्हारा 28 अप्रैल का पत्र मिला। यह जानकर घोर क्लेश हुआ कि चाँदी के सभी बरतन चोरी चले गए। तुम्हारा अनुमान सही है कि यह चोरी किसी द्वेषी पड़ोसी ने करवाई होगी।

अशोक के अभिलेख की प्रति उपलब्ध करने को मैंने अपने स्टाफ से कह दिया है। मिल गया तो तुम्हें भेज दूँगा। योगेन्द्र जी से नमस्कार कहोगे। रामशरण बाबू आ जाएँ तो उन्हें मेरा स्वागत कहना।

भतीजी की शादी के लिए लड़का कहीं देखा है क्या? अगर लड़का नगर में नहीं है तो इस साल विवाह कैसे होगा?

शेष कुशल है। मालकिनी के स्वास्थ्य की जाँच करवा रहा हूँ।

तुम्हारा
ह.
रामधारी सिंह 'दिनकर'

प्रोफेसर राजेश्वर प्रसाद सिंह
इतिहास विभाग
पटना विश्वविद्यालय, पटना-5

[5]

2, साउथ एवेन्यू लेन
नई दिल्ली-11
14 जुलाई, 1966

प्रिय राजेश्वर बाबू,

आपका 23 जून का पत्र यथासमय पहुँच गया था। उत्तर कहाँ भेजूँ, यह नहीं समझ सकने के कारण आपको पत्र नहीं लिख सका।

आप दिल्ली नहीं आ सके, इससे मुझे थोड़ी निराशा हुई। आशा है, आप अपना काम मनोयोगपूर्वक कर रहे हैं। पिछली बार डॉक्टर रामशरण जब दिल्ली आए थे तब उन्होंने मेरे घर भी पधारने की कृपा की थी।

आशीर्वाद

आपका
रामधारी सिंह 'दिनकर'

श्री राजेश्वर प्रसाद सिंह
मालपुर

[6]

2, साउथ एवेन्यू लेन
नई दिल्ली
1-12-66

प्रियवर,

तुम्हारा 15-11-66 का पत्र 28 नवम्बर की रात को मिला। मैं 21 को दक्षिण गया था, 28 की रात को ही वापस हुआ हूँ। सम्भव है कि 12 दिसम्बर को मैं पटने रहूँ। जाने से भेंट होगी ही। आशा है, तुम प्रसन्न हो।

तुम्हारा
रामधारी

[7]

5, सफदरजंग लेन, नई दिल्ली
4 दिसम्बर, 1967

प्रिय राजेश्वर

तुम्हारा 29 नवम्बर का पत्र मिला। राम नारायण का भी पत्र साथ ही मिला। पिछली बार जब मैंने उसे दिल्ली चलने को कहा था, उस समय कॉलेजों का नया सत्र आरम्भ हो रहा था। अब तो जून-जुलाई के पहले कुछ दिखाई नहीं पड़ता। मैं 11 से 13 दिसम्बर तक पटना रहूँगा। उस समय मिलकर बात कर लेना। मगर, आशा तो मुझे अभी कोई भी दिखाई नहीं देती है।

तुम्हारा
रामधारी सिंह 'दिनकर'

[8]

5, सफदरजंग लेन, नई दिल्ली
25 मार्च, 68

प्रिय राजेश्वर,

तुम्हारा पत्र मिला। 31 मार्च को बरसी है। 5 अप्रैल को यहाँ एक कमेटी है। उसके बाद दो-तीन दिनों के लिए पटना आना चाहता हूँ। आया तो भेंट होगी ही।

तुम्हारा
रामधारी सिंह 'दिनकर'

[9]

5, सफदरजंग लेन, नई दिल्ली
22 अगस्त, 1970

प्रियवर,

पत्र मिला। मैं कुछ ज्यादा बातें बता नहीं सकूँगा। फिर भी मिलने पर बात करना अच्छा होगा। यह ठीक है कि तुम विलम्ब कर रहे हो।

आपका
रामधारी सिंह 'दिनकर'

51
श्री राजेश्वर सिंह

[1]

5, सफदरजंग लेन, नई दिल्ली
23-3-71

प्रियवर,

बुढ़ापे की मुसीबत को जानते हो?
उस दर्द को पहचानते हो
जो बुढ़ापे के सीने में उठता है?
बुढ़ापे की मुसीबत बुढ़ापा नहीं,
जवानी है।
यह भी एक अबूझ कहानी है
कि शरीर बूढ़ा होने पर भी
मन नहीं मरता है।
जिन रंगीनियों में जवानी गुजरी है,
बुढ़ापा ऊँघता-ऊँघता भी
उन्हें याद करता है।

आपका
रामधारी सिंह 'दिनकर'

[2]

राजेन्द्रनगर, पटना-16
29-11-72

प्रियवर,

बहराइच मैं कभी नहीं गया हूँ, न यही जानता हूँ कि पटने से बहराइच जाना और आना कैसे हो सकता है। ट्रेनें कौन-कौन सी हैं, मोटर से भी जाना होगा या ट्रेन ही पहुँचेगी? फरवरी अभी बहुत दूर है। आने की सम्भावना मुझे कम दीखती है।

आपका
दिनकर

52
डॉ. रामकुमार वर्मा

[1]

कनूलाल रोड, पटना
26-12-46

प्रिय डॉक्टर साहब,

छुट्टी है। कृपया पुस्तकों पर अपनी सम्मति तुरत भेजिए। अब अकाज हो रहा है।

आपका
दिनकर

[2]

Kanulal Road, Patna
5-1-47

My dear Doctor!

Please send your opinion on Kurukshetra by the return of Post. You have already taken too much of time.

Pranam.

Yours
Dinkar

53
प्रो. रामखेलावन राय

[1]

5, सफदरजंग लेन
दिल्ली
31-1-70

प्रिय रामखेलावन,

तुम्हारा कल का पत्र मिला। हाल जाना। पता लगाता हूँ कि हाथ डालने का कोई रास्ता है या नहीं। सब कुछ भगवान की कृपा से होता है।

तुम्हारा
दिनकर

[2]

31, सरदार पटेल रोड
नई दिल्ली
4-3-74

प्रियवर,

तुम्हारी याद रोज आती है। तुम, रजनीकान्त और योगेन्द्र गाढ़े वक्त मेरे काम आए। भगवान तुम्हें सपरिवार सुखी रखें। तुम्हारे घर में जो टेलीफोन है, उसका नम्बर भेज दो। आते-आते कभी अरविन्द, रीता आदि से मिल लिया करो।

तुम्हारा
दिनकर

54
रामजी सिंह

सीतामढ़ी कोर्ट
15-10-41

प्रिय रामजी!

तुम्हारा पत्र मिला। मजीद से कहलवाने की बात मुझे याद है। लेकिन पहले सुयोग भी तो मिले। मिल का सीजन आने दो। इस बार भेंट होने पर तुमसे और बातें मालूम कर लेनी होंगी। घाट पर मिलना।

शिवकुमार बाबू से कहना कि राजबहादुर को मैंने शनिवार की रात में चलने और रविवार की भोर में क्यूल पहुँचने की बात लिखी है। लेकिन उनका उत्तर नहीं आया है। उत्तर आने से लिखूँगा। सम्भव है पत्र शुक्र की डाक से भेजूँ। वैसी हालत में शनिवार की शाम तक वह चिट्ठी शिवकुमार को भिजवा देना तुम्हारा काम होगा।

द्वारिका कूमर से कह देना उसके अनुरोध के अनुसार चिट्ठी मैंने लिख दी है। सुयोग मिलने से मैं मिलने की भी कोशिश करूँगा लेकिन अच्छा हो कि वह अब एक बार फिर उनसे मिल ले।

अगर मैं शनिवार की चार बजे भोर में रूपनगर होकर जाऊँगा तो मामू को स्टेशन पर खड़ा रहना चाहिए। शिवकुमार को यह पत्र दे दोगे। वह सारा प्रबन्ध कर लेंगे।

जवाबी कार्ड भेजने की जरूरत नहीं थी।

—रामधारी

रामजी सिंह
पोस्ट मास्टर
सिमरियाघाट
जिला—मुँगेर

55
डॉ. रामशरण सिंह

24 जून, 1970

प्रिय रामशरण बाबू

मेरे दामाद प्रो. राजेश्वर प्रसाद सिंह की उँगली में घाव हो गया है। कृपया उनका इलाज करवा दीजिए।

मैं 30 और 1 को पटना रहूँगा।

आपका
दिनकर

डॉक्टर रामशरण सिंह

56

श्री रामसागर चौधरी

11, कैनिंग लेन
नई दिल्ली
4-3-61

प्रिय श्री रामसागर चौधरी,

सच ही, मैं आपको नहीं जानता तब भी आपका 28-2-61 का पत्र पढ़ दुःखी हुआ। यह लज्जा की बात है कि बिहार के युवक इतनी छोटी बातों में आ पड़े।

मैं जातिवादी नहीं हूँ। तब भी अनेक बार लोगों ने मेरे विरुद्ध प्रचार किया है और जैसा आपने लिखा है, वे अब ऐसी गन्दी बातें बोलते हैं। लेकिन, तब मैं जातिवादी नहीं बनूँगा। अगर आप भूमिहार-वंश में जनमे या मैं जनमा तो यह काम हमने अपनी इच्छा से तो नहीं किया, उसी प्रकार जो लोग दूसरी जातियों में जनमते हैं, उनका भी अपने जन्म पर अधिकार नहीं होता। हमारे वश की बात यह है कि भूमिहार होकर भी हम गुण केवल भूमिहारों में ही नहीं देखें। अपनी जाति का आदमी अच्छा और दूसरी जाति का बुरा होता है, यह सिद्धान्त मानकर चलनेवाला आदमी छोटे मिजाज का आदमी होता है। आप लोग यानी सभी जातियों के नौजवान—इस छोटेपन से बचिए। प्रजातन्त्र का नियम है कि जो नेता चुना जाता है, सभी वर्गों के लोग उससे न्याय की आशा करते हैं। कुख्यात प्रान्त बिहार को सुधारने का सबसे अच्छा रास्ता यह है कि लोग जातियों को भूलकर गुणवान के आदर में एक हों। याद रखिए कि एक या दो जातियों के समर्थन से राज नहीं चलता। वह बहुतों के समर्थन से चलता है। यदि जातिवाद से हम ऊपर नहीं उठे तो बिहार का सार्वजनिक जीवन गल जाएगा।

आप सोचेंगे, यह उपदेश मैं आपको क्यों दे रहा हूँ? किन्तु, आपने पूछा, इसलिए आष ही को लिख भी रहा हूँ। आज आप पीड़ित हैं, अपने को आप दुःखी समझते हैं। आपके विरुद्ध जिनका द्वेष उभरा है, कल उनका क्या भाव था? शायद अपने को वे उपेक्षित अनुभव करते थे। इसलिए, स्वाभाविक है कि उनका असन्तोष व्यक्त हो रहा है। और उपाय भी क्या था? इसलिए, आपको धीरज रखने को कहता हूँ, उच्चता पर आरूढ़ रहने को कहता हूँ।

जाति-नाम का शोषण करके मौज मारनेवाले चन्द लोग, जो कुछ करते हैं, उसकी कुत्सा उस जातिभर को झेलनी पड़ती है, यह आप लोग समझ रहे हैं? यही शिक्षा कल उन्हें भी मिलेगी जो आपको केवल इसलिए डस रहे हैं कि आप भूमिहार हैं। तो इससे निकलने का मार्ग कौन-सा है? केवल एक मार्ग है। नियमपूर्वक अपनी जाति के लोगों को श्रेष्ठ और अन्य जातिवालों को अधम मत समझिए। और यह धर्म उस समय तो और भी चमक सकता है जब आदमी आँच की कसौटी पर हो।

आपका
दिनकर

57

श्री रामसिंहासन सहाय 'मधुर'

[1]

कनूलाल रोड, पटना
31-7-48

प्रिय मधुर जी,

कृपा-पत्र के लिए अनेक धन्यवाद। न जाने आपको मेरा पत्र क्यों नहीं मिला। कृपया 'मधुर लहरी' की एक प्रति भिजवाइए या उसकी नकल ही भेज दीजिए।

इन दिनों बहुत ही व्यस्त हूँ। कुछ लिखा नहीं है कि भेज सकूँ।

बलिया आकर दर्शन कर सकूँ तो यह मेरा परम सौभाग्य होगा।

आपका
दिनकर

[2]

कनूलाल रोड, पटना
10-9-48

प्रिय मधुर जी,

जय शंकर!

पत्र मिला। कविता की कॉपी भी मिली। मैं तो आपकी हाल की कविताओं पर दंग हूँ। सच पूछिए तो ये कविताएँ मेरी अपनी मनोदशाओं को ही व्यंजित करती हैं और जी चाहता है कि काश, इनमें से कई के नीचे रचयिता की जगह मेरा नाम होता! इन्हें कई मित्रों को सुना चुका हूँ। कल शाम को पूरी कॉपी जयप्रकाश जी के यहाँ ले गया था और उन्हें तथा अन्य मित्रों को कोई पन्द्रह कविताएँ सुनाईं। सभी लोग बड़े ही चमत्कृत हुए। इधर बिहार में इनका अच्छा स्वागत होगा, ऐसी मेरी आशा है। इनके प्रकाशन की व्यवस्था कर रहा हूँ। अगर आपकी ओर से कोई शर्त हो तो निःसंकोच भाव से लिखें कि मैं कहीं पक्का इन्तजाम कर सकूँ।

संग्रह में से तीन-चार कविताएँ मैंने बिहार (मुँगेर) से प्रकाशित होनेवाले श्री

कृष्ण-अभिनन्दन-ग्रन्थ में दे दी है। अगर आपका चित्र पाँच-सात दिनों में मिल जाता तो और भी अच्छा होता। ग्रन्थ-समिति की ओर से 40) चालीस रुपए की क्षुद्र भेंट एक चेक के द्वारा भेजी जा रही है। इसे स्वीकार करेंगे।

शिवजन्म ने कोई पत्र इधर नहीं लिखा। उसकी चिट्ठी मिल गई है। कृपया उसे मेरी याद दिला देंगे।

आपका

रामधारी सिंह 'दिनकर'

58
रामसेवक सिंह (बड़े पुत्र)

[1]

कलकत्ता-27
11-5-57

प्रिय नुनू,

विनता को फोन पर कह दिया था। आशा है, कल शाम तक भोला या शिवकुमार आ जाएँगे।

अयुतानन्दजी ने दिन 20 मई बताया था, लेकिन, विष्णुकान्त जी ने 22 मई बढ़िया कहा था। विष्णुकान्त जी से पूछकर Varify कर लो। मैं भी आज पंडित से Varify करूँगा और 22 के बारे में मुझे भ्रम नहीं है तो वही दिन पक्का करके निमन्त्रण भेजूँगा यहीं से।

तिलक किस दिन आएगा? मैं 13 को न चला तो 14 को तो अवश्य चल दूँगा। मुझे पटना आना है या सिमरिया, सो तार से बताओगे। घर के लोगों को सिमरिया जाना है।

कपड़े बनवाने हैं—

1. आदित्य को शेरवानी, पैजामा, टोपी, जूता।
2. बाकी लोगों के लिए कुर्ते, नरेश वगैरह को पैजामे आदि।

घर पर सवारी, बाजा, पुन्ना वगैरह तैयार है या नहीं? जो पूछना हो, फोन पर पूछ लो। भोला के आने पर मैं रात में फोन करूँगा। कागज-पेंसिल लेकर फोन पर रहना।

तुम्हारा
रामधारी

[2]

कानटून
17-11-57

प्रिय नुनू,

आज चीन-प्रवास का अन्तिम दिन है। कल प्रातःकाल इस शहर से ट्रेन से चलूँगा 7।। बजे भोर में, और हांगकांग पहुँचूँगा 11 बजे। 18, 19, 20 ये रातें हांगकांग में बीतेंगी। 21 को बैंकाक जाऊँगा। 21, 22 ये रातें बैंकाक में। श्री आनन्दमोहन सहाय

Ambassador मेरे मित्र हैं। अगर छुट्टी पर नहीं गए हों तो उनसे भेंट होगी। 23 को रंगून पहुँचूँगा। 24 को रंगून में बमदिशीय हिन्दी-साहित्य-सम्मेलन का जलसा है। उसका उद्घाटन करूँगा और 25 को अवश्य-अवश्य कलकत्ता पहुँच जाने का विचार है। कामेश्वर को लिख दिया है कि 26 की रात में दिल्ली-एक्सप्रेस से मेरी सीट रिजर्व करवा रखे कि मैं 27 के प्रातःकाल आठ बजे पटने पहुँच जाऊँ। 28 या 29 को दिल्ली चला जाऊँगा। अगर सम्मेलन का मुँगेर-अधिवेशन हो रहा है तो मुझे दिल्ली से फौरन वापस होना होगा। 26 के प्रातःकाल कलकत्ते से फोन भी करके तुमसे बतियाने का विचार है सुबह 9 बजे तक। यह समाचार तुम ब्रजशंकर जी को दे दोगे।

यात्रा अच्छी रही या नहीं, ठीक, नहीं कह सकता। पींकिग और शंघाई—रेडियो से वार्त्ताएँ दीं, वे ब्रजशंकर जी को भेज चुका हूँ। पीकिंग-विश्वविद्यालय शंघाई-विश्वविद्यालय और कानटून-विश्वविद्यालय में अंग्रेजी जानने वाले छात्रों और प्राध्यापकों के समक्ष भाषण दिए, बातें कीं। विषय भारतीय संस्कृति, साहित्य, कला और राजनीति। प्राइम-मिनिस्टर से मिला, ढेर साहित्यिकों से मिला, प्राचीन चीन के अवशेष देखे, नए चीन की उमंग देखीं, और सबसे बढ़कर चीन के दर्पण में भारत की कमजोरियाँ देखीं। मन पर भारी प्रभाव पड़ा है और इसके कारण मेरी प्रवृत्ति में परिवर्तन होंगे, ऐसा लगता है।

एक शिक्षा देश के लिए ला रहा हूँ। युवक कसकर व्यायाम करें, औरतें निकम्मी न रहकर घूमें-फिरें और अपने आपको सँभालना शुरू कर दें, नौकर को पुत्र और भाई की तरह रखो, केवल भाव से ही नहीं, धन और मान से भी, हलवाहों को घर का सदस्य समझो, धन जुगाना लोग छोड़ दें, किफायतसारी से काम लो, हर आदमी manual work भी करे, घर को बाहर और भीतर से फूलों से सजा दो। वैयक्तिक सम्पत्ति रहनेवाली नहीं है, भारत में भी नहीं। कम-से-कम, भारत विनोबा पर आकर ठहरेगा अर्थात् जरूरत से फाजिल किसी के पास नहीं रहेगा। अपरिग्रह, निवृत्ति और अहंकार—विसर्जन के बिना नया समाज नहीं लाया जा सकता। अभी भारत में जो समाज चल रहा है, उसे चलने देना प्रत्यक्ष अन्याय है। समाजवादी ढाँचे का समाज क्या है, इसे कांग्रेस के नेताओं को स्पष्ट करना होगा। गोल-मटोल ढंग से हम कब तक चलते रहेंगे? Onr ideology must be clarified and the country must know the goal for which it is asked to work.

भोजन पसन्द का कहीं नहीं मिला। अर्धोपवास में भी चीनी चलती रही है। पता नहीं क्यों इंसुलिन खराब हो गई, शंघाई में दूसरी ली, वह अनभ्यास के कारण ठीक से काम नहीं करती है। कल शाम को मन अचानक बहुत उदास हो गया। आज ठीक है। पत्र जो पटने से भेजा, वह कल यहाँ मिल गया। यह पत्र हांगकांग पहुँचकर छोड़ूँगा कल।

तुम्हारा
रामधारी

[3]

पीकिंग (चीन)
30-11-57

प्रिय नुनू,

25 को रंगून पहुँचा। अपने राजदूत के घर पर ठहरा। 26 को रंगून से उड़कर कुनमिंग आया। लेखक-संघ की ओर से दो सज्जन स्वागतार्थ आए थे। वे मुझे होटल ले गए और लेखक-संघ में मेरा अभिनन्दन हुआ। खा-पीकर शहर देखने गया। रात में नींद आ गई। 27 के प्रातःकाल उड़ा और शेंगतू आया। यहाँ पता चला कि जहाज पींकिग नहीं जायगा क्योंकि मौसम खराब है। राम शेंगतू होटल में काटी। 28 के प्रातःकाल 8॥ बजे जहाज उड़ा और 2। बजे दिन में पीकिंग पहुँच गया। बीच में जहाज सिंकियाङ् में उतरा था। पीकिंग में तीन व्यक्ति स्वागतार्थ खड़े थे। कुनमिंग, शेंतुंग और सिंकियाङ् में मिजाज अच्छा नहीं रहा। कुछ उड़ान की हरारत और उससे भी अधिक चीनी-पद्धति के भोजन से विरक्ति, इन दोनों के कारण मन काफी दब गया था। पीकिंग-होटल आकर मन प्रसन्न हो गया। भोजन यूरोपीय ढंग का यहाँ अच्छा मिलता है। एक कवि और एक दुभाषिया साथ रहता है। समय अच्छी तरह कट रहा है। केवल 28 की रात भर नींद नहीं आई।

यहाँ मैं 4 तक हूँ। 5 को दौरे पर निकलूँगा और तिंस्तीन, नानकिंग, शंघाई, हाँगचो होकर 16 को कानटून पहुँचूँगा। 18 को हांगकांग, 20 को बैंकाक और 25 को रंगून पहुँचने का विचार है। 28 नवम्बर तक कलकत्ता अवश्य पहुँच जाऊँगा, ऐसा विचार है। 19 को हांगकांग अवश्य रहूँगा। शेष कुशल है।

तुम्हारा
दिनकर

[4]

नई दिल्ली
16-12-58

प्रिय नुनू,

Tata Company में लेबर वेलफेयर की जगहें खाली हुई हैं। भोला को इसमें दरखास्त भेजनी चाहिए। पूरा पता वहीं रंजनधारी बाबू के ऑफिस से मालूम होगा। रामविलास को लेकर उस ऑफिस में जाना होगा और पता लगाकर आवेदन देना होगा। लेकिन यह काम आनन-फानन होना चाहिए। दरखास्त की एक कॉपी मुझे यहाँ भी भिजवा दो। शेष कुशल है। मिजाज ठीक चल रहा है।

मुझे यह पता नहीं चला कि रुपए तुमने दादा को भेज दिए या नहीं।

तुम्हारा
रामधारी

[5]

पटना
8-7-63

प्रिय नुनू,

तुम्हारा पत्र मिला। इसमें आशा की एक किरण दिखाई पड़ी कि तुम्हें विभा और केदार के लिए अब भी ममता है और उन्हें बाँटकर अलग कर देने में तुम्हें ग्लानि महसूस होती है। बँटवारे के दो दुष्परिणाम तो स्पष्ट हैं। एक यह कि विभा का अच्छा विवाह नहीं होगा। दूसरा यह कि केदार को बसने में देर लगेगी। दिक्कत तो अभी ही हो गई। इसलिए मेरा सुझाव है कि केदार के लिए ममता जगी हो तो बिजिनेस में उसे साथ कर लो। फिर मेरे सामने कोई भी बाधा नहीं रह जायगी। और रोजगार जैसे पहले चलता था, वैसे ही आगे भी चलेगा।

लेकिन, उदयाचल के गुडविल पर अपना वैयक्तिक आधिपत्य जमाए बिना अगर तुम्हारे चित्त को शान्ति नहीं मिले तो उपाय वही है जिसका सुझाव तुमने दिया है यानी तुम्हारे और मेरे बीच प्रकाशक और लेखक का सम्बन्ध। यदि उदयाचल के गुडविल पर अपना वैयक्तिक स्वामित्व तुम लिखा-पढ़ी के द्वारा चाहते हो तो केवल मेरी रजामन्दी काफी नहीं होगी। रजामन्दी तुम्हारे छोटे भाई की भी चाहिए, जो सयाना और विवाहित है। केदार से इस विषय में मैंने कभी कोई बात नहीं की है। तब भी तुम्हें भ्रम न हो जाय, इसलिए डालमियानगर जाने का कार्यक्रम मैंने स्थगित कर दिया है। तुम खुद डालमियानगर जाकर या केदार को यहाँ बुलाकर बातें कर लो।

जहाँ तक लिखा-पढ़ी का सवाल है, मेरी सलाह होगी कि यह काम तुम गुस्से में मत करो। लिखा-पढ़ी आसानी से भी हो सकती है। केवल सिद्धान्त का फैसला अभी कर लेना चाहिए।

जहाँ तक जनवाणी का कर्ज पटाने का सवाल है, तुम कहोगे तो अपनी स्कीम को मैं महीने-दो महीने रोक सकता हूँ। किन्तु यह ठीक है कि यह कर्ज मेरे दिमाग पर बोझ बन गया है और उसे पटाने की कोशिश में मैं एकाध किताब का कॉपीराइट भी बेच सकता हूँ।

तुम्हें बँटवारे की कल्पना से ही घृणा मालूम होती है। बँटवारा घृणित काम है ही। लेकिन बिजिनेस बँट जाए या आमदनी की स्वतन्त्र सूरतें निकल जावें तो चूल्हा एक कैसे रह सकता है? तुम्हारे पास कोई उपाय हो तो बता सकते हो।

अब एक बात और है। उदयाचल बन्द हो जाए या चालू रहे, यह बात और है। लेकिन, जो किताबें कोर्स में लगी हैं, वे अगर समय पर बाजार में नहीं पहुँचीं तो मैं और तुम, दोनों ही सार्वजनिक भर्त्सना के पात्र होंगे। ईश्वर न करे, अगर तुम्हारा फैसला यही हो कि तुम दो में से किसी भी राह पर नहीं आओगे तो वह बात मुझे

पटना छोड़ने के पहले ही मालूम हो जानी चाहिए, जिससे मैं इन किताबों का कोई प्रबन्ध करके जाऊँ।

मैं 9 जुलाई को पटना छोड़ रहा हूँ और एक महीने से पहले मेरे लौटने की आशा नहीं है।

तुम्हारा
रामधारी

पुनश्च

1. उदय के प्रति मेरा तनिक भी असद्भाव नहीं है। न मैं उसके आने-जाने या तुम्हारे साथ घूमने का बुरा मानता हूँ। उस पर यदि प्रतिकूल प्रभाव पड़ा है तो वह बिलकुल निराधार है।
2. तुमने अपनी बीमार सास का इलाज करवाकर कोई बुरा काम नहीं किया। इस विषय में मैंने कहीं भी जबान नहीं खोली है।

59
श्री रामानुज प्रसाद सिंह*

[1]

साउथ एवेन्यू, नई दिल्ली
24-9-55

प्रिय भोला,

कल मैं प्रस्थान नहीं कर सका। पत्र भेजा, वह मिला होगा। आज एक हजार रुपए का ड्राफ्ट (No. DE 53603) तुम्हारे नाम से भेज रहा हूँ। इसे लेकर योगी प्रेस जाना और ब्रजशंकरजी या शर्माजी के साथ स्टेट बैंक (पहले का इम्पीरियल) जाकर रुपए भुना लेना। बस, अब इस रुपए से मकान का काम खत्म हो जाना चाहिए। इसमें बढ़ई का भी हिसाब शामिल है। रुपए बच रहें तो कुछ सेठ को दे देना या घर-खर्च के लिए रखना। यह आखिरी किस्त है। अब महीनों तक मुझे रुपयों का संयोग नहीं है। इति-श्री।

ड्राफ्ट का शोर-गुल मत करना। पैसे हिफाजत से लाकर घर में रख छोड़ना। रात से यहाँ झड़ी लगी हुई है। वहाँ भी तो काम नहीं ही लगा होगा। मैं अब आठ तक आऊँ तो आऊँ या बाद भी आ सकता हूँ। वहाँ सब कुछ सूने में छोड़कर सिमरिया मत भाग जाना। कोई-न-कोई आदमी बराबर रहे। ड्राफ्ट की पहुँच लिखना और भुन जाय तो उसका समाचार भी।

तुम्हारा
रामधारी

[2]

52, साउथ एवेन्यू
नई दिल्ली
5-10-55

प्रिय भोला,

पत्र मिला था। किताबें मत भेजो। चिट्ठियाँ भी वहीं रोक रखो। चेक तुमने कैसे

---

* रामानुज प्रसाद सिंह दिनकर जी के भतीजे हैं। दिनकर जी इन्हें भोला नाम से ही सम्बोधित करते थे। —सम्पादक

भेजा कि अब तक नहीं आया है? कहीं गुम न हो जाय। रामसेवक का पत्र मिला किन्तु उसके साथ चेक तो नहीं था।

मैं 9 को चलकर 10 के प्रातःकाल आऊँगा।

तुम्हारा
रामधारी

[3]

लन्दन
23-11-55

प्रिय भोला,

मैं दिल्ली से कल चला और आज कैरो, रोम, जेनेवा होता हुआ यहाँ साढ़े सात बजे शाम को पहुँचा जब मेरी घड़ी में रात को एक बजा था। कल भोर वारसा जाना है। वहाँ से 2-12 तक यहाँ लौट आऊँगा और तब लन्दन, पेरिस, जेनेवा, रोम और कैरो देखता हुआ 25-12 तक बम्बई पहुँचूँगा। मिजाज प्रायः ठीक है। इस हवाई-यात्रा में कष्ट नहीं हो रहा है यद्यपि जहाज 21 हजार फीट ऊपर उड़ता है।

तुम्हें कोई आवश्यक बात लिखनी हो तो इस पते से लिखो–

C/0. High Commissioner of India
India House, London (U. K.)

शेष कुशल है।

तुम्हारा
दिनकर

[4]

वारसा
30-11-55

प्रिय भोला,

लन्दन से भेजा हुआ पत्र मिला होगा। वारसा हम 24 को आए और तभी से पार्टियों, सम्मेलनों, मुलाकातों आदि में व्यस्त रहे हैं। अन्तर्राष्ट्रीय डेलिगेशन में जाने के लिए स्वास्थ्य मजबूत चाहिए। बड़ा परिश्रम करना पड़ता है।

परसों International evening Poetry नाम से एक अन्तर्राष्ट्रीय कवि सम्मेलन हुआ, जिसमें 30 देशों के कोई 44 कवि वर्तमान थे। सूची में मेरा नम्बर 12वाँ था। किन्तु, तुम्हें जानकर खुशी होगी कि कवि सम्मेलन भारतवर्ष के हाथ रहा है। अपनी भाषा की कविता तो सबको प्यारी लगती है। जहाँ अनेक भाषाओं का सम्मेलन हो, वहाँ ध्वनि और अनुवाद से व्यंजित अर्थ ही काम करता है। इस काम में हिन्दी बड़ी ही क्षमतावाली भाषा सिद्ध हुई। परसों ही वारसा यूनिवर्सिटी में मेरा Indian Poetry पर भाषण भी हुआ।

2-12 को हम लन्दन जाएँगे और वहाँ 10 तक रहेंगे। फिर हम पेरिस, जेनेवा, रोम आदि होते हुए 22 दिसम्बर तक बम्बई पहुँचना चाहते हैं।

यहाँ का जीवन मुक्त, प्रफुल्लित और उल्लास से युक्त है। राजनीति की बातें कोई नहीं बोलता। कवि, गायक और कलाकार यहाँ की जनता के सर्वश्रेष्ठ सदस्य हैं। वे ही अमीर भी हैं। युवक दल बाँधकर देश और सरकार को मुक्त सहयोग दे रहे हैं और सारा देश जोर से प्रगति कर रहा है। मामूली से मामूली कलाकार को जनता इतने आनन्द से उछालती है कि चित्त प्रसन्न हो जाता है। कला की पूजा मैंने यहीं देखी।

तुम्हारा
रामधारी

[5]

वारसा
6-12-55

प्रिय भोला,

पिछला पत्र मिला होगा जिसमें मैंने अन्तर्राष्ट्रीय कवि-सम्मेलन का विवरण लिखा था। उसके बाद बर्लिन रेडियो के लिए एक टॉक यहीं रिकॉर्ड करवाया। फिर क्रैकोव नामक शहर देखने गया। वहाँ से पोजनन नामक शहर गया। आज घूम-घामकर वारसा आया हूँ। परसों आठ दिसम्बर को यहाँ से लन्दन के लिए रवाना होना है। प्रोग्राम, अनुमानतः इस प्रकार रहेगा—

1 से 13 दिसम्बर तक लन्दन, 14 को लन्दन से जिनेवा आना
14-15 जिनेवा रहना, 16 को जिनेवा से पेरिस जाना (ट्रेन से)
16 से 19 तक पेरिस रहना, 20 को जिनेवा वापस आना (ट्रेन से)
21 को जिनेवा से रोम जाना, 21, 22, 23 रोम रहना
24 को रोम से उड़कर कैरो पहुँचना, 24, 25, 26 कैरो रहना
27 को कैरो से बम्बई के लिए प्रस्थान

दिल्ली में शायद एक सप्ताह रुकना पड़ेगा। उसके बाद पटने आऊँगा। शरीर अच्छा रहा तो यह प्रोग्राम ठीक से निभाऊँगा। अभी तक शरीर अच्छा ही था। क्रैकोव में दाँत में दर्द हुआ। एक दाँत उखड़वा दिया। केदार को समय पर रुपए भिजवा देना। जयनाथजी से कहना कि खड्ग बाबू का कर्ज देना न भूलें। शोभा का क्या हुआ यह चिन्ता लगी हुई है?

तुम्हारा
रामधारी

[6]

जिनेवा-रोम के बीच का आकाश-मार्ग
22-12-55 सायंकाल

प्रिय भोला,

तुम्हारा पत्र redirect होकर आज जिनेवा में मिला। शोभा का ऑपरेशन सफल हुआ, यह जानकर चिन्ता हटी। रूस नहीं गया। उन देशों में हर चीज आग के मोल बिकती है। आने पर बताऊँगा। लन्दन से जिनेवा आया, यहीं से पेरिस गया और आज यहीं से कैरो जा रहा हूँ। रोम की यात्रा स्थगित कर दी। कैरो 23 से 26 तक रहूँगा। 26 की रात में कैरो से उड़कर 27 को दो बजे दिन में बम्बई उतरूँगा। तुम यह पत्र पाते ही एक खत नीचे लिखे पते पर डाल दो, जो मुझे बम्बई मिल जाय।

C/o. S. P. Jain 'SHIKHAR KUNJ'
29, Carmichale Road, Bombay.

चिट्ठी में यह लिखो कि शोभा कैसी है, विभा और मालकिन कैसी है, कल्लो सिमरिया में क्यों है, मेहमान का क्या हुआ, वे पटने हैं या काझा, रुपए की तकलीफ तो नहीं है, शोभा पटने कब तक रहेगी?

मैं बम्बई 28 तक रहूँगा। 29 को दिल्ली चला जाऊँगा। वहाँ भी चार दिन रहना पड़ सकता है। तब पटने आऊँगा। भाषा-आयोग के काम से शायद पटने भी टिक नहीं सकूँगा।

तुम्हारे लिए तीन टाइयाँ खरीद ली हैं। यह पत्र 20000 फीट की ऊँचाई पर से लिख रहा हूँ।

तुम्हारा
रामधारी

[7]

नई दिल्ली
29-8-56

प्रिय भोला,

यहाँ आकर देखा तो दो जोड़ जूते गायब हैं। ये चोरी चले गए। और सब कुछ ठीक है।

माताजी का क्या हाल है, यह जानना बहुत आवश्यक है—यदि तुम घर से हो आए हो तो तार से खबर दो।

गाँव में रिलीफ देने के लिए आज मैंने श्री बाबू, कृष्णवल्लभ बाबू, कलेक्टर, कमिश्नर और एस. डी. ओ. को अलग-अलग पत्र लिख दिए हैं। यह खबर गाँव

भिजवा देना। बाबू महावीर कुँअर से माफी माँगकर कहना कि आवश्यकता के कारण मैं अचानक उनसे मिले बिना चला आया हूँ। वे अन्यथा न मानें।

रामप्रसाद को काम आरम्भ करने को कहो। मैं कलेक्टर को आज फिर पत्र लिख रहा हूँ। तुम उनसे फोन करके पूछ लो। मैं चालीस बोरा सीमेंट के लिए उनके हाथ में दरख्वास्त दे आया हूँ।

परमिट मिल जाए तो सीमेंट खरीदकर काम जारी रखना। राजकर्ण इस काम पर रहेगा। मुझे वह सूचना भी रोज भेजता जायगा।

पूनों का हाल लिखना।

तुम्हारा
रामधारी

[8]

साउथ एवेन्यू, नई दिल्ली
4-9-56

प्रिय भोला,

पत्र मिला। हाल मालूम हुआ। मथुरा बाबू ने कहा कि जयनाथ जी ने पाँच-सौ रुपए दिए जिनमें से मालकिन ने चार-सौ रुपए बिनवा को दिए हैं। ये रुपए जयनाथजी ने कब दिए? क्या मेरे आने के बाद? यह लिखोगे।

ब्रजशंकरजी आठ सितम्बर को पटने पहुँचेंगे। उनके मार्फत पाँच-सौ रुपए भेज रहा हूँ। घर में जो काम लगा हुआ है, उसमें खर्च करने के लिए। सीमेंट का परमिट मिला या नहीं, यह समाचार नहीं मिला है।

उदयाचल का कार्य आरम्भ होगा। अन्तिम रूप से यह बात मैंने रामसेवक को लिख दी है।

मैं 30 सितम्बर से पहले पटने नहीं आ सकूँगा।

घर पर आने-जानेवालों की भी खबर देते रहोगे। शेष कुशल है।

तुम्हारा
रामधारी

[9]

52, सा-ए, नई दिल्ली
1-12-56

प्रिय भोला,

मेरा प्रोगाम बदल गया। मैं अब 9-12 के प्रातःकाल यहाँ से हवाई-जहाज से सीधे कलकत्ते जाऊँगा और वहाँ से 14 को चलकर 15 को पटने पहुँचूँगा।

कल तुम्हें लिखा है कि मेरे घर में जो अलमारी है उसमें से THE KATNS CAME नामक अंग्रेजी-उपन्यास निकालकर Book-Post रजिस्टर्ड करके मेरे पास भेज दो। आशा है वह किताब 5-6 ता. तक मुझे मिल जायगी। रामसेवक की चिट्ठी कलकत्ते से आज आई है। उसके कलकत्ता जाने से अच्छा काम हुआ

तुम्हारा
रामधारी

[10]

नई दिल्ली
5-12-56

प्रिय भोला,

तुम्हारा पत्र और पुस्तक का पार्सल मिला। आदित्य की बीमारी से घबराने की कोई बात नहीं है। मुझे भी I. A. में एक बार दमा हो गया था, किन्तु, वह छूटा, सो छूट ही गया। आदित्य का भी छूट जायगा।

आदित्य की परीक्षा (डॉक्टरी) करवाकर डॉक्टर जो बताए, वह दवा और पथ्य करो। पथ्य इसमें बढ़िया पुष्ट भोजन होना चाहिए। कपड़े गरम बनवाने हों तो फौरन बनवा दो। देर न करना। महीने-आध-महीने के विश्राम से परीक्षा में लाभ ही होगा, हानि नहीं होगी। वह पूरा विश्राम करे। लेटा रहे। पढ़ना हो तो मनोरंजन के लिए किताबें पढ़े। धूप भी खाय और सर्दी से भी बचे। घी, अंडे, मांस, यह ज्यादा खाए। भात छोड़ दे। रोटी, पूड़ी, हलवा, यह सब अच्छा रहेगा। कद्दू न खाय। पूरा विश्राम करे। इसमें कमी नहीं हो। ऊपर-नीचे बार-बार न आवे।

मैं 15 दिसम्बर को पटने पहुँचूँगा, ऐसी आशा है।

सीमेंट बाजार से लेकर काम चलाओ। चिट्ठियाँ वहीं रहने दो।

मैं 10,11,12,13,14 कलकत्ते रहूँगा। उत्तर वहीं भेजो।

तुम्हारा
रामधारी

[11]

52, साउथ एवेन्यू
नई दिल्ली
14-8-57

प्रिय भोला,

तुम्हारा पत्र आज मिला। मैं यह जानना चाहता हूँ कि खिड़की कितनी और चौखट कितने बने हैं और कितनी सिमरिया आ गए तथा केवाड़ी का क्या हुआ।

सिमरिया की कोई चिट्ठी नहीं आई है। रामसेवक का भेजा हुआ मोटा लिफाफा भी आज ही मिला है। 'रश्मिरथी' के छपे फरमे नहीं मिले हैं।

छविनाथ जी का भी पत्र मिला है। उनका एक पत्र पहले भी आया था, जिसका मैंने उत्तर भी भेजा था। मगर, वह उन्हें मिला नहीं। मैं 16 को हवाई-मार्ग से भूपाल जा रहा हूँ।

तुम्हारा
रामधारी

[12]

बेगूसराय
16-2-58

प्रिय भोला,

मैं तो यहाँ आकर विपद में फँस गया। शिवकुमार का लड़का 12 ता. की शाम को मोटर दुर्घटना में पड़ गया। Head injury सांघातिक है। 12 की रात से वह यहीं अस्पताल में है। कल रात को उसे लेकर हम लोग सोनपुर होकर आ रहे हैं। मंगल के प्रातःकाल महेन्द्रू उतरेंगे या अगर misconnection हो गया तो 11-12 बजे जहाज से पहुँचेंगे। तुम मुन्दर बाबू अथवा विजय बाबू अथवा दोनों से मिलकर Ambulance के साथ महेन्द्रू-घाट पर दोनों ट्रेनों में मौजूद रहोगे। आते ही उसे विजय बाबू के चरणों में डाल देना है। यह बात विजय बाबू को कह दोगे।

तुम्हारा
रामधारी

[13]

52, साउथ एवेन्यू, नई दिल्ली
18-4-30

प्रिय भोला,

आशीर्वाद!

मैं 10 ता. को कटक गया था, परसों वापस आया हूँ। 29 तक सभा चलेगी और 2 मई को मैं मुक्त हो जाऊँगा। घर अगर बनना खत्म हो तो पटना जाऊँगा। अन्यथा कहीं और।

शुकदेव डाक-तार के लिए उम्मीदवार है। मेरे पास रेफरेंस आया था। आशा है, वह चुन लिया जायगा। किन्तु, बहुत-कुछ तो इंटरव्यू पर निर्भर है। इसे गुप्त रखना, मगर उसको बता देना।

तुम्हारा
रामधारी

[14]

26, कारमाइकेल रोड, बम्बई
16-1-61

प्रिय भोला,

दो आर्टिस्ट कुछ ideas ले गए हैं। आज ड्राइंग दिखाएँगे।

यहाँ के सबसे बड़े Heart Specialist का नाम डॉक्टर 'वकील' है। अपने फन के लिए उन्हें 1958 में 'पद्मभूषण' भी मिला था। परसों उन्होंने जाँच की। बोले स्कीमिया भी है Heart enlargement भी। फिर भी, कार्डियोग्राम से पता चला कि पहले से हालत सुधरी है। किन्तु, जिस ढंग से उन्होंने बात की, उससे मैं चौंक उठा हूँ। बोले, आप तेजी से चार मील चलते कैसे हैं? लाइफ का टेम्पो खत्म कीजिए, हो सके तो संसद छोड़कर घर बैठिए और हार्ट को आराम दीजिए और दवा कीजिए। आज उनकी हिदायतें लिखित रूप में मिलेगी। Blood sugar कल करवानी है।

वायुमार्ग से ही लौटने का विचार है। 20 को आऊँगा अथवा 21 को। तार दे दूँगा।

पथ्य ठीक चला है। बेल नहीं मिला। कब्जियत शुरू ही गई। टहलना छोड़ दिया उससे और भी।

I must show Vakil's report to Dr. Ghoskal. Meanwhile I will start treatment for heart.

तुम्हारा
रामधारी

[15]

पटना
27-1-64

प्रिय भोला,

सकुशल पहुँच गया। सेबो की तबीयत खराब देखी। अभी रात में ही खत लिख रहा हूँ। गिराया कल जायगा।

दोनों जोड़ जूते वहीं रह गए चमड़े के टुटहे बॉक्स में। उस बक्से को तुरन्त भेजो जिससे जूते मेरे पास तुरन्त पहुँच जाएँ। बाकी चीजें चाहे जब भेजना।

सेबो के स्वभाव से आज फिर भय लगा। शायद मुझे सब छोड़कर संन्यस्त होना है।

1. एलिजाबेथ ब्रूनर से तीनों चित्र ले आना। 2. रजनी जी से अनुवाद की कॉपी ले आना। 3. लोग पूछें तो कहना कि डॉक्टर आने की अनुमति अभी नहीं देंगे। 4. Flowers of Hell घर में होगी। Goethe in weimar रजनी के पास है। ये दो किताबें संसद-पुस्तकालय को लौटा आना और मुझे खबर देना।

तुम्हारा
रामधारी

[16]

पटना
2-10-68

प्रिय भोला,

जाड़े के कपड़ों की जरूरत यहीं पड़ेगी। कुंजी भेज रहा हूँ। बड़े बक्से में दोनों कुर्ते और ऊनी बंडी निकालकर सिद्धेश्वर के मार्फत भेज दो। वह शायद शुक्रवार को पटने के लिए प्रस्थान करेगा। अथवा मिश्रजी आते हों तो उन्हीं के हाथ भेज दो या मथुरा आता हो तो उसी के हाथ। कोई नहीं मिले तो विशेष के ही मार्फत भेज देना। चिट्ठियाँ आई हों तो उन्हें भी भेज देना।

चिट्ठी गाँथनेवाली फाइल में यानी खोंसुआ में दो-तीन चिट्ठियाँ होंगी, जिनका लेटर-हेड है। The Radhakrishnan Number, Madras उसमें से एक चिट्ठी भेज दो, डाक से। मुझे V. Kalidas का पता लेना है।

कोठरी को बरहबट्टू होने मत देना।

आदित्य अगर पांडुलिपि बृहस्पति या शुक्र तक भेजेगा तभी वह चीज पटने में मिलेगी। मैं मंगल की शाम को कलकत्ते जा रहा हूँ। देर हो तो वह सीधे प्रेस भेजे। पता—

जनवाणी. प्रेस
36, Baranasi Ghosh Street.
Calcutta-7

तुम्हारा
रामधारी

[17]

22-12-68

प्रिय भोला,

कुंजी इसी लिफाफे में जा रही है। भीतर अलमारी में एक पंडितजी की पांडुलिपि है। उस पुस्तक का नाम 'भारतीय दर्शन' या ऐसा ही कुछ है। लेखक हैं पंडित यशोधर झा। कॉपी लम्बी-लम्बी दो हैं। दोनों या तीनों कॉपियाँ बढ़ियाँ से वेष्ठित करके और बाँधकर रामसेवक के नाम से तुरन्त भेज दो। रजिस्ट्री पार्सल से भेजना, खुद लगाना और रसीद रख लेना। जरूरी है। कॉपी लम्बी साइज की है जिस साइज का सादा कागज साथ है।

तुम्हारा
रामधारी

60
श्री रामेश्वर प्रसाद तिवारी

राजेन्द्रनगर, पटना-16
16-3-73

प्रिय तिवारी जी,

आपका 10/3 का पत्र मिला। मैं दिल्ली तो गया था, लेकिन रामनाथ जी वहाँ थे नहीं। लिखने का असर नहीं होगा। मिलकर ही बात करनी होगी। आपकी दोनों फाइलें महफूज हैं। आपकी यह चिट्ठी भी मजेदार है। इसे भी जुगाना चाहिए।

श्री हरिशंकर पारसाई को मैं अच्छा लेखक मानता हूँ, मगर उनसे मेरी कभी मुलाकात नहीं हुई है। दिल्ली जाने पर सुना कि कुछ साम्यवादी लेखक और पत्रकार मेरे विरुद्ध लेख लिख रहे हैं। कसूर मेरा यह है कि 29-12-72 को यहाँ पटने में अखिल भारतीय विद्यार्थी-परिषद का वार्षिक अधिवेशन हुआ था। लड़कों के आग्रह से मैं उस सभा में स्वागताध्यक्ष की हैसियत से एक दिन चला गया और एक भाषण दे आया। यह परिषद जनसंघियों की है। बस इसी को लेकर साम्यवादी-विद्वान नाराज हो गए हैं। साम्यवादी लोग जनसंघियों को साथ लेकर संविद सरकार बनाएँ तो इससे उनका धर्म नहीं बिगड़ता, मगर मैं बच्चों की सभा में चला गया तो मेरा धर्म बिगड़ गया। छात्रों के संगठन को राजनीतिक संगठन मैं नहीं मानता। कॉलेजों से निकलते ही उनकी राजनीति समाप्त हो जाती है।

मैं तो पोती के विवाह की चिन्ता में दिन-रात मारा-मारा फिरता हूँ। मैं गोल-पोस्ट पर हूँ नहीं, न मेरी कोई टीम है। जिसका जी चाहे, मोल कर सकता है।

Communist friends are beating a half Communist who is also half dead.

आप इस झमेले में क्यों पड़ेंगे? गढ़ जीतकर फतहयाव-फौज आनन्द मना लेगी।

अभी तक लड़का ठीक नहीं हुआ, यही समस्या है। आप अपने 'अजमर' से कहिए कि इस काम में वह मेरी सहायता करे।

आशा है, आप सुप्रसन्न हैं।

आपका
रामधारी सिंह 'दिनकर'

61
राय कृष्णदास

[1]

सीतामढ़ी (कोर्ट)
4-10-39

मान्यवर,

प्रणाम।

कार्यक्रम तो अभी नहीं पहुँचा है, लेकिन परों के संवाद से ज्ञात हुआ है कि सम्मेलन 15 से 18 तक बैठेगा। यह मेरे लिए बुरा हुआ, क्योंकि मेरा ऑफिस 16 होकर 17 से बन्द होता है। अगर मैं पहली ट्रेन भी पकड़ूँ तो भी 17 के 1 बजे दिन से पूर्व तो बनारस पहुँच नहीं सकता। कहीं वह ट्रेन छूट गई तो खुदा पनाह। मैं सोच रहा हूँ कि सम्मेलन का उत्सव मैं नहीं देख सकूँगा। कृपया कार्यक्रम भिजवा दें कि मुझे सभी अधिवेशनों का समय मालूम हो जाय।

'रसवन्ती' अभी पुस्तक-भंडार की खटाई में भीग रही है।

विनीत
रामधारी सिंह 'दिनकर'

[2]

नरकटियागंज (चम्पारण)
15-8-43

मान्यवर राय साहब,

प्रणाम।

पत्र-वाहक श्री भरत मिश्र हिन्दू विश्वविद्यालय के छात्र थे और वहीं से इन्होंने आई. ए. की परीक्षा पास की। घरेलू झंझटों के कारण थर्ड इयर में अब तक नाम नहीं लिखा सके। अब नाम लिखाने को इच्छुक हैं। काफी देर हो चुकी है और जब तक आप इस मामले में नहीं पड़ेंगे तब तक शायद इनका नाम नहीं लिखा जा सकेगा। अतएव मेरा साग्रह अनुरोध है कि आपसे जिस प्रकार भी हो सके, इनकी समुचित

सहायता करने का कष्ट उठावें। इतना और कह दूँ कि यह मेरे एक घनिष्ठ मित्र के सम्बन्धी हैं और इनके प्रति किया गया उपकार मेरे लिए कृतज्ञता का कारण होगा। शेष कुशल है।

विनीत
दिनकर

[3]

कनूलाल रोड, मीठापुर
पटना
2-8-45

मान्यवर,

श्री मैथिलीशरण-हीरक जयन्ती के लिए निमन्त्रण मिल चुका है। मैं भरपूर कोशिश करूँगा कि उसमें सम्मिलित होऊँ। क्या आपके यहाँ उस समय बहुत भीड़ रहेगी।

प्रणाम।

आपका
रामधारी सिंह 'दिनकर'

[4]

12-ई, फिरोजशाह रोड
नई दिल्ली
14-12-45

मान्यवर,

पत्र मिला। मैं बीस ता. को आ रहा हूँ। हवाई जहाज से आया तो अड्डे पर अन्यथा मुगलसराय स्टेशन पर गाड़ी भेजनी होगी। तार दे दूँगा। 21 को वापस हो जाऊँगा अन्यथा तीन दिनों का भत्ता मारा जाएगा। फिर लौटती बार कृष्णानन्दजी के कॉलेज के लिए 29-30 उतरना है। तब भरपेट 'गप्प' करेंगे।

प्रणाम।

आपका
दिनकर

[5]

कनूलाल रोड, मीठापुर, पटना
16-8-46

मान्यवर राय साहब,

प्रणाम!

आपको शायद विदित हो चुका होगा कि मैं हाल ही में बनारस गया था और वहाँ से अस्वस्थ होकर तुरन्त लौट आया। आने पर 14 दिनों तक ज्वर-ग्रस्त रहा। अब अच्छा हूँ मगर बहुत कमजोर।

मैं सोमवार की शाम को बनारस पहुँचा, मंगल को खानगी कामों में व्यस्त रहा। बुध को आपकी सेवा में हाजिर होनेवाला था कि ज्वर आ गया और मैं तुरन्त बिस्तर गोल करके पटने भागा। अतएव, क्षमा करेंगे कि बनारस जाकर भी आपके दर्शन नहीं कर सका। शेष कुशल है।

विनीत
दिनकर

[6]

मीठापुर, पटना
18-12-46

मान्यवर,

आवेदन पत्र आचार्य जी को दे दिया। उन्होंने अर्थमन्त्री से भी बातें कर ली हैं। उन्होंने कहा कि आधी रकम की उम्मीद हम लोग उनसे कर सकते हैं। बाकी प्रान्त की जनता दे। यह भी अच्छा ही हुआ। अगर गुप्त जी और आप आइए तो दरभंगा से कुछ लिया जा सकता है। लेकिन वहाँ मेरा कोई असर नहीं है। यों शामिल बाजा की तरह से मैं भी साथ चलूँगा। बात को और पक्की करने के लिए अच्छा होगा कि गुप्त जी एक पत्र आचार्य जी के पास भेज दें। बहुत काम करेगा। अगर आप जुटे रहिएगा तो सिद्धि कहीं गई नहीं है।

सम्मति के लिए कोटिशः धन्यवाद! 'योगी' का अंक फिर से जा रहा है और दक्षिणा भी।

आपका
दिनकर

[7]

कनूलाल रोड, पटना
31-12-46

मान्यवर,

वर्ष का अन्तिम पत्र आपके नाम जा रहा है। आचार्य जी को मैथिलीशरण जी की चिट्ठी मिल गई है। उन्होंने उत्तर अभी नहीं दिया है। देंगे, ऐसा बोलते थे। मैंने अपनी शक्ति काफी लगाई, मगर, मार्च के अन्दर वसूल कर लेना मेरी ताकत के बाहर मालूम हो रहा है। क्या राय ब्रजराजकृष्ण जी थोड़ी-सी मदद नहीं करेंगे? आधा का वादा अभी तक कायम है।

केशव जी के लिए परिश्रम तो आपको ही करना है। यों कृष्णानन्द जी ने भी अभी तक कुछ नहीं भेजा है।

प्रणाम।

आपका
दिनकर

[8]

कनूलाल रोड, मीठापुर, पटना
22-1-47

मान्यवर!

एक काम से कष्ट दे रहा हूँ। उर्दू में कोई शब्द 'बामी' या 'बाबी' है, जिसका अर्थ होता है बिल या विवर। किन्तु, हिन्दी-कोषों में यह शब्द नहीं मिलता। मुझे इसका साधुत्व चाहिए। अगर आप किसी कोष में इसे पा सकें तो लौटती डाक से सूचित करें। हिन्दी और उर्दू, दोनों ही कोष देखने होंगे।

आपका पत्र राय ब्रजराज जी को मिल गया। वे कहते थे कि आपको उन्होंने बुलाया था, मगर, आप नहीं आए। मुझसे वे अधिक बातें करने को मुखरित नहीं दीखे इसलिए मैंने आग्रह नहीं किया। अब आप स्वयं एक पत्र आचार्य जी को लिख दीजिए। कुछ न कुछ असर पड़ेगा ही।

'प्रातप' में अब तक आलोचना नहीं निकली है।

निराला अभिनन्दन समारोह का क्या हाल है? मुझे शायद समय नहीं मिलेगा।

आपका
दिनकर

[9]

पटना
21-10-49

मान्यवर।

कृपा-पत्र मिला। मैंने कलकत्ते से वापस आते ही बेनीपुरी जी से बातचीत की थी। किन्तु, यहाँ की परिस्थिति के कारण उन्हें हिलने-डुलने का साहस नहीं हो रहा है। और इस काम में मैं असमर्थ हूँ। आप बेनीपुरी जी को ही लिखें। मैं उन्हें फिर साहस दिलाऊँगा।

शेष कुशल है। कुरुक्षेत्र पर सभी की दृष्टि नहीं ही पड़ी आखिर।

आपका
दिनकर

[10]

न्यूक्वार्टर्स, पटना
14-11-49

मान्यवर राय साहब जी,

यह पत्र मैं रोग-शय्या से लिखवा रहा हूँ। 5-6 दिनों से ज्वर आ रहा है। अभी तक पथ्य नहीं मिला है। आने लायक होता तो स्वयं सेवा में उपस्थित होनेवाला था। असमर्थता के कारण पत्र लिख रहा हूँ। कृपया सहायता कीजिए।

रामनगर-राज्य के विलय होने के बाद, महाराज के पर्सनल स्टाफ के लोगों को थोड़ी-बहुत जमीन, बन्दोबस्ती में दी जा रही है। महाराज के पर्सनल स्टाफ में मेरे भी एक सम्बन्धी, जिनका नाम श्री पृथ्वीनारायण ठाकुर हैं, रामनगर किला के अन्दर, काम करते हैं। उन्होंने भी जमीन की बन्दोबस्ती के लिए दरखास्त दी है तथा और लोगों की तरह उनका भी कुछ हक पहुँचता है। किसी कारण से पृथ्वीनारायण के आवेदन पत्र पर उचित विचार नहीं किया जा रहा है। अगर सबको जमीन मिले और पृथ्वीनारायण को जमीन न मिले तो, यह अन्याय होगा। अतएव, मैं चाहता हूँ कि आप श्री बी. एम. सेठ को कहकर पृथ्वीनारायण का यह काम करा दीजिए।

यह उपकार सीधे मुझ पर होगा

आपका
दिनकर

[11]

24 ए, हार्डिंग रोड, पटना
21-3-50

मान्यवर,

प्रणाम!

पन्त जी की नियुक्ति के बाद मैथिलीशरण जी ने रेडियो को सहयोग देना स्वीकार कर लिया है। हम लोगों ने मैथिलीशरण जी का अनुसरण किया था और मैथिलीशरण जी ने आप लोगों (आप, नवीन जी, वियोगी हरि जी आदि) के नेतृत्व को पुष्ट करने के लिए बहिष्कार की घोषणा की थी। मैं जानना चाहता हूँ कि आप मैथिलीशरण जी की संशोधित नीति का समर्थन करते हैं या नहीं। जो स्थिति उत्पन्न हो गई है, उसे साफ करने के लिए आपको कोई वक्तव्य देना चाहिए। अगर सो नहीं करें तो मुझे लिख दीजिए कि आप लोग इस विवाह से तटस्थ हो गए हैं। हिन्दी-संसार में बड़ा भ्रम फैल रहा है। अतएव, मौन रहना ठीक नहीं होगा।

मैं उत्तर की राह देख रहा हूँ।

आपका
रामधारी सिंह 'दिनकर'

[12]

24 ए, हार्डिंग रोड, पटना
13-5-50

मान्यवर,

संसद से 1001 रु. का जो चेक मिला था, उसे 'भारत कला-भवन' के नाम इंडोर्स करके साथ भेज रहा हूँ।

कृपया पहुँच की स्वीकृति लिखें।

आपका
दिनकर

[13]

24 ए, हार्डिंग रोड, पटना
18-5-50

मान्यवर,

दुःसंवाद मिला। प्रभु की इच्छा।

चेक तो रजिस्ट्री लिफाफे में भेज दिया था। मिला होगा।

अपने पास अगर गुप्त जी, देवी जी का और अपना चित्र मौजूद हो तो एक-एक प्रति मेरे पास भिजवा दें। संसद के बारे में थोड़ा प्रचार 'इलस्ट्रेटेड वीकली' में करवाना है। देवी जी का तो पता ही मेरे पास नहीं है।

मुझे ये चित्र फौरन ही चाहिए।

आपका
दिनकर

[14]

बिहार सेक्रटेरिएट, राँची
24-6-50

मान्यवर,

प्रणाम!

पहले ही प्रार्थना करता हूँ कि इस पत्र का उत्तर आप तुरन्त दीजिए और पटना के पते पर दीजिए। पता है 24ए, हार्डिंग रोड, पटना।

पन्त जी की इच्छा थी कि मैं पटना रेडियो में डिप्टी सुपरवाइजर का पद स्वीकार कर लूँ। मैंने कहा था कि इस पर विचार करना तभी सम्भव होगा जब बहिष्कार की गुत्थी सुलझ जाय। इस पर कुछ बातें आरम्भ हुईं और प्रायः एक समझौता भी हुआ, किन्तु, उसकी स्वीकृति सरकार से आए बिना बहिष्कार नहीं टूटेगा। बिहार-सम्मेलन प्रतीक्षा में है। स्थायी समिति के दो-दो अधिवेशन हो चुके किन्तु सरकार का स्पष्टीकरण अभी तक नहीं आ पाया है। इससे मैं समझता हूँ कि पन्त जी और राय साहब, दोनों ही व्यक्ति बाधाओं पर विजय नहीं पा रहे हैं।

इस बीच, कल मुझे पता चला है कि सरकार प्रायः यह निर्णय कर चुकी है कि मैं जी. वी. कॉलेज, मुजफ्फरपुर में हिन्दी के सीनियर प्रोफेसर के पद पर नियुक्त किया जाऊँ। यह पद स्थायी है और शिक्षा-विभाग में अभी इससे अधिक ऊँचे पद की आशा कर भी नहीं सकता। फिर इस पद के लिए मैं मार्च में ही लिखित सहमति भी दे चुका हूँ।

पन्त जी जिस पद के लिए कह रहे हैं, वह तो एकदम अस्थायी है और अगर वह छायारूप में भी स्टेशन-डायरेक्टर के पद के अधीन हुआ तो मैं उसे कतई स्वीकार नहीं कर सकता। यों रेडियोवाले मुझे ले जाना चाहें तो मैं दो ही रूप में जा सकता हूँ, एक तो यह कि मैं किसी ऐसे पद पर लिया जाऊँ, जो अधिकार की दृष्टि से स्टेशन-डायरेक्टर

के पद से नीचे नहीं हो; दूसरे, उस पद पर, जिस पर श्रीनारायण जी थे, और जो अब रिक्त है। मगर ये बातें मेरी ही बातें हैं। इनकी चर्चा मैं पन्त से करूँ तो उसका कोई परिणाम नहीं होगा।

अतएव, आप बतलाइए कि मैं क्या करूँ? कॉलेज का यह सम्मानपूर्ण ऑफर फिर दुहराकर नहीं आएगा। मैं इसे स्वीकार कर लेने के पक्ष में हूँ।

उत्तर की प्रतीक्षा में।

आपका
दिनकर

[15]

24 ए, हार्डिंग रोड, पटना
26-6-50

मान्यवर,

सादर बन्दे!

राँची से एक पत्र भेजा है, वह मिला होगा। आशा है, आपका उत्तर आ रहा होगा।

एक विशेष कार्य से कष्ट दे रहा हूँ। मुझे और महारथी जी को मिलकर बिहार में काम करनेवाले चित्रकारों के सम्बन्ध में एक निबन्ध लिखना है। आपकी पुस्तक तो यहाँ उपलब्ध है, किन्तु, श्रीमती आर्चरवाली पुस्तक यहाँ उपलब्ध नहीं है। उसे मैंने आपके वासस्थान पर देखा था। बड़ी कृपा हो अगर उस पुस्तक को, सिर्फ 15 दिनों के लिए आप मेरे पास रजिस्टर्ड पार्सल से भेज दें। मैं दायित्व के साथ वादा करता हूँ कि काम समाप्त होते ही मैं पुस्तक आपको रजिस्टर्ड पार्सल से ही वापस कर दूँगा।

अगर आपने पुस्तक नहीं भेजी या भेजने में देर कर दी तो लेख कमजोर पड़ जाएगा। यह लेख मुझे 10 जुलाई तक निश्चित रूप से तैयार कर देना है।

आपका
रामधारी सिंह 'दिनकर'

[16]

जनसम्पर्क विभाग, पटना
4-8-50

मान्यवर,

सादर बन्दे!

अभी मैं यहीं हूँ। कॉलेज आने की अनुमति मिलने में शायद 10-20 दिन और लगेंगे। वार्षिकांक की छपाई के सिलसिले में कलकत्ता गया हुआ था। वहाँ से आज

ही वापस आया हूँ। महारथी जी का लेख कल छप गया। कच्ची हालत में ही कुछ फरमे उठा लाया था, उसकी एक कॉपी भेज रहा हूँ। उस लेख को आप पढ़ जाने की कृपा करेंगे। अगर कोई भयंकर भूल रह गई हो तो मुझे सूचना दे देंगे।

मिसेज आर्चरवाली किताब भी साथ जा रही है।

शेष कुशल है। आशा है, आप स्वस्थ और प्रसन्न होंगे। राजा भैया को मेरा सप्रेम स्मरण।

आपका
दिनकर

[17]

आर्यकुमार रोड, पटना-4
8-2-51

मान्यवर,

आपका कुपित पत्र मिला। पुस्तक भेजने को मैंने प्रकाशक को लिखा था। तब से मैं दिल्ली गया ही नहीं। ऐसी अवस्था में मार्जन का काम तो काशी आने पर ही होगा। आप व्यर्थ ही दुःख मान गए। प्रणाम।

आपका
दिनकर

[18]

मुजफ्फरपुर
3-6-51

मान्यवर राय साहब!

यह लड़का मेरा श्यालक-पुत्र है। इसने अभी-अभी रामनगर स्कूल से मैट्रिक पास किया है और अब इसे आई.ए. में नाम लिखवाना है। इसका नाम कॉलेज में लिख लिया जाय, इसे फुल फ्रीशिप मिले और कोई सहायक वृत्ति भी, इसलिए आपको कष्ट दे रहा हूँ। फुल फ्रीशिप तो अवश्यमेव मिलना चाहिए। इसके लिए आप पूरा प्रयत्न करने की कृपा करेंगे, इसे आप जब जहाँ कहेंगे, वहाँ जाकर आपसे मिल लिया करेगा।

कवचकुंडल-दान और कर्ण-कुन्ती-संवाद, ये दो नए सर्ग इस छुट्टी में मैंने लिख डाले। आगे दो सर्ग और होंगे। काव्य का नामकरण मैंने 'रश्मिरथी' किया है।

शेष कुशल है।

आपका
दिनकर

[19]

नया टोला, पटना-4
3-9-52

मान्यवर, प्रणाम।

मैं कल आया। हालत यह है कि पटने से हम लोग 'अवन्तिका' नामक एक पत्रिका निकालने जा रहे हैं। उसके प्रथमांक के लिए एक निबन्ध (किसी प्रकार का) शीघ्र भेज दें। 13 सितम्बर तक निबन्ध हमें अवश्य मिल जाना चाहिए।

आपका
दिनकर

[20]

आर्यकुमार रोड
पटना-3
26-3-56

मान्यवर राय साहब, प्रणाम!

'संस्कृति के चार अध्याय' की प्रतियाँ, और वासुदेवशरण जी को भिजवा दी थीं। मिली होगी। कृपया उसे देख जाएँ और मुझे बतलाएँ कि पुस्तक आपको कैसी लगी। आपकी राय जानने को बहुत उत्सुक हूँ।

मैं इन दिनों ईषत् रुग्ण हूँ। इंसुलिन चल रही है।

आपका
दिनकर

[21]

पटना-4
28-6-57

श्रीमान,

मैं कल आपके यहाँ से बहुत ही व्यथित होकर लौटा हूँ। मारे दुःख के ट्रेन में तनिक भी नींद नहीं आई। सारी रात यही सोचता रहा कि अत्यन्त पारिवारिक पत्र को इस प्रकार दबा लेना कहाँ की सज्जनता है? मगर सज्जनता वह हो या नहीं; बड़प्पन अवश्य है अथवा इतिहास में आप अद्भुत संग्रहकर्ता के रूप में विख्यात कैसे होंगे? और मेरी भावना का आदर भी आप क्यों करें? मैं किस योग्य हूँ।

मैंने सात-आठ बार आपसे कहा कि पत्र आप मुझे लौटा दें। किन्तु, इस देश में

कौन ऐसा बड़ा आदमी है, जो छोटों की भाषा समझ सके? एक बार फिर अनुरोध करता हूँ कि पत्र आप मुझे डाक से भेज दें।

तुम्हारा
दिनकर

[22]

मुजफ्फरपुर (बिहार)
23-12-58

मान्यवर प्रणाम,

मेरा कार्यक्रम यह है कि कल 24 की रात में यहाँ से प्रस्थान करूँगा। 26 को मुँगेर में साहित्य परिषद की बैठक में भाग लूँगा। तब विवाह में जो बाधा आ गई है, उससे भिड़ूँगा। अगर बाधा तुरत समाप्त हो गई तो 19 तारीख को ग्वालियर के लिए प्रस्थान करूँगा। सुयोग रहने से चिरगाँव में एक दिन रुक सकता हूँ। अन्यथा फौरन वापस हूँगा। काशी रुक सकूँगा या नहीं, यह भी सुयोग पर ही निर्भर करता है। आपको पत्र लिख दूँगा।

आपका
दिनकर

श्री कृष्णानन्द जी को मेरी क्षमा-याचना पहुँचा देंगे।

[23]

पटना
22-9-59

मान्यवर प्रणाम,

पत्रवाहक पं. श्रुतिदेवशास्त्री पालिसाहित्याचार्य, व्याकरणशास्त्री तथा पंजाब के शास्त्री हैं। वैसे आप रहनेवाले बिहार के हैं और पिछले आठ वर्ष से यहाँ बिहार-राष्ट्र-भाषा-परिषद में अनुसन्धान का कार्य रहे हैं।

वाराणसी संस्कृत विश्वविद्यालय में पालि साहित्य के लिए प्राध्यापक नियुक्त किया जानेवाला है। शास्त्री जी उस पद के लिए उम्मीदवार हैं। ये मेरे बहुत अपने आदमी हैं। बड़ी कृपा हो यदि इनके लिए कुछ कर सकें।

राष्ट्रकवि 4-10 को यहाँ पधार रहे हैं।

शेष कुशल है।

आपका
दिनकर

[24]

पटना
18-7-62

मान्यवर राय साहब,

आपका कृपा-पत्र मिला। कल मैं दिल्ली जा रहा हूँ।

दिल्ली में दद्दा ने लक्ष्मीचन्द्र जी का एक कागज दिया था। मैंने उसे उसी दिन जगजीवन बाबू को भेज दिया। यह भी लिख दिया कि राष्ट्रकवि की सिफारिश है। उसके बाद दद्दा का एक पत्र लक्ष्मीचन्द्र जी के पत्र के साथ यहाँ भी मिला। उसका उत्तर मैंने नहीं दिया है।

आवश्यक समझें तो जमीन का विवरण टाइप करके दिल्ली भिजवा दें। मैं फिर जगजीवन बाबू को भेज दूँगा।

आपका
दिनकर

[25]

भारत सरकार, गृह मन्त्रालय
11 अगस्त, 1965

मान्यवर राय साहब,

पटने में डॉक्टरी जाँच से पता चला कि कल-काँटा सब ठीक है। कल यहाँ पहुँचा हूँ। परसों मुगलसराय में सुधाकर जी सदल-बल आए थे। उनके हाथ कई किताबों का एक सेट भेज दिया है। मिला होगा। रानी बहू मुझे छोड़ने को स्टेशन तक आईं, इससे मैं अभिभूत हो गया। उन्हें मेरा आशीर्वाद कहिए।

1. अक्तूबर के आस-पास मेरे दामाद श्री शिवसागर मिश्र जी दिल्ली रेडियो में चीफ प्रोड्यूसर हैं, कलकत्ते की ओर से काशी पहुँचेंगे। वे सपत्नीक होंगे और आपके साथ ठहरेंगे। वे लम्बे दौरे पर निकल रहे हैं। रास्ते में आपको पत्र भी भेजेंगे। अग्रिम सूचना के लिए मैं लिख रहा हूँ।

आपका
रामधारी सिंह 'दिनकर'

62
रासबिहारी लाल

Patna
25.4.45

My dear Ras Bihari Babu,

A very close friend of mine (Pt. Kameshwar Sharma of Village Sultanpur, P.s. Mokameh) wants at least 7 mds. of Sugar for performing Shradh ceremony of his deceased grandmother. For this I request you to kindly give him a lettar of introduction to Babu Satyanarain Singh (S.D.O., Barh). I used to know Satyanarain Babu while he was attached to the Bettiah Raj, but I wonder if he remembers me now. I also wonder if you will not hesitste to introduce my friend to him. But if you can, please do it for a personal obligation to me.

They are respectble people in the Mokameh area and can't minimise their needs particularly in matters of Shradh.

With pranams,

yours sincerely,
R.D. Singh

R.B. Lsl Esq.
Dy. Collector
Patna

63

रीता (पौत्री)

[1]

नई दिल्ली
27-8-73

प्रिय रीता,

अरविन्द को अभी पटना नहीं ले जाना चाहिए। 20 से 30 सितम्बर के बीच पद्मा को लेकर तुम्हारी माँ ही आ जाय और अरविन्द से मिलकर लौट जाय। मैं 1 सितम्बर को बम्बई चला जाऊँगा। सबके पते नीचे लिख देता हूँ।

(1) श्री आदित्यनारायण सिंह
एक्स–730, सरोजनी नगर, नई दिल्ली

(2) श्री रामानुजप्रसाद सिंह
सेक्टर 4/765, रामकृष्णपुरम, नई दिल्ली

(3) श्री शिवसागर मिश्र
D II 347, पंडारा रोड, नई दिल्ली

(4) श्री रामधारी सिंह 'दिनकर'
मार्फत–श्री श्रेयांसप्रसाद जैन, शिखर-कुंज
29-ए, कारमाइकेल रोड, बम्बई-26
शिवसागर का फोन-नम्बर–381869
आदित्य का फोन-नम्बर–73928
बम्बई में मेरा तार का पता होगा
DINKAR
CARE SODACHEM, BOMBAY

तुम्हारी माँ आने के 12 दिन पहले टिकट करावे और एक-एक कार्ड शिवसागर और आदित्य, दोनों को डाल दे या छाया के घर जाकर टेलीफोन से शिवसागर को ख़बर दे दे। वे लोग उसे स्टेशन जाकर ले आएँगे।

तुम्हारा
बाबा

[2]

नई दिल्ली
9-1-74

प्रिय रीता,

एक पत्र कल लिख चुका हूँ। मिला होगा। तार दो कि 16 को किस ट्रेन से आ रही हो। इटावा से चिट्ठी आई है कि लड़की की ब्लाउज, अँगूठी और चूड़ी का नाप भेजिए।

दस सेर चूड़ा जरूर लाना। केदार और कल्पना को अनुरोध किया जाना चाहिए।

तार तुरन्त भेजो–

DINKAR
AB 2, Pandara Road, New Delhi

केदार के पास तीन गिन्नियाँ है, मैंने केदार से कह दिया था। गिन्नियाँ साथ लाना।

सभी कलमें, सभी घड़ियाँ और उपहार की चीजें साथ लाना।

तुम्हारा
रामधारी

64
डॉ. लक्ष्मीचन्द्र जैन

[1]

2, साउथ एवेन्यू लेन, नई दिल्ली
10-2-67

प्रिय लक्ष्मीचन्द्र जी,

मेरे परिचय के बारे में अंग्रेजी का एक बंच आपके पास गया है यानी मैंने ही दिया है। उसमें कुछ गलतियाँ हैं। अतएव कृपा कर शुद्धि के लिए उसे तुरन्त वापस कर दीजिए। संशोधित रूप आपको शीघ्र भेज दूँगा।

आपका
दिनकर

[2]

2, साउथ एवेन्यू, नई दिल्ली
14 मार्च, 1967

प्रिय लक्ष्मीचन्द्र जी,

आपका 29-12-66 का तृ/ले/हि/ 4277 संख्यक पत्र मिला। धन्यवाद। निम्नलिखित सामग्रियाँ इस पत्र के साथ भेजी जा रही हैं–

1. जीवन की उल्लेखनीय घटनाओं की सूची — अपेंडिक्स 1
2. मेरी पुस्तकों की कालक्रमानुसार सूची — " 2
3. अन्य भाषाओं मे प्रकाशित मेरे ग्रन्थों की सूची — " 3
4. मेरे साहित्य के विषय में प्रकाशित स्वतन्त्र ग्रन्थों की सूची — " 4
5. श्री जगदीशचन्द्र जी माथुर के अंग्रेजी लेख की कॉपी — " 5
6. डॉक्टर लक्ष्मीनारायण 'सुधांशु' के लेख की कॉपी — " 6
7. सुधांशु जी के लेख का अंग्रेजी-अनुवाद — " 7
8. कुरुक्षेत्र के एक सर्ग का अंग्रेजी-अनुवाद, जो 1955 में छपा था — 2 प्रतियाँ
9. समीक्षा-बिन्दु नामक विज्ञापन-साहित्य की प्रति — 2 "

अंग्रेजी और स्पैनिश भाषाओं में प्रकाशित मेरी पुस्तकों की कुछ प्रतियाँ मेरे पास हैं। रूसी, कन्नड़, तेलुगु की केवल एक-एक प्रति है। मेरे बारे में हिन्दी में जो पच्चीस-तीस पुस्तकें निकली हैं, उनमें से भी कुछ की प्रतियाँ मेरे पुस्तकालय में हैं। आवश्यकता होने पर कुछ पुस्तकें भेजी जा सकेंगी, लेकिन इस शर्त पर कि वे मुझे लौटा दी जाएँ।

आशा है, आप सकुशल हैं।

आपका
रामधारी सिंह 'दिनकर'

65

डॉ. लक्ष्मीनारायण दुबे

5, सफदरजंग लेन, नई दिल्ली
16-11-67

प्रिय दुबे जी,

आपका 13 नवम्बर का कृपा-कार्ड मिला। हिन्दी-साहित्य का विशेषांक मैंने देख लिया है। लेकिन मुझे अब तक किसी ने भी यह खबर नहीं दी है कि अगले वर्ष (यानी 23 सितम्बर, 1968 को) कोई मेरी षष्ठिपूर्ति मना रहा है। स्वास्थ्य और सुयोग रहा तो अपनी कलम से कविता लिखकर अपनी जयन्ती आप ही मना लूँगा। यह धर्म लोकाचार से श्रेष्ठ है।

आशा है, आप प्रसन्न हैं।

आपका
दिनकर

66
श्री लक्ष्मीनारायण शर्मा 'मुकुर'

[1]

सिमरिया, मुँगेर
11-11-1941

प्रिय मुकुर,

तुमने जो कविताएँ मुझे दिखलाई थीं, उनमें छन्दोभंग और यतिभंग के दोष थे। ये दोष ऐसे होते हैं, जिन्हें रचयिता को स्वयमेव दूर करना चाहिए। तुम जिस छन्द में कविता लिखना चाहते हो, उस छन्द की कोई कविता कई बार पढ़ो और उसकी लय अपने कंठ में उतार लो। इसके बाद गा-गाकर कविता लिखो और अपनी हर पंक्ति की लय कंठाग्र छन्द की लय से मिलाते चलो। जहाँ छन्द की लय का साम्य न होगा वहाँ यतिभंग होगा। छन्द का अभ्यस्त कर्ण कह देगा कि अमुक स्थल पर यतिभंग है।

खूब पढ़ो। कवि के लिए कोई भी विषय वर्जनीय नहीं है। वह यदि गणितज्ञ हो तो सोने में सुगन्ध होगी। आशा है, तुम प्रसन्न होगे।

तुम्हारा
दिनकर

[2]

उदयाचल, पटना-16
15-7-1972

प्रियवर,

आपका कार्ड मिला। अरविन्द-शताब्दी और रजत-जयन्ती एक साथ। तरह-तरह के अनुरोध रोज आते हैं। मगर मैं तो अब थक चला। साहित्य का अगला बोझ आप लोग सँभालिए। शुभकामना के लिए एक पुराना पद भेज रहा हूँ।

स्वातन्त्र्य जाति की लगन, व्यक्ति की धुन है,
बाहरी वस्तु यह नहीं, भीतरी गुण है,

नत हुए बिना जो अशनि घात सहती है,
स्वाधीन जगत में वही जाति रहती है।
वीरत्व छोड़ पर का मत चरण गहो रे,
जो पड़े आन खुद ही सब आग सहो रे।

आपका
दिनकर

67
डॉ. लक्ष्मीनारायण 'सुधांशु'

[1]

मीठापुर, पटना
9-1-46

प्रिय सुधांशु जी!

मुझे आशा है कि मैं 3 फरवरी या 2 को भी आपकी सेवा में पूर्णिया पहुँच जाऊँगा। अगर तब तक छुट्टी पर नहीं गया तो, पहली को मैं बेगूसराय जाऊँगा। सुहृद को लिख दीजिए। वहाँ से वह मेरे साथ हो लेगा।

लेकिन आप पर दो इलजाम है।

(1) यह कि आपको मुझे आज्ञा देने में 'साहस' करना पड़ा है।
(क्या विवशता ही अहंकार है?)

(2) यह कि आप पटने आए किन्तु मुझे इसकी खबर नहीं मिली।

कुरुक्षेत्र तैयार है। सुनाने को साथ लाऊँगा अगर तब तक कॉपी प्रेस में नहीं चली गई।

शेष कुशल है।

आपका
दिनकर

[2]

मुजफ्फरपुर
20-4-51

प्रिय सुधांशु जी!

आपको हरचन्द कहा कि आप बाबू साहब से बात कीजिए। मगर, आप पर किसी के भी अनुरोध का कोई असर नहीं होता है। मैंने जो आशंका प्रकट की थी कि कृपानाथादि उपद्रव करेंगे, वह सच निकली है। कल सुना कि अर्थविभाग मेरे वेतन पर नया प्रश्नचिह्न लगा रहा है। एक बार यह निर्णय हुआ था कि He will get what he is getting as Deputy Director of Publicity. अब उससे भी नीचे लाने की बात है। अगर यह सच है तो इसे मैं षड्यन्त्र कहता हूँ। दुःख यह है कि इस षड्यन्त्र का ज्ञान बाबू साहब को हो नहीं पाएगा और आपको अगर हो भी गया तो जिस सामुद्रिक गम्भीरता का आपने वरण किया है, उसकी बड़वाग्नि में वह आसानी से पच जायगा। फिर भी सूचना दे देना मेरा काम है। कुछ करना हो तो पत्र पाते ही मोटर उठाकर खुद जाइए। टेलीफोन में मेरा विश्वास नहीं है। अन्यथा अपने ब्रह्मचर्य की रक्षा करते रहिए, क्योंकि मैं तो उसके चलते भी आपका प्रशंसक हूँ।

आपका
दिनकर

[3]

187, साउथ एवेन्यू, नई दिल्ली
18-9-54

प्रिय सुधांशु जी!

दुमका में कोई कॉलेज खुल रहा है, जिसमें लेक्चरर के पद के लिए मेरा लड़का रामसेवक उम्मीदवार है।

दुमका आपके प्रभाव क्षेत्र में पड़ता है। कृपया जो कुछ भी कर सकते हैं, फौरन कर दीजिए। कैरव जी दिलचस्पी ले रहे हैं। कुछ आपको भी कर देना चाहिए। इंटरव्यू की तिथ 26 सितम्बर है। शेष कुशल है।

आपका
दिनकर

[4]

11, कैनिंग लेन, नई दिल्ली
17-8-61

प्रिय सुधांशु जी!

11 का पत्र मिला। मैं लेखकों की सूची, उनके विषय और अपना सुझाव भेज चुका हूँ। काका साहब से मिलकर भी निवेदन कर दिया है। शाही जी ने बताया होगा। आगे के लिए आज्ञा दीजिए।

आपका
दिनकर

[5]

11, कैनिंग लेन, नई दिल्ली
4-9-61

प्रिय सुधांशु जी,

शाही जी वाले लिफाफे के साथ जो दूसरा लिफाफा गिराया था, वह निर्दिष्ट स्थान पर पहुँच गया। अचरज यह है कि शाही जी को मेरा पत्र नहीं मिला। जो बातें याद थीं, उन्हें फिर से लिखकर भेज रहा हूँ। अपना लेख मैंने तैयार कर लिया है। वह साथ संलग्न है।

देश-सेवा के काम से जा रहा हूँ। देश-सेवा यानी नन-मोनीटरी काम जिसमें दिन-रात लगा रहना पड़ रहा है।

डॉक्टर हरिवंशराय बच्चन 13, विलिंगटन क्रिसेंट, नई दिल्ली	:	स्वतन्त्र भारत की वैदेशिक नीति
श्री मथुरा प्रसाद मिश्र एम. पी. 47, साउथ एवेन्यू, नई दिल्ली	:	समाजवादी समाज की संस्कृति
श्री रामधारी सिंह दिनकर	:	सामाजिकता के प्रकाश स्तम्भ

आपका
दिनकर

[6]

कुलपति निवास
छावनी कोठी, भागलपुर
10 जून, 1964

प्रिय सुधांशु जी,

सप्रेम बन्दे!

आगामी 1 जुलाई बुधवार को मेरी कन्या का विवाह भागलपुर में होना निश्चित हुआ है। औपचारिक निमन्त्रण-पत्र तो कई दिन पूर्व ही भेज चुका हूँ। यह पत्र विशेष आग्रह के लिए लिख रहा हूँ। मेरी प्रबल इच्छा है कि 1 जुलाई को आप घंटे भर के लिए भागलपुर पधारने की कृपा करें और वर तथा वधू को आशीर्वाद तथा मुझे गौरव प्रदान करें।

और सब कुशल है। आशा है, आप सपरिवार सानन्द और सुप्रसन्न हैं।

आपका
रामधारी सिंह 'दिनकर'

[7]

कुलपति
भागलपुर विश्वविद्यालय
5 अगस्त, 1964

प्रिय सुधांशु जी,

हिन्दी-भाषी राज्यों का कन्वेंशन 15 अगस्त को दिल्ली में आपके सभापतित्व में होनेवाला है, इसकी सूचना श्री गोपाल प्रसाद व्यास ने दी है। मैं इस सम्मेलन में भाग नहीं ले सकूँगा, इसके लिए क्षमा-याचना करता हूँ।

यूनिवर्सिटी कमीशन की पिछली दो बैठकों में मैं नहीं जा सका; एक बार बेटी के विवाह के कारण; दूसरी बार इसलिए कि दिल्ली में हिन्दी-सलाहकार-समिति की बैठक थी। कमीशन का अगला अधिवेशन 14 से 16 अगस्त तक राँची में है। इस विश्वविद्यालय का प्राइवेट परीक्षार्थी विषयक रेगुलेशन अभी तक कमीशन से मंजूर नहीं हुआ है। अगर इस बैठक में वह पारित नहीं हुआ तो विश्वविद्यालय में संकट उपस्थित हो जाएगा। अतएव, मुझे इस बैठक में उपस्थित रहना ही होगा।

हिन्दी-भाषी राज्यों का सम्मेलन वैसे तो उपयोगी होना चाहिए लेकिन एक खतरा है, जिसकी ओर मैं आपका ध्यान दिलाना उचित समझता हूँ। हिन्दी के प्रश्न पर हिन्दी-भाषी राज्यों की एकता को इतना प्रखर नहीं होना चाहिए कि उससे हिन्दी-विरोधियों का मंच मजबूत हो। प्रस्तावों में तो ऐसी बातें निश्चित रूप से नहीं ही होंगी, किन्तु, वक्ता इस खतरे का ध्यान रखें तो बहुत अच्छा हो।

मैं 11 अगस्त को पटने आऊँगा। उस समय मिलने का विचार है।

आपका
दिनकर

[8]

2, साउथ एवेन्यू लेन, नई दिल्ली
20-11-65

प्रिय सुधांशु जी,

सप्रेम बन्दे!

मैं कलकत्ते से बड़ा ही क्लान्त लौटा हूँ। सभा-सम्मेलन अनुकूल नहीं पड़ता है। बेवकूफी और जोश में आकर पहले जाना स्वीकार कर लेता हूँ और पीछे पछताना पड़ता है।

24 दिसम्बर को श्री चन्द्रहासन जी एरनाकुलम में कोई सेमिनार कर रहे हैं। मुझसे वचन वे अगस्त में ले गए थे। अब तारीख के बारे में उनका पत्र आया तो

दिखाई यह देता है कि 17, 18, 19 दिसम्बर को कलकत्ता रहना कठिन हो सकता है। अगर 17 से 27 तक का कार्यक्रम बने तो कलकत्ता होकर मद्रास जाना हो सकता है। अन्यथा 17, 18, 19 को मैं कलकत्ता नहीं रह सकूँगा।

सेठ जी कहते थे कि उनके दाहिने हाथ और पाँव में कुछ कमजोरी आ गई थी। इसका अर्थ यह है कि उन पर लकवे का हलका-सा वार हुआ है। बात भी चिन्ता की हो गई।

आपका
दिनकर

[9]

गृह मन्त्रालय, भारत सरकार
नई दिल्ली
10 दिसम्बर, 1965

प्रिय सुधांशु जी,

आज सुना है कि प्रभात जी नौकरी से मुक्त हो गए हैं। यह तो होना ही था, किन्तु घटना सिहरा देनेवाली है। प्रभात जी के अनेक बच्चे अभी बहुत छोटे हैं। कुछ न कुछ करना बहुत जरूरी है।

मैंने सुना है कि राष्ट्रभाषा परिषद के लिए अभी कोई संचालक चुना नहीं गया है। मेरा विचार यह बनता है कि सरकार प्रभात जी को एक टर्म के लिए संचालक बना दे। उनकी विधा-बुद्धि और कार्य-क्षमता असन्दिग्ध है। यही नहीं, वे बिना झंझट-बखेड़े के सबको साथ लेकर भी चल सकते हैं। उनका स्वभाव सुस्थिर और सन्तुलित है। सरकार को पछताना बिलकुल नहीं पड़ेगा। यदि प्रभात जी संचालक बना दिए जाएँ तो इससे उनकी प्रगाढ़ साहित्य-सेवा की स्वीकृति होगी।

आशा है, आप उचित स्थल पर मेरे पत्र का हवाला देते हुए प्रस्ताव रख देने की कृपा करेंगे।

आपका
दिनकर

नोट : उस समय दिनकर जी भारत सरकार के गृह मन्त्रालय में हिन्दी सलाहकार थे और सुधांशु जी बिहार विधान-सभा के अध्यक्ष थे।

[10]

2, साउथ एवेन्यू लेन
नई दिल्ली
5 फरवरी, 1966

प्रिय सुधांशु जी,

आपका 3 फरवरी का पत्र मिला। कल मैं भी चव्हाण साहब से मिला था। वे पूर्णिया अब 27 फरवरी को ही जाएँगे। पटने में आपसे उनकी बातें हुई थीं, उसका जिक्र भी कर रहे थे।

मेरा एक भतीजा (भोला) जो यहाँ रेडियो में काम करता है, बहुत दिनों से विवाह को टालता आ रहा था। अब उसने विवाह करना निश्चित किया है। उसका विवाह 28 फरवरी को पटने में होगा। अतएव अब मैं पूर्णिया नहीं जा सकूँगा।

राज्यसभा में जाने का मेरा विचार पक्का है। अगर बिहार से सूची में नाम आवे तो टिकट मिल जाना सम्भव दिखाई देता है। अगर राज्यसभा में नहीं पहुँच सका तो वर्तमान पद पर कब तक टिकूँगा, कुछ पता नहीं है। अतएव, जो उचित समझिए, कीजिए।

आपका
दिनकर

[11]

2, साउथ एवेन्यू लेन
नई दिल्ली
18 फरवरी, 1966

प्रिय सुधांशु जी,

आपका आठ तारीख का पत्र मिला। जीवन में अच्छे अवसर मिले और मैंने उनके अनुरूप काम भी किया। अब मुझमें कोई उमंग नहीं है। राज्यसभा में जाने से छह साल कट जाएँगे। बल्कि, मेरा खयाल है, उसी बीच यहाँ निगमबोध घाट प्राप्त हो जायगा।

आपका
दिनकर

[12]

5, सफदरगंज लेन
नई दिल्ली
7-6-68

प्रिय सुधांशु जी,

मैं 20 जून के प्रातःकाल पटना पहुँचूँगा और तीन-चार दिन रुकूँगा। उस बीच अगर आप पूर्णिया जाएँगे तो एक दिन के लिए मैं भी चल सकता हूँ। मुझे 26 तक यहाँ वापस आना है। सुहृद ने लिखा है कि आप नेपाल जा रहे हैं। आशा है 20 तक लौट आएँगे।

शेष कुशल है।

आपका
दिनकर

डॉ. लक्ष्मीनारायण सुधांशु
एम.एल.ए.
1, बेलीरोड, डाकघर,
पटना-1 (बिहार)

[13]

5, सफदरजंग लेन
नई दिल्ली
नवम्बर 17, 1969

प्रिय सुधांशु जी,

आपका 14 नवम्बर का पत्र मिला। मैं 28 को काशी जाऊँगा, वहीं से 1 दिसम्बर को पटना। 7 तंक यहाँ लौट आऊँगा। 8 दिसम्बर को आप अवश्य आइए और मेरे गरीब-खाने को पवित्र कीजिए। प्रोग्राम पक्का हो तो दोस्तों को कह दूँ कि आप आ रहे हैं।

कांग्रेस का हाल देखकर आँसू आते हैं। ध्रुवीकरण की बात थी, सो वह भी नहीं हुई। कामराज और श्यामनन्दन मिश्र तो समाजवादी ही हैं।

सम्मेलन की स्वर्ण-जयन्ती मन जाय तो अच्छा हो।

शेष कुशल है।

आपका
दिनकर

[14]

5, सफदरजंग लेन
नई दिल्ली
24 नवम्बर, 1969

प्रिय सुधांशु जी,

मेरा पत्र मिला होगा। स्थिति ऐसी है कि कानपुर के डी. ए. वी. कॉलेज के लोगों ने धरना देकर 8 दिसम्बर की सन्ध्या का समय मुझसे ले लिया है। अतएव अब मैं दिल्ली 9 के भोर पहुँचूँगा। आठ को आप बेखटके मेरे घर पहुँच जाइए। एक दिन के बाद मैं साथ हो जाऊँगा। यहा स्टाफ के लोग आपकी सेवा में रहेंगे।

कांग्रेस तो अब दो हो ही गई। लगता है, इन्दिरा जी को भगवान ने स्वस्थ रखा तो वे कांग्रेस को जिन्दा कर देंगी।

शेष कुशल है। सुहृद यहाँ कल आया था। जैसे वह काक-स्नान करता है, वैसे ही अचानक दिल्ली से भाग भी गया।

आपका
दिनकर

68
डॉ. वचनदेव कुमार

[1]

5, सफदरजंग लेन
नई दिल्ली
14 मई, 1968

प्रिय वचनदेव,

तुम्हारे द्वारा सम्पादित 'उर्वशी : विचार और विश्लेषण' नामक पुस्तक की प्रति मिली। घोड़ा तो अच्छा है पर अस्तबल बहुत खराब।

तुम्हारा
दिनकर

[2]

सरदार पटेल मार्ग
नई दिल्ली
18 अप्रैल, 1974

प्रिय वचनदेव,

तुमसे बातें करने के लिए नम्बर घुमाते-घुमाते उँगलियाँ दुःख गईं पर टेलीफोन नहीं लग सका। इसीलिए पत्र लिख रहा हूँ। तुम 28 अप्रैल के लिए मेरे वास्ते कलकत्ते का टिकट ले लेना। जिनके लिए मैंने सब कुछ किया, वे तो काम के नहीं हो सके। तुम्हारे लिए मैंने कुछ भी तो नहीं किया, फिर भी बार-बार कष्ट देता रहता हूँ।

तुम्हारा
रामधारी

69
बसंत सिंह

[1]

मान्य भ्रातः!

सादर प्रणाम।

मैं भली-भाँति हूँ। अभी तक पेट की शिकायत नहीं है। 7 अप्रैल से परीक्षा शुरू होती है और शायद 13 को कॉलेज बन्द होता है। सुना है, गाँव में प्लेग की शिकायत है। यदि हाँ, तो पड़ोसवालों के साथ शहीद होने से कोई नफा नहीं। जल्दी घर छोड़ दीजिए। सत्तो को गाँव घूमने से मना कर दीजिए और सफाई पर ध्यान रहे।*

रामधारी

[2]

पटना
16-11-31

पूज्य दादा!

प्रणाम।

20 रु. मिले। चिट्ठी भी मिली। हॉस्टल का चार्ज भी पाँचों महीने का दिसम्बर में ही लग जायगा। अतएव दिसम्बर के लिए माहवारी खर्च के सिवा 5 × 3॥ = 17॥ रु. और लगेंगे। कुल मिलाकर 40 रु. (चालीस) लेगा। साथ ही यूनिवर्सिटी फीस और कॉलेज फीस मिलाकर कोई 90 रु. जनवरी की पहली-दूसरी ता. को लग जायगा।

आपका अनुचर
रामधारी

श्री बसन्त सिंह
सिमरिया

---

* अनुमानित तिथि मार्च-अप्रैल 1931

[3]

॥ श्री हरिः ॥

बरबीघा
18-7-33

पूज्य भाई साहब जू!

सादर प्रणाम।

समाचार यह है कि मुझे एक सप्ताह से मलेरिया ज्वर हो आया है। दिनोंदिन कुछ घट ही रहा है, अतएव घबड़ाने की कोई बात नहीं। परदेश है इसलिए शिवकुमार बाबू और सत्तो बाबू को शीघ्र भेज देवें। दोनों आदमियों को इसलिए बुलाया है कि एक (शिवकुमार बा.) मेरे स्थान पर स्कूल में कुछ काम करेंगे।

आपका कृपाभिलाषी
रामधारी सिंह 'दिनकर'
हेडमास्टर, बरबीघा

बाबू बसन्त सिंह जी,
स्थान—सिमरिया
डाकघर—सिमरिया,
जिला—मुँगेर

[4]

सीतामढ़ी कोर्ट
2-3-40

मान्यवर,

प्रणाम।

आपका पत्र मिला। हाल जाना। रेलवेवाले रुपए में से 100 घर में रख लीजिएगा और अगर दालान बनाना हो तो उसे बना लीजिएगा। मुझे कोई उजुर नहीं है।

सिरामपुरवाले के विषय में लिख चुका हूँ। तब भी मौका है तो दूसरा लड़का भी जहाँ तक सम्भव हो देख लेना चाहिए। नहीं होने से वह तो है ही। कुम्हारिसोंवाले को बिना देखे हुए नापसन्द नहीं करना चाहिए। इसलिए उसे भी एक बार देख लेना चाहिए।

यहाँ आने के साथ ही मैंने एक तार शिवकुमार के नाम दिया था कि वह मुँगेरवाली बात शुरू करे। आज आठ दिन हो गया कि तार भेजा गया था। लेकिन अब तक कोई जवाब नहीं मिला है। इसकी जाँच कीजिएगा। तार बरौनी के पते से गया था।

हरद्वार यहाँ आया हुआ है। उसको काला आजार नाम का बुखार तथा यकृत और प्लीहा है। सूई दी जा रही है।

मेरा मिजाज अच्छा नहीं है। बवासीर के मारे रात-रात भर नींद नहीं आती है। मैं अभी घूमने-फिरने लायक नहीं हूँ।

जवाब दीजिए।

आपका

रामधारी

शिवकुमार मिले तो कह दीजिएगा कि सुलतानगंज शीघ्र ही हो ले। सुना है, विपिन बाबू बेतिया राज के मैनेजर होनेवाले हैं। अगर यह हुआ तो शिवकुमार की किस्मत जरूर खुल जायगी और तब मेरे लिए भी बेतिया राज में ट्रांसफर करा लेने का मौका आ जा सकता है। मगर मेरा केस कठिन होगा। शिवकुमार की सर्विस जरूर हो जाएगी अगर विपिन बाबू बेतिया राज में आ गए। अभी ये बातें गुप्त रखी जाएँ।

आपका

रामधारी

70
बिन्देश्वरी सिंह

P. O. Sitamarhi Court
11-2-41

My dear Bindeshwari Babu,

The question of making a very insignificant addition to the aid of our school is likely to be discussed in the meeting of the Board. I do not think there shall be any serious criticism against it. But if there be any such trouble, I request you to kindly come to our rescue and help our institution as best as you can.

Even this insignificant increment is of great value to us and but for a break down in my health. I would have personally gone to Begusarai and seen my friends.

With Pranam,

Sincerely yours,
Dinkar

71
विभा (पुत्री)

Peking Hotel, China
30-10-57

प्यारी बेटी,

साथ के पत्र से मेरा पिछला और अगला प्रोग्राम मालूम होगा। यह देश है तो भारत के ही समान (यहाँ भी धान, गेहूँ, शकरकन्द और कोबी हैं, बाँसों के झुरमुट हैं, झोंपड़े हैं, मिट्टी के मकान हैं, गन्दगी है) किन्तु, यहाँ राज-काज दूसरे ढंग का है। बाजार में सभी दुकानें सरकार की हैं, किताबें भी सरकार ही छापती है, अखबार भी सरकार ही निकालती है और सारे देश के लोग नीले रंग का कपड़ा पहनते हैं। आदमी यहाँ बहुत हैं। सड़कों के दोनों ओर लोग भरे रहते हैं जिनमें कल्लो और पूनम की उम्र के बच्चे भी अगणित होते हैं। औरतें भी कोट और पैंट ही पहनती हैं। लड़कियाँ अकसर दो चोटियाँ निकालती हैं और माँग गर्दन से ललाट तक चीरती हैं। देश गरीब है इसलिए ज्यादा लोग रूई-भरा पैंट और कोट पहनते हैं। छींट की दुलाई खूब चलती है और छींट के रूई-भरे कोट में बच्चे खूब गुलथुल दीखते हैं। सच पूछो तो सौन्दर्य इस देश में बच्चों में ही मिलता है।

सारे देश के लोग पूरे मन से सरकार के साथ हैं और सभी व्यक्ति देश को शीघ्र-से-शीघ्र सुखी और सम्पन्न बनाने के लिए जी-तोड़कर काम कर रहे हैं। यहाँ विरोधी सभा और जुलूस तथा नारे और राजनीतिक कुढ़न कुछ नहीं है। लड़की और लड़के व्यायाम भी खूब करते हैं। यह गुण भारतवासियों को भी सीखना चाहिए।

तुम्हारा
रामधारी

72
डॉ. विवेकीराय

[1]

आर्यकुमार रोड, पटना-4
1-1-58

प्रिय राय जी,

आज दिल्ली से लौटने पर आपका 20-12-57 का कृपा-पत्र मिला। आपकी कृपा है कि इतनी गम्भीरता से मेरी प्रवृत्तियों पर विचार करते रहते हैं।

शासन की छाया मेरे लिए नहीं है। हाँ, मेरे आलोचकों को यह बुरा अवश्य लगा कि मैं ससंद का सदस्य क्यों हो गया। मैं स्कूल का शिक्षक था, सब-रजिस्ट्रार था, युद्ध के समय प्रचार अफसर था, कांग्रेसी सरकार का प्रचार अफसर था और सब के बाद में प्रोफेसर। क्या ये सभी पद रचनात्मक प्रतिभा के उपयुक्त थे? और-तो-और, आपने प्रोफेसरी करते हुए कितने कवियों को अच्छी कविताएँ लिखते देखा है? मगर, जब मैं इन पदों पर था, लोग समझते थे, मैं ठीक जगह पर हूँ। केवल अब उन्हें लगता है कि मैं खतरों के बीच हूँ। ठीक जगह कवि को कहाँ मिलती है? कविता का मेल किसी भी पद से नहीं बैठता और साहस तथा शक्ति हो तो सभी पदों से बैठता है। कम-से-कम, मेरा तो यही अनुभव है।

नौकरी (और उसके साथ लक्ष-मूल्य पेंशन का मोह) मैंने 1952 में छोड़ी। तब से मेरी पुस्तकें कौन-कौन निकली हैं? 'नील कुसुम', 'संस्कृति के चार अध्याय', 'नीम के पत्ते', 'दिल्ली', 'रेती के फूल', 'चक्रवाल', 'उजली आग', 'देश-विदेश', 'सीपी ओर शंख', 'नए सुभाषित', 'राष्ट्रभाषा और राष्ट्रीय एकता', 'वेणुवन और काव्य की भूमिका' (प्रेस से निकली नहीं हैं) महीने भर में आ जाएँगी। 'उर्वशी' काव्य पर काम चल रहा है। पाँच साल में 14 पुस्तकें क्या कम होती हैं? मगर, अब हिन्दी में पढ़ता कौन है? लोग यही देखने में मशगूल है कि मिट्टी के पाँव किसके कितने निकले हैं।

और ससंद की सदस्यता को एक समय मैंने भी भूषण समझा था। नहीं तो उसके लिए क्लास-1 की नौकरी क्यों छोड़ता? किन्तु, वह शौक भी अब पूरा हो गया। और अब यह भूषण भी किसी भी समय उतर सकता है बिना किसी सोच-विचार के :

'सुमन माल जिमि कंठ ते गिरत न जान्यौ नाग'

आपने 'दिल्ली' कविता में जोश का जो उतार देखा है, वह उतार नहीं, चढ़ाव का दृष्टान्त है। सुबह के समय फूल पर शबनम होती है, मगर, दोपहरी के फूल पर तो शबनम होती नहीं। इतने से भेद को ह्रास समझना ठीक नहीं है। साहित्य में ज़जमेंट देना परिपक्व बुद्धि का काम है। बल्कि, कविता पर निर्णय देना, कविता-रचने से भी अधिक बड़ा काम है। आपके समान मेरे और भी कई परम भावुक मित्र हैं, जो रसवन्ती और रेणुका की भावुकता का अभाव देखकर मुझे कोसते रहते हैं। और यह सत्य है कि मैं भावुकता की भूमि से आगे निकल गया हूँ। मैं वापस जाना चाहता भी नहीं। जिसकी 'रसवन्ती', 'रेणुका', 'हुंकार' और 'कुरुक्षेत्र' के आप आशिक रहे हैं, उसके 'नील कुसुम' को भी सहानुभूति से देखिए। अपने पचासवें वर्ष में आकर कोई अविकसित मनुष्य ही भावुकता को अपनी सम्पत्ति मानेगा। यों, 'नील कुसुम' में भी भावुकता से लदी कई कविताएँ हैं, जिनके कारण मेरी प्रशंसा नहीं, आलोचना की जानी चाहिए।

गाँव की सेवा से आपका क्या तात्पर्य है, मैं नहीं जानता। गाँववाले आपको क्या करने कहते हैं? मुझसे तो वे बहुत काम लेते हैं और फिर कलह-प्रपंच आदि से बाज भी नहीं आते। गाँव नरक है। अपने गाँव की नारकीयता कम करने में मैं बचपन से लगातार जुटा रहा हूँ। लेकिन, सुधार होता नहीं। मैं ग्राम-सेवा के बारे में आपको कोई राय नहीं दे सकता। हाँ, साहित्य-सेवा कहीं भी रहकर, की जा सकती है। यदि अपने लिए आप चार-छह घंटे का एकान्त निकाल सकें। एकान्त नहीं तो साहित्य-सेवा नहीं। एकान्त उपलब्ध है तो सारी साधना चल सकती है।

कमलापतिजीवाला पत्र आपने कहाँ देखा?

आपका
दिनकर

[2]

नई दिल्ली
14-12-59

प्रिय विवेकी बाबू
सप्रेम बन्दे!

आपका कृपा-पत्र मिला। आगे की साहित्य-सेवा तो ईश्वराधीन है। दिल्ली में एकान्त नहीं मिलता। एकान्त पटने में भी नहीं है। भगवान की कृपा से एकान्त मिल जाए तो उर्वशी पूर्ण हो।

आपका
दिनकर

[3]

11 कैनिंग लेन, नई दिल्ली
2-9-61

प्रिय विवेकी बाबू,

आपके दोनों कार्ड मिल गए हैं। क्या करूँ? उर्वशी यदि मुझे भी खरीदनी होती तो कुछ समय बाद ही खरीदता। बुढ़ापे में शृंगार का यह एक काम हो गया। आगे सस्ता संस्करण निकलवाऊँगा।

आपका
दिनकर

[4]

आर्यकुमार रोड, पटना-4
29-6-63

प्रिय भाई,

मैं 19 जून को बाहर चला गया था। आज लौटने पर आपका 20-6-63 का पत्र मिला, जिसके साथ मेरा लिफाफा नत्थी है। सारी बातें जानकर बड़ा ही कौतूहल हुआ, बड़ा ही आनन्द आया। सभी प्रेरणाओं के स्रोत भगवान हैं। वे ही मनुष्य को खड्ड में ले जाते हैं, वे ही उसे फिर खड्ड से निकाल देते हैं। भाग्य और दुर्भाग्य, संघर्ष और शान्ति, सब अदृष्ट की लीला है। बहुत अच्छा हुआ कि आप एम.ए. हो गए। और आपका सर्वप्रथम आना तो स्वाभाविक परिणाम है। बधाई! अब आपका प्रवेश कॉलेज में होना चाहिए। कॉलेज देहात में भी हो तो वरेण्य है। आपकी संगति से युवकों का कल्याण होगा।

मैं इधर पारिवारिक चिन्ताओं से जर्जर हो गया हूँ। मैं लेखक और कवि हूँ। इतना सोचना भी दूर की याद जैसा लगता है।

आपका
रामधारी सिंह 'दिनकर'

[5]

राजेन्द्रनगर, पटना-4
16-3-73

प्रियवर,

आपका पत्र मिला। गाजीपुर जाकर भी आपसे भेंट नहीं हुई, यह दुःख की बात है। अगर फिर से जाने का सुयोग मिला, तब भेंट अवश्य होगी, यह आशा करता हूँ।

अब शरीर कमजोर पड़ने लगा है।

आपका
दिनकर

73

श्री विश्वनाथ मुखर्जी

[1]

5, सफदरजंग लेन, नई दिल्ली

10-11-67

प्रिय मुखर्जी,

यह जानकर घबराहट हुई कि श्रद्धेय रायकृष्णदासजी तथा बाबू रामचन्द्र वर्मा का अभिनन्दन ठलुआ-क्लब की ओर से किया जा रहा है। जो निठल्ला नहीं है, ठलुआ-क्लब का अभिनन्दन उसके अयोग्य पड़ता है।

फिर सोचता हूँ कि रायकृष्णदास जी किसी कदर इस अभिनन्दन के अधिकारी हो सकते हैं, क्योंकि जितना लिखने की उनमें सामर्थ्य थी, उतना लिखने से उन्होंने परहेज किया है। अवश्य ही, यह परहेज निठल्लेपन की आराधना में किया गया होगा। और निठल्ले वे रहे भी हैं, कुछ तो भगवान की कृपा से और कुछ अपने चाव से।

मगर वर्माजी को काशी के ठलुओं ने कैसे फाँस लिया? वे तो सारी जिन्दगी बैल की तरह खटते रहे हैं। वैसे हम कांग्रेसियों के आराध्य-देवता बैल ही हैं, लेकिन वर्मा जी को इस वृषभ बनने में आपत्ति हो, तो फिर वे मधुमक्खी की कोटि में गिने जाएँगे। अब यह उनकी पसन्द पर छोड़ता हूँ कि पुष्ट जानवर बनेंगे या छोटा-सा कीड़ा।

मेरा खयाल है, वर्माजी को इस अभिनन्दन का सुयोग इसलिए मिला है कि वे रायकृष्णदास जी के मित्र हैं।

चढ़इ गगन रज पवन प्रसंगा।
जैसे बना जिला दरभंगा॥

इस मौज देनेवाले मौके पर मैं इन दोनों महारथियों को बधाई देता हूँ और सबसे बड़ी बधाई के हकदार आप लोग हैं क्योंकि आपकी गिनती, सामान्य नहीं, बड़े मूर्खों में की जायगी—

प्रत्येक मूर्ख को उससे भी
कुछ बड़ा मूर्ख मिल ही जाता,

तो उसे समझता है पंडित,
जो उसका आदर करता है।
'ढोल गँवार शूद्र पशु नारी' की छठी कड़ीं।

आपका
रामधारी सिंह 'दिनकर'

[2]

नई दिल्ली
16-9-70

प्रिय मुखर्जी,

यह जानकर प्रसन्नता हुई कि काशी-ठलुआ-क्लब की ओर से महादेवी जी का सम्मान किया जा रहा है। मैं चाहता था कि इस अवसर पर उनके साथ कोई मजाक करूँ। मगर मेरी भावना पर महादेवी जी का जिस तरह का राज है, उसमें मजाक कोई सूझता ही नहीं है।

महादेवी जी हँसती बहुत हैं और हँसने पर उनकी बत्तीसी पहले जेब भी देती थी। ठलुआ-क्लब को चाहिए कि मोरछल हिलाने के पूर्व वह महादेवी जी के मुख में चार-जोड़ी नए दाँत लगवा दें।

आपका
रामधारी सिंह 'दिनकर'

[3]

नई दिल्ली
20-10-70

प्रिय मुखर्जी,

श्री मुरारीलाल केडिया ने जीवन-भर सबका मुंडन किया। अब ठलुआ-क्लब उनका मुंडन करने की तैयारी में है। आशा हैं, केडिया जी का माथा चपतियाने लायक हो जाएगा। इति शुभम्।

आपका
दिनकर

[4]

नई दिल्ली
28-2-72

प्रिय मुखर्जी,

बलिहारी हो ठलुआ वीर की। ठलुआ-क्लब से अभिनन्दित होने का जितना अधिकार बनारसीदास जी को हैं, उतना किसी को नहीं। वे खुद ही अगड़धत्त ठलुआ नहीं हैं, अपने चेलों को भी शुद्ध ठलुआ बनाकर रखना चाहते हैं। मुझ पर उन्होंने अपने मन्त्र का पूरा प्रयोग किया। सन् 1933 ई. से उन्होंने यह आन्दोलन शुरू किया कि नौकरी छोड़कर मुझे शुद्ध ठलुआ बन जाना चाहिए। सो सन् 1952 में आकर मैंने नौकरी छोड़ दी और राज्यसभा का सदस्य बन गया। वह एक प्रकार की ठलुआगिरी ही थी, मगर सम्भावना यह हो गई कि मैं मन्त्री बन जाऊँगा। सो बनारसीदास जी मुझे राज्यसभा में भाग लेने से रोकने लगे। बोले–

राज्यसभा में शोर मचाकर समय नहीं खोओ रे!
जैसे मैं सोया रहता, तुम भी सुख से सोओ रे!

मैं उनकी बातों में आ गया और काम करने के समय सोने लगा। इस प्रकार नौकरी खोने और मन्त्री न होने की जिम्मेदारी मैं बनारसीदास जी पर डालता हूँ।

उनके मस्तक पर एक मोरछल मेरी ओर से डुला दीजिए

आपका
रामधारी सिंह 'दिनकर'

[5]

पटना
22 मार्च, 72

प्रिय मुखर्जी,

श्री रामेश्वर जी टाँटिया लेखकों में लेखक, राजनीतिज्ञों में राजनीतिज्ञ, धनियों में धनी, गरीबों में गरीब, ज्ञानियों में ज्ञानी और मूर्खों में मूर्ख हैं। ठलुआ-क्लब की निगाह उन पर सही पड़ी है। ठलुआ-क्लब द्वारा अभिनन्दित होने की उनकी योग्यता अपार है। एक बात और कह दूँ कि टाँटिया जी कंजूसों के बीच भी कंजूस हैं। पिछली बार जब मैं दिल्ली से विदा ले रहा था टाँटिया जी ने गंगाबाबू से कहा–चलिए आज दिनकर जी को कहीं चाय पिलायी जाय। मैंने कहा–गेलार्ड से कम में काम नहीं चलेगा। टाँटिया जी की सिट्टी-पिट्टी गुम हो गई और आखिर चाय पिलाले का कार्यक्रम उन्होंने रद्द कर दिया।

उनके शरीर की बनावट में हाथी और ऊँट का संघर्ष है। हाथी ने उन्हें पूरा ऊँट

बनने से रोक लिया, तो ऊँट ने भी उन्हें हाथी बनने नहीं दिया। वैसे टाँटिया जी हाथी और ऊँट, दोनों बनना चाहते थे।

टाँटिया जी थर्ड-क्लास में यात्रा करके इस राय का खंडन करते हैं कि रेल का तीसरा-वर्ग नरक का वर्ग है। टाँटिया जी का खयाल है कि थर्ड-क्लास करोड़पतियों का क्लास है। उसमें नींद ज्यादा आसानी से आती है। खादी भंडार में जो कपड़े सबसे खराब होते हैं, उन्हें टाँटिया जी व्यवहार में लाते हैं और जूते भी वे वही पसन्द करते हैं, जिन्हें और लोग पसन्द नहीं करेंगे। सुना हैं, वे संन्यास लेनेवाले हैं, इसलिए नहीं कि संन्यास मुक्ति का मार्ग है, बल्कि इसलिए कि संन्यासी होने पर वे कम्बल पहन सकेंगे। टाँटिया जी को मृगछाला ही पसन्द है।

भगवान करें कि टाँटिया जी की मूर्खता और कंजूसी, दोनों की वृद्धि हो।

आपका
दिनकर

74

श्री वीरेन्द्रकुमार जैन

[1]

आर्यकुमार रोड, पटना-4

22-10-59

प्रिय वीरेन्द्रकुमार जी,

'अनागता की आँखें' की एक प्रति प्रकाशक ने मेरे पास भी भेजी है। उसके लिए आपको धन्यवाद देता हूँ। पुस्तफ़ की साज-सज्जा, छपाई और गेट-अप, सब बहुत अच्छे हैं। किन्तु, उन सबसे अच्छी हैं कविताएँ, जिनका स्वाद बिलकुल ताजा और नवीन है।

नए ढंग के कवियों के आगमन से हिन्दी-कविता की परिधि विस्तृत होने लगी हैं, और आपकी कविताएँ परिधि के इस विस्तार का दृष्टान्त उपस्थित करती हैं। कविता का अन्तिम विश्लेषण उसमें प्रयुक्त भाषा का ही विश्लेषण होता है और भाषा से मेरा अभिप्राय ललित-लवंगी भाषा से नहीं, प्रत्युत् उन विलक्षण विशेषणों से है, जिनमें सरस्वती पूरे अस्तित्व के साथ समासीन होती है। आपकी भाषा में यह गुण पर्याप्त मात्रा में मौजूद है। मैंने प्रथम वाचन में ही पुस्तक को प्रायः रँग दिया है। जिन पंक्तियों में निशान लगे हैं, उनमें से कुछ ये हैं–

ओ री ओ, गुजरती हुई हवाओ!
लाओ तुम्हीं पर आज खत लिख दें।
...हम आज वक्त में नहीं हैं।

× × ×

चमेली के चाँदनी फेनिल
गन्ध-सरोवर में नहाकर उठती
निर्वसन अप्सरा-सी यह रात!

× × ×

देखते ही निमिष-मात्र में खुल पड़े
अन्तर की चिन्मति-भूमा के

अमृताभ वातायन।

× × ×

देह विदेह हुई जाती है
परम समर्पण के इस पल में।

× × ×

मेरी ममता के एकान्त गोपन-कक्ष में
मुक्ति का महाकाश रमण करने आता है।

ऐसी और भी अनेक पंक्तियाँ हैं, जिनका रस मैंने जी-भरकर पिया है। नई कविता छोटी खुराकों में पढ़ने की चीज है, किन्तु, आपकी कविताएँ मैंने कुछ कम छोटी खुराकों में पढ़ी हैं। इसीलिए, वे मुझे प्रिय लगीं।

भूमिका भी पढ़ गया हूँ। आपने अपने वैचारिक-व्योम की जो नाप की है, उससे आपकी आत्मा का इतिहास स्पष्ट हो जाता है। मगर, मेरा खयाल है, अरविन्द आपसे छूटे नहीं हैं। भारत और अगली मानवता के विषय में कुछ-कुछ ऐसे ही विचार मैंने भी बनाए हैं।

एक हाथ में कमल, एक में धर्मदीप्त विज्ञान,
लेकर उठने वाला है धरती पर हिन्दुस्तान।

आप अपने को 'आउट साइडर' क्यों कहते हैं? इतनी अच्छी कविताएँ लिखनेवाला चिन्तक-कवि अपने को 'आउट साइडर' कहे, इससे एक ध्वनि तो यह निकलती है कि आपके समकालीन औसत कवि भी बहुत ऊँचे हैं और दूसरी यह कि आप अपने काल की बधिरता से अप्रसन्न हैं। समय बहरा हो जाय तो कवि अप्रसन्न होगा ही लेकिन बहरे को सुनाने के लिए आप जोर से बोलने लगें, यह भी मैं नहीं चाहता। आप जिस धरातल पर हैं, वही आपका अत्यन्त अनुकूल धरातल है।

मेरी हार्दिक बधाई स्वीकार कीजिए।

आपका
दिनकर

[2]

पटना-4
6-11-59

प्रिय भाई,

मैं कहीं एकान्तवास में हूँ। पत्र किसी तरह तुम्हारा मिल गया। तुमने मेरे उद्गारों को जिस निश्छल प्रेम से स्वीकार किया है, उससे मैं बहुत प्रसन्न हूँ। भगवान तुम्हें आगे बढ़ाएँ।

वे लोग मेरी राय से चलेंगे, ऐसा मैं नहीं मानता। फिर भी, मौका मिलते ही थाह लेने की कोशिश करूँगा। मैं नहीं जानता था कि तुम भी हक़दार हो। लेकिन तुम्हारा पक्ष लेने में मेरे सामने कोई बाधा नहीं है। ऑफिस जाना तो भाई सत्यकाम जी से प्रणाम कहना।

तुम्हारा
दिनकर

[3]

52, साउथ एवेन्यू, नई दिल्ली
24-11-59

प्रिय भाई,

तुम्हारा पत्र मिला। नोट जा रहा है। साथ में एक चित्र भी है। 350 के बदले शायद 450 शब्द होंगे। सब छापना।

तुम्हारे काम की बात। मुझे तो यह दिखाई देता है कि आदमी बाहर से ही आएगा। और कोई विकल्प वे स्वीकार नहीं करेंगे। लेकिन, तुम्हें हतोत्साह नहीं होना चाहिए। जो काम तुम्हारे हाथ में है, उसे मनोयोगपूर्वक करते जाओ। परिणाम अपने समय पर निकलेगा।

सस्नेह
दिनकर

[4]

11, कैनिंग लेन
4-9-60

प्रिय भाई वीरेन्द्र,

तुम्हारा 1/9 का पत्र मिला। दुःख है कि तुम धर्मवीर के साथ नहीं चल सके और तुम्हें हटना पड़ा।

कोई अय 'शाद' पूछे या न पूछे, इससे क्या मतलब?

खुद अपनी कद्र करनी चाहिए साहबे-कमालों को।

प्यारे! मैं किस योग्य हूँ कि इस आड़े वक्त तुम्हारे काम आऊँ? फिर भी कोई बात मन में आए तो लिखना।

तुम्हारे आध्यात्मिक विश्वास के टोन से मुझे भी तसल्ली हुई।

तुम्हारा
दिनकर

[5]

11, कैनिंग लेन, नई दिल्ली
7-3-61

प्रिय भाई,

तुम्हारा पत्र मिल गया था, जिसमें तुमने 'उर्वशी' का अंश माँगा था। 'भारती' के सीमित कलेवर में सजने योग्य कितना अंश कहाँ से तोड़ूँ, यह ठीक समझ में नहीं आया। अगर भेजने योग्य अंश मिल सका तो अब भी इच्छा है, भेज दूँ।

तब तक रवीन्द्रनाथ की चार कविताओं के अनुवाद भेज रहा हूँ। गद्य में हैं इसलिए शुद्ध हैं। प्रायः मक्षिका-स्थाने-मक्षिका ही समझो। पसन्द आ जाएँ तो अभी से मई तक छाप लो। वरना कोई खास आग्रह नहीं।

मिजाज कल तक बहुत अच्छा लगता था। रात से विकृति फिर दिखाई दे रही है।

तुम्हारा
दिनकर

[6]

आर्यकुमार रोड, पटना-4
17-7-61

प्रिय भाई,

उर्वशी के बुक-केस पर नाम की गड़बड़ी हो तो उस पर ध्यान मत देना। जो प्रति पहुँची हो, उसे स्वीकार करना।

आशा है, फिशर की पीड़ा अब नहीं है।

तुम्हारी राय जानने की अतीव उत्कंठा है।

तुम्हारा
दिनकर

[7]

2, साउथ एवेन्यू लेन, नई दिल्ली
25-4-66

प्रिय भाई वीरेन्द्र,

'यातना का सूर्य-पुरुष' की प्रति मिली। उलट-पलटकर कई कविताएँ पढ़ गया हूँ। 'अनागता की आँखें' की अपेक्षा इस संग्रह की कविताओं में तुम ज्यादा गहराई में पहुँचे हो। ये नई कविताएँ काव्य-नाम को सार्थक करती हैं।

तुम्हें इस संग्रह के लिए प्रकाशक नहीं मिला, यह बड़ी ही चिन्ता का विषय है।

क्या नए कवियों को पुस्तकें खुद ही प्रकाशित करनी पड़ेंगी? मेरा खयाल है, नई कविता की उपलब्धि इतनी बड़ी हो गई है कि प्रकाशक उसे पाठकों के पास पहुँचाएँ और घाटे से बच सकें।

मगर, यह और पक्ष है। मैं तो तुम्हें यह पत्र बधाई के लिए लिख रहा हूँ। सम्भव है, कुछ और पढ़कर दूसरा पत्र भी लिखूँ। जियो।

तुम्हारा
दिनकर

[8]

2, साउथ एवेन्यू लेन
नई दिल्ली
14-5-66

प्यारे भाई वीरेन्द्र,

तुम्हारा 3 मई का दुःखदाई पत्र समय पर ही मिला। पढ़कर हृदय काँप उठा। मुझे यह मालूम हुआ था कि तुम्हारी नौकरी अब नहीं है। किन्तु, यह पता नहीं था कि अवस्था इतनी विपन्न है। मैं क्या करूँ, यह दस दिनों से सोचने पर भी समझ में नहीं आ रहा है। तुम पर यह विपद् अगर उस समय आई होती जब मैं संसद-सदस्य था, तो मैं शायद कोई सहायता कर सकता था। अब तो दिल्ली में न तो जवाहरलाल हैं, न मैं संसद में हूँ। 'यारो, यारी छाड़िए, अब रहीम वे नाहिं'। मेरा प्रभाव मुझे छोड़कर चला गया है। फिर भी कुछ बातें हैं, जो हो सकती हैं।

1. तुम मुझे अपना विवरण टंकित करवाकर भेज दो। उसमें सिलसिला खासतौर से यह दिखाने का होना चाहिए कि तुम रेडियो के उपयुक्त हो। तुम तो रेडियो में थे भी। कैसे हटे थे, सो अलग से लिखना। यह विवरण मैं राजबहादुर जी को दूँगा। लेकिन, यह ठीक है कि प्रधानमन्त्री दिलचस्पी जाहिर करें तो काम आसान हो जायगा। कार्य का यह भाग सम्पन्न करने के लिए तुम बच्चन जी को लिखो। पंडितजी का जो सामीप्य मुझे प्राप्त था, उससे अधिक, बहुत अधिक सामीप्य अब प्रधानमन्त्री से बच्चन जी का है। वे चाहें तो कार्य-सिद्धि अवश्य हो सकती है।

2. रमा जी की पुस्तकवाली-योजना तो अब खटाई में है। बेनेट-कोलमैन भी अभी हाथ से बाहर है। फिर भी उनके पास तुम अपना आवेदन भेज दो और उसकी प्रति मुझे भी भेजो। मैं अवश्य बात क़रूँगा।

3. 'यातना का सूर्य-पुरुष' पर इतनी सामग्री लिख दूँगा, जिसका उपयोग फोल्डर के रूप में किया जा सके।

4. मेरे पत्र का उपयोग तुम यथा-रुचि कर सकते हो।

तुम्हारा
रामधारी सिंह 'दिनकर'

[9]

5, सफदरजंग लेन
नई दिल्ली
1 जुलाई, 1968

प्रिय भाई,

तुम्हारा चिरप्रतीक्षित कार्ड मिला।

एहि सर आवत अति कठिनाई,
राम कृपा बिनु आइ न जाई।

4, 5, 6, 16, 19, 20 जुलाई को हिन्दी-सम्बन्धी समितियों की बैठकें हो रही हैं, जिनमें मेरा रहना अपरिहार्य है। अतएव, गुरु-पूर्णिमा तो हाथ से गई। अब अगस्त या सितम्बर में आने का विचार करता हूँ।

तुम जब मात्र एक कार्ड लिखते हो तब भी वह साहित्य का टुकड़ा हो उठता है। तुम्हारी भाव-विह्वलता का ही यह परिणाम है कि तुम्हें गुरु मिल गए और तुम एक ऐसी जगह पहुँच गए जहाँ शान्ति से जीना सुलभ है। योग, गार्हस्थ्य के लिए भी आवश्यक है। किसी हद तक वीतराग हुए बिना जिन्दगी की ठोकरें सँभालना मुश्किल काम है।

शेष कुशल है।

तुम्हारा
रामधारी सिंह 'दिनकर'

[10]

5, सफदरजंग लेन
नई दिल्ली
4 अप्रैल, 1971

प्रिय वीरेन्द्र जी,

मैं 8 अप्रैल के भोर फ्रंटियर-मेल से बम्बई पहुँचूँगा और श्रेयांस जी के घर जाऊँगा। वहाँ से उसी दिन किार से गणेशपुरी-आश्रम चला जाऊँगा और वहाँ तीन रात ठहरूँगा। आप या तो मेरे साथ आश्रम चलें या 1 बजे दिन में श्रेयांसजी के घर पर मुझसे मिल लें।

आपका
दिनकर

[11]

उदयाचल
राजेन्द्रनगर, पटना-16
6-10-71

प्रिय भाई,

तुम्हारा 29 का पत्र मिला। एक पत्र दिल्ली से लिखा है वह मिला या नहीं? लक्ष्मीचन्द्र जी तैयार हैं। श्रेयांस जी से चर्चा हुई थी। देख रहे हो—मेरा दाहिना हाथ भी काँपने लगा है! तुम्हारा पत्र बड़ा ही प्यारा है, जुगाने के लायक।

तुम्हारा
दिनकर

[12]

राजेन्द्रनगर, पटना-16
19-10-71

प्रिय वीरेन्द्र जी,

आपने ईसाई-धर्म के बारे में मुझे जो पाँच पुस्तकें दी थीं, उन्हें मैंने थोड़ा-बहुत पढ़कर देखा है। अनुवाद की भाषा अच्छी है, छपाई-सफाई बेहतरीन। ईसाई-धर्म-प्रचारक, ईसाइयत और हिन्दी की सेवा साथ-साथ कर रहे हैं, यह खुशी की बात है। मेरा धन्यवाद फादर तक पहुँचा दें।

आपका
रामधारी सिंह 'दिनकर'

[13]

उदयाचल, पटना-6
19-10-71

प्रियवर,

लक्ष्मीचन्द्र जी से बात फोन पर हो गई थी। वे किताब छापने को तैयार हैं। आप उनसे लिखा-पढ़ी करें और अपनी आवश्यकता भी बताएँ।

महावीर पर आप छन्द में लिखेंगे या मुक्त-छन्द में?

आपका
दिनकर

[14]

राजेन्द्रनगर, पटना-16
10-12-71

प्रियवर,

तुम्हारा बिना तारीख का पत्र पहुँचा। 25 नवम्बर के भोर मेरे बाएँ हाथ में कुछ हुआ, जिसे डॉक्टर ने Mild Stroke बताया है। तभी से खाट पर आराम कर रहा हूँ। सभी उपसर्ग एक घंटे में शान्त हो गए। मधुमेह भी ठीक है। रक्तचाप जरा जरूर गर्दन तानता है।

श्री गुरुदेव को तुरन्त पत्र भेजा था। उत्तर नहीं आया, 20 नवम्बर को दिल्ली में फोन पर लक्ष्मीचन्द्र से फिर बात हुई। न जाने बात आगे क्यों नहीं बढ़ती है? आज गुरुदेव को फिर पत्र भेजा है।

तुम्हारा
दिनकर

[15]

उदयाचल, पटना-16
7-1-72

प्रिय भाई,

तुम्हारा 2 का पत्र मिला। तुम मेरे जन्म-जन्म के बन्धु हो। बाबा जहाँ रखें, जैसे रखें, सब स्वीकार है।

मैं घर से तो बाहर शहर में आने-जाने लगा हूँ, लेकिन यात्रा पर निकलने की अनुमति अभी नहीं है। मेरा खयाल है, बाबा ने तुमसे जो कुछ कहा है, स्थिति वही है।

नया वर्ष तुम्हारे लिए मंगलमय हो।

तुम्हारा
दिनकर

[16]

राजेन्द्रनगर, पटना-16
10-2-72

प्रियवर,

पहला पत्र भी मिला था और आज कार्ड भी मिला। दिल्ली-कानपुर हो आया हूँ। 14 फरवरी को मद्रास जाने का विचार है। मगर दिल्ली में बिना परिश्रम के भी थक जाता था। देखें, मद्रास यात्रा में कैसा रहता है।

लक्ष्मीचन्द्र जी ने एक बार मुझसे कहा था कि पुस्तकों का चयन अब केवल मेरे कहने से नहीं होता है। इस काम के लिए एक कमेटी बना दी गई है। लगता है, इसी कठिनाई के कारण वे मौन रह जाते हैं। रमाजी चुप क्यों रह जाती हैं, नहीं कह सकता। शायद वे किताब लेना नहीं चाहती हैं।

माचवे जी को आज पत्र लिख दिया है।

जय गुरुदेव!

तुम्हारा
दिनकर

[17]

राजेन्द्रनगर, पटना-16
5-4-72

प्रिय भाई,

25/3 का पत्र मिला। एक बार तो मैंने ऑफर लौटा दिया। अब अगर बाबा स्वामी मुक्तानन्द परमहंस की कृपा से दुबारा आया, तो मान लूँगा। नहीं आया तो बाबा का नाम जपता ही हूँ।

तुम कठिन तपस्या से गुजर रहे हो। इसका सुफल तुम्हारी सन्तान को मिलेगा। भगवान तुम्हारी कठिनाइयों को कम करें।

मैं 23 मार्च से 3 अप्रैल तक दिल्ली था। इसी से उत्तर में विलम्ब हुआ।

तुम्हारा
दिनकर

[18]

पटना-16
25-7-72

प्रिय भाई,

पत्र मिला। महावीर पर काव्य मैं नहीं लिख रहा हूँ। खंडकाव्य लिखते समय पूरी निश्चिन्तता चाहिए, उसका जिम्मा कोई लेने को तैयार नहीं हुआ। दूसरे मेरे मन में कोई कथानक भी नहीं बैठता है।

भूमिका मैं अवश्य लिखूँगा। इधर गद्य, गद्य, गद्य लिखने में इतना बोझ पड़ा कि एक उँगली में घट्ठा पड़ गया है।

शेष कुशल है।

तुम्हारा
दिनकर

[19]

नई दिल्ली
8-6-73

प्रिय भाई,

धन्यवाद। पत्र 8 जून को यहीं मिला। मैं 20 जून को श्रेयांस जी के साथ बम्बई आऊँगा। नारी और अध्यात्म की बात मैंने तुम्हारे जीवन को देखकर नहीं, कविता को देखकर लिखी है। और स्वीकारता हूँ कि इस द्वन्द्व से मैं खुद अभी हाल-हाल तक पीड़ित था।

तुम्हारा
दिनकर

75
श्री शंकरदयाल सिंह

पटना-16
25-7-72

प्रियवर,

तुम्हारा पत्र मिला। 13 के भोर से ही मुझे दिल्ली रहना है। पोती के लिए वर खोजते-खोजते वर्ष बीत गया। कोई बात ही नहीं करता है। 8 से 11 अगस्त के बीच इसी काम से जमुई जाना है। अगर प्रोग्राम अनुकूल बैठा तो तुम्हारी बात मान लूँगा, नहीं तो क्षमा करना। 11 को पटना तुम मुझे कब पहुँचा सकोगे? 12 के भोर मुझे गाड़ी पकड़नी ही होगी। मेरे स्वास्थ्य का भी ठिकाना नहीं कि कब कैसा रहेगा। मुझे छोड़ ही दो तो उपकार मानूँ।

तुम्हारा
दिनकर

76
श्री शम्भुप्रसाद श्रीवास्तव

अलीपुर पार्क प्लेस, कलकत्ता
29-10-56

प्रियवर,

तुमसे अचानक भेंट हो गई और दो-तीन दिनों तक तुम्हारे मुख से कविताएँ सुनने का अवसर मुझे अकस्मात् मिल गया। हिन्दी का क्षेत्र बहुत विस्तृत है इसलिए उसके एक छोर पर उगनेवाले नक्षत्र दूसरी सीमा पर से जल्दी दिखाई नहीं देते। किन्तु तुम तो काशी के हो। बड़ा पश्चाताप हुआ कि तुम्हें मैं पहले से क्यों नहीं जानता था।

तुम गीतकार के रूप में आगे आ रहे हो। तुम्हारे गीतों की टेकों में ध्यान आकृष्ट करने की शक्ति है और अन्तराओं में भी मार्मिकता है। तुम्हारे मुख से सुनने पर तो ये गीत और आकर्षक लगते हैं।

दो-तीन दिनों तक तुम्हारी कविताओं की संगति में रहकर मुझे ऐसा लगा कि एक अच्छा कवि हिन्दी में उदय ले रहा है। मैं तुम्हारे विकास को बड़े ही ध्यान से देखूँगा।

तुम्हारा
रामधारी सिंह 'दिनकर'

77
शिवकुमार शर्मा

[1]

श्री हरिः

मुकामाघाट
4-2-28

चिर प्रिय मित्र!

सप्रेम बन्दे।

आपकी राजी-खुशी चाहिए, फिर यहाँ भी कुशल है। आपके पत्र के बिना मेरी परिस्थिति कैसी है, इसका अनुभव शायद कर चुके होंगे। फिर भी इस प्रकार की हृदयहीनता का कारण जानने में सर्वथा असमर्थ हूँ। खैर

तज दे भले ही तू मुझे, पर मैं न तज सकता तुझे।
संसार में वह थल कहाँ, जहँ मैं न भज सकता तुझे॥

सब कुछ होते हुए भी दसवीं फरवरी तक इन नयनों को वह सुषमा दिखाने की अभिलाषा बनी ही है। क्षणिक कोप ने उसका सत्यानास नहीं किया। शुष्क उपवन से और आशा ही क्या?

भवदीय
श्री रामधारी

शिव कुमार शर्मा
यूनिवर्सिटी कैंडिडेट मैट्रिक क्लास
बी. बी. हॉस्टल
डाकघर–महेन्द्रू, पटना।

[2]

पटना
18-3-31

प्रिय शिव!

तुम्हारी चिट्ठी और कपिलदेव की चिट्ठी उसके 'प्रेम प्रलाप' के प्रूफ के साथ ही मिली थी। उसका प्रूफ देखकर कल ही भेज दिया। कपिलदेव को मैंने डाँटकर एक चिट्ठी लिखी है। देखें, कैसा टेक करता है। उसने कुछ काम ही ऐसा किया है कि मैं क्रोधित हुए बिना नहीं रह सका। आज काशी से मेरे पास किसी ने 'सूर्य' नामक अखबार भेज दिया है, उसमें राजा जी के नव विवाह का संवाद है। अस्तु।

तुम सिमरिया न छोड़ना। मैं बुरा नहीं मानूँगा। मास्टर साहब Resignation की धमकी देते हैं क्या? न्यायोचित काम जरूर करना। किन्तु, मैं तो श्रद्धा से झुक जाता हूँ। उनके दिल पर इस तरह का सदमा देना मुझसे नहीं हो सकता। आशा है, परिस्थिति को सँभालते हुए रामचरित्र को Appoint अवश्य करोगे।

पुस्तकालय की किताबें क्यों नहीं पढ़ते? मैंने 3॥ रु. में एक मसहरी खरीद ली है। Hostel चलेगा। मैं सत्तू खाता हूँ और सानन्द हूँ। देखूँ परीक्षा के पहिले एकाध बार चढ़ाई होती है कि नहीं?

तुम्हारा
रामधारी

[3]

बरबीघा
2-2-33

प्रिय शिव!

तुम्हारा पत्र कल मिला। D. I. आए थे। नए admission वालों की परीक्षा हुई। वह अभी उनकी कॉपी के साथ गए हैं। result एक-दो दिनों में मालूम होगा।

अपने जीवन की कहानी बार-बार क्यों लिखते? भगवान पर भरोसा रखो, सब शान्त हो जाएगा। 'Your mentioning destroys the charm of pain.'

बाबू तोता सिंह के बारे में मैं क्या लिखूँ? कुँवर जी की ईंट मकान में लग रही है, यह हर्ष का विषय है। क्या होली में वहाँ गुलछर्रें उड़ सकेंगे? जरा लिखना कि मकान का प्लान क्या है? जगदीप कु. से क्या बातें हुईं? जानने को उत्सुक हूँ।

पटने जाने के पहिले मिल लो तो अच्छा। बरबीघा तो तुमने देखा ही है। अगर मुकामा में तुम एक बजेवाली गाड़ी पकड़ सके तो चार बजे बरबीघा पहुँच जाओगे। अगर शाम की डाक से गंगा पार हो लोगे तो 11 बजे रात में शेखपुरा उतर सकोगे।

लिखो, कि कब आ रहे हो? मोटर Stand बरबीघे में इन्तजार करूँगा। मेरा स्कूल 11 मार्च से बन्द होगा। इसके बीच चाहे जब आओ।

मेरे स्कूल की जड़ मजबूत हो रही है, यह हर्ष की बात है। कामेश्वर की चिट्ठी आई है। तुमसे अपने भावी जीवन के प्रोग्राम पर विचार लेना है। बताओ क्या करना होगा। विशेष मिलने पर। रोकसदी के बारे में लिखना। मैं भली-भाँति हूँ।

रामधारी

[4]

Barbigha
14-10-33

प्रिय शिव!

प्रेम

एक पत्र मिला होगा। आज लिखने का कारण यह है कि तेईस के कृष्णबलदेव बाबू, Vice President of School के यहाँ VIII क्लास के एक छात्र के लिए एक Tutor की जगह खाली है। तुम्हारे विषय में भी बात चली। मैंने कहा कि 20-25 रु. plus भोजन से कम पर वह नहीं आवेंगे। यह भी कहा कि वे engaged हैं। उन्होंने स्वीकार किया। तुमको लिख रहा हूँ। लिखो कि क्या विचार है। मैं कोई सम्मति न दूँगा। पर, सूचना दे देनी चाहिए। अगर उधर मन न लगे तो चले आओ। पर पोस्ट ऑफिसवाली बात जाँच कर। तब तक जगह भर गई तो फिर लिखूँगा। मगर तुम्हारा उत्तर आ जाना चाहिए। रामावतार के लिए कहा था, उन्होंने अस्वीकार कर दिया।

—रामधारी

[5]

बरौनी
17-10-33

प्रिय शिव!

अभी तुम्हारा पत्र मिला। मैंने लिख भर दिया है। आज लाला बाबू से भेंट हुई तो वह कहने लगे कि शिवकुमार बाबू को इस पोस्ट पर बुलाना ठीक नहीं। कृष्णबलदेव बाबू का Treatment Tutors के साथ आदरणीय नहीं होता। इससे मैं भड़क जाता हूँ। छोड़ो भी।

कल बुध होकर मेरा स्कूल बन्द होता है। फिर सोमवार को खुलेगा। मैं शुक्र के दिन भागलपुर जा रहा हूँ। सम्मेलन attend करने को। वहाँ से लौटने पर पटने जाने का विचार है। इसलिए जो party देवघर जाय, उसे कम से कम एक सप्ताह पहिले

मुझे सूचित करना चाहिए। यात्रा शनिश्चर की हो तो मैं Morning School करके आ सकता हूँ।

आज पाँच दिनों से नलिनी ज्वरग्रस्त है। उपवास कर रहा है। केवल बीदाना दिया जाता है। तिवारी जी चिन्तित हैं। वे दीवाली में सिमरिया नहीं जा सकेंगे।

लक्ष्मी भी बीमार था पर वह अब अच्छा है।

मेरा जी इस बार यहाँ लगता ही नहीं। देखें भगवान कहीं खींचते हैं या नहीं।

आज कामेश्वर की चिट्ठी आई है। पुस्तकालय की सामग्री का क्या हुआ?

तुम्हारा
रामधारी

श्री शिवकुमार शर्मा,
द्वारा पंडित हित नारायण शर्मा
सब-पोस्ट मास्टर,
पो. ऑ. बरौनी।
जिला—मुँगेर

[6]

बरबीघा
9-11-33

प्रिय शिव!

तुम्हारा कोई समाचार नहीं मिलता, इसका कारण?

मैं परसों शनिश्चर को पटने जा रहा हूँ। दिन में ही कॉलेज के हिन्दी परिषद् में विराट कवि-सम्मेलन है। अभी चार-पाँच दिन पहले प्रो. ज्ञानसाहा ने सोनपुर मेला से तार दिया था कि प्रदर्शनी का कवि-सम्मेलन attend कीजिए। पर, मैं नहीं जा सका। मैं सोमवार को लौटूँगा।

मेरे घर पर Important event तो जरूर हुई होगी। शीघ्र सूचित करो। I have dreamt I have got a nephew. मैं ठीक हूँ और भी कितनी ही बातें होंगी, जिन्हें तुम्हें लिखना चाहिए।

कुँवर जी कैसे हैं? उनके नेत्र का ज्योति-रंजन स्वस्थ, निरामय और सुन्दर है या...अपने जानते मौज में हो तुम। दोनों को बधाई, सौन्दर्य का उपभोग अभिशाप नहीं है।

तुम्हारा
रामधारी

[7]

बरबीघा
4-1-34

प्रिय शिव!

मेरा नाम कमिश्नर ने ऊपर भेज दिया है। अब इच्छा हो रही है कि हो जाए तो अच्छा। मैं आज ज्वरग्रस्त हूँ। शाम तक अच्छा हो जाऊँगा। शायद शनिश्चर को पटने जाऊँगा अगर अच्छा रहा।

परमानन्द को सब कुछ सोच-समझकर आने को कहो। श्रीराम सिंह से भी बातें चला देना।

तुम्हारा
रामधारी

[8]

जयनगर
जिला–दरभंगा
30-10-34

प्रिय शिव!

प्रेम।

कल चार्ज लिया। यह तो मालूम ही हो चुका होगा। कल ही से काम शुरू भी किया और अठारह डाक्यूमेंट्स सर्टिफाय किए। कलम घिसने में एक तरह का आनन्द आता है। यहाँ का हेड क्लर्क भला आदमी है। वही मेरा पी. ए. है और हर कदम पर सलाह देता है। लेकिन वह भी ट्रांसफर होने को है। देखें आगे क्या होता है? तीन दिनों के बाद नया आदमी उसके पद पर आएगा। मैं बड़ी जल्दी से अपने को तैयार कर रहा हूँ। ऐसी सम्भावना है कि यहाँ मुझे कुछ दिनों तक रहना पड़ेगा। इसलिए एक नौकर की जरूरत है। कोई ऐसा स्वजातीय लड़का हो जो रसोई भी बनावे और पानी-वानी भी लावे। मेरा विचार है कि मेरे यहाँ का बाबूलाल (बौधा) इस काम के लायक होगा। हो सके तो उसे स्टोव के साथ भेज दो। दादा को चिट्ठी दिखा देना, वह भेज देंगे। एक-आध थाली भी लिए आवेगा। दरभंगा से यहाँ के लिए गाड़ी छः बजे सुबह खुलती है। उसके कवल दरभंगा पहुँचनेवाली गाड़ी से वह चले। शायद एक्सप्रेस से आने से उसे दिक्कत उठानी पड़े क्योंकि सारी रात–10 से लेकर सुबह तक दरभंगा में ठहरना है। इसलिए 11 बजे रात की गाड़ी से चले अगर वह गाड़ी डायरेक्ट दरभंगा आती हो। अगर बौधा के पिता की दशा देखते हुए उसका आना सम्भव या सुविधाजनक न हो तो और किसी को भेज देना।

कपिलदेव से मिलकर कहना कि निरसू बाबू से मिले, नगेन्द्र को प्रभावित करे और मुझे कम से कम सेक्रटरिएट में जगह दिलाने की कोशिश करें। अगर जरूरत हो तो मैं भी नगेन्द्र को पत्र लिख सकता हूँ। उसे यह भी कहना कि एक-आध बार जायसवाल साहब से मिले। मैं ऐसी जगह पर हूँ जहाँ से यह पता पाना मुश्किल है कि सेलेक्शन बोर्ड के मेम्बर कौन-कौन चुने जाएँगे। अगर कपिलदेव एलर्ट नहीं रहेगा तो कुछ न होगा। इसलिए वह यह भी पता लगावे। जायसवाल साहब अजीज से कहेंगे। देखो कुछ कोशिश-पैरवी कर देना है। होने की तो उम्मीद अब नहीं ही है।

सूट का क्या हुआ? वह कब तक मिलेगा? लिखना। अगर सम्भव हो (दुःख है कि तुम पर भार बहुत दे रहा हूँ) तो चन्द्रेश्वरी के यहाँ से कॉलर मँगवा लेना। उसके पास दो हैं। एक मँगा लेना। और उसे भी भेज देना, बाई पोस्ट या जैसे हो। आदमी जल्दी आ जाए।

यहाँ तो 'जी हुजूर' की झड़ी लगी रहती है और सम्भव है कि इसी में मेरी साहित्यिक मृत्यु हो जाय।

Post office से चीजें redirect कर दी जाएँ।

Case का development बराबर लिखोगे। महावीर की महानता और शिवकुमार का सुकुमारता बराबर याद आती है। भाई हिमालय जी यहाँ से करीब हैं। अगर कुछ दिन भी रहने की नौबत आई तो लोगों को यहाँ हिमालय की तटी (नो डाउट फॉर बिलो दी हिमालय) देखने को आना पड़ेगा।

नूनू से प्रणाम कह देना। What abour yout 'darling' Mr.? Is...allright? Perhaps you do not know.

तुम्हारा
रामधारी

[9]

लालगंज
27-2-36

प्रिय शिव!

प्रेम।

जयकिशोर बाबू ने फिर लिखा है कि 'तुम चिन्ता मत करो। सब काम ठीक हो जाएँगे।' मालूम पड़ता है महाराज बहादुर अभी अयोध्या से लौटे नहीं। जयकिशोर को आज फिर चिट्ठी लिख रहा हूँ। मैं प्रायः विश्वास करने लगा हूँ कि महाराजा के लौटते ही वह इस काम को अपने हाथ में ले लेंगे और निश्चय ही तुम्हारी नियुक्ति में दो-तीन महीनों से अधिक की देर नहीं होगी। यों तो भगवान की कृपा सभी जगह है।

दुर्भाग्यवश सिंहेश्वर बाबू को वह काम नहीं मिल सका। इसे कहते हैं किस्मत।

मेरा कोर्ट 4 होकर बन्द होता है। मैं अधिक से अधिक पाँच तक यहाँ से जरूर चलता हूँ। शायद दो-एक दिनों के लिए गया होता आऊँ।

मेरे तीन T. A. Bills सदर ऑफिस ने लौटाकर देर कर दी। अब इस महीने में उनका cash होना मुश्किल है। लहेरियासरायवाले क्या कर रहे हैं, यह पता नहीं। रोज चिट्ठी आती है। शर्मा जी लिखते हैं, तीन तारीख के पहले रुपए जाएँगे। लेकिन अभी तक कुछ होता-जाता नहीं दीखता। अतएव तुम्हें लिखता हूँ कि शनिश्चर को तुम पचास रु. मनीऑर्डर करो। मुझे मंगल तक मिल जायगा। अगर लहेरियासराय से रुपए आ गए तो सिर्फ आठ आना कमीशन बर्बाद होंगे, अन्यथा तुम्हारे भेजे रुपयों से काम चलाकर यह जगह छोड़ूँगा। अगर यहाँ के परमानेंट एस.आर. ने छुट्टी बढ़ाई तो भी रुपए वापस लेता आऊँगा।

और क्या लिखा जाए। जिस मनुष्य ने रामचरित्र की मृत्यु, स्त्री का अपमान और तुम्हारी चिन्ताओं को सहा है उसने इस बार की 'घिनौअल' को भी सह लिया। परमात्मा को यही मंजूर है। वशिष्ठ और पवनधारी दोनों ही खुशामद की चिट्ठियाँ लिख रहे हैं। दोनों ने लालगंज आकर भेंट करना चाहा और मेरी अनुमति माँगी। मैंने लिख दिया कि अभी माफ करें। मेरा यह रूखा व्यवहार उन लोगों को काफी चुभा है, ऐसा ज्ञात होता है। वशिष्ठ is a shy fox and a mischevious man. I did not know it till Sharmajee wrote to me that Ram Dayal Babu has a very low opinion of him.

यह तो तुमने पढ़ा ही होगा कि हिमालय और तांडव Broadcast होने जा रहे हैं। आशा है, तुम प्रसन्न हो।

तुम्हारा
रामधारी

[10]

Bettiah
7-5-36

My Dear Shiva

Here is an extract from Pt. Ram Govind Trivedi's Letter :

"आपको मेडल देने के लिए भागलपुर में कुमार साहब ने कहा था। वह स्वर्ण पदक तैयार हो गया है। आपको पत्र लिखकर कुमार साहब ने बुलवाया भी था। मैं स्वयं भी मेडल लेकर मुँगेर गया था। अक्षत, चन्दन के साथ इसे मैं आपको देना चाहता हूँ। कहिए, कब आपसे भेंट होगी? मेडल बहुत सुन्दर बना है।"

Now what do you think of it? Although the declaration was made at a time when I would have been glad to receive it, but things have changed rapidly since then and now I occupy (to be a little shameless) a position in India. Should I receive it? Does it not injure my position? But there is another side of the question as well. Having regard to the time and occasion of the declaration I should accept it. Then they are all good people who were responsible for my appointment and I shall not be behaving properly if I do not accept it. You shoulld enlighten me soon and help me in arrving at a decision.

As for my disease I have improved rathar recoverd. The doctor is here on the 'Ijlas' while I am writing this letter to you. He says there is no fear now for the full moon is over. I have been using NARAYAN Oil. Today I wish to point, 'Iden'. The doctor says, it will effect wonderfully. I am out of anxiety and think you will give up your botheration for me as well. I won't lose my arm, I am sure. The disease is gone although its reminicence lingers behind.

Write to me in detail as to how things stand between Reading and Gandhis.

I am sorry that I have not been receiving one letter everyday from you as you promised of your own accord.

Ever yours
Dinkar

[11]

SASARAM
14.5.36

My dear Shiva,

I hope you have returned from Teus all right.

So far my state of health is concerned I have been disturbed again by my Monghyr journey. Perhaps I took irritating food and hence I am feeling some trouble again. The process of treatment is proceeding without effect. I do not know what troubels I have to suffer more.

Please enquire from sevo the news of his mother's health and communicate the same to me by return of post. I want to know the condition of the newly born child and its mother in particular. You will please treat it most urgent.

Then there is the dispute over your land which haunts me many times a day. Please write to me how are you doing in that respect.

What abut Tahsildar? Is he very much displeased with me? A littie of restraint over my impulses was required to make him feel my protest against his conduct and I think he will take it only in that light.

Convey my love to Ramavatar.

What should I ask you more? You have to be troubled with new sets of anxieties at my score till I die. With all the glories above and around me I feel to be the most damned soul of the world.

Affectionately yours
Ramdhari

[12]

Bettiah
17-6-36

प्यारे शिव!

R. M. S. वालों को जो चिट्ठी तुमने दी थी, मुझे देर करके पोस्टल पियून के जरिए बैरंग होकर मिली और दो आने पैसे लग गए अतएव लीची नहीं जा सकी। मैंने गिनकर सात सौ लीचियाँ भेजी थीं। न जाने 400 कैसे हो गईं।

सुना है Railway के सम्बन्ध में तुम लोगों ने कुछ नहीं करना ही अच्छा समझा। खैर, तुम्हारी मर्जी। दुःख है कि व्यर्थ की मैंने तुम्हें असुविधा में डाला। आने का प्रोग्राम भी तुम लोगों का बड़ा सीरियस रहा। अब प्रोग्राम न बनाना ही अच्छा है। बनाओ भी तो मुझे न लिखना। भाई साहब से अगर मेरी अच्छी तन्दुरुस्ती और खैरियत का समाचार शीघ्र कह दोगे तो मैं प्रसन्न होऊँगा।

आम तो खूब पक रहा होगा। लेकिन मुझे क्या? यहाँ कोई तब तो दो-चार सौ कच्चे आम लिए आवे। कुँवर जी तो अब गृहस्थी में लग पड़े होंगे। क्या सत्तो यहाँ आने की बात करता है?

दिनकर

[13]

बेतिया
16-7-36

प्रिय शिव!

तुम्हारी चिट्ठी मिली। दोनों बार के खट्टे आम भी मिले। मैं शनिश्चर की शाम को यहाँ से चलता हूँ पटने। तुम भी चलो। मैं 3 बजे रात में मुजफ्फरपुर और सुबह दस बजे पटने पहुँचूँगा। तुम शनिश्चर की शाम को चलो और सोनपुर में मेरी इंतजारी करो। रविवार और सोमवार की मैंने छुट्टी ली है। मुन्सिफ साहब से चिठ्ठी मैं लेते

आऊँगा। कुँवर जी से मिलना और कहना कि मैंने सद्भावना से वह खत लिखा था। वह बुरा क्यों मानते हैं? उनका खत मुझे मिला है। शनिश्चर की 9 अप में तुम जवाब भेजो कि आ रहे हो। मैं डाक ले लूँगा। और कुशल है।

तुम्हारा
रामधारी

[14]

बेतिया
8-8-36

प्रिय शिव!

आज तुम्हें दो पत्र मिलेंगे। Representation तो जे. कुमार के यहाँ भेज देना चाहिए। पटने भी जाओ और तुरत। कल मैंने यहाँ राज के Office Superintendent से बातें की थीं। उन्होंने कहा कि Probationer की जगह खाली है। अभी एक-आध साल तक पन्द्रह-बीस पर खटना होगा। पीछे vacancy होने पर तरक्की हो सकेगी। तुम इस पर अपना विचार लिखो। अगर तुम पसन्द नहीं करो तो रामावतार सुपुत्र अक्षयवट सिंह के लिए apply कर दिया जाय। तुरत उत्तर दो। देर अच्छी नहीं। एक दिन की भी देर नहीं होनी चाहिए।

15 तक मैं आ जाऊँगा।

तुम्हारा
रामधारी

[15]

बेतिया
8-8-36
11 बजे रात

प्रिय शिव!

तुम्हारा पत्र मिला। मेरे भी दो पत्र मिले होंगे। मुझे रविवार और सोमवार की छुट्टी है। कल प्रातःकाल बेतिया से चलता हूँ। अगर ट्रेन छूट गई तो 10 डाउन से चलूँगा। पटना जाना जरूरी मालूम होता है। तुम जरूर चलो। मैं किसी प्रकार भी सोमवार के प्रातःकाल पटने पहुँच जाता हूँ। बेनीपुरी से जाते के साथ मिलूँगा। इसलिए उससे पूछना।

दरखास्त नहीं लिख सका। एक फुलस्केप कागज पर हितो भाई का Signature ले लेना। पटने में टाइप करा लेंगे। अब की last attempt है। किस्मत के बल पर और कुछ हैरानी उठा ली जाय।

मैं समझता हूँ तुम भी रविवार की शाम या रात में चलते हो। मैं जरा मुजफ्फरपुर में भी एक ट्रेन छोड़ूँगा। असुविधा समझो तो सीधे चले चलो।

I will leave Patna Monday morning.

—दिनकर

[16]

2-10-36

प्रिय शिव!

आज सुबह मुझे ऐसा मालूम हुआ है कि मैं बवासीर से पीड़ित होने को हूँ। खून तो नहीं आया है मगर एक मटर की तरह गोल मस्सा गुदा-चक्र में चमड़े के भीतर मालूम होता है, जिसे छूने पर दर्द भी मालूम होता है। भगवान जाने क्या है। मैं बड़ा शंकित हूँ।

आज के गजट में एस. डी. ओ. का ट्रांसफर छप गया है।

मेरी एक नोट बुक सत्तो के बॉक्स में रह गई है—नई हरी जिल्दवाली। अगर कोई आनेवाला हो तो कृपा करके काव्य-वाटिका और वह नोट बुक भेज दो। विशेष कोई समाचार नहीं मिलता कि मैं लिखूँ। मेरे स्वास्थ्य के बारे में मुझे या तुझे जो मालूम है उससे तो यही निष्कर्ष निकलता है कि मैं शीघ्र महाप्रस्थान करूँगा।

—दिनकर

[17]

भागलपुर
12-6-37

प्रिय शिव!

विधि गति बाम सदा सब काहू। 19 की भी छुट्टी नामंजूर हुई। सुलतानगंज नहीं आ सका।

आज मैनेजर साहब से यहाँ मिला था। बाबू नन्दकिशोर सिंह डिप्टी कलेक्टर, स्पेशल अफसर डी. बी. मुझे लेकर उनके यहाँ गए थे। बातें हुई। बातों से जान पड़ा कि मैनेजर साहब नन्दकिशोर बाबू की इज्जत करते हैं। उन्होंने कहा है कि दरखास्त दे दीजिए। उसमें कैंडिडेट के मार्फत में अपना नाम डेजिगनेशन के लिख दीजिएगा जिससे कार्रवाई के समय यह केस मुझे याद रहे। अगर मालिक लोग रिकमेंड कर दें तो मुझे एप्वाइंट करने में आसानी हो जाय।

अगर कुमार साहब (रामानन्द सिंह) आ जाएँ और उनकी सिफारिश तुम्हें किसी

के मार्फत न मिल सके तो भी तुम दरखास्त लेकर निर्मल बाबू के पास चले आओगे और वह जैसा कहेंगे, करोगे। त्रिवेदी जी और निर्मल बाबू भी अगर कुमार रामानन्द सिंह के पास जाएँगे तो काम हो जायगा।

मेरे जानते दोनों कुमार साहब से रिकमेंड कराना बहुत अच्छा मालूम होता है। पता नहीं चन्द्र मोहन झा जी के विषय में तुम क्या करके लौटे हो, मगर यदि रिकमेंडेशन हो जाय तो दरखास्त पर मार्फत में सब-रजिस्ट्रार, सहरसा लिख देना और वह दरखास्त लेकर भागलपुर शीघ्र आ जाना। यहाँ ममाक चक मुहल्ले में बाबू निर्मलचन्द्र राय नाम के स्वजातीय मुख्तार रहते हैं। उन्हीं के डेरे में आकर रहना। वहीं से यह पत्र भेज रहा हूँ। वही तुम्हें लेकर मैनेजर साहब के यहाँ जाएँगे। दरखास्त फाइल करके सहरसा चले जाओगे। पीछे पैरवी होती रहेगी।

कुमार रामानन्द आनेवाले हों और अगर उम्मीद है कि अप्लीकेशन पर वह कुछ लिख सकेंगे तो त्रिवेदी जी के साथ ठहर जाना। जब दोनों सिफारिश मिल जाय तो निर्मल बाबू के पास चले आओगे। मैनेजर से मुझे कुछ आशा जरूर हुई है किन्तु हैरानी खूब होगी। दिल छोटा मत करो। मैं शायद शनिवार को कोर्ट करके घर चला जाऊँगा। सोमवार के प्रातःकाल सहरसा पहुँचूँगा।

त्रिवेदी जी को भी पत्र दिया है।

—रामधारी

[18]

बुध के प्रातःकाल*

प्रिय शिव!

आज्ञानुसार लीची जा रही है। मैंने यहाँ के बगीचों से फर्स्ट क्लास चीज भेजी है। पहुँच जरूर लिखोगे। अगर कल शाम को खबर नहीं मिलेगी तो समझूँगा लीची रास्ते में ही गायब हो गई। शायद रामावतार भी लीची ले जायगा। कह दिया है। मगर यहाँ से लीची भेजना जरा मुश्किल पड़ेगा। कारण, चार दिनों में झुरझरा जाएगी। इन्तजाम रहेगा तो शीघ्रता करने से एक बार और भेज सकूँगा। यह लीची रुपए में 700 मिलती हैं।

पहुँच जरूर लिखो और स्वाद भी लिखो कि कैसी है। जरूर-जरूर। कुँवर जी तो खासकर स्वाद लिखेंगे। दादा को बहुत तो 150 लीचियाँ भिजवा देना। सब सात सौ जा रही हैं।

—दिनकर

---

* तिथि अनुमानतः जून 1937

[19]

सहरसा
2-8-37

प्रिय शिव!

तुम्हारे व्यवहार पर मुझे बड़ा दुःख है। तुम यहाँ रहकर गए हो। तुमसे बार-बार कहा। तुम खुद यहाँ की हालत जानते हो फिर भी अब तक यह नहीं लिख सके कि प्रदरवाली दवा वे खाए या नहीं। आलस्य के सिवा इसका कारण और क्या हो सकता है? तुम शनिवार को गए और सत्तो मंगल को आया। तुम अगर उससे कह भी देते तो वह हम लोगों से कह दिए होता। लेकिन यहाँ तो तुम्हारी उदासीनता है, कोई कहीं फँसे बला से। मेरी जिन्दगी नरक हो रही है। और तुम्हें आलस्य के सिवा कुछ सूझता ही नहीं। खैर! मैं उस दवा का अनुपान भी भूल गया।

उनका दूसरा रोग यह है। शायद तुम भूल गए होगे। खाए, बिना खाए दोनों हालतों में अन्न कलेजे पर सवार मालूम होता है। कलेजे में जलन मालूम होता है। सुबह से दो बजे दिन तक डकार आती रहती है। नाभि के ऊपर का पेट कुछ चढ़ जाता है। गड़-गड़ करता रहता है। भूख नहीं लगती है। रात में तो खाना ही छोड़ दिया है। होमियोपैथी इलाज से कुछ हुआ नहीं। एलोपैथी कराऊँ क्या? भाई साहब कोई नुस्खा लिखकर भेजें। गत रविवार को मैं पटने जाना चाहता था पर नहीं जा सका। भागलपुर भी जाना चाहता था वहाँ भी नहीं जा सका। मिजाज खराब मालूम होने लगा। उसके दूसरे दिन दस्त हुआ। तबीयत घबराती रही। आज अच्छा हूँ।

आनेवाले सोम से बुध तक की छुट्टी माँगी है। अगर छुट्टी मिली तो भागलपुर होता हुआ पटना चला जाऊँगा अथवा पटना और घर होता हुआ भागलपुर। रामगोविन्द जी की कोई चिट्ठी आई नहीं। अफवाह सुनी है कि कुमार कृष्णानन्द के नॉमिनीज़ लिए जा रहे हैं। पता नहीं तुम हो या और कोई। जाने पर सारी बातें मालूम होंगी। तुम तो घर जाकर बैठ ही जाते हो।

सोनबरसा के मैनेजर भी अब तक मुरलीगंज से नहीं लौटे हैं। मेरी चिट्ठी गई हुई है। ज्यों ही आए कि मिला। और क्या लिखा जाय? तुम जब कहने पर बात भूल जाते हो तो लिखने पर कहाँ तक याद रखोगे।

तुम्हारा
रामधारी

[20]

सहरसा

16-9-1937

प्रिय शिव!

12 सित. को मैं भागलपुर चला, इस आशा से कि तुम सुलतानगंज अवश्य गए होगे। लेकिन महादेवपुर घाट से लौट आया क्योंकि उस दिन जहाज फँसा हुआ था। अब कामेश्वर के पत्र से विदित होता है कि तुम वहाँ गए ही नहीं। मैं अन्देशे में हूँ कि तुम कैसे न गए। लौटती बार सौभाग्य से स्पेशल अफसर बीहपुर में मिल गए। उनसे मैंने कहा कि मेरा भतीजा आपके पास जायगा, कृपा करके उसे गौरी बाबू के यहाँ ले जाइएगा। वह बेचारे तैयार थे और हैं, मगर तुम जाओ भी तो। खर्च और परेशानी तो होनी ही है। इस स्टेज पर आकर तुम उदासीन हो रहे हो, यह कुछ अच्छी बात नहीं है। मैं शनिश्चर की रात की ट्रेन से घर आ रहा हूँ। रविवार को प्रातः ही चल दूँगा।

—रामधारी

[21]

सुलतानगंज

9-10-1937

प्रिय शिव!

यहाँ कल ही आया। बैठा हुआ हूँ। कल शाम को यहाँ से बनैली जाऊँगा। कुमार साहब ने अच्छी-सी सिफ़ारिश लिख दी है। बड़े कुमार के नाम चिट्ठी भी। मैं पालथी मारे बैठा हूँ। देखो किस्मत क्या करती है? बिना आखिरी काम किए नहीं लौटूँगा, ऐसी प्रतिज्ञा है। तुम मेरे घर कह देना।

कामेश्वर को लिखा था कि भद्री भी जाऊँगा। लेकिन, यहाँ तो झंझट ही तय नहीं पा रहा है। न जाने कब फुर्सत होगी या सारी छुट्टी इसी में गायब हो जायगी मगर उसे लिखना जरूरी था। कल मेरा मन जाने का हो गया था। अगर मैं कल 10 को बनैली चला तो 13 तक घर पर अवश्य पहुँच जाऊँगा। I am bringing Rs. 100-00. मेरे कपड़े धुला देना। अगर भद्री न भी गया तो भी कामेश्वर के आ जाने पर जरा आनन्द रहेगा। भद्री जाना असम्भव ही समझो। बिनबा को एक कुर्ता दशमी के पहले ला देना। धोती नहीं हो तो वह भी दे देना। सत्तो ने माल-गुजारी के विषय में जो लिखा था, मैं ला रहा हूँ।

रामधारी

[22]

सहरसा*

29-10-37

3 सरी को दिवाली है। मैं घर रहने की कोशिश में हूँ। राम गोविन्द जी की चिट्ठी आई है। वह चलने को तैयार है। आप लोगों के यहाँ आने की जरूरत नहीं। सोमवार के चार बजे बरौनी में बैलगाड़ी लगाए रहें। अभी कहीं का ऑर्डर नहीं आया है वरना बैलगाड़ी की जरूरत नहीं पड़ती। तो भी सोमवार के...बजे बरौनी में आदमी रहना जरूरी है। बिनबा अकेले जायगा। मैं यहाँ से उसी दिन रात में चलूँगा। सुबह मंगल को पहुँचूँगा, दो दिन रहकर बनैली भागूँगा। सत्तो को खबर दे दो।

—रामधारी

[23]

सिमरिया

रामधारी सिंह 'दिनकर'

शिति 12-11-37

प्रिय भाई!

प्रेमाभिवादन!

पहले माफी माँग लूँ कि जनता को नेगलेक्ट करना पड़ रहा है। इधर ट्रांसफर के बखेड़ो में था। स्थिर होते ही ताबड़तोड़ लिखूँगा। भाव पोसे जा चुके हैं।

एक गोपनीय प्रस्ताव। सिंहेश्वर बाबू पी. ए. नहीं रहे। इसका मुझे दुःख है। खैर! दूसरे पी. ए. भी तो बहाल होंगे ही। क्या तुम समझते हो बिहार के नौकरों में मुझसे बढ़कर इसका अधिकारी कोई और है? बातें यहाँ भावना की हैं, योग्यता की नहीं। सो विचारों की थोड़ी-बहुत उग्रता के कारण मुझ पर अब तक क्या-क्या गुजरती रही है, यह तुमसे छिपा नहीं है। लेकिन इस पर सोचे कौन!

पटना रहने का मेरा शौक पुराना हो चला है। मैं इस मौके पर अपने आदरणीय मित्रों की सलाह चाहता हूँ। मुरली बाबू, छविनाथ जी, गंगा और तुम। सब मिलकर सोचो कि मुझे यह पद मिलना चाहिए या नहीं। मुरौवत नहीं करना, नहीं तो पीछे मेरी भद हो जाएगी। मेरे स्वार्थों (साहित्यिक) को ध्यान में रखते हुए निर्णय करो। और अगर पंचों की राय में मैं योग्य ठहरूँ तो पूज्यवर राजेन्द्र बाबू के सामने यह प्रस्ताव रखो।

प्रधानमन्त्री महोदय साधारणतः मुझ पर कृपा रखते आए हैं किन्तु मुझे यह

* अनुमानतः शिवकुमार शर्मा के नाम

जानने का अवसर अब तक नहीं मिला है कि मुझे वह किस कोटि में गिनते हैं। फिर मैं खुद सोचता हूँ कि एक बाभन के बाद दूसरे बाभन की नियुक्ति का अर्थ शायद कल्पना से बाहर भी लगाया जाय। और शायद वह खुद इस बिन्दु को लेकर मुझे घृणा का पात्र समझें। मैंने कभी भी उन्हें use करने की कोशिश नहीं की। एक बार शिवकुमार को लेकर की भी तो नाकामयाब रहा। इन बातों से मुझे डर लगता है। फिर मैं तो सब-रजिस्ट्रार ही हूँ और वह पद डिपुटी लोगों का है। सारी बातों को सोचकर मुझे संवाद दो कि विचार कैसा है। अगर तुम स्वयं किसी भी तर्क से इसके खिलाफ हो तो मैं इस विचार को छोड़ देता हूँ। किसी भी हालत में प्रधानमन्त्री से यह बात हरगिज़ नहीं कहना।

राजेन्द्र बाबू से कहने पर मुझे सूचित करना। मगर मित्रमंडली (जो मेरे कल्याण का दायित्व रखती है) यदि इसे कलुषित या त्याज्य समझे तो मुझे माफ कर दो। यह शायद मेरी अनधिकार चेष्टा है। किन्तु दुर्बलता तो मनुष्य में होती ही है।

मुखी बाबू और छविनाथ जी तथा गंगा से मिलकर निर्णय कर लो। बाभन वाला प्रश्न बड़ा जबरदस्त मालूम पड़ता है। डिसेंसी के नाते तो मुझे यह प्रस्ताव तुम लोगों के सामने नहीं रखना चाहिए। मगर तुमसे नहीं तो किससे कहूँ? मन में बात आई और दोस्तों तक पहुँच गई, यह ऐब तो प्राचीन है।

इस पत्र को अत्यधिक गुप्त रखना और अगर मेरा प्रयास हास्यास्पद है तो मुझे माफ करना। बस।

तुम्हारा
दिनकर

[24]

रामधारी सिंह 'दिनकर'
बाढ़ (पटना)
6-1-38

प्रिय शिव!

मैं देख रहा हूँ कि बेतिया जाना असुविधाजनक हो रहा है। अभी तक पेट ठीक नहीं हुआ। छुट्टी के लिए लिखा नहीं। चार वर्षों के अन्दर ऐसी बुरी जगह कभी नहीं आया था। I have got the most wicked clerks here, a very bad office and a worse house to live in. घर किराये का है मगर काफी तकलीफदेह है। यहाँ रहना पड़ा तो इक्जामिनेशन से हाथ धो लेना पड़ेगा। बल्कि देख रहा हूँ कि परीक्षा छोड़ देनी पड़ेगी। अगर जानता कि बाढ़ इतनी बुरी जगह है तो मेडिकल लीव लेकर टल्ली दे देता। मगर यह तो अपना पसन्द किया हुआ ऑफिस है।

तुम बेतिया जरूर आओ। मैंने हरदीप बाबू, मैनेजर साहब, रजिस्ट्रार साहब और बनारस बाबू वकील को पत्र लिख दिया है। तुम इन लोगों से अवश्य मिल लोगे। काम इन्हीं लोगों के जरिए होगा। सबसे ऊपर भाग्य का भरोसा।

मैं रविवार को पटने जाना चाहता हूँ। असम्भव तो जरूर है मगर इच्छा होती है कि यहाँ से भागने की कोशिश करूँ। अररिया मिल जाय तो मैं भाग खड़ा होऊँ। गोली मारो एम. ए. को। यह किस्मत का खेल है। भाग्य से लड़ाई नहीं की जा सकती। I am all miserable here.

उस रविवार को घर आऊँगा। तुम जरा सबेरे जाना। सब लोगों से पहले ही मिल लेना ठीक होगा।

तुम्हारा

रामधारी

You should reach Bettiah on Sunday morning latest. If you could reach earlier so much the better. Put up with the sub-Registrar and see manager at once. They have been informed to do the needful on or before Sunday morning for you are likely to be interviewed on sunday.

[25]

Barh

22.1.38

Dear Shiva,

Mr. Mehrotra, Manager, Imperial Bank writes to me that he has seen Mr. Morris in connection with the matter and although the latter has not committed to him in definite terms, he (the Manager) has every hope that you shall be appointed. Rather he has written to me in this way, "I will write to you I get the news of his (your) appointment." But we can't rejoice at this stage. God's will be done.

I am very much obliged to Saharasa people for remembering me. But I have to go to Patna. Then also my health is very bad and slightest injury can cause grave trouble. The Collector can never accede that I should attend a commitee for which a permission was received from another District Magistrate. You will communicate all these things to Suro & Sharma. As for myself. I shall certainly see the Collector tomorrow and will try to know his mind. In the interest of my service and reputation this delicate matter can never be concealed from the D. M.

If you have a mind to come here on 27th (as I have heard), please come with Ghee, Dahi, मूढ़ी का चावल and pulse.

I have been following the regulation of Hito Bhai, but to no effect. The disorder of the bowels continues as before. But do not ask him to take leave for then I shall be placed in a mental worry. Let me wait till another week.

Affectionately yours,
Ramdhari

Turanta Lal's misconduct haunts me sometimes. But I hope you are all peaceful and silent.

[26]

Ramdhari Singh 'Dinkar'
Barh
30.1.38

My dear Shiva,

Your letter. The school affair is all painful. Now, only one way is left. Submit petition for Grant-in-aid with the agreement of Shri Ram Singh if he agrees, without him if he is indifferent, despite of him if he opposes. You should not go to Ram Charitra Babu. Please send Babu Darbari Kumar to him at once with Banarsi Ram and with my letter. Ram Charitra Babu must be made agreeable to a grant-in-aid term. For the present we have to see that the school is repaired at once with minimum expenditure. You can't rely on my active help and press me for sitting at the M. A. at one and the same time. Arjun saw the head of the bird and I am looking to July. You must give me perfect and undisturbed rest so that I may put all energy to studies in hours which I steal from my work. I came from Patna this morning. Fees and application have been deposited. I did not come to you for I have no time. This may be a case always from now, yet I shall try to come on the 5th which is a Basant Panchami holiday. But if I do not, please excuse. Going to Semaria means spoil of time. You can't imagine how much I have to read. My health is indifferent to me. Not progressing well.

Please treat the school affair very urgent.

Sultanganj seems to have changed episode. Trivedi Jee's letter is dent herewith. You must see him.

Affectionately yours.
Ramdhari

Last night I attended one of the best pictures of my life विधापति. You must send some barber or some man or a letter in envelope to Shital Thakar to pay back money now. I hope you have not seen Turanta Lal nor is it necessary. Banarsi must accompany Kumar Jee, Mahabir may go.

[27]

Barh
22.2.38

Dear Shiva.

You are going to Monghyr, I suppose.

Please be serious about the ring. Then also go to the shop of चीनी बाबू and ask him to refund Rs. 2/-on account of the wrapper taken for Rs. 5/-after returning one for Rs. 7/-.

Please ask Trivedi ji to be definitely affirmative or negative. Do not be in haste to come back. Sit there and go with him to the Receiver with the application. There is on other way. Must bring Urdu and Hindi by पद्म सिंह शर्मा. I have informed Trivedi already.

Affectionately yours,
Ramdhari

[28]

Barh
2.3.38

Dear Shiva,

In a fine mood of whims I wrote a strong letter to you last night. But as I did not think it wise to send it to you, it was left undespatched. But, now, that Rama has come, I am sending the same to you for a perusal as it were a piece of literature. Please read and try to know what made me think like this. I am sorry to send it to you although it has got the same effect which it had last night.

The S. D. O. with his Peshkar is out and no information regarding the case can be had from enquiry.

I am seriously thinking to drop the idea of sitting for the Exam. at all. I may come on Saturday next (5th March) to spend my night at yours. It is definite that I am going to be relieved by the 11th.

Affectionately yours,
Ramdhari

[29]

11-3-38

भाई!

तुमसे मुलाकात नहीं हो सकी। यह भी ब्रह्मा का विधान है। कल खबर मिली कि मेरे श्रद्धेय अफसर 'पियारे साहब' पटने गए हुए हैं और मुझे तुरत मिलना चाहिए, अतएव मैं तुमसे मिलने का मोह छोड़कर सीधे पटने जा रहा हूँ। कल शाम को लौटूँगा क्योंकि परसों तो ग्रहशान्ति-कांड में शरीक होना ही है।

दो कविताएँ भी लिखी हैं। एक 'हंस' के लिए दी। तुम्हें सुनाता तो आनन्द आता।

इधर 11 दिनों से पढ़ना-लिखना एकदम बन्द है।

तुम्हारा
रामधारी

[30]

ससराम
3-4-38

प्रिय शिव,

तुम चुप हो और मैं ससराम में सताया जा रहा हूँ।

The disease awoke again four or five days after I came here. First I could not guess it but I see that it is the same trouble. My diet was regular but for a little of liberty that I took here in taking onions and chillies (red). I have given it up again and am living on all mild food. There is no difficulty in urination at all, but sometimes I feel itching and signs of pus are evident sometimes. This has been my conditoin for the last seven days. In my previous card to you I did not mention it in detail, but I see that I can't dare narrate it to anybody except you. Even though I know that you can't do more than what I can do myself, I feel some sort of solace and peace in openning this to you. I am trembling with fear and prefer death to this heinous trouble. I have tried to persuade myself that this is only due to my long abstaining from sexual intrecourse but this pretex can hardly soothe me. Mr.Pal and Mr. Bose indicate that it has taken deep root in me and in due course it must subdue me gradually and I must die a disfigured and premature death. I have weighed my feelings during the last week and I can assure you that I do not fear death. But I have begun hating myself bitterly and this state of my mind is having very bad effect on my health.

बताओ मैं क्या करूँ? छुट्टी लेकर मुँगेर बैठूँ या यहीं उपाय करूँ? एम. ए. तो गया ही। अब जीवन में अधिक आशाएँ न आवें सो अच्छा। धनी होना और नामवर होना किस्मत की चीज है। भगवान को क्या मंजूर है, कुछ पता नहीं चलता।

Please tax your mind for my sake and come to a definite conclusion as to what should I do. A sin of my life or say all sins of my life are having bitterest revenge on me. I feel sincerely that I am so fallen, so wreteched, so mean and sinful that I should not have the right to live on God's earth for another moment. In late hours at night I have prayed to Him to decide my course, either he must kill me at once and I am not afraid, or he must let me live peacefully. With my determination to pollute his treasure on more. But He seems to disbelieve my purposes. I have committed sins in his presence. and his wrath has fallen on me. But why is it that he can't give me another chance? Am I to rot throughout my life for I have been wicked till today?

मेरी मानसिक दशा कुछ इतनी बुरी हो गई है कि छोटी-छोटी बातों का असर हो जाता है। कल घड़ी हाथ से गिरकर टूट गई। चार-पाँच दिन पहले अँगूठी का नग रास्ते में गिर गया। स्वप्न का हाल तुमको लिख चुका हूँ। तुम्हारी चिट्ठी नहीं आने से बेताबी वैसी हो गई है जैसी कभी-कभी होती थी। आज रविवार का सारा दिन मनहूस की तरह बीत गया। अभी तुम्हें पत्र लिख रहा हूँ तो लगभग 5 बजेंगे। घर का समाचार जानने को मन आकुल है। कोई उपाय करो या और जो भी दवा हो, जिस पर विश्वास हो, मँगाओ।

Or ask leave and go to Mr. Bose again, or take injections from Pal at home. Do whichever you like, But I am afraid I can't have leave easily before the permanent S.R. returns.

Did you go to Sultanganj? What could be done? Shiva, my dear Shiva, I have failed miserably in my life in your case. Excuse me for I have become too sentimental.

What about Kumar family and release?

Please reply soon with definite advice.

तुम्हारा
रामधारी

If brother wants to know from you, you should say that Rs. 600/-is in the bank. not less.

My last pay certificate arrived late. I will cash my pay tomorrow. Please inform brother. if he comes of this delay.

[31]

रामधारी सिंह 'दिनकर'

पो.ऑ. ससराम
शाहाबाद
19-4-38

प्रिय शिव!

आज ऑफिस खुला है। मैं घर नहीं गया, यह मेरी बेवकूफी समझो। पटने गया, आठ रुपए उड़ भी गए, फिर भी घर न गया और यह देखो कि छुट्टी के दो दिन लौटकर यहाँ बिताए। इससे तुम मेरी मानसिक चंचलता का कुछ अन्दाजा लगा सकते हो।

So far the urinal trouble is concerned, every morning I find the Shishna wet with liquid. I do not know what to do. If I take a leave of two months at this stage. I shall be at a great loss. You should know that I have spent no less than Rs. 30/- on journey and clothing. Then Rs. 75/- is lost on the score of examination.

कहो क्या किया जाए? रक्त में दोष आ रहे हैं, ऐसा मेरा अन्दाज है। क्यों नहीं कोई रक्त शोधन का काढ़ा बनवाते हो? हरिदास के यहाँ रक्त शोधन का कोई काढ़ा मिलता है। सोच-समझकर किसी दवा का प्रबन्ध करो। और तुम आने वाले थे सो क्या हुआ? अगर तुम यहाँ 15 दिन भी रह सको तो मुझे तो बड़ा बल मिलेगा और तब शायद इलाज भी सिलसिले के साथ चलेगा। हितो भाई से आज्ञा लेकर आ ही जाओ।

तबीयत चाहती है कि चाँद की बिरादरी में आ जाऊँ मगर रुपए-पैसे की बात सोचकर रुक जाता हूँ। फिर इस रोने-धोने के अवसर पर आकर अपने को रुलाना नहीं चाहता। सबसे बड़ी बात यही है।

दादा को चिट्ठी अवश्य भिजवा देना और तुरत।

पता नहीं बेतिया का मैनेजर कौन हुआ। विपिन बाबू और पारस बाबू में से कोई एक होनेवाले थे। शीघ्र लिखूँगा। उत्तर चटपट दो।

तुम्हारा
रामधारी

[32]

Sasaram
24.4.38

My dear Shiva,

You will be glad to know that there has been a wonderful improvement over my ailment. I have taken courage and am proceeding with a treatment of experienced old doctor. I hope, this time I am going to be relieved radically.

Please ask brother to send telegram to Pawan Babu as to which is the day of Roksadi.

Are you coming?

Affectionately yours,
Ramdhari

[33]

Sasaram
26.4.38

Dear Shiva,

Brother has written that he will require Rs. 600/-in full by the Ist of April. I am sending the withdrawal slip duly signed and filled up by me. Please insert the account No. which I do not remember, if required.

Six hundred means that you have to aid me with 30 to 35 rupees. I hope you will be able to do it the first of May when Hito Da receives his Pay. But please see that the amount is cashed latest by the 2nd May, leaving Rs. 5/- at credit as well.

P. S.

By the way, my ailment terrifies me no more. I have made certain improvement over my nervousness. But all the same I am undergoing treatment which may cost Rs. 30/-

Basoran Babu reached here yesterday. He told me that you had been to Amba.

I shall be glad to hear of M.B.K. our great friend and culturist.

–Ramdhari

[34]

Monghyr
8.5.38

My dear Shiva,

Babu Sia Ram Singh has told me that he is ready to register the deed. You are the best man to judge the pros and cons of situation. I hope I shall not have to sign another slip in case the amount is paid or withdrawn. If it is so, please write to me. Registry should precede payment.

I am leaving Monghyr just now all right. Your aunt wanted to pay back the amount to you. She will be doing it shortly. I persuaded her that it was no good making haste and payment could be made afterwards. But she insisted that as the dealing was between her and yourself. I should not interfere. I appreciated her logic and thought it wise to let her do independently.

R. D. Singh

[35]

डाकघर—ससराम

11-5-38

प्रिय शिव!

उस दिन तुमने बड़ी निष्ठुरता की। स्टेशन तक भी नहीं आए। और तहसीलदार, जब-जब उनकी याद आती है, दिल रोने लगता है। हाय री किस्मत! हम लोगों को आजीवन यही कुछ करना था? इधर उनके विषय में अपने भावों का विश्लेषण करना पड़ा है। आत्म-निरीक्षण की अवस्था से ज्यादा गम्भीर हैं जितना मैं समझता था। अगर मेरे भाव इतने कोमल निकले तो अचरज ही क्या है? यह नहीं होता तो नरक जाना पड़ता। कहो तो कि मैं 24 घंटे ठहरा और एक बार मुलाकात हुई। बसा हुआ संसार उजड़ जायगा? क्या कूमर जी अपने आस-पास की चीजों की नोटिस नहीं ले सकते?

मुँगेर से लौटा तो तबीयत कुछ अच्छी नहीं रही, शायद खाने-पीने की तकलीफ से। मैं बारात में नहीं जा सकता। तुम और कूमर जी अगर नहीं गए तो मुझे और भी दुःख होगा। तुम लोग तो जरूर जाओ, अगर बारात रुखसत होने पर यह पत्र मिले तब भी जाना ही पड़ेगा। मुझे छुट्टी भी नहीं और रुपए भी नहीं कि आ सकूँ। मैं छुट्टी पर गया और 7 तारीख को डिप्टी ने बहाना करके हमारे ऑफिस का काम ही बन्द कर दिया। इससे ऑफिस बदनाम होता है और यह खबर मिलने पर कलक्टर मुझे छुट्टी दे भी नहीं सकता। यही लाचारी है। मगर तुम लोग जरूर जाओ। इस विवाह की जिम्मेवारी मेरे सिर पर है। हालाँकि वे उसमें उस गरीब, बुद्धिहीन लिलई बाबू के यहाँ तकलीफ की ही उम्मीद है।

एक बात और। साले तुरन्तलाल से रुपए वसूल करना चाहिए या चिट्ठी बना लेनी चाहिए। दूसरी बात, दयाल सिंहवाला खेत शायद रीडिंग के प्रताप से रेंट स्यूट पर चढ़ा हुआ है, उसके विषय में सत्तो से कनसल्ट करोगे और जो उचित कार्रवाई हो, वह शीघ्रातिशीघ्र करने की सलाह दोगे। तीसरी बात, मसोमातवाले रुपए की रसीद हलन से ले करके उसे पहुँचा देना चाहिए। सियाराम सिंह मुझसे भी चाल चलता है। उसके घपले में मत आना। मैंने टालटूल करके तुम्हें खत लिख दिया था। आशा है कि बारात में जरूर जाओगे और उसे चिट्ठी का जवाब दोगे।

—रामधारी

[36]

...1938

प्रिय शिव!

तुम्हें सुनकर दुःख होगा कि मेरी बदली के रास्ते में विघ्न आ पड़े हैं और मेरी बदली शायद नहीं होगी। बेगूसराय का किस्सा भी तमाम शुद है। सुना है वहाँ दूसरे अफसर आ गए। कुछ ऐसी बातें आ गईं जिन पर मेरा बस नहीं था, बल्कि इस कोशिश से कुछ हानि हो ही गई या हो जायगी। पर, कोई चिन्ता नहीं। ईश्वरेच्छा गरीयसी। भाई साहब से यह समाचार कह दोगे। कोई वैसी बात नहीं। सिर्फ बदली रुक गई। शायद ऑफिस दूसरे लोगों के उपकार की कोशिश में था।

आशा करता हूँ कि कल शनिवार को रुपए का काम शुरू हो गया होगा और बढ़ही भी आ गए होंगे। आगे की बातें लिखना।

शेष कुशल है।

तुम्हारा
रामधारी

कपिलदेव के यहाँ से गृहदाह और एकान्त-संगीत लाए या नहीं!

[37]

ससराम
22-6-38

प्रिय शिव!

मेरे पत्र का जवाब नहीं आया शायद इसलिए कि वह दादा के लिफाफे में पड़कर अपना महत्त्व खो बैठा था। इसलिए आज आप दोनों सज्जनों के लिए दो आने पैसे खर्च करना पड़ा। उत्तर की प्रतीक्षा में एक-आध अन्य बातें भी सोचनी पड़ी हैं, जिन्हें लिखूँ तो शायद दोनों ओर से कैफियतों का ताँता बँध जायगा। इसलिए उन्हें छोड़ देता हूँ।

सुलतानगंज मैं गया नहीं और न इस महीने भी जा सकता हूँ क्योंकि मन में जरा भी उत्साह नहीं है। निराशा तो संक्रामक होती है और आपको याद होगा कि एक बार लम्बे पत्र के एक कोने में आपने लिखा था, 'सुलतागंज की बात छोड़ दो।' इस वाक्य का संकेत मेरी चेष्टा की असफलता और तुम्हारी व्यर्थ की हैरानी पर था। बात ठीक जँची और उसके बाद मैंने तुम्हें सुलतानगंज की चर्चा सुनाकर कष्ट देना छोड़ दिया। मगर दिल पर यह वाक्य बिजली-सा सटा हुआ था। मेरे मन में अकसर यह खयाल भी उठा कि सुलतानगंज जाने के लिए कहने की अपेक्षा वहाँ मेरा जाना ही ज्यादा अच्छा होता मगर तुम्हारे सामने सफाई देने की कोई जरूरत नहीं, मैंने नहीं जा सका। और न जाने के लिए नया बल ही मिलता है।

त्रिवेदी जी की चिट्ठी आई है। वह तुम्हारे पढ़ने के लिए जा रही है। अन्तिम पैरा

पढ़कर मैं खुद नहीं समझ सका कि इस अपराध का ज्यादा हिस्सा मुझ पर है या तुम पर या स्वयं त्रिवेदी पर । उनके यहाँ रोज काम मिलता है। सहरसा से सुलतानगंज चार बार और भागलपुर दो बार। पूजा की छुट्टी के चार दिन या पाँच दिन। और मैं शूल, परीक्षा और ससराम में फँसा रहा तो काम हाथ से निकल गया। यही मेरी समझ में नहीं आता है।

सुरेश्वर बाबू से मिले या नहीं? मैंने उन्हें पत्र लिखा था किन्तु जवाब नहीं आया। सितारों और ग्रह का फेर है कि इस समय टुच्चे सब-रजिस्ट्रार भी मुझसे अकड़ते हैं।

मिलने को बड़ा जी चाहता है लेकिन क्या किया जाय? 12 जुलाई के पहले तो नौका ही नहीं दीखता। मेरा मिजाज खूब बुरा है। लेकिन इस दुःख को भयहीन बनाकर या मानकर जीवन की भीषिका से सुलहनामा कर रहा हूँ। तुम चिन्तित व्यर्थ होते हो क्योंकि चिन्ता से कुछ हाथ लगने का नहीं। मिट्टी के दमन में रहना है। मेरी चिट्ठी दस भाइयों के बीच मत पढ़ा करो। चुपका चुप फाड़ा। हाँ, हर मरतबे कूमर जी से मेरा प्रेम कह दिया करो। उनके बच्चों का हाल लिखना। मेरे लिए वह भी तड़प रहे होंगे, I can imagine that. फिर लिखो कि क्या ये चिट्ठियाँ हितो भाई के जरिए तुम्हें मिला करती हैं? मुझे मालूम नहीं कि वह बरौनी में हैं या सिमरी में मगर पत्र लिखते समय मान लेता हूँ कि वह बरौनी में हैं। उनसे पूछकर लिखो कि Account Transfer करने का नियम क्या है? मैं शीघ्र ही Account दादा के नाम में रख दूँगा।

[38]

Sasaram
30.6.38

My dear Shiva,

Your letter was expected to contain more fury but it is not so. I have received brother's letter today.

I wrote to Trivedi last week that if my going to Bhagalpur could carry the appointment, he should fix the date. I am awaiting his reply. Perhaps, he is doing his best.

I have got the news that you had been to Begusarai. I am anxious to know the result, although Sureshwer Pd's silence is making me despondent of Udit's prospects.

Please send me the form of transfering the Accounts and write the procedure. The interest on the account has not been added. Why?

I do not know if I am going to Belsend and if so when? Moulvi Saheb is expected to take another extension. Sasaram is becoming too boring to me. I myself am grtting anxious to simaria, but am not getting any time.

Radha has got fever from the morning of 28th June. On the 28th he had 103½°. Yesterday it came down to 99° but since last night it has gone up to 103½° again. I am calling a doctor today or tomorrow. It has causes a great inconvenience to my mental and physical health.

It gives me pleasure to see that mother is taking more interest in her daughter-in-law who was once so despiteful to her. Do you really love the baby? I see you have grown fond of it.

My health gives me anxiety. Every morning a drop is visible after pressure. That is all and it is not insignificant.

Rains have come down here too.

My coming to Simaria depends on Radha's speedy recovery. He is fasting.

I shall be glad to hear from you sooner than later.

Ever yours
Ramdhari

P. S.

Radha sent Rs. 20/- to his brother on 8.6.30 but it was paid to the Payee on 24-6-38 I am lodging a complaint. Please hand it over to your father for proper action.

[39]

Sasaram
4.7.38

Most urgent

My dear Shiva,

After writing to you I fell ill. I was under fever for a few hours but am better now and have done a heavy work today. I had to take casual leave for Saturday last. Radhey also took diet three days back and is making satisfactory progress.

I have to trouble you for a very urgent work which should be invatiably done the soonest. My two brothers are resting assured that their man (myself) is a हाकिम and he will haunt out some way without troubling them. I wrote to them that the ठीकेदार व बटावदार should be given their authority on registered lease. but they are neglecting my instruction. The result will be that wicked tenants will claim a right on the holdings at लालडोभी, निमिया, खुदकाश्त, चानन, डीह and Nava Garhi. I wrote to brother repeatedly but he did not care. I do not know when they will attain majority. This is a question on which poor man of our status can never shut their eyes. You knowe that the tenancy Bill strikes a blow to such negligent regards.

I ask you, what escape can you manage? The first and the foremost thing is that the whole thing should be mananged very cleverly. If the tenants can't be agreeable to registration you should see that written leases are executed on plain papers (piece paper) very soon at least by the 1. Gwalas, 2. Panchalal, 3. Dihpar tenant, and 4. Chanan.

So far the Gwalas are concerned the pretext of securing arrear rents should prove a strong one. Likewise Panchalal and Chanan Par may be managed.

The leases should be executed for a period of four to five years with no trace of former possession by under-Rayats in them. They should be excuted by the tenants in form of Kabuliyats.

Please see that the whole thing is managed very confidentially lest mischief mongers will put us to trouble. My brothers are all careless people. You can't be relieved of your responsibility simply by conveying my message to them. The best course for you will be to go to Babu Ramdhan Singh and tell him everything in private and put the burden on him. He, you & Mahabir should all do the same thing otherwise some day we shail have to go to litigation and bear unnecessary harassment.

If the tenants do not agree I am prepared to eject them just after Bhadai is cut. This should make you know what seriousness is working in my mind. It gives me no rest when I think of it. Not that the matter is a big one, but because my brothers are तेल्हा बाबू and they want to rest peacefully throwing the whole burden on me.

I am also very eager to go home. But I can't get any leave for I have only 3 days left. But if you too neglect this letter or care only lightly. I shall be regretfully, forced to take privilege leave which may be granted after a month or two which will cause me great inconvenience.

You perhaps, cannot realise my restless desire to see you and my wife, but fetters arc on me and I do not see any way to get leave. I am eagerly looking to the last Saturday of this month. Registrar Sahib is said to be taking another extension of 2 months.

Trivedi has not replied as yet. I am writing to him again.

I saw Ramavatar's poem and I liked the first half very much. He has stepped into my shoes. Congratulate him on my behalf.

Please write to me of yours, mine and of Kumar in detail and all other friends.

Hoping this finds you well,

I remain,
Ever yours,
Ramdhari

Thr Bill lays down that if a holding has been under the possession of an under-rayat for 12 years, he will possess it permanently. The best course would be to change the tenants every two or three or say seven years. The leases should not be registered but should be only executed. I think registration will involve new troubles. You should exercise your legal brain and do the needful.

[40]

ससराम
12-7-38

प्रिय शिव!

कल बनारस से लौटा। शनिवार की शाम को गया था। पवनधारी से भेंट हुई। उनके घर का कुशल-मंगल है। बनारस में बड़ी हड़बड़ी रही। विश्वनाथ जी का शृंगार देखा और रायकृष्णदास के यहाँ भोजन किया। जयशंकर जी की दुकान देखी और कुछ नहीं। शायद वहाँ की साहित्य गोष्ठी के निमन्त्रण पर फिर जाऊँगा तब बनारस देख सकूँगा।

त्रिवेदी जी ने लिखा है, 'मैं आशावान हूँ। अभी आपकी जरूरत नहीं है। जरूरत पड़ने पर लिखूँगा। बहाली का मामला अभी तय नहीं हुआ।'

सुनता हूँ रघुनाथ मोख्तार किसी औरत के साथ मेरे डेरे में रविवार की रात में ठहरे और मेरे गायबाने में चले गए।

मुझे फिर सर्दी हो गई है। कल ज्वर आते-आते रुका। तो भी आज अच्छा हूँ। सुरेश्वर प्रसाद के साथ असन्तोष हुआ।

भाई साहब से मिलकर पूछना कि रुपयों की जरूरत भी है या नहीं। मैं तो अब दुर्गा तक यहाँ फँसा। 18 जुलाई को आना मोहाल है। जुलाई में कोई छुट्टी भी नहीं कि आऊँ। तबीयत बेचैन हो जाती है। इतने दिन घर से बाहर रुकना पड़ रहा है।

पत्र लिखोगे।

जमीन का किस्सा तुमने लिखा नहीं।

तुम्हारा
रामधारी

[41]

Sasaram
7.8.38

My dear Shiva,

I had your letter and was sorry to learn of Tahasildar's father's sad death. I can't say why, but the news struck to the very bosom of my heart. What a cruel accident. I pity Tahasildar who did not realise the importance of the life and health of his father when he was alive. He shall realise it now when a cultivator is gone out of his family. There is only one chance of his merciless behaviour being condoned and it is to transfer his regard from his wife to his mother. When I saw that unfortunate creature last, she uttered a pitiable sentence which I can forget no more. Babu Mahabir K. goes down in the eyes of people with all his riches, sons, daughters, wife nad valuable friends. All these years he has been worshipping the God of coins like the notorious jews at Venice. We do not like him poor but somebody should convince him that gold and silver will not be strewn on his path from Earth to Heaven, when he himself dies. Let the dead past burry its dead. But he should take maximum interest in the comforts of his mother so that the widow does not think of her beloved lord with pinning anguish. Let Tahasildar pay his first attention to his mother. I say first in preference of his children and wife too. If, however, he neglects my opinion, the curse will be upon him which, God forbid, may ruin the little spiritual life in him. असतो मा सद्गमय।

The letter has been published in the Searchlight and Murli babu has kindly written a comment on it. Cuttings are sent herewith for your perusal. It was published today. I have also few questions to Charitra Babu and Sheel Bhadra Jaju M. L. A. from Barh. They have not replied as yet, but let us think that the question have been put. I do not know if the Indian Nation published the letter.

What steps have you taken since I came back? Did you go to Monghyr? If not must go soonest so that the Collector is not approached at a time when he forgets the agitation. When you go to Monghyr, please do not go to a Mohamdan Mohallah.

Ramdhari

[42]

मधुबनी
13-8-38

प्रिय शिव!

तुम शायद कल आओगे और मैं कल भोर में ही मुजफ्फरपुर जा रहा हूँ।

कृपया यह लिखो कि रौल कितना आया है? रजिस्टर बन गया या नहीं? डी.आई. और चेयरमैन से मिल चुके हो या नहीं? एस.डी.ओ. साहब से भेंट हुई है या नहीं? गाँव में नवजात स्कूल का स्वागत हो रहा है? उद्घाटन कब और कैसे कर रहे हो? Sanction तो तुरत मँगाना चाहिए। मुँगेर जा लो तब opening की बात होगी। D. I. और चेयरमैन को आमन्त्रित करना होगा।

उत्तर दो या आकर मिलो।

Please see that Achhey Lal who has been punished by the Rly. authority makes appeal to higher officer. Please give them sincere help. Borhan came to me. I have sent him to you for you are proper man to deal with such cases.

तुम्हारा
रामधारी

[43]

रामधारी सिंह 'दिनकर'
बाढ़
20-8-38

प्रिय शिव!

मुँगेर जाओ तो यमुना जी से भेंट करके अँगूठी ले लोगे। चाँद की रोकसदी का दिन नजदीक आ गया। तुम इसे बहुत जरूरी समझोगे।

त्रिवेदी जी से हिन्दी और उर्दू नामक लेखवाली किताब लेना मत भूलना। त्रिवेदी जी से एक बार और मिल लेना बहुत आवश्यक है।

सहरसा के श्रीनिवास को 50 रु. नहीं भेजे गए हैं, इस बात से मुझे लज्जा होती है। तुम शीतल ठाकुर से कहकर तकाजा करो और रुपए तब तक पिताजी से लेकर सहरसा भेज दो। यह काम दूसरी मार्च तक भी कर सकते हो।

महावीर कूमर वा कोई आने लगे तो सत्तो से मिलकर आवे।

तुम्हारा
रामधारी

[44]

Sasaram
24.8.38

My dear Shiva,

I have your letter just now. I am really troubled to know that Moulvi Jaffar Sahab is in botheration. You might not be knowing that I have a personal feeling for this gentle man although he may not know me. I was a student of the National school which used to be held in his house in 1922. Then, there is your interest and liking for him. The way in which you have written to me leaves no alternative than to jump and do whatever I can. But you know that the matter is very delicate one and unless all circumstances continue to help you, it may go against your interest. I have pondered over the question very coolly and have come to the conclusion that I may not be the fit person for the job.

The friend whom I have to approach had a bad difference with me last year, for the Head Master who fell victim at my hand was his close relation. I suspect, he looked at me with disfavour. Under the circumstances, there is a great risk in taking the matter in my hand. I am really very sorry that I am unable to help. I would have been glad if I could do it.

Please remember me to Moulvi Sahab and tell my 'Adab' to him Please also remember me to Habib who is his son. I do not know if Masood is at Baro. They are my friends of childhood and I have not met them for a long time.

Hoping this finds you well.

I remain,

Sincerely yours
Ramdhari

P. S.

I wrote a letter two days back. I am very much upset at the news of Bhola's mother's illness at this juncture. Please inform me by return of post or by telegram what is her condition. Please also go and advise for her moist proper and very best treatment without considering how much it will cost, The disease must be cut at the nip.

I had been to Patna. Either I am to continue here or I am going to the other side of the Ganges. In case Moulvi Sahab comes after the Puja, I shall get an office of my choice without my further trouble which place will you like best? Samastipur, Madhubani (this I do not like) Dalsing Sarai, Mahnar or what?

Please write to me of your interview with the Collector.

–Ramdhari

[45]

मधुबनी
24-1-39

प्रिय शिव!

छुट्टी 1 और 2 फरवरी पड़ेगी। अभी ऐसा ही अन्दाज है क्योंकि चाँद के उगने न उगने पर सारी बातें अवलम्बित हैं। अगर रुपए मिल गए तो आऊँगा जरूर। लेकिन कामेश्वर भी उसी में हिस्सा लेना चाहता है।

जनवरी में जो काम करना जरूरी समझो, उसे करने के लिए तुम्हें 26/27 को यहाँ आ जाना चाहिए। आओ तो अपने यहाँ से चना और मेरे यहाँ से आटा ले लोगे।

—रामधारी

[46]

अस्ति का परिमाण अस्ति है।

रामधारी सिंह 'दिनकर'

स्थान—मधुबनी
ता. 26-2-39
रविवार भोर

प्रिय शिव!

तुम्हें पत्र लिखने के समय मेरे पेट में मधुर-मधुर दर्द हो रहा था और परसों रात में तो यह कैफियत रही कि अष्टगुण मराड खाना पड़ा। कल सुबह भी वही खाकर ऑफिस गया। लेकिन वह भी नहीं पचा। लिहाजा रात उपवास करना पड़ा और अभी 8 बजे तक भूख नहीं लगती। मिजाज हलका जरूर हो गया है।

रात से रामसेवक भी ज्वराक्रान्त है। उसे 100^0 के लगभग ताप है। एक-आध पॉइंट नीचे ही, ऊपर नहीं। पता नहीं उसका ज्वर कब उतरेगा।

छुट्टी भी बेढंगे हुई। 1 से 3 और फिर 5 से 7 तक। 8 को ऑफिस खुल जाएगा और इस प्रकार दरमाहा मिल जाने की उम्मीद हो चली है। मैं शायद 28 को नहीं आ सकूँगा। अब एकबारगी होली में ही आऊँगा। लेकिन रामसेवक अच्छा हो गया तो उसे पहुँचाने के लिए आना भी पड़ सकता है।

बदली नहीं हुई। पी.ए. बड़ा मूर्ख और निष्प्राण है। उसे क्यों डर लग रहा है, यह सोचने में नहीं आता। शायद मैं दूसरी को पटने जाऊँगा। उससे मिलकर तय-तसफिया कर लेना है। विपिन बाबू बेतिया के मैनेजर हो गए। अप्रैल में चार्ज लेंगे।

यहाँ तो बड़ा ही पत्थर पड़ा। अपनी तरफ की ऋतु का क्या हाल है? उधर पत्थर

पड़ने से तो फसल बर्बाद हो गई होगी। आज 15 दिनों के बाद निर्मल सूर्य का उदय हुआ है।

इस चिट्ठी का मजमून मेरे घरवालों को भी संक्षिप्त में मालूम हो जाना चाहिए।

शेष कुशल है।

तुम्हारा
रामधारी

[47]

Madhubani
28.2.39

My dear Shiva,

Received the M. O. last evening. Ram Sevak is getting well. Today he has got 98^0. If there is total remission today I may take him to Simaria on the 2nd. This is only my hope.

I am getting no news of my wife who must be very anxious for her child as well. I myself am more anxions for her than for my child who is before my eye. Please write.

Please go to Dada and tell him that Ram Savak is all well now and he may go home any day between 2 to 5. This depends on my convenience as well.

The office opens on the 4th. You may expect my presence at Simaria on the occasion of the Holi.

With best affection,

Sincerely yours,
Ramdhari

[48]

स्थान—सीतामढ़ी
16-4-1939

रामधारी सिंह 'दिनकर'

प्रिय शिव!

सकुशल आया। डुमरा की जलवायु की काफी तारीफ है। मेरे भाग्य में जो हो। यहाँ काम भी प्रायः कम ही है। आशा है, यह जगह मुझे पसन्द आएगी।

रामोदित यहीं है। कमतौल के रजिस्ट्रार ने उसे इस महीने भर काम सीखने को कहा है। सो मैं उसे यहीं रखकर काम सिखाना चाहता हूँ।

सेबो का एडमिशन अभी नहीं हुआ है। अगले सप्ताह में हो जाएगा।

जरूरी—घर पर कह देना कि थकावट के कारण आज मैं रामनगर नहीं जा सका। कल जाऊँगा और नुनू (चन्द्रकला) की रोकसदी के लिए पूरी कोशिश करूँगा।

तुम्हारा
रामधारी

[49]

सीतामढ़ी (कोर्ट)
30-5-39

प्रिय शिव!

मैं तो बड़ा छका। समस्तीपुर में अटैची छूट गई थी। बड़ी मिहनतों के बाद कल उसे जाकर समस्तीपुर से ले आया हूँ। लेकिन फाउंटेन पेन किसी ने निकाल लिया। मिल गई सो भी गनीमत समझो। छः रुपए के धक्के में रहा।

सत्तो से कहो कि सेबो (रामसेवक) की माँ को रुपयों की जरूरत नहीं थी। भेजना बेकार है। उनका रोकसदी का प्रस्ताव है। लेकिन अषाढ़ पूर्णमासी के पहले नहीं।

जिस सिलसिले में पत्र-व्यवहार का निश्चय हुआ है, उसका प्लान तैयार कर सका हूँ। काम की बड़ी भीड़ है। कुछ मिल जाए तो लिख सकूँगा। तब तक धीरज रखो।

ब्रह्मा से प्रणाम।

उत्तर दोगे। और अपनी ओर से जब प्लान वगैरह हो, वह भी लिखोगे।

तुम्हारा
रामधारी

[50]

31-5-39

चिट्ठी गिराने में देर हो गई। इसलिए कुछ और लिख देता हूँ। टभका से चार बजे नहीं चल सका। 10 बजे रात की ट्रेन पकड़ी। मुजफ्फरपुर होकर चला। समस्तीपुर में टिकट बदलने को उतरना पड़ा। गाड़ी में लौटा तो वह खुल गई। अगले स्टेशन पर मालूम हुआ कि मेरी अटैची नहीं है। मुजफ्फरपुर पहुँचकर सारी रात फोन कराते रहने के बाद पता चला कि अटैची समस्तीपुर प्लेटफॉर्म पर पाई गई है। उस दिन तो काम करने को ऑफिस चला आया लेकिन काम के बाद समस्तीपुर जाकर अटैची ले आया। सब चीजें मिलीं लेकिन फाउंटेन पेन गायब थी। बड़ी हैरानी और कुछ खर्च पड़ा।

कामेश्वर के यहाँ शादी अब 1 को होगी। उसने दूसरे पत्र में पता मधुबनी लिख दिया। चिट्ठी मिलने में देर हो गई। अभी तक छुट्टी नहीं मिल सकी है। और वह नाराज हो रहा होगा। मुझे भय है कि वह मेरी विवशता नहीं देखकर केवल मुझे बहानेबाज समझ रहा होगा। कृपा करके उसे एक खत शीघ्र लिख दो। मुझे तो लिखने में भी डर लगता है। उसके आज के पत्र का टोन बिलकुल कड़ा और व्यंग्यपूर्ण था। यह भी मेरी किस्मत है कि यज्ञ-प्रयोजन के अवसर पर आकर ही मुझे फुर्सत नहीं मिल सकती। यही हालत चन्द्रकला की शादी में भी पैदा हुई थी जब मुझे केवल 3 दिनों की छुट्टी लेकर सारा काम करना पड़ा था। तुम सभी काम छोड़कर भी एक ट्रेन से सुलतानपुर तुरत चले जाओ। मैं यही उपाय जायज समझता हूँ।

[51]

सीतामढ़ी कोर्ट

15-9-39, सन्ध्याकाल

प्रिय शिव!

तुमने तो कुछ लिखा ही नहीं। हाँ, सुना कि तुम तार मानकर सुलतानपुर गए थे और इस प्रकार मुझे सन्तोष दिया।

कई दिनों से पत्र लिखकर कुछ बातें करने को जी चाह रहा था। प्रेरणा की प्रतीक्षा में बैठा रहा। लेकिन वह आ-आकर चली गई। आज जबरन लिख रहा हूँ।

आशा थी कि मैं अकेला ही स्कूल के विषय में कोई प्रस्ताव बना लूँगा। लेकिन वह होता नहीं दीखता। एक-एक बात पर discussion की जरूरत महसूस करता हूँ। मैं निष्कर्ष पर पहुँच गया हूँ कि बिना ब्रह्मा, तुम और मैं एकत्र हुए यह काम नहीं होगा।

दो बातें हैं जिनके बारे में कहे बिना अब मुझसे रहा नहीं जायगा।

नम्बर-1

पारिवारिक जीवन में कटुता घुस गई है, यह तुम्हें मालूम है। बार-बार सोचता हूँ कि यह कीट कहाँ से आया, लेकिन समझ में कुछ भी नहीं आता है। इधर हाल में सेबो (रामसेवक) की माँ को किसी अत्याचार का सामना करना पड़ा हो, सो बात नहीं हो सकती। अगर कोई ऐसी बात हुई भी हो तो मुझे मालूम नहीं। घर की बात मुझसे कोई कहता भी तो नहीं है। लेकिन सब दिन से देखता आया हूँ कि तुम्हारी चाची उपेक्षित रही हैं, उसको लेकर बड़े-बड़े कांड खड़े हुए थे। इस उपेक्षा का असल कारण चाहे जो भी रहा हो लेकिन इसकी कटुता का मूल मैं ही हूँ। आज मैं जिस विधा-विभव को लेकर संसार में सिर उठाकर चलता हूँ, उसकी नींव में मेरी स्त्री का रक्त पड़ा है। मेरे पीछे जो कुछ खर्च हुआ, उनका बदला मेरे दूसरे अंग से उगाहा जाता रहा है।

प्रारम्भ से ही लोग उस पर तानाकशी करते रहे और वह सुनती रही। सुनने के अलावा दूसरा उपाय ही क्या था? क्या मैं खर्च भी कराता और वह जवाब भी देती? इसी सिलसिले में घर के काम का प्रायः सभी अथवा अधिकांश भार भी उस पर रहा और वह उसे ढोती रही क्योंकि उसके देवता तो पढ़ रहे थे न! उसकी उपेक्षा, निन्दा और उससे घृणा करने की आदत घर की औरतों में एक अरसे से पड़ी हुई है। लेकिन आज वह अपने को बदली हुई हालत में पाती है इसलिए शायद सिर उठाना चाहती हो। मेरा अनुमान है कि इसी कारण कटुता बढ़ती जा रही है। मैंने उसे एक-दो बार समझाया भी कि जिस प्रकार आधी उम्र तक सहती रही वैसे ही आगे भी सहकर बिता दो। मैं खुद सारी जिन्दगी तक पिछला ऋण चुकाने को तैयार हूँ। यह मेरा नैतिक धर्म भी है। लेकिन वह इस आदर्श तक पहुँच नहीं पाती। जीवन की मधुरतम घड़ियों का बलिदान कर चुकी, अब पतझड़ का उसे मोह हो रहा है। तनहि बेचि दासी कहलाई...मरति स्वामि आयसु बिनु पाई।

मेरी दुविधा देखो। चूँकि अपनी सहधर्मिणी का खून मिटाकर मैंने विजय पाई है। इसलिए अपने को उसके प्रति obliged अनुभव करता हूँ और यह विचार होता है कि जिस प्रकार उसने मेरी इच्छा में व्यवधान नहीं डाला उसी प्रकार मैं भी अब उसकी इच्छाओं को मुक्त छोड़ दूँ। वह प्रेम से तो मुझे नहीं जीत पाई लेकिन कर्तव्य के सामने मैं हार गया। अब तक तो उसकी जीत ही रही है, मैं उसे कौन सुख दे पाया हूँ। एक यशस्वी कवि की स्त्री होने में जो Vainity है, वही उसे मिली, अगर वह इसे समझती हो। या यों कहो कि अपने नैहर में एक अफसर की स्त्री कहलाने में जो सुख है, वह शायद उसे मिला है। लेकिन पहनने, ओढ़ने, आराम और विभव-भोग का जहाँ तक सम्बन्ध है, वह उसे उतना भी नहीं मिला जितना मैं स्वयं भोगता हूँ और जिसकी वह अधिकारिणी थी। क्या मेरा शेष जीवन इसी पाप के प्रायश्चित्त में बिता देने लायक नहीं है?

दूसरी ओर माँ है, देवता के समान पूज्य और प्राण के समान प्यारे दो भाई हैं, भतीजे हैं, भतीजियाँ हैं, जो बिलकुल मेरे हृदय के मांस के बने हुए हैं। घर का रुपया खर्च करने का मुझ पर दायित्व है। और मैं बचा पाता बहुत कम हूँ। माँ अथवा अन्य किसी महिला से संघर्ष हो तो मैं अपनी स्त्री को क्या कहूँ? काश, मेरी माँ, भौजाई लोग यह जान पाते कि परदेश में थाली बिछानेवाले के लिए घर लौटने पर स्त्री का प्रसन्न-मुख स्वर्ग-सा दीखता है। मैंने देखा है कि सहने के बिना काम नहीं चलता। तो क्यों नहीं अब दूसरे ही लोग सहते हैं? वह तो काफी सह चुकी। अथवा जो कुछ जहर हो, मेरे ऊपर छिड़का जाय। मैं उसे यह सोचकर सानन्द भुगत लूँगा कि मैं अपनी स्त्री का ऋण चुका रहा हूँ।

आशा नहीं थी कि मेरे जीवन में यह द्वन्द्व भी आ उपस्थित होगा। लेकिन वह आए बिना रहा नहीं। मेरा कर्तव्य साफ है। मैं स्वयं को मिटाकर भी दोनों दलों को

खुश रखूँगा। अगर कभी ऐसा दिन आ गया कि मैं घृणा, उपेक्षा और निन्दा का शिकार होने लगा तो समझो कि मेरे अन्दर के कवि की तपस्या पूरी हो गई। मैं तो उपेक्षा खोज रहा हूँ। वह मिलता नहीं, इसी का अफसोस है। लेकिन सारी बातें होते हुए भी मैं घर के बँटवारे को आने नहीं दूँगा। यह मेरी भीष्म-प्रतिज्ञा है। हाँ, अगर विवश होकर आँखें मूँद लेना पड़ा तो दूसरी बात है।

दूसरी बात नौकरी की है। अब मेरा जी इस नौकरी में एक घड़ी भी नहीं लगता। प्रान्त में भूमिदारों के खिलाफ जो आन्दोलन चल रहा है, वह मुझे भी Effect कर रहा है। बहुत बातें इसी कारण बिगड़ रही हैं। श्री बाबू से गत रविवार को भेंट हुई। महेश बाबू भी साथ थे। मैंने कोई बात Particular तौर पर नहीं कही। फिर भी वे बोल उठे, 'बाभन होना Disqualification है।' इस वाक्य से उनकी ओर से भी निराश होना पड़ा। विपिन बापू से अब तक मैंने कुछ भी नहीं कहा है। कहूँ भी क्या? ये तो सब कुछ जानते ही हैं। लेकिन रामधारी और उनके Private Secretary से सुना है कि वह अकसर मेरा जिक्र करते हैं और जगहें ढूँढ़ रहे हैं। मुजफ्फरपुर में उनसे भी मुलाकात हुई। लेकिन बातें नहीं हुईं। रामधारी बाबू कह रहे थे कि विपिन बाबू कहते थे कि गवर्नमेंट ने मुझे भेजा लेकिन तब जब एक पोस्ट भर चुका था। उनका लक्ष्य Controller of Rani Sahiba से था। वह पोस्ट 300 रु. का है और काम कुछ भी नहीं। नरहन के राजेश्वर बाबू की बहाली वहाँ पर हो गई है। विपिन बाबू शायद आश्विन में मुझे बेतिया ले जाना चाहते हैं। लेकिन ये तो सिर्फ बातें ही बातें हैं। इतनी बार निराश हो चुका हूँ कि अब कोई आशा मन में टिकती ही नहीं।

कांग्रेस के अवसर पर कवि-सम्मेलन आयोजित करने का भार मुझ पर पड़ा है। मुजफ्फरपुर में राजेन्द्र बाबू से बातें हुईं। वे मुझसे बड़ी उम्मीदें किए बैठे हैं। लेकिन कवियों का सम्मेलन बुलाकर सफल होने में कुछ कठिनाइयाँ हैं। कवि लोग बिना T.A. लिए आएँगे नहीं और कांग्रेस को इस फालतू खर्च करने के लिए रुपए नहीं रहते। परसों मधुबनी जाना है। इसी सिलसिले में बातें होंगी।

मैंने 26, 27 और 28 जून की छुट्टियाँ माँगी हैं। अगर मिल गईं तो घर आऊँगा और उस मौके पर शायद बातें भी कर सकूँगा। तुम 24 को ही मेरा इन्तजार करना। Programme में तबादला होने पर फिर खत लिखूँगा।

तुम रेलवे, कुओं आदि का समाचार देने को थे। सो क्या हुआ? एक पत्र लिखो भी।

शेष कुशल है। रामसेवक की कभी खोज-खबर लेना।

तुम्हारा ही
रामधारी

[52]

Sitamarhi (Court)
20-6-39

My dear Shiva,

Although my leave from 26 to 28 June has been allowed it is almost certain that I can't go to Simaria. It is just possible, rather well-nigh settled that I may be going to Banaras in that leave. Baristha Babu's son is going to be married there and it behoves that I should attend it.

But all the same Tabhaka persists in my mind and you may expect that I may pass my Saturday night there. Can you see me there? If you feel an urge please do see me. If not, we shall meet very soon.

Ever yours,
Ramdhari

Did you receive my long letter which I sent four or five days back? It was rather confidential. Please write if you did.

[53]

रामधारी सिंह 'दिनकर'

सीतामढ़ी (कोट)
5-7-39

प्रिय शिव!

तुम्हारा मौन से भी बदतर जो पत्र था, वह मिला। भाई साहब के एक पत्र से गुमनाम पत्र का हाल मालूम हुआ और तुम्हें फुर्सत नहीं कि इन बातों को मुझ तक पहुँचा सको। तुम्हें तो यहाँ आना चाहिए था। लेकिन इतनी अक्ल भी हो तब तो। जो करते हो अच्छा है।

आज कामेश्वर भी आया हुआ है।

तुम्हारा
रामधारी

[54]

Sitamarhi (Court)
11-9-39

Dear Shiva,

Your letters. I was sorry to hear of the attitude taken by Sri Ram in a work which could not be bad.

One thing is certain which you must learn before you can imagine to do your work successfully. You can't build school, dig well or do any other public work unless you give up your mischievous habit of antagonising every body. It is not a quarrelsome or haughty nature which helps a public man. You also do not like any person on the earth. You did not like B. Tota Singh, you did not want Durga Singh, you could not tolerate Bhagwan Singh and you can't bear to see Shri Ram Singh in our school. This is a peculiar situation. You can't expect everybody to be your disciple. The most that you should want is that he should do his work on an average standard.

The more I think of the school, the greater is the difficulty and I feel annoyed as to why should you have started this nuisance (I use the word to denote my anxiety) in contravention of our wishes. Perhaps you think that whatever is possible in Bihar can be more easily done in your devilish village. Herein you commit a mistake. Bihar has a population of about ten thousand of whom there are good many moneyed people. Then there is B.R.C. Singh. Your village is governed by damned rascals, unless they are reformed, no useful good is possible.

Then you are on the spot. I mean 'you' who is a confirmed idler. promising much, doing nothing. I think you have not procured the sanction of the D.I. even now. I think you have never seen him since after you met him at Begusarai. You have never seen the Chairman, D. Board. You have never tried to win over as many members as possible. You have not approached the S.D.O. again. In fact, I imagine you have done nothing as yet, except gathering a few boys and a teacher. If you are serious at all, you must throw your self heart and soul, offer it forgetting everything—your rest, comfort, money, possessions, all. Have you been doing this? No. I say no, before hearing it from you. Perhaps you are dreaming that whenever I take it in to my mind, I will do it with a magic wand. That is not possible. You are under a false impression.

The greatest misfortune is that I can't be available for the work too often and you can't do it unless you give up your habit of dividing your time and energy between so many vulgar activities. A man who must be a party in every quarrel of the village, earn the false reputation of becoming a 'Punch' saheb, quarrel with everybody, can't keep the village in mood and can't forget his imaginary idea of greatness is not likely to do a work of this nature. You always act against the cannon of commonsense and this very thing has happened again. There are good many things to be done which we do not do for fear of society. Then there are others which should not be done and could not be done but for this society again. I wish you could realise it. Shri Ram has turned you a revolutionary fool and that was punishment for your lack of commonsense.

Yes, do come but not on a Sunday. Before coming to me must see the Chairman D.B., the Chairman L.B., the D.I., the Deputy Inspector, the S.D.O., Rai Bahadur Kharagnarain, and as many other friends as possible. It is no use coming to me without consulting them. This is also a test of your seriousness—the least test I think. If you can't do it, it is better to close the school down and end the farce.

I am sorry to write to you in this strain but I can't avoid it. I must be frank and clear to you in order to teach you your responsibility. A public worker should have no malice, pride and sense of self-importance at all. I wait to see if you can see B.R.C. Singh and please him.

The D.S.R. will inspect my office from 19 to 22nd July. Please avoid these days and come either earlier or later.

Please send news to my brother that I am all right. Don't forget.

Binha has reached here.

Affectionately yours,
Ramdhari

[55]

Sitamarhi (Court)
15-7-39

My dearest Shiva.

I must congratulate you for your letter of 13.7.39. You have done well to please B.R.C. Sinha. Conditions in our country are very disheartening and those who can't lead should follow only tried veterans and I do not think you can have a safe place on the left. Please go on persevering till you achieve great fruits of your sincere labour.

M.E. School at Simaria! Eh! Even then I think if we could accumulate Rs. 1500, the school could be kept alive for three years at least. But there are differences in your village and the people (I mean those under the influence of Shri Ram and Darabari) will leave nothing to unmake the plan. That is a great dis-advantage. We must have unanimity amongst ourselves or we may fail. I want to talk to Ram Charitra Baubu on these points frankly, but I am finding it difficult to make time.

Nothing can be done regarding the Railway lands unless you come here with all connected papers and the article and comments of the Searchlight. Brahma should also accompany you.

Please snub the S.D.O. if he will be able to induce Rajajee, Mosamat, Rai Bahadur and Kumar B. to give donations to our school.

At times, I feel we may have to close down the whole affair, You did not begin it in proper time. I opposed the proposal with all my powers in December last, but if I could known that the idea did not grow in your mind but took its origin from two immature heads, one of whom has proved insincere already, I would have rather killed you than let you start this annoying affair in a village which has been rustic from a long tradition. Why did you not tell me that you were not the father of this proposal. Could I attach and importance to their thought?

Please do come here and let us discuss everything fully.

Affectionately yours,
Ramdhari

[56]

सीतामढ़ी (कोर्ट)
27-7-39

प्रिय मित्र!

उदित आज जा रहा है। इसकी बहाली डालमियानगर में हो गई है। Appointment मैंने इसको दे दिया है। इसे अतिरंजित सत्य ही समझो।

मुझमें घर आने की इच्छा का उदय हो चुका है। अब समय बनाने की चिन्ता में हूँ। लेकिन कह नहीं सकता कि कब तक आऊँगा।

It may be two weeks after, it may be two months hence.

रामचरित्र बाबू को मैंने धन्यवाद सूचक पत्र दे दिया था। मैंने कपिलदेव के मार्फत कहला भेजा है कि तुम्हें वे किसी Sub-Committee (जैसे–Education Committee) में ले लें। तुम भी किसी के through उन पर यह इच्छा प्रकट कर देते तो अच्छा रहता, लेकिन यह नहीं भासित हो कि तुमने इसी कारण प्रेम किया है। न हो जंगबहादुर से बातों के सिलसिले में कहो कि राम की इच्छा मुझे Education या किसी अन्य Sub-Committee में भेजने की है। अपनी ओर से उदासीनता ही दिखलाना।

S.D.O. आदि लोगों से आगे क्या बातें हुई हैं, उनका ब्योरा भेजो। स्कूल के विषय में कुछ न कुछ निश्चित रूप से करना ही पड़ेगा। और अगर हम लोगों के लिए कुछ हो न सका तो सितम्बर में परीक्षा के बाद T.C. Countersigned करवाकर स्कूल बन्द कर देना अच्छा होगा। लेकिन अभी मैं ये बातें क्यों सोचूँ? अगर हम लोगों के चलाए स्कूल चल सके तो अत्यन्त उत्तम। इन दिनों स्कूल की चिन्ता मुझे बहुत-कुछ सताया करती है। काश! यह गाँव सिमरिया न होकर कुछ और होता। तुम्हारे गाँव को देखकर दिल बैठ जाता है। सच पूछो तो अपने गाँव में दोस्त-दुश्मन का भेद ही करना मुश्किल है और सबसे मुश्किल है यह ज्ञान कि किस काम में सब लोग सहयोग देंगे।

A few devils are spoiling everything. But they are necessary evils. They can not be removed. We have to proceed despite of them.

D.S.R. इस सप्ताह नहीं आए। अब देखें कब आते हैं।

तुम्हारा
रामधारी

[57]

P.O. Sitamarhi (Court)
23-8-39

My dear Shiva,

Satto has written to me again. Kedar was very badly ill. Don't you think a stay here will do him good? Your aunt has consented to come here. In all likelihood, she will come after a week. But the condition of Kedar should be considered at the time of coming lest he should suffer more on account of exertions in train. You should accompany her if she comes.

Please write to me what improvements have been made in the library.

Please also let me know how other matters are proceeding what about Brahman and Reading more?

Rest well.

Affectionately yours,
Ramdhari

[58]

P.O. Sitamarhi (Court)
24-11-39

My dear Shiva.

All people reached safely. I had been going out for the last 3 days on Union Board election. So I could not write to you till now. I was perfectly sure that this time you would come with your aunt. But you did not as is habitual with you.

The following is an extract from Shri Kamal Jee's letter which I received only this morning :

'हाँ, इसके अलावा अगर मन में कुछ और भी हो, तब तो बात ही चलाना फिजूल है। क्योंकि बातों के सिलसिले में उस दिन शिवकुमार से मुझे मालूम हो चुका है कि इस समय तुम्हारे दिल में हमारे प्रति अविश्वास और स्वार्थ का अंकुर उठा हुआ है। शिवकुमार की आपबीती घटनाओं को सुनकर इसका प्रमाण मुझे मिला था। अतः मैं

चाहता हूँ कि यदि सचमुच तुम हमारे प्रति शंकाशील हो और समझते हो कि हमारे साथ से तुम्हारा दामन बोझीला होता है, तो इस बात की जड़ प्रारम्भ में ही खोद डालो।'

Apart from the truth of the allegation, I do not want to contradict you. I am really sorry that you had something to narrate to Kamal jee out of my presence. I am also repentent for having betrayed and misused your love and regard for me.

If I am bad, unreliable and untrustworthy at this age of 31 years, I do not think I can mend now for I must die within 20 years hence.

I do not remember to have ever misbehaved with you, your disappointment, if any, is solely due to your own exaggerated notion of my power, and resourcefulness. We are all aliike except that I am in service and as such am deemed to be a bigger man than yourself the truth of which I totally deny.

I wish you had courage enough to admit what you are alleged to have uttered. If you admit, I can only pray that I should not betray you again and misuse your love and kindness for me which I value as a great achievement of my life.

Affectionately yours
Ramdhari

P.S.

Sonepur fair holidays begin from tomorrow and they will last for 5 days. But I can't move for want of extra money for I had to spend on Rly-fare during the current and the previous months.

27-11-39

The letter could not be posted till today. I have decided to spend my leave here.

[59]

My dear Shiva,

I am expecting your letter this evening.

But please hasten to inform me about elder brother's condition of fever. I am passing very anxious moments for him.

R.D. Singh
6-12

[60]

7-12-39

7-12

I Did not recieve your letter last evening. Is it coming today?

Ramdhari

[61]

सीतामढ़ी

8-12-39

प्रिय शिव!

तुम्हारी और पंच परमेश्वरों की चिट्ठियाँ मिलीं। यह क्या है? ईश्वर ने चक्र घुमाया है। स्कूल शायद दृढ़ हो जायगा। तुम मुझे नीचे लिखी सूचनाएँ लौटती डाक से भेजो।

1. डिस्ट्रिक्ट इंस्पेक्टर ने अगले permission के लिए क्या शर्तें रखी हैं?
2. स्कूल के मकान में कोई परिवर्तन अथवा सुधार करना पड़ेगा या नहीं यानी उसे बढ़ाना भी पड़ेगा? अब तक जिन ऑफिसरों ने उसे देखा है, उनका क्या विचार है?
3. अगर हम लोग 40 में एक अनुभवी आई. ए. हेडमास्टर रख लें तो क्या दो शिक्षकों से (एक आई.ए. और 1 मैट्रिक) काम नहीं चलेगा।
4. अगर डिपार्टमेंट 7 क्लास के लिए permission दे दे तो हमारा स्कूल full-fledged हो जाता है और तब क्या 40 में ही हम लोग दोनों स्कूलों को affiliate करने के लिए कोशिश नहीं कर सकेंगे?

इस रोज-रोज के गुमनाम का कारण यह है कि स्कूल की Managing Committee नहीं है। वह बन जाने पर बात सुधर जाएगी। S.I. School कौन है? उसका नाम लिख भेजो।

अगर जंगबहादुर के V.C. होने का चांस हो तो उसे कमेटी में रखना चाहिए। अच्छा तो यह होता कि एक seat हम लोग रामचरित्र बाबू को भी offer करते।

बातें इतनी हैं कि तुम्हें स्वयं आ जाना चाहिए। आ ही जाओ। मैं तुम्हारी राह देख रहा हूँ। यही चिट्ठी कूमर जी को भी दिखा दो।

मैं परसों से उपवास कर रहा हूँ। अभी कुछ खाने का विचार है। कफ के मारे पूजा छुट्टी के बाद से ही परेशान हूँ। सितोपलादि कभी गोघृत के साथ और कभी मधु के साथ खाते-खाते हैरान हूँ। अब छोड़ दिया है।

बड़का दा का समाचार लिखो। तुरन्त।

तुम्हारा

रामधारी

I have applied for one month's leave from January the 16th till 15.2.40.

[62]

सीतामढ़ी कोर्ट
21-12-39

प्रिय शिव!

इतने दिनों के अन्दर भी तुम्हारा कोई पत्र नहीं आया। इससे प्रकट है कि स्कूल के मामले में तुम मेरा कितना कम सहयोग चाहते हो। कल दादा (बड़े भाई) का तार 6 बजे शाम को मिला। Dada recovered इस संवाद से बहुत सन्तोष हुआ, तुम समझोगे नहीं लेकिन दरअसल इस तार के मिलने तक मेरी हालत बड़ी बुरी थी। तुम्हारा तार जो पहले आया था, उससे सन्देह दूर नहीं हुआ था।

तुम्हारी चाची को परसों से डिसेंट्री हो गई है। कल से बड़े जोरों के साथ। अभी डॉक्टर के यहाँ आदमी भेज रहा हूँ। तो भी प्रायः यह तय है (और यह उन्हीं की जिद है) कि हम लोग शुक्र की शाम के चार बजे यहाँ से चल दें, जिसका मानी हुआ कि हम लोग चार बजे भोर में पुल पर पहुँच जाएँगे। सत्तो को तो खबर नहीं मिल सकती। लेकिन तुम पुल पर हाजिर रहना एक-आध आदमी के साथ।

तुम्हारा
रामधारी

[63]

P.O. Sitamarhi Court
4-1-40

My Dear Shiva!

I hope you received my letter through Mahanth Jee and condonned my action. I regret the wisdom of my brother who thought it necessary to come here in order to persuade me. Be it brother or yourself, why did you not do what you liked? I am sorry the case has pinched you at the softest corner. The matter was not expected to be pulled to this strength. But you can't make me support a proposal for which you do not want to make yourself responsible and wait for my approval. If you thought that I was opposing a scheme which was good for me, you could have done it irrespective of my wishes and opposition. That is what a responsible man could do. But why any talk of it now?

Mother was to come here. Please bring her earliest. I would like that she should come on Monday next or earlier. I shall be off on Sunday from here. You should have to go to Narkatiaganj for one day. Please ask mother to come with sufficient Dal, Mirch etc.

Satto may repair the wells. Convey this to him.

Affectionately yours,
Ramdhari

[64]

सीतामढ़ी कोर्ट

8-1-40

प्रिय शिव!

तुम्हारा 6/1 का लिखा पत्र अभी तुरन्त मिला है। उद्‌घाटन समारोह अब सिर पर आ गया। मुझे यह पता नहीं है कि स्कूल के सामान बन रहे हैं या नहीं लेकिन इस बात को अलग रखकर जरा हम लोंग सोचें।

उत्सव का दिन ज्यों-ज्यों नजदीक आता जाता है त्यों-त्यों मेरी चिन्ता बढ़ती जा रही है। इसी 14 जनवरी को यह निश्चय कर लेना होगा कि हम लोग स्कूल बनाकर ही दम लेंगे। S.D.O. और अन्य भद्र लोगों को बुलाकर घोषणा करने के बाद यह अवसर नहीं रह जायगा कि हम लोग पैर पीछे हटावें या नहीं। तब तो एक ही सूरत रह जायगी कि स्कूल बनेगा और जैसे भी हो, ढोना पड़ेगा।

इस अवसर पर मेरे हृदय में एक सवाल उठता है कि हम लोग स्कूल क्यों चाहते हैं। मेरा निजी विचार अब भी यही है कि बाको और बीहट में M.E. School हो जाने के बाद सिमरिया में उसकी नैतिक आवश्यकता नहीं रह जाती। जो लड़का एक मील चलकर पढ़ नहीं सकता, वह घर पर शायद ही पढ़ सकेगा। सिमरिया में स्कूल हो जाने पर वहाँ के सभी नहीं पढ़नेवाले भी पढ़ने लगेंगे, इस दलील में मुझे विश्वास नहीं है।

दूसरी स्थिति यों है। तुमने गलती से हम लोगों का कहना नहीं मानकर इस काम को प्रारम्भ कर दिया। अब परिस्थिति यह है कि उसकी लज्जा समूचे गाँव के सिर पर आ रही है और मेरा सिर भी इस बोझ से दब जाने को है। अगर अब स्कूल नहीं हुआ तो बीहटवाले हँसेंगे और श्रीरामसिंह के सामने उन लोगों की मूँछ गिर जायगी, जिन्होंने उसे ललकारकर यह बीड़ा उठाया था।

ऐसी अवस्था में अगर हम लोग इस योजना के साथ आगे बढ़ने की बात ठान लेते हैं तो हालत यह होगी कि स्कूल को जीवित रखने का भार केवल हमीं तीन कमजोर कन्धों पर आ पड़ेगा। मैंने पहले भी कहा था, बार-बार कहा था कि सिमरिया का स्कूल अपनी आवश्यकता सिद्ध करके जी सकता है। अब भी मेरा विचार है कि निकट भविष्य में अगर स्कूल Self supporting नहीं हुआ तो आज न कल बन्द हो जायगा। मेरा तात्पर्य यह है कि उन लड़कों की आमदनी से स्कूल में कम से कम 75 रुपए फी माह आने चाहिए। अगर यह नहीं हुआ तो हम लोगों में से किसी की भी यह हिम्मत नहीं है कि वह अपनी जेब से स्कूल की आर्थिक कमी को पूरी करता रह सके।

अब सोचना यह है कि इस रकम के आने की सम्भावना कितनी है। अगर सिमरिया से अलग हमारे कब्जे में कम से कम दो अपर प्राइमरी स्कूल होते तो एम. ई. क्लासेस में 50 लड़कों के रहने की उम्मीद की जा सकती थी। वह नहीं है और न अभी उसके होने की उम्मीद है। मेरा अपना खयाल है और अगर तुम चाहो तो इसे

गलत साबित करके बतला दो कि इस स्कूल में फीस देनेवाले एम.ई. छात्रों की संख्या—दोनों वर्ग मिलाकर—कभी भी 18 या 16 से अधिक नहीं होगी। मान लो 20 ही हों। अपर प्राइमरी में भी मैं यही अन्दाज रखता हूँ। बल्कि एक रुपया हर महीने देकर पढ़ानेवाले गार्जियन तुम्हारे गाँव में एकदम नहीं के बराबर हैं। कसहा और बरियाही पर मैं कोई Reliance एकदम नहीं रख सकता। आगे चलकर जादू के इशारे से एक साथ 50 लड़के सिमरिया के एम. ई. वर्ग में पढ़ा करेंगे, यह तो खयाली पुलाव पकाना है। उस आशा में कोई भी सार नहीं है।

मैं स्पष्ट देख रहा हूँ कि अगल-बगल में कम से कम दो यू. पी. स्कूल के हुए बिना अपने गाँव में खड़े होनेवाले एम. ई. स्कूल का भविष्य बिलकुल अन्धकारमय है। बीहट और बारो के कुछ लड़के आ जाएँ तो काम चल सकता है। लेकिन उसके लिए तो हम लोगों को विशेष प्रकार की सुविधा देकर और साथ-साथ अपने यहाँ पढ़ाई का बहुत ही अच्छा प्रबन्ध करके आकर्षण उत्पन्न करना होगा। एक हजार या चार हजार से स्कूल जी नहीं सकता। सच तो यह है, रुपयों के बल पर खड़ा किया गया स्कूल सिमरिया में कभी न कभी जरूर फेल करेगा। स्कूलों की नींव और जीवन दोनों ही लड़कों की संख्या पर निर्भर है। और रुपए भी हम लोग कहाँ से लावेंगे कि बाहरवालों को फ्रीशिप तथा पुस्तकें और अच्छे मास्टरों को अच्छा वेतन दे सकें। यों हठधर्मी से चाहो तो स्कूल को Recognition भी मिलेगा और वह दो-चार साल चल भी जायगा।

अगर हठधर्मीवाली बात ठीक हो तो अभी भी मौका है कि हम लोग अपनी इज्जत बचाने का कोई उपाय सोच निकालें। इस समय एक धक्का खा लेने से पीछे का पश्चाताप बच जायगा। यह मैं Prejudiced होकर या घबराकर नहीं कह रहा हूँ। मैं किसी भी दिन स्कूल के काम में निर्भीक होकर सोच नहीं सका था, वह डर अब तक लग रहा है। कूमर जी और अन्य लोग सिवा 500 रुपए दिला देने के और कोई काम नहीं आ सकेंगे। अगर द्वेष जीवित रहा तो अजब नहीं कि शेर (?) के झुकने पर उसकी हाँ में हाँ मिलाना शुरू कर दें। लेकिन यह डर कोई बड़ा डर नहीं है। असल खौफ लड़कों की कमी का है जिसे भुलाना, सत्य को छोड़ देना है। कूदने के पहले सोच लो कि कहीं तुम Reality की ओर से आँख फेरकर जबरदस्ती मन को भुलानेवाले सपने के तो शिकार नहीं हो रहे हो?

मैं जल्दी नहीं करूँगा। Admission की जाँच करके ही कोई बात निर्धारित करूँगा। सत्य वही है, जो मैंने ऊपर लिख दिया है। मुझे दुःख है कि मैंने X'mas में गाँववालों से कहा क्यों नहीं कि यह काम कठिन है और बहुत कठिन है। तुमने यह गलती की कि मेरे बुलाने पर भी आए नहीं और 500 रु. जमा करने को संसार का सबसे बड़ा श्रेष्ठ सुकर्म समझ लिया और प्रसन्नता में फूलते रहे। ब्रह्मा तो बूढ़ा है। बुढ़ापे में शायद आँख की तरह अक्ल भी रतौंधी से दुःख जाती है। लड़क-खेल करके पीछे बदनामी कराने से अच्छा है कि अभी अपनी मूँछें मुड़वा लो।

14 तारीख का उत्सव Postpone करता हूँ। S.D.O. और D.I. को भी पत्र लिख रहा हूँ। तुम भी इसके लिए उचित कार्रवाई कर डालो।

—रामधारी

रविवार को मैं घर आकर सब लोगों से discuss करूँगा। तब तक स्कूल का काम कहाँ तक आगे बढ़ा है, यह लिखकर भेजो।

[65]

Sitamarhi Court
10-1-40

My dear Shiva!

You must have been totally upset by the news of the postponment of the function which we had decided to hold on the 14th. The S.D.O. must have told you about it. I have also informed the D.I. about it.

The idea as decided was very premature. B. Ramadhin Singh does not seem to be inclined to help us. It would be simply ridiculous to celebrate a pompous ceremony while opposition is feared from a valuable corner. You should not be discouraged. After careful thought, I came to the conclusion that we would not get a direct benefit by this meeting. Let us first procure the recognition of the department and give a definite shape to the school before we proclaim our will. A suitable occasion can only come when we have stood on our own feet. I do not think I have committed any mistake.

I am sorry that Balo has been sent to a new school. I do not know why this unwise move has been taken. This is just playing with his delicate career.

I shall reach Barauni on Sunday by the morning Express. If you think we should go to Begusarai, please attend that train and let us proceed, otherwise I shall get down and see you at my house.

Affectionately yours,
Ramdhari

[66]

Sitamarhi
11-1-40

My dear Shiva!

Babu Moti Lal Dass B.A. B.L. has been selected by me to be the Headmaster of our school. He is going to you. Please arrange for his quarters in your house and let him join tomorrow.

I have also received the telegram last evening. If you think that it is necessary to hold the meeting, please inform the S.D.O. and D.I. by telegram. I can have no objection whatsoever.

Please make all arrangements and see that the plan succeeds. I will come on Sunday mornning. Please send a man to the station with a letter if you want me to proceed to Begusarai. I will prepare a report tomorrow which will be read at the meeting. It should narrate the history of the school.

Rest well. Is Bindu recovering?

Affectionately yours,
Ramdhari

P.S.

After writing to the S.D.O. and D.I. and to you I have done nothing to inform them that the function will not be postponed. So you have to inform them all. I will simply come and attend it.

[67]

सीतामढ़ी कोर्ट
17-1-40

प्रिय शिव!

सर्चलाइट, इंडियन नेशन, नवशक्ति, जनता, योगी और प्रभाकर में संवाद भेज दिया गया, जो तुरत छपेगा। सभी के कटिंग संग्रह करना चाहिए।

Proceeding की कॉपी जा रही है। सब लोगों को एक-एक भेज देना। D.I. को भेजने के लिए जो कॉपी जाएगी, उसे साहब के पास ले जाना। उनसे पत्र भी ले लेना। मैं समझता हूँ कि जो कॉपी Proceeding Book में साट दी जायगी, उस पर सभी सदस्यों के साथ साहब का भी दस्तखत होना चाहिए। इसलिए Proceeding Book लेकर उनके पास जाना।

सभी जमींदारों की लिस्ट उन्होंने माँगी थी। तुम एक लिस्ट तैयार कर लो जिसमें यह भी दिखला देना कि कौन कितना हिस्सा रखता है।

कूमर जी को साथ लेकर बाबू श्रीरामसिंह के पास जाना और उन सभी लोगों से Proceeding Book पर दस्तखत करा लेना। रामाधीन बाबू से Permission तुरत ले लेना चाहिए। D.I. से भी Recognition ले लेना चाहिए।

Proceeding Book पर तो सभी के Original हस्ताक्षर होंगे लेकिन Forward होनेवाली कॉपियों पर sd/ होगा।

मास्टर साहब कहाँ ठहर रहे हैं, यह संवाद दो।

मैं अगली छुट्टियों में घर नहीं जाऊँगा। अगर मौका मिल गया तो आने की कोशिश करूँगा।

चकिया और रूपनगर अथवा अमरपुर में एक-एक U.P. School हो जाना चाहिए। इसके लिए उद्योग करोगे।

तुम्हारा
रामधारी

हेड मास्टर साहब से कहना कि छुट्टियों की लिस्ट बनाकर Approval के लिए तुम्हारे जरिए D.I. के पास भेज दें। उसमें वह अपना ही दस्तखत दे देंगे।

[68]

प्रिय शिव!*

अभी हम लोग बेगूसराय से आए हैं। तीन टमटम और 1 फिटन रहा। मोटर सन्दिग्ध है।

अभी तार आया है कि बारातवाले कल 9 बजे उतरेंगे। वहाँ खाने-पीने का प्रबन्ध होगा। क्या तुम जा सकोगे?

अपनी सहत देखकर काम करोगे।

तुम्हारा
रामधारी

[69]

P. O. Sitamarhi (Courrt)
22.4.40

My dear Shiva!

You have to go to Shri Rampur on Saturday the 27th instant. Sunday will not be so auspicious.

I shall reach Samastipur on the 27th at about, 5 or 6 O'clock in the evening with my family. Please bring Satto with you who will take them back from Samastipur to Barauni.

If you can, plesae take Rs. 20/- with you or consult brother if he has got money. I have little with me. But do not approach anybody for it.

Please reply.

Affectionately
Ramdhari

---

* अनुमानतः अप्रैल 1940 का पत्र।

[70]

P. O. Sitamarhi Court
3.6.40

My dear Shiva!

Coming here I wrote a letter to Kumarjee in the envelope of satto to which there has been no reply.

I inforned in that letter that I had written to the D. I. and Omar Saheb for the appointment of Ramavatar, but I am sorry to let you know that no reply has come from any of the gentlemen. It is, therefore, necessary that somebody should go to Monghyr and discuss the question with the D.I. It may be that he does not want to give such concessoin in writing, but may connive with us to let our arrangement continue. If you think that the D.I. has no serious objection to the proposal you may request Ramavatar to thin over the situation and offer his services for the good of the school.

I am not feling well within myself here and everydey. I want to go to you and weep away my burden of heart. In fact, I do not know how you are pulling on. Please write to me.

What about B. Mahabir Kumar? I want to know from him as to what happened to Shri Ram Singh. I am still eager to know all about it.

With love,

yours affectionately,
Ramdhari

[71]

P. O. Sitamari
22.6.40

My dear Shiva!

Banarsijee is going today. You will please arrange Rs. 10/- for his books of which half the sum will be paid by me.

The school is always before my eyes and I can't ignore it now. But I feel I am of no use from here. What should I do? Please advise me.

I am of opinion that we should avoid the prefix of the name while uttering, the M. E. School. The prefix should be used only when it becomes absolutely.If we get an occasion, it should be dropped altogether.

I feel very strongly that Ramavatar should work in the school. The D. I. should be consulted. You may show the letter of Omar Saheb to him if you think it can serve any purpose.

Ram Sevak left a grammar at home. Please ask Satto to send it by Book-post.

Do you feel the position of the air that blows round the management of the school. No. l. M.B.K. & his uncle can't agree. No. 2. M.B.K. and Shri Ram quarrel. No. 3. You can't pull on with either of them. N-4. Shri Ram can't like Banarsi and Ramavatar. N-5. Other members are nonentity.

Please go to the S.D.O. and have a talk regarding raising money from Ulao.

Please have a talk with Rai Bahadur regarding taking settlement of the school compound. After you have obtained a gratis Hukmanama please get the boundry demarcated by an Amin in the presence of Shri Ram Singh.

Please write to me.

Yours affectionately.
Ramdhari

[72]

P. O. Sitamarhi
24.6.40

My dear Shiva,

B. Moti Lal Dass came to me before yesterday and in most heart-rendering way requested me kindly lend him Rs. 100/- for the marriage of his daughter. As I could not afford to give him a denial, I gave him all I had that time i.e. Rs. 20/- and have called him for Rs. 30/- again. He says he will pay off this sum in monthly instalments from his pay. As I told him that I could not spare more at such-short notice, he has requested me to write to you to pay him one month's money in advance. I do not know even if I request you for it, how can you do it. But if you could manage the gentleman could be helped in time of need. He will have talk with you regarding this request. Please reply and write out your mind.

Banarsi jee must have given my letter to you. Please do not worry about his books. I am borrowing them. But please do not tell him that I have given you instructions in a separate letter.

Please reply. Please send the accompanying letter to Satto at once.

Yours affectionately.
Ramdhari

[73]

3.7.40

My dear Shiva,

I had left home with the belief that all be well with you, now but I see that there has been fresh addition in the series of misfortunes befalling you. Words of consolation fail me. There is no way to console you except that we should weep together.

I had some question to ask you and some opinions for the school but as you are not well, I refrain from that now.

I do not know how to help Moti Lal Dass who may be thinking of coming here.

I would like to see a letter from you.

Yours affectionately,
Ramdhari

[74]

Sitamarhi
8.7.40

My dear Shiva,

Master Saheb is here and will leave by 2 O' clock train. I have paid to him Rs. 30/- today in addition to Rs. 20/- already paid. Will you please see that Rs. 25/- is remitted to him from school to his address given below :

B. Moti Lal Dass, B.A.B.L.
V. Pokhar Bhinda
P. O. Janakpur Road,
Distt. Muzaffarpur.

Monday, Wednesday and Friday are his beats of delivery.

I am eager to know what has happened between you and M.B.R. and also with Adhiklal Ji.

You are not a demon but a man–a Capital MAN who tolerated all with a worthy courage. I have got nothing but admiration for you. God will wash your troubles away. Let us have faith in his mercifuless.

I want that my wife were here although she won't give me mental rest. Please send the acceptance letter to brother. She should come here either on Thursday or Saturday whichever be more auspicious. I should get information as to when she is coming. श्रीमती जी के आने से कोई जाहिरा सुख तो नहीं होना है, हाँ रसोइए की जगह पर वह झगड़ालू रसोइया रहेंगी।

There is no possibility of my going home before the Pujas.

I am working for war as Secretary to the Sub-Divisional Publicity Sub-Committee.

Yours affectionately
Ramdhari

[75]

P. O. Sitamarhi Court
28.7.40

My dear Shiva!

I am sorry what could keep you silent for such a long time. I have to inform you except that I am living a life of extreme disturbance due to family quarrel. I hate the woman who is called to be my wife. I want she were dead and I were relieved of her. I wish I were relieved of all my children and could lead a life of renunciation.

I am eager to know what happened between you and Mahabir, between you and Adhiklal and to your school. You may know now that the onus is on you to write to me about a lot of things that took place in the village and about you. The more the delay, the greater is my anxiety. You were to come here but you did not. Please write at once.

Rest all well hoping God has spared you further misfortunes.

Yours affectionately
Ramdhari

[76]

P.O. Sitamarhi Court
8.8.40

My dear Shiva!

Received your letter last evening. I seem to have lived too long to hear of these ignominies. I am all non-plussed and do not know what to do. The Dhanuks are justified in boycotting us. I don't know how can it be settled. Oh, only if I could die before I heard of it.

I am sorry for Satto. Please send him to me for 2 weeks. I am not angry with him. I pity his fate, wisdom and sense of self-respect. Some day he will die an ignoble death, if he continues at Simaria.

I took all the letters away and did not give this sad news to my wife.

Yes. I am not coming to Simaria–not even in the D.P. holidays.

Yours affectionately,
Ramdhari

[77]

P.O. Sitamarhi
12.8.40

My dear Shiva!

B. Moti Lal Dass sent a pathetic letter to me. I am ashamed that he should not be paid his pay and that he should starve. I am suggesting to my brother once again as to how would he like the idea of engaging him at our house.

Is the school really going to be closed? I am afraid, if no arrangement is made for the monthly payment, it shall have to be closed. I regret very much my inability to go to Simaria in near future. I also regret that the villagers should have cheated me in this way. I know all from before. I also know that Shri Ram was the only man who could be of any help to us. I don't know how the matters stand now.

I have received a letter from Omar Saheb complaining that you do not write to him.

Aikat was S.D.O. here some years back and he is said to be a good man. I would see him if he could come.

Please reply,

Yours
Ramdhari

[78]

Sitamarhi
2.9.40

My dear Shiva!

I have learnt the story of your misery in detail and I am of opinion that you have reaped what you sowed. Why do you cherish ill-will for Shylock? Did you not deserve it? All the time that you worked with him, my heart revolted, but I felt you were travelling beyond my approach. I heard that I was being misunderstood in the village and that I was being defamed. But I waited for the hour.

I do not know how do you feel, but I am sure, you can't do any harm to him. You have sucked the blood of the poor villagers for him and you must reap the fruits of mistakes and acts of sin. You have sinned for him and God has taken revenge on you through him, for whom you sinned. That is the Judgement. Please come and let us talk. You be consoled without any idea of diong harm to others.

Should the accompanying letter be given to Mahabir? If not please tear it off.

Ramdhari

[79]

प्रिय शिव!

घुँघरू पहनकर नाचने के लिए कल शनिवार को 7॥ बजे भोर में एक्सप्रेस ट्रेन से मैं भागलपुर होता जाऊँगा। तुम स्टेशन में आकर मिलो। रविवार को शायद बैक एक्सप्रेस से ही लौटूँगा भी।

बनारसी जी के पास जो सन्देश के अंक और साहित्यालोचन पुस्तक है, उसकी मुझे सख्त जरूरत है। वे ध्यान नहीं देते। इस बार मुझे सारी चीजें मिल जानी चाहिए।

आओगे न?

तुम्हारा
रामधारी
13-11-40

[80]

P.O. Sitamarhi Court
30.11.40

My dear Shiva!

Received brother's letter last evening. I have no time to go to Simaria. But I want to know what is this proposal of having Kothas in my house? I do not understand it. Village Kothas are the most rubbish things that I know.

If you want (for your approval of the idea has been communicated to me) Kothas, it won't cost less than Rs. 1000/- from my estimate. If you are serious about it, please come and discuss the proposal with me.

All that I want is that there should be neatness, decency in the houses and they should be such as to accomodate gentlemen. If you can build Kothas from this point of view, I have no objection. But if you can't, I am opposed to the idea.

Please go through the accompanying letter and then send it to brother soon.

But wny do you remain silent? I do not understand your चुप्पी. You ought to have written to me as to what have you done with many resolutions of the Committee on that day.

Please tell Banarsi Jha that the 7 copies of the साहित्य सन्देश are required here in the library to which they belong. If he misplaces any of them, I shall have to the price of the same. साहित्यालोचना and the 7 copies of सन्देश should reach me earliest if somebody comes. Please do not forget it. Coming on Sunday. May reach on Saturday evening.

I am all right.

Yours affectionately,
Ramdhari

[81]

रामधारी सिंह 'दिनकर' पो.बॉ. सीतामढ़ी कोर्ट

23-12-40

प्रिय शिव!

तुम्हारा पत्र कल शाम को मिला। मेरा बक्तव्य तुम्हारे आदेश से पहले ही जा चुका था। 24 से 28 तक।

तुम घर पर मेरी राह देख रहे होगे। लेकिन अभी अचानक मैं बम्बई जाने की तैयारी कर रहा हूँ। खर्च भी खुद अपनी जेब से ही करना पड़ेगा। यों सौ के लगभग रुपए खर्च हो जाएँगे। तुम कहोगे मेरे पास रुपए जमा हैं। लेकिन मैं कर्ज लेकर जा रहा हूँ। क्यों कमाऊँ? और किसके लिए? अब तक क्या किया?

अब मैं जनवरी में घर जाऊँगा।

तुम्हारा
रामधारी

[82]

रामधारी सिंह 'दिनकर' पो. आ. सीतामढ़ी कोर्ट

10-1-41

प्रिय शिव!

मैं कल घर नहीं आ सका। पांडेय जी को आज खत लिख रहा हूँ। इच्छा थी कि 9 की शाम तक भी रवाना हो जाऊँगा। लेकिन अब नहीं जा सका तब खत लिखकर माफी माँग रहा हूँ।

मैं समझता हूँ, तुम छपरे से ठीक समय लौट आए थे और इसी आशा में चिट्ठी नहीं लिखी कि मैं 9 को तुमसे मिल लूँगा। लेकिन अब छपरे की बातें विस्तारपूर्वक लिखो। उमर साहब को मेरा पत्र ठीक समय पर मिला था या नहीं?

सन्तोषवाली जमीन तुमने अब तक नहीं लिखवाई, यह क्यों?

मेरे घर पर मेरा समाचार कह देना। हम लोग अच्छी तरह से हैं। पं. फुद्दी मिश्र के पास दिन जा चुका है। उत्तर आने पर फिर लिखूँगा।

आशा है, राम अवतार काम पर लग जाएगा। मीटिंग की बात एक खास चाल थी, जिसे तुम समय आने पर समझोगे। मैं यह जानने को बड़ा चिन्तित हूँ कि Admission किस कदर हो रहा है। स्कूल के विषय में जो भी बातें हों, सविस्तार लिखने की शीघ्रता करो।

इस बार घर नहीं आने का एक कारण यह भी है कि तुम्हारी कोई चिट्ठी नहीं मिली जिसका वादा तुमने रुखसत होते वक्त किया था। अगर तुम चिट्ठी लिखकर बुलाए होते तो मैं अवश्य आता।

गाँव आने को जी नहीं करता है। मैं आनन्द की खोज में हूँ। दायित्व, संकट और अप्रियता से जी घबड़ाता है। गाँव आने पर इन सभी बातों का सामना करना पड़ता है इसलिए वहाँ जाना सुख का विषय नहीं रह गया है।

उत्तर देते हो न?

तुम्हारा
रामधारी

[83]

रामधारी सिंह 'दिनकर' | सीतामढ़ी कोर्ट
24-1-41

प्रिय शिव!

कल शाम को तुम्हारा पत्र मिला। मैं सचमुच ही अच्छा हूँ और ऑफिस भी जाया करता हूँ। थोड़ी-बहुत कमजोरी जरूर है लेकिन वह दूर हो ही जाएगी। कामेश्वर है ही।

स्कूल के लिए जो काम कर रहे हो, उससे प्रसन्नता है। लेकिन 89 को पटाने का भी खयाल रखना चाहिए। शायद तुम उसे भूल ही बैठे।

दादा से तुरत मिलोगे और उनसे पूछोगे कि रामनगर से निमन्त्रण गया है अथवा नहीं। रामनगर में 29 जनवरी को ही यज्ञोपवीत है। मैं यहीं से न्योता पुर देना चाहता हूँ। अगर सिमरिया से भी कोई चीज आने को हो तो वैसी खबर मुझे मिल जानी चाहिए। आशा है, इस काम को शीघ्रतापूर्वक करोगे। अर्थात् दादा से मिलकर तुरत खत लिखोगे। अब समय नहीं है।

फुद्दी मिश्र से तो मैं हैरान हूँ। रोकसदी के लिए मैंने तीन बार लिखा लेकिन वह

जवाब ही नहीं देता। सम्भव हो तो नरकटियागंज जाकर दिन धरवाया जाए। यह विचार भी दादा से करना। शेष कुशल है।

तुम्हारा
रामधारी

दादा से पूछने की कोई जरूरत नहीं। न्योता भेज दूँगा और रामसेवक चला जाएगा। सिमरिया में प्रबन्ध करने की काई जरूरत नहीं।

[84]

रामधारी सिंह 'दिनकर' 29-1-41

प्रिय शिव!

तुम्हारा पत्र मिला। उत्तर में दो दिनों की देर हो गई। आलस्यवश।

मैं दूसरी को नहीं आ सकूँगा। आज कामेश्वर भी जा रहा है। आज रामसेवक भी न्योता में जाएगा और मैं सम्भवतः शाम को रामनगर जाऊँगा।

भाई साहब को कह देना कि न्योता में मैं ये चीजें भेज रहा हूँ–

साड़ी फरदी	1
साड़ी साधारण	1
धोती सयानी	1 जोड़
धोती बचकानी	2 जोड़
शेरवानी	2
पायजामा	2
रूमाल	2
पायताना	2
बच्ची के लिए	पैंट और जम्फर

कुछ लड्डू इत्यादि।

कल शाम को फुद्दी मिश्र की एक चिट्ठी आई है। मेरे 3 पत्रों का जवाब नहीं आने पर मैंने जरा दुःखित होकर पत्र लिखा, उससे उन्हें दुःख और नाराजी हुई, ऐसा मालूम होता है। उन्होंने पंडित से फाल्गुन बदी दशमी (21-2-41) का दिन रोकसदी के लिए ठीक किया है और उसी दिन को मंजूर करने के लिए लिखा है। इस विषय में घर पर पूछ लेंगे।

स्कूल के Pize distribution को अगर जरूरी समझो तो कर दो। मेरे लिए ठहरने की आवश्यकता नहीं।

रुपए तो वहीं भाई साहब को दे देना चाहिए।

बनैली के विषय में मैं जल्दी करने के पक्ष में नहीं हूँ। सुलतानगंज होकर डिप्टी साहब से मिलना ठीक होगा।

मुहर्रम की छुट्टियों में मैं शायद पटने जाऊँ। अगर लौटती बार मौका लगा तो घर होकर ही लौटूँगा।

शेष कुशल है।

तुम्हारा

रामधारी

घर पर सीधा-सामान, दाल-आटा वगैरह तैयार रखने को कहना। घर का काम कहाँ तक हो सका?

[85]

सीतामढ़ी कोर्ट

11-2-41

प्रिय शिव!

तुम्हारी 9-2-41 की चिट्ठी कल शाम को मिली। प्रसन्नता हुई। हाल जाना।

मेरी तन्दुरुस्ती बिलकुल खराब है। बाएँ फोते में सूजन हो गई है। परसों और कल 98॥ ज्वर रहा। चूँकि परसों रात जाड़ा भी आ गया था इसलिए डॉक्टर ने कुनैन खिला दी। कल एक वैद्य ने कहा कि यह आगन्तुक है। कई पट्टियाँ दे रहा था। कल गूलर के दूध की पट्टी दी है, जिससे अभी कुछ फायदा है। मुँह का स्वाद रोज बिगड़ा रहता है। पखाना साफ नहीं होता। और केदार की तबीयत भी अच्छी नहीं है। उसके मुँह में फरने जैसा कोई रोग हो गया है। कुछ खाया नहीं जाता। दो-चार चम्मच दूध और माँ के दूध पर रह रहा है। लेकिन वह घूमता, फिरता और हँसता-खेलता है, जिससे समझता हूँ कि यह ज्वर-पात है और स्वयं शमित हो जाएगा। जब 7 दिनों तक उसे पखाना नहीं हुआ तब 8 तारीख को ग्लिसरीन देकर पखाना उतारा गया। ऐसी हालत में मैं सन्दिग्ध हूँ कि शनिश्चर की रात में चलकर रविवार को सिमरिया पहुँच सकूँगा या नहीं।

रामाधीन बाबू को अलग पत्र लिखूँगा। कपिलदेव को भी लिख रहा हूँ।

अगर मैं रविवार को नहीं आ सकूँगा (और शायद नहीं आ सकूँगा) तो तुम मींटिग कर लोगे। यह तो महज formal है। Resolved that...be elected to the President of the manging committee. तुमने मुझे सूचित नहीं किया था कि साहब ने स्वीकार कर लिया है।

नौकरी के विषय में कुछ लिखना फिजूल मालूम होता है सिवा इसके कि तुमने

बुरे spirit में ये बातें लिख दी हैं। मुझे मुँह ही नहीं कि इसका जवाब दूँ। मगर तुम्हारी ये बातें पहले पत्र से प्रतिकूल हैं। तुम्हें इस प्रकार नहीं कहना चाहिए।

मेरा मन एकदम नहीं लगता। 3 महीनों में एक पैसा बचा नहीं सका। घर में लोग समझते होंगे कि जमा कर रहा हूँ। शीतल ठाकुर ने अपने छोटे लड़के को आखिर यहाँ भेज ही दिया। झंझट, खर्चा, अस्वास्थ्य...गृह-विमुखता से ऊब गया हूँ।

तुम्हारा
रामधारी

[86]

रामधारी सिंह 'दिनकर'

सीतामढ़ी कोर्ट
25-3-41

प्रिय शिव!

तुम मुँगेर में नहीं मिले, इससे निराशा हुई और पीछे अम्बिका के मुँह से तुम्हारे बीमार होने की खबर सुनकर दुःख भी हुआ। मैं किसी से भी नहीं मिल सका। नेमधारी बाबू सभा में आए हुए थे और मुझे आशा है कि उन पर भी अच्छा प्रभाव पड़ा होगा।

अवध को किसी ने पीटा है, इस संवाद से मुझे घोर क्लेश पहुँचा है। यह गाँव में फैलनेवाले षड्यन्त्र का फल है जिसके अन्दर हम सभी लोगों को पाप लगेगा।

Babu Lakhan Lal Singh is guilty of conspiracy aginst him and, I am afraid, he has been behaving in a most mischievous manner. I have warned you so many times but you do not seem to take notice of yourself. I am also ashamed to think that the school's name is being taken in connection with all the filthy things, that are taking place, This तामसिक foundation of the School will bring on utter ruin to it, I am of opinion that we should give up this bad game.

अवध के मामले में अगर पंचायत नहीं हुई तो हम लोगों के मुँह में कालिख लगेगी। बाबू लखनलाल सिंह को कहना कि वे अवध के घाव पर मरहम करें। द्वेष और राग को न्याय की आग में जला दें। The guilty person should be severely punished. तुम्हें इस मामले में गहराई तक उतरना चाहिए।

इसी प्रकार श्रीराम सिंह के मामले को बुद्धि से tackle करना चाहिए और उनकी प्रतिष्ठा की रक्षा करनी चाहिए। मैं उस दिन भी तुमसे कह रहा था। तुमने समझा नहीं।

बड़का दा पर जो विपत्ति पड़ी है, उसका निराकरण कैसे हो? तुम और तहसीलदार मिलकर उन्हें आश्वस्त करो। अगर उचित समझो तो उन्हें यहीं भेज दो।

अपना समाचार लिखना। यह चिट्ठी ब्रह्मा को भी पढ़कर सुना और समझा देना। हम लोगों को मिल-जुलकर रहना चाहिए।

तुम्हारा
रामधारी

[87]

P.O. Sitamarhi Court
1.4.41

My dear Shiva!

I wrote a letter to you which was sent in the envelope of brother. I am sure, you must have received it in time. I forgot to mention one thing in it. Bindo told me that Deputy Saheb was eager to make a provision for you and that you will get some job sooner than later.

Meanwhile I hear that new troubles are likely to crop up in the village. Some trouble is apprehended in the family of Bandhu Singh and most probably your 'Lakho Cha' is taking a lead in the matter. I know you and Tahasildar treat me as a fool in such matters and ignore my attitude miserably. I have felt it although never protested. But I think my opinion is always cool and wise although you may think it to be useless. I don't want that fair people should play foul game. I think the school must close if it has to exist on filthy insurances of case. This is doing a grave injustice to the village. You may not agree with me but I think the incidents in which you have been talking parts–'you' includes many good friends–have undermined our positions.

I know all these must be taken by you as under rebel and bitter dozes but I felt constrained to write to you. Unknowingly you have done me a wrong. Imperceptibly you have encouraged Lakhanlal to aspire after great position. I have no plan, nor any desire to exploit my villagers but certainly, in all fairness, I deserve a better treatment from them. The situation that is being created by you all will go beyond your control and some day there will be great disorder in the village. And as I am a misfit in this game, I request you to kindly exempt me from all the moral liabilities that you have a right to claim on me. This is my determined request to you and I hope you will concede it.

I also learn that you did nothing to materialize my proposal for Laldobhi Railway lands. This is another event that has troubled me.

Please translate this letter to Brahma if you think proper.

Satyanarain puja was an eye-opener to me and I think the world will change colour. For no fault of mine. I was insulted by my friends on whom I put all reliance. I shall not wonder if I am subjected to still worse insults of graver consequances by you, by Tahasildar and by 'Lakho Cha'. I know you will be impatient to humour me with your death if possible but that does not improve the situation. The fact that you love me dearly is no defence for you. I know that you have never loved a man more than me but then why these feelings arise within me?

In short, I want that you and Brahma do meet each other to consider as to who did put Shri Ram into trouble, which devil is creating trouble in Bandhu's family, why was I insulted at the Satyanarain puja, how our position is being exploited by Darabari and others. If you can't give me a satisfactory reply within a reasonable time, you accept my resignation form your dirty village politics and let me live a poor life limited to the interest of my family.

My brothers are all simple and I do not want that they should be insulted for my conduct.

I deeply repent for Tahasildar whom I have counted as the guardian of my family and who did not do his duties well.

Pleasse let me live a humble life of retirement and mental peace. I desire the same to you.

Affectionately
Ever yours
Ramdhari

बनारसी जी के बारे में पहले पत्र में लिख चुका हूँ। आशा है, उनसे तुमने कहा होगा। तुमने अपने स्वास्थ्य के बारे में भी नहीं लिखा है जिससे चिन्ता है।

पहले पत्र पर तुमने क्या किया है, सो भी लिखोगे।

[88]

P.O. Sitamarhi Court
15.4.41

My dear shiva!

I had your letter in time. I am grateful to Lord Ram who accepted my prayer which was offered in most distressing mood. I wanted to make time to go to Sitamarhi during the last holidays which terminated only yesterday; but I could not. There was the Mela duty and then the war camp of which I was in-charge. Babu's Secretary called me to Narkatiaganj and after some consideration I culd not disappoint him. I have returned from that place only yesterday and am tired and exhausted. While I was coming from Narkatiaganj, I expeceted to see your letter awaiting me in the post office but was sadly disappointed. I am also a bit anxious again. Please write to me.

From my Previous letter–the one which pained you–you would know that drudgry is again upon me and I am fast losing all interest in life. There may be some material reason to accoumt for it and I wonder if the pecuniary difficulty is not a casue Shital Thakur has left his son here and does not give any money to him. Then also, I feel little interest in the village. My wife was there but I could not go. I do not know what do I want.

But let it remain as it is. Please write to me about Hito Da...and if possible about your account too. If she likes, I may arrange to bring her here. I feel her absence so keenly. You should not talk to them on this point.

Yours affectionately,
Ramdhari

[89]

Sitamarhi Court
17.9.41

My dear Shiva!

You have been wonderfully silent during the last many weeks after your letter in which you mentionned that there had been some trouble before you and M.B.A. But now that I am coming on the 24th, you need not write one.

We had very hard days this time. Kedar remained ill for a month now. Only 3 or 4 days ago he developed 105^0 temperature and I was very much perplexed. He is better now, but I am not sure if he is all well. Then Binder and Sobha suffered from itching sores. Binwa fell ill. Wife was no better. I myself had disturbed health.

More when we meet.

Yours affectionately,
Ramdhari

The letter is being sent in Bankey's envelope for it is important to him.

[90]

17.11.41

My dear Shiva!

I hope that you made up-to-date payment to all teachers that day. I further hope that you are in search of a suitable hand for the post of Headmaster. The present incumbent has already expressed his willingness to resign and so we should at once find out a more suitable man. I do not find anybody of my liking this side. Onr purse is small and we should have a man who can accept according to our convenience.

I leave the matter to you solely to find out a Headmaster whose appointment should be made on the eve of X' mas holidays.

I also hope that you have able to raise sufficient fund and that the deficit of the Bank has already been made good. If nothing has been done in this direction, you must tackle Tahsildar and vex him on my behalf so that he may take up the matter in right earnest. I am sorry that Basudeo Babu has not met me as yet and so I have not been able to go to Samastipur for Sitaram's work. As soon as I find Basudeo Babu, I shall decide a programme and inform you of it.

Most probably I am going to Patna on the 23rd. I also like very much that I were transferred from this place. This would place Ram Sevak in a changed atmosphere and he might make an improvement. You will be glad to know that Ram Sevak has been behaving most satisfactorily these days and my interest in him has been revived.

As places of new postings I like Hilsa in Patna, Begusarai and Sonepur. These places are going to be vacant shortly and if I can get any of them, I think it will be better than Sitamarhi which has lost all its interest for me now.

Bankey's case has been arranged in a way. But all cases were so arranged tried by me. Let me see if I succeed. I had to write many more things but the idea that you will take at least a month to send a reply makes me desolate and I stop here to write and further news.

Yours affectionately,
Ramdhari

[91]

रामधारी सिंह 'दिनकर' | सीतामढ़ी कोर्ट
8-12-41

प्रिय शिव!

तुम्हारा कोई पत्र नहीं मिला। मैंने एक चिट्ठी हितो भाई के नाम से बछवाड़ा भेजी थी। पता नहीं वह उन्हें मिली या नहीं। मुझे यह भी मालूम नहीं है कि उनकी बदली में फेर-फार हुआ या नहीं। सारी बातें स्पष्टतापूर्वक लिखोगे।

हेडमास्टर के पद की नई बहाली के लिए क्या किया? क्या यों ही समय टालते रहोगे? मेरी दृष्टि में तो कोई आदमी जँचता ही नहीं है, जो परिस्थिति के योग्य हो। तुम्हें इस विषय में पूरी सतर्कता, शीघ्रता और दायित्व के साथ पड़ जाना चाहिए। मेरा क्रम अत्यन्त अनिश्चित है। और इससे काम नष्ट होने का डर है। हेडमास्टर की दरखास्त इस्तीफा भी छुट्टी के पहले ही ले लेनी चाहिए। आशा है, उस विषय में तुम काफी सावधान हो।

मेरी बदली शायद रुक जाय। कुछ बाधा जैसी हो गई है। दादा से मेरा कुशल समाचार कह देना। मैं इधर एक दिन चाँद से मिलने गया था, वह बहुत प्रसन्न और सानन्द है।

बाबू वासुदेव नारायण शराबी आदमी ठहरे। गायब हैं। सीताराम का काम विलम्ब से होगा।

शेष कुशल है।

तुम्हारा
रामधारी

[92]

रामधारी सिंह 'दिनकर' | सीतामढ़ी कोर्ट
15-12-41

प्रिय शिव!

तुम्हारा पत्र मिला। समाचार जाना। हेडमास्टर साहब resign करके चले गए अथवा अभी हैं? मेरे किए तो एक आदमी भी नहीं मिल रहा है। Cheapest के पक्ष में भी हूँ। तुम्हें शीघ्र इसका प्रबन्ध करना चाहिए। न हो तो training स्कूलों के हेडमास्टर के पास सूचना भेज दो। उस पत्र में यह भी पूछ लो कि minimum क्या लेगा।

बाँके का जुगाड़ हो रहा है। चिट्ठी मिली है। Arangement has been made for your candidate of a temporary job of Rs. 24/- per month. Intimation will be sent shortly to your adderss. Please tell him to keep himself in readiness.

मैं खुद नहीं जानता कि X'mas में कहा रहूँगा। बदली की उम्मीद अभी बिलकुल मरी नहीं है। शायद बदलकर हिलसा जा पहुँचूँ। सम्भव है, बदली नहीं भी हो। लेकिन X'mas में एक-दो दिन भी घर जरूर जाऊँगा। सम्भव है सारी छुट्टी वहीं बिताऊँ। अभी कुछ नहीं कह सकता।

रामसेवक की परीक्षा हो गई। वह रामनगर गए हुए हैं। पं. फुद्दी मिश्र ने चिट्ठी लिखी है कि फाल्गुन में रोकसदी होनी चाहिए। ये बातें दादा से कह दोगे।

तुम्हारा
रामधारी

किरासिन तेल दो-एक टिन खरीदकर (फाजिल) रख लेना चाहिए।

[93]

Patna
17-2-42

My dear Shiva!

Every trouble arises due to your foolishness. The first mistake you committed was to leave Patna without seeing me. The second mistake was that contrary to my instructions you did not go to Nayagaon personally.

I am very-clear in the mind that I will not purchase ornaments unless I know from you that marriage date has been finally fixed up. Please let me know it by Monday morning or noon through a messenger.

You must also take concurrence of Aditya Babu, when the date has been fixed up by Chandhari Jee. Anyway I will wait for you till evening of Monday. My plan is to leave for Simaria on Tuesday in the morning either by O.T. Railway or E.I. Rly. In both the cases, I drop at Roopnagar.

You should rest assured that on hearing of the final date, I will come with ornaments of my choice.

Yours affectionately,
Ramdhari

[94]

Sitamarhi
4-6-42

My dear Shiva,

I have been informed by Shiva Sagar that a military outpost is going to be built in our village and that the village is likely to be evacuated. I do not know whether the report is true, but I wonder why should you not have written to me anything about it. I wonder at the foolhardy of Banarasi who did not care to write a word about it in either of his two letters. There is nothing to wonder at the silence of my two brothers who are unparalleled beings on the earth. In fact, I have not heard anything from any of you.

Don't you think that this silence drags me to Simaria. I am all right here. Please come or write to me in detail by the next mail without fail.

Yours,
Ramdhari

[95]

Sitamarhi Court
8-9-42

My dear Shiva,

Thank God that I am alive to write to you. I was very much pained to hear that Barauni Goods sheds had been looted by the local people. This is very serious and as a neighbour we perhaps can't escape the punishment. You have to be cautious and wise and try to save the village from government wrath. I do not know what is the position but if there have been criminals in our village too, I would prefer that they may suffer so that the village may be saved from indiscriminate torture which the Govt. must do in order to establish order. I would also prefer that the village undertook collective responsibility of the railway line or the Roopnagar station so that the authorities may be satisfied of our bonafides.

Who is the present S.D.O.? Is it Mr. Rodfood? Please let me know by post for arrangement has been made now to deliver mails here by Bus. Darabhanga to Sitamarhi line has not been repaired. It there is train facility, I shall come by middle of November. It is not safe to leave the family alone these days for a single night.

Restoration of order is making good progress here.

Please take a chance to write (with care) and see if the letter reaches me.

Yours,
Ramdhari

[96]

Patna
5-9-44

My dear Shiva,

I was so glad to have your letter. Thank you very much indeed. You are in a mood I am afraid of. But will you please come with bag and baggage here? I am much more concerned with your life than for anything else. This railway land and the wretched school will kill you some day.

Eagerly awaiting,

Yours,
Ramdhari

P.S.

Binta fell ill on the day my mother left here. Today is the 22nd day of her fasting. She appears to be definitely better now. She will get food, God willing, in a day or two.

Ramdhari

[97]

Patna
11-9-44

My dear Shiva!

I had your biting slip. I am very clever to ignore this attack. Am I not?

I want you to go in for Insurance business. Please come here. I have settled it up with a known person. I wanted Kamo to take it up. But he did not react well to the proposal.

I also want that you should take operation this winter. Anyway you coming here soon is necessary.

I have been asked by the authorities to attend a Sammelan at Hardoi in Western U.P. on 24-9-44. This means I can't go to Simaria for a single day during the coming holidays. This is another argument favour of your coming here to meet the lucky man you envy so much.

Please bring some materials from my house when you come.

Yours affectionately,
Ramdhari

[98]

Feb.,
1945

Dear Shiva,

I wonder what has stood in your way of settling a date. I am coming to you at 5 A.M. this morning on my way to Samastipur and Sitamarhi. I do not think I need go to Aunta at all. Aditya B. sent a man to me yesterday to make enquiries about the mill. I failed to understand its implications. I have some doubts now and it is better that Chandhar and Kameshwar make the necessary settlement. Anyway, we meet in the morning.

R.D.S.

[99]

पटना
8-8-45

प्रिय शिव!

एक पत्र डाक से भेज चुका हूँ। दूसरा सुरेश के मार्फत जा रहा है। आदित्य बाबू यहीं हैं। 12 की शाम को जाएँगे। तुम आ जाते तो अच्छा होता।

मेरी अवस्था अच्छी नहीं है। डायबिटीज हो गई है। 15 फरवरी से छुट्टी लेना चाहता हूँ।

तुम्हारे यहाँ आ जाने से तुम्हारे यहाँ के विवाह की तिथि भी निर्धारित हो जाएगी। हमारे बच्चे जाना चाहते हैं, वे भी जा सकेंगे। मुमकिन है मैं भी जा सकूँ।

घर पर कह दोगे कि मंडल की उषः में यहाँ से बच्चे 7 बजे भोर के जहाज से जाएँगे। बुध की दोपहर को बरौनी पहुँचेंगे। तुम साथ रहोगे।

कुँवर जी से 1 बोरा चीनी लेकर चौधरी जी के लिए रख छोड़ो। आने पर मैं कुँवर जी का इन्तजाम कर दूँगा।

—रामधारी

[100]

वेटिंग रूम
दिल्ली
15-10-45

प्रिय शिव!

अभी 11 बजे ट्रेन से उतरा हूँ। नहा-धोकर बिना कुछ खाए हुए ही चिट्ठी लिख रहा हूँ। तकलीफ भी रही ट्रेन में और मजा भी। रात खूब सोया। अभी थकान नहीं है। लेकिन उदयपुर यहाँ से भी काफी दूर है। आज हम लोग यहाँ ठहरकर शहर की सैर करेंगे।

तुम्हें बाबू फेकु महतो से मिलकर स्कूल के लिए चन्दे की बात करनी चाहिए। इसमें ढिलाई मत करो। मैंने आज तहसीलदार साहब को स्कूल के Payment के बारे में लिख दिया है।

शेष कुशल है। घर पर खबर दे देना।

तुम्हारा
रामधारी

[101]

रामधारी सिंह 'दिनकर' कनूलाल रोड, पटना
5-12-45

प्रिय शिव!

अभी पत्र मिला। सत्तो कूपन के लिए बड़ा बेचैन है। मैं बाबू भगवान प्रसाद S.I. Schools C/o. D.I. School's office के जरिए कोशिश कर रहा था। उसने Form K भेजा था। उसे भरकर उसके पास भेज दिया लेकिन उसे मिला नहीं। चिट्ठी कहीं खो गई। आज फिर उसी फॉर्म को भरकर तुम्हें भेज रहा हूँ। इसे लेकर तुम भगवान के पास जाओ और पूछो कि काम होने में देर क्यों है। जैसा उसने लिखा था वैसा ही मैं भेज रहा हूँ।

लेकिन यहाँ के ऑफिस में दरियाफ्त करने से पता यह लगता है कि सबसे पहले सत्तो को बेचनेवाले से सर्टिफिकेट लेना चाहिए। उसके बाद उसी सर्टिफिकेट के साथ एस. पी. ऑफिस में Registration करनी चाहिए। इस काम में दरखास्त पर 5 या 10 रुपए का टिकट सटेगा। लेकिन सर्टिफिकेट नहीं मिलने से कुछ गड़बड़ी हो सकती है। इसलिए तुम यह कोशिश करो कि किसी भी तरह से बिना झंझट के हो जाए। कल भोर में मैं गैबा को सत्तो के यहाँ भेज रहा हूँ। सत्तो पूरे कागजात और रुपए के साथ

खुद या किसी को तुम्हारे पास 7 या 8 बजे तक भेज देंगे और तुम अपने सामने कुल काम करा दोगे। अगर भगवान के चलते काम पहले ही हो जाए तो जो खर्च पड़े करवा लेना। यह काम इसी ट्रिप में जरूर हो जाना चाहिए।

विशेष बातों का उत्तर मिलकर दूँगा। मैं 12 की शाम को बरौनी होकर बेगूसराय जाऊँगा। खान बहादुर भी रहेंगे। अगर सम्भव हुआ तो रात भर के लिए घर पर उतर जाऊँगा। कामो आए नहीं। उनकी चिट्ठी आई थी।

तुम्हारा
रामधारी

[102]

सिमरिया
24-4-48

प्रिय शिव!

तुम्हारी चाची के पास चिट्ठी छोड़ आया हूँ। तुम्हें पूर्णिया अभी नहीं जाना है। नौआ को तिलक का दिन लेकर भेज दो। मैंने जो चिट्ठी रुद्दी बाबू के पास तुम्हारे हाथ भेजनी चाही थी, उसे भी नौआ के हाथ भेज दो। केवल Margin में तुम यह लिख दो कि मेरे ही कहने से तुम खुद नहीं जा रहे हो। रुद्दी बाबू से जवाब मँगा लेना चाहिए। काम चल जायगा। और कोई बात नहीं करनी है। कामेश्वर की राय से तुम्हें रोक रहा हूँ।

तुम्हारा
रामधारी

[103]

पटना
6-4-49

प्रिय शिव!

सिर्फ एक पलंग तुम बनवा दो। वह शोभा को दे दूँगा। विनता के लिए पूर्णिया में ही बनवाने के लिए आज इन्तजाम कर दिया है। तुम जरा चिट्ठी देखते ही चले भी आओ। लोगों को यहाँ से ले जाना है। आज P.W.D. में बात चला दी है। तुम्हारे आने तक हालचाल मालूम हो जायगा। आध मन घी खरीदने के लिए दादा को लिखा है। रुपए नहीं हों तो तुम इन्तजाम कर दोगे। कामो पलामू गया है।

तुम्हारा
रामधारी

[104]

पटना
2-6-50

प्रिय शिव,

22 जून को L.A.O. सिमरिया जाएँगे। उस समय मैं तो राँची रहूँगा। अतएव, मुझसे जो लिखा-पढ़ी करवाना हो, उसकी सूचना तुम 7 जून को आकर दे जाओ अथवा पत्र लिखकर। कल मैं 2 बजे दिन के जहाज से पूर्णिया की ओर जा रहा हूँ। 7 जून को लौटूँगा। शनिवार की रात में कोई गाड़ी कटिहार जाती है न, उसी से बरौनी होकर जाऊँगा।

तुम्हारा
रामधारी

[105]

मुजफ्फरपुर
14-5-51

प्रियवर!*

बाबू श्रीरामसिंह अचानक चले गए, यह सुनकर असीम दुःख हुआ। वे स्वभाव के कड़े अवश्य थे, लेकिन, गाँव को कुछ स्वस्थ रखने का प्रयत्न करते थे। उनके देवहावसान के बाद गाँव के प्रति हम लोगों की जिम्मेवारी बढ़ गई है। पिता का दायित्व पुत्र को सँभालना चाहिए। हम लोग उनके पुत्र हैं। अब सबसे पहले यह करना चाहिए कि गाँव में शान्ति कायम हो जाय और सद्भावना की वृद्धि हो। चाहो तो आकर हमसे मिल लो और उचित विधान करो।

तुम्हारा
रामधारी

[106]

मुजफ्फरपुर
10-11-51

प्रिय श्री शिवकुमार शर्मा जी,

आप वादा करके भी पटने से वापसी यहाँ नहीं आए। रामचरित्र बाबू कब आते हैं, क्या आते हैं, मुझे कुछ भी मालूम नहीं हो सका। अब कल मैंने अपना कार्यक्रम

* अनुमानतः शिवकुमार शर्मा

बना लिया। 17 तारीख को मैं डाक गाड़ी से कलकत्ता जाऊँगा। इस कार्यक्रम में अब कोई परिवर्तन नहीं हो सकता।

आपका
दिनकर

[107]

189, कांस्टीट्यूशन हाउस
कर्जन रोड, नई दिल्ली
16-2-53

प्रिय शिव,

ऊपर के पते पर डेरा मिला है। सिर्फ एक कोठरी है और कुछ नहीं। किराया 2॥ रुपए रोज।

14 और 15 तारीख को ब्लड प्रेशर जैसी किसी बीमारी से परेशान रहा, मगर, जब तक जाँच करवाऊँ तब तक बीमारी अच्छी हो गई। घर, मुजफ्फरपुर और बेकार नौजवानों को लेकर बहुत चिन्ता है। अफसर को फिर पत्र लिखा है। देखो, क्या होता है।

कुछ लिखना हो तो ऊपर के पते पर लिखना।

तुम्हारा
रामधारी

[108]

189, कांस्टीट्यूशन हाउस
नई दिल्ली
9-5-53

प्रियवर,

आपने कामों की पूरी एक किताब ही भेज दी। मगर अब वक्त नहीं है। बाढ़ू महतो के नए कागज के विषय में मैं कोई राय नहीं दे सकता। ओझा का केस लेकर अब मिलना होगा। Shift की बातें मेरी समझ में खाक नहीं आईं।

अब तो 19 तक मैं मुजफ्फरपुर आ रहा हूँ। वहीं मिलकर समझाइए।

आपका
रामधारी

मैं बम्बई, कलकत्ता कहीं भी नहीं जाकर सीधे मुजफ्फरपुर जाऊँगा। रामसेवक जी ने परीक्षा नहीं दी क्योंकि उन्हें ओकनी आने लगी थी। ईश्वरेच्छा। सारी मुसीबतें एक ही साथ।

[109]

पटना-6
14-8-54

प्रियवर,

मैं कल रात में कलकत्ता जा रहा हूँ। 19 को लौटूँगा। 20 या 21 को दिल्ली के लिए रवाना होऊँगा। घर की नींव कल शाम को पड़ गई।

मैं लकड़ी का कुछ काम काझा में करवाना चाहता हूँ। सब चौखट, शीशम का तख्ता आदि। सलवाया यहीं जायगा। तुम उचित जगह पर जाकर यह इन्क्वायरी करो कि कीत्यनिन्द नगर से हाजीपुर तक के लिए एक वैगन मुझे नवम्बर 10 तारीख तक मिल सकेगा या नहीं और मिलेगा तो किराया कितना देना पड़ेगा। यह बात मालूम हो जाने पर मैं काझा में लकड़ी के काम का ऑर्डर दूँगा।

शीशम के कटे हुए दो पेड़ पूसा रोड के पास श्री रावणेश्वर दत्त के चार्ज में भी हैं। उन पेड़ों को भी श्री फुद्दी मिश्र के सहयोग से चिड़वाकर तख्ता यहाँ ले आना है। तख्ते एक इंच से जरा सजीव चिरना चाहिए कि छीलन के बाद एक इंच रह जाय।

तुम पटने में रावणेश्वर जी से और फिर फुद्दी मिश्र से मिलकर बातें ठीक करो।

मकान में हाथ मैं आसिन मास से लगाऊँगा और माघ तक एकमहला बनाकर उसमें चला जाऊँगा, यह विचार है। तुम तत्परता नहीं दिखाओगे तो यह काम मुझसे पार लगनेवाला नहीं है।

तुम्हारा
रामधारी

श्री शिवकुमार शर्मा
ग्राम—सिमरिया
डाकघर—सिमरिया
वाया—गड़हरा, जिला मुँगेर (बिहार)

[110]

रामधारी सिंह दिनकर
चौधरी टोला
पटना-6

सदस्य, राज्य-परिषद,पटना–6 2-1-55

प्रिय शिव,

दिल्ली में मेरा एक बैग खो गया, जिसमें 30-40 पुस्तकें और सात-आठ पांडुलिपियाँ थीं। बड़े ही गहरे शोक में हूँ।

मकान के बारे में विचार करने को तुम 7-8 जनवरी तक यहाँ आ जाओ। महतो आवें तो अच्छा है। नहीं तो तुम तो आ ही जाओ।

तुम्हारा
रामधारी

[111]

चौधरी टोला
पटना–6
22-1-55

प्रियवर,

आपका दायित्व-ज्ञान तो नष्ट ही हो गया। आप कहकर गए थे कि बाढ़ू आवेंगे। किन्तु, वे नहीं आए और न आपने यही लिखा कि वे क्यों नहीं आए। आपको 18 तारीख को बुलाया था। मामू ने चिट्ठी दी होगी, उसका भी कोई जवाब नहीं आया। रेलवे अधिकारी से मिलने की बात थी। उसे भी आपने छोड़ ही दिया। खैर, काम तो ईश्वर के भरोसे होता है। भाग्य का फेर है, नहीं तो बैग क्यों गायब होता।

आपका
रामधारी

श्री शिवकुमार शर्मा
सिमरिया, डॉ.–सिमरिया
वाया–बरौनी जंक्शन
मुँगेर।

[112]

जिनेवा-रोम के बीच का आकाशमार्ग
22.12.55
सायंकाल
20 हजार फीट ऊँचाई से

प्रिय शिव,

मैं पोलैंड से लन्दन गया, वहाँ से जिनेवा, वहाँ से पेरिस, फिर जिनेवा और अब जिनेवा से कैरो जा रहा हूँ। रोम बीच में पड़ेगा। लेकिन, वहाँ उतरने का विचार मैंने छोड़ दिया है। 23 से 26 तक कैरो रहूँगा। 26 की रात मैं उड़ूँगा और 27 के दो बजे दिन में बम्बई पहुँच जाऊँगा। दिल्ली शायद 30 तक जाऊँ और पटने चार-छह जनवरी तक।

तुमने तो मुझे छोड़ ही दिया। आज 20 हजार फीट ऊँचाई पर तुम्हारी याद बेतरह आती रही। इसीलिए, यह पत्र। बाल-बच्चों के साथ प्रसन्न रहो। कूमर जी से प्रणाम कहना।

तुम्हारा
रामधारी

[113]

52, साउथ एवेन्यू
नई दिल्ली
1-9-56

प्रिय शिव,

सूरो के मार्फत तुम्हारी चिट्‌ठी मिली थी। यहाँ आकर 29/8 को मैंने श्रीबाबू, रामचरित्र बाबू, कृष्ण वल्लभ बाबू, कमिश्नर, कलक्टर और एस.डी.ओ. को पत्र लिख दिए हैं। केस यह दिया है कि Guide Book के कारण बाया नदी और पुल के बीच की बस्तियों में इस बार क्षति बहुत अधिक है। इसलिए रिलीफ यहाँ उदारता से दी जानी चाहिए। राशन दूकान, तकाबी, कर्ज ये बातें भी लिखी हैं। अब तुम इस पर से काम करवा लो।

तुम्हारा
रामधारी

[114]

रामधारी सिंह 'दिनकर'

नई दिल्ली
25-12-56

प्रिय शिव,

मैं कल मद्रास जा रहा हूँ हवाई जहाज से। 5 या 7 जनवरी तक पटने लौटूँगा।

यह पत्र हृदय का बोझ हलका करने को लिख रहा हूँ। रामचरित्र बाबू को आखिरकार टिकट नहीं ही मिला। यह मुँगेर की राजनीति में दुर्घटना हो गई। मिलने पर इस विषय में बातें करूँगा। अभी तो यही समझो कि मैं अत्यन्त दुःखी हूँ। उससे भी बढ़कर दुःख इस समाचार से हुआ है कि रामचरित्र बाबू कांग्रेस के विरुद्ध खड़े हो रहे हैं। प्रश्न के दोनों पक्ष देखे जाने चाहिए। अभी तो अन्याय रामचरित्र बाबू के प्रति हुआ है और लोगों की सहानुभूति उनके साथ है। किन्तु विरुद्ध खड़े होने पर सहानुभूति घटेगी। सोचो कि जनता और कांग्रेस ने रामचरित्र बाबू को क्या-क्या आदर और सुयश नहीं दिया! वे कांग्रेस के नेता और सेवक रहे हैं। उनकी जिन्दगी कांग्रेस की सुरभि से पूर्ण है। अब यदि वे स्वार्थ की बात लेकर कांग्रेस छोड़ते हैं तो धीरे-धीरे उनके व्यक्तित्व का सौरभ उड़ जायगा। मेरा खयाल है, उनके धीरज की परीक्षा का समय आ गया है। अपने बुजुर्गों की मान-रक्षा देश कई प्रकार से कर सकता है। कुछ मन्त्रित्व ही संजीवन की बूटी नहीं है।

रेलवे जमीन का काम आधे रास्ते आया था कि बोर्ड बदल गया। पांडेय जी आज यहाँ नहीं हैं। उनके नाम से पत्र छोड़े जा रहा हूँ। मगर वे तो 31 को चार्ज दे रहे हैं।

पटना आते ही मैं सिमरिया आऊँगा।

तुम्हारा
रामधारी

[115]

रामधारी सिंह 'दिनकर'

पटना
8-3-57

प्रिय शिव!

अब मैं 15 को सीधे दिल्ली जा रहा हूँ। 17 को वहाँ संगीत नाटक अकादमी की जेनरल काउन्सिल की बैठक है, जिसमें मेरा सम्मिलित होना नितान्त आवश्यक है।

गाँव में जो मकान बनवाया जा रहा है, उसका पूरा भार तुम पर सौंपता हूँ। चाहो तो कुर्सी तक लाकर रोक दो। चाहो तो खींचते चले जाओ। S.D.O. के पास सीमेंट का आवेदन गया हुआ है। परमिट विष्णुदेव बाबू के पास जायगा। वहीं से लाना होगा।

शर्मा (मार्फत कपिलदेव) को दो जोड़ चौखट, केवाड़ी और दस खिड़की तैयार

करवाने को कहा है। उसे रुपया नहीं दिया गया है। दादा को भी रुपए दो-चार सौ ही दिए हैं। अब दिल्ली से व्यवस्था करके रुपए लाऊँगा। तब तक जहाँ तक काम चल सके, चला दो।

एक बात और है जिसका खयाल रखना। चुनाव को लेकर गाँव में दलबन्दी खड़ी हो गई है। इसे दूर करना चाहिए। सब लोग पूर्ववत् मित्र बन जाएँ। फल घोषणा के बाद किसी को भी प्रदर्शन नहीं करना चाहिए। जीत जिसकी भी हो जाय, लोग उछलें-कूदें नहीं। यह अच्छी बात होगी। मैं गाँव में तनाव छोड़कर आया हूँ। उसे ढीला करना चाहिए। तुम, रामचरित्र और परमानन्द चाहें तो यह तनाव आगे न बढ़े। इसका पूरा खयाल रखना।

मेरी तबीयत आज भी ठीक नहीं है।

तुम्हारा
रामधारी

[116]

55, South Avenue
New Delhi
19-3-57

प्रिय शिव,

पटने से एक पत्र भेजा था, वह तो मिला ही होगा। उसमें मकान सम्बन्धी कुछ बातें थीं, जिनके उत्तर की मैं आशा लगाए हुए था। किन्तु उत्तर तुमने न भेजा। ज्यों-ज्यों उम्र बीतती है, तुम्हारा शील रुखड़ा होता जाता है।

मेरा कार्यक्रम बराबर विचित्र रहता है। इस बार भी वह विचित्र हो जायगा। दो और तीन अप्रैल को मैं मकानवाले काम के लिए सिमरिया रहना चाहता था। किन्तु, घर से कोई सूचना नहीं आई। 5 अप्रैल से मुझे यहाँ रहना है और 13 से एक सप्ताह के लिए काश्मीर। इसलिए अगर 2 अप्रैल को न आया तो सिमरिया अब 25 अप्रैल को ही आ सकता हूँ।

गाँव के लिए कुछ न कुछ काम किया जाना चाहिए। किन्तु, तुम्हारी मनोदशा तो असंगठित-सी लगती है। गीता-भाव से जीवनयापन किए बिना कल्याण नहीं है। Don't be attached to anything too much. Take interest to a degree and then leave it all alone. हमने संसार का ठेका नहीं लिया है। अपना पार्ट अदा करके फिर तटस्थ हो जाओ।

उत्तर दोगे क्या?

तुम्हारा
रामधारी

[117]

साउथ एवेन्यू
नई दिल्ली
27-3-57

प्रिय शिव,

तुम्हारा परसों का पत्र आज ही मिल गया। तुम्हें समझ तो सदैव से रहा हूँ और ठीक ही समझ रहा हूँ। कभी कुछ ऐसा लिखा भी नहीं, जिससे तुम्हें सन्देह हो। हाँ, तहसीलदार को अभी अपनी व्यथा लिखी थी। उसने तुमसे कहा होगा। तभी तुम इतने बेचैन हो और सच तो यह है कि तभी तो तुमने यह उत्तर भी लिखा है। जिस पत्र का जवाब हो सकता है, उसका जवाब देना चाहिए। नहीं देना अहंकार का काम है। और समयाभाव में कार्ड से भी काम चल सकता है। मगर, ये उपदेश तुम्हें तब दे रहा हूँ जब हम दोनों चौथेपन में प्रवेश कर रहे हैं। कुछ समझ में आता है?

मैं 1 अप्रैल को यहाँ से 10 बजे चलूँगा। 2 अप्रैल के प्रातःकाल पटने पहुँच जाऊँगा। 4 अप्रैल को वहाँ से चलकर 5 को फिर दिल्ली आ जाना है। अतएव, सिमरिया का कार्यक्रम अब 25 से 30 अप्रैल के लगभग ही बन सकता है। मगर, सिमरिया अप्रैल में मैं आऊँगा।

रामचरित्र के मुकदमे के बारे में मुझे कुछ भी ज्ञात नहीं है। वे ही एक दिन कहते थे कि उन्हें कोई काम है। मैंने अनुमान लगाया कि यहीं का होगा। तुम अब इस गन्दगी को साफ करवा दो। मैं तो सिर्फ हाजिर रह सकता हूँ। जैसा सोचोगे, वैसा तुम्हें करना है।

मकान के बारे में मुझे कोई निश्चित सूचना मिलती नहीं है। इसलिए, अभी मैं उसके बारे में कुछ भी नहीं कहूँगा। अब तो सिमरिया आकर ही बात करेंगे।

पत्र तो तुम पटने भी लिख दो तो जहाँ रहूँ, वहाँ पहुँच जाय।

गाँव ने मिल-जुलकर होली मनाई, मेरे लिए यह सन्तोष की बात है।

शेष कुशल है। मैंने कल से इंसुलीन छोड़ दी है। एक नई दवा का प्रयोग कर रहा हूँ।

क्या 2 या 3 अप्रैल को पटने की ओर आने वाले हो? खासतौर से तकलीफ करने की जरूरत नहीं है।

तुम्हारा
रामधारी

[118]

रामधारी सिंह 'दिनकर'

पटना
20-4-57

प्रियवर,

मैं कल रविवार के प्रातःकाल मुँगेर जा रहा हूँ साहित्य-सम्मेलन के काम से।

सोमवार को किसी लाइन से लौटकर सिमरिया आऊँगा। अगर ट्रेन ठीक न मिली तो मंगल को भी आ सकता हूँ। एक दिन गाँव रहकर फिर पटने आना है।

तुम्हारा
रा.

पुनश्च :

चिट्ठियों से तो तुम ऊब गए होगे। मैं भी बहुतों के पत्र से ऊब जाता हूँ। उसी का यह दंड तुम्हारे हाथों मिल रहा है।

[119]

पटना-4
25-4-57

प्रिय शिव,

मैं तो परसों दिल्ली जा रहा हूँ। उधर से एक बार 20 मई को लौटूँगा।

बाँध की योजना स्वीकृति के लिए मुख्यमन्त्री के पास आज गई है। आज ही मैंने मुख्यमन्त्री जी को (1) बाँध, (2) अकाल, और (3) जमीन की कीमत के बारे में अलग-अलग तीन पत्र लिखे हैं। बाँध के बारे में एक आवेदन गाँव की ओर से सीधे मुख्यमन्त्री के नाम पटना भेज दो, जिसमें यह बात रहे कि 30 जून तक बाँध पूरा नहीं हुआ तो हम लोग मिट जाएँगे।

श्री रामानन्द ने कहा है कि 352 रुपए हो जाने से स्कूल के सभी बकाये का चुकता हो जायगा। तो यह रकम या तो 7 मेम्बर 50-50 बाँट लें या चार आदमी दे दें। उचित यही होगा कि 50-50 सात मेंबर वसूल करके दे दें। I want compliance of this work. दादा से तुम 50 ले लो। जो कठिनाई हो, वह लिखो। तहसीलदार भी 50 देंगे। हीला-हवाला मत सुनो।

भागलपुर के कमिश्नर साहब को मैंने पत्र लिखा है कि सिमरिया में एक fair priced दूकान खुलवा दें और सहयोग समिति बनवाने की भी व्यवस्था कर दें। यह काम अवश्य होना चाहिए।

रामचरित्र का खयाल रखना।

तुमसे जो बातें करनी थीं, वे नहीं हुईं।

दिल्ली का पता—

55, South Avenue
New Delhi

तुम्हारा
रामधारी

[120]

रामधारी सिंह 'दिनकर'

56, साउथ एवेन्यू
नई दिल्ली
6-5-57

प्रिय शिव,

तुम्हारा 2-5-57 का पत्र आज मिला। मैं 28-29 अप्रैल को दिल्ली था। 30 को बम्बई चला गया। कल रात लौटा हूँ। श्री टी.पी. सिंह ने मेरे पत्र का जो उत्तर दिया है, उसे नत्थी करके तुम्हारे पास भेज रहा हूँ। इस पत्र का सस्ता उपयोग तो नहीं करना, मगर, इस पर से काम आगे बढ़ा लेना चाहिए। मुख्यमन्त्री जी को जो पत्र लिखा है, वह तो अभी घूमकर एस.डी.ओ. को मिलेगा।

दत्त इत्यादि वाली बातें करने के पहले तुम्हें मेरी व्यथा सुन लेनी थी। मगर, वह तो सुनोगे ही। मुझे हर बात का खयाल है।

बाँध के बारे में मुख्यमन्त्री को मैंने जो पत्र लिखा था, वह कुछ कड़ा था। देखें, क्या होता है।

सम्भावना है कि मैं 22 से 26 मई तक पटने रहूँगा।

तुम्हारा ही
रामधारी

[121]

रामधारी सिंह 'दिनकर'

पटना
9-7-57

प्रिय शिव,

बाँध के सिलसिले में मुख्यमन्त्री को एक पत्र लिखा है, उसकी प्रतिलिपि तुम्हें भेज रहा हूँ कि तुम्हें जानकारी रहे।

मुकदमों की पंचायती नहीं हो सकी, यह घोर शोक का विषय है। ये लोग लड़कर मिट जाएँगे। अम्बिका से कहो कि वह सुलह करवा दे। तहसीलदार को मैं अलग पत्र भेज रहा हूँ।

मैं आज कलकत्ते जा रहा हूँ। 18 को लौटूँगा और 19 को दिल्ली चला जाऊँगा।

केदार High II Division लाकर Practical में फेल कर गए।

मेहमान Law final पास कर गए।

तुम्हारा
रामधारी

[122]

52, साउथ एवेन्यू, नई दिल्ली
16-7-57

प्रिय शिव!

मैं कलकत्ते से राँची गया और वहाँ से आज ही लौटा हूँ। तुम्हारा पत्र भी आज यहीं मिला। मेरा खयाल है, काम ठीक ही चल रहा है। कलक्टर के यहाँ जोर लगाते जाओ। 560 अब नहीं होगा। कारण स्पष्ट है कि तुममें से कुछ लोगों ने कबूल कर लिया है।

पचपैका जाना बहुत अच्छा हुआ। मैं 19 को दिल्ली जा रहा हूँ। उदयाचल के लिए अत्यधिक संघर्ष करना पड़ रहा है। अब थकान आने लगी है।

कामेश्वर ने तुम्हें पत्र लिखा था, वह मिला होगा।

तुम्हारा
रामधारी

[123]

52, साउथ एवेन्यू, नई दिल्ली
20-8-57

प्रिय शिव,

मैं 19 जुलाई को पटने से चला आया। 29 को काश्मीर गया। तबीयत नहीं लगी लेकिन। इसलिए 7 अगस्त को दिल्ली लौट आया। 16 अगस्त को हवाई जहाज से भोपाल गया। कल वहाँ से लौटा हूँ।

तुम्हारी याद बहुत आती है। तुम्हारा सारा जीवन संघर्षमय रहा, जैसा मेरा भी रहा है। किन्तु, तुमने वेदनाएँ बहुत झेलीं। तुम पर असीम करुणा उमड़ती है और जी करता है कि मैं तुम्हारे पास रहता। किन्तु, वह अब सम्भव कहाँ?

किन्तु, मनुष्य क्या करे? वह तो भाग्य के हाथों का खिलौना है जैसे नियति हमें रखना चाहती है, हमें वैसा ही रहना पड़ता है।

भगवान ने भूलने की शक्ति देकर मनुष्य का असीम उपकार किया है। हम दुःख को भूल जाते हैं और सुख को भी। यह अच्छा है।

और अन्त तक हम नई-नई आशाओं में जीते हैं। जिसने आशा छोड़ दी, वह बाकी आयु को विषमय बनाता है और अपने आस-पास पस्ती बिखेरता है।

सारी आशाएँ न पूर्ण यदि होती हों,
तब भी आँचल छोड़ नहीं आशाओं के।

मर गया होता कभी का मैं दुःखों की मार से,
यदि नहीं आशा श्रवण में नित्य यह सन्देश देती प्यार से।
घूँट यह पी लो कि संकट जा रहा है,
आज से अच्छा दिवस कल आ रहा है।

और भी,

संकट से बचने की जो है राह,
वह संकट के भीतर से जाती है।

किन्तु, इन बातों से तुम्हें शान्ति नहीं मिलेगी। तुम्हारी शान्ति तो इस पंक्ति में है, 'दर्द का हद से गुजरना है दवा हो जाना' अथवा इन पंक्तियों में,

मरने पर हो मुनहसर जिसकी उम्मीद,
नाउमेदी उसकी देखा चाहिए।

चुनाव में मेरा पड़ना गलत काम था। कितनी कुत्सा झेलनी पड़ी मुझे? रामजी ने ब्याजान्तर से यही तो कहा था कि दरवाजे से चले जाइए। और रामचरित्र सिंह पटने में यह कहते फिरते हैं कि दिनकर को तो गाँव में ही पिटवाने का प्रबन्ध मैंने कर दिया था। कहाँ से निकली होगी यह बात? कुछ समझते हो? मगर, जाने दो। मैं फिर कभी ऐसे कामों में न पड़ूँगा। गलती हो गई, यह स्पष्ट दिखाई देता है।

तुम्हें महापुरुष के नाम लिखित पत्र की कॉपी भेजी थी। उसका तुमने उत्तर दिया था। 16 अप्रैल के बाद उनसे मिला नहीं हूँ। किन्तु, इस छोटे-से बायकाट का असर हुआ है। मेरी खुशामदें शुरू हो गई हैं। सोचता हूँ, क्या करूँ? बुड्ढे के लिए थोड़ा मोह तो है ही। मेरी दो काव्य-पुस्तकें और एक गद्य-पुस्तक प्रेस में है।

आठ-दस दिन पूर्व चीनी दूतावास के सेक्रेटरी आए थे, यह कहने कि चीन के लेखक-संघ ने आपको चीन बुलाया है। मैंने उस समय तो कह दिया कि 15 अक्तूबर के बाद जा सकता हूँ। किन्तु, अब मन हिल रहा है। चीन जाने का अर्थ होगा दो मास। वही हवाई उड़ानें, होटल, सभा, गोष्ठी, हैरानी, मनोनुकूल भोजन का न मिलना और आराम छोड़कर लोगों के साथ शिष्टाचार पालन करना। ये सब थकानेवाली बातें हैं।

क्या तुम मास्टर (रामचरित्र) के लिए कुछ नहीं कर सकते? मैं उसके लिए कोई न कोई प्रबन्ध करना चाहता हूँ। मदद का रास्ता निकालो।

गाँव के क्या हाल हैं? पुल, रेलवे, जमीन का मूल्य, इनका क्या हो रहा है?

रामानन्द, परमानन्द, तहसीलदार, रामोदित ये लोग कैसे हैं?

छोड़ मर्यादा न अपनी, वीर! धीरज धार!
क्षुब्ध पारावार मेरे! क्षार पारावार!

तुम्हारा ही
रामधारी

[124]

52, साउथ एवेन्यू, नई दिल्ली
12-9-57

प्रिय शिव,

तुम्हारा तार अभी मिला। मेरे पटना पहुँचने में तो देर है। मैं, शायद, 20-22 तक पहुँचूँ अथवा यदि काश्मीर जाना हुआ तो 1 अक्तूबर तक भी पटना पहुँच सकता हूँ। अभी तो पत्र दिल्ली ही आना चाहिए था। मेरे पटना जाने का प्रोग्राम अभी नहीं बन पाया है।

मगर, मैं तुम्हारी और गाँव की प्रतिक्रिया जानना चाहता हूँ। एक रेट नहीं होने से परस्पर कलह, ईर्ष्या, द्वेष बढ़ेगा। यही जानकर मैंने ऐसा सुझाव भेजा है।

तुम्हारा
रामधारी

[125]

पटना-4
27-9-57

प्रिय शिव,

कल तुम मिलकर गए। आज दादा आए। मुझे यह जानकर अत्यन्त आश्चर्य हुआ कि उन्हें मेरा पत्र नहीं मिला। जिस दिन तुम्हें पत्र लिखा था, उसी दिन उन्हें भी पत्र लिखा था और दोनों पत्र मैंने दिल्ली में अपने हाथ से छोड़े थे। यह कैसे हुआ कि सिमरिया डाकघर तक मेरा एक ही पत्र पहुँचा? अवश्य ही अन्याय की योजना बनानेवाले लोग चौंके हुए थे और वे पहले से ही सिमरिया डाकघर पर आँख गड़ाए हुए थे कि मेरी लिखावट में दादा को कोई चिट्ठी जा रही है या नहीं। दादा के नाम से लिखी मेरी चिट्ठी इन भलेमानसों में से किसी ने श्रीरामदेव कूमर (यही नाम है न डाक बाबू का?) से ले ली। तभी गाँव में यह अफवाह उड़ी कि श्री बसन्त सिंह के लिखने पर मैंने रेट घटाने-बढ़ाने में हस्तक्षेप किया है। इस अफवाह का यही पक्का आधार था।

अब कहो कि इस घटना की मुझ पर क्या प्रतिक्रिया हो सकती है? मैंने सिमरिया की सेवा निःस्वार्थ भाव से की है। इस बार भी गाँव की सेवा भरपूर हुई। दो-एक व्यक्तियों का स्वार्थ सिद्ध नहीं हुआ, यह कोई बड़ी बात नहीं है। बड़ी बात यह है कि कसवा और बरियाही तथा सिमरिया के गरीब लोगों का उपकार हुआ। और तब भी लोग मुझसे रुष्ट हैं, मेरी चिट्ठियाँ चुराते हैं, मुझ पर मुकदमा करने की योजना बनाते हैं, यह दृश्य भगवान के देखने योग्य है। और क्रोध मुझे तुम पर

आता है। क्या तुम, सचमुच ही, मेरा दूसरा शरीर नहीं रहे? क्या तुम्हारा मन भी डोल रहा है? क्या ऐसे अत्याचारियों के साथ तुम अब भी मिलते और बातें करते हो? यदि तुम केवल अपने मन को भी स्वच्छ करके अपना भाव मुझे बता दो तो मैं आश्वस्त हो जाऊँ।

मैंने शिकायत लिखकर डाक-विभाग को भेज दी है। जाँच-पड़ताल के समय अफसर तुमसे पूछने जाएँगे। उस समय ईश्वर अन्तरस्थ रखकर तुम्हें सत्य बात कह देना चाहिए। और जो लोग मुझ पर मुकदमा करना चाहते हों उन्हें राय दो कि मुकदमा वे जरूर करें और एक बार सोने को आग में जलाकर भी देख लें।

खबरदार जो गाँव का कोई केस लेकर मेरे पास आए हो। I have seen enough of it and I shall be a fool if I run to help the village again. तुम एक दिन और आकर मुझसे मिल जाओ।

मैं चाहता हूँ कि समय निकालकर तुम कल ही मुझसे आन मिलो क्योंकि चिट्ठी चुराए जाने की रिपोर्ट मुझे पुलिस को भी देनी है। तुम्हारे पास मेरा वह पत्र है, जिसे महावीर कूमर ने चुराने की कोशिश की थी। वह पत्र मुझे कल ही चाहिए।

तुम्हारा
रामधारी

[126]

पटना-4
8-10-57

प्रिय शिव!

मैं मणिपुर का प्रोग्राम आज कैंसिल करके पटने आ गया। कल दिल्ली जा रहा हूँ। चीन की यात्रा से बचना चाहता हूँ। लेकिन, अगर शनिश्चर तेज हो गया तो 18 को पटने आऊँगा और 20 की रात में चीन के लिए प्रस्थान कर दूँगा।

तुम्हारा
रामधारी

[127]

52, साउथ एवेन्यू, नई दिल्ली
18-12-57

प्रिय शिव,

सोचता था, तुम्हारा कोई पत्र आएगा। पत्र नहीं आया, इससे सोचता हूँ कि सीमेंटवाला पत्र तुमने जिस उत्साह से लिया, उस उत्साह से तुम उसमें लगे नहीं।

सीमेंट होना ही चाहिए। कोई उपाय नहीं तो रायबहादुर से ही 25 बोरा पैंचा ले लो। मैंने उन्हें भी पत्र लिखा है। ब्रह्मदेव के मार्फत कलक्टर को लिखा था, सो ब्रह्मदेव

ने भी नहीं लिखा कि क्या हुआ। और कहीं एस.डी.ओ. वाला पत्र तुम्हारी जेब में विश्राम कर रहा हो, तब तो और भयानक बात हो गई।

किवाड़ी का क्या ब्यौंत होगा, इसकी चिन्ता तुम्हें करनी है। कटहल के तख्ते हैं। तुम कुछ सखुवा खरीदवाने की व्यवस्था करो और उचित समझकर किसी बढ़ई को काम पर लगा दो। अगर सीमेंट, लोहा और लकड़ी का इन्तजाम हो जाए तो मैं 30 दिसम्बर के बाद एक सप्ताह गाँव में रहकर ये काम करवा लेना चाहूँगा। अतः इन कामों के बारे में मुझे पत्र लिखो। मैं 30 तक यहीं हूँ।

तुम्हारा
रामधारी

[128]

52, साउथ एवेन्यू
नई दिल्ली
6-2-58

प्रिय शिव!

मैंने तुमसे पत्र लिखकर यह जानना चाहा कि 13 को सिमरिया से बेगूसराय पहुँचने का कोई उपाय है या नहीं। तुम्हारा उत्तर नहीं आने से अब मैं पटना से सीधे बेगूसराय छोटी लाइन से जाऊँगा। बाद का प्रोग्राम—

15-16-17 सिमरिया रहना। स्कूल के लिए चन्दा उठाना। सिमरिया कन्या विद्यालय की स्थापना आदि काम। तुम अपना समय बचाकर रखोगे।

17 या 18 को पटने आना, 19 या 20 को दिल्ली प्रस्थान।

मकान

आदित्य ने लिखा है कि कुछ लोहा और सीमेंट बच रहा है। अगर यह बात हो तो ऊपर के कमरे शुरू करवा दो। बरामदावाला हिस्सा तो Open ही रहेगा। बाकी दो कमरे बने या एक, यह सामान देखकर तुम तय कर लो। दोनों बन जाएँ तो अच्छा है। पॉलिस वगैरह पीछे होती रहेगी धीरे-धीरे। तुम अविलम्ब मकान पर जाकर अपनी बुद्धि के अनुसार आज्ञा दे दो। अब भगवान, शायद, यही चाहते हैं कि ऊपर खपरा नहीं पड़े।

शेष कुशल है।

तुम्हारा
रामधारी

[129]

52, साउथ एवेन्यू
नई दिल्ली
4-3-58

प्रिय शिव!

खत लिखने की आदत तुम्हें नहीं है, यह तुम्हारे लिए अच्छी लेकिन मेरे लिए बुरी बात है। लड़के की अवस्था क्या है, यह जताने को तुम्हें एक कार्ड डाल देना था।

मैं 18/3 की शाम को पटने पहुँचूँगा। 20 को तूफान से सिमरिया जाना चाहता हूँ। 22 को सिमरिया से लौटकर पटना जाना है। इसी बीच चन्दे का पूरा काम हो जाना चाहिए। परमा, रेशम और तहसीलदार से बातें करके मुझे शीघ्र सूचना दो। जहाज वगैरह के समय में परिवर्तन हो तो वह भी सूचित करना। मेरे दालान के काम में क्या प्रगति हुई है, यह मुझे बिलकुल मालूम नहीं है।

हरिहर तुमसे मिले थे?

तुम्हारा
रामधारी

[130]

52, साउथ एवेन्यू
नई दिल्ली
14-3-58

प्रिय शिव!

तुम्हारा दूसरा पत्र आज मिला। बच्चे को तभी पटने लाना जब मैं उसे देख लूँ। वैसे, मैं विजय बाबू से बात भी कर लूँगा।

जब आदो गुम हैं तब विवाह तो इस वर्ष नहीं ही होना चाहिए।

20 के प्रातःकाल मैं पटने से चलूँगा और मोकामा में तुम्हारी राह देखूँगा। 22 को पटने लौट आना है। हाँ, 23 को मैं फिर गया चला जाऊँगा। इसलिए, आतुरता हो तो बच्चे को लेकर तुम 19 के 10 बजे दिन तक ही पटने आ जाओ। गया से मैं 25 को लौटूँगा। और 26 को पटने रहूँगा। उस दिन भी विजय बाबूवाला काम चल सकता है।

तुम्हारा
रामधारी

[131]

52, साउथ एवेन्यू
नई दिल्ली
28-4-58

प्रिय शिव!

दादा के भरोसे तो अब घर में खिड़की और किवाड़ लगवाना सम्भव नहीं दीखता। उधर तुम भी अत्यन्त व्यस्त रहते हो। समझ में नहीं आता कि क्या किया जाय।

उस पर कन्या पाठशाला का भी काम है। ईंट और गिलावा तो ठीक है। किन्तु, उस मकान के लिए भी खिड़की, दरवाजे, कोरो, काठ और खपड़े चाहिए। धन का प्रबन्ध मैं कर लूँगा। किन्तु, चीजें कौन जुटाएगा? कुछ ताड़ के पेड़, तख्ते और काठ मँगनी मिल जाएँ तो अति उत्तम हो। तुम कहीं डौल देखो तो टोह लगाओ। दान में चीजें मिलनी ही चाहिए। जुलाई के अन्त तक स्कूल भवन अवश्य बनकर तैयार हो जाना चाहिए। अब समय शेष है। मँगनी न मिले तो कहीं बढ़ई से बात पक्की कर लो। खिड़की और चौखट हमें 15 मई तक अवश्य खरीद लेना है। बातें पक्की करके यानी दाम वगैरह ठीक करके मुझे खबर दो। ताकि मैं 15 मई के आस-पास एक सप्ताह गाँव में बैठकर काम आगे बढ़ा दूँ।

शेष कुशल है।

तुम्हारे उत्तर की राह देखूँगा।

तुम्हारा
रामधारी

[132]

आर्यकुमार रोड
पटना-4
19-5-58

प्रिय शिव,

मैं आज यहाँ आया। 15 दिन पूर्व तुम्हें एक पत्र लिखा था। मगर, हस्बमामूम उत्तर नहीं आया।

अब तो जब तक घर में किवाड़ी नहीं लगती, मैं सिमरिया नहीं आऊँगा और यह काम दादा को नहीं, तुम्हें करना होगा, रुपए-पैसे भी तुम्हें ही लगाने पड़ेंगे।

देखें, कब तक गाँव से बाहर रखते हो।

तुम्हारा
रामधारी

[133]

52, साउथ एवेन्यू
नई दिल्ली
3-12-58

प्रिय शिव,

कल एक पत्र भेज चुका हूँ। आज दादा का एक पत्र आया। उससे बातें मालूम हुईं। तुमने अगर जवाब देने में अपना अपमान न समझा, तब वह भी विदित होगा कि तुमने स्कूल के बारे में क्या किया।

लेकिन, इसमें अब कोई सन्देह नहीं कि दोस्ती के सारे बीज मैंने पत्थर पर बोए थे।

तुम्हारा
रामधारी

[134]

52, साउथ एवेन्यू
नई दिल्ली
12-12-58

प्रिय शिव,

तुम्हारा 9-12-59 का कृपा-पत्र अभी मिला। तुमने 150 रु. की व्यवस्था कर दी, इसके लिए कृतज्ञ हूँ। सेबो को कठिनाई है तभी रुपए नहीं गए हैं। हर हालत में तुम कहीं से एक हजार कर्ज ले लो। काम पूरा हो जाना चाहिए। रुपए मैं जनवरी में आते ही दे दूँगा बशर्ते कि तुम मुझे पहले ही खबर दे दो कि कर्ज तुमने लिया है। सेबो रुपए भेज दे तब भी एक हजार कर्ज लेने की बात कहता हूँ। क्या तहसीलदार देगा? या उसे यह लगेगा कि स्कूल के बाबत देने से रुपया डूब सकता है? अन्यथा महतो से ले लो। But you must borrow one thousand on two month's credit to be on safe side.

मेरा स्वास्थ्य अब ठीक है।

तुम्हारा
रामधारी

[135]

नई दिल्ली
18-12-58

प्रिय शिव,

तुम्हारा 16-12 का पत्र आज मिल गया। समाचार ज्ञात कर प्रसन्नता हुई। मैं अपनी जवाबदेही जानता हूँ। तुम काम को आगे बढ़ाते चलो।

मैं तो 27 के प्रातःकाल तूफान से चलूँगा और 28 के भोर पटने पहुँच जाऊँगा। उसी दिन राजगीर जाऊँगा। 29 को लौटकर पटना। दो लड़कियों का कुछ-कुछ ऑपरेशन होना है। इससे निबटकर गाँव आऊँगा। कामेश्वर के लिए लड़का भी खोजना है।

तुम्हारा
रामधारी

[136]

52, साउथ एवेन्यू, नई दिल्ली
3-1-59

प्रिय शिव,

आशा है, दुलहिन सही-सलामत है। मैं 11 की शाम को पटने पहुँचूँगा। 12 के प्रातःकाल की गाड़ी से घर के लिए चलूँगा। क्या यह सम्भव है कि 13 को दोपहर या 2 बजे तक तुम मुझे किसी प्रकार बेगूसराय पहुँचा दो। उस दिन खड्ग बाबू की पोती का ब्याह है।

नए मकान को इधर तुमने देखा है क्या? ढलाई हो गई? सीढ़ी, खिड़कियों पर शेड और लकड़ी के कामों की स्थिति क्या है? अभी तो इतने काम करवा दो, तब ऊपर की बात सोचेंगे।

तुम्हारा
रामधारी

[137]

पटना-4
7-1-59

प्रिय शिव,

बालिका विद्यालय में सभी वर्गों में लड़कियों के नाम लिखवा दो। संख्या कम से कम चालीस करवा दो। बहियाँ ठीक-ठाक हों। निरीक्षण 12 या 13 को होगा।

मैं 12 की दोपहर को नहीं आया तो रात की गाड़ी यानी 8 बजे शाम को जरूर आऊँगा। राम मुझे मोकामाघाट या सिमरियाघाट में मिल लो। कोशिश यही है कि भोर की गाड़ी से चलूँ।

आशा है, जो काम तुम्हारे जिम्मे हैं, वे हो रहे हैं। ताड़ कटवाकर जरूर मँगवा देना।

तुम्हारा
रामधारी

विनता का ऑपरेशन आज हो गया। ठीक है। बबुनी का परसों शुक्रवार को होगा।

[138]

रामधारी सिंह 'दिनकर' पटना-4

23-1-59

प्रिय शिव,

तुम्हारा कार्ड मिला। यह जानकर चिन्ता दूर हुई कि रजिस्ट्री हो गई। तुमने मुस्तैदी दिखाई है। बधाई।

मैं 27 मंगलवार को आ रहा हूँ। 30 के प्रातःकाल पदयात्रा पर निकलूँगा। गंगा प्रसाद-अमरपुर-मधुरापुर-तेघड़ा-दुलारपुर-बरौनी होकर 31 की शाम को फिर सिमरिया लौट जाने का विचार है। 1 को कामेश्वर शर्मा सिमरिया आएँगे। उनके साथ या तो लहेरियासराय या पचपैका जाना होगा। पचपैका में एक श्री पीताम्बर झा हैं। उन्हीं का लड़का सिन्दरी में पढ़ता है। अभी यही समझो कि पचपैका जाना है। लहेरियासराय मन में ही रखना। तुम्हें तो जाना होगा। पचपैका जाने से अवश्य ही जाना होगा।

जो भी काम बढ़ सके, बढ़ाकर रखो।

तुम्हारा
रामधारी

[139]

52, साउथ एवेन्यू
नई दिल्ली
10-2-59

प्रिय शिव,

मैं 13 के प्रातःकाल यहाँ से पटने के लिए रवाना हूँगा। 14 के दिन में 12 बजे की गाड़ी से सिमरिया चलूँगा। रास्ते में दो घंटे तक कदाचित् नाग बाबू के स्कूल में रहूँगा। रात में नौ बजे रूपनगर पहुँचूँगा। यह प्रोग्राम है।

हड़तालियों के बारे में किसी बिनो सिंह ने मुझे एक तार और एक पत्र भेजा है। सब लोग यहाँ से बाहर थे। कल आए और उनसे बात हुई। कैजुअल लेबर के बारे में सरकार कोई भी गारंटी देने में असमर्थ है। जो आश्वासन स्थानीय अधिकारी देते हैं, उसे ही मानकर हड़ताली हड़ताल तोड़ दें। Class IV तक के लिए सरकार शायद कुछ कर रही है, कैजुअल लेबर के लिए नहीं। यह व्यर्थ का वितंडा बढ़ता जा रहा है।

आशा है, गर्ल्स स्कूल का काम अब बढ़ रहा होगा।

तुम्हारा
रामधारी

15 के प्रातःकाल हमें गाँव से बाहर जाना होगा।

[140]

52, साउथ एवेन्यू
नई दिल्ली
4-3-59

प्रिय शिव,

वासुदेव के पत्र से मालूम हुआ कि शिक्षाधीक्षक ने स्कूल पर पाँच कट्ठे की शर्त लगा दी है। मैंने स्कूल का काम एक तरह से छोड़ ही दिया है। स्कूल न मंजूर हुआ तो उसमें चरखा क्लास चलेगा या और कुछ। तुम्हें जो सूझे कर डालो।

अधिकारियों को जो पत्र लिखा है, उसकी एक प्रति तुम्हारे लिए भेज रहा हूँ। पहुँच की स्वीकृति केवल नन्दा जी ने भेजी है। और सब चुप हैं। इसीलिए मैं इस काम से भागता था। गरीब मजदूर से बात करना आसान है, लेकिन मदान्ध अधिकारी क्या बोलते और क्या करते हैं, इसका पता नहीं चलता। देश में जो स्थिति चल रही है उसमें भावुक लोगों के लिए सुगम मार्ग संन्यास ही है। गाँव के भीतर तो संन्यास धारण कर ही चुका हूँ। भगवान न करें कि दिल्ली से भी त्राण मिल जाय।

तुम्हारा
रामधारी

मैं 23 से 27 तक पटने रहूँगा।

[141]

52, साउथ एवेन्यू
नई दिल्ली
7-3-59

प्रिय शिव,

पत्र भेजा सो मिला होगा। आज श्रीमंगल झा जी को मैंने दो पत्र एक ही लिफाफे में भेजे हैं, एक स्कूल के बारे में और एक वासुदेव के लिए। स्कूल को लेकर मन में निराशा है। तुम्हारा पत्र आने से स्थिति साफ होगी।

दादा से कहना कि गर्ल्स स्कूल के दो शिक्षकों का वेतन सत्तर रुपए वे वासुदेव को दे दें। वह शिक्षकों को देकर रसीद ले लिया करेगा।

मैं 23 को पटने पहुँच जाता हूँ। गाँव में यदि घर का काम समाप्त रहता तो 24 को आ जाता, होली में शामिल होता और तब पटने लौटता। मैं 23 मार्च से 5 अप्रैल तक बिहार रहूँगा। 6 को यहाँ आऊँगा। 8 अप्रैल को यहाँ पदवीदान समारोह है। मालकिन और तुम इस उत्सव में शरीक क्यों नहीं होते?

राजनीति छोड़ूँगा, दिल्ली छोड़ूँगा, आत्मा धिक्कारने लगी है। इस जीवन के लिए इतना लड़ा। अब उस जीवन के लिए भी कुछ काम करना चाहिए। पता नहीं क्या होनेवाला है। मगर आत्मा कहने लगी है, जाग मछिन्दर गोरख आया।

तुम्हारा
रामधारी

[142]

पटना-4
24-3-59

My Dear Shiva,

I am sorry, I could not keep up my programme today. 27 को मैं लखीसराय जाऊँगा, रात में वहीं रहूँगा, 28 को जनता या अपर इंडिया से हाथीदह आऊँगा और ट्राली से घर पहुँचूँगा। चतुर्भुज बाबू से फोन पर भी बात हुई और खत भी लिख दिया है। 30 तक घर पर रहने का विचार है। हरिहर बाबू को भी पत्र लिख दिया है।

तुम्हारा
रामधारी

[143]

रामधारी सिंह 'दिनकर' पटना-4

सदस्य–राज्यसभा 1-4-59

प्रिय शिव,

मालकिन जाने को तैयार हो गई। तुम, मालकिन और कल्लो, ये मेरे साथ चलेंगे। 6 ता. की जनता एक्सप्रेस से चलने का विचार है। टिकट खरीद और रिजर्वेशन के लिए आज आदमी स्टेशन जा रहा है। तुम पाँच तक आ जाओ।

ब्रह्मदेव बाबू से एक बार तुम्हारा मिलना जरूरी है। काम का प्रोग्राम यह है जिस पर उनकी स्वीकृति चाहिए :

1. यदि मुझे जेवर वगैरह बनवाना है तो मेरे हाथ में सड़सठ सौ रुपए 30 अप्रैल तक दे दिया जाना चाहिए। यदि उन्हें बनवाना है तो केवल पाँच हजार रुपए वे मुझे दे दें।
2. जमीन की रजिस्ट्री तीस अप्रैल के पहले हो जाय और कागज मुझे दे दिया जाय।
3. विवाह 22 मई शुक्रवार को होगा।

उस दिन रात मैं हाथीदाह रुक गया था। लोगों से मिलने का और समय ही नहीं था। मुझे ऐसा लगा कि 1000 व्यक्ति अवश्य ले लिए जाएँगे। बाकी काम भी समझा दिया है। लेकिन, बिसो कुछ टेंपर में बोल गया। यह अच्छा नहीं था। आशा है, स्कूल के रुपए तुम्हें मिल गए हैं।

यदि ब्रह्मदेव बाबू अब भी यही कहते रहें कि 'जो कहिएगा वही करूँगा' तो तुम यह कहना कि अब सफाई से बात करनी चाहिए। मैंने जो कुछ बताया है, वह मिनिमम है। इतने से काम नहीं चलेगा। मुझे दो हजार अपनी टेंट से लगेगा। उसका भी कहीं प्रबन्ध करना होगा। ब्रह्मदेव बाबू सीधे हैं और मैं संकोची। कहीं ऐसा न हो कि किसी स्टेज में हममें से कोई दुःखी हो जाए। इस स्थिति को बचाने के लिए ही तुम्हें कष्ट दे रहा हूँ। दत्त जी को भी पत्र लिखा है।

तुम्हारा
रामधारी

इस बार की बात में तुम जरूरी समझो तो श्री महावीर कूमर को भी साथ कर लो। तब बात Formal और Final होगी। अथवा जैसा समझो।

[144]

Confindential

52, साउथ एवेन्यू
नई दिल्ली
20-4-59

संसद-सदस्य
राज्यसभा

प्रिय शिव,

आशा है, मजे में पहुँच हो। मैंने दत्त जी को पत्र लिखा है। उसके बाद ऐसा लगता है कि कलकत्ते मुझे 10 को पहुँच जाना चाहिए। अतएव ब्रह्मदेव बाबू से कहना कि रुपए वे चुपचाप रामसेवक को दे आवें। यदि कलकत्ता मुझे सीधे जाना पड़ा तो सेबो को वहीं बुला लूँगा। सेबो के पास रुपए सात-आठ तक जरूर पहुँच जाने चाहिए।

आशा है, स्कूल का काम चल रहा है।

उत्तर दोगे।

तुम्हारा
रामधारी

[145]

52, साउथ एवेन्यू
नई दिल्ली
28-4-59

प्रिय शिव,

मेरा एक पत्र मिलता होगा। आज मैं राँची से यहाँ लौटा हूँ।

दत्त जी मेरे पत्रों का उत्तर नहीं देते, न उनके दोस्त ही देते हैं। तिलक कब चढ़ेगा, सो पता नहीं। रुपए कब आएँगे, पता नहीं।

मैं 9 के प्रातःकाल पटने पहुँचता हूँ। उसी दिन शाम को कलकत्ते चला जाऊँगा। उस समय तक यदि सब कुछ ठीक न हुआ तो विवाह इस साल मुलतबी कर देने का विचार है।

तुम्हारा
रामधारी

[146]

42, साउथ एवेन्यू, नई दिल्ली
1-5-59

प्रिय शिव,

अगर विवाह होना है तो आज से 21 दिन बाकी हैं। तुम्हें दो पत्र लिखे, एक दादा को लिखा। उससे पूर्व दो पत्र दत्त जी को भेजे, एक शर्मा जी को, एक सुलतानिया को, एक शर्मा जी (गड़हरा) और एक कौल को। लेकिन जवाब किसी का नहीं आया। दत्त जी को बाजा ठीक करके साथ दे देने को लिखा था। श्री रा.र. शर्मा और सुलतानिया को जीप के लिए लिखा था। दादा को सवारी ठीक करने को और बाजा दत्त द्वारा ठीक करवाने को लिखा था। कौल और शर्मा को जीप के लिए लिखा था। विष्णुदेव को जीप के लिए लिखा था। जवाब नहीं आने से मैं समझ नहीं पाता कि क्या होगा।

विशेष ने लिखा है कि 22 मई को शादी नहीं हुई तो विनता को ले जायगा। शिव सागर कहते हैं कि 22 मई को शादी नहीं हुई तो शोभा यहाँ चली आएगी।

और मैं 7 तक यहाँ हूँ। 8 को चलकर 9 को पटने पहुँचूँगा। 9 की शाम को पटने से चलकर 10 को कलकत्ते जाऊँगा। 15 तक लौटकर पटना या सिमरिया आऊँगा। उसके बाद कोई मेरे पाँव पड़े या गर्दन काट ले, सात दिन में विवाह के इन्तजाम का जिम्मा मैं नहीं ले सकता। मालकिन फाइलेरिया से बीमार हैं। वे अच्छी नहीं हुईं तो सारे काम जहन्नुम में जाएँ। बड़े विचित्र लोगों के फेरे में मैं पड़ गया।

दादा, दत्त और तुम, सब लोग बहुत ही व्यस्त आदमी हो। एक मेरे ही पास फालतू समय है।

तुम्हारी महती कृपा होगी अगर यह पत्र तुम दादा को सुना दो और दत्त जी को। उसके बाद अगर एक खत मुझे लिख दोगे तो तुम्हारी इज्जत नहीं चली जायगी। वादा करता हूँ कि अब किसी ऐसे काम में नहीं फँसूँगा, जिसमें कष्ट देना पड़े।

तुम्हारा
रामधारी

[147]

52, साउथ एवेन्यू, नई दिल्ली
17-5-59

प्रिय शिव,

तुम्हारा 13-7-59 का पत्र मिला और आज मिला। बढ़ई को मैंने कितना दिया, यह याद नहीं। जो वह कहे, वही मान लो। शायद 35 ही दिया होगा।

पाटिल से मेरा कोई खास परिचय नहीं है। अतएव, वह काम नहीं हो सकेगा।

मैं सब कुछ से भाग रहा हूँ। केवल स्कूल के पूरे होने की बात तुमसे सुन लूँ तो चैन मिले।

यहाँ आदित्य को लेकर उसी के वास्ते आया था। लेकिन, नौकरी क्या इतनी आसानी से मिलती है? नौकरी के उद्‌देश्य से पढ़ाना बेकार है। अभी तक कोई डौल नहीं बैठ सका।

It was a folly to yeild to the pressure of home. Bhola was right in refusing to be married.

दादा का खत आया है कि उनके बड़े दामाद साहब का कोई मददगार नहीं। बैजनाथ साहब ने लिखा है, उनका तबादला रोका जाना चाहिए।

मेरी शक्ति की जटा इस बार सिमरिया में कट गई। बेचारे दादा यह क्या समझें? अब किसी की भी डूबती नाव मेरे बचाए नहीं बच सकती।

मैं 20 जुलाई को बम्बई जा रहा हूँ। दिल्ली 7 अगस्त को लौटूँगा। अगर खत लिखने की जरूरत हो तो पता होगा :

C/o Shri O.P. Jain
29, Carmiecale Road, Bombay.

तुम स्कूल को पूरा करके हिसाब मुँगेरवालों को पेश कर दो। अब तो सिमरिया तभी आऊँगा जब ईंट पकाने का वक्त होगा। वह भी ईश्वराधीन बात होगी। विचार तो यह है कि पटना में भी किसी को दिखाई न दूँ।

तुम्हारा
रामधारी

[148]

रामधारी सिंह 'दिनकर' पटना-4
7-6-59

प्रिय शिव,

कल मैं दिल्ली जा रहा हूँ और ऐसा लगता है कि भाग्य से पराजित होकर बिलकुल गिरी हुई अवस्था में जा रहा हूँ। तुम्हारा काफी समय मैंने बर्बाद किया है। जरूरत तो कुछ और समय की थी, लेकिन, माँगने में भय लगता है। तुम्हें तो पत्र लिखने का भी समय नहीं मिल पाता। फिर भी, अपनी वेदना रोऊँ कहाँ? अब तो महाप्रस्थान की बेला आएगी। नए दोस्त कहाँ खोजने जाऊँ? अब बड़ा अतिकाल हो गया। काश, तुमने मेरे पत्रों का महत्त्व समझा होता और तुरन्त जवाब दिया होता तो आज जो पराजय मुझे खा रही है, वह पास नहीं आती। मगर, सब कुछ हमी-तुम तो

नहीं हैं। परमात्मा की इच्छा अनेक रूपों में पूरा होती है। जिसने बुरे दिन दिखाए हैं, वही अच्छे दिन भी दिखाएगा।

अब आगे की वेदना सुनो। घर पर मैंने शिवनन्दन को कसकर पकड़ा कि अब स्कूल का काम वही पूरा करवा दे। वह दो-तीन बार आया भी और ऐसा लगा कि उस पर मेरे दर्द का असर हुआ है और वह प्राणपण से लगकर काम करवा देगा। वह 27 को बाँस 80 रुपए सैकड़े ठीक करके आया था, लेकन, बाँस कटवाया नहीं गया। अब आदित्य कहता है कि वही बाँस इधर आकर परसों कटा है। और वह 80 रुपए नहीं, 125 रु. में कटा है। इसको मैं समझ नहीं सका। अवश्य ही, गलत किस्म का खेल है। शिवनन्दन ने जो आशा दिलाई वह उलटी दिशा में पूरी हुई। विधाता का वह साँचा टूट गया जिस पर खरे मर्द आदमी बनते थे। मैंने उतने दर्द से बात कही थी, शिवनन्दन पर असर नहीं हुआ। मगर, उसका क्या दोष? हम पर, तुम पर भी नहीं होता है। और सेठिन ने यह कितनी बड़ी नीचता की। उसे 125 माँगना था क्या!

रुपयों की स्थिति तुम जानते हो। स्कूल के लिए ईंट बनवाना है। किवाड़ी, खिड़की, गच, प्लास्टर और फर्नीचर सब जुटवा देना है। मैंने अपने गाँव में भी बहुतों का काम कर दिया। लेकिन, मेरा काम कोई नहीं करेगा। यह स्कूल मेरे अर्जित पाप का परिणाम है क्या कि उसमें हर कोई मुझे नीचा दिखा रहा है?

अब तो यही उपाय है कि खर्च पर तुम अपना कंट्रोल होने दो और काम दादा करें। मगर, इतना जिम्मा लेने का भी तुम्हें वक्त कहाँ है? छिद्र कहाँ है? कहाँ-कहाँ पहरा दोगे? बढ़ई से दाम मैंने खुद तय किया था। पीछे पता चला, उसे कोई कहता था कि एक आना दस्तूरी दोगे तो चीज तुमसे लेंगे। मैं एक आना दस्तूरी को अधिक नहीं मानता। हाँ, कोई जिम्मा ले ले।

मनुष्य में मेरा विश्वास हिल गया है। सिमरिया मेरे सर्वनाश का गढ़ है। पछताता हूँ कि कन्या पाठशाला खोलने की बात मेरे मन में क्यों उठी?

स्थिति को अपने कंट्रोल में लाने के लिए तुमने क्या किया, यह जानने की चिन्ता है। लेकिन, पत्र तो कोई लिखेगा नहीं। मैं जल्दी अब मर क्यों नहीं जाता।

तुम्हारा
रामधारी

1. रजिस्ट्री के मद में कुल खर्च कितना हुआ?
2. स्कूल के रुपए में से कितना घटा है, जिसका मुझे जुगाड़ करना है।
   ये दोनों सूचनाएँ मुझे चाहिए।

[149]

52, साउथ एवेन्यू, नई दिल्ली
19-6-59

प्रिय शिव,

तुम्हारे दोनों पत्र एक साथ मिले। उत्तर सन्तोषजनक है। वाउचर के साथ हिसाब ठीक करके मुँगेर दे आना और बाकी रुपए ले आना। यदि दो हजारवाले में कुछ घटेगा तो मैं नवम्बर तक पूरा कर दूँगा।

ब्रह्मदेव बाबू ने पटने में मुझसे बातें की थीं। मैंने कहा रजिस्ट्री तो जिद में आकर करवाई गई। लड़की को आप वही संपत्ति दें, जो मोकामा में है। अब सुभीते से यह काम करवा लेना।

मुझ पर एक विचित्र प्रतिक्रिया हुई है। मैं जिस जीवन का हकदार था, वह मुझे इसलिए नहीं मिल पाया कि परिवार पर मेरी प्रचंड आसक्ति रही। भाई और माँ, इनके सन्तोष के लिए मुझे श्रम करना पड़ा, सन्तोष माँ के लिए तो भावनात्मक ही है। अब बहुत हो गया। परिवार और गाँव से विमुख होकर अब मुझे कुछ ऐसा काम करना चाहिए जिससे मरने के पूर्व किंचित् सन्तोष मिल जाय। क्या करूँगा, नहीं जानता। वैराग्य अस्वस्थ है तो आप ही आप समाप्त हो जाएगा। चोट अगर गहरी लगी है तो भी कर्म का मार्ग आपसे आप प्रकट हो जाएगा। अदृश्य की धारा में अपने को उन्मुक्त छोड़कर अब निरुद्देश्य बहना चाहता हूँ। तुम्हारे प्रेम का बहुत बड़ा भरोसा है।

तुम्हारा
रामधारी

[150]

52, साउथ एवेन्यू, नई दिल्ली
7-8-59

प्रिय शिव,

मैं 19/7 को मसूरी चला गया था और कल लौटा हूँ। आते ही देखा, दादा का खत इन्तजार कर रहा था। उनका कहना है कि रुपयों के बिना वे स्कूल की गच नहीं बनवा पा रहे हैं। मेरा खयाल है, रुपयों का तुम प्रबन्ध कर दो।

हिसाब ठीक हो गया हो तो बतलाओ कि कितने रुपए घटते हैं। अभी से ज्ञात हो जाने पर सितम्बर में मैं तुम्हें सारे रुपए दूँगा।

उत्तर देना।

तुम्हारा
रामधारी

[151]

52, साउथ एवेन्यू
31-8-59

प्रिय शिव,

आज अगस्त खत्म होता है। सितम्बर में मुझे कर्ज चुकाना है, लेकिन, अब तक तुमसे यह रिपोर्ट नहीं मिली कि कुल कर्ज मुझ पर कितना चढ़ा है। इस सम्बन्ध में तुम्हें जो अन्तिम पत्र मैंने लिखा था, उसका जवाब भी बाकी है।

मैं 14 या 15 सितम्बर को यहाँ से पटने जाऊँगा। 20 तक फिर पटना छोड़कर अज्ञातवास में चला जाना है।

तुम्हारा
रामधारी

[152]

पटना-4
17-10-59, रविवार
11 बजे रात

प्रिय शिव,

तुम्हें सरकारी ऑर्डर के साथ एक पत्र कल भेज चुका हूँ। वह मिला होगा। अभी रात में भोला ने बताया कि स्कूल में किवाड़ नहीं लगा है, फर्नीचर अधूरा है, दीवार फट गई है और मास्टरनी कहती है कि निकलने की राह उसे नहीं मिलती या उसमें बाधा है।

यही कारण है कि नींद मुझे नहीं आई और उठकर पत्र लिखने को बैठ गया हूँ।

तुमने बोर्ड से रुपया निकाला मगर उसके उपयोग पर तुम्हारा ध्यान नहीं है, न तुमसे यही हुआ कि स्कूल का काम पूरा करवा दो। राह मिलती है या नहीं, इस पर नजर अम्बिका को रखनी थी। पता नहीं, इसमें क्या रहस्य है?

तुम्हारा हाल सोचकर अपने पर ही धिक्कार आता है। गाँव में मैं पारिवारिक या सामाजिक काम शुरू करने में बल बराबर तुम्हारा ही मानता रहा हूँ। मगर, इधर जो अनुभव हो रहा है, उससे अपने पर ही क्रोध आता है।

और लोग मर गए तो क्या लखन ठीकेदार भी स्कूल का काम पूरा नहीं करवा सकता? मगर, तुम्हें फिक्र क्यों हो? मेरे जीते जी तो यह हाल है। मर जाने पर कौन किसे याद करेगा?

धिक्कार है मुझे जिसकी बात अब तुम भी नहीं सुनते। धिक्कार है मुझे जो तुम्हारा बार-बार भरोसा करता है। धिक्कार है मुझे जो सिमरियावासियों को अपना बन्धु मानता है।

—रामधारी

[153]

आर्यकुमार रोड, पटना-4
27-10-59

प्रिय शिवकुमार,

एक सरकारी पत्र साथ जा रहा है, जिससे तुम्हें स्थिति मालूम हो जायगी।

यह रुपया सद्भावपूर्वक मुखिया जी निकाल लें और पंचायत पर जो बकाया है, उसे अदा कर दें। यदि ठीकेदार कुछ दान-पुण्य के मूड में हो तो मिडिल स्कूल के लिए रुपया निकल सकता है। इसका ध्यान रखना कि असद्भाव न बढ़े। यह इसलिए लिखता हूँ कि गाँव का नाम सिमरिया है। एकता तभी तक जब तक मछली पानी में है, उसके बाहर आते ही निन्दा और कलह।

उत्तर तुरन्त दो। मैं यहाँ 23 तक हूँ।

तुम्हारा
रामधारी

[154]

रामधारी सिंह 'दिनकर'

52, साउथ एवेन्यू
नई दिल्ली
21 दिसम्बर, 1959

प्रिय श्री शिवकुमार बाबू,

आपका मोकामा से लिखा पत्र मिल गया था जिसमें आपने अपना अन्तिम प्रणाम स्वीकार करने को कहा है। उसे मैंने धन्यवादपूर्वक स्वीकार किया। किन्तु अन्तिम नमस्कार हो जाने के बाद भी जिम्मेदारियाँ कुछ बाकी हैं, जिनकी सफाई के लिए आपको यह खत लिख रहा हूँ।

स्कूल के मद में बोर्ड से आपने कुल पैंतीस सौ रुपए निकाले थे। उनका कुछ हिसाब आपने भेजा और कुछ श्री बसन्त सिंह ने। लेकिन, दोनों का जोड़ पैंतीस सौ से कम होता है। इसलिए, मैं चाहता हूँ कि आप दोनों मिलकर सम्मिलित हिसाब मेरे पास भेज दें जिससे मुझे सारी स्थिति की सही जानकारी प्राप्त हो जाय और मैं अफसरों के सामने सोच-समझकर दायित्व उठा लूँ।

जो बकियौता आपके पास हो, उसे आप लिखकर कबूल कर लें और जो हिसाब श्री बसन्त सिंह के पास हो उसे वे कबूल कर लें। लिखित रूप में इतना हो जाने पर मैं दोनों में से किसी को भी कष्ट न देकर, कष्ट स्वयं उठा लूँगा। अभी जो स्थिति है वह किसी के भी यश के अनुकूल नहीं है और अगर जिम्मेदारी साफ नहीं की गई तो सबकी बदनामी होगी। इसलिए, आशा करता हूँ कि जिस काम को आप इतने दिनों से टालते रहे उसे अब और नहीं टालेंगे तथा दस दिनों के भीतर हिसाब मेरे पास दिल्ली भेज देंगे। अभी बिहार आने का मेरा विचार नहीं है।

आप संकट में पड़ गए हैं, उसके लिए आशीर्वाद भेजता हूँ कि इस आग से आप सकुशल बाहर निकल जाएँ।

उत्तर की प्रतीक्षा में,

आपका
रामधारी

[155]

14, कैनिंग लेन, नई दिल्ली
1-5-62

प्रिय शिव,

तुम्हारा पत्र मिला। हिसाब के बारे में मेरी दिलचस्पी इतनी ही है कि तुम उसे अधिकारियों को भेज दो। बाकी सारा प्रबन्ध तुम जैसे चाहो, कर सकते हो। मुझे केवल सूचना चाहिए कि ऐसा हिसाब गया है।

रामबालक के मार्फत मैंने आठ सौ रुपए गाँव भेजे थे। वे सब के सब स्कूल के काम में लग जाएँ तो मुझे चिन्ता नहीं। और लगें तो और का भी इन्तजाम कर सकता हूँ। सिर ओखल में पड़ा है तो मूसल से क्या डरना?

मैं चाहता था कि कमरसारी के पासवाली जमीन मिल जाय तो स्कूल की शोभा-सहूलियत वहीं होगी। रामबालक ने कुछ लिखा ही नहीं कि क्यों तुम अम्बिका से बात करने गए। वह जमीन नहीं मिली, तब अम्बिका का ऑफर मान लिया जाय, लेकिन, उसके लिए मुझे गाँव आना पड़ेगा।

गाँव में कोई आदमी ऐसा नहीं है, जो चिट्ठी का जवाब दे सके। इसलिए गाँव से विरक्त न हो जाऊँ तो क्या करूँ? लखन ने ईंट कच्ची छोड़ दी। रामबालक कहता था कि एक नम्बर ईंट है ही नहीं, फिर से पकवाना पड़ेगा। इसलिए उसे रुपए दिए कि जल्दी ईंट तैयार करवाकर दोनों पकवा लो। लेकिन हनोज उसका उत्तर नहीं आया। तुम्हारे पत्र में भी ईंट का जिक्र नहीं है, न इस बात की सूचना कि कमरसारी वाली जमीन क्यों नहीं मिल सकती।

कमरसारीवाली जमीन मिल सके और तुम उपयोगी समझो तो मैं सरकार को मना सकता हूँ। यदि उसमें कठिनाई हो तो तुम्हारा ही प्रस्ताव मानूँगा, लेकिन गाँव आकर। तड़ातड़ चिट्ठी आवे-जाए तो मैं सोचूँ कि गाँव आना कब तक ठीक होगा।

तुम्हारा
रामधारी

[156]

11, कैनिंग लेन
नई दिल्ली
30-7-63

प्रिय शिव,

ब्रह्मदेव के पत्र से मालूम हुआ कि तुम छूट गए। छूटना तो था ही, जो खर्च, परीशानी भाग्य में बदी थी, वह झेलनी पड़ी। मुझे भी शान्ति की साँस आई। भगवान को धन्यवाद।

अब मेरी सुनो। मैं ऐसी विपत्ति में पड़ा हूँ जिससे छूटना मुहाल है। मेरे संकट का कारण रामसेवक हुआ। किन्तु, असली कारण तो भाग्य है।

तुम्हारा
रामधारी

[157]

11, कैनिंग लेन, नई दिल्ली
14-8-63

प्रिय शिव,

तुम्हारी रिहाई के लिए एक बार और भगवान को धन्यवाद देता हूँ। उनके दरबार में देर हो जाती है, अन्धेर नहीं होता। आशा है, मेरे पक्ष में भी ऐसा ही होगा।

रामसेवक को मैं कभी भी शंका से नहीं देखता था, गर्चे रह-रहकर वह ऐसा दिखलाता था, मानो, मेरा विश्वास उसे प्राप्त नहीं हो। माँ से वह कहा करता था, मेरी बातें पिताजी से मत किया करो। उसे क्या पता कि मालकिन मुझसे कोई बात कभी करती ही नहीं हैं। अब समझता हूँ, यह सब उसके अपने मन के पाप की प्रतिक्रिया थी, उसे अपनी ही आत्मा काटती थी और व्यर्थ ही वह त्रस्त रहता था कि मैं उस पर शंका करता हूँ।

लेकिन अब तो बड़ी बात हो गई। विवाह के समय कुछ औरतों ने उसका कान भरा। वह अप्रसन्नता ही दिखलाता रहा। मैंने जरूरत से कुछ ज्यादा खर्च किया—अपनी जेब से। कुछ शोर-शराबा भी ज्यादा किया। इसे उसने केदार के प्रति पक्षपात समझा। नई दुलहिन हीरे की आई। उसके स्वागत से बड़ी दुलहिन जल उठी। उस पर तुर्रा यह कि साल भर से रामसेवक कोई नशे की गोलियाँ खा रहा है, जो आदमी को पागल कर सकती हैं, अचानक जान ले सकती हैं। जनवरी से वह अर्ध-विक्षिप्त-सा रहा है। बुद्धि उसकी ठिकाने नहीं है। मुझे वह मार डालना चाहता है, जिससे वह सारी किताबें हड़प ले और भाई को गुलाम बनाकर रखे। विवाह मैंने जितने ही बड़े शौक से किया उतने ही बड़े क्रोध से उसने मुझे सता डाला, मेरी इज्जत को धूल में मिला दिया और जिस लड़की को घर लाकर बसाना था, उसका बसना असम्भव बना डाला।

जनवाणी प्रेस का सारा काम मेरी जिम्मेवारी पर होता था और मुझे यह पता नहीं था कि प्रेस का कर्ज 18-20 हजार तक जमा हो गया है। मैंने जब से उदयाचल कायम किया, रामसेवक को उसका मालिक बना दिया और गलती हुई कि कभी उससे पूछा-ताछा नहीं। जनवाणी के कर्ज का कोई रास्ता निकालने के लिए मैंने स्टॉक समझना चाहा। बस, इसी बात को बहाना बनाकर उसने बगावत कर दी। किताबें मेरी, नाम मेरा, परिश्रम भी कम नहीं, पैसा भी कम नहीं लगाया। और अब वह कहता है, उदयाचल मेरी खानगी जायदाद है, मैं आपको इसे समझने नहीं दूँगा।

9 जून से 9 जुलाई तक मेरी हालत बहुत खराब रही। रोज मैं मरना चाहता था, लेकिन, मरा नहीं। तब भी मृत्यु के बहुत करीब पहुँच गया था। अन्त में जान बचाने को मैंने 9 जुलाई को गृह-त्याग कर दिया। उसे लिखित रजिस्टर्ड नोटिस दे दिया कि उदयाचल से मेरी कोई किताब नहीं छपेगी। दो किताबें मैंने एक अन्य प्रकाशक को भी दे दीं। पहले मैं कलकत्ता गया, तब पांडिचेरी गया, तब हैदराबाद गया और तब 24 जुलाई को दिल्ली आया हूँ। अब मिजाज कुछ अच्छा है। लेकिन, जो मानसिक 'शॉक' लगा है, उसके असर आँख पर, कलेजे पर और मधुमेह पर मौजूद हैं। चाहता हूँ कि स्वास्थ्य सुधारकर जिन्दगी फिर से जीरो पर से आरम्भ करूँ और रामसेवक को बता दूँ कि अब भी श्रीमाँ की कृपा से मैं घर छोड़कर भी बेटी का विवाह कर सकता हूँ, नई प्रकाशन संस्था कायम कर सकता हूँ और जिस बहू को बसने नहीं दिया जा रहा है, उसे बसा सकता हूँ।

उदयाचल के नाम पर वह अपना हक मानता है तो हक ले ले। लेकिन, किताबों का कॉपीराइट मेरे पास है। किताबें मैं सब ले लूँगा। मेरा खयाल है, उसके पास लाख रुपए जमा हैं। इसी से वह उन्मत्त हो गया है। 40 रुपए रोज वह टैक्सी पर खर्च करता है और मैं दस रुपए भी तब पाता हूँ जब चार घंटे कलम चलाऊँ। तुम अभी शान्तिपूर्वक रहो। आसिन तक भेंट करूँगा। उस समय अपनी योजना सुनाऊँगा।

अगर भगवान ने चाहा तो आगे के मेरे और तुम्हारे दस साल साथ-साथ और आनन्द से कटेंगे।

कहानी लम्बी है। कुछ थोड़ी जानकारी उन पत्रों की कॉपियों से मिल जायगी जिन्हें संलग्न कर रहा हूँ। दुःख की बात यही है कि केदार का कलेजा फट रहा होगा।

आज से मैं दिल्ली में एक दोस्त के घर एकान्त और आराम के लिए आ गया हूँ। मेरी सेहत ऐसी नहीं है कि बार-बार टेलीफोन सुनूँ, मुलाकातियों से मिलूँ और सभाओं में बक-बक करता फिरूँ। फिर भी मरूँगा नहीं, ऐसा लगता है।

तुम्हारा
रामधारी

[158]

15, किचनर रोड
नई दिल्ली
22-8-63 की रात

प्रिय शिव,

एक सप्ताह पूर्व मैंने तुम्हारे नाम से एक पत्र रजिस्टर्ड भेजा था। उत्तर नहीं मिलने से शंका होती है कि पत्र तुम्हें मिला या नहीं। तुरन्त पत्र भेजकर समाधान करो। उसमें एक पत्र हस्तलिखित और दो टाइप किए हुए थे। बंडल बड़ा था।

तुम्हारा क्या विचार है? गाँव महीने में कितने दिन रहने से काम चलेगा? मेरे सामने दो योजनाएँ हैं—

1. केदार खिड़की-ग्रिल, Agricultural implements आदि का रोजगार करना चाहते हैं। यह रोजगार तभी कामयाब हो सकता है जब तुम उसमें साथ दो। कारखाना पटने में खोलने का विचार है। शुरू में लागत बीस हजार की लगेगी।

2. रामसेवक कोई भी रास्ता खोलने को तैयार नहीं हैं। वे अड़ंगेबाजी को अपना ब्रह्मास्त्र मानते हैं। इसलिए, मैं एक नई प्रकाशन-संस्था कायम करने जा रहा हूँ। तुम्हारा उपयोग इसमें भी हो सकता है। अगर तुम्हारे पास समय हो तो एक महीने के लिए दिल्ली चले आओ। यहाँ तुम्हें मैं Book trade की ट्रेनिंग दिलवा दूँगा। नवम्बर या दिसम्बर से दूकान पटने में चालू हो जाएगी।

Terms वगैरह हम लोग मिलकर तय करेंगे।

सुना है, रामसेवक कहते हैं कि उदयाचल से वे कोई सरोकार नहीं रखेंगे। अगर यह मत उनका स्थिर रहा तो और अच्छी बात है। तब मैं नई प्रकाशन संस्था नहीं खोलकर उदयाचल को ही चलाऊँगा और तुम्हें उसका मैनेजर नियुक्त कर दूँगा। Dull seasons में यानी मई-जून में तुम गैरहाजिर भी रह सकते हो आवश्यकतानुसार। वैसे

dull season और भी होते हैं। आने लगे तो मालकिन से एकान्त में स्थिति समझ लेना।

सम्भव हो तो रामसेवक से भी जानने की कोशिश करना कि दो बातों में से उसे कौन-सी बात पसन्द है—1. उदयाचल वह मुझे surrender करेगा, 2. या किताबों का बँटवारा करके उदयाचल को अलग चलाएगा? केदार के हिस्से की किताबें मैं खुद प्रकाशित करूँगा, इसीलिए, अलग से संस्था कायम करनी है। उत्तर तुरन्त दो।

तुम्हारा
रामधारी

दिल्ली में मेरे घर का पता है—11, कैनिंग लेन, नई दिल्ली। यह स्थान कर्जन रोड पर पटौदी हाउस के पास है। मैं कुछ काम करने को एक मित्र के घर आ गया हूँ। कैनिंग लेन एक बार रोज जाता हूँ।

[159]

11, कैनिंग लेन
नई दिल्ली
17-9-63

प्रिय शिव,

तुम्हारा पत्र मिला। मैं जिस दिन यहाँ पहुँचा उसी दिन श्रीमाँ और श्री अरविन्द के फोटो रजिस्ट्री से सेबो को भेज दिए थे। साथ में एक पत्र भी दिया था। तुम्हारा पत्र मिलने पर मैंने उसे एक और पत्र लिखा लेकिन आज तक न तो सेबो का पत्र आया, न केदार का, न ब्रजशंकर जी का। इससे स्थिति धुँधली लगती है।

रमेन्द्र के भाई को तुम्हें देख लेना चाहिए। इसमें एक दिन का भी विलम्ब मत करो। बल्कि सेबो, केदार और तुम, तीनों मिलकर लड़के को तुरन्त देख लो और मुझे भी पत्र लिखो।

तुम्हारा
रामधारी

[160]

11, कैनिंग लेन
नई दिल्ली
19-9-63

प्रिय शिव,

मेरा पत्र मिला होगा। आज मथुरा पटना से वापस आए हैं। उनका कहना है कि अब रामसेवक भाई से भी नाराज हैं और कहते हैं कि साझीदारी नहीं करेंगे। बता

सकते हो कि अब क्या करना चाहिए? सम्भव हो तो तुम रामसेवक को दिल्ली ले आओ। अगर वह रास्ता चाहता होगा तो आएगा, नहीं तो नहीं आएगा। जरूर तुम्हारी जबान से कोई छिपी बात निकली है। उसी ने उसका दिमाग खराब कर दिया कि दिनकर जी अलग फँसे तो केदार को वह आसानी से निकाल बाहर करेगा। तुम पटने से होकर यहाँ आओ। खर्च-वर्च तुम्हारे बहुत हो रहे हैं और होंगे। उनका बिल मैं भरूँगा।

तुम्हारा
रामधारी

[161]

11, कैनिंग लेन
नई दिल्ली
28-9-63

प्रिय शिवकुमार,

तुम्हारा पत्र मिला। मथुरा भी आए और वह मसविदा मैंने देखा, जिसे तुम लोगों ने अपने जानते बड़ी अक्लमन्दी से तैयार किया है। क्या तमाशा है? कहाँ है दूसरा रोजगार जिसमें एक बेटा अलग से काम करेगा? कहाँ है रुपया? कहाँ है आदमी? अभी मैं विभा और मनोरमा का विवाह करूँगा या दूसरा रोजगार कायम करने में लगूँगा? और जो सबक मुझे मिला है, वह क्या इस काबिल है कि बाकी जिन्दगी भी नया रोजगार करने में लगा दूँ। और जब रामसेवक ऐसे निकले तो क्या गारंटी है कि केदार कुछ भिन्न होंगे? अगर केदार को रामसेवक ने बैठने नहीं दिया तो उसके लिए भी मैं प्रकाशन ही खोल सकता हूँ, कोई दूसरा रोजगार नहीं खोल सकता।

इस पृष्ठभूमि में मथुरा जो मसविदा लेकर आए हैं, उसे मैं बिलकुल reject करता हूँ।

विकल्प केवल दो हैं–

1. पहला यह कि मेरे हुक्म से रामसेवक और केदार आपस में बराबरी की साझेदारी रजिस्ट्री करें। बैंक एकाउंट दोनों के नाम से खुलें और withdrawal दोनों के दस्तखत से हों। रॉयल्टी की शर्त मैं अपनी मर्जी से रखूँगा।

2. दूसरा रास्ता यह है कि रामसेवक उदयाचल का चार्ज मुझे सुपुर्द करें और बाल-बच्चों के भविष्य से निश्चिन्त हो जाएँ। मैं जिन आदमियों को भेजूँगा, रामसेवक उन्हें चार्ज दे दें और केदार को मुख्य मैनेजर के रूप में काम करने दें।

मेरे भीतर एक कल्पना चल रही थी कि एक और रोजगार कायम हो जाय तो

दोनों भाई एक-दूसरे से स्वतन्त्र रहेंगे। किन्तु, रामसेवक बाबू ने मुझे विपत्ति की आग में झोंककर उस कल्पना को भी जला डाला।

अपनी ओर से मैं समझौते की बात बन्द करता हूँ। अब जिसे रोकना हो, मुझे आगे बढ़ने से रोके। मैं सिर्फ 3 अक्तूबर तक तुम्हारे तार की इन्तजारी करूँगा।

तुम्हारा
रामधारी

[162]

11, कैनिंग लेन
नई दिल्ली
18-11-63

प्रिय शिव,

कल रात से मुझे पतले दस्त आ रहे हैं। आज कमजोरी बहुत है। इसलिए, मेरी दक्षिण की यात्रा रुक सकती है।

राजपाल के साथ कोई सौदा नहीं हुआ है। कर्ज की व्यवस्था सोच रहा हूँ। काशी के दूकानदार ने जो कहा, वह निराधार है। पहले राजपाल से जो बातें हुई थीं, उन्हीं पर से अफवाह उड़ी होगी।

उजली आग कलकत्ते में छपेगी। बाकी किताबें पटने में छपवाने की व्यवस्था करो।

तुमने जो मसविदे भिजवाए उनसे कोई नई स्थिति नहीं निकलती। आपस में सद्भाव हो तो पार्टनरशिप, नहीं तो प्राइवेट लिमिटेड; यह बात मैं जानता हूँ।

रामसेवक के लिए रोजगार की खोज जारी है। चाहता हूँ कि कोई ऐसी चीज हो जाय कि वह निश्चिन्त होकर काम कर सके। किन्तु, देर कुछ लग सकती है।

यहाँ जो बात चली थी, वह फिस-फिस हो जाएगी, ऐसा अन्दाजा है। दक्षिण में कड़गम आन्दोलन का उठ खड़ा होना मेरे नाम के लिए ठीक नहीं है।

जब से आया हूँ, काफी पस्त हूँ। विभा का ब्याह हो जाय तो अब मैं संन्यास लेना चाहता हूँ। अन्तहु तोहि तजेंगे पामर, तू न तजै अब ही ते।

तुम्हारा
रामधारी

जब तक बिक्री का काम मन्द है, छपाई में भिड़ जाओ। रुपए माँगो। इन्तजाम कर दूँगा।

स्टॉक को घर में लाना ठीक नहीं है। कहीं कोई मकान ठीक करो या मथुरा के मकान में रखो।

[163]

11, कैनिंग लेन, नई दिल्ली
19-11-63

प्रिय शिव,

सारी हिदायतें केदार को भेज दी हैं। वह रामसेवक से राय लेकर काम करेगा।

मेरा मन काफी उद्विग्न है। करना था बेटी का विवाह, कर रहा हूँ कर्ज पटाने को कर्जे का प्रबन्ध। नया काम केदार के लिए खोजना था, खोजा जा रहा है रामसेवक के लिए।

रामसेवक के लिए 500 रुपए मासिक की नौकरी बहुत कठिन नहीं है। मगर, उससे उसका काम नहीं चलेगा। इसलिए, किसी अच्छे रोजगार की तलाश में हूँ। एक-दो महीने में बात पक्की हो जायगी। न पक्की हुई तो मेरा दुर्भाग्य और जटिल हो जाएगा। बात पक्की होने की राह में भी कठिनाई आएगी। अगर security deposit या investment की बात आएगी, तो रुपए कहाँ से आएँगे? बेटी का विवाह भी, जनवाणी के लिए कर्ज भी और रामसेवक के रोजगार के लिए भी कर्ज, इतना भार मैं कैसे उठाऊँगा? पर्सनल गारंटी चलेगी या नहीं, यह मैं नहीं जानता। अगर चले भी तो रामसेवक के साथ फँसना क्या कोई आसान काम है? इसी चिन्ता से मैं गला जा रहा हूँ। बेटे ने प्रेम को जला डाला और शत्रुता उसके साथ चल नहीं सकती।

अगर रोजगार पकड़ में आया तो कुछ थोड़े रुपए मैं दे दूँगा। बाकी सबका प्रबन्ध रामसेवक को करना होगा और यह जानकर करना होगा कि काम उसका खड़ा हो रहा है। उसे बनाना या बिगाड़ना उसकी जिम्मेदारी होगी।

रामसेवक अलग रोजगार में रहेंगे और केदार अलग रोजगार में तो घर कौन चलाएगा? और जो चलाएगा उसे शिद्दत भोगनी पड़ेगी या नहीं? मुझे 5 साल और जीना है। अब तो वह शान्ति मिलनेवाली है नहीं, जो पहले थी। फिर भी शान्ति के लिए प्रयास किया जाना चाहिए।

रास्ता मुझे यह दिखाई देता है कि रामसेवक अपने घर में रहें। केदार का हिस्सा उदयाचल को किराये पर दे दिया जाय, जिसमें उसका स्टॉक रहे। मथुरावाला घर लेकर केदार, विभा और मालकिन अलग रहें। इतना हो जाने से दोनों पक्षों का सम्बन्ध सुधर सकता है। नहीं तो मुँह-फुलौवल, मनमोटाव, चेहरे पर श्मशान का दृश्य, यह सब चलता रहेगा।

उदयाचल को तुम लोग commodity समझते हो, यही विपद् की बात है। वह commodity नहीं है। जिस लेखक की कृतियों पर उदयाचल कायम है, वह अभी जीवित है, इसलिए, उसकी भावनाएँ उदयाचल के साथ लिपटी हुई हैं। मैं अब ऐसी किसी भी बन्दिश को नहीं मानूँगा, जिससे मेरी पुस्तकें शंका में पड़ती हों। मेरे दोनों बेटों को यह समझना चाहिए कि पुस्तकें मेरे लिए उनसे कम प्यारी नहीं हैं।

प्राइवेट लिमिटेड बनाने की बात। सबसे पहले यह निर्णय किया जाना चाहिए कि कम्पनी की मालियत क्या होगी। और कम्पनी बनाते समय आदि से अन्त तक मैं अपनी ही राय से चलूँगा। उसमें पंचायती, समझौते आदि की गुंजाइश नहीं है। पहले लेखक की अपनी चिन्ता आएगी, फिर आएगा बाप का ईमान। यह निश्चय जानो।

तुम रामसवेक की राय लोगे कि मालियत कितनी आँकी जानी चाहिए। मसविदा मैं यही बनवाऊँगा।

मैं बृहस्पतिवार को कलकत्ता जा रहा हूँ।

तुम्हारा
रामधारी

पुनश्च–

केदार को मैंने एक डाँट लिखी है। हर रात सोने के पहले उसे दिन भर का खर्च याद करके लिख लेना चाहिए और दूसरे दिन प्रातःकाल सात बजे तैयार हो जाना चाहिए। इसमें ढिलाई हुई तो वह कामयाब नहीं होगा। एक पैसा क्यों घटा या बढ़ा, इसकी खोज की जानी चाहिए।

[164]

कलकत्ता
3-12-63

प्रिय शिव,

तुम्हारा 30/11 का पत्र मिला। तारा बाबू जो कहते हैं, जायज कहते हैं। लेकिन स्टॉक खरीद लेना चाहिए। वे 30 प्रतिशत देने को तैयार हैं। मैं चाहता हूँ कि वे 40 प्रतिशत कर दें, मेरी रॉयल्टी के 20 प्रतिशत हुए। यानी जितनी किताबें वे दे देंगे उन पर 60 प्रतिशत काटकर दाम मिलेगा। हिसाब से जो रुपए होंगे, मैं एकमुश्त भी दे सकता हूँ। आज वर्माजी से ट्रंक पर बात हुई थी। उन्हें मैंने यह स्थिति समझा दी है। तुम और केदार वर्मा जी की सहायता से निपटारा कर लो।

केदार के बारे में सेबो की शिकायत है कि केदार सहयोग नहीं माँगता है। सम्भव है, यह सेबो की subjective प्रतिक्रिया हो, सम्भव है, objective बात हो। तुम दोनों भाइयों के बीच सद्‌भाव लाने की कोशिश करोगे।

यहाँ जो-जो काम हुए हैं, उनका ब्योरा नीचे है–

1. एक व्यक्ति से कर्ज लेकर जनवाणी को पाँच हजार रुपए दे दिए गए हैं।
2. इलाहाबाद बैंक के नाम तीन पेपर मर्चेंटों को चेक काट दिए गए हैं जिनमें से एक रघुनाथ दत्त हैं।
3. रघुनाथ दत्त के यहाँ ऑर्डर दिया गया है कि बाल-साहित्य के लिए डबल फुल स्कैप पेपर 28 पौंड का एक सौ रीम बनवा दें। यह कागज 7 जनवरी, 1964

तक मिलेगा। तब तक 'मिर्च का मजा' और 'सूरज के ब्याह' के लिए चित्र बनवाए जाएँगे। छपाई जनवरी में होगी।

'चित्तौर का साका' के लिए 15 रिम कागज अलग से ले लिया गया है रघुनाथ दत्त के ही यहाँ से। 'चित्तौर का साका' भी 'मिर्च का मजा' के साइज में छपेगा।

'बाल रश्मिरथी' की पांडुलिपि मिल गई तो बस किताब भी इसी साइज में सचित्र छपेगी।

बाल साहित्य की ये चार किताबें बिकेंगी कैसे, इसका सूत्र खोजना चाहिए। रामसेवक तुम लोगों को (guidance) देगा। उसी हिसाब से चलना ठीक है। 'उजली आग', 'उर्वशी', 'आत्मा की आँखें' और 'कोयला और कवित्व' के लिए 80 रीम कागज कल खरीद लिया गया रघुनाथ दत्त के यहाँ से। कागज एंटिक डबल डिमाई 48 पौंड बहुत बढ़िया है। दाम लगभग 33,00 रुपए होगा। इसमें कल एक आदमी से कर्ज लेकर कामेश्वर ने दो हजार रुपए रघुनाथ दत्त को नकद दे दिए हैं। 'उजली आग' की कम्पोजिंग शुरू हो गई है।

पटने में छपाई

1. 'अर्धनारीश्वर' की प्रतियाँ सर्वोदय प्रेस में भी नहीं हैं क्या? नहीं है और माँग है तो पटने में छपवाओ। कागज वहीं रघुनाथ दत्त से लो या नौरंग से। रुपए बैंक में कितने हैं, लिखो। मैं चेक काट दूँगा। रामसेवक से राय लेकर प्रेस और पेपर ठीक करो। छपाई वहीं करवा लेना।
2. 'दिल्ली' और 'सांस्कृतिक एकता' ये दोनों किताबें भी पटने में छपवा लो।

प्रेस

बिन्दा बाबू ने लिखा है कि रामसेवक प्रेस खोलना चाहता है। वर्मा जी ने कहा कि प्रेस काम का है। मगर, जगह कहाँ मिलेगी? अगर सेबो का मन है कि प्रेस चलाएँ तो मैं इस प्रस्ताव को मानता हूँ। अभी मैं भयानक खर्चे में हूँ तब भी कर्ज लेकर मैं सेबो को दस हजार रुपए दूँगा। यही उसने बिन्दो बाबू से माँगा भी है। मैं चाहूँगा कि सेबो का प्रेस फर्स्ट क्लास हो। वह उपलब्ध सामग्रियों से प्रेस चालू कर दे। पीछे सरकार से कर्ज लेकर नई मशीनें मँगाई जा सकती हैं। जहाँ प्रेस अभी है, वह घर अगर अच्छा हो तो उसे भी किराये पर ले लेना चाहिए।

मेरा खयाल है, प्रेस में हाथ लगाने के बाद सेबो एजेंसी वगैरह के लिए वक्त नहीं पा सकेगा। से पूछकर लिखना।

पब्लिक सर्विस कमीशन की ओर मेरा मन जाता नहीं है। मैंने तो नाहीं कर दी थी। किन्तु इधर फिर दबाव पड़ने लगा है। चेयरमैनशिप होती तो मन को समझा सकता था। फकत मेम्बरी ठीक नहीं जँचती है। वर्मा जी का मत है कि कबूल कर लूँ। अब दिल्ली पहुँचकर मथुरा से बात करूँगा। वह विरुद्ध हैं। मेरे बिन्दो भी विरुद्ध

हैं। मेरे व्यक्तित्व का तीन अंश विरुद्ध है। 66 में मेम्बरी छूट जायगी तब क्या प्रकाशन से काम नहीं चलेगा? आजादी की कीमत देनी होती है। रामसेवक अगर राह पर रहे तो मैं नौकरी अब नहीं करना चाहता। उसने जो स्थिति उत्पन्न कर दी है, उसी से घबराकर कभी-कभी मन नीचे गिरता है। लेकिन, ऊँचाई पर रहना ही ठीक है। नौकरी में जाने से जुबान पर ताला पड़ जाएगा।

मैं कल रात में दिल्ली पहुँचूँगा। 10 ता. को दिल्ली से चलकर 11 को पटने पहुँचना चाहता हूँ। 5-6 दिनों के बाद एक ट्रिप फिर दिल्ली लौटूँगा।

रामसेवक ने बन्धन तोड़कर मुझे आजाद बना दिया। लेकिन, अब सोपारीलाल बाँधता है। मोह घटता नहीं, बढ़ता है। काश कि अब सारे बन्धन टूट जाते। मगर, ममता व्यर्थ होने पर भी कड़ी होती है। तब भी, यह तो सत्य ही है कि आज शरीर छूट जाय तो सारे बन्धन आज ही शेष हो जाएँगे।

तुम्हारा
रामधारी

पुनश्च—

सूचीपत्र 2000 छप गया है। दो-चार दिनों में तुम्हें मिल जायगा। अच्छे बुकसेलरों के पास तुरन्त भिजवाओगे। कुछ कॉलेजों और पुस्तकालयों को भी भेजोगे। पार्सल में एक कॉपी रख दोगे।

'मिर्च का मजा', 'सूरज का ब्याह' और 'चित्तौर का साका' के मूल्य में वृद्धि होगी। सरकार से मंजूरी लेनी होगी कि quality बढ़ने से दाम बढ़ा है। रामसेवक से guidance लेकर सरकार को approach करना होगा।

[165]

भागलपुर
18-8-64

प्रिय शिवकुमार,

25 अगस्त को पटने में बँटवारे की रजिस्ट्री हो गई है। घर रामसेवक ने लिया, उदयाचल का पूरा स्वामित्व केदार ने। मैं अब निःस्व हूँ। इस वक्त तुम्हें 20 दिन डटकर पटने रहना चाहिए। एक दिन केदार को लेकर कलकत्ता भी जाना होगा हिसाब साफ करने को।

मैं 30 की रात कलकत्ता जा रहा हूँ। 3-4 तक लौटूँगा। तुम पटना शीघ्र जा सको तो अच्छा है।

तुम्हारा
रामधारी

[166]

रामधारी सिंह 'दिनकर'

उदयाचल
राजेन्द्रनगर, पटना–4
16-2-66

प्रिय शिवकुमार जी,

आगामी 28 फरवरी सोमवार मेरे भतीजे चिरंजीव श्री रामानुज प्रसाद सिंह का विवाह पटने में होनेवाला है। एतदर्थ आपके आशीर्वाद की याचना करता हूँ।

तुम्हारा
दिनकर

[167]

2, साउथ एवेन्यू लेन,
नई दिल्ली
2-12-66

प्रिय शिवकुमार,

तुम्हारे सुख-दुःख का कोई भी समाचार साल भर से नहीं मिला है। भगवान का भी कैसा चक्र है!

केदार का घर जैसे-तैसे तैयार हो गया है। गृह-प्रवेश 8 के भोर में है। मैं पटना 7 के भोर पहुँच रहा हूँ। चाहता हूँ कि उस दिन मेरी माता जी पटने आ जाएँ। मैंने दादा को तार भेजा है कि माँ की तबीयत अच्छी हो तो वे उसे नरेश के साथ पटना भेज दें अगर तुम भी आठ को आ सको तो अच्छा रहे। फुर्सत हो तो 7 को ही आ जाओ। या फुर्सत नहीं हो तो 7 से 11 के बीच कभी भी आकर मिल लेना।

गृह-प्रवेश 8 के प्रातःकाल 7 बजे है। शाम को कुछ घरभोज भी होगा।

तुम्हारा
रामधारी

श्री शिवकुमार शर्मा
ग्राम–सिमरिया
डाकघर–सिमरिया (राजेन्द्र पुल के पास)
जिला–मुँगेर (बिहार)

[168]

रामधारी सिंह 'दिनकर' 2, साउथ एवेन्यू लेन, नई दिल्ली

22-12-66

रामसेवक 18 को आए। जिस डॉक्टर के भरोसे उन्हें बुलाया था, उन्होंने जवाब दे दिया। Western Science does not know its cure. कल उन्हें लेकर सारा दिन पुरानी दिल्ली में वैद्यों से मिलता रहा। आखिर चार वैद्यों ने एक साथ मिलकर देखा और एक पद्धति तय कर दी है। कल से इलाज भी शुरू हो गया है। इलाज इस प्रकार है।

1. 15 दिनों तक अन्न का त्याग। केवल दूध और मांस के अर्क पर रहना।
2. महामांष तेल की मालिश।
3. हर रात सोने के पूर्व महानारायण तेल की वस्ति जेग्लिसरीन सिरिंज से दी जाती है।
4. दवाइयाँ। जीभ पर मलने की भी दवा।

वैद्यों ने मेरे कान में कहा है, पचास प्रतिशत आशा है। रामसेवक का फोटो मैंने आशीर्वाद के लिए श्रीमाँ के पास भेजा है। श्रीमाँ और महर्षि रमण अब ये ही मेरे देवता हैं। विपत्ति तो मेरी घटी नहीं, देवता ने मुझे विपत्ति सहने की शक्ति दी, यही उपकार है।

अगर रामसेवक invalid रह गए तब क्या होगा? केदार के सोचने से ही कोई रास्ता निकलेगा।

कामेश्वर को पत्र लिख दिया है। वह अपने प्रोग्राम से यहाँ 24 को आ रहा है। उस समय उससे बात करूँगा।*

तुम्हारा

रामधारी

[169]

42, साउथ एवेन्यू लेन

नई दिल्ली

6 मार्च, 1967

प्रिय शिवकुमार,

तुम्हारा पत्र मिला। दादा का भी पत्र मिला।

रामसेवक की कमजोरी दिनोंदिन बढ़ती जा रही है। अब यह भी नहीं सूझता कि इलाज और क्या है। होमियोपैथी से भी कुछ होता दिखाई नहीं देता।

---

* अनुमानतः शिवकुमार शर्मा के नाम

इधर निराश होकर रामसेवक पटने जाना चाहते थे। अतएव, उनकी पत्नी और बच्चे को यहाँ बुला लिया है। उनकी बच्चियाँ पटने में केदार के पास हैं। वहाँ घर बन्द पड़ा है। मगर अभी तक दोनों प्राणियों में से कोई नहीं कहता कि उसे किराया लगवा दीजिए। रुख यह है कि हे दिनकर जी, तुमने केदार को हिस्सा दिलवाया इसलिए ढोओ और भरो।

तुम्हारा
रामधारी

[170]

5, सफदरजंग लेन, नई दिल्ली
20-2-68

प्रिय शिवकुमार,

तुम्हारा 16/2 का पत्र मिला। इसके पूर्व एक पत्र सूर्यनारायण का भी मिला था। तभी मैं धर्म-संकट में पड़ा हूँ। परसाल तुमने मुझसे पूछा था, अगले साल क्या रुपया बरसेगा? मैंने कहा था, ईश्वर की कृपा हो तो यह भी हो सकता है। मैं अभी भी उस कृपा की राह देख रहा हूँ। ईश्वर की कृपा अगर हो गई तो विवाह के पूर्व या पश्चात् मैं तुम्हारी मदद अवश्य करूँगा। बात चिट्ठी में खोलकर नहीं लिख सकता।

मैं कल्लो के लिए कुछ रुपए fixed deposit में बन्द कर दिए हैं। बाकी जो भी पाता रहा हूँ, वह घर बनाने में खर्च होता रहा है। अतएव मेरे पास मौजूद पैसे नहीं हैं कि तुम्हारी सहायता करूँ। तुम जो बन्दोबस्त कर सकते हो उसे करके काम चलाओ। जो भी करते हैं, भगवान करते हैं। अगर वे तुम्हारे सामने मेरी लज्जा रखना चाहेंगे तो रख लेंगे।

तुम्हारा
रामधारी

[171]

पटना
13-4-68

प्रिय शिवकुमार,

तुम्हारा पत्र मिला। 3500 रुपए का हिसाब मैं इस दृष्टि से चाहता हूँ कि जो खर्च स्कूल में हुआ है उसका वाउचर समेत पक्का हिसाब सरकार को चला जाय। जो स्कूल में नहीं हुआ वह बैलेंस दिखाया जाय। उसका देनदार मैं हूँ। सरकार को हिसाब नहीं गया तो एक छींटा अब कभी भी मुझ पर आ सकता है। इस बात को

तुम समझते नहीं हो, इसका दुःख है। मैं तो सिमरिया के सामने मुर्दा हूँ। अक-बक नहीं सूझता।

मैंने जो काम सोचे हैं, उनका ब्योरा रामबालक को मालूम है। उसी को जिम्मा दिया है। सुना है, गोला पर जो ईंट बनी है, उसमें 1 नम्बर है ही नहीं। लखन ठेकेदार ने भी धोखा ही दिया। जहाँ खुद खड़े नहीं होओ, वहाँ सब धोखा देते हैं। इस अनुभव के बाद जो रास्ता पकड़ना चाहिए, अब उसी राह पर हूँ।

भगवान तुम्हारा भला करें। रोने से अच्छा काम यह है कि हिसाब सरकार को भेज दो और कॉपी मुझे दो।

तुम्हारा
रामधारी

[172]

पटना-16
4-9-72

प्रियवर,*

तुम्हारा 29 का पत्र आज मिला। मैं 11 को काशी और 16 को वहीं से प्रयाग जाऊँगा।

मुकुट को मैंने वचन दिया है कि 23 को मैं बरौनी स्कूल जाऊँगा। लेकिन अगर बम्बई जाना पड़ा तो कुछ आगे-पीछे हो सकता है। उससे मिलकर कहो कि मेरे पत्र की वह प्रतीक्षा करे। उसका पूरा पता मुझे मालूम नहीं है। तुम्हें मालूम हो तो अवश्य मुझे लिखो।

तुम्हारा
रामधारी

[173]

पटना-16
6-9-72

प्रिय शिव,

कल का पत्र मिला होगा। मैं 11 से 15 तक काशी और प्रयाग रहूँगा। 16 से यहीं रहूँगा। अब प्रोग्राम निश्चित हो गया। 22 को मैं 12 बजे की ट्रेन से सिमरिया के लिए चलूँगा। मोकामा से सिमरिया तक की व्यवस्था क्या होगी? अगर कोई व्यवस्था नहीं हो सके तो तुम उस ट्रेन में मोकामा आ जाओ। तब ट्रेन से ही गाँव

* अनुमानतः शिवकुमार शर्मा के नाम

चलेंगे। 22 और 23 की रात मैं गाँव में बिताऊँगा। बिछावन और मसहरी लाना है या नहीं, यह बात तुम नरेश से पूछकर लिखोगे। मुकुट से कह देना कि वह मुझे लिखे कि सभा उसकी कब होगी।

तुम्हारा
रामधारी

[174]

पटना-16
18-9-72

प्रिय शिव,

22 को मैं 12 बजेवाली गाड़ी से चलूँगा। अरविन्द को भी साथ ला रहा हूँ। मुकुट को भी लिखा है कि गाड़ी का बन्दोबस्त मोकामा से करें। मगर उस बारे में मुझे शंका है। तुम मोकामा में मिलोगे, ऐसी आशा करता हूँ। गाड़ी हो या न हो। सुना है, बरौनी में अच्छा घी 14 रुपए किलो मिलता है। मुकुट को लिखा है कि एक टिन पैक करवाकर रखे। दाम आने पर दे दूँगा।

तुम्हारा
रामधारी

78
आचार्य शिवपूजन सहाय

[1]

सब-रजिस्ट्री ऑफिस
पो. जयनगर, दरभंगा
2-11-34

भाई साहब,

नमस्कार!

मैं कोई पाँच-छह दिनों से इस ऑफिस में सब-रजिस्ट्रार के पद पर काम कर रहा हूँ। आपसे मिलने को बड़ा उत्सुक हूँ। कृपया लौटती डाक से लिखें कि आप अगली दिवाली की छुट्टियों में घर जाते हैं या नहीं। अगर आप ऑफिस में रहें तो मैं दिन की ट्रेन से आपसे मिलने आऊँ।

आपका भेजा 'चार बालक' घूमते-घामते आज यहीं मिला।

मैंने आपके उत्तर की बड़ी प्रतीक्षा की थी।

आपका
रामधारी सिंह 'दिनकर'

[2]

जयनगर
13-12-34

बालक-सम्पादक जी,

सप्रेम बन्दे!

आपका पत्र कल आया। 15 तारीख तक की पाबन्दी आसान नहीं जबकि चिट्ठी 12 को मिलती हो। लेकिन मैं भी "जैसा कुछ हो सका आपका यह आज्ञापालन है लीजे। भारतेन्दु की पुण्य-स्मृति में इसे आप ही अर्पित कीजे।" आशा है, बालक इसे पसन्द करेंगे।

मैं निकट भविष्य में दरभंगे आ रहा हूँ। आपसे मिलूँगा। विशेष कृपा।

आपका भाई
रामधारी सिंह 'दिनकर'

[3]

पो. ऑ. दलसिंगसराय
26-3-35

भाई शिवपूजन जी,

जय शिव!

आपका कार्ड आज मिला। किस्मत को देखिए कहाँ टूटी है जा कमन्द, दो हाथ सिर्फ जब के लबे बाम रह गया। नीचे पं. नन्दकिशोर तिवारी जी की एक चिट्ठी का उद्धरण दे रहा हूँ, जो अभी-अभी मिली है।

"...आपको एक अत्यन्त आवश्यक कार्य के लिए कष्ट दे रहा हूँ। आप अपनी पहली किताब धनराज को दे दीजिए, चाहे जैसे भी हो। उसके लिए जो कुछ पुरस्कार सम्भव है, आपको मिल जायगा। मैं जानता हूँ उसे आपने लहेरियासरायवालों को दे दी है। वे लोग भी मेरे मित्र हैं। भाई रामलोचन शरण जी और शिवजूजन मेरे अपने लोगों में हैं। फिर भी धनराज की आवश्यकता भाई रामलोचन शरण जी से अधिक हैं। इसी विचार से यह लिख रहा हूँ।"

लौटती डाक से आप उत्तर दें। धनराज यहाँ बैठे हैं जब यह पत्र लिख रहा हूँ। धनराज की इच्छा न थी मैं आपको उनके स्वार्थ के लिए लिखूँ।...यदि आवश्यकता समझें तो भाई रामलोचन शरण जी को यह पत्र दिखा दें। उन्हें मेरी ओर से आग्रह करेंगे। उन्हें तथा शिवपूजन को मेरा आशीष कह देंगे।

मैंने उत्तर में लिखा है–कि उसकी छपाई के सम्बन्ध में लहेरियासरायवाले बहुत कुछ कर चुके हैं। कागज आ चुका है। हेड और टेल पीस बन चुके हैं। तिरंगे चित्र भी बन रहे हैं।...इसलिए मैंने अब हस्तक्षेप करना उचित नहीं समझा था। किन्तु, आपके इस फरमान के खिलाफ जाने की हिम्मत मुझ में नहीं है। मुझे मालूम है कि शिवपूजन जी आप पर बड़ी भक्ति और प्रेम रखते हैं। मैं सारी की सारी बातें शिवपूजन जी को लिख रहा हूँ।

मैं सोचता हूँ अब क्या होगा। पं. धनराज शर्मा मेरे अनन्य मित्रों में से हैं। वे फार्म खोल रहे हैं। तिवारी जी की इज्जत कौन नहीं करेगा? एक तरफ ये आते हैं। दूसरी तरफ शिवपूजन जी हैं, जिनकी देख-रेख में पुस्तक अत्यन्त सुन्दर और शुद्ध छपेगी। मैं कुछ कह नहीं सकता। आप अगर मेरी परिस्थिति में होते तो क्या करते। उत्तर एकदम गुप्त रहेगा।

तुम्हारा
रामधारी

पुनश्च–

मैं शनिश्चर को दरभंगा आ जाता किन्तु उस रोज शायद मुझे पटने जाना है।

आपका उत्तर मुझे शनिश्चर तक मिल जाना चाहिए। किसी भी प्रकार का उत्तर जरूर दें। फिर पीछे सोचूँगा। आप यह विचार छोड़ दें कि आपकी बातों की कीमत वही होगी, जो मास्टर साहब के किसी और आदमी की। मेरे हक में क्या अच्छा होगा?

रामधारी

[4]

दलसिंगसराय
14-5-35

श्रद्धेय भाई शिवपूजन जी,

प्रणाम!

आपकी चिट्ठी मिली। मैंने तो आपसे पुरस्कार के Rate के बारे में साफ-साफ कह दिया था। आपने जो कुछ लिखा मुझे निराशा हुई। खैर, जाने दीजिए। मैंने दूसरी तरह से काम चला लिया। अब बात रही प्रकाशन की। पुस्तक लहेरियासराय में प्रकाशित होगी ही! अब जब तक पुस्तक के प्रकाशन के बाद की परिस्थिति नहीं देख लूँगा, लेन-देन की बात नहीं करूँगा। यह लेन-देन का बखेड़ा बड़ा बुरा है। मैं कुछ नहीं लेना ही अच्छा समझता हूँ।

मास्टर साहब ने कुछ लिखने को कहा था। वह जा रहा है। आशा है, पसन्द आएगा। जुबिली अंक के लिए बधाई। एक आदमी उड़ा ले गए हैं। मिलने पर पढ़ूँगा और पढ़ने पर लिखूँगा।

आशा है, आप सपरिवार प्रसन्न हैं। देखें, आपकी दाल मुझे कब बुलाती है।

आपका भाई
रामधारी

[5]

25-5-35

भाई शिवपूजन जी,

प्रणाम!

सम्मेलन की चर्चा मिलने पर छान-बीन की। उसका विवरण मास्टर साहब को लिख रहा हूँ। मैं बड़ी कोशिश में हूँ कि कब समय मिले कि जुबिली अंक की चिन्ता करूँ। मुझे एक दिन भी आराम नहीं रह रहा है। आपके सामने लज्जित हूँ।

मैं मास्टर साहब को लिख रहा हूँ कि मुझे 100 रु. की तत्काल आवश्यकता है। एक छोटा-सा दालान दे रहा हूँ, उसका काम धनाभाव के कारण रुकना चाहता है। अगर इस अवसर पर मास्टर साहब मेरे प्रस्ताव पर शीघ्रतापूर्वक विचार करते तो बड़ी कृपा होती।

आपका भाई
रामधारी

[6]

मुँगेर
28-8-35

भैया जी,

जय शंकर!

आज मेरे ट्रांसफर का ऑर्डर आया है। मैं दरभंगा जिलान्तर्गत दलसिंगसराय के ऑफिस का चार्ज 1 मार्च को लेता हूँ। कृपया उत्तर उसी पते पर दें। अगर आप समझें कि चिट्ठी मुझे इसी महीने के अन्त तक मिल जाएगी तो आप सिमिरिया घाट के पते पर उत्तर दें।

आशा है, आप सकुशल हैं।

आपका भाई
दिनकर

[7]

26-9-35

भाई शिवपूजन जी,

नमस्कार!

मैं पटने से 22 को चला आया। तब तक भूमिका आधी भर लिखी गई थी। उद्धरणों के लिए रेणुका का गवेषणात्मक पाठ हो रहा था। माखनलाल जी ने कहा कि मैं इसे पूरी लिख चुकने पर यहाँ से जाऊँगा। मुझे तो जल्दी थी, बेनीपुरी से कह दिया था कि ज्यों ही भूमिका तैयार हो, दरभंगे रवाना कर दो। आशा है, भूमिका अब तक आपको मिल गई होगी। अगर नहीं तो दो-एक दिनों में अवश्य मिल जायगी।

आप अपने हाथ के सारे काम खत्म कर दें। दोरंगी छपाई 30 तक तो जरूर खत्म कर दीजिए। कारण, मैं पहली अक्टूबर को आपसे मिलता हूँ और चाहता हूँ कि उस रोज मुझे कम-से-कम दस प्रतियाँ तो जरूर मिल जानी चाहिए।

एक मुख्य बात और। उस रोज लाइन ब्लॉक्स के नमूने देखते हुए मुझे परदेशी कविता का हेड पीस कुछ पसन्द नहीं आया। उसमें शायद एक साधु का चित्र है, जो दुनियावालों की ओर से भागा जा रहा है। यह तो बिलकुल prosaic idea है। उसे, अगर वह यही हो जो याद है, हटा देंगे। उसकी जगह और कोई ब्लॉक छाप दें। चुनाव आपकी रुचि पर है। नया बनवाने की जरूरत नहीं। बने हुए में से ही कोई फिट कर जायगा।

आशा है, आप प्रसन्न हैं। 'रेणुका' की एक कॉपी जल्दी ही बनारसी दास जी को मिलनी चाहिए। नेपाली जी की 'रागिनी' जगदीश ने छापी है और उसका कहना है कि

जब तक 'रेणुका' प्रकाशित होगी तब तक 'रागिनी' का दूसरा संस्करण होगा। इसका भी हमें ध्यान है न?

30 होकर मेरा कोर्ट 12 दिनों के लिए बन्द हो जायगा।

आपका
रामधारी

[8]

पो. ऑ. सहरसा
21-6-37

प्रिय भाई जी,

बन्दे!

आपका उत्तर मिला। सुलतानगंज में त्रिवेदी जी से मालूम हुआ था कि बेचारे आनन्द पर फिर से शीतला का प्रकोप हुआ है। उसके बाद आपने भी लिखा। भगवान की इच्छा कि आप जैसे सरल जीव भी विपत्ति से नहीं बचते। सुना था कि जिसे एक बार शीतला हो जाती है, दूसरी बार उसे नहीं हो सकती। क्या आनन्द के सिवा और किसी बच्चे को बीमारी हुई थी? विनोदन अच्छी रही तो? स्पष्ट लिखेंगे। अब वे लोग कैसे हैं। सिद्धि घर गए हुए हैं, यह भी रामगोविन्द जी से मालूम हुआ था।

मुँगेर D. B. के Education Clerk से कल भेंट हुई। उसने मुझसे कहा कि 60 प्रतियाँ 'रेणुका' की जिले के स्कूलों में खरीदी गई हैं। D. B. ने सभी का बिल भी चुका दिया। किन्तु सारी पुस्तकें पुस्तक भंडार से एक बार ही नहीं खरीदी गईं। उन लोगों ने हर स्कूल में रेणुका को compulsory बना दिया। स्कूल के अध्यापकों को जहाँ-जहाँ सुविधा हुई वहाँ-वहाँ से पुस्तकें खरीदकर बिल D.B. को भेज दिया। आपको स्मरण होगा, मैंने पर साल आपको या मैनेजर साहब को लिखा था कि भंडार अपने एजेंटों के द्वारा स्कूलों को पुस्तकें सप्लाई कर दे तो समय पर बिल भेजकर भंडार थोक रुपए पा जाएगा। मगर भंडार ने मेरी बातों पर ध्यान नहीं दिया।

भागलपुर D. B. के Special Officer से मिला। 'रेणुका' की प्रति भेंट की। उन्होंने प्रसन्नतापूर्वक स्वीकृति दे दी है। भंडार को चाहिए कि एक दरखास्त fomally भेज दे जिसमें इस बात का जिक्र रहे कि 'रेणुका' की कॉपियाँ स्कूल में इनाम देने तथा पुस्तकालय सजाने के लिए मुँगेर और मुजफ्फरपुर D. B. ने खरीदी है। यह भी लिख दिया जाएगा कि author आपसे मिलकर बात कर चुके हैं, जो शायद आपको याद होगा और उन्हीं के instance से यह प्रार्थना-पत्र आपकी सेवा में जा रहा है। पत्र अंग्रेजी में तो जायगा ही, application जाने की सूचना मुझे मिलनी चाहिए। तब मैं उनसे फिर मिलकर direct purchase करने कहूँगा।

'दीगर हाल' यह है कि 'रसवन्ती' को युगान्तर मन्दिर प्रकाशित कर रहा है। आज से मैं उसकी प्रेस कॉपी तैयार करने में लग जाऊँगा। आशा है, एक सप्ताह में कापी तैयार हो जायगी। भादों तक पुस्तक आउट हो जायगी। आप महारथी भाई से मेरी ओर से अनुरोध करेंगे कि रसवन्ती के नामानुकूल एक दोरंगा चित्र बना देने की कृपा और शीघ्रता करें, जो टाइटिल पेज पर दिया जायगा। चित्र में क्या भाव होना चाहिए, इसके लिए आप दोनों महारथियों की रुचि ही श्रेष्ठ होगी। सुधांशु जी ने कहा कि एक सुन्दरी हाथों में पात्र लेकर किसी वृक्ष या लता के नीचे खड़ी हो। वृक्ष से कुछ बूँदें टपककर पृथ्वी पर भी गिर रही हों। किन्तु मेरे विचार से इसमें हालावाद की बू आती है। आप विचार करेंगे। मेरी 'रसवन्ती' शराब नहीं पीती। वह तो मुक्त कुन्तला चिरविरहिणी नायिका-सी है जो वृक्षों, दूबों, तलहटी, नदी के किनारे और खँडहरों में कुछ खोजती-सी फिरती है। शीर्षक कविता में मैंने कहा है–'पन्थ में दूर्वा से सज तुम्हें, पिन्हाया गंगा का जलहार। शीश पर हिम किरीट रख किया, देश की मिट्टी से शृंगार। विमूर्च्छित हुई तपोवन बीच, कराया निर्झर का जल पान। बोधि तरु की छाया में बाँह, हुई शुचि बनकर तब उपधान।' आप विशाल भारत के अप्रैलवाले अंक में उसे पढ़ लीजिएगा और चित्र शीघ्र बनवा दीजिएगा। पूरा रंग नहीं रहे। दोनों रंग रेखाओं में ही भरे जाएँ। रेखाचित्र अधिक गम्भीर होगा। शेष कुशल है।

आशा है, आप महारथी जी तथा दत्त जी मेरी याद करते होंगे। और जो suggestion देने हों, शीघ्र देंगे। मैं तो निरा अनभिज्ञ हूँ।

बालक यहीं भेजिए।

आपका विनीत भाई

दिनकर

[9]

सासाराम

15-8-38

प्रिय भाई जी,

जय शंकर!

जहाँ तक सम्भव, था संशोधन कर दिया गया। हिमालय पर नश्तर लगाते समय 'डस रहे चतुर्दिक विविध व्याल' से अच्छी पंक्ति मिली ही नहीं। पुस्तक और लिस्ट दोनों को मिलाकर पढ़िए और अपनी रुचि के अनुसार सारी गलतियाँ सुधार लीजिए। तू और तुम का बेतुका मेल खटकता था इसलिए उसे दूर कर दिया है। अब शायद व्याकरण की भद्दी भूलें नहीं रह गई हैं: आप कम से कम 3 घंटे संशोधन में लगाने की कृपा करें।

छपाई के विषय में आप और महारथी जी हैं ही, मुझे कुछ करना नहीं रह जाता।

तो भी आवरण पर का चित्र कुछ स्थूल है। उजले या हलके रंग के आवरण (कागज) पर रेखाचित्र रहता तो अधिक सुन्दर होता। क्या इसका आकार छोटा नहीं किया जा सकता? दाम दो रुपए रख रहे हैं तो पृष्ठ संख्या कम-से-कम 150 होनी चाहिए और कागज भी ऐसा होना चाहिए कि 2 रु. के लायक हो, आकार भी भारी-भरकम हो: छपाई को घनी रखना अच्छा नहीं लगता। उसे अधिक पतली कर दीजिएगा।

एक पन्ने में 12-15 पंक्तियाँ। वैभव की समाधि कविता की छपाई पर एतराज था कि पद आमने-सामने पढ़े जाएँ या ऊपर-नीचे। इसका कुछ उपाए होना चाहिए।

मैंने चार नई कविताएँ, जो 1935 में लिखी गई थीं और जिनका रंग-रूप 'रेणुका' से मिलता-जुलता था इस बार मिला दी हैं। श्रान्त-गीत हलका-सा लगा, अतएव उसे हटा दिया। धूल के हीरे कोई 80-85 हो गए। उन्हें स्वतन्त्र पुस्तक के रूप में छपाना चाहता हूँ। अतएव रेणुका में रखना अच्छा नहीं लगा। एक ही कविता दो पुस्तकों में रखने से दोनों हलकी लगेंगी।

भूमिका कुछ भद्दी-सी ही रही। मैंने कुछ अंश काट दिया है। उसे न छापिए। अगर यह अनधिकार चेष्टा साबित हो तो लिखेंगे।

कविताओं का क्रम नए ढंग से सजाया गया है।

चार नई कविताएँ जोड़ने के लिए प्रकाशक का वक्तव्य देना होगा। शेष बातें आप देख ही लेंगे। बालकवाली कविता में सत्येन्द्र दत्त का नाम न देने से भी काम चल जायगा। लेकिन देने से कोई क्षति नहीं सिर्फ अनुवाद का प्रचार होगा।

'रेणुका' का नया संस्करण कब तक निकाल देने की आपको आशा है।

आपका
दिनकर

[10]

सीतामढ़ी (कोर्ट)
22-4-39

बन्धुवर,

प्रणाम!

आपका पत्र मिला। 'रेणुका' के प्रथम संस्करण में कुछ न लिखा तो अब भी नहीं लिखूँगा। कृपा करके आप ही अपने नाम से अथवा प्रकाशक की ओर से कुछ लिख दीजिए। आपके नाम से रहे तो अपना अहोभाग्य समझूँगा। आशा है, मेरी प्रार्थना अस्वीकृत नहीं होगी।

'प्रेम का सौदा' 'वैभव की समाधि से' ठीक पहले रखिए। यदि मेरे विलम्ब के कारण पहले ही छाप चुके हों तो भी ठीक है।

'रसवन्ती' के लिए एकाध कविता और सूझ गई है। उसे लिख लेमे दीजिए।

बेनीपुरी उसे भी छापना चाहता है। लेकिन कई कारणों से मैं उसे पुस्तक भंडार में ही छपाने के पक्ष में हूँ। शीघ्र ही आपसे मिलने को लहेरियासराय आऊँगा। उसी समय शायद कॉपी भी साथ लाऊँगा।

विशेषांक कब निकल रहा है? क्या अगले सप्ताह तक समय रहेगा?

इधर बड़ा व्यस्त रहा। घर पर छोटे बच्चे की हालत अब-तब की हो रही थी। अब अच्छा है। यहाँ आने पर भी अभी तक अव्यवस्था ही है। दो-चार दिनों में निश्चिन्त हो सकने की आशा करता हूँ। सीतामढ़ी अच्छी जगह मालूम पड़ती है। जलवायु की काफी तारीफ सुन रहा हूँ।

उत्तर देने की कृपा करें।

आपका
रामधारी

[11]

स्थान--सीतामढ़ी (कोर्ट)

प्रिय भाई शिवपूजन जी,

प्रणाम!

क्षमा-प्रार्थना के लिए यह पत्र लिखना था लेकिन काफी देर हो गई। मैं साहित्य गोष्ठी में शामिल नहीं हो सका, इसका कारण यह था कि मैं जिस ट्रेन से चलना चाहता था वह छूट गई। लाचारी टिकट को Invalid करके via मुजफ्फरपुर लौटना पड़ा। यात्रा ऐसी बुरी थी कि समस्तीपुर में किसी सज्जन के असबाब के साथ मेरा सूटकेस भी उतर गया। मुजफ्फरपुर से फोन करवाकर पता लगा। 29 को आठ बजे ऑफिस पहुँचा। फिर उसी दिन शाम को सूटकेस लाने समस्तीपुर चला गया। सभी सामान मिल गए सिवा एक फाउंटेन पेन के, जो शायद Staff में से किसी ने निकाल ली। आशा है, मेरी विवशता के लिए क्षमा करेंगे।

उसी दिन घर जाकर मैंने समयोचित प्रबन्ध कर लिया। अब इस कोशिश में हूँ कि पुस्तक लेकर शीघ्र ही आ जाऊँ। क्या करूँ? यहाँ भी काम बढ़ा हुआ है। रोज समय बचाना चाहता हूँ पर किसी रोज बचा नहीं सकता। इसी कारण थोड़ा-सा काम बाकी बच रहा है। अब सीजन खत्म होने लगा है और मैं आशा करता हूँ कि इस महीने में ही मैं कॉपी लेकर हाजिर हो जाऊँगा।

द्विवेदी अंक के लिए बहुत-बहुत बधाइयाँ। बालक ने इस मामले में अपना बढ़िया रिकॉर्ड बना लिया है। मुझे वह अंक बहुत उपयोगी जँचा। फिर से बधाई स्वीकार कीजिए।

आशा है, आप प्रसन्न हैं।

आपका
दिनकर

[12]

सीतामढ़ी (कोर्ट)
11-9-39

मान्यवर बन्धु,

सादर नमस्कार!

आशा है, 'रेणुका' का छपना खत्म हो गया होगा। यह भी आशा करता हूँ कि 'रसवन्ती' और 'द्वन्द्व गीत' में हाथ लग रहा होगा। 'रसवन्ती' तो ओवरड्यू है। अगर वह अक्तूबर तक नहीं निकली तो फिर 1940 के अक्तूबर में ही निकल सकेगी। अतएव आपको उसके लिए शीघ्रता करने की याद दिलाता हूँ।

'द्वन्द्व गीत', सारी पुस्तक Italics में छपना चाहिए। 'कामायनी' की तरह उसको Arrange करना होगा। कृपया इसे ध्यान में रखेंगे।

उत्तर दीजिए।

'द्वन्द्व गीत' के दोनों बाकी पद जा रहे हैं। पुस्तक में जहाँ द्वन्द्व की जगह द्वन्द रह गया हो, उसे सुधार देंगे।

आपका
दिनकर

[13]

सीतामढ़ी कोर्ट
23-9-39

मान्यवर शिवपूजन जी,

जय शंकर!

किस्मत को देखिए कहाँ टूटी है जा कमन्द। दो हाथ सिर्फ जब के लबे बाम रह गया।

शनिवार की छुट्टी का ऑर्डर कल तक को, मेरी आशा के अनुसार ही आ गया था। आज चार बजे से चलने की मैं तैयारी भी कर चुका था लेकिन अचानक कलक्टर का तार आया कि कल कोर्ट बन्द नहीं रहेंगे। लाचारी है कि वादा के मुताबिक आ नहीं सकता।

'द्वन्द्व गीत' और 'रसवन्ती' की कॉपियाँ बिलकुल तैयार हो चुकी हैं। आज उन्हें भी लेकर आता। अब अगले रविवार अथवा शनिवार की शाम को आ सकता हूँ। मेरे आने के बारे में श्रद्धेय मास्टर साहब को सूचना दे देने की कृपा करेंगे। मेरे लिए तो प्रबन्ध पहले से ही किया-कराया रखा हुआ होगा। उसकी याद क्यों दिलाऊँ?

रविवार को बनारस जा रहा हूँ। बुध की रात या बृहस्पति के प्रातः लौटूँगा। लौटने पर डेरे में आपके पत्र की प्रतीक्षा करूँगा। सो जान रखें।

द्वन्द या द्वन्द्व? शुद्ध रूप तो द्वन्द्व ही है। तो क्या द्वन्द्व गीत ही ठीक होगा? द्वन्द्व गीत के लिए कोई उपाय नहीं हो सकता? द्वन्द्व की अपेक्षा द्वन्द सरल और कुछ मधुर भी मालूम पड़ता है और मुझे इस अशुद्ध रूप से कुछ मोह सा हो गया है। क्या इसे छोड़कर शुद्ध द्वन्द्व को ही ग्रहण करना होगा?

आपका
दिनकर

[14]

पो. ऑ. सीतामढ़ी (कोर्ट)
7-10-39

मान्यवर,

प्रणाम!

आगामी 13 नवम्बर को समस्तीपुर के छात्र परिषद् का उत्सव होनेवाला है। उस अवसर पर आपको वहाँ चलना पड़ेगा। इसकी सूचना अभी से दे देता हूँ। एक दिन का समय लगेगा। दरभंगे से समस्तीपुर आना-जाना तो कोई बात ही नहीं है।

सुना है, रेणुका छपकर तैयार है। शायद कवर अभी तक नहीं आया है। मैं 16 की रात में काशी जाना चाहता हूँ। अगर सम्भव हो तो चार कॉपियाँ—जैसी भी अवस्था में—मेरे पास भिजवा दें। गुप्त जी आदि दो-तीन कवियों को Present कर दूँगा।

रसवन्ती और द्वन्द्व गीत का क्या हुआ? वे पुस्तकें छपेंगी या नहीं? श्रद्धेय मास्टर साहब से निवेदन करके लिखेंगे कि जिस रकम के लिए पूजा के अवसर पर आना ठीक हुआ था, उसके लिए मैं कब आऊँ। क्या किसी भी दिन 6 बजे शाम को पहुँचने से काम चल जायगा?

उत्तर दीजिएगा।

आपका
दिनकर

[15]

पटना
8-2-41 (नौ बजे रात)

मान्यवर,

मैं निश्चिन्त था कि छपरा जाना है, इसलिए लखनऊ नहीं जाऊँगा। कल शाम को मालूम हुआ कि आपने सभा स्थगित कर दी। आज शाम को आपकी चिट्ठी मिली जिससे मालूम हुआ कि लखनऊ की बाधा से ही आपको उत्सव रोकना पड़ा है।

लिहाजा, लाचार होकर अभी लखनऊ प्रस्थान कर रहा हूँ। शायद, कल दोपहर तक पहुँच जाऊँगा और उनकी एकाध सभा में सम्मिलित हो सकूँगा।

रुपए नहीं मिले हैं। शायद जयनाथ जी के पास हों। ईश्वरेच्छा गरीयसी। क्या जाने, मेरा छपरा जाना भगवान को क्यों पसन्द नहीं है।

आपका
दिनकर

[16]

पटना
26-2-41

मान्यवर,

'हिमालय' के लिए मैंने एक लेख तैयार किया है, 'पाकिस्तान के पीछे साहित्य का हाथ'। लेख अच्छा उतरा है। क्या उसे छपरा भेज दूँ?

टेढ़े-मेढ़े रास्ते की विस्तृत आलोचना आज दे दी है। वह आठवें अंक में चली जायगी।

और जो आज्ञा हो, लिखी जाय।

विनीत
दिनकर

[17]

सीतामढ़ी कोर्ट
15-10-41

प्रिय शिवपूजन जी,

प्रणाम!

आपको विस्मय होगा कि मैंने कविता क्यों नहीं भेजी। बात यह हुई कि जिस दिन ऑफिस खुला उसी दिन I. R. O. पहुँच गए और प्रायः तीन दिनों तक मुआयना के सिलसिले में यहीं डटे रहे। उनके बाद ही कलक्टर साहब का आगमन हुआ और वे अब तक यहीं हैं। मेरे लिए वातावरण अच्छा नहीं रहा। फिर, बहुत लिख चुकने के कारण ऐतिहासिक कविताएँ लिखने में अब कठिनाई भी होती है। जैसी कुछ बन पड़ीं सामने हैं। मैं इतना कहूँगा कि यह छन्द अब छूने लायक नहीं रहा। शेष ठीक है। आज यह विचार हुआ था कि इस कविता को निचोड़कर दूसरे छन्द में कलिंग विजय पर कुछ लिखूँ। लेकिन देर हो रही है इसलिए उस विचार को छोड़ता हूँ।

पत्र लिखिए कि यह ठीक उतरी है या नहीं। शनिवार की शाम को बाहर निकल जाऊँगा। अतएव उत्तर पहले ही आना चाहिए।

आपका
दिनकर

[18]

सीतामढ़ी कोर्ट
7-2-42

प्रिय शिवपूजन जी,

प्रणाम!

पत्र मिला। धन्यवाद। 8 मार्च तो होली की छुट्टियों के बाद ही पड़ता है। क्या 15 मार्चवाला रविवार नहीं रख सकते? अभी तक मैं समझता हूँ कि उस दिन फुर्सत रहेगी और मुझे छपरे आने में कोई खास असुविधा नहीं होगी। 19 फरवरी को श्रद्धेय मास्टर साहब के यहाँ हम लोग मिलेंगे ही। उस समय भी कुछ बात करने का समय मिल जाएगा। शेष कुशल है।

आपका
दिनकर

[19]

सीतामढ़ी कोर्ट
10-3-42

प्रिय शिवपूजन जी,

सप्रेम बन्दे!

22 के लिए मैं आपको वचन दे चुका हूँ और उस पर पूर्ण रूप से दृढ़ हूँ। उसी दिन मधुबनी में प्रदर्शनी के सिलसिले में एक कवि-सम्मेलन हो रहा है, जिसके संयोजक महारथी जी और जगन्नाथ बाबू हैं। इधर हाल में मैं दरभंगे गया था तो उन लोगों से बातें हुईं। फिर मिश्र जी का पत्र भी आया है। लेकिन दरभंगे में मुझे यह याद नहीं रहा कि 22 को मुझे छपरे जाना है।

मैंने सारी परिस्थिति मिश्र जी को लिख दी है। यह भी लिख दिया है कि यह हालत मैं शिव जी को भी लिख रहा हूँ। शायद वे लोग आपसे अनुरोध करेंगे। लेकिन आन्तरिक इच्छा से मैं प्रदर्शनी में भाग लेना नहीं चाहता हूँ।

अगर 22 को आना हुआ तो क्या मैं लिखित भाषण लाऊँगा। लिखेंगे।

आपका
दिनकर

[20]

सीतामढ़ी
14-3-42

प्रिय भाई जी,

सप्रेम बन्दे!

आज शाम को मुजफ्फरपुर जा रहा हूँ। सोमवार को भागलपुर जाऊँगा। आप लिखें कि 22 को आपकी सभा होती है या नहीं। मैं सम्भवतः रविवार की दोपहर को पहुँचूँगा। उधर से Express से चलूँगा। मुजफ्फरपुर के पहले Return ticket तो मिलेगी नहीं क्योंकि इधर से रेलवे और उधर से लारी से आना होगा।

उत्तर देंगे।

आपका
दिनकर

[21]

नरकटियागंज
8-9-43

प्रिय शिव जी,

प्रणाम!

आज मैं चार्ज दे रहा हूँ। कल भोर की गाड़ी से घर जाऊँगा और अगले सोमवार को पटने। मुझे कुछ भी नहीं मालूम है कि मैं किन शर्तों पर क्या करने जा रहा हूँ। कभी-कभी मन उदास हो जाता है। द्विज जी ने सारा दायित्व भाग्य पर छोड़ा था सो ही ठीक है। पटने पहुँचकर दिनचर्या लिखा करूँगा।

अभिभाषण प्रायः तैयार है। घर से भेजकर पटने जाऊँगा। आपको सोमवार-मंगल तक मिल जाएगा।

आपका
दिनकर

[22]

पटना
1-4-44

मान्यवर शिव जी,

प्रणाम!

लज्जित हूँ कि कल आ नहीं सकूँगा। बैंक और खजाने की गड़बड़ी के कारण

ऑफिस की बिल रुकी हुई है। 3 तारीख की सुबह को हाजिर नहीं रहा तो सब भूखों मरेंगे। 4 की सुबह में मुझे बाहर जाना है।

हाथ जोड़कर माफी माँगता हूँ।

आपका
दिनकर

[23]

पटना
12-7-44

मान्यवर शिव जी,

प्रणाम!

आपका एक पत्र मिला था। लेकिन उसके बाद कोई आदमी मुझसे मिलने नहीं आया। इसी बीच में मेरे बड़े भाई साहब के एकमात्र पुत्र की बाँह बुरी तरह से टूट गई। कल उसे अस्पताल से घर लाया हूँ। अभी भी उसका जीवन संकट से खाली नहीं है और हम लोग भय और आशंका से बहुत ही विचलित हैं। ऐसी अवस्था में श्री रामसेवक जी (मेरे बड़े लड़के जो इस पत्र के साथ आपसे मिलने जा रहे हैं) भी संकट में जा फँसे हैं। इन्हें मुनमुन दादा से मिला दीजिए और इन्हें शीघ्र लौटा भी दीजिए। कोई दूसरा आदमी available नहीं है इसलिए इन्हें ही भेज रहा हूँ। आशा है, आप या मुनमुन दादा अन्यथा नहीं मानेंगे। इन्हें अत्यधिक सहायता की जरूरत है। अगर आपके मोर्चे पर ये दस गज भी नहीं बढ़ सके तो सिर्फ इसी कारण से परेशान होंगे। जैसा उचित समझिए, कीजिए। मुझे सिर्फ सूचना देनी थी, सो दे दी।

प्रणाम।

आपका
दिनकर

[24]

कनूलाल रोड, मीठापुर, पटना
25-8-46

मान्यवर शिव जी,

प्रणाम!

कल प्रेस ने लिख भेजा है कि 'मिट्टी की ओर' की छपाई खत्म हो गई। आगे जो कुछ मैटर देना है, वह तुरन्त दे दीजिए।

अतएव प्रार्थना है कि एक पन्ने का आशीर्वाद लौटती डाक से भेज देने की कृपा

करें। आपवाली कॉपी में शायद चार लेख नहीं हैं—मैथिलीशरण, माखनलाल, सियाराम शरणवाला और तुम घर कब आओगे कवि। मगर आप इन्हें देख चुके हैं। इसलिए इनके बिना भी भूमिका लिख दे सकते हैं।

आपका
दिनकर

[25]

पटना
20-1-47

मान्यवर,

पत्र मिला। मुझे तो आना ही चाहिए। आगे भगवदिच्छा।

जगन्नाथ मिश्र जी ने एक आलोचना भेजी है, वह मैंने बेनीपुरी जी को भेज दी है। कह भी दिया है कि वह इस अंक में चली जायगी।

टिप्पणियाँ भी कल दे रहा हूँ।

प्रणाम।

आपका
दिनकर

[26]

हिमालय, पटना
5-3-47

मान्यवर,

प्रणाम!

जैसा कि मैंने आपसे निवेदन किया था, 15-16 को कटरा में एक सांस्कृतिक सभा हो रही है जिसमें हम लोग—बेनीपुरी और मैं जाएँगे। अतएव, राजेन्द्र पुस्तकालय का उत्सव 23 रविवार को रखा जाय।

आपका
दिनकर

[27]

अगस्त
1947

मान्यवर,

प्रणाम!

रांगेय राघव जी की कविताएँ इसी पत्र के साथ जा रही हैं। 15 अगस्त की तैयारी में व्यस्त हो जाने के कारण अन्य कविताएँ (शायद दो-तीन हैं) नहीं देख सका हूँ। देखने पर उन्हें भी भेज दूँगा।

परिस्थिति बदल गई है और मुझे ऐसा भ्रम हो रहा है कि हिमालय को मेरे पूर्ववत् सहयोग की शायद आवश्यकता नहीं होगी। अतएव, जो सेवाएँ मुझसे ली जाती थीं, उनके लिए कोई और प्रबन्ध कर लिया जाय।

आशा है, आप प्रसन्न हैं। प्रणाम।

आपका

दिनकर

[28]

पटना

25-8-1947

श्रीमान्,

हमें यह सूचना देते हुए अपार हर्ष होता है कि बिहार के सुप्रसिद्ध राष्ट्रकर्मी और राजपुरुष श्री अनुग्रह नारायण सिंह, इसी साल, अपने जीवन के साठवें वर्ष में पदार्पण कर रहे हैं।

अनुग्रह बाबू ने पिछले तीस वर्षों में विहार प्रान्त एवं समस्त राष्ट्र की अपरिमेय सेवा की है तथा स्वभावतः ही वे हमारी श्रद्धा और कृतज्ञता के अधिकारी हैं। अतः इस वर्ष उनकी हीरक जयन्ती मनाने तथा उक्त अवसर पर उन्हें एक अभिनन्दन ग्रन्थ भेंट करने का निश्चय किया है।

पिछले तीस वर्षों में हमारे देश ने राजनीति, समाज, साहित्य, विज्ञान एवं संस्कृति के अन्यान्य क्षेत्रों में जो प्रगति की है, हम चाहते हैं कि उसकी स्पष्ट झलक इस ग्रन्थ में आ जाय। पुरातत्व एवं खोज सम्बन्धी प्रायः सभी प्रकार के निबन्धों के साथ-साथ चित्र एवं सुन्दर कविताएँ भी हम इसमें देना चाहते हैं।

अतः आपसे नम्र निवेदन है कि इस विशद ग्रन्थ के उपयुक्त अपना कोई निबन्ध या कविता यथाशीघ्र भेजकर, इस महत् कार्य में हमारी सहायता करें।

ग्रन्थ की सामग्री यथासम्भव शीघ्र ही प्रेस में चली जायगी। अतः हम चाहते हैं कि एक महीने के भीतर आपका लेख हमें प्राप्त हो जाय, जिससे कि हम उसे उचित स्थान पर छाप सकें तथा उसके सम्बन्ध की उचित हेड पीस तैयार करा सकें।

अभिनन्दन समिति ने यह भी निश्चय किया है कि जो विद्वान पारिश्रमिक लेने को तैयार हों, उन्हें यथाशक्ति पारिश्रमिक भी दिया जाय। इस सम्बन्ध में आपका अभिमत जानकर हम कृतार्थ होंगे तथा उसी के अनुरूप हम काम भी करेंगे।

किन्तु प्रत्येक अवस्था में आपका लेख तो हमें एक महीने के भीतर मिल ही जाना चाहिए। बड़ी कृपा हो, अगर यह सूचना दे दें कि लेख लिखने के लिए आपने कौन-सा विषय चुना है।

शीघ्र उत्तर की अभिलाषा में,

विनीत

रामधारी सिंह 'दिनकर'

[29]

कनूलाल रोड, पटना
14-9-48

मान्यवर,

प्रणाम!

अत्यधिक कार्यव्यस्तता के कारण सेवा में कोई पत्र भी नहीं भेज सका और न कुशल-क्षेम ही पूछ सका। आज फिर राँची जा रहा हूँ।

इधर दो भाषण दिए थे। उनकी प्रतियाँ अवलोकनार्थ प्रेषित हैं।

आपका
दिनकर

[30]

हार्डिंग रोड, पटना
6-4-49

मान्यवर,

कृपा-पत्र मिला। मेरी बच्ची की रुख्सती पहली मई को है। उसकी तैयारी के लिए मैं 24 से ही घर पर रहूँगा। अतएव, अन्तिम सप्ताह में तो फुर्सत नहीं दीखती।

ग्रन्थ आपके पास मुँगेर से ही गया होगा या जायगा। आज मैं उन लोगों को पत्र लिख रहा हूँ।

आशा है, उत्सव में अनुपस्थिति के लिए क्षमा करेंगे।

आपका
दिनकर

[31]

सीतामढ़ी (मुजफ्फरपुर)
28 अक्टूबर, 1949

मान्यवर महोदय,

सीतामढ़ी, मुजफ्फरपुर का श्री सनातन धर्म पुस्तकालय बिहार प्रान्त की एक सुप्रसिद्ध सुप्रतिष्ठित संस्था है। पुस्तकालय की रजत जयन्ती के उपलक्ष्य में एक स्मारक ग्रन्थ प्रकाशित किया जानेवाला है, जो आगामी दिसम्बर के अन्त तक प्रकाशित हो जायगा। आपसे विनम्र प्रार्थना है कि इस ग्रन्थ के लिए स्वेच्छानुसार कोई लेख या कविता शीघ्रातिशीघ्र निम्नलिखित पते पर भेजने की कृपा करें। इस कृपा के लिए संस्था आपका असीम आभार मानेगी।

भवदीय
रामधारी सिंह 'दिनकर'

[32]

31-12-49

मान्यवर शिव जी,

मैं कल एक बात कहना भूल गया कि शनिवार 9 बजे भोर में अशोक सिनेमा हाउस में हम लोगों के विभागीय सिनेमा का प्रदर्शन होगा, जिसके लिए मैंने कई अफसरों को बुलाया है। उसमें मेरा रहना आवश्यक है। अतएव, मैं सिनेमा देखकर साढ़े नौ बजे प्रस्थान कर सकूँगा। यह प्रदर्शन कुल आधे घंटे का होगा।

आपका
दिनकर

[33]

लंगट सिंह कॉलेज, मुजफ्फरपुर
16-1-51

मान्यवर शिव जी,

हम लोग कॉलेज लाइब्रेरी के लिए नागरी प्रचारिणी पत्रिका के कुल अंक खरीदना चाहते हैं। अगर आपकी जानकारी में कहीं सभी अथवा अधिकांश अंक भी उपलब्ध हों तो कृपया सूचित कीजिए। हम लोग किसी प्रकार भी सारे अंक खरीदना चाहते हैं।

आपका
दिनकर

[34]

मुजफ्फरपुर
8-3-51

मान्यवर शिव जी,

तार कल शाम को मिला। कॉलेज की अध्यापकी में कविता के लिए अवकाश सीमित है। कई दिन समाधि में गया मगर कोई चीज हाथ नहीं लगी। आखिर एक कविता किसी प्रकार बन गई, जो साथ भेज रहा हूँ। उसे छपवा लीजिए। मैं भी छपी प्रति से ही पढ़ूँगा। आपने सम्मान तो मुझे बहुत बड़ा देना चाहा मगर यथेष्ट रूप से गम्भीर समाधि में जाने का संयोग मुझे नहीं मिला।

मैं 9 की मीटिंग में पहुँच नहीं सकूँगा। 10 की मीटिंग में अवश्य आऊँगा।

शेष मिलने पर।

विनयावनत
दिनकर

[35]

52, साउथ एवेन्यू
नई दिल्ली
23-3-51

मान्यवर,

प्रणाम!

पत्र मिला। समाचार ज्ञात हुआ। अभी जो समय बीत रहा है, उसमें उनसे ऐसी बातें कहना ठीक नहीं लगता। भगवान भविष्य निश्चित कर दें। तब सोचूँगा।

मैं 2 अप्रैल को पटने रहूँगा और ठीक 7 अप्रैल से ही यहाँ फिल्म पुरस्कार का कार्य आरम्भ होगा। उसमें रहना होगा। अतएव, इस वर्ष तो परिषद् से अनुपस्थित ही रहूँगा। शेष कुशल है। वीरेन्द्र से बातें करूँगा।

आपका
दिनकर

[36]

लंगट सिंह कॉलेज
मुजफ्फरपुर
19-7-51

मान्यवर शिव जी,

आपके पास जो बिल भेजा गया है, उस पर Counter signature आपको ही करना पड़ेगा। यहाँ की ट्रेजरी के लिए नमूने के जो दस्तखत आप भेजेंगे, उन पर भी D.P.I. को Attestation होना चाहिए। सेक्रेरिएट में पूछवा लीजिएगा।

आपका
दिनकर

[37]

मुजफ्फरपुर
15-1-52

मान्यवर,

प्रणाम!

दस्ती चिट्ठी मिली। परिमल में आने की इच्छा थी। लेकिन, अब जब 24 को संचालक मंडल की बैठक हो रही है और उसमें आना आप अनिवार्य बताते हैं तब 19-20 को पटना जाना या वहाँ रहना सम्भव नहीं है। अतएव, 24 को ही आपके दर्शन करूँगा। वह चीज भी साथ ही लाऊँगा और समय रहते आपको सुपुर्द कर दूँगा।

आपका
दिनकर

[38]

12, ई. फिरोजशाह रोड
नई दिल्ली
30-5-52

मान्यवर शिव जी,

प्रणाम!

पत्र मिला। बहुत उत्साह बढ़ा। हिन्दी में भाषण की यहाँ विशेष महत्ता नहीं है। राजेन्द्र बाबू, जवाहरलाल, टंडन जी, ऐसे लोगों के ही हिन्दी भाषणों पर यहाँ ध्यान दिया जाता है। रिपोर्टरों का जो रुख है, उसके कारण भी लोग अंग्रेजी में ही भाषण देना पसन्द करते हैं। मैं अब तक एक ही बार बोल सका हूँ और उस दिन पचासों सज्जनों ने मुझे बधाइयाँ भी दीं। मगर पी.टी.आई. ने सिर्फ पाँच पंक्तियाँ लीं और सर्चलाइट ने उनमें भी मिनहा कर दिया। इस दृष्टि से हम लोगों का यहाँ आना बहुत ठीक हुआ है। संघर्ष करना पड़ेगा मगर पश्चात्पाद होने की बात नहीं है। आप लोगों का आशीर्वाद चाहिए।

आपका
दिनकर

[39]

मुजफ्फरपुर
13-6-52

मान्यवर शिव जी,

प्रणाम!

परसों अजन्ता प्रेस में आपका संवाद मिला था। मैं रुक नहीं सकता था, इसलिए, आज्ञापालन में असमर्थ रहा। अब 17 की शाम को आऊँगा तब मुलाकात होगी।

मेरा T.A. Bill आपके ऑफिस में पड़ा होगा। उस पर जो कार्यवाही करनी हो, करके तैयार रखेंगे।

आपका दूसरा पत्र भी दिल्ली में ही मिल गया था।

शेष कुशल है।

आपका
दिनकर

[40]

119, साउथ एवेन्यू, नई दिल्ली
3-5-54

मान्यवर शिव जी,

प्रणाम!

परिषद् की ओर से भेजा गया तार मिला। तार बहुत ही तत्परता से आया, इसलिए सोचता हूँ कि बात आपके ध्यान तक पहुँच गई है। अन्यथा इतनी आतुरता से तार भेजता कौन? तार मिलने के पूर्व ही मैं आचार्य जी को लिख चुका था कि अवधि दिसम्बर तक बढ़ा दी गई है, इसलिए, त्याग-पत्र की स्वीकृति आवश्यक नहीं है।

मैं 22 मई तक पटने आऊँगा। तब दर्शन करूँगा।

आपका
दिनकर

[41]

जेनेवा
22-12-55

प्रिय शिव जी,

वारसा से मैं लन्दन गया था। वहाँ वीरेन्द्र से भेंट हुई। हरदम साथ रहा। सकुशल और प्रसन्न हैं। पेरिस दूतावास के बैग में मैंने एक पत्र पू. अनुग्रह बाबू को भेजा है। उसकी प्रति आपको और छविनाथ जी को भेज रहा हूँ। आप लोग बाबू साहब से फिर मिलिए।

मैं 29 दिसम्बर को बम्बई और 29 को दिल्ली पहुँचूँगा। अभी कैरो जा रहा हूँ। यहाँ के हवाई अड्डे से यह पत्र भेज रहा हूँ।

आपका
दिनकर

[42]

52, सा.ए., नई दिल्ली
17-2-56

मान्यवर शिव जी,

दोनों पत्र मिले। धन्यवाद। अभी सूची नहीं आई है। रामदयाल जी का भी कोई पत्र नहीं आया है। किन्तु, आपके पत्र से मेरा काम चल गया।

पुष्प जी काश्मीरी पर लेख तैयार कर चुके हैं। शायद, आज या कल भेजेंगे। माथुर बाहर चले गए हैं। इसलिए दुग्गल के विषय में बात नहीं हो सकी है। सुहेल ने उर्दू विषयक लेख आपको भेज दिया है।

मैं 23 को प्रातःकाल पटने पहुँच जाऊँगा।

आपका
दिनकर

[43]

52, साउथ एवेन्यू
नई दिल्ली
21-7-56

मान्यवर,

मैं हिन्दी शिक्षा समिति के काम से कल यहाँ आया हूँ। अभी इधर ही रहूँगा। 'नए सुभाषित' तथा 'सीपी और शंख', ये दो काव्य संग्रह कलकत्ते में छप रहे हैं। उस काम से कलकत्ता जाना हो सकता है।

'चक्रवाल' और 'उजली आग' को यदि देख चुके हों तो उनके विषय में दो-दो पंक्तियों की सम्मतियाँ मुझे भेज देने की कृपा करेंगे।

आपका
दिनकर

[44]

12 ई. फिरोजशाह रोड
नई दिल्ली
25-7-56

मान्यवर शिव जी,

महारथी जी ने कहा कि आप फिर बीमार हो गए हैं। यह बड़ी ही चिन्ता का विषय है। कृपया अनूप से एक पत्र लिखवाकर मुझे सूचित करें कि अब अवस्था कैसी है।

आपका
दिनकर

[45]

52 साउथ एवेन्यू
नई दिल्ली
14-11-56

मान्यवर शिव जी,

मैं 20 को कलकत्ते नहीं जा रहा हूँ। तिथि बढ़ गई है। शायद, 12 दिसम्बर को जाऊँगा। इसलिए, शिव जी को अभी वहाँ नहीं जाना है।

पूज्यवर राष्ट्रपति जी से मिला था और अब तक की प्रगति सुना दी है।

शेष कुशल है।

आपका
दिनकर

[46]

52, साउथ एवेन्यू, नई दिल्ली
7-8-57

मान्यवर शिव जी,

प्रणाम!

आज काश्मीर से लौटने पर आपका अत्यन्त उत्साहवर्धक पत्र मिला, हृदय गद्‌गद हो गया। आपको चीजें पसन्द आईं, यह सोचकर लगता है मेरा कलम पकड़ना सार्थक हो गया। और क्या लिखूँ? आपके द्वारा उत्साह पाकर ही कार्य करता रहा हूँ। अब एक बार और जोर से काम करूँगा।

विनीत
दिनकर

[47]

36, वाराणसी घोष स्ट्रीट
कलकत्ता-7
26-12-1960

श्रीमान्,

पंडित श्री किशोरी दास जी वाजपेयी के व्यक्तित्व और कृतित्व पर दो सौ पृष्ठों का एक ग्रन्थ प्रकाशित करने का निश्चय हम लोगों ने किया है। भाषा संस्कार और व्याकरण के क्षेत्र में वाजपेयी जी की सेवाएँ अमूल्य रही हैं, उनकी शैली भी इस दृष्टि से अमूल्य है कि उस पर पाश्चात्य प्रभाव प्रायः नगण्य रहा है तथा उनके प्रयोग प्रामाणिकता के प्रयोग हैं।

उनका व्यक्तित्व भी कम आकर्षक नहीं है। प्रत्येक प्रश्न पर उनकी प्रतिक्रिया एक ऐसे व्यक्ति की प्रतिक्रिया होती है, जिसका कहीं भी कोई निहित स्वार्थ नहीं है। साहित्य और भाषा के अनेक विवादों में उन्होंने तेजस्विता के साथ भाग लिया है और बराबर उन्होंने बातें दो-टूक कही हैं। यह अक्खड़पन उनके स्वभाव की सबसे बड़ी शोभा है।

हम चाहते हैं कि आप अपनी रुचि के अनुसार वाजपेयी जी के व्यक्तित्व अथवा उनके कृतित्व के विषय में एक निबन्ध अवश्य दें।

वाजपेयी जी ने जिन साहित्यिक शास्त्रार्थों में भाग लिया था, उनकी कहानी आज की पीढ़ी के लिए विशेष रूप से रोचक और ज्ञानवर्धक होगी। यदि आप इस विषय में कोई निबन्ध दे सकें तो उससे ग्रन्थ की उपयोगिता में विशेष वृद्धि होगी।

हमें आशा है, इस कार्य में आपका सहयोग हमें प्राप्त होगा और आपका निबन्ध मास के भीतर-भीतर हमें मिल जाएगा।

निवेदक

रामधारी सिंह 'दिनकर'

79

डॉ. शिवप्रसाद सिंह

5, सफदरजंग लेन
नई दिल्ली
7-7-1967

प्रियवर,

यह जानकर प्रसन्नता हुई कि हिन्दी के महास्तम्भ पंडित हजारी प्रसादजी द्विवेदी आगामी श्रावण शुक्ल एकादशी को अपने जीवन का साठवाँ वर्ष पूरा कर रहे हैं तथा काशी के साहित्यिकों ने यह आयोजन किया है कि इस अवसर पर उन्हें एक ग्रन्थ भेंट किया जाय। मुझ पर आरम्भ से ही द्विवेदीजी की कृपा रही है और आरम्भ से ही मैं उन पर श्रद्धा रखता हूँ। विद्वान और लेखक वे आज बे-जोड़ हैं किन्तु मनुष्यता की दृष्टि से भी उनके समकक्ष पहुँचनवाले लोग देश में कम ही होंगे। उन्होंने जो कुछ लिखा है, उसका अधिकांश चिरायु होगा।

बहुत अच्छा होता यदि मैं इसी समय द्विवेदी जी का संस्मरण लिख पाता, किन्तु इन दिनों मेरी मनोदशा खिन्न है अतएव इस मांगलिक अवसर पर मैं मान्यवर हजारीप्रसाद जी को प्रणाम करता हूँ और भगवान से मनाता हूँ कि वे उन्हें शतायु करें।

आपका
रामधारी सिंह 'दिनकर'

80
डॉ. शिवमंगल सिंह 'सुमन'

[1]

पटना
3-9-1952

प्रिय भाई!

यहाँ पटने से 'अवन्तिका' निकलने जा रही है। सुधांशु जी ने तुम्हारे पास पत्र भेजा था मगर तुमने जवाब नहीं दिया। अगर यह रुख रखोगे तब तो हम लोग हो बीते। अतएव, फौरन एक कविता 'अवन्तिका' के प्रथमांक के लिए भेज दो और साथ में अपना एक चित्र भी। कविता और चित्र 10/9 तक अवश्य आ जाने चाहिए।

You must note that this is going to be the leading magazine of Hindi.

उत्तर की आशा में,

तुम्हारा
दिनकर

[2]

मुजफ्फरपुर
19-9-52

प्रिय भाई!

कविता तो तुमने बड़ी लहरदार भेजी। मुझे खूब पसन्द आई। प्रथम अंक में जा रही है। मगर, तुम्हारे तथा कथित प्रगतिवादी मित्र तो इसे महज रोमांटिक कहेंगे। लेकिन नहीं, उनके बीच condemnation कृति का नहीं, कृतिकार का होता है। विश्वास नहीं हो तो दिनकर पर उनका जो मत है, उसकी तुलना उनके महादेवी-विषयक मत से करके देख लो।

'रश्मिरथी' में छूट तो बहुत है, मगर, जो लिखा गया वह काफी है। तुम्हें एक हद तक चीज पसन्द आयी इससे मिजाज बन गया। अभी 18 नवम्बर तक यहीं रहूँगा। बच्चों को प्यार, दुलहिन को आशीर्वाद।

तुम्हारा
दिनकर

[3]

चौधरी टोला, पटना
27-10-53

प्रिय भाई!

मेरी एक पोती तीन साल की है। दूसरी भी हुई है, जिसकी आज छठी है। शाम को श्रीमती जी ने गरम दूध से अपना चेहरा जला लिया। उनका उपचार चल रहा है। इस प्रकार, घर में सुख और दुःख दोनों विद्यमान है। और पस्ती में बैठे-बैठे मुझे तुम्हारी याद आ रही है। अय हर आदमी से साँसों का हिसाब माँगनेवाले, कुछ अपनी साँसों का भी हिसाब दो। तुम कविताएँ कम लिखने लगे हो। साल में एक दर्जन नहीं लिखोगे तो फिर जवानी को धिक्कार। चालीसा के बाद तो तीन लिखना भी दूभर हो जाएगा। और अपनी भाषा में प्रशंसक कम, निन्दक अधिक जन्म लेते हैं। इकबाल ने, शायद, सोलह साल कविता की कोई पुस्तक उर्दू में नहीं निकाली थी और इलियट के वेस्टलैंड से फोर क्वार्ट्रेट तक की दूरी भी बीस साल की है। मगर, हिन्दी में कोई ऐसा करे तो उसकी मृत्यु का ढिंढोरा सब लोग पीटने लगते हैं।

हिन्दी कविता की प्रगति अवरुद्ध है। हर बारह साल के बाद नए क्षितिज का निर्माण होना चाहिए, आशा के विरुद्ध दिशा से किसी कवि को उतरना चाहिए। मैं चाहता हूँ कि तुम अपने आपसे एक प्रश्न करो कि तुमने अपने हिस्से के नए क्षितिज का निर्माण कर लिया या वह काम अभी बाकी है। मेरे खयाल से, तुम्हारा क्षितिज अभी तक पूर्ण रूप से उभरकर सामने नहीं आया है।

और कवि की संकीर्णता की वृद्धि कवि-सम्मेलनों में होती है, यह तुम जान लो। हम सभी लोगों को भागना चाहिए इन सम्मेलनों से। मैं तो कोशिश करके हार गया, मगर, कवि-सम्मेलनों से छुटकारा नहीं मिलता। बेबसी है। फिर भी जिस सत्य को अनुभव करता हूँ, वह तुम्हें बता रहा हूँ। मैं तुम्हारा गुरु नहीं, अग्रज नहीं, एक पीठ का भाई हूँ, इसलिए, हर बात कह सकता हूँ और तुम्हें भी यही अधिकार देता हूँ।

कविता की भूमि जकड़ी जा रही है। ऐसी चीजों की जरूरत है, जो आलोचकों को अनुपस्थित मानकर लिखी जाएँ, जिन्हें जनता आसानी से समझ सके और समझकर आनन्द उठा सके। और ऐसी चीजों की भी जरूरत है जिनके भीतर से कवि अपने आप पर आड़ी चलाता हो, अपने आपको चीरता हो, जिनके भीतर से उसके दिमाग के फटने की आवाज सुनाई देती हो। आशा है, संकेत समझ रहे हो।

और आज ही एक कविता लिखी है, जिसका नाम 'संकेत' रखा है। दो पद उसके ये हैं–

दूँ तुमको जीभ उधार? सूर्य, क्या बोलगे?
भाषा जिनकी मौजूद, भाव वे जूठे हैं।
हैं भेद अछूते जो, उनको कहना चाहो
तो वाणी के साधन समस्त ये झूठे हैं।

संकेतों से आगे वाणी की राह नहीं,
कुछ लाभ नहीं किरणों को मुखर बनाने से।
रव की झंकारों से न भेद खुल पाएगा,
जो खुला नहीं नीरव प्रकाश फैलाने से।

मैं अपने भीतर थकावट अनुभव करने लगा हूँ। लगता है, अब तक जब भी रचना की समाधि में जाता था, मेरी मुद्रा तनी हुई रस्सी के समान हो जाती थी और उसी मुद्रा में अच्छी कविताएँ लिखा करता था। मगर, अब तनाव को मन बर्दाश्त नहीं करता, न इतना अच्छा स्वास्थ्य ही रह गया है कि तनाव का संकट झेल सकूँ। इसलिए, अब जो नई टेकनिक पसन्द आ रही है, उसके पीछे कुछ शारीरिक शिथिलता भी काम कर रही है। मम्मट ने काव्य के कारणों में एक कारण स्वास्थ्य को भी माना है। वह बहुत ठीक है।

मगर, तनाव की कविता भी खूब होती है। मैं अपनी मुट्ठी से मशाल फेंक रहा हूँ। तुम उसे बाएँ हाथ में ले लो। दाहिने में तो तुम अपनी मशाल ले आए हो। भगवान करे तुम्हारे हाथ में यह मशाल अप्रतिम तेज से जले।

But mind you my dear, the greatest force is in the greatest restraint and when you begin to write less, you will begin to say more.

बक गया हूँ जूनूँ में क्या-क्या कुछ, कुछ न समझे खुदा करे कोई।

सस्नेह
दिनकर

[4]

आर्यकुमार रोड, पटना-4
18-11-60

प्रिय भाई,

तुम्हारा 12-11 का पत्र आज मिला। यह जानकर प्रसन्नता हुई कि तुम पीपल में लटकने को वापस फिर आ रहे हो। पूरी प्रसन्नता तब होगी जब सचमुच लौट

आओगे और अँधेरे को फाड़ने के लिए फिर मशालें चलाना शुरू कर दोगे। मशालें जलती बहुत हैं, चलती ही नहीं। साम्यवाद को कोसते-कोसते साहित्य अपना आदर्श भी भूल गया है।

जरा चिराग जलाओ, बड़ा अँधेरा है,
जरा नकाब उठाओ, बड़ा अँधेरा है।

अध्ययन की दरार भरने लगो तो मेरी रचनाएँ भी देख लेना जो आजकल, ज्ञानोदय, कल्पना और कादम्बिनी में इसी साल अगस्त से इधर निकली हैं।

अब सुन लो कि दो मास से बीमार चल रहा हूँ। कठिन पथ्य पर जी रहा हूँ जिसमें चावल, आटा, दूध और मीठे फलों का सर्वथा अभाव है। अक्तूबर से चक्कर आ रहा है। कभी-कभी यह भी सोचना पड़ा है कि महायात्रा नहीं तो उसका समारम्भ समीप है। किन्तु, अब सँभल रहा हूँ और 30 नवम्बर तक पूरी तरह सँभल जाऊँगा। दिल्ली जाना अब उसके बाद ही होगा। मगर, और कोई यात्रा नहीं होगी। प्रभाग को कहो कि क्षमा करे। मुहम्मद पहाड़ से न टकराएँ। तुम्हें क.स. से अब अजीर्ण हुआ लगता है। मैंने तो 24 जनवरी, 1958 को ही उसे व्रत लेकर छोड़ दिया।

तुम्हारा
दिनकर

[5]

पटना
28-12-62

प्रियवर,

तुम्हारा पत्र घूमकर यहाँ पटने में मिला और काव्य-रचना में व्यस्त रहने के कारण उसका उत्तर मैं आज दे रहा हूँ। मेरा स्वास्थ्य ऐसा नहीं है कि दौड़-दौड़कर देश में दहाड़ता फिरूँ। इन दिनों कवियों की पूछ बड़े जोर की है। दो-एक पत्र हर रोज मेरे पास भी आते हैं। लेकिन, सबके पाँव पकड़ता चल रहा हूँ। तुम भी अपने पाँव बढ़ा दो। मेरा इसी में कल्याण है। लाज न मैं अपनी रख सकता हूँ, न तुम्हारी।

बेशर्म तो तुम हो। जब तक कोई लिखवाए नहीं, अपने मन से पत्र क्यों लिखोगे?

लेकिन, कविताएँ लिख रहा हूँ।

तुम्हारा
दिनकर

[6]

11, कैनिंग लेन
नई दिल्ली
18-9-63

प्रिय भाई,

तुम्हारा 13-9 का पत्र मिला...कहना चाहिए प्रेम-पत्र मिला। 29 नवम्बर के लिए अभी से किसी कार्यक्रम में बँध जाना शक्य नहीं है।

मैं इधर पारिवारिक कलह के कारण घोर रूप से दुःखी और संकटग्रस्त रहा हूँ। वे स्थितियाँ सुलझ जाएँ तभी महाकाल के घर आने की बात सोच सकता हूँ।

तुम तो मेरे लिए गूलर के फूल हो गए।

तुम्हारा
दिनकर

[7]

नई दिल्ली
19-11-63

प्रिय भाई,

तुमने जिस सांस्कृतिक दूत को भेजा, वह तो नहीं मिला, हाँ, तुम्हारा 9 ता. का पत्र आज 19 को मिला है।

8 दिसम्बर को अगर मैं अच्छा रहा तो हरिद्वार जाऊँगा। वचन दिया हुआ है। अतएव, 8 दिसम्बर का समय उज्जैन के लिए अननुकूल है।

सस्नेह
दिनकर

[8]

गृह मन्त्रालय
नई दिल्ली
30 जुलाई, 1965

प्रिय भाई,

श्री कुँवर चन्द्रप्रकाश सिंह के बारे में तुम्हारा पत्र मिला। चन्द्रप्रकाश जी इस बार मुझसे दो-तीन बार मिलकर गए हैं। आदमी तो बस हीरा है। जैसा विद्वान वैसा ही नेक मिजाज। मुझसे जो भी होगा, करूँगा। मगर, ये बातें राजनीति के अधीन हैं और

राजनीति असली हीरो को छोड़कर चलने में ही देश-सेवा समझती है। उफ! प्रतिभाओं की कितनी उपेक्षा चल रही है! यह देश इसी पाप से मरेगा।

नए पद पर काम अभी कम है। मुश्किल से थोड़ा अवकाश मिला है। सो पढ़-लिखकर अपने को अप-टू-डेट बना रहा हूँ। वाइस-चांसलरी में तो लगता था, अब साहित्य छूटा, केवल बादशाहत के सहारे जीकर एक दिन मर जाना होगा। बड़ी मुश्किल से जान छूटी।

तुम तो मेरे छली मित्र हो। फिर भी तुमसे मिलने की उत्कंठा बनी रहती है। सितम्बर में उज्जैन आने का समय निकाल सकता हूँ। पर, कह नहीं सकता कि उस समय स्थिति क्या रहेगी।

बच्चों को मेरा प्यार और आशीर्वाद।

तुम्हारा
दिनकर

[9]

2, साउथ एवेन्यू लेन
नई दिल्ली
13-2-67

प्रिय भाई,

तुम्हारा 10-2 का पत्र मिला। बड़ा ढाढ़स हुआ। रामसेवक का इलाज वैद्य कर रहे थे। लेकिन कोई लाभ नहीं हुआ। निदान अब वह होमियोपैथ के इलाज में है।

एक बुजुर्ग डॉक्टर मित्र ने कहा है, "भूल जाओ कि वह तुम्हारा बेटा है। वह एक न्यास है, जिसकी तुम्हें रक्षा और सेवा करनी है।"

जहाँ भी पूछता हूँ, इसी तरह का उत्तर मिलता है। घबराहट के मारे मेरा अपना स्वास्थ्य भी डाँवाँडोल हो रहा है। और यह चिन्ता कितनी बड़ी है कि अगर मैं गिर गया तो उसकी सेवा भी कठिन हो जाएगी।

3 जून, 1963 ई., को रामसेवक ने मेरे साथ रार रोपी। बेटे और बाप के झगड़े में बाप कमजोर होता है क्योंकि उसका अपना हृदय भी आधा पुत्र की ओर हो जाता है। रामसेवक ने जब मुझे चारों तरफ से घेरकर असमर्थ कर दिया, मैं पांडिचेरी में जाकर गिरा। श्री माँ ने मेरी विपत्ति शायद कम नहीं की, मगर, किसी तरह उस विपत्ति को सह्य बना दिया।

शरीर का जो भोग है, उसे भोगे बिना छुटकारा नहीं है। कामिनी, कंचन और कीर्ति का जो सुख भोगा था, उसकी कीमत अदा कर रहा हूँ। इधर छोटे लड़के को एक पुत्र हुआ। खबर सुनते ही मैं दिल्ली में खुशी से नाच उठा। मगर खुशी चार दिन ही ठहरी। पाँचवें दिन बच्चा अस्पताल में ही टूट गया। उस सदमे में पटना गया था। अभी 8 को वापस हुआ हूँ।

बुद्ध ने ठीक कहा था कि जीवन दुःख का नाम है। अस्तित्ववादी भी ठीक ही कहते हैं कि जीवन दुःखों से पूर्ण है और दुःखों का कोई समाधान नहीं है। चिन्ता और घबराहट से ऊपर उठना चाहता हूँ, मगर, उठ नहीं पाता।

तुम्हारा
दिनकर

[10]

5, सफदरजंग लेन, नई दिल्ली
20-10-67

प्रियवर,

मैं दस दिनों के बम्बई-प्रवास से कल लौटा हूँ। बखोरी जी 16 को ही कश्मीर से लौट आए और मेरे ही घर को पवित्र कर रहे हैं। यह मेरा सौभाग्य है। आज वे हरिद्वार गए हैं। कल वापस आएँगे।

तुम्हारे यहाँ चलने को वे भी मुझसे आग्रह कर रहे हैं। ट्रेन की यात्रा जल्दी से जल्दी 25 को आरम्भ हो सकती है या 26 को अगर ट्रेन में जगह मिल जाय। लेकिन इतना खर्च कहाँ से जुटाओगे? अगर 27 को कोई समारोह रखकर मुझे तार दो तो मैं आने की सोच सकता हूँ अन्यथा उन्हें भेज दूँगा। वे लोग एक दिन तुम्हारे पास रहकर दूसरे दिन मेरे घर लौट आएँगे।

एक गाड़ी यहाँ से दस बजे रात में चलती है। तुम हमें रतलाम से लोगे या इन्दौर से? सभा का कार्यक्रम रखकर सविस्तार सूचना तार से दो। 27 को सभा रखना ठीक होगा। हम उसी हिसाब से चलेंगे या बखोरी दम्पती को भेज देंगे। मैं कुछ थका हुआ भी हूँ।

टिकट तुम्हारा तार आने पर खरीदा जायगा। इसलिए तार शीघ्र भेजो।

तुम्हारा
रामधारी सिंह 'दिनकर'

[11]

5, सफदरजंग लेन, नई दिल्ली
11 दिसम्बर, 1968

प्रिय भाई,

तुम्हारा दो पन्नों का वृहत् पत्र मिल गया था। उज्जैन से लौटने के बाद मैं इलाहाबाद और पटना चला गया। पोती के लिए वर ढूँढ़ना था। इलाहाबाद में ठीक किया है।

मुख्यमन्त्री श्री गोविन्दनारायण सिंह जी ने मुझे दो बार फोन किया। किन्तु कुछ

तो शरीर की कमजोरी के कारण और कुछ संघ लोक सेवा आयोग में व्यस्त होने के कारण मैं उनकी आज्ञा का पालन नहीं कर सका। मन में अपराधी महसूस करता हूँ। लेकिन असमर्थता से यह दोष हो गया। मैं उनसे मिलकर कहना चाहता था कि वे स्वर्गीय श्री गंगाप्रसाद पांडे के लड़के श्रीरामजी पांडे को कहीं कोई काम दिलवा दें। लेकिन वह नहीं हो सका। तुमसे मुख्यमन्त्री जी की मुलाकात हो तो मेरी ओर से क्षमा माँग लेना। आगे जब भी वे मुझे बुलाना चाहें, मुझे सुविधा का समय बनाने का मौका दें। मैं जरूर आऊँगा। सुना उन्होंने पंतजी और महादेवी जी को भी बुलाना चाहा था, मगर वे लोग भी नहीं जा सके। यह ठीक नहीं हुआ।

गंगाप्रसाद के बेटे (श्रीराम जी पांडे) ने हिन्दी लेकर एम.ए. (द्वितीय श्रेणी में) पास किया है। वह पी-एच. डी. करना चाहता है। कोई रास्ता निकालकर उसे उज्जैन बुला लो या बाहर ही किसी कॉलेज में जगह दिलवा दो। बड़ा पुण्य होगा। गंगा से जब मैं अन्तिम बार मिला था, उसने मुझसे अनुरोध किया था कि मैं रामजी को कहीं लगा दूँ। लेक्चरर नहीं तो किसी अन्य पद पर भी उसे ले लो, जिससे वह डॉक्टरेट कर सके।

सम्मेलन ने प्रो. वासुदेव विष्णुदयाल को 'साहित्य वाचस्पति' की उपाधि देना निश्चित किया है। वे 25 जनवरी को इलाहाबाद में सदेह उपस्थित होकर उपाधि ग्रहण करेंगे।

उज्जैन में तुम नहीं रहे, इससे थोड़ी उदासी रही। लेकिन भवहू ने मेरा स्वागत-सत्कार अच्छा किया। लड़कियों को देखकर प्रसन्नता हुई। उज्जैन में जनमत यह देखा कि तुम ठीक से अपना काम चला रहे हो। शरीर का हाल क्या लिखूँ? 'करती हुई युद्ध रोगों से देह हारती जाती है।' आशा है, तुम प्रसन्न हो।

तुम्हारा
दिनकर

[12]

5, सफदरजंग लेन, नई दिल्ली
20-6-69

प्रिय भाई,

मॉरीशस की दो-तीन लड़कियाँ इस देश में आकर संघर्ष कर रही हैं। उनमें से एक कुमारी लक्ष्मी जोधन वर्धा में रहकर साहित्यरत्न की तैयारी कर रही है। उसी के हाथ यह पत्र भेज रहा हूँ। जो भी सहायता सम्भव हो, अवश्य कर देना।

मेरा मिजाज ठीक है। फरवरी में बड़ी पोती का ब्याह किया। अभी 9 जून को शिवसागर की भी बड़ी लड़की का ब्याह हो गया।

आशा है, तुम प्रसन्न हो।

तुम्हारा
दिनकर

[13]

5, सफदरजंग लेन
नई दिल्ली
1-2-1970

प्रिय भाई,

एक परम आवश्यक कार्य से यह पत्र लिख रहा हूँ। डॉक्टर प्रेम स्वरूप को मैं भली-भाँति जानता हूँ। वे दक्षिण भारत हिन्दी प्रचार सभा में हिन्दी के विभागाध्यक्ष थे। अब आगरे में हैं। वे संस्कृत और हिन्दी में प्रथम क्षेणी के एम. ए. हैं। संस्कृत के वे पी-एच. डी. हैं, हिन्दी के डी-लिट्। संस्कृत में वे काव्य तीर्थ और साहित्याचार्य भी हैं। संस्कृत और हिन्दी, दोनों की थीसिसें प्रकाशित हैं। लगभग बीस रिसर्च पेपर भीं प्रकाशित हैं। हिन्दी के कई आलोचकों ने उनका उद्धरण दिया है। कइयों ने नाम दिए बिना ही माल हड़प लिया है।

इस विद्वान के साथ न्याय होने में देर हो रही है। तुम तेजस्वी पुरुष हो। इनके साथ न्याय करवाने की कोशिश करो। शीघ्र इधर आना हो, तो दर्शन अवश्य दो।

आशा है, प्रसन्न हो।

तुम्हारा
दिनकर

[14]

5, सफदरजंग लेन
नई दिल्ली
11 जनवरी, 1971

प्रिय भाई,

आज दफ्तरवालों ने राय दी है कि जुलाई, 1971 में उन्हें असम क्षेत्र में दो साल हो जाएँगे। उस समय तबादला हो सकता है। वे अभी से कोई पारिवारिक कारण बताकर आवेदन कर दें कि उनकी अगली पोस्टिंग मध्य प्रदेश में की जाय। आवेदन पड़ जाय, तब उसकी प्रति मुझे मिलनी चाहिए कि दफ्तर में पैरवी करवा सकूँ।

मेरा खयाल है, ऊपर बोलने से भी जुलाई के पूर्व कुछ होगा नहीं। वैसे तुम जैसा कहो, करने की कोशिश करूँ। अथवा तुम यहाँ आओ, तो हम साथ पन्त जी के पास चलें। मगर अभी यह सुयोग बनना मुश्किल है।

शेष कुशल है।

तुम्हारा
दिनकर

[15]

राजेन्द्रनगर, पटना-16
19-11-72

प्रिय भाई,

चिरंजीव श्री अरुण कुमार के विवाह का निमन्त्रण पत्र पहुँचा। बड़े आनन्द की बात है। मेरी हार्दिक बधाई स्वीकार करो।

बारात में सम्मिलित होना शक्य नहीं है, एतदर्थ क्षमा माँगता हूँ।

चि. अरुण और किरण को आशीर्वाद।

फूलें सब अरमान तुम्हारे सब विधि हो सौभाग्य–उदय।
अमर उत्स हो प्रणय-सुधा-रस का यह मंगलमय परिणय।।
एक प्राण, दो तन होकर भी रहने दो इतना अवकाश।
तुम दोनों के बीच निरन्तर बना रहे हरि का आकाश।।

तुम्हारा
दिनकर

[16]

पटना-16
3-5-73

प्रियवर,

बधाई का तार मिला। हर आदमी यही लिख रहा है कि बहुत देर से मिला। यहाँ एक सभा चीफ जस्टिस की सदारत में हुई थी। उन्होंने भी कहा, न्याय देर से मिला, मगर मिल गया। चलो, मरने के पहले यह भी हो गया।

तुम्हारी हार्दिकता तार में भी है। धन्यवाद।

तुम्हारा
दिनकर

81

शिवसागर मिश्र

[1]

चौधरी टोला, पटना-3
6-8-53

प्रिय शिवसागर बाबू,

आपका 3/8 का पत्र मुझे कल मिला। मैं 5-6 दिनों में पटने से दिल्ली के लिए प्रस्थान करनेवाला हूँ। इसलिए, शोभा को अपनी जिम्मेवारी पर यहाँ नहीं ला सकता। रह गई सितम्बर में लाने की बात, सो उस वक्त भी कठिनाई होगी। नम्बर एक यह है कि उसके बाल-बच्चों की देख-रेख और अगर वह अस्पताल में भर्ती हुई (जिसके सिवा और कोई चारा नहीं है) तो उसके साथ अस्पताल में रहनेवाली औरत की कमी। यह बोझ उठाने के लिए मैं किसकी खुशामद करूँ? यहाँ खुद एक महीने में दुलहिन confine होनेवाली है। भोला और आदित्य बाहर की दौड़-धूप कर लेंगे, लेकिन, बाल-बच्चों को कौन सँभालेगी? रोगिणी के साथ अस्पताल में कौन रहेगी? शोभा जैसी जिद्दी, बदपरहेज और तुनकमिजाज रोगिणी के इलाज का अच्छा उपाय यही है कि उसे अस्पताल में डाल दिया जाय, यह आप निश्चयपूर्वक समझ लीजिए।

कठिनाई नम्बर दो यह है कि मेरे पास पैसे एकदम नहीं हैं। विवाह में प्रेस से काफी कर्ज ले चुका हूँ। इधर इस सड़े हुए घर को सुधारने में कोई एक हजार लेना पड़ा है। सब मिलाकर दस हजार के कर्ज में हूँ और अब मेरी हिम्मत नहीं है कि प्रेस से एक पैसा भी माँगूँ। जिस घर में आया हूँ वह टी.बी. क्षेत्र में है, आने लायक नहीं था, चार-छह सप्ताह हिचकिचाहट भी होती रही, मगर फिर भी आया और सिर्फ इसलिए कि किराये से जान बचती थी। सौ रुपए का मकान कभी मुझसे चल नहीं सकता। इसी से आप मेरी आर्थिक स्थिति का अन्दाज लगा सकते हैं। अभी मुझसे रुपया चाहना, बालू से तेल माँगना है। इसलिए मैं बिलकुल असमर्थ हूँ। एक-एक पैसे को दाँत से नहीं पकड़ूँ, पैसा जुटाने का एक भी अवसर अगर खाली जाने दूँ अथवा अगर फिजूल की बातों में पड़कर लिखना-पढ़ना छोड़ दूँ तो मेरे परिवार का जहाज डूब जायगा। इसलिए मुझ पर यह बोझ मत डालिए।

उपाय मैं यही देखता हूँ कि आप एक महीने की छुट्टी लेकर आइए, यहाँ घर तो अपना है ही, शोभा की जाँच करवाकर उसके इलाज की व्यवस्था कर जाइए। मेरे सिर का बाल-बाल गिरवी है, इधर-उधर भटका तो बाल-बच्चों को कोई देखनेवाला भी नहीं होगा।

आदित्य का नाम किसी कदर पटना कॉलेज में लिखा दिया गया। बड़ी परेशानी हुई, सौ-डेढ़ सौ बर्बाद भी हुए। मगर, खैर वह यहाँ आ गया है।

मेरा तन और मन, दोनों धुसमुस से चूर्ण-विचूर्ण हैं। रेडियो के लिए चीजें लिखने को रोज बैठता हूँ, मगर, तबीयत नहीं उभरती। एक तरह की आध्यात्मिक बेहोशी का दौर चल रहा है। भीतर के मन को लकवा मार गया है।

आदित्य कहता था कि शोभा आजकल अच्छी हैं। अगर अस्पताल में भर्ती हुई तो खर्चा कुछ ज्यादा होगा, ऐसा मैं नहीं समझता। सिर्फ परीशानी झेलनेवाला आदमी चाहिए।

तुम्हारा
रामधारी

[2]

रामधारी सिंह 'दिनकर' मद्रास
9-4-54

प्रिय शिवसागर बाबू,
आशीर्वाद।

कल मीटिंग का काम खत्म हो गया। कल शाम की ट्रेन से कलकत्ता होकर पटना जा रहा हूँ। पटना 13 को पहुँचूँगा। 14 को खर्चे का विवरण दाखिल करूँगा। फिर 15 को चलकर 16 को दिल्ली पहुँचूँगा।

आपकी पुस्तक मैं मनोयोगपूर्वक पढ़ गया। कहानी में नवीनता नहीं मिली। हाँ, बिहारी जीवन का चित्र मुझे पसन्द आया और वह नवीन भी लगा। कई अध्यायों के अन्त में आपने कवि की कला का उपयोग किया है, जो बहुत सुन्दर हुआ है। मानसिक अथवा मनोवैज्ञानिक विश्लेषण भी जहाँ-जहाँ आपने ठहरकर किया है, वहाँ विवरण में जान आ गई है। भाषा आपने ठीक उपन्यास-लेखक की पकड़ी है, इसी से मुझे आशा होती है कि आप अच्छे उपन्यास लिख सकेंगे। प्रान्तीय प्रयोग भी कई आए हैं। चल जाएँ, तो अच्छा है।

मगर आपने तह उठा-उठाकर यह बताने की कोशिश क्यों की है पुजारी भी यौनाकर्षण से ऊपर नहीं उठ पाते? परिणाम तो यही होगा कि लोग और निर्भीक हो जाएँगे, संयम और भी ढीला होगा। इस तरह सेक्स को सर्वव्यापक दिखलाना भी तो

टेबू है। और सोचिए कि यह बात सारे संसार में कितने दिनों से दुहराई जा रही है। सर इकबाल का एक शेर याद आता है :

हिन्द के शायरों, सूरतगरों अफसाना नवीस?
आह, बेचारों के आसाब पर औरत है सवार।

जय सोमनाथ भी पढ़ गया। यह ग्रन्थ अद्भुत, अनुपम और विराट है। रेगिस्तान का वर्णन तो अत्यन्त लोमहर्षक लगा। इस पुस्तक में जो सौन्दर्य वर्णन है, उसके सामने कविता मात है।

आप पटने के पते एक कार्ड डाल देंगे कि नौकर मिला या नहीं।

आपका
दिनकर

[3]

चौधरी टोला, पटना-6
9-5-54

प्रिय शिवसागर जी!

कमल का प्लास्टर आज खोला गया। विजय बाबू और नवाब साहब ने देखा। उँगलियों में कितनी ताकत आएगी, इसके बारे में वे लोग भी स्पष्ट नहीं हैं। एक्सरे भी हुआ है। यहाँ के अस्पताल में कमल उतना प्रसन्न नहीं है। कुमारी और उसके पति भी यहीं हैं। कुमारी के पेट में दर्द है और कुछ उम्मीद भी। विजय बाबू ने किडनी और अपेंडिक्स में से किसी का भी सन्देह नहीं किया है। खाने को दवाई दी गई है। आज आदित्य और उसकी माँ, दोनों आ गए हैं। भोला भी है।

जयनाथ जी ने रुपए नहीं दिए, इसलिए, मकान का काम रुका हुआ है। किस मुँह से कहूँ कि उपन्यास इन्हीं को दीजिए? लीडर प्रेस को लिखकर पूछता हूँ।

उस वक्त आपकी कातरता के कारण मैंने दस्तखत कर दिया। मगर, टेलीफोन नहीं लगाइए, वही अच्छा है। इससे complication बढ़ेगा।

मथुरा बाबू की नाराजगी देखकर मैं चकित हो गया हूँ। उनकी भावना को ठेस लगी है। सम्भव, है, अनजाने में मुझसे भी कोई अपराध हुआ हो। वे मेरे कीमती दोस्त निकले हैं। इसलिए, निश्छलता से मैं उनके साथ बन्धुत्व कायम रखना चाहता हूँ। मुझे सम्भावना दीखती है कि वे अब अलग रहना चाहेंगे। यह मेरे लिए दूसरा complication होगा, विशेषतः इसलिए कि आपको घर मिला हुआ नहीं है।

लिखिए कि रजिस्टर्ड बुक पोस्ट गिराया या नहीं? माचवे की चीजें मिलीं या नहीं?

आपका
दिनकर

Is it fact that Babuni borrowed Rs. 900/- from Rana? If so, why did you not borrow it yourself ? Have you kept all the accounts of expenditure? When will B. N. pay this debt?

[4]

R. D. SINHA DINKAR
Member, Council of States

Chaudhari Tola
Patna-6
12-8-54

प्रियवर!

मैं दो-एक दिन देर करके आने वाला हूँ नौकर को 20 से रख लीजिएगा। जो देना होगा, दे दिया जाएगा।

मालकिन तो जस-तस ठीक हैं। अब दुलहिन पर गुस्से का भूत चढ़ा है और आज चार दिनों से उसने सारे घर को नचा रखा है। झगड़ा दोनों प्राणियों में है और सजा घर भर को दी जा रही है। भगवान का न्याय!

जी चाहता है कि अब क्षेत्र संन्यास ले लूँ। केदार और विभा की पढ़ाई की व्यवस्था अलग से ठीक करके बाकी लोगों को छोड़ देना चाहता हूँ, जिसकी पसन्द की जो राह हो, चले। मुझसे जो सेवा बन पड़ेगी, अलग रहकर करूँगा। किन्तु, अव तो यह नरक ढोए नहीं चलेगा।

आपके घर से वह लदाऊ मेहमान विदा हो गई या अभी है? मालकिन को लाऊँ भी तो रहेंगी कहाँ? अंडे, मछली, मांस, छुआछूत, पर्दा–इनका प्रबन्ध?

घड़ी अब वही रखिए।

आपका
रामधारी

[5]

7-5-55

यह पत्र में बक्सर से लिख रहा हूँ। पटने में इसे छोड़ंगा। कमल भली-भाँति आया। कोई दिक्कत अब तक नहीं हुई है। प्रसन्न भी है।

रजिस्टर्ड बुक पोस्ट लगाया या नहीं? प्रभाकर माचवे जी को चीजें दीं या नहीं, लिखिए। सद्भाव की रक्षा के निमित्त मेरी सलाह है कि जुलाई तक आप टेलीफोन के सुख से वंचित रहें। मथुरा बाबू की भावना को ठेस लगेगी। गोल डाकघर को सूचित कर दीजिए कि मेरी डाक पटने Redirect कर दे।

8/5

अब तक पत्र गिराने का समय नहीं मिला। कमल को अस्पताल में भर्ती करवा दिया। राजकुमारी भी पेट दर्द लिए आई है।

you do not take telephone.

रामधारी

[6]

R. D. SINHA DINKAR
Member, Council of States

Chaudhari Tola
Patna-6
16-5-55

प्रिय शिवसागर जी,

आपके सभी पत्र मिले। आप भी मिजल्स में पड़े, यह जानकर दुःख हुआ। देखें, केदार निकलकर आते हैं या नहीं।

मैं तो जब से आया हूँ, चार-पाँच हजार कर्ज खोजने में हैरान हूँ। किन्तु, कोई देनेवाला नहीं है। लेखक बनकर जीना कोरा अपमान का जीवन है। अब मकान का काम शायद रोक दिया जायगा।

Everything has gone contrary to my plans. It was a work much beyond my means and I should not have undertaken it. I have committed the blunder of my life.

आप मथुरा बाबू को कोई तकाजा न करें, न मैं ही कोई आर्थिक सहायता कर सकता हूँ।

अभी तो आप मकान में हैं ही। मन ही मन घुटन पैदा करने से हानि आपकी ही होगी क्योंकि यह इन्तजाम टूटा तो दो ही रास्ते रह जाएँगे। या तो आप अन्य मकान खोजें या मैं मथुरा से हटकर आपके पास रहूँ। मथुरा बाबू से हटने की बात आ सकती है और कुछ दिन आपके साथ रहने में भी दोष नहीं है। लेकिन, मैं स्थायी रूप से आपके साथ छोटे फ्लैट में नहीं रह सकता। कारणों का विश्लेषण व्यर्थ है। दोस्ती, प्रेम और सम्बन्ध को जो कसौटी पर चढ़ाता है, वह उसे तोड़ने की जिम्मेवारी लेता है। कसौटी नहीं लगती है, तभी तक बात ठीक है। दोस्ती भी भ्रम है, सम्बन्ध भी भ्रम है। गरमी पैदा होने से सब पिघल जाते हैं।

मेरे जानते भगवान की आप पर कृपा है और आपकी स्थिति सुख की स्थिति है। इसमें भी आप असन्तुष्ट और क्षुब्ध हैं, यह मेरी समझ में नहीं आता। मैंने आपको नजदीक से जाना है और मैं बहुत-से अन्य लोगों को भी जानता हूँ। कम से कम मेरे निकट तो आपकी कष्ट-कथा निस्सार ही है। जितना वेतन आप अभी पा रहे हैं, उतना पाते-पाते मैं नौकरी से अलग हो गया। मैंने अपने पेट का ध्यान नहीं रखा। बचपन से परिवार को पालता आ रहा हूँ। बोझा ढोते-ढोते पीठ घिस गई, फिर भी बोझ मौजूद है और मौजूद रहेगा। मगर रोना किस बात का? यही जीवन है।

जो देखा सो दुखिया देखा।
तनु धरि सुखी न देखा।।

कमल की उँगलियाँ जरा-जरा सिहरने लगी हैं। अभी वह अस्पताल में ही रहेगा। फल-फलेरी में जो खर्च हो, बाकी खर्च की कोई बड़ी बात नहीं है। सिर्फ देखने वाले मेहमान नहीं आवें तो मेरे घर पर कुछ आफियत रहे। राजा मेरे ही घर में है।

आजकल मैं दोपहरी की धूप में भी सड़कों पर नाचता रहता हूँ। जो लिख दिया वही बहुत समझिए। समय नहीं मिलता।

आपका
रामधारी

पुनश्च—

यह जानकर प्रसन्नता हुई कि कर्ज आपने ही लिया है, बबुनी ने नहीं। मेरे कानों में गलत खबर आ पहुँची थी, किन्तु, यहाँ किसी से नहीं पूछकर मैंने सीधे आपसे पूछ लिया। वैद्यनाथ बाबू आए हैं। आज, शायद, जाएँगे।

[7]

पटना-6
17-5-55

आपका पत्र मिला। 22 को चलकर 23 को पहुँचनेवाला प्रोग्राम ही अच्छा है। मैं 25-26 तक बाहर निकलूँगा। सम्भव है, दिल्ली आना पड़े। फिर एक तक लौटकर आ जाना है।

22 को लोगों को भेज दें यदि कोई प्रतिकूल बात नहीं है।

आपका
रामधारी

कमल की अवस्था वैसी ही है। वैद्यनाथ बाबू यही हैं। दो और नातेदार इलाज कराने आए हैं। कुमारी को लेकर उसके पति गए। मैं कर्ज खोजने में परेशान हूँ। अभी तक नहीं मिला है। चिट्ठियाँ छोड़कर और कुछ लिखा भी नहीं है।

[8]

रामधारी सिंह 'दिनकर' पटना-6
11-6-55

मैं परसों यहाँ आ गया। आदित्य, भोला, केदार, विभा सब सिमरिया हैं। सेबो भी बाहर है।

चश्मा आप खूब खोजिए। आपके घर में छूटा है, ऐसा मेरा विश्वास है।

आपके हाथ का लिखा एक कागज मिला है, जो शायद दिसम्बर का है। उसे भेज रहा हूँ। मुझे कुछ भी याद नहीं है कि इनमें से कौन-कौन रकम आपने चुका दी है। आपको जो याद हो, लिख भेजिए। इससे तो हिसाब यों निकलेगा–

दिसम्बर का किराया	64
कर्ज	100
पहला बाकी	21
	185

पन्त जी के यहाँ सुने गए समाचार की और कोई पुष्टि मिली है क्या?

आपका
दिनकर

[9]

पटना-6
19-7-55

आशीर्वाद।

आपका पत्र मिला। शोभा की खबर सुनकर दुःख हुआ। उसकी पूरी जाँच करवाकर उसका इलाज होना चाहिए। यह काम पटने में ही सम्भव है।

This serious case has to be tackled with determination now.

आपके जाने के बाद यहाँ ज्वर का प्रकोप आरम्भ हुआ। एक दिन सात आदमी बीमार थे। आज दो हैं। कमल का ऑपरेशन हो गया। वह अस्पताल में है। कुछ-कुछ आशा हो चली है। एक मास में पूरा पता चलेगा। वैद्यनाथ बाबू परसों से यहीं हैं।

केदार का नाम शायद St. Xavier में लिखा जायगा। उसके बाद सोचूँगा कि क्या किया जाय। अभी तो राँची छोड़कर और गति नहीं दीखती। विशेष बाबू फेल कर गए।

घर (52) मिल गया है। चिट्ठी यहाँ आ गई है। आप 22 को उसे ले लेंगे। मैं साधारण स्थिति में 15 के बाद भी आ सकता हूँ। मथुरा के लिए एक नौकर ठीक कर रखिएगा। यह भी जरूरी काम है।

आपके पत्र के एक अंश से बड़ा सन्तोष हुआ। रेगिस्तान में आप मेरे लिए एक ही ओयसिस हैं। भगवान आपको सुख से रखें।

रामधारी

[10]

लन्दन

23-12-55

प्रिय मथुरा, शिवसागर और रामविलास,

लो, मैं यहाँ आ गया। जहाज कैरो, रोम ओर जेनेवा रुका था। यहाँ 7½ बजे शाम को पहुँचा जब मेरी घड़ी में रात का एक बजा था। लन्दन का जो दृश्य ऊपर से देखा, वह अतीव सुन्दर था। शहर बहुत बड़ा है। इतना बड़ा कि अभी हम हवाई अड्डे से 22 मील दूर के होटल में ठहरे हैं जहाँ से 6 बजे भोर तक फिर हवाई अड्डे पर पहुँच जाना है। रात के अभी 11½ बजे हैं।

सागर साहब मेरी गार्जियनी ठीक से नहीं कर सकेंगे। जहाज में आज उन्होंने अपना मफलर खो दिया और अभी उनकी अटैची मोटर में ही छूट गई। हवाई अड्डे पर से एक लड़की ने फोन किया है कि अटैची है। वह बेचारी भेज रही होगी और सागर जगे-जगाए बैठे हैं।

यात्रा के कष्ट ठीक से झेल गया हूँ। किन्तु भोजन से अभी से अरुचि हो रही है।

सागर साहब सबको सलाम कहते हैं।

कपूर साहब को पत्र सुना दो और नमस्कार कहो।

This is a land of active people. They will devour us if we do not learn to work hard in India. It is no use criticising Europe. Europe is worshipping the God of work. We are meditating on the meaning of work, कर्मण्ये वा...This is all humbug.

मगर ठीक बात तो कुछ देखने पर सूझेगी।

तुम्हारा

रामधारी

[11]

बम्बई

29-12-55

प्रिय शिवसागर जी,

पत्र मिले। मैं 27 को ही यहाँ आ गया। अत्यन्त क्लान्त और दुर्बल हूँ। यहाँ भी आराम कर रहा हूँ और दिल्ली में भी आराम करके ही किसी काम पर लगूँगा। 1-1-56 को या उसके पहले ही आ रहा हूँ। चलने की सूचना तार से दे दूँगा, जिसकी खबर आप मन्मथ बाबू को अवश्य दे देंगे।

मकान के लिए जो पत्र भेजे हैं, उनकी प्रतिलिपि आपको भेज रहा हूँ। एक alternative है, जो आपको बता रहा हूँ। 52 में दिक्कत हो तो कोई ऐसा फ्लैट ले लीजिए जिसके तीनों कमरे नीचे ही हों। अथवा 52 के समान ही कोई और फ्लैट ले रखिए। स्वतन्त्र मकान चाहिए जिसमें आप नीचे रहें और मैं ऊपर के कमरे में या नीचे हो तो मुझे एक कमरा स्वतन्त्र मिल जाय। अनुमान करता हूँ कि मथुरा बाबू नाराज हैं और शामिल इन्तजाम उन्हें पसन्द नहीं होगा।

आप घर तो लेकर रखिए ही। दीनानाथ से सारी सामग्रियाँ ले रखिए। वह काम करके पटना जाना है।

आपका
दिनकर

[12]

एर्णाकुलम
16-1-56

प्रियवर,

प्रोग्राम बदल गया। 24 को हवाई जहाज से कलकत्ते से उड़ूँगा और दिल्ली पहुँचूँगा। 25 को शायद उड़कर नेपाल जाना है। आप कपड़े-लत्ते धुलवाकर रखे रहेंगे और दीनानाथ जी से भी सूचना ले रखें।

आपका
रामधारी

[13]

काठमांडू
29-1-56, रात्रि

आज यहाँ से चल नहीं सका। गिरिजाकुमार को ज्वर आ गया है। इसलिए 31 तक पटने लौटूँगा। वहाँ दो-तीन दिन रहकर कलकत्ते जाऊँगा और वहाँ से लौटने पर दिल्ली।

आप 52 लेकर रखिएगा चाहे वह दो-एक दिन खाली ही रहे।

जिस दिन मैं आया उसके दूसरे दिन राजा दौरे पर निकल गए। दुर्भाग्य!

रामधारी

[14]

आर्यकुमार रोड, पटना-4
24-3-56

प्रियवर,

पूर्णिया से सिमरिया आकर मैं बीमार हो गया। परसों यहाँ पहुँचा हूँ और डॉक्टरी करवा रहा हूँ। अब तो 15 अप्रैल से पूर्व आने की सम्भावना नहीं है। सुना है, मथुरा यहीं हैं। परसों आए भी थे। परन्तु, भेंट नहीं हुई। तब तक मैं लौटा नहीं था।

दिल्ली की ओर अब जबरन जाना होता है। तबीयत यहाँ से हटना नहीं चाहती। जिस चौकी पर लेटकर यह पत्र लिख रहा हूँ, उस पर जीवन है। इससे उतरते ही मृत्यु शुरू हो जाती है।

शायद इनफॉरमेशन से किताबें आएँगी। उन्हें रखिएगा।

आपका
दिनकर

[15]

पटना
31-3-56

प्रियवर,

आपकी भेजी हुई चीजें आज मिलीं। मैं सात दिनों से इंसुलिन ले रहा हूँ। किन्तु, आज बिना इंसुलिन के देखा तो फिर 2 प्रतिशत निकल आया। शायद मैं रोज की उस सीमा पर आ गया जहाँ दोनों शाम इंसुलिन लेना जरूरी होगा। इसका एक परिणाम सार्वजनिक जीवन का संक्षिप्त होना होगा। सम्भव है, दिल्ली 60 दिनों में एक दिन आया करूँ और बाकी समय यहीं बिताऊँ। इस बार जब आऊँगा, हिसाब साफ करके आगे के लिए संक्षिप्त प्रबन्ध सोचूँगा।

आपकी नाव कहाँ अटकी हुई है? मुझसे अधिक आप खुद सोच सकते हैं। कोई कारण तो होगा ही। एक कारण यह भी हो सकता है कि मेरा सम्बन्धी होने के कारण लोग आपसे जलते हों और आपके सहज व्यवहार में भी अहंकार का अनुमान कर लेते हों। इसका इलाज आपको स्वयं करना होगा। मैं जितना सिर पटकूँगा, बात उतनी ही बिगड़ती जायगी। हाँ, जब मेरा जाल सिमट जायगा तब आपकी स्थिति स्वयं सुधरने लगेगी।

आपका
रामधारी

[16]

आर्यकुमार रोड, पटना-4

4-4-56

प्रियवर,

मैं 1 की शाम को खड़गपुर गया था। 3 के दोपहर दिन मैं लौट आया। हजारी प्रसाद जी आए थे। आज भोर में गए हैं।

अहंकारवाली बात को आरोप मत मानिएगा। वह तो अनुमान था। बैरी बढ़ने के अनेक कारणों में से अहंकार केवल एक है। बैरी यों, अकारण भी बढ़ते हैं। बच्चे अच्छे हो गए, यह प्रसन्नता की बात है।

मथुरा को भानजी हुई है। परसों मालकिन देखने गई थीं। आज भौजी गई थीं। भौजी की आँखों में रोहा है। इसलिए, उन्हें यहाँ बुलवा लिया है।

केदार यही हैं। शरीर ठीक होने पर जाएँगे। मैं खड़गपुर से लौटने पर अच्छा हूँ। इंसुलिन चल रही है। राजनीति के मोटे काम छूटें या नहीं, किन्तु षड्विकारों से मुक्ति पाए बिना मरना नहीं है। मेरी अगली पंचवर्षीय योजना तो यही है। 'दास कबीर जतन से राखी ज्यों की त्यों धरि दीनी चदरिया', यह तो नहीं कह सका, किन्तु, वापस करने के पूर्व चादर धुलवा दूँगा। 17/4 को इग्जामिनेशन कमेटी है। उसमें शायद आऊँगा।

आपका

दिनकर

[17]

बम्बई

3-5-56

प्रियवर,

आपका कल का लिखा पत्र आज मिला। अमेरिका का तार और जर्मनी की चिट्ठी भी मिली। इस पर तो दिल्ली आकर ही विचार करूँगा।

मैं 30 तक अच्छा रहा। कल शुगर दो परसेंट दिखाई पड़ा। आज से इंसुलिन ले रहा हूँ।

यहाँ बड़ा दंगल मचा हुआ है। देखिए अन्त तक क्या होता है। आज सुना है, 6 को फुर्सत हो जायगी। अतएव, अब 6 की शाम को कलकत्ता जाने की तैयारी कर रहा हूँ। वहाँ 8 को पहुँचूँगा। 9 की रात में पटने के लिए रवाना हो जाऊँगा। 11 को पटने से दिल्ली के लिए चल दूँगा। काश्मीर के लिए 18 तक प्रस्थान करना है।

आपका उपन्यास आदि से अन्त तक पढ़ गया। कहीं-कहीं निशान भी लगाए हैं। पता नहीं चला कि आपने पुस्तक का नाम 'नींव की मिट्टी' क्यों रखा। गलतियाँ भाषा की अबकी कम हैं। कहानी में गति भी पहले से अधिक है और वार्तालाप भी उन्नत है। अब कहीं-कहीं आप दार्शनिक सूक्तियाँ भी कहने लगे हैं। न जाने, आपने डॉक्टर को क्यों मार डाला। निरसू का चरित्र अत्यन्त जीवन्त है।

पुस्तक लेता आऊँगा तब देख लीजिएगा।

आपका
दिनकर

[18]

मद्रास
29-12-56

प्रियवर,

आजाद के काम में देर होगी। वह तब तक इन्दौर हो आवे।

घर आपने बदला या नहीं? कहीं भी लेकर घर बदल डालिए।

रेलवे पार्सल पहुँचा या नहीं? पहुँचने पर दोनों पुस्तकों की एक-एक प्रति समालोचनार्थ व्यास को दे देंगे। जिनसे अच्छा काम बनता हो, एक-एक प्रति उन्हें देने में भी कोई हर्ज नहीं है। नवभारत टाइम्स के सम्पादक को भी समालोचनार्थ प्रतियाँ दी जानी चाहिए। मैं 7/1 तक पटने जाऊँगा।

आपका
दिनकर

[19]

रामधारी सिंह 'दिनकर' — आर्यकुमार रोड, पटना-4
13-1-57

प्रिय शिवसागर जी,

पत्र मिला। मैं परसों लौटा, कल नालन्दा गया, आज घर जा रहा हूँ। 20 तक यहाँ लौटूँगा। 23 की सभा में आने की कोई सम्भावना नहीं दीखती। किन्तु, 25 को आ सकता हूँ। फिर 26 को जोधपुर और जयपुर की ओर जाने का विचार है। मगर, यह भी सम्भव है कि इनमें से सभी कार्यक्रम रुक जाएँ। मेरे दूसरे पत्र की प्रतीक्षा कीजिएगा।

पुस्तकों पर कमीशन तो 20 प्रतिशत है, किन्तु, प्रत्येक विक्रेता से आप वैयक्तिक रूप से कह सकते हैं कि 5 प्रतिशत और देंगे। हजार की बिक्रीवालों को तीस देंगे। बस।

खर्च लिख रखिए। रोज-रोज की जरूरत नहीं है।

पुस्तकें (उजनी आग और चक्रवाल) इन्हें दे दीजिए :

1. श्री इलाचन्द्र जोशी
2. श्री गोपाल प्रसाद व्यास
3. नवभारत टाइम्स के सम्पादक (रिव्यू कौल लिख दें)
4. श्री गोपाल कृष्ण कौल
5. श्री आर.के. कपूर

(मिलकर दें और कह दें कि सरकारी खरीद में ध्यान रखें। एक सूची पत्र जो वहीं छपा था, दे दें)

6. श्री महावीर अधिकारी
7. श्री महावीर त्यागी (मेरी ओर से अर्पित कर देंगे—श्री...के योग्य, दिनकर)

ग्राहक बनाना बन्द कर दीजिए। कोई बना भी न होगा।

आसार तो यही दिखाई देता है कि आपने घर नहीं बदला।

आपका

रामधारी

[20]

रामधारी सिंह 'दिनकर'

उदयाचल

आर्यकुमार रोड, पटना-4

29-1-57

प्रियवर,

साथ के demand का 1½=) वहाँ के डाकघर में जमा करवाकर रसीद अपने पास जुटाकर रख लें।

रामसेवक जब लौटने लगे तब उनके साथ 'संस्कृति के चार अध्याय' की 12 प्रतियाँ जो राजपाल एंड संस ने आपके यहाँ जमा की हैं, यहाँ पटने भेज दें।

घर का कुछ बना नहीं? उसी घर में हैं न?

बस, Business जमाइए। दिल्ली की ओर आने की अब तो इच्छा ही नहीं होती। सारा समय नष्ट हो जाता है केवल 21) रु. रोजाना के लोभ में।

आपका

रामधारी

मैं आज राँची जा रहा हूँ। 1 को लौटूँगा, 2 को छपरे जाऊँगा और गोरखपुर। 4 को यहाँ आऊँगा। 10 तक बम्बई जाना है।

[21]

रामधारी सिंह 'दिनकर'

उदयाचल
आर्यकुमार रोड
पटना-4
8-2-57

प्रियवर,

चुनाव की सारी हुज्जत झेलकर मैं कल यहाँ आ गया। अनुभव सारे के सारे बुरे रहे। मेम्बरी की थी, उसकी कीमत अदा कर दी। अब ऐसी कीमत देने की नौबत आई तो मेम्बरी ही हाजिर कर दूँगा। राजनीति में सफलता नीचता बरतने से मिलती है।

मैं 15 मार्च को चलकर 16 के प्रातःकाल दिल्ली आऊँगा। 17 और 18 को संगीत नाटक अकादेमी की बैठक है। संसद शायद 30 मार्च तक चले। अप्रैल के पहले सप्ताह से फिल्म पुरस्कार के सम्बन्ध में फिल्म देखने का कार्यक्रम आरम्भ होगा। इस दायित्व को स्वीकार करूँ या नहीं, यह सोच रहा हूँ।

घर पर दो कोठरी का एक बँगला शुरू करवा दिया है। उसके लिए घर पर भी जाना है। बम्बई में कुछ किताबें भिजवाई हैं। वहाँ भी जाना होगा। और मनुष्य योनि से खिसककर पशु योनि में चला आया हूँ, इसलिए, कहीं एकान्त-सेवन भी करना है। और रामसेवक की सहायता भी करनी है।

124 (सी) 21 दिसम्बर से 2 जनवरी तक अज्ञेय जी ने रखा। मेरे वेतन से 110) कट गया है।

अगर आप स्वतन्त्र मकान पानेवाले हों तब तो C-Type लेने की बात नहीं उठती। वैसे, मैं सोचता हूँ आप C-Type पा सकें तो हम लोग अब साथ ही रहें। दिक्कतें जो होंगी, उनसे आपका परिचय है ही। मगर यह भी तो होगा कि स्थान संकीर्ण होने से प्यारे लोग भीड़ नहीं लगाएँगे। मामा वरेरकर जैसा घर कैसा रहेगा? गरमी में बरसाती कमरा तो बहुत गरम हो जाएगा। आप दरखास्त दे दीजिए।

महेश की हार भयानक रही। भूमिहार भूमिहार के खिलाफ हो गए। इतना कुहराम मचा कि एक अफसर ने आत्महत्या कर ली और दो प्रोफेसर पागल हो गए। बिहार पूर्ण रूप से विनष्ट हो गया। अगली मिनिस्ट्री यदि Wise नहीं बनी तो बिहार में भयानक कांड हो सकता है। There is hardly any leader here who is respected now.

मथुरा शायद जीत जाएँगे। किन्तु, तेघड़ा का हाल सन्दिग्ध है।

आपका
रामधारी

I have lost my spiritual balance.

[22]

रामधारी सिंह 'दिनकर'

आर्यकुमार रोड
पटना-4
21-6-57

प्रियवर,

एक पत्र कल लिख चुका हूँ। जिस पारिवारिक संकट की बात कल लिखी थी, वह अब समाधान के रास्ते पर है। चिन्ता की कोई बात नहीं।

किन्तु, दिल्ली आकर जाकिर हुसैन साहब से मिलने का कार्यक्रम नहीं बन सकता। एक कठिनाई यह भी है कि उनसे मेरी कभी कोई बातचीत भी न हो सकी है। फिर मौलाना साहब से मेरा जो सम्बन्ध है उसकी पृष्ठभूमि पर क्या प्रतिकूल परिणाम नहीं हो सकता है? मुझे कभी-कभी शंका होती है। उचित यही होगा कि उनके साथ सम्पर्क बढ़ाकर सिफारिश की जाय। इस कार्य में एक-दो मास का समय लग सकता है। आप सिंहेश्वर बाबू को यह पत्र दिखाकर उनकी राय मुझे लिखिए। कल मैं काशी जा रहा हूँ। 28 तक लौट आऊँगा।

साथ में एक बिल है। इसके कई तकाजे आ चुके हैं। मेरी समझ में नहीं आया, इसलिए, आपके पास भेज रहा हूँ। शीघ्र चुकता करवा दीजिएगा।

आपका
रामधारी

[23]

आर्यकुमार रोड,
पटना-4
29-9-57

प्रियवर,

मैं जब से आया हूँ झंझट में हूँ।

4 तारीख को मैं कलकत्ते जाऊँगा। अगर नित्यानन्द वगैरह भी कलकत्ते आ गए तो 8 को कलकत्ते से मणिपुर जाना, 10 को कलकत्ते वापस होना और 12 को पटने आना है।

चीनी दूतावास का कोई जवाब नहीं आया, जिससे मैं समझता हूँ कि वे सरकार को By-Pass करने से बाज नहीं आएँगे। अतएव, मैं अब चीन जाने के विचार को गोली मारता हूँ। आप Fang Chien-Hsin को फोन पर पूछकर मुझे खबर करें यहाँ अथवा कलकत्ता, जैसी सुविधा हो। आप लोग आलसी हैं, खत 7 बजे शाम को छोड़ते हैं। Express कर दिया करें। कलकत्ते का पता—जनवाणी प्रेस, 36, Varanasi Ghose Street, Calcutta-7।

राना से कहिए कि सितम्बर 1951 से वह अपना किराया चुकता करना शुरू करें, आपके जरिए नहीं, सीधे। अब इसी में उसका उपकार है। He must learn to manage within his means. If you intervene to make payment on his behalf, I must drive him away.

छिद्दा सिंह से हिसाब लेकर लिखिए कि किराये में कितना मिनहा हो चुका है।

आपका एक Trunk Bill मेरे वेतन में कटा है। दूसरा बिल भेज रहा हूँ। हिसाब इस प्रकार है :

वेतन में कटा–	Trunk Call Bill dated	16.9.57	13.56
बिल जा रहा है–	" " "	19.09.57	03.09
			16.65

मैंने डायरी में आपके नाम पर नोट कर लिया है।

शेष कुशल है।

आपका
रामधारी

[24]

शांघाई (चीन)
12-11-57

प्रियवर,

पीकिंग रेडियोवाली वार्ता मिली होगी। आज शंघाई रेडियो से जो वार्ता दी है उसकी प्रति भेज रहा हूँ। इसकी शुद्ध टंकित प्रतियाँ दिल्ली के सभी अंग्रेजी पत्रों को शीघ्र दे दीजिए। टाइम्स और हिन्दुस्तान टाइम्स में अवश्य निकलना चाहिए। अनुवाद चाहें तो हिन्दी पत्रों को भी दे दें। मथुरा बाबू को भी सक्रिय करके इसे छपवा डालिए।

मैं अर्धोपवास पर हूँ। यात्रा कष्टमयी रही। 24 को रंगून में हिन्दी सा.स. का उद्घाटन करना है। अतएव उस दिन रंगून अवश्य पहुँच जाना है। कलकत्ता एकाध दिन बाद।

आपका
रामधारी

No Anxiety now.

[25]

रामधारी सिंह 'दिनकर' आर्यकुमार रोड
सदस्य, राज्यसभा पटना-4

27-5-58, आठ बजे शाम

प्रियवर,

बबुनी 25 मई के प्रातःकाल पटने पहुँची। साथ में सन्ध्या और कमल भी आए हैं। एम्बुलेंस से बबुनी जहाज घाट से डेरे आई। उसका चेहरा अच्छा था, यद्यपि, वह आखिर कमजोर थी। शाम को आठ बजे उसे डॉक्टर उपाध्याय के यहाँ ले गए। उपाध्याय के घर पर। उपाध्याय ने जाँच के लिए ज्यों ही छुआ-छाया कि जोरों की Bleeding शुरू हो गई और बबुनी प्रायः Collapse कर गई। उपाध्याय के घर पर से ही उसे मैं और बैद्यनाथ फिर एम्बुलेंस में लादकर सीधे लेबर रूम में ले गए। इतनी देर में वह अचेत हो गई। उपाध्याय के यहाँ से घर पर फोन कर दिया था। सो तब तक घर से मालकिन, सेबो, आदो, राजकरण और बैद्यनाथ का कानूनगो चटर्जी, सब लोग अस्पताल आ गए। उपाध्याय ने कहा, बच्चा नहीं निकला है, पेट में है और गर्भनाश बिलकुल करीब है। मगर, अभी वह सब नहीं करके सीधे रोगिणी का प्राण बचाना है और प्राण Blood transfusion से बचेगा। खैरियत हुई कि मोतिहारी से यह पटने पहुँच गई और रास्ते में Bleeding नहीं हुई, नहीं तो ट्रेन में ही रह जाती। दिन रविवार, समय 10 बजे रात, ब्लड बैंक बन्द, शम्भु का कहीं पता नहीं। खैर, 12 बजे रात में 300 सी सी खून मिला। वह दिया गया। तुरन्त डॉक्टर ने कहा 300 सी सी और चाहिए। बबुनी का खून ए ग्रुप का है। संयोग से आदित्य का खून भी वही निकला। इसलिए 300 सी सी रक्त आदो के शरीर से लेकर बबुनी को दिया गया। तब तक भोर के पाँच बज गए। हम लोग सारी रात अस्पताल में ही रहे।

26 तारीख के दिन में फिर 600 सी सी रक्त का प्रबन्ध किया गया और वह रक्त भी बबुनी को पड़ा। होश में वह चार बजे भोर में ही आ गई थी।

कल मैं डॉक्टर के पीछे-पीछे चलता रहा। पहले उनका विचार हुआ कि अब जान बच गई है, नेचर के भरोसे ही छोड़ दिया जाय। एक बजे दिन तक उनकी यही राय थी। उन्हें डर था कि हाथ डाला गया तो shock से दुर्घटना हो सकती है। किन्तु, आगरा के एक एक्सपर्ट आए हुए थे। उपाध्याय ने उनके साथ और मिस जोन्स के साथ राय करके अचानक फैसला बदल दिया और दो बजे दिन में हाथ से तीन महीने का गर्भ निकाल दिया।

बबुनी 25 की रात से लेकर आज 27 की शाम तक लेबररूम में ही थी। अभी छह बजे शाम को वह जनरल वार्ड में लाई गई है। अब वह बिलकुल अच्छी है। डाँट-डपटकर उसे रस पिला दिया है। अभी दसवा (नौकर) भात ले गया है। तीन-चार दिन बाद वह घर चली आएगी। लेकिन उपाध्याय कहते थे कि यूटेरस बहुत खराब

है, जाड़े में ऑपरेशन करके जरूर निकलवा दीजिए, नहीं तो कैंसर हो जाने का भय रहेगा।

अब मैं कल 28 के भोर बेनीपुर जा रहा हूँ। 2 जून को विजय बाबू के बेटे की बारात में बेगूसराय जाना होगा। पूर्णिया और कलकत्ता भी जाना है।

यहाँ गरमी अत्यन्त भयानक रूप से पड़ रही है। कल तापमान 114 तक गया था। आज अभी रात में कुछ बदली दीख रही है। दादा ने लिखा है, सिमरिया में ऐसी गरमी कभी नहीं पड़ी थी। मुझे आने से रोका है। आदो की माँ एक महीने से बड़ही जा बैठी हैं। आदो का विधिवत् फलदान यहीं 5 को होगा।

काश्मीर से तार आया था कि 28 मई को दिल्ली से श्रीनगर तक पैसेज बुक है। आइए। मैंने तार दे दिया, Daughter seriously ill.

अब आपको या शोभा को घबराने की कोई जरूरत नहीं है। अनाड़ी वैद्य का विश्वास करने के कारण इतनी जहमत झेलनी पड़ी। But B. N. feels highly obliged to that fellow, this is right.

आपका

रामधारी

राना साहब से कहिए कि अब वे अपना रास्ता नापें। इस्टेट ऑफिसवाला खत आप Submit कर दें। यदि वे कम से कम सौ रुपए अभी तुरन्त जमा कर दें तभी यह रुक सकता है। न दें तो एकदम 15 को खाली।

[26]

आर्यकुमार रोड
पटना-4
13-6-58

आपको मैंने दो पत्र लिखे लेकिन जवाब एक का भी नहीं आया।

मथुरा बाबू जब से आए हैं, उन्होंने भी कोई कार्ड नहीं डाला।

राजदेव नामक जीव यहाँ आया था और हस्बमामूल बिना कुछ कहे-सुने चला गया। जाने पर पता चला कि वह दिल्ली गया था। मैंने समझा आपकी पैरवी से आया है।

चेतना (बम्बई) से वहाँ दो पत्र आए होंगे। दोनों जरूरी हैं। उचित हो कि बुक पोस्ट को छाँटकर लिफाफा और कार्डवाले सभी पत्र आप रजिस्ट्री से भेज दें फौरन।

रामधारी

[27]

आर्यकुमार रोड
पटना-4
16-1-59

प्रियवर,

आपका पत्र कल रात मिला, जब मैं सिमरिया से वापस आया। आज बबुनी का ऑपरेशन सम्पन्न हो गया। अच्छी है। यूटेरस निकाला नहीं गया। मरम्मत करके छोड़ दिया गया। सिर्फ फेलूपियन ट्यूब काटा गया है।

विनता और कुमारी का भी ऑपरेशन हो गया। वे लोग घर आ गए हैं।

तीनों बच्चियाँ सिमरिया में हैं। सन्ध्या तो पटना आकर अपनी दैया से मिलने को उत्सुक है, लेकिन, ऊषा और छाया गाँव छोड़ना नहीं चाहतीं। खूब खुश हैं। मैं दो बार सिमरिया से हो आया। इस बार तो कमल भी साथ गया था लेकिन उसके कोशिश करने पर भी बहनें नहीं आईं।

मुझे तो बाहर निकलने का अवकाश जनवरी भर नहीं है। इसलिए, दिल्ली अब एक बार ही 6 फरवरी को ही पहुँचूँगा। इस बार आपका काम हो जाय तो इंग्लैंड चले जाइए, लेकिन, परिवार को साथ ले जाइए। खर्च तो मिलेगा ही। इसका विकल्प मत सोचिए। विकल्प है नहीं।

छिद्दा सिंह ने घर खाली किया या नहीं, यह मुझे मालूम होना था।

बैंक में कुल जमा 1555 है। उसमें से इधर मैंने 300 का चेक काटा है। देना होगा तो तीन सौ मुझे दिल्ली बैंक में जमा करना होगा। आप इन्तजाम कर सकें तो जमा करके मुझे सूचना दे दें। मैं डॉक्टर साहब के नाम से चेक भेज दूँगा। डॉक्टर साहब के नाम का सही हिज्जे मिलना चाहिए।

शेष कुशल है।

आपका
रामधारी

[28]

आर्यकुमार रोड
पटना-4
31-3-59

प्रियवर,

आज मैं सिमरिया से हो आया। 23 अप्रैल को विवाह होना तय नहीं रहा। अब विवाह 20 मई को होगा। इस लग्न के पास जनेऊ के दो दिन हैं। एक तृतीया वैशाख

शुक्ल रविवार 11 मई को और दूसरा नवमी उपरान्त दशमी वैशाख शुक्ल 17 मई को। अतएव आपको छुट्टी 1 मई से 31 मई तक लेनी चाहिए।

भोला जमशेदपुर में Compitition परीक्षा देने गए थे। बहुत खराब देकर आए हैं। कम्पीटीशन लेबर वेलफेयर कोर्स में करा दिया गया, जो भोला का पढ़ा हुआ नहीं था। सब बातें भाग्य के अधीन होती हैं। I am very much depressed. आदित्य का क्या होगा, यह भी नहीं मालूम। मालूम इतना ही है कि मदद शायद किसी ने भी नहीं की है। एक और कष्ट है कि दिल्ली में मेरा समय खराब होने लगा है, किसी प्रकार भी समय बच नहीं सकता। अगर डेरा शहर से आठ-दस मील अलग लिया जाय तभी कोई उम्मीद है अथवा फिर कंस्टीट्यूशन हाउस में जा गिरें।

आपका
रामधारी

[29]

पटना-4
2-6-59

प्रियवर,

मालवीय जी के यहाँ से कोई उत्तर नहीं आया। आज उन्हें फिर पत्र लिखा है। आप उनके पी.ए. से फोन पर पूछेंगे कि मेरे पत्रों का उत्तर क्यों नहीं आ रहा है। यह जानना जरूरी है कि वे दिल्ली में अभी मिलेंगे या नहीं। आफियत की मुलाकात चाहिए।

क्या मैं महीने भर के लिए तैयार आऊँ? गरमी कैसी है और नवीन जी कहाँ हैं?

आशा है, आपका पत्र दो-तीन दिनों में आ जायगा।

आपका
रामधारी

[30]

पटना
4-6-59

प्रियवर,

कल दिल्ली से पत्र आया, "दरख्वास्त लिखवाकर भेज दीजिए। मुनासिब ऑफिस को भेज दूँगा। मैं 7 को यहाँ हूँ।" आदित्य अभी आए नहीं। नई दुलहिन मैट्रिक द्वितीय श्रेणी में पास कर गई है। कल केदार, नरेश, कपिल आए। उन्होंने

कहा, आदित्य आ रहे हैं। लकिन, अभी तक नहीं आए। अब मैं 8 को चलकर 9 को दिल्ली पहुँचता हूँ। आदित्य जब आवें। एकाध दिन पीछे की ही उम्मीद है। आपने उनके नाम जो एक्सप्रेस पत्र भेजा है, वह अभी मिला। आने पर वे देखेंगे। मेरा कार्ड तो मिला होगा।

आपका
रामधारी

[31]

साहुजैन निलय
मसूरी
20-7-59

प्रियवर,

श्रीमती जैन कल दिल्ली लौट रही हैं। किन्तु, मैं अब यहाँ दस दिन रुकूँगा। मौसम ठीक से खुलता नहीं, फिर भी अच्छा है। मेरे जो पत्र वहाँ आवें उन्हें वहीं रहने दीजिए। घर की कुंजी दे आया हूँ। मेरा कमरा नहीं खुलेगा। बाकी को जरूरत के अनुसार खोल सकते हैं। श्रीधराणी जी से पूछकर लिखने योग्य बात लिखिएगा।

आपका
रामधारी

[32]

पटना-4
21-9-59

प्रियवर,

कल रात मैं राँची जाना चाहता हूँ।

श्री आलोक जैन को मैंने भोला और आदित्य के विवरण भेजे थे। उन्होंने लिखा है कि दोनों को मुझसे मिलने को भेज दीजिए। आपका क्या विचार है, लिखिए।

राना ने शेरवानी बालकृष्ण जी को पहुँचा दी या नहीं, जानने को उत्सुक हूँ। लिखने लायक और कोई बात हो तो लिखिएगा।

आपका
रामधारी
द्वारा–किताबघर
राँची, बिहार।

[33]

आर्यकुमार रोड
पटना-4
4-10-59

प्रियवर,

राँची में आपका पत्र कल सन्ध्या को मिला जब मैं वहाँ से चल रहा था। आज ही यहाँ आया हूँ। डॉक्टर साहब को पत्र लिख दिया है। सम्भवतः वे बात अवश्य करेंगे।

उर्वशी में 100-200 पंक्तियाँ राँची में लिखी गई हैं। यहाँ दशहरे तक हूँ। काम चलने लगा तो बाद को भी रहूँगा।

इधर तो तूफान और पानी का वेग भयानक रहा। राँची तो संसार से cut off थी। आज भी पानी बरस रहा है। मालकिन को फ्लू हो गया है।

विशेष आने वाले थे। शायद, मौसम के कारण नहीं आ रहे हैं।

शेरवानी दे दी गई, यह ठीक हुआ।

शेष कुशल है।

आपका
रामधारी

[34]

द्वारा–किताबघर
पो. ऑ. राँची, बिहार
3-11-59

प्रियवर,

आपका 30-10 का पत्र मुझे कल शाम को मिला। जिनसे बात करने के लिए दिल्ली आता, उनसे आज टेलीफोन पर बात हो गई। बात किस स्टेज में है, इसका उन्हें कोई पता नहीं था। मैंने स्थिति समझा दी है। उन्होंने कहा, मैं नोट कर लेता हूँ और देखूँगा, आपको आने की कोई जरूरत नहीं है।

इधर एकान्त सेवन में यह बहुत स्पष्ट हो गई है कि संसद मुझे छोड़ देनी चाहिए। ऐसा लगता है कि यह इच्छा भी पूरी हो जायगी और मार्च में आप गृह-संकट में पड़ेंगे। अभी से प्रबन्ध करने की बात सोचना शुरू कर दीजिए।

आपको एक पत्र अकादमी के बारे में लिखा था। उत्तर उसका नहीं मिला है। कुछ न किया हो तो अब कुछ मत कीजिए। उस किस्से को भूल जाना ठीक है। मगर, पत्र आपको मिला था या नहीं, यह मालूम होना चाहिए।

काव्य का एक critical stage कल आया और कल से ही बाधा आरम्भ हो गई। मन बहलाने को आज मैं धनबाद जा रहा हूँ। कल जमशेदपुर जाऊँगा और 5 को यहाँ वापस। 12 को राँची से पटने जाऊँगा। दिल्ली 18-19 को आने का खयाल है बशर्ते कि आपके पत्रोत्तर से अन्य स्थिति सूचित न हुई।

आपका
रामधारी

[35]

राँची
6-11-59

प्रियवर,

मैं तीन दिनों तक घूम-घामकर स्थल पर कल रात लौटा हूँ। रामसेवक ने सभी चिट्ठियों का पैकेट भेज दिया था। उसे खोला तो आपके कई पत्र निकले।

एक में आपने रामसेवक को लिखा है, 'ऐसा ही एक और मौका आया था जब मैंने मालिक से यहाँ आने का अनुरोध किया था।' यह मौका कब आया था? किस सिलसिले में? याद दिलाने की कृपा करें।

एक अन्य पत्र में आपने लिखा है 'आदित्य में desperate होने के कुछ लक्षण देख रहा हूँ।'' यह चिन्ता की बात है। वे desperate व्यर्थ होते हैं। उनसे श्रेष्ठ लोग बेकारी में पड़े इन्तजार कर रहे हैं। और उनकी बेकारी तो वे जब चाहें तभी दूर हो सकती है। जो चीज सामने है, उसे ही वे जीवन-मूरि समझकर बैठ गए। मैं भी ठहरा हुआ हूँ कि उनकी पसन्द की ही नौकरी मिल जाय। दूसरे, मेरा आत्मविश्वास हिल गया है। अब मुझसे यह आशा रखना व्यर्थ है कि परिवार के मामले में मैं कभी भी कोई जवाबदेही आगे बढ़कर उठा लूँगा। अपनी गरीबी में भी मैं तेजी से दौड़ रहा था। अचानक एक ठेस लग गई और मैं गिर पड़ा। मेरा खयाल है, मैं गिरा ही हुआ हूँ। किसी ने बढ़कर मुझे उठाया नहीं। फिर भी, इस पंगुता में भी सबकी सेवा करने, सबका मुँह जोहने के सिवा मेरे आगे चारा क्या है? बस, एक आपका उपकार मानता हूँ कि आप बच्चों के एडिशनल गार्जियन बनकर खड़े हो गए।

I am most unhappy, upset and miserable. Please tell me, what was the occasion when I failed to attend an urgency.

आपका
रामधारी

[36]

राँची

7-11-59

प्रियवर,

एक पत्र भेज चुका हूँ। अभी दो बजे दिन में श्रीमान जी का तार अमृतसर के बारे में मिला। आज पटना नहीं जाऊँ तो 11 को अमृतसर नहीं पहुँच सकता। अतएव, आज ही पटने जा रहा हूँ। 9 को पटने से चलूँगा और 10 को दिल्ली पहुँचूँगा। आप फोन पर पार्लियामेंट बुकिंग ऑफिस को कह दीजिए में मेरे लिए 10 की रात में अमृतसर के लिए सीट रिजर्व कर दें। मेरा Identy Card No. 37 और D. No. 84 है।

आपका

रामधारी

[37]

रामधारी सिंह 'दिनकर'

पटना-4

29-1-60

प्रियवर,

मैं भोला को लेकर कलकत्ता गया था। आज ही लौटा हूँ। शान्तिप्रसाद ने भोला से घंटे बातें कीं और अन्त में कह दिया कि अफसर का पद इन्हें नहीं दिया जा सकता। मेरी सारी उम्मीदों पर पानी फिर गया। याद कीजिए कि दिल्ली में कितना दरबार किया था उनका। यह आशा की ही अन्त नहीं, शायद सम्बन्ध की भी समाप्ति है। भगवान जो करते हैं, उससे एकाध अच्छा परिणाम भी निकल आता है।

जरा अवस्थी से मिलकर फिर पता लगाइए और रामसेवक को खबर दीजिए कि ऑर्डर का क्या हुआ।

I am very much depressed भोला से कह दिया है कि परिश्रम के बिना कहीं भी मार्ग नहीं है। अब जो चाहे, करे। रेडियो का ऑफर आ गया है। उसी के पास है।

आपका

रामधारी

[38]

आर्यकुमार रोड

पटना—4

8-5-60

प्रियवर,

मैं कमल जी के यहाँ गया हुआ था। आज लौटने पर आपके दो पत्र मिले। आज ही केदार आए हैं।

आपने जो पत्र भेजा था उसकी कोई जरूरत नहीं थी। इतना सूचित कर देना काफी था कि आप 16 के पक्ष में हैं। 83 के लिए भी मैंने आपसे पूछकर ही बात चलाई थी।

यहाँ गरमी बहुत है, मगर जिम्मेदारियाँ भी बहुत हैं। पूनम को आज 105^0 बुखार था। विभा को सूखी खाँसी हो रही है। 4 तारीख से investigation चल रहा है। रामसेवक अकेले हैं न। मैं इन दोनों बच्चियों का इलाज पूरा किए बिना टलूँगा नहीं। यहाँ का पारिवारिक वातावरण भी अभी शान्त है, अतएव, मैं रहना चाहता हूँ। सच्चे मन से सोच रहा हूँ कि दिल्ली-वास अब संक्षिप्त किया जाय। इसलिए भी, पटना रहना है। जो हाल सबका, वही मेरा। दिल्ली में मृत्यु और पटने में जीवन की सम्भावना हो तो आपका वोट किधर गिरेगा?

भविष्य को आप अपनी नजर से देखते हैं और मैं अपनी नजर से। मुझे तब यह बात दिखाई दे जाती है कि संसद से मेरा सम्बन्ध अचानक भी टूट जा सकता है। इसलिए, आवश्यक है कि आपको अपना घर मिले। मिल जाय तो अभी तो मैं उसे अकेले ही occupy करूँगा। आप लोग एक साथ रहें। मैं एकान्त नहीं पाने पर दिल्ली अवश्य छोड़ दूँगा।

आपका

रामधारी

[39]

आर्यकुमार रोड

पटना-4

16-5-60

प्रियवर,

आदित्य की बच्ची जाती रही यह दुःसंवाद तो मिला ही होगा।

आपके उपन्यास की एक रिव्यू ज्योत्स्ना में शायद देखी है। अच्छी है। 'योगी', 'उत्तर बिहार' और 'दृष्टिकोण' के लिए प्रतियाँ भिजवाई हैं या नहीं? 'ज्ञानोदय' के लिए प्रति गई है? लिखिए।

नगेन्द्र का पत्र आया था 28 को दिल्ली जाने के लिए। मैंने क्षमा माँग ली है। 20 मई के बारे में तो कोई कार्ड भी नहीं पहुँचा है और आज 16 है।

यहाँ आने पर दो दिन कमल जी के यहाँ लगा, आधी रात गंगा बाबू के यहाँ। एक रात कपिल जी के भतीजे के ब्याह में और एक रात सिंहेश्वर बाबू के बेटे के ब्याह में।

विभा की सारी जाँच फिर की गई। कहीं कुछ नहीं मिला। रक्त की कोई एस.

आर.सी. जाँच होती है। उसके लिए डॉक्टर आया तो विभा का कोई vein ही नहीं मिला। इसलिए, वह जाँच अभी नहीं हुई है।

पूनम का ज्वर उतर गया है। वह अब चहक भी रही है। क्लास में वह फर्स्ट आई है। आज ही स्कूल से उसे एक मेडल मिला है।

रात यहाँ तूफान बड़े जोर का आया। दो-चार मिनट पानी भी पड़ा। आज गरमी उतनी नहीं है।

शेष कुशल है। घर बदलने की सूचना दीजिएगा।

आपका
रामधारी

[40]

आर्यकुमार रोड
पटना-4
16-5-60

प्रियवर,

अन्तर्देशीय पत्र लिखने के बाद यह याद पड़ा कि जरूरी बात मैं लिखना ही भूल गया। वह जरूरी बात यह है कि आपको अपना घर अब तुरन्त ले लेना चाहिए। और आप जो इस मनसूबे में हैं कि दोनों लड़कों को मेरे गले में बाँधकर आप अलग हो जाएँगे, सो बात होने की नहीं है। मैं अकेला ही रहूँगा। ज्यादा से ज्यादा भोला मेरे साथ रह सकते हैं। आदित्य जी को हर हालत में आपके साथ ही रहना पड़ेगा। जब तक यह इन्तजाम नहीं हो जाता, मैं दिल्ली आने पर भी आपके साथ नहीं ठहरूँगा।

इसमें आपके या शोभा के प्रति मेरा क्रोध, अप्रसन्नता या आक्रोश नहीं है। सच तो यह है कि आप लोगों पर मैं अत्यन्त प्रसन्न हूँ और मानता हूँ कि आप दोनों प्राणी मेरी जैसी सेवा करते हैं वैसी और कोई नहीं करता और आपके साथ रहने पर मुझे सुख और शान्ति भी बहुत मिलती है। किन्तु मेरा भाग्य फूटा हुआ है। इसको आप कैसे जोड़ेंगे?

लेकिन, अब जो नक्शा निकल रहा है, उसमें मेरे लिए यही उपाय है। वेदनाओं ने मुझे कठोर बना दिया है। निराशाओं की चोट ने मुझे अप्रियता तक जाने की हिम्मत दे दी है। इसलिए मेरा यह निर्णय अटल है। दिल्ली में रहने का जो प्रबन्ध मैं चाहता हूँ, वह अगर अपके आलस्य अथवा बच्चों के हठ के कारण नहीं निकल सका तो आप जानते हैं कि मैं क्या करूँगा? मैं संसद से त्यागपत्र देकर घर बैठ जाऊँगा। यह सब सुनकर आप घबराएँ नहीं। मैं उम्र में आपसे दूना हूँ। जो बात मुझे आज दिखाई पड़ती

है, वह कुछ बाद को आपको भी दिखाई पड़ेगा। और तब आप समझेंगे कि इतना कठोर निर्णय मैंने क्यों किया है।

दिल्ली आने पर अगर मैं आपके साथ न ठहरूँ तो बुरा मत मानिएगा।

आपका
रामधारी

[41]

पटना-4
17-5-60

प्रियवर,

आपका 12 का पत्र आज मिला और वह भी तब जब मैं दोनों लिफाफे भेज चुका था। अपने घर के लिए आप कसकर उद्योग कीजिए। जितना शीघ्र मिल जाय उतना ही अच्छा होगा। मैं और भोला, दो ही साथ रहें तब तो 83 नम्बर ही ठीक था। खैर, यह अदला-बदली पीछे भी हो सकती है। अभी सर-दर्द लेने की क्या जरूरत?

व्यास को मैंने धन्यवाद का पत्र लिख दिया है। व्यास दुर्लभ मनुष्य है, यह आप देख रहे हैं न? पन्त अभिनन्दन की सूचना आज तक नहीं मिली। आज बच्चन का एक पत्र गोष्ठी के लिए था। इस आयोजन के साथ मैं शुरू से रहा हूँ। किन्तु नवीन जी अभी-अभी गए हैं। मुझसे अभी चहकना और हर्ष मनाना नहीं हो सकेगा। यों अगस्त के पूर्व मैं आऊँगा भी नहीं।

आपका
रामधारी

[42]

रामधारी सिंह 'दिनकर'

आर्यकुमार रोड
पटना-4
27-5-60

प्रियवर,

आपका 24/5 का पत्र आज मिला। आज ही घर के बारे में एक पत्र आया है, उसे भेज रहा हूँ। मैंने केवलकृष्ण को लिखा है कि अब वे तुरन्त मुझे Indipendent Bungalow अथवा मीना बाग में नीचे का फ्लैट दें। चेयरमैन के लिए पत्र आपको भेज रहा हूँ। उनका पूरा नाम भरकर आप यथास्थान भेज दें। केवलकृष्ण भरे बैठे होंगे, मगर, और कोई उपाय नहीं देखकर उन्हें पत्र लिखना पड़ा है।

आपको मेरे पत्रों से चोट लगी है। यह सब गलत है। मिलने पर बताऊँगा कि ऐसा मैं क्यों कर रहा हूँ। स्वतन्त्र बँगला मिल जाने पर भी मैं उसी छोटे घर में रहूँगा, जो आपको मिलने वाला है। आपको अगर विनय मार्ग पर घर मिले तो मैं भी वहीं ले लूँ। मगर, सोचने से क्या होता है? बात तो दूसरे के हाथ में है।

यहाँ राजेन्द्रनगर में आप जमीन लेंगे क्या? 2350 रु. कट्ठा दाम पड़ेगा। विज्ञापन निकलते ही आवेदन देना होगा। तीन कट्ठे का कोई सात हजार पड़ेगा। ले लेना मैं मसलेहत समझता हूँ।

आपका
रामधारी

[43]

पटना
2-6-60

प्रियवर,

घर के बारे में Estate Office का एक निराशाजनक पत्र आया था। मैंने नए आवेदन लिफाफे में भेज दिए थे। पत्र आपको मिला या नहीं? आप का उत्तर नहीं आने से चिन्ता में हूँ। यहाँ सब ठीक है।

आपका
रामधारी

[44]

रामधारी सिंह 'दिनकर'

आर्यकुमार रोड
पटना-4
6-6-60

प्रियवर,

आपका 4/6 का पत्र मिला। देवगिरिकर को पत्र मिलेगा या नहीं, इसमें संशय मानता हूँ। ठीक पता मुझे लिखिए तो एक पत्र उन्हें मैं सीधे भेज दूँ।

हाँ, भोजन और देखभाल की बात तो है। लेकिन, इस बार तो यही देखा है कि पटना बहुत अनुकूल है। गरमी तो है, लेकिन भीड़-भाड़ नहीं। घर में बीमारी-शीमारी तो रहती है। कल से पूनम को फिर 104^0 ज्वर है। विभा की खाँसी भी नहीं जा रही है। तब भी मैंने तीन लेख और दस-बारह कविताएँ आने के बाद से लिखी हैं।

ऐसा चलता रहे तो पटने में ज्यादा ठहरना ठीक है। दिल्ली का समय तो बाधाओं से लड़ते-लड़ते ही खत्म हो जाता है। मैं अपना साहित्यिक अवरोध नहीं सह सकता। साहब बटोर रहा हूँ कि भत्ते का मोह छोड़ दूँ और दिल्ली कम से कम रहूँ। यह संयोग बन सके तो आप लोगों को उसी में खुशी मनानी चाहिए, जिसमें मेरी खुशी है।

अगले सेशन के लिए आप घबरा रहे हैं। पहला उद्योग तो मेरे घर के लिए ही कीजिए। दूसरा उद्योग अपनी ही गति से चले। कोई रद्दी घर लेने से फायदा क्या? विनय मार्ग पर, मीना बाग में, अम्बेसेडर के पास, इन जगहों पर घर लीजिए। जब तक आपका घर मिलेगा तब तक मैं तकलीफ में नहीं रहूँगा। दो-चार दिन ठहरना हुआ तो आपके पास या फिर दूसरी स्थिति में कहीं अन्यत्र ठहर लूँगा। अभी कुछ निश्चित नहीं है। इतना ही निश्चित लगता है कि पटना रहकर खूब साहित्यिक काम करूँगा। समय नष्ट करके जो पाप किया है, उसका प्रायश्चित्त इसी प्रकार होगा। ये सब विचार मेरे मन में सात्त्विक रूप से चल रहे हैं, इसलिए, लिख दिया है।

आपका
रामधारी

7-6-60

अभी गुप्त रूप से पता चला है कि विभा को प्रथम श्रेणी मिली है। घोषणा दस दिन में होगी।

[45]

छावनी कोठी, भागलपुर
11-6-60

प्रियवर,

तिलक 9 ता. को चुकाया गया और उसी दिन भेजा गया। आदमी अभी लौटकर नहीं आया है। भोला का पत्र पहुँचा। वे लोग 14 को आएँगे या 15 को, यह सूचना तार से मिलनी चाहिए। सुना है, नरेश ने अच्छी लड़की देखकर बड़हिया में ब्याह कर लिया। पट्ठे ने कुछ तिलक भी मारा है। मुझे अच्छा लगा।

मैं कुछ किताबों का सम्पूर्ण कॉपीराइट केदार को ट्रांसफर करना चाहता हूँ। शायदा को आज ही पत्र लिखा है कि वह मिस्टर शुक्ल से पूछकर मुझे बताए कि सादे कागज पर ट्रांसफरनामा लिख दूँ तो उसे कॉपीराइट बोर्ड के लोग स्वीकार करेंगे या नहीं। आप शारदा को फोन कीजिए या खुद मिस्टर शुक्ल से मिल लीजिए। केदार अपने नाम की रजिस्ट्री के लिए आवेदन देगा। आवेदन के दो फॉर्म आप नमूने के लिए ले लेंगे और भोला के मार्फत मुझे भेज देंगे।

भोला यहाँ अन्त तक रहेगा या लौट जायगा? आप किस दिन आवेंगे? निमन्त्रण मैंने ललित, भट्ट, सिद्धेश्वर, एम. एम. सिंह, एम. पी. सिंह सबको भेज दिए हैं।

हिन्दी के लिए तो लक्षण मुझे बुरे दिखाई दे रहे हैं। सत्यनारायण बाबू के अपमान के भीतर से प्रधान की कायरता की झाँकी मुझे दिखाई देती है। मैं तिलमिलाकर रह गया हूँ।

आपका

दिनकर

[46]

पटना-4

3-7-60

प्रियवर,

एक पत्र रेडियो के पते पर भेजा था। मिला या नहीं?

अब सुनिए। 31 को दुलहिन को मूर्च्छा आ गई और पूनम को अचानक फिर 104^0 ज्वर आ गया। रक्तचाप मुझे पहले ही चढ़ा था। डायरिया और अर्श भी उभर आया। बड़ी दौड़ादौड़ी रही। तीनों डॉक्टर आए। पूरा हंगामा रहा। ये तीन सप्ताह नरक के बीते हैं। काम तो सब सेबो करते हैं। लेकिन, मेरे रहने से घर भर को बल रहता है। अब फिर सबके सब ठीक हैं। देखिए, कल क्या होता है। मेरा आना अभी भी अनिश्चित है।

कैनिंग लेन के पते पर जो पत्र जाए, उन्हें अब वहीं रोक लीजिए। ठहरने का कुछ न कुछ प्रबन्ध कर रहा हूँ।

आपका

रामधारी

[47]

पटना-4

12-7-60

प्रियवर,

कमला जी इन दिनों दिल्ली हैं। उनका पत्र आया था। लेकिन केदार के दाखिले का अभी तक कोई निर्णय नहीं हुआ। मगर, आ भी गया तो ठहरने की जगह ठीक नहीं हो रही है। आपने अपने घर के लिए जो आवेदन दिया, उसकी

प्रगति का क्या हाल है? जब तक वह घर कब्जे में नहीं आ जाता तब तक मेरे दिल्ली टिकने की सम्भावना नहीं दीखती। आया भी तो दो-चार दिन रहकर लौट आऊँगा।

आपका

रामधारी

[48]

18-7-60

8 बजे शाम

आज दो पत्र भेज चुका हूँ। आप घबरा गए होंगे, इसलिए यह तीसरा भी लिखना पड़ा। पूनम को 12 से 2 के बीच 16000 सीरम पड़ गया। प्रतिक्रिया बुरी नहीं हुई। अब आशा है, वह बच जायगी। आज माँ को लिवाने के लिए रामा आया हुआ है। लेकिन आज जो स्थिति यहाँ हुई, उसमें उसका जाना नहीं हुआ।

आपका पत्र भी आज मिला। दो-तीन महीना कोई समय नहीं है। इस सेशन के बाद तो सेशन कार्तिक में ही होगा।

आपका

रामधारी

[49]

पटना-4

18-7-60

प्रियवर,

आपका 10/7 का पत्र मितला था। मैंने जो पत्र भेजा, वह भी आपको मिला होगा। बाद में सेबो ने बताया कि आप बीमार हैं। पता नहीं, आपका ज्वर उतरा है या नहीं।

आपकी बीमारी का समाचार अतिरिक्त प्रेरणा के समान था। मैं 16 को दिल्ली चल दिए होता, लेकिन अचानक पूनम को 105^0 बुखार आ गया। कल प्रातःकाल डॉक्टरों को शंका हुई कि डिपथेरिया हो सकता है। दास आए, विजय बाबू आए, उपेन्द्र तो था ही। स्वान जाँच के लिए कल ही ले गए हैं। नतीजा आज दोपहर तक मिलेगा। तब तक पूनम का ज्वर उतर गया है। मगर, मन मेरा आशंकित ही है।

यदि जाँच का परिणाम अनुकूल रहा तो मैं कल रात तक चलूँगा और वहाँ जय दयाल जी के पास ठहरूँगा।

आपका

रामधारी

[50]

18-7-60

एक बात लिखना भूल गया। यदि किंग्से के यहाँ ग्लेज्ड कागज पर बस्टवाला फोटो तैयार हो तो एक प्रति निम्न पते पर सुरक्षित रूप से भेज दीजिए। बैक पर नाम दे दीजिएगा।

रामधारी

अभी खबर मिली कि पूनम को डिपथेरिया ही है। भगवान रक्षा करें।

[51]

पटना-4
19-7-60

प्रियवर,

कल दो पत्र भेजे, सो मिल गए होंगे। पूनम की हालत में काफी सुधार है। लेकिन डॉक्टरों का मत है कि घर भर का चेक-अप हो जाना चाहिए। माँ तो आज सवेरे सिमरिया चली गई, वहाँ कुमारी की बच्ची बीमार रहती है। बाकी लोगों के चेक-अप का प्रबन्ध हो रहा है। ऐसे में क्या कहूँ कि कब तक आऊँगा। 25 तक आ सकता हूँ।

आपका
रामधारी

[52]

Patna-4
21-7-60

I do not know, if you have received all the three letters that I have been sending since Monday last.

घर भर की जाँच के बाद पाया गया कि दुलहिन का कंठ डिपथेरिया से आक्रान्त है। आज यह भी पता चला है कि छूत कल्लो को भी लगी है। सबका इलाज चल रहा है। Imagine.

आपका
रामधारी

[53]

26-7-60

पूनम का ठीक चल रहा था, लेकिन, कल उसे फिर 104° तक बुखार आ गया और अभी 4 बजे तक है। हम लोग बहुत घबराहट में हैं। डॉक्टर भरोसा देते हैं कि सीरम सिकनेस है। कल डॉक्टर दास मुँगेर चले गए थे और विजय बाबू कटक हैं। पूनम ने कहा उसे पानी निगलने में दर्द होता है। सेबो अस्पताल की ओर उपेन्द्र को खोजने दौड़े। मैं टेलीफोन पर डॉक्टरों से संपर्क करने लगा। शाम को एक. डॉ. बृजवंशी आए। आज भोर दास पटने आ गए। तब से कुछ चैन है।

सबका स्वाब दूसरी बार भी जाँचा गया। कल्लो तो तब तक के लिए फ्री है और पूनम भी। लेकिन दुलहिन का स्वाब फिर दूषित निकला। इस विपत्ति से निस्तार कब तक होगा, ठीक नहीं जानता।

आपको फोटो के लिए लिखा था। तैयार हो गया हो (बस्टवाला, किसी के यहाँ glazed paper पर) तो एक कॉपी Illustrated weekly के सम्पादक को भेज दीजिए, एक आजकल को और एक साप्ताहिक हिन्दुस्तान को।

मथुरा वहाँ 29 को पहुँच रहे हैं। उनसे भी आपको विपत्ति का ब्यौरा मालूम होगा।

आपका
रामधारी

[54]

आर्यकुमार रोड
पटना-4
20-9-60

प्रियवर,

मेरा मन दिल्ली से क्षण-क्षण भागना चाह रहा था, वह अकारण नहीं था। यहाँ आने पर श्री बैद्यनाथ मिश्र भी इन्तजार करते मिले। परसों उनका इंटरव्यू है। आज जाकर कुछ कह-सुन देना है। एक यह काम भी हो जायगा। और मुकदमेवाली स्थिति तो है ही। रामसेवक ने अधिक-से-अधिक बुद्धि और योग्यता से काम लिया है। किन्तु, मुझे उसके पार्श्व में पहले से ही रहना चाहिए था। खैर, इस पर अधिक नहीं लिखूँगा।

बच्चों का घोर आग्रह कलकत्ता जाने का है। सम्भव हुआ तो हम 27 से 30 तक यहाँ रहेंगे। लौटने पर तय करूँगा कि दिल्ली आकर काम करूँ या नहीं।

कमला जी आ गई हों तो उनसे मेरा सन्देश कह दीजिएगा। उनका पता और प्रोग्राम मुझे एक्सप्रेस से लिख भेजिएगा।

आपका
रामधारी

भोला और साहित्य को छठ में घर अवश्य जाना है।

[55]

9, अलीपुर पार्क प्लेस
कलकत्ता-27
3-10-60

प्रियवर,

दुलहिन और तीनों बच्चियाँ तथा विभा और बाबाजी को लेकर मैं यहाँ 27 को पहुँचा। उन लोगों की सेवा करते-करते थकान बढ़ गई। पटने में कार्डियोग्राम लिया गया था, जिसमें कुछ दोष नजर आया। मुझे चक्कर भी कई दिन आया था। इसलिए, बच्चों को कमल जी के मार्फत 1 ता. को पटने भेज दिया। मैं यहीं रुककर आराम कर रहा हूँ और इलाज करवा रहा हूँ। डॉक्टर की भी यही इच्छा थी।

लखनऊ नहीं जा सका। घोर दुःख है। किन्तु, अब सेहत के साथ मनमानी करने का साहस नहीं होता। यों तो संयम भी उस भय का इलाज नहीं है, जिसे मौत कहते हैं।

आप पत्र यहीं redirect करवा दिया करें।

कमला जी से भेंट नहीं हुई। मैं यहाँ से पटना, पटने से लखनऊ और लखनऊ से दिल्ली दौड़ने की अवस्था में नहीं था।

शेष कुशल है।

आपका
रामधारी

[56]

कलकत्ता
5-10-60

सितम्बर का जो बिल आया है, उसे अवलोकन और जाँच के लिए भेज रहा हूँ। 130) किस मद में कटे हैं? 55 न. का बेसिन टूटा था, उसका 75 तो कट ही चुका था।

रामधारी

[57]

कलकत्ता
10-10-60

प्रियवर,

आज आपके दो लिफाफे एक साथ मिले। भोला ऑपरेशन के लिए पटने जा रहे हैं। मैं उस समय तक पटने पहुँच सकूँगा या नहीं, मैं नहीं कह सकता। बीमार मैं भी हूँ। परसों सारी रात चक्कर आया। आज सुबह भी। सर्दी भयानक रूप से लगी है। बी. पी. भी चल रहा है। बुरी यात्रा में आया था।

घर आपने लौटाया और आपने लिया। आपका धर्म था कि सारी बात अधिकारियों से करके मुझे लिखते। मगर आपने बिल मुझे लौटा दिया।

अब बिल आप ऑफिस को दे आइए। नया घर क्या लिया वेतन ही गँवा बैठा।

आपका
रामधारी

कृपया देख लीजिए कि मैंने जो आपत्तियाँ उठाई हैं वे सही हैं या गलत। गलत हों तो draft बनाकर सही आपत्तियाँ मुझे भेजें। तब मैं ऑफिस को भेजूँगा।

How can you prove that nothing was broken when 55 B was returned? Did you sign blank forms?

Please apply for house. I still feel that I should live independently.

[58]

कलकत्ता
15-10-60

प्रियवर,

कल मैं पटने लौट रहा हूँ। यह आधा महीना बेकार नष्ट हो गया। इन 51 दिनों में एक दिन भी अच्छा नहीं बीता। चक्कर कई दिन आए, रक्तचाप रहा और बाद को भयानक जुकाम। सात दिनों से गर्दन के ऊपर सभी नसें जकड़ी हुई हैं। मगर खैर।

आदित्य के मार्फत निम्नलिखित चीजें भेज दीजिए–

1–ऊनी कुर्ता (दो)
2–अंडीवाला कुर्ता (1)
3–दोनों बंडियाँ
4–मफलर

अब पटना पहुँचकर पत्र लिखूँगा।

आपका
रामधारी

[59]

पटना
18-10-60

प्रियवर,

मैं यहाँ कल आ गया। कल ही भोला का ऑपरेशन विजय बाबू ने किया। भोला का अति sensitive होना उसके कष्ट का कारण हो रहा है। बेहोशी से होश में आते हुए रोगी बकते हैं, भोला जार-जार रो रहा था। और चचा के Blood Pressure के लिए रो रहा था। अब तो वह ठीक है। उठा और दस कदम चला भी है। मगर अभी तक पेशाब नहीं उतरा है। अभी तीन बजे दिन तक हम लोग चिन्ता में हैं। विजय बाबू ने कहा है, शाम तक खुद उतर जाएगा। नहीं उतरा तो सलाह देनी पड़ेगी।

आपका
रामधारी

गर्दन से ऊपर मेरी शिराएँ अब भी जकड़ी हुई हैं। विचित्र आक्रमण है। चीनी कंट्रोल से कुछ बाहर ही है। घी छूना भी मना हो गया है।

[60]

पटना
19-10-60

प्रियवर,

भोला के बारे में मेरा कल पत्र मिला होगा। कल 5 बजे शाम को पेशाब सलाई देकर उतारा गया। आज भी पेशाब नहीं होने पर सुई दी गई, जिससे पेशाब हो गया। उसका ऑपरेशन परसों हुआ, लेकिन वायु-त्याग अब तक नहीं हुआ था। आज वह भी हो गया। अतएव अड़चनें दूर हो गईं और भोला अच्छी राह पर है।

आपका बिल विषयक पत्र मिला था। लेकिन उसमें चेक था या नहीं, नहीं कह सकता। पत्र भी कहीं दब गया है। मिल जाय तब उत्तर भेजूँगा। अब मैं यहीं हूँ।

आपका
रामधारी

[61]

पटना-4

20-10-60

प्रियवर,

भोला के बारे में दो पत्र लिख चुका हूँ। रात अथवा आज प्रातःकाल तीन बजे उसे अपने से पेशाब हो गया। कल उसकी पट्टी खोल दी जायगी, लेकिन ड्रेसिंग अभी चलेगा।

केदार का एडमिशन प्रोविजनल हुआ था। कई सर्टिफिकेट उसे दाखिल करने थे, सो उसने नहीं किए। शायद उसका पढ़ने का मन नहीं है। मैंने भी धनुष डाल दिया है। जो चाहे सो ही करे। नचयुग की सन्तान है।

आपका

रामधारी

[62]

आर्यकुमार रोड

पटना-4

27-10-60

प्रियवर,

भोला के ऑपरेशन के बारे में मैंने कम-से-कम तीन पत्र आपको भेजे हैं, उत्तर एक का भी नहीं आया। इससे आपकी सेहत के बारे में शंका होती है।

इधर प्रयाग जाने के लिए बड़ा आग्रह रहा। पन्त जी का तार आया। फिर 22 को ट्रंक पर गिरिजा से बात हुई। मैंने कह दिया कि अच्छा, रात में चलता हूँ। तुम चार बजे भोर स्टेशन आना। किन्तु, रिसीवर रखते ही चक्कर आ गया। जँचवाया तो बी. पी. था। फिर परसों शाम को भी चक्कर आया। प्रयाग नहीं जा सका, इसका दुःख है।

आज से इलाज कुछ-कुछ मैंने अपने हाथ में ले लिया है और आज पहली बार बहुत अच्छा अनुभव कर रहा हूँ। 22 नवम्बर तक यहीं रहूँगा, ऐसा विचार है।

आपको जब भी नया घर लेने को कहता हूँ तब आपकी प्रतिक्रिया नासमझी से भरी होती है। अगर भोला अविवाहित रहनेवाला हो तो दूसरे घर की जरूरत नहीं है। अब आप और भोला जानें। मुझे कुछ कहना नहीं।

घर में पानी गरम करवाने की मशीन लगा लेना जरूरी है।

पौधों का क्या हाल है? जब घर रहने लायक मिला, तब मैं बीमार हो गया। यह भी विधि-विडम्बना है।

एलिजबेथ ब्रूनर के पास मेरे तीन स्केच हैं। आप तीनों लेकर अपने पास रख लें।

आपका भेजा हुआ चेक मिला। कहीं रख दिया है। आने पर दे दूँगा।

आदो, मनोरमा, कल्ली, पूनम और नरेश तरसों सिमरिया गए। शायद, रविवार को यहाँ आएँगे।

भोला अस्पताल ही है। दो दिन से मैं देखने नहीं गया हूँ। और उसकी माँ भी देखने नहीं आई।

आपका
रामधारी

[63]

पटना
11-11-60

प्रियवर,

मथुरा कल जा रहे हैं। उन्हें भी कह दिया है और आपको भी लिख देता हूँ। ब्रह्मदेव दिल्ली हैं। वे 19 को लौटेंगे। उनके साथ निम्नलिखित चीजें एक बक्से में रखकर भेज दें।

1. वे सभी किताबें जो अलमारी के ऊपरवाले खाने में हैं।
2. सभी ऊनी वस्त्र।

आपका
रामधारी

[64]

पटना
15-11-60

प्रियवर,

कार्ड मिला होगा। ब्रह्मदेव के मार्फत किताबें तो सब भेज दीजिए, जो अलमारी के ऊपरवाले खाने में है, मगर, ऊनी वस्त्रों में शेरवानी मँगाने से कोई लाभ नहीं। 5 दिसम्बर तक मैं आ सकूँगा अगर और कुछ गड़बड़ नहीं हुआ।

आपका
रामधारी

[65]

आर्यकुमार रोड
पटना-4
22-11-60

प्रियवर,

ब्रह्मदेव कल शाम आया। जरूरत खासकर ऊनी चादर की थी। वह वहीं है। गंदी हो तो धुलवाकर रखिए। भोला परसों जाएँगे। मैं 1 दिसम्बर को चलने की सोच रहा हूँ। किन्तु, सारी बातें ईश्वराधीन हैं।

बीमार मैं सांघातिक रूप से ही था। यह भी अनुमान हुआ कि भय केवल शारीरिक वेदना, घबराहट आदि से होता है। मृत्यु का वरण करने में भय नहीं है, न यही चिन्ता मुझे सताती थी कि जिन्हें छोड़ जाऊँगा उनका क्या होगा। मगर, अब बहुत अच्छा हूँ।

आपका
रामधारी

लाल नोट बुक मिल गया, उसकी खुशी घंटे भर रही। आशा है, किताबें सबकी सब होंगी ही।

[66]

पटना-4
28-11-60
रात का समय

प्रियवर,

चक्कर 16 को आया था। 17 से अच्छा चला आ रहा था। कल फिर आ गया। आज काम पर बैठा तो फिर गड़बड़ी दिखाई पड़ी। अब तो 10 दिसम्बर से पहले आने की बात ही नहीं है। भोला को जो काम नोट कर दिए थे, वे हुए या नहीं?

आपका
रामधारी

आज शाम भवानी भाई आए थे लेकिन क्षण भर ही बात हुई। मुझे एक निमन्त्रण में तुरन्त जाना था सो बेरहमी से चला गया।

[67]

कलकत्ता

5-12-60

प्रियवर,

अघटन घटना घट चली। नियति की प्रेरणा से मैं 1/12 के प्रातःकाल तूफान से पटना छोड़कर निःसम्बल, अकिंचन, असंग, कुपित, व्यथित, क्षुब्ध कलकत्ते चला आया। पीठ पर ही रामसेवक और कपिल सामान लेकर आए। मैं यहाँ 1 की रात पहुँचा, वे 2 के प्रातःकाल। रामसेवक यहाँ अत्यन्त व्यथाकुल, सहमे और भीत बैठे रहे हैं। अन्ततः उनकी आज्ञा को अनुल्लंघ्य मानकर आज मैं उसी पटने को वापस जा रहा हूँ जहाँ मेरी मृत्यु नहीं तो उन्माद का कारण अवश्य है।

अब मैं पटने से 8 तारीख बृहस्पतिवार को दिल्ली एक्सप्रेस से चलकर 9 के प्रातःकाल दिल्ली पहुँचूँगा।

रामधारी

[68]

पटना

14-12-60

प्रियवर,

आपका पत्र शायद बहुत दिनों से नहीं आया है।

मैं 17 शनिवार को तूफान से चलकर 18 की शाम नई दिल्ली उतरूँगा। किसी को स्टेशन आना चाहिए।

खाने का प्रबन्ध :

नाश्ता—चने या हरे मटर की घुघनी और दो केले।

लंच—दही, मछली, आलू, हरी सब्जी और दाल। दाल साँभर जैसी, तरकारी देकर।

शाम को—बेल (बेल साथ लाऊँगा)

रात में—हरी सब्जी, आलू, चिकन या मछली या छेना छटाँक भर और मधु। चने के बेसन की रोटी।

पथ्य बखेड़ेवाला है। सम्भव है, अलग आदमी रखना पड़े।

चिट्ठियाँ अब वहीं रोका करें।

डॉक्टर रामशरण गए होंगे। भोला की मुलाकात हुई तो दिखला लिया होगा।

बैजनाथ तीन दिनों से यही हैं।

आपका

रामधारी

[69]

29, कारमाइकेल रोड, बम्बई
16-1-61

प्रियवर,

दो आर्टिस्ट कुछ Ideas ले गए हैं। आज ड्राइंग दिखाएँगे।

यहाँ के सबसे बड़े Heart Specialist का नाम डॉक्टर वकील है। अपने फन के लिए उन्हें 1958 में 'पद्मभूषण' भी मिला था। परसों उन्होंने जाँच की। बोले स्कीमिया भी है और Heart enlargement भी। फिर भी, कार्डियोग्राम से पता चला कि पहले से हालत सुधरी ही है। किन्तु, जिस ढंग से उन्होंने बात की उससे मैं चौंक उठा हूँ। बोले, आप तेजी से चार मील चलते कैसे हैं? लाइफ का टेम्पो खत्म कीजिए, हो सके तो संसद छोड़कर घर बैठिए और हार्ट को आराम दीजिए और दवा कीजिए। आज उनकी हिदायतें लिखित रूप में मिलेंगी। Blood Sugar कल करवानी है।

वायु मार्ग से लौटने का विचार है। 20 को आऊँगा अथवा 21 को। तार दे दूँगा।

पथ्य ठीक चला है। बेल नहीं मिला। कब्जियत शुरू हो गई। टहलना छोड़ दिया उससे और भी।

I must show Vakil's report to Dr. Ghobal. Meanshile I will start treatment for heart.

आपका
रामधारी

[70]

आर्यकुमार रोड
पटना-4
3-4-61

प्रियवर,

आते ही पता चला विभा और भौका को पिछले सोमवार को चेचक निकला। सेबो ने मुझे एक्सप्रेस खत भेजा कि मत आइए। वह खत मुझे नहीं मिला। आठ आने से अधिक सम्भावना है कि घर में जिसने रिसीव किया, उसे यह सूझा ही नहीं कि मुझे दे दे। आप पूछकर मुझे कलकत्ते सूचित करें। घर पर न पहुँचा हो तो सरकार के पास शिकायत लिखनी होगी। दोनों अब अच्छे हैं।

I was sad at Delhi. Now I know, why it was so.

आपका
रामधारी

[71]

पटना-4
21-5-61

प्रियवर,

मैं जैसे ही पहुँचा, वैसे ही मिसेज जैन का ट्रंक पहुँचा। उनका आग्रह मानकर जा रहा हूँ। फोन पर आज ज्ञान बाबू ने यह भी बताया कि कागज परसों अवश्य आ जायगा। तीसरा कारण यह कि रात सो नहीं सका। मच्छर सोने नहीं देते और मसहरी तबाह करती है। अगर ए.सी. में जगह मिल गई तो कल भोर में कलकत्ता पहुँच जाऊँगा। वहाँ कितने दिन रुकूँगा, यह काम पर निर्भर करेगा।

मसूरी से लोग कवि-सम्मेलन के लिए बुला रहे हैं। बहिष्कार का काम है। 11 से 18 जून के भीतर चाहते हैं। कुछ लोभ होता है कि दिल्ली आकर मसूरी चल दूँ।

और सब लोग ठीक हैं। केदार को रिफाइनरी के लिए उत्साह देखा। मालवीय जी को लिखा है कि निश्चित रूप से बताएँ कि B.Sc. eligible है या नहीं। केदार चाहें तो रूसी यहाँ अभी से सीखना शुरू कर सकते हैं। कह दिया पूनम और कल्लो की चिट्ठियाँ ऊषा और छाया के लिए हैं।

आपका
रामधारी

पता—
द्वारा जनवाणी प्रेस
36, वाराणसी घोष, स्ट्रीट
कलकत्ता-7

[72]

9, अलीपुर पार्क प्लेस
कलकत्ता-27
13-6-61

प्रियवर,

अब तय है कि 'उर्वशी' की प्रतियाँ बँधकर 20 जुलाई तक तैयार होंगी।

एक विज्ञापन का मजमून साप्ताहिक हिन्दुस्तान के लिए भेज रहा हूँ। इसे आप स्वयं लेकर विज्ञापन विभाग के धनराज जी से मिलें और पता लगाएँ कि एक बार में कॉस्ट क्या पड़ेगा और दो बार में क्या। कुछ कंसेशन के लिए शाही जी से भी अनुरोध कर सकते हैं, किन्तु, इस पर ज्यादा, जोर नहीं देना है। वे लोग अच्छी जगह पर डिस्प्ले के साथ छाप दें, यह भी कम कृपा नहीं होगी।

पहली Entry 15 से 20 जुलाई के भीतर जानी है। दूसरी जानी हुई तो ठीक उसके बाद जिसमें 25 जुलाई को प्रकाशित हो गया' यह सुधार करना होगा। बाकी मैटर में भी इसी प्रकार क्रियापद बदलेंगे। और सब वही रहेगा।

मैं चाहता हूँ कि पुस्तक की रिव्यू भी 25 जुलाई के लगभग ही सा.हि. में निकल जाय। रिव्यू नरेन्द्र शर्मा लिखेंगे या भवानी प्रसाद मिश्र। किन्तु, बँधी-बँधाई फाइनल कॉपी हम 20 जुलाई से पूर्व नहीं दे सकेंगे। अबद्ध कॉपी तो 1 जुलाई से ही उपलब्ध रहेगी। वही रिव्यूअर को दी जायगी और सम्पादक को प्रति 20 के बाद मिलेगी। आप भटनागर जी से मिलकर यह बात करें और वे जो रास्ता बतावें, उसकी सूचना मुझे तुरन्त दीजिए।

मैं 20 को पटने जाना चाहता हूँ। उसके पूर्व आपका उत्तर आ जाना चाहिए। यदि शनिवार को पत्र छोड़ें तो Express कर दें।

मजमून टाइप करवाकर रेखांकित करके दीजिएगा। अच्छा हो कि Actual cost मुझसे Confirm करवाकर ही मंजूर करें। किन्तु, एक Entry तो जानी ही है।

आपका
दिनकर

[73]

कलकत्ता-27
17-6-61

प्रियवर,

वेटलो घाव तो बड़ा ही कष्टदायक होता है। खैर, आप भोग निकले।

तत्परता से उत्तर भेजने के लिए धन्यवाद तो क्या, बधाई देता हूँ।

रेट मंजूर। चेक उदयाचल से अगले सप्ताह चला जायगा। संशोधित मसविदा लौटा रहा हूँ। 16 जुलाई के अंक में छापने को कहिए।

मैं 19 की शाम को पटने जाऊँगा। 23 को फिर यहाँ लौट आऊँगा। यहाँ बैठने से किताब 7 जुलाई तक तैयार हो जायगी। नहीं बैठने से अगले साल।

रूद्दी बाबू 4 जून को बदरीधाम गए हैं। 8 को वे हरिद्वार से केदारनाथ की ओर चले, यह मालूम है। 14 की दुर्घटना के समाचार से चिन्तित हूँ।

आपका
रामधारी

[74]

आर्यकुमार रोड
पटना-4
28-6-61

प्रियवर,

एक तार आया है, उसे भेज रहा हूँ। समझ में नहीं आया कि तार किसने भेजा। सम्भव है हुमायूँ साहब की मिनिस्ट्री का हो या श्रीमाली की मिनिस्ट्री का, या पोलिटेकनिक का। आप पता लगाकर सीधे केदार को सूचित करें। रिजल्ट अभी तक प्रतीक्षित है। मगर, वह ऑनर्स पा गया है, ऐसा लगता है।

मैं आज ही आया हूँ। 23 की शाम को फिर कलकत्ता लौट जाऊँगा।

यह तार भी केदार को सुरक्षित लौटा देंगे।

आपका
रामधारी

[75]

9, अलीपुर पार्क प्लेस
कलकत्ता-27
28-6-61

प्रियवर,

केदार को ऑनर्स नहीं मिला। यह तो मालूम हो गया होगा। अब आप लोग जो उचित समझें, करें। मैं मूक हूँ।

'उर्वशी' 10 तक तैयार होगी। रिव्यू तुरन्त होनी चाहिए। धर्मयुग, सा.हिन्दु., दै. हिन्दु. और दोनों नवभारत टाइम्स तथा एक आज में।

नरेन्द्र जी बम्बई गए होंगे। उनका पता मुझे लिख भेजिए। रिव्यू न लिख सकें, इतना बीमार नहीं होंगे।

भवानी प्रसाद मिश्र के लिए उपयुक्त पत्र कौन है? शायद दैनिक हिन्दुस्तान। तो उनसे बात कीजिए।

सा.हिन्दु. में कौन लिखेगा? नरेन्द्र शर्मा मंजूर करें तो वे, नहीं तो त्यागी या राही। अथवा दशरथ ओझा या...आप भी सोचकर राय दीजिए। चार कॉलम का स्वतन्त्र लेख जैसा ही हो।

न.भा. टाइम्स बम्बई के लिए खुद अधिकारी और दिल्ली के लिए कौल। बात करके लिखिए। आज में रिव्यू बिहार से जा सकती है। जरा जगदीश प्रसाद चतुर्वेदी से फोन पर बात कर लीजिए। वे उसके प्रतिनिधि हैं। खुद चतुर्वेदी लिखें यह कैसा होगा?

चतुर्वेदी जी से आप मध्य प्रदेश, पंजाब, राजस्थान और उ.प्र. के अच्छे-अच्छे पत्रो के पते और उनके सम्पादकों के नाम भी लेकर मुझे भेज दें।

राजस्थान और पंजाब के पत्रों में रिव्यू निकलवाने के लिए कुछ रिव्यूअर के नाम भी चाहिए। चिरंजीत एक लेखक हैं, उनसे तथा राजस्थान के किसी साहित्यिक से और नाम लीजिए।

आपका अपना कोई सुझाव हो तो वह निःसंकोच लिखिए। केदार का हाल देख ही लिया, यदि किताब भी लेट गई तो पूरा बंटाढार है। खर्च कर तो दिया, लेकिन, आमदनी आएगी या नहीं, कुछ पता नहीं चलता।

आपका
रामधारी

[76]

कलकत्ता
8-7-61

प्रियवर,

सा. हिन्दुस्तान में लिखने का अनुरोध मैंने बच्चन जी से किया है।

रजनी जी लिखना चाहती हैं तो आज के सम्पादक को सूचित कर दें। पुस्तकें दोनों को 15-16 तक जरूर चली जाएँगी।

बालस्वरूप राही से कहिए कि भारत-सम्पादक को सूचित करके भारत में रिव्यू वही लिखेगा। 'मिलाप' का तो पता ही मेरे पास नहीं है। आपके पैकेट में आपकी, भवानी की, कौल की, ये तीन प्रतियाँ जाएँगी। एक और घर दूँगा। यदि चिरंजीत रिव्यू लिख सकें तो उन्हें दे दीजिएगा।

केदार घर वापस गए हैं। डालमियानगर के मैनेजर आज फिर मिले थे। उन्होंने समझाया कि केदार को जो ऑफर दिया गया है, वह Paper Technology सीखने का है। इस पद पर वे लोग अमूमन Chemical Engineer रखते हैं। कभी-कभी अपवाद-स्वरूप फर्स्ट क्लास B.Sc.। उनका कहना है कि यह काम सीखले तो सम्भावना अथाह है। उनका वर्तमान इंजीनियर 2500 पाता है, जो लड़के सीख कर निकले हैं, वे भी 1500 पा रहे है। अब आप लोग अपना मत केदार को बताएँ और वह खुद निश्चय करे। मुझे तो कुछ भी साफ दिखाई नहीं देता।

मैंने शिक्षा मन्त्रालय को लिखा है कि कमेटी का अधिवेशन 20-30 जुलाई के बीच बुलाया जाय।

अब मन यहाँ एक क्षण भी नहीं लगता है।

आपका
रामधारी

[77]

पटना

14-7-61

प्रियवर,

आपका 12-7 का पत्र अभी मिला। बच्चन जी के बारे में विचार था, पर अनुरोध नहीं किया है। त्यागी उपयुक्त व्यक्ति है। वही लिखे। राही के लिए प्रति भेजना तो भूल गया हूँ। आपने कोई प्रबन्ध किया हो तो ठीक, अन्यथा साथ लाऊँगा। वैसे, भटनागर जी, मुकुट बाबू और अक्षय जी को दो-दो प्रतियाँ भेजी हैं। बच्चन को, रजनी को अलग से गई है।

Production कैसा हुआ, इस पर प्रतिक्रिया जानना चाहता हूँ। केदार को यादवपुर यूनिवर्सिटी में भी सम्भावना थी, लेकिन, वे Paper Technology ही पसन्द कर रहे हैं।

आज मिश्र जी यही हैं। कहते थे, मेरे साथ आम भेजेंगे। मैं जुलाई के अन्त तक आना चाहता हूँ।

आपका

रामधारी

[78]

पटना

14-7-61

प्रियवर,

मेरी उजली शेरवानी ठीक से नहीं धुली। उसे बिलकुल साफ करवाकर रखिए। मैं शायद शनिवार की रात में तूफान से चलूँगा।

आपका

रामधारी

पुनश्च–

12 की शाम को तूफान से ही आना तय हुआ।

[79]

पटना-4

17-7-61

प्रियवर,

'उर्वशी' की छह प्रतियाँ पहुँची या नहीं, यह मैं नहीं जानता। मन्मथ बाबू और वाचस्पति पाठक तथा अंचल को जो प्रतियाँ गई हैं उनके बुक केस पर नामों की गड़बड़ी थी। सबको लिखकर सूचित कर दिया है।

साथ का मैटर आज के लिए है। आलसी तो ज्यों का त्यों भेजेगा, परिश्रमी रिराइट कर लेगा। वैसे, मैटर बहुत अच्छा नहीं है। फिर भी आज के लिए अथवा जहाँ उचित हो उपयोग कीजिए।

मंगलनाथ सिंह से पूछिए कि मीटिंग कब रखी जा रही है।

शेष कुशल है।

आपका
राम.

कौल से कहिए कि लगभग दो कॉलम की रिव्यू लिखकर भारत में प्रकाशनार्थ निम्नलिखित पते पर भेज दें—

पं. वाचस्पति पाठक, लीडर प्रेस, इलाहाबाद।

[80]

पटना-4
21-7-61

प्रियवर,

पत्र मिला। केदार अभी पाँव छूकर अपने मिशन पर डालमियानगर गए। मेरा मन कैसा तो हो रहा है।

अचरज की बात कि भूमिका (उर्वशी में) नहीं लगी। कितनी प्रतियों में नहीं लगी, लिखिए।

मैं 29 शनिवार के भोर चलकर 30 रविवार के भोर दिल्ली एक्सप्रेस से आ रहा हूँ। मंगलनाथ जी से कहिएगा कि रविवार को मुझसे अवश्य मिल लें। मीटिंग 31 की है।

कई दिनों से पीठ में दर्द रह रहा है, चीरा किस्म का। कब्जियत भी भयानक। रात में दर्द बढ़ जाता है। मधुमेह ठीक है; शायद।

शेष कुशल है। सबकी प्रतियाँ साथ लाऊँगा।

आपका
रामधारी

[81]

पटना

22-7-61

प्रियवर,

आपको जो चीज भेजी, वह रजनी को मिल गई। वह 'जागृति' और 'योजना' की बात करती है। 'आज' की बात किस जोश में बोल गई थी? चीज आप उससे वापस ले लें अथवा 'आज' में भिजवा दें अथवा 'भारत' में। पुनः टंकित और हस्ताक्षरित करवाकर पं. वाचस्पति पाठक, लीडर प्रेस, इलाहाबाद के पते पर भेज दें। लिख दें कि यह 'भारत' के लिए है।

मैं 30 के भोर आता हूँ।

आपका

राम.

[82]

यूक्रेन होटल, मास्को

9-10-61

प्रियवर,

काफी दिक्कतों से आया। ताशकंद में हुज्जत हुई, मास्को तो उसी दिन 2 बजे रात (I.T.) में पहुँचा जब यहाँ ग्यारह बजे थे लेकिन अड्डे पर कोई नहीं था, बहुत देर के बाद लेखक-संघ के सचिव आए। खबर ठीक नहीं आने के कारण उन्हें भी काफी झमेले में पड़ना पड़ा।

मास्को आने का ध्येय था मेडिकल चेक-अप। लेकिन, यहाँ के नामी विशेषज्ञों से भेंट होगी या नहीं, नहीं कह सकता, जो कुछ अनुभव हुआ है, उससे उत्साह कम होता है। सुबह की चाय नहीं मिलती। चाहता हूँ कि डेलीगेशन के साथ ही लौट जाऊँ। आखिर यहाँ के लोग भी आदमी ही हैं। उनके सामने बाईसवीं पार्टी कांग्रेस है। उनका अधिक समय उसी काम में लगेगा। हम लोग कुसमय नहीं तो असमय जरूर आए हैं।

कल यहाँ से 200 किलोमीटर दूर उस स्थान पर गया जहाँ टॉल्स्टॉय रहते थे। यह बहुत बड़ी प्राप्ति रही। 13-14 तक लेनिनग्राद चले जाएँगे उधर से आरमीनिया होकर ताशकंद पहुँचना, समरकन्द, बोरवारा और बसा, उधर से ही दिल्ली वापस।

आपका

रामधारी

[83]

ईरिवान (आरमीनिया)
20-10-61

प्रियवर,

मास्को से जो पत्र भेजा था, मिला होगा। मास्को हम 6 दिन ठहरे। एक रात जोरों का चक्कर आया। उसके बाद ईश्वर की कृपा से ठीक रहा हूँ। 13 तारीख को हम लेनिनग्राद आए और 16 को सुखूमी। सुखूमी श्याम समुद्र के तट पर सेनिटोरियम है। सुखूमी से परसों हम ईरिवान आए हैं। ईरिवान आरमीनिया की राजधानी है। बहुत पुराना देश है, किन्तु, नवीन कलेवर धारण करके रूस जैसा ही हो गया है। कल 21 को हम यहाँ से बाकू जाएँगे और उसी दिन बाकू होकर ताशकंद। यह चिट्ठी भी ताशकंद में ही छोड़ी जाएगी। ताशकंद से समरकन्द और बुखारा जाने का विचार है। फिर लौटकर ताशकंद ही आना है।

ताशकंद से हम 30 अक्तूबर सोमवार को रूसी जेट विज्ञान से चलेंगे और लगभग 1 बजे में पालम पहुँच जाएँगे। फोटोग्राफर के लिए या तो आप अक्षय जी को कह दें अथवा वेदप्रकाश को। वेदप्रकाश का फोन नं. 34402 है। टाइस्सवालों को भी फोटो लेना चाहिए।

डेलीगेशन के साथ घूमना मनहूस काम है। अपनी इच्छा, अपनी सुविधा मारी जाजी है। मैं थक भी तुरन्त जाता हूँ। इसीलिए, न तो पत्र लिख सका, न डायरी। और उपहार की चीजें भी कुछ नहीं ले सका। आने पर हालचाल बताऊँगा।

थका-थका ही घूमता रहा हूँ। फिर भी बातों का असर मुझ पर पड़ा है। पहली यह कि रूस ने अपनी भाषा विषयक समस्याओं का हल बहुत अच्छी तरह निकाला है। दूसरी बात यह कि रूस की नारियाँ स्वाधीन हो गईं, वे पुरुषों की बराबरी में हैं, इस आजादी की कीमत उन्होंने कामुक आकर्षण की कुरबानी देकर चुकाई है। यह बात मुझे बहुत अच्छी लगी है।

आशा है, वहाँ सब लोगों कुशल से हैं।

आपका
रामधारी

[84]

ताशकंत
22-10-61

प्रियवर,

कल जो पत्र लिखा है उसमें सूचना यह दी है कि हम 30 अक्तूबर को रूसी जेट से आएँगे। आज यह तय हुआ कि हम 29 तारीख को (रविवार को) Air

India से चलकर उसी दिन 3 बजे दिन में दिल्ली पहुँचेगे। एक गाड़ी किचनर रोड से मँगवाकर साथ कर लीजिएगा। अक्षय जी फोटोग्राफर भेज सकें तो वह भी अच्छा है।

कल हम समरकन्द जा रहे है। समरकन्द से 24 को फिर यहीं लौट आएँगे और 28 तक यहीं रहेंगे। 29 को यहाँ के टाइम से 10 बजे भोर में चलना है जब दिल्ली में 7½ बजा होगा।

आपका
रामधारी

[85]

पटना
7-3-62

प्रियवर,

भागलपुर का समारोह बहुत अच्छा रहा। भुवनेश्वर बाबू तो थे ही, सुधांशु, जे. पी., शिवजी भी मौजूद थे। राहुल जी नहीं थे, जिसका सबको मलाल रहा। भगवान उन्हें स्वस्थ करें।

मैं 27 को डालमियानगर गया था, 29 को लौटा। कल फिर वहाँ जाऊँगा। कल 6 ता. को सिमरिया गया था, कल ही लौट आया।

आज यहाँ दंगल होगा। दल-बदल। तो भी मेरा मन कहता है, केबी जीत जायगा। शहर में भी यही अफवाह है।

मैं 11 की शाम को तूफान से पहुँचूँगा। पहुँचता तो सुबह ही, लेकिन, वह सम्भव नहीं हुआ। 11 को वहाँ प्रभात जी और ब्रजकिशोर मेरी खोज करेंगे। उनसे कह दीजिएगा कि प्रातः नहीं पहुँच सकने का दुःख है।

आपका
रामधारी

[86]

पटना
14-7-62

प्रियवर,

मेरा एक कार्ड मिला होगा। आदित्य और भोला के पत्र मिल गए हैं। कई दिनों से माँ यहीं हैं। कल उसने खोला कि उसका मन दिल्ली जाने का है। इसलिए, वह मेरे साथ आ रही है। 19 वृहस्पतिवार को हम लोग दिल्ली एक्सप्रेस

से चलेंगे और 20 शुक्रवार को पहुँचेंगे। 6 बजे भोर में स्टेशन पर किसी को होना चाहिए।

मंगलनाथ सिंह से फोन पर पूछ लीजिएगा कि समिति की बैठक 23/7 को रखी गई है या नहीं। अगर बैठक नहीं रखी है तो मैं 22 की रात में ही चल दूँगा।

श्री भवानी प्रसाद मिश्र बीमार हैं। किसी को देख आना चाहिए। यह भी पूछ लेना चाहिए कि 29 जुलाई को कानपुर में उनका समारोह है या नहीं। मुझे 18 से पहले यह सूचना पटने में मिलना नितान्त आवश्यक है।

तुम्हारा
रामधारी

[87]

पटना-4
29-10-62

प्रियवर,

इधर डॉक्टरी परीक्षा से यह पता चला है कि मेरा हार्ट उतना मजबूत नहीं है जितना 1961 की जुलाई में था, गरचे, 1960 के अक्तूबर की अपेक्षा वह अभी अच्छा है। इसलिए, मैं नहीं जानता कि 8 को मैं दिल्ली आ सकूँगा या नहीं। मंगलनाथ सिंह को भी लिख दिया है कि मेरा नाम सन्दिग्ध है।

भोला और आदित्य आ रहे हों तो वे अलमारी में की सभी अच्छी किताबें लेते आवें। मेरी कविता की एक कॉपी यहाँ नहीं मिल रही है। Exercise Book. के आकार की है कोई 2-3 सौ पेज की जिल्द बँधी हुई।

बड़े कुसमय में आकर मेरी प्रकृति बिगड़ गई, इसका दुःख है। रक्तचाप भी है शायद राष्ट्रीय स्थिति के कारण।

आपका
रामधारी

[88]

पटना
18-1-63

प्रियवर,

मैं कलकत्ते से 16-1-63 को यहाँ पहुँचा। 'परशुराम की प्रतीक्षा' प्रकाशित हो गई। कल सारा दिन अस्पताल के चक्कर में गया। शिवपूजन सहाय बेहोशी की अवस्था में अस्पताल लाए गए। अब तक बेहोश हैं। केस ईश्वराधीन है।

मैं 19 की शाम को तूफान एक्सप्रेस से चल रहा हूँ। 20 की शाम को नई दिल्ली स्टेशन पहुँचूँगा। शिवपूजन जी को लेकर यात्रा में रुकावट आती है या नहीं, यह नहीं जानता।

आपका
रामधारी

[89]

पटना
15-5-63

प्रियवर,

विवाह 3 जून को ही होगा। तिलक 31 मई को चढ़ेगा। इस हिसाब से जो कार्यक्रम सुविधाजनक दीखे, बताइए।

बूढ़ी का हाल वही है। मौका भी ठीक है। घर के वातावरण में सुधार दिखाई पड़ता है।

टेलीफोन का काम हुआ या नहीं?

आपका
रामधारी

[90]

पटना-4
20-5-63

प्रियवर,

आपका पत्र मिल गया। पढ़कर निराशा हुई कि शोभा 3 जून के पूर्व नहीं आ सकेगी। तिलक 31 को है। लेकिन, मीनलवाली बात के आ जाने से कुछ कहना भी मुश्किल है। मैंने राजेन्द्र जी को पत्र भी दिल्ली लिखा है और निमन्त्रण भी वहीं भेजा है। इस बार गड़बड़ी बहुत है। जो होना होगा, हो जायगा। भगवान की कृपा।

मीनल का कार्यक्रम क्या रहेगा, यह नहीं सोच सकता। सीता-गीता वहाँ रुकनेवाली हैं या आएँगी, यह भी अनुमान का ही विषय है।

शेष कुशल है।

आपका
रामधारी

निमन्त्रण बुक पोस्ट से गया, सो मिला होगा।

[91]

मद्रास मेल

बेजवाड़ा

16-7-63

प्रिय शिवसागर,

तुम्हें पटने या कलकत्ते से पत्र भेजा है, वह मिला होगा। मेरी सारी डाक दिल्ली में जमा रहेगी। एक भी पटना नहीं जायगी। गोल डाकघर को लिख दिया है। तुम भी फोन कर दोगे।

मैं कल मद्रास पहुँचूँगा। शायद वहाँ से कल ही पांडिचेरी जाऊँगा। 20-22 तक हैदराबाद रहूँगा। पता होगा–

द्वारा–दक्षिण भारत हिन्दी प्रचार सभा

खैराबाद

हैदराबाद-4

तार का पता–हिन्दी संघ

हैदराबाद

26 तक दिल्ली आने का विचार है।

तुम्हारा

रामधारी

[92]

पटना

15-2-64

प्रियवर,

मैं अभी शाम को पटने पहुँचा हूँ। आते ही पूछा कि काठ के दोनों बक्से कहाँ हैं? नकारात्मक उत्तर सुनकर घोर व्यथा हुई। उस दिन भोला बाबू आलस्य नहीं करते तो दोनों बक्से मैं अपने ही साथ ले आता। उन्हें आलस्य हुआ और मेरे मन को भरमाकर उन्होंने मेरा कार्यक्रम बिगाड़ दिया। फिर आपने लिखा कि बक्से 7-8 तारीख को जा रहे हैं। सो आज 15 हो गया।

My boxes and my books lying loose must come within a week. I will pay the Railway freight. The man who brings them must bear his own journey cost.

I have noted that all of you have started behaving in an irresponsible way.

आपका

रामधारी

[93]

भागलपुर
25-4-64

प्रियवर,

आपका 20-4 का पत्र मिला। अगर बगवारावाला लड़का आपको पसन्द है तो उसे ठीक कर लीजिए। आदित्य को अगर नौ-दस हजार देने से ही काम चल जाता है तो ये रुपए मैं जुटा दूँगा। आप मनोरमा की शादी इसी साल कर दीजिए।

But do not ask me to do things which are beyond my power now. दौड़कर लड़का ठीक करना, दौड़कर बाजार जाना, दौड़कर गाँव, दौड़कर पटना और कलकत्ता, ये काम अब मैं नहीं कर सकता। अतएव, आपमें से जो मर्द हो, वह खड़ा होकर यज्ञ पार लगवा दे। अगर आपमें से किसी के भी पास आत्मविश्वास और पौरुष नहीं है तो मैं अपनी जवाबदेही अगले साल निभाऊँगा अगर धराधाम पर तब तक जीवित रहा। पता नहीं, यह सीधी-सी बात आपके और आदित्य के दिमाग में क्यों नहीं आती है? पता नहीं, बातें इस तरह घुमाकर क्यों की जाती हैं, जिनका अर्थ होता है कि मैं दोषी हूँ? मैं दोषी नहीं हूँ। मेरी स्थिति समझिए और उसके अनुसार कार्य कर डालिए।

मनोरमा की शादी से और रामसेवक के क्रोध से कोई सम्बन्ध नहीं है। उसका क्रोध मेरी मृत्यु से पहले शान्त नहीं होगा। मगर आत्मघात पाप है इसलिए मौत की इन्तजारी शान्ति के साथ कर रहा हूँ।

मैं 15 मई तक दिल्ली आना चाहता हूँ। उस समय मैं ललित से भी मिलूँगा।

आपका
रामधारी

अभी भागलपुर में मैं अकेला हूँ। मेरी माँ, मनोरमा, विभा ये लोग यहाँ आकर रहें।

28, 29, 30 ये तीन दिन पटने रहूँगा।

[94]

रामधारी सिंह 'दिनकर'
कुलपति

भागलपुर विश्वविद्यालय
भागलपुर-7
दिनांक—11 मई, 1964

प्रियवर,

पत्र मिला। मैं 14 के भोर दिल्ली पहुँच रहा हूँ। ठहरने के लिए और गाड़ी

के लिए श्री चरत राम जी को खबर दे रहा हूँ। अब तो वहाँ जाने पर ही बातें होंगी।

आपका
रामधारी सिंह
(रामधारी सिंह 'दिनकर')

श्री शिवसागर मिश्र
6, कार्नवालिस रोड
नई दिल्ली।

[95]

रामधारी सिंह 'दिनकर'

भागलपुर विश्वविद्यालय
भागलपुर-7
20-5-64
(पटना)

प्रिय शिवसागर,

लगता है, मेरा घर दिल्ली में ही रह गया है।

अभी तुरन्त पहुँचा हूँ। आते ही सुना, रामसेवक बाबू 18 मई को अपने बाल-बच्चों को यहाँ से निकालकर उस मकान में ले गए जहाँ वे प्रेस स्थापित कर रहे हैं। अगर उन्होंने झगड़ा निपटाने को यह प्रबन्ध कर लिया है, तो मैं मान लेता हूँ कि उन्होंने ठीक किया है। मगर, उद्देश्य कुछ और है। नम्बर एक, पोते को अलग करके मालकिन को तड़पाना। नम्बर दो, यह प्रचार करना कि अपना घर दिनकर जी अपने छोटे बेटे के साथ भोगते हैं।

मैं मालकिन और विभा को परसों साथ लिए जा रहा हूँ। घर से सामान हटाने का प्रबन्ध करके पूरे घर को किराये पर लगा दूँगा। किराये का एक भाग रामसेवक बाबू को मिलेगा अगर उन्हें उज्र नहीं हो।

जो तुम्हारी इच्छा है, वही इच्छा भगवान की भी दीखती है। मुझे बिहार नहीं रहना है। यमुना के मशहूर घाट का नाम भूल रहा हूँ। अब वहीं गति मिलेगी।

मैं चाहता हूँ कि सभी बाल-बच्चे जल्दी से जल्दी भागलपुर पहुँच जाएँ।

22 तारीख की रात तक भागलपुर पहुँच जाएँगे।

तुम्हारा
रामधारी

चिरंजीवी ब्रजभूषण और आयुष्मती विभा
के विवाह का कार्यक्रम

तिलक–ज्येष्ठ प्रथम पक्ष त्रयोदशी सोमवार तदनुसार 8 जून, 1964 ई. तिलक भागलपुर से जायगा।

विवाह–आषाढ़ प्रथम पक्ष षष्ठी बुधवार तदनुसार 1 जुलाई, 1964 ई. विवाह भागलपुर में होगा।

वर-कन्या चौठारी के बाद 6 जुलाई, 1964 को विक्रम के लिए प्रस्थान करेंगे। कन्या विक्रम से 10 जुलाई शुक्रवार को भागलपुर आएगी और फिर 15 जुलाई को भागलपुर से विक्रम चली जाएगी।

भागलपुर
25-5-64

प्रियवर,

पटने से एक पत्र 20 मई को भेजा है, वह मिला होगा। मालकिन और विभा साथ हैं। आर्यकुमार रोडवाला घर खाली पड़ा है। रामसेवक बाबू उस घर से 18 को निकल गए। हमारा सामान भी उस घर से हटाकर मथुरावाले घर में पहुँचा दिया गया।

विवाह का कार्यक्रम ऊपर है। जिसकी जब सुविधा हो, पहुँचने की कृपा करें, जल्दी करें।

एक घड़ी खरीदवाकर आप भेजिए।

राजदेव को न्योता कहाँ जाएगा, लिखिए। चाँद, शशि, शान्ति और उनके बच्चों में से कौन कब तक आएँगे? आप कब आते हैं? भोला, आदित्य, अमिताभ, शोभा वगैरह कब तक?

रामधारी

[96]

रामधारी सिंह 'दिनकर'
कुलपति

भागलपुर विश्वविद्यालय
भागलपुर-7
30 मई, 1964

प्रियवर,

तिलक यहाँ 8 जून सोमवार को चढ़ेगा। क्या यह सम्भव है कि कुछ बाल-बच्चे तब तक यहाँ आ जाएँ? अमिताभ आदि के आने में कोई दिक्कत है क्या? विनता यहाँ आज आ गई। माँ और मनोरमा भी यहीं हैं। रामसेवक और उनका परिवार पटने हैं। पता नहीं वे लोग आएँगे या नहीं। वैसे खबर मैंने दे दी है।

अब राम-राम करके विवाह हो जाय तो आगे की बात सोचें।

ललित बाबू का पत्र मिल गया है। उधर का हालचाल भी आना चाहिए।

शोभा यहाँ कब तक आ सकेगी? राजदेव को खबर किस पते पर दूँ? राजेन्द्र छपरे में कहाँ हैं? ये सब पते मुझे तुरन्त मिलने चाहिए।

आपका
रामधारी
(रामधारी सिंह 'दिनकर')

श्री शिवसागर मिश्र
6, कार्नवालिस रोड
नई दिल्ली।

[97]

रामधारी सिंह 'दिनकर'

कुलपति-निवास
छावनी कोठी, भागलपुर
ता. 5-6-64

प्रियवर,

टिकट हुआ या नहीं, इसकी सूचना केदार ने अभी नहीं दी है। मगर, प्रोग्राम के अनुसार मैं 11 तारीख के भोर में दिल्ली पहुँचूँगा। स्टेशन आने की जरूरत नहीं है। मैं 6, कार्नवालिस रोड पहुँच जाऊँगा।

आप 12 या 13 तारीख की दिल्ली एक्सप्रेस से मेरा एयर कंडीशन का टिकट करवा रखेंगे। 13 को अवश्य-अवश्य चल देना है। इसीलिए पत्र लिखा है। प्रधानमन्त्री को सूचना दे रहा हूँ। आप फोन पर उनके पी.ए. से कहेंगे कि 11 के 9 या 10 बजे अथवा 4 बजे से पूर्व मेरी मुलाकात हो जाय।

आपका
रामधारी

टिकट 13 का ही करवाइए।

[98]

रामधारी सिंह 'दिनकर'

कुलपति-निवास
छावनी कोठी, भागलपुर
ता. 19-6-64

प्रियवर,

कल का पत्र मिल गया होगा। प्रो. रामखेलावन राय जा रहे हैं। इन्हें तुरन्त मंगलनाथ से मिला दीजिए और जो सहायता सम्भव हो, कीजिए।

दवाइयों की शीशी पार्सल से भेज देने पर भी काम चल जायगा।

शोभा, ऊषा, सन्ध्या, भोला ये चार व्यक्ति कल रात आ गए हैं।

जो काम आपके मित्र ने सोचा है, उसमें अब हाथ लग जाना चाहिए।

आपका
रामधारी

[99]

छावनी कोठी
भागलपुर
15-7-64

प्रियवर,

पहुँच तो गया, मगर, रामसेवक मुकदमे पर उतरे हुए हैं। इनकम टैक्स में उन्होंने कुछ शैतानी का बयान दिया है। अब उदयाचल की आयु शेष है।

आप थोड़ा कष्ट और टैक्सी का खर्च स्वीकार कीजिए और राजपाल, आत्माराम, नेशनल पब्लिशिंग हाउस आदि से मिलकर यह तय कीजिए कि 40 प्रतिशत कमीशन पर वे उदयाचल की निम्नलिखित किताबें खरीद लें। पैसे बाद को भी मिलें तो कोई हर्ज नहीं।

1. संस्कृति के चार अध्याय 15)
2. परशुराम की प्रतीक्षा 3)
3. कोयला और कवित्व 3)
4. उजली आग 3)
5. नील कुसुम 3)
6. चक्रवाल 10)

कम से कम दो-दो सौ प्रतियाँ भी ले लेंगे तो बर्बादी कम हो जायगी।

पटने से सप्लाई का काम एक महीने के भीतर हो जाय, ऑर्डर इसी तत्परता से लिया जाना चाहिए।

आप घूमते समय गोपाल प्रसाद जी व्यास या भवानी प्रसाद मिश्र को साथ ले लें।

यह बहुत जरूरी काम है। इसका खयाल रखिए। मैं व्यास को भी पत्र लिख रहा हूँ।

आपका
रामधारी

[100]

रामधारी सिंह 'दिनकर'

कुलपति-निवास
छावनी कोठी, भागलपुर
ता. 19-7-64

प्रियवर,

आज ब्रजभूषण और उनके यमज भाई यहाँ हैं। बच्ची के भी पति आए हैं। केदार शाम को आएँगे। कल प्रातः सबकी रुखसती है।

इधर मिजाज फिर खिन्न, अशान्त, उद्विग्न चल रहा है। दो दिनों से थकान बहुत अधिक हो गई है। अब गृहस्थी ढोना मेरे बस की बात नहीं रही।

मर गया तो केदार संकट में पड़ेंगे, ऐसा मुझे लगता है। लेकिन जो वेदना भोग रहा हूँ अब मृत्यु ही उसका एकमात्र इलाज है।

उधर कोई प्रगति हो रही हो तो सूचना दीजिएगा।

आपका
रामधारी

[101]

रामधारी सिंह 'दिनकर'

कुलपति-निवास
छावनी कोठी, भागलपुर
20-7-64

प्रियवर,

आज विभा का तेंग हो गया। आँखें डबडबाई हुई हैं और मैं आपको पत्र लिख रहा हूँ। बच्ची भी गई और शैलेन्द्र भी आज ही गया। घर सूना हो गया।

मेरा मिजाज कल से प्रायः ठीक है। न जाने क्यों, मगर, यह आशंका कई दिनों से हो रही है कि अब मैं गिरने वाला हूँ।

बच गया यों अपनी किताबों का गिफ्ट रजिस्टर करूँगा और उन्हें बेटी-बेटियों में बाँट दूँगा। घर को बेच डालने के लिए अवधेश्वर को लिखा है। अगर सरकार खरीद ले तो दाम अच्छा मिल सकता है। अगर बिकना सम्भव नहीं हो तो घर किराये पर उठा दिया जाए। यह भी न हो तो साला घर सड़ता रहे।

पहले जितनी वसीयतें लिखकर रखी थीं, उन्हें एक दिन मैंने फाड़ डाला। आज नई वसीयत लिखकर मालकिन के हवाले कर दूँगा या कहिए तो आपको भेज दूँ।

बहुत दुःखी हूँ, बहुत बेचैन हूँ; भगवान अब मुझे उठा लें। मेरे जीवन का कार्य समाप्त हुआ सा दीखता है। अब जीना उद्देश्यहीन होगा।

आपका
रामधारी

उदयाचल बन्द करने के सिलसिले में आपको कुछ काम मैंने पिछले पत्र में सौंपे हैं। उन्हें अंजाम दीजिए।

[102]

रामधारी सिंह 'दिनकर'
कुलपति

भागलपुर विश्वविद्यालय
भागलपुर-6
21-7-64

प्रियवर,

कल का पत्र मिला होगा। मेरी मानसिक स्थिति वैसी ही है जैसी कल थी।

आज यह भाव उठा है कि अब मुझे किसी ऐसी जगह पर नहीं जाना चाहिए जहाँ स्वाधीनता सीमित होती हो। यह बात आप ललित से कह देंगे। उसके दिमाग पर अगर कोई बोझ हो तो वह बोझ उतार दीजिए। मेरे मालिक अब श्रीराम हैं।

आपका
रामधारी

[103]

भागलपुर
28-7-64

प्रियवर,

पिछले सप्ताह तुम्हें पत्र लिखा कि अधीनता में जाना अब पार नहीं लगेगा। फिर ललित को लिखा कि चार-छह महीने वहाँ भी रह सकता हूँ। पता नहीं, मैं चाहता क्या हूँ। यहाँ तबीयत घबराने लगी तब 25 को मोटर से ही राँची चला गया। वहाँ से कल शाम लौटा हूँ।

असल बात यह है कि साहित्य का विरह मुझे मार रहा है। राक्षसराज से त्राण पाने की एकमात्र जगह साहित्य है और उसी का रास्ता मेरे लिए बन्द हो गया है। अगर आप लोगों की योजना बाधित हो गई हो अथवा वह खटाई में पड़ गई हो तो उसकी स्पष्ट सूचना मुझे मिलनी चाहिए। इसका भी प्रबन्ध होना चाहिए कि यहाँ से मुझे चोर की तरह मुँह छिपाकर नहीं जाना पड़े। एक खास बात यह भी है कि मुझे

एक महीने पहले ही बात मालूम हो जानी चाहिए, जिससे मैं धीरे-धीरे चीजें यहाँ से भिजवा सकूँ।

आपका पत्र मेरे नाम रजिस्ट्री से डबल कवर के भीतर आना चाहिए। यहाँ लोगों के कान खड़े हो गए हैं। नतीजा यह कि दिल्ली बुलावे तब भी जाऊँगा, न बुलावे अब तब भी जाना पड़ेगा।

आपका
रामधारी

[104]

छावनी कोठी, भागलपुर
5-8-64
पाँच बजे भोर

प्रिय शिवसागर,

जिस व्यक्ति का मनुष्य त्याग करता है, उसके खतों का जवाब देना बन्द कर देता है। तुम लोगों के निर्णय का स्वागत है।

मगर, एक घटना अभी एक घंटा पहले घटी है, उसे सुन लो। किसी के रोने की आवाज सुनकर मैं उठा और भीतर के बरामदे में गया। देखा मालकिन लेटे-लेटे उस तरह रो रही हैं जैसे किसी के मरने पर रोया जाता है। माँ और मनोरमा उन्हें चुप करा रही थीं। पूछने पर पता चला बेटे, पतोहू, पोते, पोतियों के लिए रो रही हैं। मेरा शरीर आपाद-मस्तक जल उठा। मेरी पहली प्रतिक्रिया यह हुई कि यह मुझे पिघलाने के लिए रचा गया खेल है। मगर, मैं पिघलूँगा क्या? मालकिन से मैंने कहा, मोटर तैयार है, जाइए, बेटे से मिल आइए, पोते-पोतियों को देख आइए, जी चाहे वहीं रह जाइए। अगर यह काम उन्होंने कर लिया तो वर्तमान प्रबन्ध कुछ दिन चलेगा। अगर उन्होंने यह तय किया कि सब जगह से तो मैं खुल गया हूँ, मगर, एक फाँस अभी बाकी है। सो उसी फाँस को कसा जाय, तो मैं अचानक साल-दो साल के लिए लापता हो जाऊँगा।

लेकिन, कहीं मालकिन के आँसू सच्चे हैं, तो दो में से एक बात होगी। या तो मालकिन मृत्यु का वरण करेंगी या जो राक्षस मेरे क्रोध में भस्म होने से अब तक बच गया है, वही अपनी माँ के आँसुओं में नमक की तरह गल जाएगा। मेरी लाचारी यह है कि अब मैं इन दो सम्भावित दुर्घटनाओं में से एक को भी रोक नहीं सकता।

तुम्हारा
रामधारी

[105]

रामधारी सिंह 'दिनकर'

कुलपति-निवास
छावनी कोठी, भागलपुर
18-8-64

I wrote two letters to you and one to Lalit. No reply did come till today. Am I to refer that things have gone astray?

Please enlighten by the return of Post?

Sd/-Dinkar

[106]

पटना
26-8-64

प्रियवर,

मैं परसों यहाँ आया। आज भागलपुर वापस हो रहा हूँ। कल बँटवारे की रजिस्ट्री हो गई। रामसेवक बाबू ने पूरा घर पाया, केदार बाबू को उदयाचल मिला और मुझे चक्रवाल।

31, 1, 2 मैं कलकत्ता रहना चाहता हूँ।

12 सितम्बर को दिल्ली रहना है। उसी दिन समिति की मीटिंग रखी गई है।

आपका
रामधारी

[107]

रामधारी सिंह 'दिनकर
कुलपति

भागलपुर विश्वविद्यालय
भागलपुर-7
24-9-64

प्रियवर,

मामा आखिर चले गए। राज्यसभा में जगह खाली हो गई। क्यों नहीं सदस्यता के लिए ही कोशिश की जाय? हिन्दी सलाहकार समिति केवल स्टेनो दे दे, उतने से ही उसका भी काम कर दूँगा। ललित को कहो कि नन्दा जी से बातें करें। और तुम मुझे फौरन वहाँ की प्रतिक्रिया बतलाओ। टी.एन. सिंह को लिख दिया है कि वे शास्त्री जी से बातें करें। मैं 10 तारीख तक इस काम के लिए आ भी सकता हूँ।

तुम्हारा
रामधारी

[108]

भागलपुर
25-9-64

प्रिय शिवसागर,

कल एक पत्र लिखा है, वह मिला होगा। मैंने तुम्हें लिखा है कि UPSC और डिप्टी चेयरमैन दोनों की अपेक्षा मैं राज्यसभा का सदस्य होना कहीं अच्छा समझता हूँ। सदस्यता के साथ साथ मैं डिप्टी चेयरमैन भी रहना चाहूँगा, मगर, अवैतनिक। केवल दो स्टेनो लेकर सब कुछ छोड़ दूँगा। एक स्टेनो भी काफी होगा। यही बात मैंने T.N. Singh को लिखी है कि वे मेरी मेम्बरी की बात प्र.मं. से कर लें। इतना हो जाय तो तुम जहाँ हो वहीं मौज से रहोगे।

I told both Mr. Nanda and Mr. Shastri that my first choice was membership. I felt that a vacancy was coming. If I miss membership I shall be very sorry.

But supposing I really miss it, I should like to be Dy. Chairman on Rs. 3000/- a month and with a rank of Minister.

तुम मंगलनाथ से बात करोगे। वह T.N. को टोककर देखेगा और उनसे मुझे जवाब भिजवाएगा। खतरा हो तो वह चुप ही रहे।

All attempts should be mande for membership. My friends in power will get better return if I am a member.

तुम्हारा
रामधारी

P.S.

If P.M. and H.M. feel I need not join the Rajya Sabha I am again for Dy. Chairmanship with the rank of a minister. You may make this commitment on my behalf safely.

[109]

रामधारी सिंह 'दिनकर'

भागलपुर विश्वविद्यालय
भागलपुर-7
24 अक्तूबर, 1964

प्रिय शिवसागर,

पहले एक पत्र और फिर बातचीत में तुमने मुझे आगाह किया था कि रामखेलावन बहुत ही बुरा आदमी है। 14 की शाम को वह अचानक ही दो प्रोफेसरों के साथ

मुझसे मिलने आया। मैंने उसकी काफी फजीहत की। मगर, उसके मुख से दो बातें सुनकर बिलकुल अवाक् रह गया क्योंकि इनकी सृष्टि वह किसी प्रकार नहीं कर सकता था।

जानते हो, वे दो बातें कौन-सी थीं? एक यह कि मैंने तुम्हारे वास्ते कुछ भी नहीं किया है और तुम मुझे कीचड़ से निकालकर आसमान पर पहुँचाने को बड़े लोगों को हिला रहे हो।

ये दोनों बातें असत्य हैं। अगर पहली सत्य भी मान ली जाय तो दूसरे की सत्यता कोई शैतान ही स्वीकार करेगा। न मैं कीचड़ में हूँ, न तुम मुझे आसमान पर चढ़ा सकते हो। आसमान की सीढ़ी तुम्हारे पास है तो खुद क्यों नहीं चढ़ जाते? मैं जहाँ रहता हूँ, वही धरती मेरे लिए स्वर्ग है।

अवश्य ही ये बातें घोर असावधानता में तुम बोल गए होगे। किन्तु, इनके भीतर तुम्हारे अवचेतन का प्रतिबिम्ब है। मैं नहीं जानता कि तुम अहंकार से इतने मतवाले हो गए हो। ऋद्धि-सिद्धि की आराधना सब करते हैं किन्तु ऋद्धि-सिद्धि जब कृपा करती हैं तब उस कृपा को वही झेल सकता है जिस पर श्रीमाँ कृपालु हों।

श्रीमाँ तुम्हारी रक्षा करें और सबसे बढ़कर वे ललित की रक्षा करें।

तुम्हारा
रामधारी
(रामधारी सिंह 'दिनकर')

श्री शिवसागर मिश्र
6, कार्नवालिस रोड
नई दिल्ली।

[110]

रामधारी सिंह 'दिनकर' भागलपुर
10 दिसम्बर, 1964

प्रिय शिवसागर,

देवघर के जिस लड़के की बात मैं सोचता हूँ, उसका पता नीचे दिया हुआ है। तुम इस पते पर पहुँचकर लड़के से भेंट करो और उसके गुण, शील, योग्यता तथा भविष्य की आशा के बारे में पूरा पता लगा लो। यह भी उससे पूछो कि वह शादी करने को तैयार है या नहीं। इन सारी बातों की रिपोर्ट मुझे तुरन्त से तुरन्त मिलनी चाहिए। तुम अपनी राय लिखोगे कि लड़का तुम्हें पसन्द है या नहीं।

लड़का 10 दिन पटना और 20 दिन दिल्लीवाले पते पर रहता है।

1. श्री मनमोहन प्रसाद सिनहा
   रिप्रजेंटेटिव
   माइनिंग सेक्शन
   खोसला एंड कम्पनी
   1, देशबन्धु गुप्ता रोड
   दिल्ली।
2. द्वारा—श्री ब्रजनन्दन सिंह
   चीफ एडमिनिस्ट्रेटर
   रिवर वैली प्रोजेक्ट
   13, बेली रोड
   पटना

तुम्हारा
रामधारी
(रामधारी सिंह 'दिनकर')

[111]

रामधारी सिंह 'दिनकर'
कुलपति

भागलपुर विश्वविद्यालय
भागलपुर-7
15-12-64

प्रिय शिवसागर,

लड़का देखने के बारे में मेरा एक पत्र तुम्हें मिला होगा। 12 को मैं पटने था। पता चला कि लड़का आया हुआ है। वह कोसी प्रोजेक्ट के चीफ एडमिनिस्ट्रेटिव श्री ब्रजनन्दन सिंह से बहुत हिला हुआ है। ब्रजनन्दन बाबू ने हरचन्द कोशिश की, मगर, लड़का नहीं मिला। आज उनसे ट्रंक पर बात करने पर ज्ञात हुआ कि वह लौटकर दिल्ली चला गया। अब वह तुम्हें दिल्ली में मिल जायगा। ब्रजनन्दन बाबू भी दिल्ली जा रहे हैं। 19 को वे लौटकर पटने आएँगे। 18 को तुम्हें उनसे मिल लेना चाहिए।

जो कुछ सुना है इससे लड़का मुझे खूब पसन्द है। मगर इस लड़के का विचार ले लेना चाहिए। वह अगर स्वस्ति दे दे तो 27 जनवरी को यज्ञ मैं सम्पन्न कर देना चाहता हूँ। तुम्हें तत्पर होकर लड़के और ब्रजनन्दन बाबू से मिल लेना चाहिए। मुझे तार से सूचित भी करो।

मैं 20 की शाम को कलकत्ता जा रहा हूँ।

निर्वंश आदमी को जैसे सब काम अकेले करना पड़ता है, वैसे ही, मैं भी अकेला चल रहा हूँ।

मद्रास का पता—C/O J.K. Bhwalka
Shri Lekha
3, C.P. Ramaswamy Aiyer Road
Madras.

आश्रम का पता—C/O Navajat

कलकत्ते का पता—9 अलीपुर पार्क प्लेस, कलकत्ता-27

4 फरवरी के बाद इस साल लग्न नहीं है।

तुम्हारा
रामधारी

[112]

रामधारी सिंह 'दिनकर' भागलपुर
6-1-65

प्रिय शिवसागर,

लड़के के बारे में केदार की एक सूचना मिली है, उसे तुम जान लो। इससे मिलती-जुलती बात मेरे कान में भी पड़ी थी। अतएव, मेरा मन उदास हो गया है। बल्कि, कल रक्तचाप बड़े जोर का चढ़ गया। उधर अभिभावकों का हाल यह है कि मुझे वक्त ही नहीं देते हैं। स्थिति काफी निराशाजनक है। और लड़का देखना पड़ेगा। अब फरवरी में विवाह होगा या नहीं, नहीं जानता। शायद नहीं होगा।

पटना कॉलेज के इतिहास विभाग में एक नया प्राध्यापक आया है, जो अविवाहित है। मगर देखे कौन? मुझे तो तनिक-सी निराशा से ही रक्तचाप चढ़ आता है। आदित्य, भोला, रामसेवक कहाँ हैं?

मुझसे अब कोई काम नहीं होगा। आखिर, चिन्ता की भी कोई सीमा होती है। तुम लोग अपना पुरुषार्थ दिखाओ तभी मनोरमा का उद्धार हो सकता है। मंझौल के एक लड़के का घर ब्रह्मदेव बाबू देख आए थे। लड़का सिन्दरी में देखने को मिलेगा। मगर, जाए कौन? कोई प्रबन्ध करो। मेरे भरोसे यज्ञ नहीं होगा, यह निश्चित जानो।

तुम्हारा
रामधारी

श्री शिवसागर मिश्र,
द्वारा—श्री केदार नाथ सिंह
उदयाचल
राजेन्द्रनगर,
पटना-4

[113]

भागलपुर
20-1-65

प्रिय शिवसागर,

14 को दिल्ली में रक्तचाप था। 15 को रास्ते में भी रहा। 16 को श्रीनिवास को दिखलाया, रक्तचाप था। 17 को भागलपुर चला तो रास्ते में बहुत बढ़ गया। 18 और 19 को भरपूर रहा। लगता था, फैसला करीब ही है। आज अच्छा था, किन्तु, पटने से ट्रंक पर जो बात हुई, उसे सुनकर घबराहट छा गई। इतिहास का प्राध्यापक पटोरी के पास मालपुर का है। 17 को जो बात हुई उससे लगा, बात 9 हजार तक पट जायगी। वचन देकर आया था कि 20 के प्रातःकाल फलदान चढ़ाने को आऊँगा। आप भी पिता को बुला लीजिए। आदित्य और हरिद्वार पटने में डटे हैं। मैं बीमारी के कारण नहीं जा सका। अब वह 14 हजार माँगता है।

मनमोहन के खिलाफ रिपोर्टें सही हैं। फिर भी ब्रजनन्दन से मिलने की पूरी कोशिश की। उसने कोई समय ही ठीक नहीं किया।

कनवोकेशन के लिए ठहरा हूँ। 24 या 25 को पटने चला जाऊँगा। पत्र उदयाचल, राजेन्द्रनगर, पटना-4 के पते पर लिखना।

डॉ. श्रीनिवास कहते हैं, पटने में बैठकर सब कुछ जँचवा लीजिए। मैं बड़ा ही क्लान्त, निस्तेज और असहाय अनुभव करता हूँ। जल्दी शरीर छूटे तो मालकिन और रामसेवक को शान्ति मिले। मनोरमा का ब्याह तुम सब कर देना।

ललित तो आ ही गए होंगे। भगवान करें कि मैं यहाँ से छूटूँ और दिल्ली में भी न फँसूँ। कहीं कोई दिशा खोजता हूँ जहाँ शान्ति हो।

तुम्हारा
रामधारी

[114]

पटना
16-5-65

प्रियवर,

आज पटना आने पर तुम्हारा 10 का पत्र मिला। भागलपुर से डाक आ गई है। जिस पत्र के भेजे जाने की बात तुम इतनी बार दुहरा चुके हो, वह पत्र न भागलपुर पहुँचा है, न पटना। मगर, इतनी छोटी बात पर वजीरों की नजर क्यों जाय?

तुम्हारा
रामधारी

[115]

'दिनकर'

2, साउथ एवेन्यू लेन
नई दिल्ली
30-11-66

प्रियवर,

मैं परसों शाम को लौटा। पालम अड्डे पर ही दुःसंवाद मिला। अगर शोभा यात्रा का कष्ट झेल सकी है तो फिर डॉक्टरों की बात न मानकर उसने अच्छा ही किया। लेकिन, सम्भव हो तो, उसका दिल्ली वापस आ जाना अच्छा होगा। तीनों लड़कियाँ उसके बिना पस्त हो जाएँगी। गम्भीर शोक के समय भावुकता पर लगाम लगाना जरूरी हो जाता है।

तुम्हारे परिवार पर यह वज्रपात हो गया। तुम लोग अभी जहाँ भी रहो, मन का घोंसला तो श्रीरामपुर ही है। उस घोंसले का मालिक चला गया। इसलिए, सभी भाइयों के बीच सद्भाव की वृद्धि होनी चाहिए और तुम लोगों की ओर से पिता की स्थिति को मजबूत बनाने की कोशिश की जानी चाहिए। इससे घोंसला थोड़े दिन और आबाद रहेगा।

मैं अपने परिवार की ऐसी स्थिति में फँस गया था कि पूरे परिवार का शकट ज्यादातर मुझे ही खींचना पड़ा। और कोई उपाय नहीं था। तुम्हारे भाई मेरे भाइयों की अपेक्षा अधिक अच्छी स्थिति में हैं—होशियारी में भी और आर्थिक मामले में भी। फिर भी लगता है, तुम्हारी स्थिति लगभग वैसी ही बनती जा रही है जैसी मेरी थी। मैं अपने भाइयों का यह गुण मानता हूँ कि वे विनम्र हैं और लियाकत होने पर भी कोताही नहीं करते हैं। अपनी बेटी के विवाह के समय तिलक के सारे रुपए सत्तो ने खुद दिए थे। मनोरमा के ब्याह में आदित्य ने भी साहस करके मेरा बोझ हलका कर दिया। इसीलिए, मेरे परिवार का शकट प्रायः ठीक से ही आगे बढ़ा। मेरा परिवार कुछ बहुत सुखी परिवार नहीं है, मगर, उसकी यह शिक्षा तुम्हारे परिवार के लिए लाभदायक हो सकती है। भाइयों के बीच सद्भाव, प्रेम और सचाई हो तो इज्जत कायम रहती है। परिवार पर बोझ पड़े तो कोताही न करके हर भाई को ईमानदारी के साथ उसमें कन्धा लगाना चाहिए।

तुम लोग वहाँ दुःख अनुभव कर रहे होगे, यह सोचकर मुझे भी बड़ा दुःख हो रहा है। भगवान तुम लोगों को धीरज और दिवंगत आत्मा को सद्गति दें।

कल दोनों बच्चियाँ स्कूल गई थीं। सन्ध्या की परीक्षा थी। आज उसकी छुट्टी है। लेकिन ऊषा भी आज घर ही रह गई है। कहा, अध्यापिकाएँ आती नहीं हैं, सारा दिन शोर-शराबे में जाता है। इसलिए मैं उसकी बात मान गया।

मैं 8 दिसम्बर तक यहाँ हूँ। 9 के प्रातःकाल तूफान से पटना जाने का विचार है। तुम लोग कब तक लौटोगे, इसकी खबर देना।

तुम्हारा
रामधारी

श्री शिवसागर मिश्र

पुनश्च—

पिताजी से मेरा प्रणाम कहना। असली वज्रपात तो उन्हीं की छाती पर हुआ है। उनके सन्ताप से मैं बहुत सन्तप्त हूँ। किन्तु, धीरज को छोड़कर और आश्रय भी क्या है? और उस देवी से मैं क्या कहूँ, जिसका सर्वस्व ही समाप्त हो गया? उन्हें मेरा आशीर्वाद देना और उनके आँसू पोंछना।

रामधारी

[116]

'दिनकर'

2, साउथ एवेन्यू लेन
नई दिल्ली
2-12-66

प्रियवर,

परसों का पत्र मिला होगा। हमने टिकट 9 का करवाया था। आज पटने से फोन आया कि गृह-प्रवेश 8 को ही होगा। इसलिए, निश्चय यह किया है कि मालकिन यहीं रह जाएँ और बच्चियों की देखभाल करें और मैं पटना चला जाऊँ। तदनुसार 6 दिसम्बर के तूफान से मैं पटना चलूँगा और 7 को वहाँ पहुँचूँगा। 12, 13, 14 में से किस दिन वहाँ से चलना चाहिए, यह बाद में निश्चित करूँगा। शायद 12 को ही लौटना ठीक रहेगा।

आज रेडियो से पुरी ने पता लगाया तो मालूम हुआ कि भोला ने 14 तक छुट्टी माँगी है।

लड़कियाँ रोज स्कूल जा रही हैं। इन्दु रोज ले जाता है और पहुँचा जाता है।

भवानी भाई को सीवियर किस्म का हार्ट अटैक हो गया है। वे सफदरजंग अस्पताल में पड़े हैं।

तुम्हारा
रामधारी

82
डॉ. शेखरचन्द्र जैन

पटना-16
5-1-73

प्रियवर,

आपने 'राष्ट्रीय कवि दिनकर और उनकी काव्य-कला' नाम से मेरे साहित्य के एक पक्ष पर जो थीसिस लिखी है, उसे मैंने देखा है। आपके परिश्रम की मैं प्रशंसा करता हूँ। इस ग्रन्थ के विषय में मुझे इससे अधिक कुछ नहीं कहना चाहिए।

प्राचीन काल में जो शास्त्र बने, उनमें कहा गया था कि जब तक कवि जीवित है, उसके आशय का वर्णन मत करो। किन्तु अब तो शास्त्र की इस आज्ञा का पालन कहीं नहीं हो रहा है।

फिर भी यही बात सच है कि जब तक कवि जीवित है तब तक उसकी सही समीक्षा नहीं हो सकती। काल जब कवि के शरीर को मंच पर से नेपथ्य में खींच लेता है, तब जनता के सामने कवि नहीं रहता, केवल उसकी कविता बच जाती है। उस समय कविता की जो समालोचना होती है, कवि का जो मूल्यांकन होता है, वही इतिहास का अंग बनता है।

मैं आशीर्वाद देता हूँ कि आप खूब फूलें-फलें और साहित्य-सेवा के क्षेत्र में डटे रहें।

आपका
रामधारी सिंह 'दिनकर'

83
सुश्री श्रीबाला

5, सफदरजंग लेन
नई दिल्ली
24-7-70

प्रिय श्रीबाला,

तुम्हारा 1-7-70 का पत्र आज मिला। यह जानकर सचमुच भारी प्रसन्नता हुई कि तुम्हें पी-एच. डी. की उपाधि मिल गई है। बधाई! यहाँ दिल्ली में होती तो घंटाघर की दूकान पर ले जाकर तुम्हें जलेबी खिलाता। मेरा बहुत-बहुत आशीर्वाद।

15 अगस्त के आस-पास मैं मद्रास आने की बात सोच रहा हूँ। आ गया तो तुम लोगों से मिलने आऊँगा ही।

शेष कुशल है।

तुम्हारा
दिनकर

84
श्री श्रेयांस प्रसाद जैन

[1]

52, साउथ एवेन्यू, नई दिल्ली
8-2-59

प्रिय श्रेयांस जी,

सप्रेम बन्दे।

आपका बधाई का प्यार भरा पत्र मिला। धन्यवाद! समाचार पढ़कर मैं अनुद्वेलित था, किन्तु जब दोनों ने खत और तार भेजने शुरू किए तब मेरा मन भी सुगबुगा उठा। फिर अकबर का शेर याद आया–

शायराना दाद क्या अच्छी
मुझे दी चर्ख ने।
तेगे-अब्रू का था आशिक,
खाँ-बहादुर कर दिया॥

बम्बई आने का सुयोग अभी तो नहीं है। मगर आने का मन हो रहा है।

आपका
दिनकर

[2]

पटना-4
29-1-60

प्रिय श्रेयांस जी,

अब पहले आने में कोई तुक नहीं दीखती। 11 को वहाँ कवि-सम्मेलन है और कवि-सम्मेलनों में मैं जाता नहीं। अगर वहाँ पकड़ा गया तो सर्वत्र मुसीबत खड़ी हो जायगी। अतएव, आपके पाँव पकड़कर इसके लिए माफी चाहता हूँ। आर्केस्ट्रा में अब तो शामिल होना मुहाल है। सोलो में उज्र नहीं, सो 14 को सोलो बजा दूँगा।

I have returned from Calcutta extremely depressed.

यह पस्ती, हस्बमामूल, अब एक-दो महीने घेरे रहेगी।

सस्नेह
दिनकर

[3]

आर्यकुमार रोड
पटना-4
2-2-1960

प्रिय श्रेयांस जी,

कल देहात से रात में लौटा। तब आपका तार मिला। आज जवाबी तार आपको भेज दिया है। 29 जनवरी को पत्र भी लिखा है। वह मिला होगा।

मैंने 1958 के 24 जनवरी को एक अणुव्रत लिया कि कवि-सम्मेलनों में नहीं जाऊँगा। तब से कई ऐसे मित्र, जिनका आसरा था, कुछ उदासीन हो गए। मैं नहीं जानता था कि इस छोटे से व्रत के पालन में इतनी कठिनाई होगी। किन्तु, व्रत नाम ही कठिनाइयों को निमन्त्रण देता है। मेरी प्रार्थना है कि आप कृपा करके मुझे कवि-सम्मेलन से बचा दें। 14 को आऊँगा।

आपका
दिनकर

[4]

नई दिल्ली
14-8-61

प्रिय श्रेयांस जी,

इधर सुनने में आया कि आप अधिक अस्वस्थ हैं और होमियोपैथिक इलाज करवाने को लखनऊ जाने की बात सोच रहे हैं।

कल मुझे काका कालेलकर साहब ने बताया कि बम्बई में एक होमियोपैथ Dr. B.P. Shirvaikar हैं, जिनकी दूकान कहीं बम्बई-फोर्ट में है। शिरवाइकर के हाथ में यश है। एक बार काका के Spine की हड्डी टूट गई थी, डॉक्टर ऑपरेशन बताते थे और ऑपरेशन करने में डरते भी थे। शिरवाइकर ने दवा से टूटी हड्डी ठीक कर दी। अभी काका आँख को लेकर बहुत बीमार हुए थे। सात दिन बम्बई रहे, शिरवाइकर ने आँखें बिलकुल ठीक कर दीं। मेरा खयाल है, एक सप्ताह आप उनसे दिखवाकर देखिए कि क्या होता है?

मुझे बड़ा दुःख है कि आपको जो भी बीमारी होती है, वह पकड़ाई नहीं देती। मन कारण है। सम्भव होता तो मैं आपका मन बहलाने में योग देता। किन्तु यहाँ तो :

राजा दुखिया, परजा दुखिया, जोगी को दुःख दूना,
कहै कबीर सुनो भई साधो, कोई घर ना सूना।

आपका
दिनकर

[5]

नई दिल्ली
31 अगस्त, 1961

प्रिय श्रेयांस जी,

सप्रेम नमोनमः!

मैं इधर एक दिन मूर्च्छा के आभास में पड़ा था। ब्लडप्रेशर नहीं था, शायद वायु का ही कोप था। अब ठीक हूँ। मगर, ठीक क्या कहना :

हैफ! ऐयाम जवानी के चले जाते हैं,
हर घड़ी दिन की तरह हम भी ढले जाते हैं।

आपका
दिनकर

[6]

11, कैनिंग लेन
नई दिल्ली
28-8-63

प्रियवर,

आपका पत्र मिला। आप दस्तखत न भी करें तो पत्र मैं आपका ही समझूँगा। साफ दिखता है कि दस्तखत करने में भी आपको कठिनाई होती है। मेरे परिवार की समस्या ज्यों-की-त्यों चल रही है। बड़े बेटे ने बगावत कर दी है। परिवार पालने के लिए प्रकाशन खोला था। कितनी हैरानी, कितनी नम्रता, कितनी निर्लज्जता से यह संस्था कायम हुई। इसे आप थोड़ा-बहुत जानते हैं। अब बड़े साहब कहते हैं, भाई को हिस्सा नहीं दूँगा। छोटा लड़का डालमियानगर में Paper technology सीख रहा है। उस पर भूत सवार है कि ट्रेनिंग लेना छोड़कर वह खिड़की-ग्रिल आदि की इंडस्ट्री चलाएगा। मेरी छोटी बेटी बी.ए. फाइनल में है। उसकी शादी नहीं कर सका, यह मेरी पहली कमजोरी है। छोटे लड़के का ब्याह इसी साल किया है। पतोहू भी बी.ए. में पढ़ रही है। वह अभी बस नहीं पाई है। यह मेरी कमजोरी नम्बर दो है। एक भतीजी अविवाहित है, यह कमजोरी नम्बर तीन है। इन्हीं विवशताओं का लाभ उठाकर बड़े साहब ने बगावत करने की हिम्मत की। खैरियत की बात यह है कि बेटी और भतीजी के ब्याह के लायक पैसे मेरे पास जमा हैं और हर किताब का कॉपीराइट मेरे पास है। उपाय केवल यह करना है कि प्रकाशन की नई संस्था कायम कर दूँ और बरस-दो बरस में उसे कामयाब बना दूँ। यही एक काम कठिनाई का है क्योंकि लड़कियों की शादियाँ किए बिना मैं प्रकाशन संस्था कायम करने से घबड़ाता हूँ क्योंकि उतनी पूँजी

एकत्र करना कठिन होगा। मगर, पांडिचेरीवाली माँ सब ठीक कर देंगी, ऐसा मेरा विश्वास है।

एकान्त-सेवन के लिए 10-12 दिनों से चरतराम जी के घर ठहरा हुआ हूँ। खूब आराम मिला है और तन्दुरुस्ती इतने ही दिनों में वापस मिल गई है। यह सब श्रीमाँ की कृपा है।

कल रामनाथ जी यहीं मिलने को आए। काफी खुश हैं, प्रधानमन्त्री जी के कदम को बहुत सही समझते हैं, मेरा भी यही खयाल है क्योंकि पक्षपात की कोई बात मैं इसमें नहीं देखता। इसी निष्पक्षता से अगर सभी सरकारों का पुनः संगठन करने में वे कामयाब हो गए तो देश और कांग्रेस का भला होगा। यह पंडितजी का विराट रूप है। इतना बड़ा साहस वे ही दिखा सकते थे। यहाँ तरह-तरह की अटकलबाजियाँ चल रही हैं, लेकिन सत्य क्या है, यह तो एक ही व्यक्ति जानता होगा।

आपके पत्र से बहुत सुख मिला। मित्र, आप अभी बहुत दिन जिएँ।

आपका
दिनकर

[7]

347, पंडारा रोड
नई दिल्ली
17-6-65

प्रिय श्रेयांस जी,

भागलपुर की वाइस-चांसेलरी मैंने छोड़ दी। 14 जून को मैंने भारत सरकार के हिन्दी-सलाहकार के पद का कार्यभार सँभाल लिया है। अब यहीं रहने का विचार है। अभी घर नहीं मिला है। दफ्तर मिलने में भी दो-चार दिनों की देर है।

पारिवारिक कलह के खंजर ने फाड़कर भीतर से मुझे तार-तार कर दिया है। असल में मृत्यु या वैराग्य, ये ही दो रास्ते हैं। मैं दोनों से बचने को, जीने के बहाने ढूँढ़ रहा हूँ। इसी में गलती-पर-गलती हुई चली जा रही है।

आपसे मिलने को मन बड़ा बेचैन है। देखिए, कब तक दर्शन प्राप्त होते हैं?

अपने स्वास्थ्य का समाचार लिखिएगा।

आपका
दिनकर

[8]

2, साउथ एवेन्यू
नई दिल्ली
23-12-66

प्रिय श्रेयांस जी,

अपने बड़े लड़के की बीमारी के बारे में मैंने जो पत्र आपको लिखा है, वह मिला होगा। परसों दिल्ली के चार-पाँच वैद्यों ने उसे देखा और उसका इलाज शुरू किया है। आज मुझे यह सूझा है कि इस भयानक रोग के बारे में पंडित शिव शर्मा की राय लेना बहुत ही आवश्यक है। इसलिए कागज का एक गुच्छा पंडित शिव शर्मा के लिए भेज रहा हूँ। अगर शर्मा जी बम्बई में हों तो आप फोन पर उनसे बात करके कागज उन्हें विश्वासी आदमी के जरिए भेज दीजिए और आग्रह कीजिए कि वे एक दिन यहाँ आकर मेरे बेटे को देख जाएँ।

मैं गरीब आदमी हूँ। शर्मा जी का भार उठाना मेरी शक्ति के बाहर है। लेकिन अगर वे आने को तैयार हों तो वायु-मार्ग का किराया उनके चरणों पर रख दूँगा। मैं भारी विपत्ति में हूँ। आप एक बार मेरे बच्चे को शर्मा जी से दिखला दीजिए। मुझे लगता है, वे अगर आ गए तो रामसेवक बच जाएगा।

आपका
रामधारी सिंह 'दिनकर'

[9]

2, साउथ एवेन्यू लेन
नई दिल्ली
26-12-66

प्रिय श्रेयांस जी,

आपका 22 दिसम्बर का पत्र मिला। आपकी बातों से बड़ा ढाढ़स हुआ। भगवान की कृपा से ही आप जैसे सन्त पुरुष की मैत्री प्राप्त होती है।

आशा है, कल रविवार को आपको मेरा पत्र मिल गया होगा और पंडित शिव शर्मा से आपकी बात हो गई होगी।

रामसेवक में थोड़ी-सी खुशदिली आई है और छह-सात घंटे वह अच्छी नींद से सोने लगा है। अवस्था में और कोई परिवर्तन नहीं हुआ है।

आपका
दिनकर

[10]

2, साउथ एवेन्यू
नई दिल्ली
6 जनवरी, 1967

प्रिय श्रेयांस जी,

आपका 4 जनवरी का पत्र मिला। आपका पहला पत्र भी मिला था, जिसके साथ पंडित शिव शर्मा का पत्र था। उससे पहले ही मैं पं. राधाकृष्ण उपाध्याय को बुला चुका था। उन्होंने भी यही कहा कि इलाज की पद्धति ठीक है। वे एकाध जगह परिवर्तन चाहेंगे किन्तु अभी नहीं। वैद्य कहते हैं कि चार सप्ताह इलाज करने के बाद ही परिवर्तन की बात सोची जानी चाहिए। आज इलाज का सत्रहवाँ दिन है। रोग में कोई फर्क नहीं पड़ा है। बल्कि रोगी की भूख कम हो गई है। पहले दिन रात में आठ गिलास दूध पी जाता था। अब तीन-चार पर ही बस कर देता है।

मेरा खयाल है, उसके मन में चिन्ता चल रही है। उसने हर आदमी से सम्बन्ध तोड़कर, सबको कष्ट पहुँचाकर, अपनी और परिवार की ऐसी बुरी स्थिति बना ली है, जो मेरे बस के बाहर की चीज है। असमर्थता का अनुभव मैं भी करता हूँ और वह भी करता है। यही चिन्ता उसे सँभलने नहीं दे रही है।

जितनी सूझ-बूझ और शक्ति मुझमें है, उसे लेकर मैं उसके रोग से जूझ रहा हूँ। मगर दिनोंदिन मेरी चिन्ता बढ़ती जाती है। जैसे उसे अपनी बीमारी और अपने परिवार की चिन्ता है, उसी प्रकार मुझे भी दोनों बातों की फिक्र है। मगर इलाज करवाने का रास्ता है। उसके परिवार के बारे में कोई उपाय मुझे नहीं सूझता। जब तक मैं जीवित हूँ और कमाता हूँ तब तक तो चल जाएगा, मगर मेरे बाद भगवान मालिक हैं।

आपका
दिनकर

[11]

2, साउथ एवेन्यू
नई दिल्ली
17-2-1967

प्रिय श्रेयांस जी,

प्रेम बाबू का पत्र और दो हजार का ड्राफ्ट मिल गया। काफी राहत हो जायगी। आगे भगवान की जैसी कृपा होगी, वैसा करूँगा। आपका मैं अत्यन्त कृतज्ञ हूँ।

कुदिन हितू सो हित, सुदिन
हित अनहित किन होइ।

कुदिन में काम आनेवाले मित्र ही मित्र हैं। सुदिन की मित्रता और शत्रुता का कोई खास मूल्य नहीं है।

यह जानकर चिन्ता हुई कि आपकी तबीयत अलील है।

मैं किसी तरह रीढ़ सीधी रखने की कोशिश में हूँ। रामसेवक का रोग बिगड़ता ही जा रहा है। यहाँ के होमियोपैथ को थोड़ा और समय देकर लड़के को मैं कलकत्ता ले जाने की बात सोच रहा हूँ। वहाँ देश के नामी होमियोपैथ रहते हैं।

आपका
दिनकर

[12]

5, सफदरजंग लेन
नई दिल्ली-11
18 जून, 1969

प्रिय श्रेयांस जी,

मैं 5 जून को पटना चला गया था। 17 जून को लौटा तब डाक के ढेर में आपका प्यारा पत्र मिला। हृदय आनन्द से खिल उठा।

हाँ, मैं इधर बहुत बाहर रहा हूँ। पहले तो पोती के विवाह के कारण बार-बार बाहर जाना पड़ा। उसके बाद नातिन के विवाह के सिलसिले में बाहर रहा।

मेरा अवतार कन्यादान के लिए हुआ है। 25 साल की उम्र से यह सिलसिला शुरू हुआ और अब तक चल रहा है। अपनी कमाई से 9 कन्याओं के विवाह रचवा चुका हूँ। भगवान से माँगता हूँ कि वे कम-से-कम तीन कन्याओं के विवाह और रचवाने दें।

स्वास्थ्य साधारणतः ठीक ही चल रहा है। कभी-कभी थकावट की लहर जोर से आ जाती है, तब थोड़ी घबराहट होती है।

आपसे मिलने की इच्छा तीव्र हो रही है। आशा है, शीघ्र ही दर्शन होंगे।

आपका
रामधारी सिंह 'दिनकर'

[13]

5, सफदरजंग लेन
नई दिल्ली
27 जून, 1971

प्रिय श्रेयांस जी,

दूसरी कठिनाई यह है कि सार्वजनिक रूप से चैरिटी लेने का असर अच्छा नहीं होगा। सार्वजनिक-चैरिटी, सार्वजनिक काम में ही जानी चाहिए। मैं अभी पब्लिक-लाइफ में ठहरना चाहता हूँ। आप भी विचार करके अपनी राय बताइए।

आपका
दिनकर

[14]

राजेन्द्रनगर, पटना-16
18-7-71

प्रिय श्रेयांस जी,

बोरिया-बधना लेकर मैं 14 तारीख़ को पटना पहुँच गया। आते ही भगवान सत्यनारायण की पूजा की और अपना नया जीवन आरम्भ किया। भगवान करें कि मेरा नया जीवन शुद्ध साहित्यमय जीवन हो।

उस योजना के विषय में मैंने श्री द्वारका प्रसाद मिश्र से राय ली थी और कई साहित्यिक मित्रों से भी। सबकी राय हुई कि नगर अपनी पसन्द के कवि को पुरस्कृत करे, और कवि वह पुरस्कार स्वीकार करे इसमें दोष नहीं है, भले ही ईर्ष्या उत्पन्न हो। दिनकर साहित्य पुरस्कार समारोह समिति मुझे जो पुरस्कार देगी, उसे मैं स्वीकार करूँगा।

मनहर को पत्र लिखा था। उसने उत्तर नहीं दिया। इस समिति में भारती जी, अधिकारी जी और पृथ्वीराज कपूर को भी सम्मिलित करना चाहिए।

मैं 3 अगस्त को भोपाल रहूँगा और 7 अगस्त को नेपानगर। लोभ जगता है कि बम्बई भी आ जाऊँ, लेकिन अभी इस लोभ को रोकना पड़ेगा।

मेरा अगला जन्म-दिन 23 सितम्बर को पड़ेगा। उस दिन मैं 63 साल का हो जाऊँगा। समारोह उसी दिन हो तो अच्छा है।

शेष कुशल है। आशा है, आप प्रसन्न हैं।

आपका
रामधारी सिंह 'दिनकर'

[15]

राजेन्द्रनगर, पटना-16
20-7-71

प्रिय श्रेयांस जी,

कल एक पत्र भेज चुका हूँ। आज इसलिए लिख रहा हूँ कि यूरोप से एक किताब निकली है The Future Shock उसमें औद्योगिक सभ्यता के संकट की भविष्यवाणी है। कृपया उसे बाजार में खोजवाइए। मिल जाय तो पढ़कर मुझे भी पढ़ा दीजिए।

आपका
दिनकर

[16]

राजेन्द्रनगर, पटना-16
20-12-71

प्रिय श्रेयांस जी,

25 नवम्बर के भोर मेरे बाएँ हाथ में झुनझुनी उठी, हाथ बहरा हो गया, लेकिन Movement मौजूद था। पाँच मिनट में ठीक हो गया। लेकिन डॉक्टर ने उसे पैरालिसिस का स्पर्श माना और मुझे खाट पर लिटा दिया। अभी तक घर से बाहर निकलने की अनुमति नहीं है। कमजोरी इधर बढ़ गई है। शायद यह House Arrest का परिणाम है।

नए घर में जाने के अवसर पर बधाई देता हूँ। जाने मेरा आना अब कब होगा? शेष कुशल है।

आपका
दिनकर

[17]

राजेन्द्रनगर, पटना-16
30-12-71

प्रिय श्रेयांस जी,

मैंने अपनी बीमारी की सूचना कारमाइकेल रोड के पते पर भेजी थी। वह पत्र अवश्य ही आपको नहीं मिला, अन्यथा उत्तर अवश्य आया होता।

25 नवम्बर के भोर में मेरे बाएँ हाथ में झुनझुनी उठी। एक घंटे में वह जाती रही। लेकिन डॉक्टरों ने उसे अशुभ मान लिया और मुझे महीने भर के लिए खाट पर लिटा दिया। अब अच्छा हूँ, मगर कमजोर हूँ। घर से बाहर आने-जाने लगा हूँ।

दिल्ली में सरकारी दवा पर जीता था। अपने पैसे से दवाई खरीदनी पड़ी तो आटे-दाल का भाव मालूम हो गया। 20 जनवरी को दिल्ली जाने का विचार है। आप उस समय वहाँ पधारेंगे क्या?

विजय तो साहब, खूब हुई! लड़ाई-भिड़ाई से मुल्क की तन्दुरुस्ती बनती है। खास कर developing लोगों को तो यह गुण भी develop करना चाहिए। मगर मेरा खयाल है पाकिस्तान के साथ यह हमारा आखिरी युद्ध था।

आपका
दिनकर

[18]

पटना-16
7-8-72

प्रिय श्रेयांस जी,

आपकी लिखावट पढ़े और आपकी आवाज सुने बहुत दिन हो गए।

सुना है, रजनीश जी की नई पुस्तक 'महावीर वाणी' के नाम से निकली है। क्या वह किताब आप मुझे आते-जाते किसी आदमी से या पार्सल से दिल्ली भिजवा सकेंगे? देर होने से पटना ही भिजवाना ठीक होगा।

साहित्य का काम तो चल रहा है, लेकिन पोती का विवाह नहीं हुआ। साल भर कोशिश करता रहा, मगर किसी ने बात ही नहीं की। विवाह के बाजार में जो मन्दी आई है, वह और कहीं नहीं है। मैं बहुत ही घबराया हुआ रहता हूँ। आशा है, आप स्वस्थ और प्रसन्न हैं।

आपका
दिनकर

85
सम्पादक : धर्मयुग

नबम्बर, 1972

'धर्मयुग' के 22 अक्तूबर, 1972 वाले अंक में अपने बारे में आदरणीय पंडित पद्मकान्त जी का कठोर पत्र मैंने पढ़ा। 'रिसि अति बड़ि लघु चूक हमारी।' सरकारी कृपा चाहनेवाले व्यक्ति पद्मकान्त जी ही थे, यह मन्तव्य मेरा नहीं था, लेकिन डायरी में मैंने काट-कूट तो की है, जोड़ा कुछ भी नहीं है। मैं मानता हूँ कि डायरी के उस अंश से जो ध्वनि निकलती है, उससे पद्मकान्त जी का रुष्ट होना अस्वाभाविक नहीं है। मैं उनसे क्षमा माँगता हूँ। मेरा अभिप्राय उन लोगों से था, जो दिल्ली में ही रहते थे।

इससे भी अधिक ग्लानि मुझे इस बात की है कि पद्मकान्त जी मेरे दरवाजे से अप्रसन्न लौटे। उस समय की परिस्थिति का स्मरण मुझे नहीं है, न मैं यही याद कर पाता हूँ कि उस दिन मैं किस उजलत में था। यह तो मुझे याद है कि पद्मकान्त जी ने मुझे कोई कविता भेजी थी, लेकिन स्वर्गीय श्री गंगाप्रसाद पांडेय से मेरी क्या बात हुई थी, इसका भी स्मरण मुझे बिलकुल नहीं है।

शेक्सपियर ने तीन तरह के बड़ों का उल्लेख किया है। एक वह जो बड़ा पैदा होता है, दूसरा वह जो बड़प्पन हासिल करता है और तीसरा वह जिस पर बड़प्पन थोप दिया जाता है। एक चौथा व्यक्ति भी हो सकता है, जो बड़े वंश का होने के कारण या साधन-सम्पन्न होने के कारण बड़प्पन को दबोच लेता है। अपने जानते मैं इनमें से किसी भी कोटि में नहीं आता हूँ। असल में मैं महान्-टहान हूँ ही नहीं। मैं तो मामूली गृहस्थ हूँ, जो नौकरियाँ करके अपना और अपने परिवार का पेट पालता रहा है और वंश में जनमी कन्याओं का विवाह रचवाता रहा है। 'कुरुक्षेत्र' और 'उर्वशी' की रचना मेरी असली उपलब्धि नहीं है। मेरी वास्तविक उपलब्धि यह है कि परिवार के शकट को हाँफ-हाँफ कर खींचते हुए मैंने 9 लड़कियों के ब्याह रचवाए हैं। अगर यह मेरी महत्ता है तो उसे मैं स्वीकार करता हूँ।

मगर ये सब फालतू बातें हैं। मुख्य विषय यह है कि हिन्दी को संस्कृतनिष्ठ होना चाहिए या नहीं। पूज्य पं. मदनमोहन मालवीय के चरणों तक पहुँचने का सुयोग मुझे नहीं मिला था। किन्तु पूजनीय टंडन जी की संगति थोड़ी मुझे भी मिली थी। टंडन जी

आसान हिन्दी के पक्षपाती थे। मैं भी आसान हिन्दी चाहता हूँ और मानता हूँ कि यह आदर्श हिन्दी अमृतलाल नागर लिख रहे हैं, कमलेश्वर लिख रहे हैं, हरिशंकर परसाई लिख रहे हैं और सबसे बढ़कर अमृतराय लिख रहे हैं।

किन्तु हुआ क्या? संसदीय कार्यों के लिए जब हिन्दी-शब्दों की जरूरत पड़ी, स्पीकर महोदय ने विद्वानों की एक बड़ी समिति का निर्माण किया और पूज्य टंडन जी को उसका अध्यक्ष बना दिया। इस समिति में भारत की सभी भाषाओं के विद्वान रखे गए थे और समिति की कोशिश यह थी कि शब्द जहाँ तक सम्भव हो, आसान रखे जाएँ। किन्तु हिन्दी के प्रतिनिधियों की उस समिति में चली नहीं। अहिन्दी-भाषी विद्वान, कदम-कदम पर अड़ते रहे कि शब्द, संस्कृत के ही होने चाहिए नहीं तो उन्हें सार्वदेशिक स्वीकृति नहीं मिलेगी और अन्ततः समिति ने जो शब्द-कोश तैयार किया, उसमें बहुलता संस्कृत-शब्दों की ही रही।

जब कानून की शब्दावली बनने लगी तक भी यही हाल हुआ। 'मुद्दई' और 'मुद्दालेह' शब्द हिन्दी से इसलिए निकाल दिए गए कि अहिन्दी-भाषी विद्वान वादी और 'प्रतिवादी' रखना चाहते थे। 'चोट' शब्द इसलिए निकाल दिया गया कि मराठी में उसका अर्थ अश्लील होता है। और 'चूक' शब्द इसलिए हटा दिया गया कि ओड़िया में उसका अर्थ अश्लील होता है।

एक पुनरीक्षण समिति का अध्यक्ष मैं भी था। समिति की बैठकों में मैं हिन्दी के प्रतिनिधियों को राजी कर लेता था कि वे फारसी या अरबी के शब्द स्वीकार कर लें। लेकिन तब कोई कन्नड़ या मलयालमभाषी विद्वान, कोश लेकर खड़ा हो जाता था और कहता था कि संस्कृत-शब्द ही उसे स्वीकार्य है।

इतने दिनों का मेरा अनुभव यह बतलाता है कि या तो हिन्दी राजभाषा के रूप में सफल ही नहीं होगी या होगी तो संस्कृतनिष्ठ होकर ही होगी। कभी-कभी मैं सोचता हूँ कि यदि 14 सितम्बर, 1949 तक गाँधी जी जीवित रहते तो कांग्रेस पार्टी में बहुमत हिन्दुस्तानी को ही मिलता। लेकिन उसे सार्वदेशिक बनाने की कोशिश की जाती तब हिन्दुस्तानी को भी उसी रास्ते पर जाना पड़ता जिस पर हिन्दी को जाना पड़ रहा है। गाँधी जी के समय में हमारी कल्पना यह थी कि हिन्दी और उर्दू की समस्या निबट जाए तो भाषा की सारी समस्याएँ खत्म हो जाएँगी। मगर स्वराज्य के बाद से देश की प्रत्येक भाषा हिन्दी पर प्रभाव डालने लगी है। उर्दू, जो हिन्दी की असली सहेली थी, वह उसकी पन्द्रह बहनों में से एक रह गई है। इतिहास के इस प्रवाह को रोकना वांछनीय है या नहीं, इस विषय में मतभेद हो सकता है, लेकिन यह कार्य कठिन है, इससे इनकार नहीं किया जा सकता।

सन् 1962 में हम लोगों ने जिस भाषा का विरोध किया था, वह हिन्दी और उर्दू, दोनों का विकृत रूप थी। उर्दू, उर्दू रखी जा रही थी, मगर हिन्दी को बिगाड़ा जा रहा था। वह हिन्दी की प्रकृति के साथ मनमाना अत्याचार था।

सन् 1962 ई. में बुलेटिनों की विकृत भाषा की मैंने जो समीक्षा तैयार की थी, उसकी एक प्रति मैं आपको भेज रहा हूँ। आप अगर उसे छाप दें तो मैं भी पद्मकान्त जी को वही शेर सुना दूँगा, जो शेर उन्होंने मुझे सुनाया है–

यारब, न वो समझे हैं, न समझेंगे मेरी बात,
दे और दिल उनको जो न दे मुझको जुबाँ और।

रामधारी सिंह 'दिनकर'

86
सत्यनारायण सिन्हा

[1]

बरबीघा
27-2-33

प्रिय सत्यनारायण!

आशीर्वाद।

मैं दो पत्र भेज चुका हूँ। दूलो के द्वारा जो चिट्ठी भेजी थी, वह भी जरूर मिली होगी। फिर बात क्या है कि तुम उत्तर नहीं देते? शिवकुमार भी एकदम चुप है। कुँवर जी तो चिट्ठी भेजते ही नहीं। आखिर तुम लोग इस कदर चुप क्यों हो? तुम जानते हो कि चिट्ठी आने में देर होने से मेरे मन में तरह-तरह की चिन्ताएँ आने लगती हैं। फिर भी चिट्ठी नहीं आने का अर्थ क्या है?

अगर यही बात रही और होली तक कोई चिट्ठी नहीं मिली तो मैं घर नहीं आऊँगा। बुरा या भला जैसा समाचार हो, तुरत लिखो।

पीठ पर की बात शिवकुमार के लिए है।

दादा को प्रणाम और बच्चों को आशीर्वाद।

तुम्हारा
रामधारी

बाबू सत्यनारायण सिन्हा,
C/o बाबू बसन्त सिन्हा,
ग्राम–सिमरिया,
डाकघर–सिमरियाघाट, मुँगेर

[2]

बेतिया
5-5-36

प्रिय सत्तो!

आशीर्वाद।

मैं सकुशल हूँ। बाँह का रोग अब प्रायः अच्छा हो चला है। संयम से रह रहा हूँ। चिन्ता नहीं करना। नारायण तेल से अधिक फायदा होता नहीं दीखता। परसों

बृहस्पतिवार को चिट्ठी फिर से लिखूँगा। रामसेवक को यहाँ नहीं लाकर अच्छा किया। यहाँ की जलवायु ठीक नहीं है।

रामनगर के लिए अब पुछार भेजना चाहिए। उनके घर में (पवन बाबू के घर में) आजकल आठ स्त्रियाँ हैं। बच्चे भी हैं। इसके लिए प्रबन्ध करना चाहिए कि अमावस्या के पहले पुछार चली जाय। अगर इस विषय में बात करनी हो तो चिट्ठी लिखो। रुपए-पैसे की जरूरत हो तो वह भी लिखो। अगर चाहो तो खुद भी आ सकते हैं। केवल 3।) रु. का खर्च पड़ेगा।

शिवकुमार और कुँवर जी आने वाले थे सो क्या हुआ? मैं मुजफ्फरपुर नहीं जा सका। छुट्टी नहीं मिली। घर आना अभी मुश्किल है। इस महीने की आखिरी तारीख को एक दिन के लिए आ सकता हूँ। उत्तर लिखना। अगर आओ तो दस सेर आटा और एक सेर घी लेते आओ। अगर तुम नहीं आ सको तो शिवकुमार के जरिए भेज दो।

—रामधारी

[3]

सहरसा
10-7-1937

प्रिय सत्तो!

आशीर्वाद।

माता जी घर जाना चाहती हैं। तुम सोमवार को यहाँ चले आओ। मंगल की 11 बजे राम की ट्रेन से माताजी को लेकर चले जाओगे।

—रामधारी

प्रिय शिवकुमार,

रामगोविन्द जी की चिट्ठी आई है। अभी मीटिंग की तिथि ठीक नहीं हुई है। वह चाहते हैं कि कुमार साहब और रामानन्द सिंह जी का Recommendation हो जाना चाहिए। तुम सुलतानगंज जाओ। वहाँ से शायद तुम्हें बनैली जाना पड़ेगा। रामानन्द सिंह वही हैं। हो सके तो इधर से जाओ। सत्तो भी आ रहा है अथवा सुलतानगंज और बनैली होकर आओ।

—रामधारी

बाबू सत्यनारायण सिंह
द्वारा पंडित हित नारायण शर्मा
डाकघर—बरौनी, मुँगेर

87
प्रो. सत्येन्द्र अरुण

5, सफदरजंग लेन
नई दिल्ली
15-6-69

प्रिय अरुण,

तुम्हारा पत्र मिला, दिल्ली से बाहर रहने के कारण समय पर उत्तर न दे सका। यह जानकर मुझे परम प्रसन्नता हुई कि तुम लाला बाबू के सम्मान में एक अभिनन्दन-ग्रन्थ तैयार कर रहे हो। बहुत वर्षों के बाद मुँगेर के लोगों को यह बात सूझी है। ध्यान रहे, अभिनन्द-ग्रन्थ के प्रकाशन में जल्दबाजी नहीं होने पावे।

जिस समय बरबीघा के एक स्कूल में मैं काम कर रहा था, उस समय लाला बाबू की ख्याति सुदूर गाँवों तक फैली हुई थी। जब कभी वे बरबीघा आते, किसानों और साधारण कार्यकर्ताओं की भीड़ उन्हें घेर लेती थी। उन पर एक रचना भेज दूँगा।

'श्रीकृष्ण-अभिनन्दन-ग्रन्थ को भी देख लेना। रामनन्दनजी के बारे में लिखना। एक पवित्र व्यक्ति होते हुए भी वे शारीरिक कष्ट को झेल रहे हैं, इस गूढ़ रहस्य को कौन जाने। मैं भी थकावट में चल रहा हूँ।

तुम्हारा
दिनकर

88
श्री सुधाकर पांडेय

राजेन्द्रनगर, पटना-16

31-8-72

प्रिय सुधाकर जी,

बिहार के श्री लक्ष्मीनारायण शर्मा 'मुकुर' ने पंडित किशोरीदास जी वाजपेयी की व्याकरण-सम्बन्धी स्थापनाओं की आलोचनाएँ करते हुए हिन्दी-व्याकरण पर लगभग दो सौ पृष्ठों का एक ग्रन्थ लिखा है। रूस में एक हिन्दी-विद्वान हैं श्री दीमशित्स। हिन्दी-व्याकरण पर उनके भी कई लेख हिन्दी में छपे थे। श्री लक्ष्मीनारायण शर्मा 'मुकुर' ने श्री दीमशित्स की भी अनेक भ्रान्तियों का निवारण किया है। 'मुकुर' जी के लेख मैंने देखे हैं।

मैं चाहता हूँ कि यह ग्रन्थ 'नागरी प्रचारिणी सभा' अथवा 'सम्मेलन' द्वारा प्रकाशित कर दिया जाय। आप दोनों संस्थाओं के मन्त्री हैं। अतएव आपको लिख देने के बाद मैं निश्चिन्त हो गया कि यह ग्रन्थ छप जाएगा।

मैंने सुझाया है कि 'मुकुर' जी अपने ग्रन्थ का नाम 'हिन्दी-व्याकरण पर नया प्रकाश' रखें।

आपका

रामधारी सिंह 'दिनकर'

89
सूर्यनारायण व्यास के अनुज

चौधरी टोला, पटना-8
14-8-53

प्रिय भाई,

तुमने व्यास जी को जो पत्र लिखा, उसे उन्होंने कृपापूर्वक मेरे पास भेज दिया। आज ही वह पत्र मुझे मिला है। मुझे हैरत होती है कि तुम्हारे मन में क्या-क्या बातें उठा करती हैं और क्यों उठा करती हैं? तुम्हें पुस्तकें भिजवाने का विचार मुझमें उठा था और पुस्तकें खुद भेजी थीं। मैं नहीं जानता कि इस सम्बन्ध में तुमने किस बिहारी अफसर से क्या कहा? मुझसे तुमसे मिलनेवाले किसी भी आदमी ने कभी भी कोई सन्देश नहीं कहा।

यहाँ गांधी जी की मृत्यु के बाद मैंने तुम्हें पत्र सिर्फ पर-साल लिखा था, जिसका उत्तर तुमने फौरन दिया। उसी के बाद किताबें भी भेजी थीं। दोनों पत्रों के बीचवाले समय में एक पत्र मैंने तुम्हें और लिखा था, जब मैंने प्रचार-विभाग छोड़कर कॉलेज में प्रवेश किया था। वह पत्र लौट आया और अब भी कहीं पड़ा है।

बिहार की राजनीति को तुम भी जानते हो और मैं भी जानता हूँ। फर्क यह है कि अमेरिका में रहकर तुम उससे सर्वथा तटस्थ हो और मैं यहाँ तटस्थ रहकर भी तटस्थ होने का सुयश नहीं पा सकता। तभी तो तुमने यह मान लिया है कि तुम्हारे और मेरे बीच बिहार की राजनीति की दीवार खड़ी है। कौन है वह मनुष्य जो मुझे तुमसे मिलने नहीं देता, तुम्हें पत्र नहीं लिखने देता, तुम्हें किताबें नहीं भेजने देता? बता सकते हो? कोई हो, तब तो बताओ और इतना भयंकर कोलाहल भी व्यर्थ है। जरूरत होने पर किताबों के लिए तुम सीधे मुझी को क्यों नहीं लिखते? विश्वास रखो कि तुम्हारे किसी भी पत्र का उत्तर मेरे यहाँ बाकी नहीं है। पत्र सीधे लिखोगे, उत्तर सीधे जाएगा। पत्र दूसरों को लिखोगे तो उत्तर सन्दिग्ध होगा ही।

पिछली बार तुम्हें कौन-कौन-सी पुस्तकें भेजी थीं, यह मुझे ठीक याद नहीं है। 'रश्मिरथी' की प्रति अवश्य थी। पता लगाकर बाकी पुस्तकें भी भिजवा रहा हूँ। अब तो मैं मुजफ्फरपुर से उठकर पटने चला आया हूँ और मेरा जो स्थायी पता है वह ऊपर लिखा है।

वैसे 20 अगस्त से लगभग 15 सितम्बर तक मैं दिल्ली रहूँगा। पता होगा 200, Constitution house, New Delhi. पुस्तकों का बंडल मैं दिल्ली लेता जाऊँगा और वहीं Ext. Deptt. को दे दूँगा।

अब कुछ मेरी भी कथा सुनो। इस साल अगहन से लेकर आषाढ़ तक दो भतीजियों की शादी की झंझट में रहा। पहले वर खोजने में, पीछे ब्याह की तैयारी में। नौकरी छोड़कर संसद में आया, आमदनी जाती रही। इस बीच गंगा जी ने भी कृपा की और 15 बीघे जमीन कट गई। यह जमीन सबसे अच्छी थी। अब तीनों भाइयों के बीच पच्चीस बीघे रहे होंगे। छोटे साहब की स्त्री ने इतना कुहराम मचाया कि तीन साल पहले मेरी अनुपस्थिति में ही घर पर बँटवारा हो गया और मजा यह कि दोनों भाइयों ने एक-एक बेटा पढ़ाने के लिए मेरे मत्थे फेंक दिया और बेटियों के ब्याह भी।

ब्याह में छोटे भाई ने कुछ रुपए दिए। तेरह-चौदह हजार का प्रबन्ध मुझे करना पड़ा। जिन्दगी में पहले-पहल कर्जदार होना पड़ा है। कर्ज पाप है और उससे प्रतिभा कुंठित हो जाती है।

संसद में जाने से मेरी मुसीबतें बढ़ी हैं, इसका ज्ञान मुझे ही है। तब भी यह ठीक है कि आर्थिक संकटों का अनुमान मुझे पहले से ही था और ये संकट उतने ही हैं जितने कि नौकरी छोड़ने के पूर्व अनुमानतः दिखलाई पड़े थे, मगर कुछ और संकट भी हैं, जिनका कभी भी अनुमान नहीं था और वह यह कि लोग समझते हैं कि मैं मन्त्री बनने को ही नौकरी छोड़कर दिल्ली आया हूँ और इस प्रवाद को फैलाने में सर्वाधिक हाथ पितृवत् पूज्य, परम श्रद्धेय राष्ट्रकवि श्री मैथिलीशरण जी को है। वे संसद में आ गए, यह उनका जन्मसिद्ध अधिकार था, मैं गरीब क्यों आया, इसका उन्हें क्रोध है। सच कहता हूँ, जन्म भर गुप्त जी पर श्रद्धा सच्चे मन से करता रहा हूँ। हृदय को चीरकर देखता हूँ तब भी यह दिखलाई नहीं पड़ता कि उनका मैंने रंच भर भी अहित किया हो, स्तुति में लेख लिखा, विद्वानों के बीच उनकी ओर से लड़ा, एक कांड को लेकर ब्रजशंकर जैसे निश्छल मित्र से रुष्टता मोल ली, यूनिवर्सिटी में उनकी किताबें कोर्स में लगवाता रहा, अभी-अभी एक किताब कोर्स में लगवा दी। दिल्ली में भी कम सेवा नहीं की है मगर फिर भी यह देवता कुपित है और इतना कुपित है कि छिप-छिपकर वह मुझे सभी भले आदमियों की आँख से गिरा रहा है। मेरे एक पत्रकार मित्र का यह कहना है कि प्रबन्ध-काव्य लिखकर तुम गुप्त जी के मित्र नहीं रह सकते क्योंकि इससे उनके व्यापार पर धक्का आता है। अस्तु।

बेनीपुरी भी नाराज थे क्योंकि वे खेत चरना चाहते थे और मुझसे यह उम्मीद करते थे कि मैं लाठी लेकर झाड़ पर घूमता रहूँ, जिससे कोई खेतवाला भैंस को खेत से बाहर नहीं करे! और भी दो-एक मित्र अकारण रुष्ट हैं। और यहाँ की विद्वान मंडली तो पहले जाति पूछती है। सबसे दूर, सबसे अलग, आजकल सिमटकर अपने घर में घुस गया हूँ। बिहार नष्ट हो गया, इसका सांस्कृतिक जीवन भी अब विषाक्त

है। अब तुम जाति की सुविधा के बिना यहाँ न तो कहीं कोई दोस्त पा सकते, न प्रेमी, न प्रशंसक और न मददगार। जय हो यहाँ की राजनीति की! और सुधार कौन करे? जो खड़ा होगा, उस पर एक अलग किस्म की बौछार होगी। मेरा पक्का विश्वास है कि बुद्ध यहाँ नहीं आए थे, महावीर का जन्म यहाँ नहीं हुआ था। यह सारा इतिहास गलत है। साहित्य का क्षेत्र यहाँ बिलकुल गन्दा हो गया है। 'पंडित सोइ जो गाल बजावा' भी नहीं, यहाँ का साहित्यकार अब वह है, जो 'टेक्स्ट-बुक' लिखता है। बेनीपुरी रुपए कमाते-कमाते भी थक गया, आजकल मूर्च्छा से पीड़ित रहता है। चारों ओर का वातावरण देखकर मैं भयभीत हो गया हूँ। चारों ओर रेगिस्तान है, चारों ओर 'कैक्टस लैंड' का प्रसार है। अब फिर घर का हाल सुनो। रामसेवक इस वर्ष एम.ए. देनेवाले थे मगर ऐन परीक्षा के दिन 'नर्वस' होकर बीमार हो गए। उनमें पराक्रम अब तक नहीं जगा।

श्रीमती आधी जान की हो रही है और जो पतोहू आई है; उससे काम नहीं लेकर खुद मरी जा रही है। लाख सुधारना चाहा मगर घर की हालत सुधरती नहीं। भगवान अब मुझे उठा ले तो अच्छा है। कष्ट अर्थाभाव का भी है और हर एक के मिजाज के कड़ा होने का भी। लोग विनाश की ढलान पर खड़े हैं। जो रास्ता है, उस पर कोई चलना नहीं चाहता। मेरी हड्डी-पसली चबाकर खा जाना चाहता है और ऐसी अवस्था में मैंने नौकरी छोड़ने की गलती की। गलती की तो क्या करें? नौकरी तो प्रचार विभाग में ही छोड़ दी थी। जब सरकार ने शिक्षा-विभाग का ऑफर भेजा, दोस्तों ने सलाह दी, 'देखो, इसमें शायद जी लग जाए।' लेकिन कॉलेज में तबीयत लगकर भी नहीं लगी। वहाँ भी जातिवादियों का जाल था, वहाँ भी अपमानजनक बातें सुनने में आईं, वहाँ भी ईर्ष्या-द्वेष और मलिनता का सामना करना पड़ा। साथ ही, यह भी भासित होता रहा कि कविता की सबसे अच्छी कब्र कॉलेज ही है। कविता को बचाने के लिए वहाँ से भागने को तो पहले ही तैयार था। जब कांग्रेस का ऑफर आया, मैं नौकरी छोड़कर संसद में आ गया। अब मैथिलीशरण और अर्थाभाव, ये दो संकट झेल रहा हूँ और बाहर तो लोग अब भी काफी अमीर समझते हैं। खुद घरवाले सोचते हैं कि अभी इस बिल में और नहीं तो पच्चीस-पचास हजार तो जरूर होंगे।

साहित्य के नाम पर तो इधर कुछ लिखा नहीं। गद्य में एक पुस्तक भारतीय संस्कृति पर चल रही है। शेष कुशल है।

—तुम्हारा
दिनकर

90
हजारीप्रसाद द्विवेदी

साउथ एवेन्यू
नई दिल्ली
4-12-57

मान्यवर द्विवेदी जी,

हिन्दी की राजनीति, सद्यः दुर्बल दीखती है। तमिलनाड और बंगाल पूरे जोर पर हैं। समाचार आप पढ़ ही रहे होंगे। प्रचार पुस्तिकाएँ भी प्राप्त हो रही होंगी। अतएव, हिन्दी तथा अन्य देशी-भाषाओं की ओर से भी कुछ कहा जाना चाहिए। बिहार-सम्मेलन का अधिवेशन 7-8 को मुँगेर में है। उसमें एक दिन आप भी आ जाएँ तो अच्छा रहे। काशी में जो सम्मेलन हो रहा है, उसके प्रस्ताव दिल्ली में छपने चाहिए। प्रयाग में परिषद जो कुछ कहे, उसे भी दिल्ली में छपना चाहिए। प्रत्येक प्रस्ताव की प्रतिलिपि गृह मन्त्रालय को जानी चाहिए।

देश में जो स्थिति उत्पन्न की जा रही है, वह विघटन को उत्तेजना देगी। असल में, समस्या क्या है? हम हिन्दी को किसी पर भी नहीं लादने की बात बार-बार कह चुके हैं और हम उस पर आरूढ़ भी हैं। फिर भी लोग हिन्दीवालों की भाषा साम्राज्यवादी कह रहे हैं। Give the dog a bad name and then hang him. मैं तो सोचता हूँ कि हिन्दी देश की राजभाषा हुई है या नहीं अथवा उसे राजभाषा होना चाहिए या नहीं, इसका निर्णय अहिन्दी-भाषियों पर ही छोड़ देना चाहिए। वे यदि चाहें तो हिन्दी को राजभाषा बना लें। अन्यथा उन्हें जो निर्णय पसन्द हो, वही कर लें। किन्तु, इतने से ही समस्या का समाधान नहीं होता। संविधान में देश ने एक निर्णय किया और नेताओं ने कहा कि उस निर्णय को काम में लाना चाहिए। हिन्दी-प्रान्तों को इस काम में कठिनाई कम दीखी। अत; उन्होंने अपने विश्वविद्यालयों की शिक्षा का माध्यम बदल दिया। कुछ अन्य भाषा-क्षेत्रों में भी विश्वविद्यालयों की शिक्षा का माध्यम वहाँ-वहाँ की क्षेत्रीय भाषा बना दी गई है। अब मुख्य प्रश्न यह है कि उन विश्वविद्यालयों से जो ग्रेजुएट तैयार हो रहे हैं, उनके लिए केन्द्रीय नौकरियों के दरवाजे खुलेंगे या नहीं? बंगाल और तमिलनाड, अंग्रेजी का पल्ला नहीं छोड़ना चाहते। तो उनके लिए अंग्रेजी का माध्यम बना रहने दीजिए। किन्तु, जो न्याय बंगाल और

तमिलनाडू चाहते हैं, वही न्याय हिन्दी-प्रान्तों समेत गुजरात और महाराष्ट्र को भी चाहिए। अन्यथा स्थिति यह हो जायगी कि इन प्रान्तों के युवक अधिकाधिक संख्या में बेकार होते जाएँगे और उनके इलाके उन लोगों के चारागाह बने रहेंगे, जो अंग्रेजी में होशियार हैं। यह स्थिति अन्याय की स्थिति होगी और इन प्रान्तों की जनता उसे स्वीकार नहीं करेगी। फिर जो सरकार, छोटे आन्दोलनों से भीत होकर, राजभाषा के प्रश्न पर निराशाजनक निर्णय करेगी, उसे अत्यन्त भीषण आन्दोलन का सामना करना पड़ेगा और इन आन्दोलनों से देश की एकता को चोट पहुँचेगी, अतएव, कुशल का एकमात्र मार्ग यही है कि केन्द्रीय नौकरियों के दरवाजे, अंग्रेजी समेत उन सभी भाषाओं के लिए खोल दिए जाएँ जिसमें स्नातक तैयार होते हों। निराशाजनक निर्णयों से हिन्दी-प्रान्तों में जो भाव उदित होनेवाला है उसकी सूचना अभी से दिल्ली को दे दी जानी चाहिए। लोग एकतरफा भय से सहमे जा रहे हैं। भाषणों, लेखों, वक्तव्यों और प्रस्तावों को दिल्ली में छपवाने की बहुत आवश्यकता है।

आपका
दिनकर

91
डॉ. हरिवंशराय बच्चन

114, मालचा मार्ग
चाणक्यपुरी, नई दिल्ली
24-3-74

प्रिय भाई,

आनन्ददायी कार्ड मिला। तुम्हें बाबा बनने पर बधाई, तेजी जी को दादी बनने पर बधाई। बच्ची को आशीर्वाद। उसके माता-पिता को आशीर्वाद।

मेरी पोती का विवाह 28 जनवरी को हो गया। आशीर्वाद दो कि वर और वधू सुखी रहें। मेरा छोटा बेटा मुझसे बेतरह नाराज है। विवाह के बाद जब मैं पटना गया, मैंने रामसेवक (स्वर्गीय पुत्र) के परिवार को तथा अपने पुस्तकालय को उसी आर्यकुमार रोडवाले घर में पहुँचा दिया। मैं तो मई 1973 से अनिकेतन घूम रहा हूँ। देखें, पिता श्री रामचन्द्र कहीं स्थापित भी करेंगे या यों ही घुमाते रहेंगे। लॉजिक गलत। पुरुषार्थ झूठा। केवल राम की इच्छा ठीक।

तुम्हारा
दिनकर

92
हाफिज साहेब

Simaria, Balia
1-3-45

My dear Hafiz Saheb,

My son is going to be married on 9.3.45. The Barat is leaving on 8.3.45 by the afternoon train for Madhubani where the marriage will take place.

I am sending messenger to you rather at the eleventh hour for one piece of velvet gaddi with complete set of Masnad and 'Gao-Takia'. Even if the full set is not available I may have such articles as may be available. A 'gaddi' and a masnad I must have.

I have heard that the set is available with Maulvi Isa Saheb and also with you. I shall be extremely grateful to you if you could kindly arrange these articles for me and send them to me per bearer.

With kind regards,

Yours sincerely,
Ramdhari

93
हितनारायण शर्मा (एच. एन. शर्मा)

[1]

ससराम
15-9-34

मान्यवर!

प्रणाम।

आपका कृपा-पत्र मिला। मैं लेख अब तक भेज नहीं सका था। इसी ताक में था कि कब मौका मिले कि उसे एक नजर देख लूँ। अबकी रविवार को पटने जा रहा हूँ। साथ लेता जाऊँगा।

26 होकर मेरा ऑफिस बन्द है। 27 को घर पहुँचने की आशा है।

शिवकुमार का भी पत्र मिल गया है। उत्तर पटने से लौटकर दूँगा। मैं समस्तीपुर, मधुबनी, विक्रम, दिलसा आदि ऑफिसों में से किसी एक के लिए कोशिश कर रहा हूँ। देखिए छुट्टी के बाद कहाँ जाना पड़ता है। एक उम्मीद लालगंज की भी है, जिसे मैं नापसन्द करता हूँ।

विशेष प्रणाम।

आपका
रामधारी

अलग चिट्ठी लिखने की जरूरत नहीं समझी। कृपया दादा को खबर दे देंगे कि हम लोग सकुशल हैं। अगले सप्ताह खबर दूँगा कि किस ट्रेन से घर आता हूँ। स्टेशन बदलने पर सूचित कीजिएगा।

[2]

डाकघर—ससराम
24-4-38

मान्यवर!

प्रणाम।

लेख मैंने सर्चलाइट के मैनेजर को दे दिया था। असेम्बली की रिपोर्टों के बन्द

होते ही छाप देने का वचन उन्होंने दिया है। आपने मद्य-निषेधवाला लेख लिखा है या नहीं?

यहाँ तो ऐसी गरमी पड़ती है कि तबीयत घबरा जाती है। सारा दिन भट्ठी का मुँह खुला रहता है और लू के मारे सब लोग हैरान रहते हैं।

साथ की चिट्ठियाँ जल्दी ही भेज देंगे। मेरे भाई साहब से कह देंगे कि रोकसदी का दिन मंगल के रोज तार से पवनधारी बाबू को सूचित कर दें।

आपका
रामधारी

[3]

ससराम
26-4-38

मान्यवर!

प्रणाम।

सेविंग्स बैंक से 600 रु. (छः सौ) के लगभग रुपए निकालने हैं। पास-बुक आपके पास है ही। Withdrawal Slip भरकर भेज रहा हूँ। कृपा करके रुपए निकालकर भाई साहब को दे देंगे। बल्कि उन्हें ही बरौनी बुला लेंगे और वहीं रुपए दे देंगे। अधिक लोगों के जानने की जरूरत नहीं।

रुपयों की जरूरत भाई साहब को पहली-दूसरी मई को पड़ेगी।

आपका
रामधारी

एकाउंट नं. मुझ खयाल नहीं है।

चढ़वा दीजिएगा।

[4]

ससराम
22-8-38

मान्यवर!

प्रणाम।

आज भाई साहब के पत्र से मालूम हुआ कि सत्तो की हवेली में प्रसव लेकर कोई रोग हो गया है। प्रसवावस्था में रक्त सम्बन्धी रोग के संवाद से ही मन घबड़ा गया

है। मेरी अनुपस्थिति में रोगिणी की चिकित्सा क्या हो रही है और उनका रोग किस अवस्था में है, यह मुझे मालूम नहीं। इसलिए आपसे प्रार्थना है कि कृपया मेरे घर पर जाकर उन्हें स्वयं देखें और मुझे पत्र लिख दें कि हालत क्या है। साथ की चिट्ठी मेरे भाई साहब को भिजवा दें। मैं बड़ा ही चिन्तित हो रहा हूँ।

शिवकुमार ने मेरे पत्र का उत्तर अब तक नहीं दिया। कृपया उसे पत्र लिखने को कहेंगे।

आपका
रामधारी

[5]

मधुबनी
5-4-39

मान्यवर!

प्रणाम।

मैं कल छः तारीख को बारह बजे दिन में यहाँ से घर के लिए रवाना हुआ और आशा है कि कल ही 10 डाउन ट्रेन से बरौनी और रूपनगर पहुँचूँगा। आपको यह चिट्ठी ट्रेन से कई घंटे पहले मिलेगी। कृपा करके तार से शिवकुमार को आगाह कर देंगे कि कोई आदमी टेन डाउन में भेज दे। अगर कल नहीं आ सका तो तरसों सुबह को जरूर आऊँगा।

कल ही यहाँ चार्ज भी देना है।

आपका
रामधारी

[6]

सीतामढ़ी कोर्ट
14-12-39

मान्यवर,

बड़का दा की बीमारी के संवाद से बड़ी चिन्ता में पड़ा हुआ हूँ। आशा थी कि शिवकुमार के आने पर सारी बातें स्पष्ट मालूम हो जाएँगी। घरवालें इतने विचित्र हैं कि रोज तो क्या दूसरे दिन भी पत्र नहीं लिखते।

यह चिट्ठी आपको शुक्र के दिन मिल जाती है। अगर उनका ज्वर दूर हो गया हो तो शनिश्चर के दिन मुझे तार दे दीजिए। तार नहीं मिलने से मैं शनिश्चर की शाम

को यहाँ से चल दूँगा और रविवार की भोर में सिमरिया पहुँच जाऊँगा। यह चिट्ठी मेरे भाई साहब को दिखला देंगे।

आपका

रामधारी

पंडित एच. एन. शर्मा,
सब-पोस्ट मास्टर,
पो. ऑ. बरौनी, (मुँगेर)

[7]

श्री गणेशाय नमः

रामधारी सिंह 'दिनकर' 52, साउथ एवेन्यू, नई दिल्ली

8-4-58

मान्यवर,

प्रणाम!

आपका 4-4 का पत्र आज मिला। बाबू ब्रह्मदेव सिंह का फलदान आपने लिया था और मुझसे पूछे बगैर। मगर, चूँकि लड़की आप लोग देख चुके हैं इसलिए फलदान की इज्जत मैं भी करता हूँ। मैंने पटने में हिला-डुलाकर देख लिया कि आदित्य परीक्षा के पहले विवाह करना नहीं चाहते हैं। उनके मन में कुछ उमंग है। फल देनेवाले भगवान हैं। हमारा धर्म है कि पुत्र की इच्छा का अधिक दमन नहीं करें। इसलिए, मेरा भी मत है कि आदित्य बिलकुल निश्चिन्त छोड़ दिए जाएँ। और विवाह अगले साल माघ-फागुन में हो।

अगले साल विवाह करने में एक और बात भी है। भोला बड़े हैं। उनका विवाह पहले हो जाय तो उत्तम होगा। भोला अभी राजी नहीं हैं। मगर, उन्हें राजी करने की कोशिश चल रही है। यदि वे राजी हो गए तो वाह-वाह। नहीं तो जवाबदेही उनकी रहेगी और आदित्य का ब्याह माघ-फागुन तक कर दिया जाएगा।

मैं नहीं समझता कि ब्रह्मदेव बाबू इतनी मोटी बातें नहीं समझेंगे। उनकी सास यदि विवाह देखने को जी रही हैं तो वे कुछ और जी जाएँगी। यह मनोविज्ञान का सिद्धान्त है। किन्तु, वह नहीं हो तो यह भी तो उन्हें सोचना चाहिए कि उनके भावी दामाद के कैरियर का सवाल है। इस सवाल को हमें मुश्किल नहीं बनाना चाहिए। चूँकि आदित्य जनवरी तक का समय बिलकुल निश्चिन्त चाहते हैं, इसलिए मैं उन्हीं के साथ हूँ। मैं इस काम में जबरदस्ती नहीं करूँगा।

यदि केवल इतनी-सी बात के लिए ब्रह्मदेव बाबू फलदान फेरना चाहते हैं तो कारण कुछ और होगा। अब शायद उन्हें आप लोग पसन्द नहीं हैं। अथवा पहले लड़की का कभी भी ब्याह नहीं करने के कारण वे अनुभवहीनता से घबरा रहे हैं। उनकी बच्ची अभी कुल तेरह साल की है। उसकी शादी के लिए इतना रोना-धोना क्या? 14 साल तो विभा के हो गए और अभी मैं उसकी शादी के बारे में सोचता भी नहीं हूँ।

फलदान लौटाना कलंक की बात है। मगर, ब्रह्मदेव बाबू यदि अकल से काम न लेकर केवल भावना में बहना चाहते हों तो उन्हें कौन समझा सकता है?

यह पत्र आप शिवकुमार को भी दिखा देंगे।

आपका
रामधारी

परिशिष्ट

दिनकर जी का अंग्रेजी में लिखा एक पत्र

R. D. SINHA DINKAR

Aryakumar Road,
Patna-4
October 20, 1957

My dear Kripalaniji,

While I was at Delhi I told you, how the literature of Hindi were reacting to the article written by Shri S. H. Vatsyayan in the Contemporary Indian Literature. After coming to Patna, I had occasion to see more of such reactions. I, therefore, want to tell you, how do I feel about the whole thing.

So far the history and presentation of pre-modern Hindi literature is concerned, I do not think, there is very great need to revise the version put up by Shri Vatsyayan, although there is some truth in the criticism that he has betrayed an ignorance of the generally accepted version of the history of old Hindi literature. But we may ignore this lapse on the ground that this is a scholar's view and what the critics call his imperfection may very well be the opinion of the author. But the same can't be said of his lapses concerning the modern age.

Shri Vatsyayan has been most uncharitable to those writers who call themselves progressive or who do not see eye to eye with a handful of young writers and poets, mostly of Allahabad, who claim to represent a counter view-point and who, for the time being, are following Shri Vatsyayan. This is a bad thing. I myself have not liked a great many things done by the progressives. In fact, in my introduction to CHAKRAVAL I have criticised them and welcomed the view-points put forward by the counter group i.e., the prayogavadis. But this does not take away the fact that a progressive writer has as much right to be heard as his opponent. The only inference that can be drawn from Shri Vatsyayan's treatment of the subject is that any writer who is associated with the progressive movement or critical of the prayogavadi boys is not to be given a quarter in literature.

I also want to tell you that in order to fully appreciate the feelings of the critics of Vatsyayan, you have to understand a significant position in Hindi. As the progressivists are branded Pro-Russian, even so the Vatsyayan group has begun to be described as Pro-Ameican and there is hardly any doubt that due to their association with Shri Vatsyayan, some of the prayogavadi riters are being looked upon as a literary wing of the cultural freedom congress. In between these two groups, stand most of our writers and poets who may be liked now by the progressivists and now by the prayogavadis. Most of these writers who do not belong to either group, have not liked Shri Vatsyayan's approach and their sympathies lie with the progressivists.

But the mischief is done and we can't do much to repair the wrong. Still something may be done to improve the representative character of our Akademi which has, no doubt, been damaged during the last three or four months. I, therefore, suggest as follow :

1. The whole article as it has appeared in English should appear in Hindi translation. Shri Vatsyayan has deleted certain portions in his translation. This deletion should not be accepted. But a post-script should be written by the Hindi Advisory Board and it should appear together with the translation.
2. A similar post-script should be added to the English version of the article if a second, third or subsequent edition of the book goes to the press and the post script in English should also be put before the Hindi Advisory Board.
3. It has been suggested by several writers that the word 'AGYEYA' should be pasted at the end of the writer's name in all the copies of the book which are available in the stock of the Akademi.
4. It is said, that Shri Vatsyayan has been selected to be a joint editor with Dr. H.P. Dwivedi for writing a history of the Hindi Literature. If it is so, I would suggest that the idea may be examined by the Hindi Advisory Board afresh.
5. While we do not want in the least to restrict the freedom of any writer who is employed by the A.I.R. or the Akademis, or for the matter of that by any official or semi-official bodies, we certainly expect him to be a little cautious and try to keep himself above cheap conflicts. I am of the opinion that Shri Prabhakar Matchawe, the Assistant Secretary of the Akademi has not been able to keep himself above board. Uselessly he has been giving out his views concerening group rivalries and group conflicts, both in writings and in goassips, which have shown him to be in

active sympathy with one group. This he must stop and see that his presence in the Akademi does not impair its representative character.

6. I also feel that in future the names of the writers of articles and history involving conflicts of opinion should in the first instance be selected by the Advisory Board for the language and not by the Executive Board direct.

I request you kindly to put up this letter before the Executive Board at its next meeting.

Yours sincerely,
(R.D. Sinha Dinkar)

Shir Krishna Kripalani,
Secretary,
The Sahitya Akademi,
'Theatre Communication Building',
Cannaught Place, New Delhi.

['फाइव डिकेड्स', लेखक डी.एम. राव, 2005, से संकलित। यह पुस्तक वस्तुतः साहित्य अकादेमी, नई दिल्ली का संक्षिप्त इतिहास है।]

कविवर दिनकर की दृष्टि में चीन

[श्री शिवपूजन सहाय के नाम चीन से आया हुआ श्री दिनकर जी का पत्र]

नानकिंग होटल
नानकिंग (चीन)
8-11-'57

"मैंने चीन की सीमा में 29 अक्तूबर को प्रवेश किया और 18 नवम्बर तक सीमा छोड़कर मैं हांगकांग चला जाऊँगा। अब तक कुनमिंग, शेंगतू, पीकिंग और तैंचिङ्—ये नगर देख चुका हूँ। कल से नानकिंग में हूँ। यहाँ से शंघाई जाना है, वहाँ से हांगचो और हांगचो से कानटून। कानटून हांगकांग से नजदीक पड़ता है। कानटून पहुँचकर मेरी चीन-यात्रा पूर्ण हो जाएगी। पूर्ण तो क्या, समाप्त हो जाएगी, ऐसा कहना चाहिए।

भोजन चीन का पसन्द नहीं आया। इसलिए, यूरोपीय खाना खा रहा हूँ। पीकिंग में कोई आठ-नौ दिन रहा। वहाँ अपने दूतावास में कई दिन भारतीय भोजन मिला, अपने राजदूत के घर पर तथा अन्य मित्रों के यहाँ भी। बाकी, प्रायः, अर्धोपवास ही चला है। फिर भी, मधुमेह जारी है। किसी प्रकार, यात्रा निभ जाए, भगवान से यही मनाता हूँ।

चीन बिलकुल भारत के समान है। हाँ, गाँव बहुत छोटे होते हैं। किन्तु, गरीबी वैसी ही, जैसी भारत में। मिट्टी के मकान, फूस के झोपड़े, बाँस के कुंज, शकरकन्द की खेती, सब कुछ वही है, जो बिहार के गाँवों में है। और, पीकिंग की पूछिए, तो उस नगर का अपना व्यक्तित्व है, जो लन्दन और पेरिस देख चुकनेवाले को भी प्रभावित करता है। किन्तु, पीकिंग की वह शान नहीं है, जो दिल्ली, बम्बई अथवा कलकत्ता और मद्रास में देखने को मिलती है। सड़कें और रेल-पथ भी यहाँ कम हैं। कारण यह है कि भारत के समान चीन कभी एक देश के अधीन नहीं हुआ। पूरा भारत इंग्लैंड के अधीन था, किन्तु चीन को सात-आठ पश्चिमी देश नोच रहे थे। इसलिए, यहाँ पश्चिमी देशों ने निर्माण का काम नहीं किया, जैसा इंग्लैंड ने भारत में किया था।

यह तो चीन का बाहरी रूप है। किन्तु, भीतर धँसने पर चीन का मन लोहे का

दिखाई देता है। प्रत्येक चीनी नवयुवक के चेहरे पर आशा, उल्लास और दृढ़ संकल्प झलकता है। चीन के लोग आलसी और निकम्मे समझे जाते थे। किन्तु, अब वे कर्मठ और वीर हैं। सारा चीन राष्ट्रीय अनुशासन के ढाँचे में बिठा दिया गया है। यहाँ चोरी, बदमाशी, कुछ भी नहीं है। समर-पैलेस में घूमते समय मेरे दुभाषिए ने मेरा बैग कहीं छोड़ दिया। उसमें चीनी रुपए भी थे। दो घंटे के बाद उसे याद आई, तो वह घबराकर भागा। किन्तु, बैग मिल गया। वह फोटोग्राफर के यहाँ छूट गया था और फोटोग्राफर ने उसे 'खोया-पाया-शाखा' में जमा कर दिया था। मैं अपने होटल के कमरों में कहीं भी ताला नहीं लगाता हूँ। पैसे यों ही छोड़ जाता हूँ। किन्तु, अब तक उन्हें किसी ने छुआ तक नहीं है।

पीकिंग में लोग हिन्दी भी सीख रहे हैं। 'वान' नामक एक नौजवान हिन्दी बोल सकता है। उसे मैंने एक दिन चिट्ठियाँ छोड़ने को दीं और कहा कि भूलना मत। 'वान' बोला, 'नए चीन में दक्षिणपन्थियों के सिवा न तो कोई भूलता है, न झूठ बोलता है।' दक्षिणपन्थी यहाँ उसको कहते हैं, जो समाजवाद के विरुद्ध हैं और यह शब्द यहाँ उतना ही भयानक अर्थ देता है, जितना भारत में गद्दार या देशद्रोही।

अत्यन्त कंगाल आदमी तो यहाँ भी दिखाई पड़े हैं, किन्तु भिखमंगा मैंने अभी तक एक भी नहीं देखा है। भिक्षाटन और वेश्या-वृत्ति को साम्यवादियों ने आते ही समाप्त कर दिया। बदन पर बहुत कम वस्त्रवाले व्यक्ति भी थोड़ी संख्या में हैं, किन्तु बाकी सबके बदन पर रूई भरा कोट और पैंट हैं। बच्चे यहाँ बहुत हैं। मैं कुनमिंग से ही देखता आ रहा हूँ कि बच्चों की संख्या यहाँ अत्यन्त विशाल है। इसका रहस्य चार तारीख को प्रधानमन्त्री श्री चौ-एन्-लाइ से बात करते समय खुला। उन्होंने कहा कि पिछले वर्ष बच्चों की संख्या में डेढ़ करोड़ की वृद्धि हुई है। जरा सोचिए, डेढ़ करोड़ जनमे नहीं, बढ़े हैं। 'कौरव-पांडव जे दल साजा, ते रावन के बाजहिं बाजा।' चीन की जनसंख्या पहले से ही 60 करोड़ है। उसमें डेढ़ करोड़ की वृद्धि होने लगी है प्रतिवर्ष। किन्तु, प्रधानमन्त्री इससे बहुत अधिक चिन्तित नहीं हैं। परिवार-नियोजन का काम थोड़ा-बहुत आरम्भ कर दिया गया है। बाकी वे खेती के बहुविध विकास पर आश्रित हैं। कृषि का स्तर जापानी खेती तक पहुँच जाय, तो चीन में इतनी उपज होने लगेगी कि सब लोग सुख से खा सकें।

पीकिंग-विश्वविद्यालय में 60 चीनी युवतियाँ और युवक हिन्दी पढ़ रहे हैं। मैं उनके बीच गया था। भारतीय संस्कृति पर एक छोटा-सा भाषण भी वहाँ हिन्दी में ही दिया। फिर छात्रों ने हिन्दी में ही प्रश्न पूछे। एक ने पूछा, "क्या भारतीय लेखक और कवि 'कला के लिए कला' वाले सिद्धान्त में विश्वास करते हैं?" दूसरे ने सवाल किया, 'आपकी राष्ट्रभाषा का स्वरूप क्या है? ऐसा क्यों है कि कुछ लोग कठिन और कुछ लोग सरल हिन्दी चाहते हैं और क्यों कुछ लोग अंग्रेजी को भारत की भाषा बनाए रखना चाहते हैं?" इन प्रश्नों के जो सीधे-सच्चे उत्तर हो सकते हैं, मैंने उन्हें दिए।

सभा से उठकर हम लोग विश्वविद्यालय के अहाते में घूमने निकले। एक लड़की रूई भरा चौबन्दी कोट पहने और बगल में कम्बल दबाए खाने के कमरे में जा रही थी। मुझे सामने पाकर बोली, 'नमस्ते। कहिए, क्या हाल है?' मैं अकचका गया कि यह कौन परिचिता मिल गई। फिर, उसने अपने खाने का कार्यक्रम छोड़ दिया। वह हमें अपने कमरे में ले गई और वहाँ हिन्दी पढ़नेवाले कई छात्र आ गए। इतने में एक मोटी-सोटी युवती आकर बोली, 'आदाब अर्ज है। आपका इश्मशरीफ? मैं उर्दू पढ़ती हूँ।' फिर तो, वह समाँ बँधा कि कुछ न पूछिए। हिन्दी-फिल्मों के रिकॉर्ड बजाए जाने लगे और हिन्दुस्तान के बारे में तरह-तरह की बातें होने लगीं। मैं वहाँ काफी देर तक ठहरा। वहाँ से विदा हुआ, तब मेरे साथी कवि 'लीची' ने कहा, 'मुझे तो ऐसा लगा, मानो इन लड़कियों को बाप मिल गया है।' मैंने कहा, 'मुझे भी ऐसा ही अनुभूत हुआ, मानो मैं अपने बच्चों के यहाँ आया हुआ हूँ।'

ये लोग भारत की राष्ट्रभाषा के प्रति इतना स्नेह दिखा रहे हैं। और, सुना कि अभी हाल में माता रामेश्वरी नेहरू यहाँ आई थीं, तब उन्होंने अपना भाषण अंग्रेजी में दिया; क्योंकि दुभाषिए की शक्ति और योग्यता पर उनका पूरा भरोसा नहीं था। मेरा खयाल है, माता रामेश्वरी नेहरू को कुछ थोड़ा भाषण हिन्दी में देना चाहिए था।

एक मजाक और सुनिए। दिल्ली में कानाफूसी चलती है कि श्री चौ-एनू-लाइ अंग्रेजी अच्छी जानते हैं, पर राष्ट्रीय जिद के मारे वे अंग्रेजी में नहीं बोलते। जब मैं श्री चौ-एनू-लाइ से मिल रहा था, तभी डॉक्टर सुशीला नायर भी आन पहुँचीं। श्री चौ-एनू-लाइ अंग्रेजी बहुत टूटी-फूटी बोल सकते हैं। उनके मुख से अंग्रेजी के दो-चार शब्द सुनकर सुशीला जी बोल उठीं, 'आप तो अंग्रेजी जानते हैं, फिर बोलते क्यों नहीं? मैं अगर चीनी जानती, तो चीनी अवश्य बोलती।' 'अंग्रेजी और चीनी में समता की क्या बात है? चीनी चीन की राष्ट्रभाषा है और अंग्रेजी हमारी दासता की भाषा।' श्री चौ-एनू-लाइ ने जल्दी में भी बहुत गहरा जवाब दिया। बोले, 'मैं तो हिन्दी में बोलना चाहता हूँ।' पता नहीं, सुशीला जी को यह बात अच्छी लगी या नहीं। किन्तु, मैं खुश भी हुआ और कटा भी। खुशी की बात है कि हमारे दूतावास में यहाँ एक हिन्दी-शाखा भी है, जिसका श्रेय मैं अपने राजदूत श्री रतनकुमार नेहरू को देता हूँ। अपने देश में कई कठिनाइयाँ हैं, किन्तु रूस और चीन में हमें हिन्दी का प्रयोग करना चाहिए। विचित्र बात है कि राष्ट्र के प्रति जैसा सम्मान अब कुछ दूसरे लोग दिखाते हैं, उतना हम नहीं दिखा पाते। साम्यवादी नेता श्री नम्बूदरी पाद जब पिछली बार यहाँ आए थे, तब उन्होंने अपने भाषण का आरम्भ हिन्दी में किया था। वह, शायद एक ही पैरा था और उसे उन्होंने रिहर्सलपूर्वक रट लिया था। किन्तु, इससे उनका भाव तो झलकता ही है।

लिखने की बातें बहुत हैं। किन्तु, अभी इतने के लिए ही समय निकाल सका। इच्छा थी कि यात्रा-विवरण की एकाध किश्त यहीं से भेज दूँ। किन्तु, उसके लिए

समय नहीं मिलेगा। चीन के आइने में मैं अपने देश की कमजोरियाँ भी देख रहा हूँ। उन्हें दूर करना चाहिए।''*

आपका
दिनकर

2. एक पत्र

मैं चरणों से लिपट रहा था, सिर से मुझे लगाया क्यों?
पूजा का साहित्य पुजारी पर इस भाँति चढ़ाया क्यों?
गन्धहीन बन-कुसुम-स्तुति में अलि का आज गान कैसा?
मन्दिर-पथ पर बिछी धूलि की पूजा का विधान कैसा?
कहूँ, या कि रो दूँ कहते, मैं कैसे समय बिताता हूँ;
बाँध रहा मस्ती को अपना बन्धन सुदृढ़ बनाता हूँ।
ऐसी आग मिली उमंग की खुद ही चिता जलाता हूँ,
किसी तरह छींटों से उभरा ज्वालामुखी दबाता हूँ।
द्वार कंठ का बन्द, गूँजता हृदय प्रलय-हुंकारों से,
पड़ा भाग्य का भार काटता हूँ कदली तलवारों से।
विस्मय है, निर्बन्ध कीर को यह बन्धन कैसे भाया?
चारा था चुगना तोते को, भाग्य यहाँ तक ले आया।
औ' बन्धन भी मिला लौह का, सोने की कड़ियाँ न मिलीं;
बन्दी-गृह में मन बहलाता, ऐसी भी घड़ियाँ न मिलीं।
आँखों को है शौक़ प्रलय का, कैसे उसे बुलाऊँ मैं?
घेर रहे सन्तरी, बताओ अब कैसे चिल्लाऊँ मैं?
फिर-फिर कसता हूँ कड़ियाँ, फिर-फिर होती कसमस जारी;
फिर-फिर राख डालता हूँ, फिर फिर हँसती है चिनगारी।
टूट नहीं सकता ज्वाला से, जलतों का अनुराग सखे!
पिला-पिलाकर खून हृदय का पाल रहा हूँ आग सखे!

(यह कविता रचनावली का सम्पादन समाप्त होने के बाद हमें प्राप्त हुई है, इसलिए इसे अन्तिम खंड के परिशिष्ट में दिया गया है। यह दिनकर जी की एक अद्यावधि असंकलित कविता है, जिसका रचनाकाल अनुमानतः 1933-34 है। यह साप्ताहिक 'नवशक्ति' (पटना) में उसी के आस-पास प्रकाशित हुई थी। कविता को सुलभ कराने के लिए प्रो. रविरंजन (राँची विश्वविद्यालय) और कवि एकान्त श्रीवास्तव हमारे हार्दिक धन्यवाद के पात्र हैं।)

●●●

* 'साहित्य' (त्रैमासिक, पटना), अक्तूबर, 1957।